STROHM · DIAKONIE UND SOZIALETHIK

Veröffentlichungen des Diakoniewissenschaftlichen
Instituts an der Universität Heidelberg
Herausgegeben von Theodor Strohm
Band 6

Theodor Strohm

DIAKONIE UND SOZIALETHIK

Beiträge zur sozialen Verantwortung
der Kirche

Herausgegeben von
Gerhard K. Schäfer
und Klaus Müller

Mit einem Geleitwort von
Klaus Engelhardt

Heidelberger
Verlagsanstalt

Inhalt

VII

VIII

Zum Geleit

Zwei Brennpunkte bestimmen wie in einer Ellipse das Denken von Theodor Strohm. Sie machen deutlich, was das Anliegen seines Forschens, Lehrens und Wirkens ist. Das eine ist die Botschaft von Gottes Selbstkundgabe in Jesus Christus, die Botschaft von der Versöhnung, die Gott geschaffen hat und auf die wir in der Zerrissenheit unserer Welt mehr denn je angewiesen sind. Das andere ist die Beschreibung dessen, was Strohm »Verantwortliche Gesellschaft« nennt. Beide Pole charakterisieren den Diakoniewissenschaftler, Sozialethiker und Vorsitzenden der Sozialkammer der EKD.

An der Selbstkundgabe Gottes in Christus orientiert sich der Auftrag der Christen. Sie sind ermächtigt, die Versöhnung Gottes in die Welt hineinzutragen. Das wirkt sich konkret aus. Sie treten ein für Leben, Freiheit, Gerechtigkeit, für Friede und Freude. Das sind Spuren des Reiches Gottes mitten in unserer Welt. »Diakonie der Versöhnung« ist nicht einfach ein Programm, sondern Grundlage für das Zeugnis, für die Gemeinschaft und für den Dienst der Kirche.

Wie werden wir zur »verantwortlichen Gesellschaft«? Theodor Strohm nimmt wichtige Impulse des Ökumenischen Rates der Kirchen auf. Er versteht darunter eine Gesellschaft, die sich für Gerechtigkeit und öffentliche Ordnung verantwortlich weiß und in der diejenigen, die politische Autorität oder wirtschaftliche Macht besitzen, Gott und den Menschen verantwortlich sind. Ein weiter Bogen wird gespannt: vom biblischen Auftrag und grundsätzlichen Fragen des christlichen Glaubens hin zu sehr konkreten Gestaltungsaufgaben im Bereich Arbeitslosigkeit, Alterssicherung, Gesundheitsschutz am Arbeitsplatz, Diakoniestationen, Aufgaben der christlichen Krankenhäuser u.a.m. Wir können dankbar sein, daß da einer ist, der wie Theodor Strohm grundsätzlich und zugleich politisch so konkret argumentieren kann. Er hält diese Spannung in seinem Denken aus, und so entstehen verbindliche Impulse und Anstöße.

Zu seinem 60. Geburtstag am 17. Januar 1993 wurde diese Auswahl von Aufsätzen und Vorträgen Theodor Strohms zusammengestellt, die alle das eine Thema haben: Kirche und Diakonie immer wieder aufs neue unter dem Zeichen der Versöhnung und unter der Perspektive verantwortlicher Gesellschaft auf ihre Aufgabe hinzuweisen. Ein weiter Horizont wird sichtbar. Überlegungen

zum reformatorischen Verständnis von Diakonie und Sozialethik, die Ortsbestimmung der Diakonie im sozialen Rechtsstaat, ethische Orientierung in
unserer wissenschaftlich-technischen Welt, die Beschreibung der christlichen
Verantwortung für ein soziales Europa – diese Themen geben einen Einblick in
Aufgaben, die ebenso grundsätzlich wie aktuell sind. Wer diese Arbeiten liest,
spürt, daß sie in konzentrierter Arbeit in der Studierstube und in intensiver
Auseinandersetzung mit Grundfragen der politischen, wirtschaftlichen und
sozialen Ordnung unseres Gemeinwesens entstanden sind. Sie sind ein wichtiger Beitrag für die Gestaltung von Sozialkultur, die wir so dringend nötig
haben.

Mit Dankbarkeit für ein so vielseitiges, weitgespanntes und erfolgreiches
Wirken übergeben wir diesen Sammelband der Öffentlichkeit. Wir hoffen, daß
er viele Leserinnen und Leser anregt und nachdenklich macht und sie als
Christen bestärkt, in der Verantwortung vor Gott für eine »verantwortliche
Gesellschaft« einzutreten.

Theodor Strohm gelten unsere herzlichen Segenswünsche – verbunden mit
der Hoffnung auf eine weiterhin fruchtbare und anregende Arbeit für Diakonie,
theologische Wissenschaft, Kirche und Gesellschaft.

Landesbischof Dr. Klaus Engelhardt
Vorsitzender des Rates der
Evangelischen Kirche in Deutschland

Vorsitzender des Beirates des
Diakoniewissenschaftlichen Instituts
an der Universität Heidelberg

Vorwort

»Wie können Menschen in Gottes universalen Dienst an der Welt eintreten?«
»Wie kann die christliche Gemeinde durch ihr Handeln in Solidarität mit der
geängsteten, leidenden Kreatur Zeugnis ablegen und die Richtung einschlagen
hin auf Gottes Schalom?«

Diese Fragen durchziehen die in diesem Band gesammelten Beiträge Theodor
Strohms. Die Aufsätze, Vorträge und Essays markieren einen facettenreichen
Denkweg. In der Vielfalt der in den Texten zur Sprache kommenden Aspekte
und Zusammenhänge spiegelt sich das Grundanliegen Strohms, Gottes univer-
salem Dienst an der Welt so nachzudenken, daß die dadurch eröffneten Zu-
Mutungen und Perspektiven des Handelns deutlich werden.

Die Stichworte »Diakonie« und »Sozialethik«, unter denen die Beiträge
gesammelt sind, erschließen wesentliche Dimensionen des Denkens und Wirkens Theodor Strohms.

In den Texten gewinnt ein Denken Ausdruck, das universal und konkret
zugleich ist, das dialogisch angelegt ist und Brückenschläge vollzieht – in dem
Bewußtsein, daß die elementaren Lebensfragen der Menschheit nur in zielge-
richteter Interaktion erkannt und einer Lösung zugeführt werden können:
Diakonie bzw. deren Reflexion und Sozialethik erscheinen nicht in getrennte
Bereiche aufgespalten, sondern bilden Momente eines Zusammenhangs. Dem
Eintreten zugunsten der einzelnen leidenden Menschen wird komplementär ein
Handeln zugeordnet, das auf den Ausbau einer Rechtsgemeinschaft zielt, in der
das Prinzip der Solidarität mit dem der Menschenwürde aufs engste verflochten
ist. Die herkömmliche Spaltung von Glaube und Vernunft, von religiöser
Grundorientierung und wissenschaftlicher sowie ökonomischer Rationalität
soll in der Perspektive einer durch Glauben erneuerten Vernunft überwunden
werden. Theologie, Ethik und Erfahrungswissenschaften werden im Blick auf
die Erhellung von Tiefendimensionen der Wirklichkeit und die Bearbeitung
konkreter Sachfragen miteinander ins Gespräch gebracht. Ein solch dialogi-
sches Verfahren mutet der Theologie eine gleichsam kenotische Ausrichtung
zu. Der Prozeß theologischer Erkenntnisgewinnung kann nicht auf eine Selbstdarstellung des Christentums vor der Welt, auf die Demonstration des eigenen
Gottesbildes und auf eine Bevormundung der Welt zielen oder gar darauf, zum

Glauben zu vereinnahmen. Es geht vielmehr darum, der Selbstentäußerung Gottes als Befreiung des Glaubens zur Verantwortung so zu entsprechen, daß die im Glauben entbundene Hoffnung in der Hingabe an die Aufgaben konkreter Wirklichkeitsgestaltung zum Ausdruck kommt.

Die Beiträge Strohms suchen die Orte auf, an denen das Leiden der geängsteten Kreatur manifest wird. Sie weisen – mit Dietrich Bonhoeffer – dorthin, wo Christen bei »Gott in seinem Leiden« stehen und zu stehen haben und wohin Gott zu »allen Menschen in ihrer Not« geht. Die Beiträge entwickeln in dieser Ausrichtung Grundzüge einer diakonischen Theologie. In den Aufsätzen tritt zugleich ein sozialethischer Ansatz zutage, der die Auseinandersetzung mit fatalen Trends heutiger Welt weder durch die theologische Herausbildung einer Gegenwelt noch auf dem traditionellen Weg der Aufrichtung moralischer Postulate führt. In den Blick genommen werden Strukturen der wissenschaftlich-technischen Welt in ihrer Ambivalenz. Sie sind daraufhin zu prüfen, ob und wieweit sie die Entfaltung des Lebens fördern oder beeinträchtigen. Analytische, normative und hermeneutische Gesichtspunkte erscheinen angesichts konkreter Herausforderungen so ins Spiel gebracht, daß Alternativen des Handelns sichtbar und Kooperationen unterschiedlicher Menschen und Gruppen möglich werden. Strohms zentrales Anliegen ist es, die Theologie (wieder) in ein produktives Arbeitsverhältnis zur »wirklichen Geschichte« und zu realen Problemkonstellationen zu bringen. Diese Zielsetzung schließt die Aufgabe tiefengeschichtlicher Rekonstruktion notwendigerweise ein.

Die Aufsätze im I. Teil des vorliegenden Bandes erhellen *diakonale und sozialethische Grundintentionen der Reformation.* In anamnetischer und wirkungsgeschichtlicher Betrachtung werden reformatorische Impulse und die daraus resultierenden Prägungen neuzeitlicher Entwicklungen, aber auch die christlichen Anteile an modernen Fehlentwicklungen herausgearbeitet.

Grundlegende Aufgabenstellungen einer theologischen Reflexion der Diakonie werden in den Aufsätzen unter II. zur Sprache gebracht. Die *Theologie der Diakonie* wird als *Diakonie an der Theologie* entfaltet, sofern sie der Theologie insgesamt hilft, eine für sie lebenswichtige Dimension einzuholen und fruchtbar zu machen. Dies gilt nicht zuletzt im Blick auf die heute anstehenden Fragen nach dem Humanum, nach der tragenden Bestimmung menschlichen Lebens.

In einem weiteren Kreis hat sich das diakonisch-soziale Handeln der Kirche ins Verhältnis zu setzen zur modernen sozialstaatlichen Wirklichkeit. Der III. Themenbereich *Diakonie und sozialer Rechtsstaat* markiert den Ort der Diakonie unter sozialstaatlichen Bedingungen, beschreibt Probleme des Zusammenwirkens unterschiedlicher Träger der Wohlfahrtspflege und sucht Perspektiven zu ermitteln für die Weiterentwicklung sozialstaatlicher Sicherungssysteme.

Eine der heute drängendsten Aufgaben richtet sich auf eine *ethische Orientierung in einer wissenschaftlich-technischen Welt.* Zum einen – IV. – geht es dabei darum, ambivalente Entwicklungen der Industriegesellschaft in ihren sozialen und ökologischen Implikationen kritisch zu überprüfen und Perspektiven verantwortlichen Handelns zu entwickeln. Zum andern – V. – werden angesichts der unterschiedlichen Risikofelder, die heute auf gesellschaftliche Absicherung angewiesen sind, *sozialpolitische Herausforderungen* benannt. Angemahnt wird ein sozialpolitisches Handeln im Dienste der Bereitstellung, Sicherung und dynamischen Entwicklung von Lebensmöglichkeiten.

Die Beiträge des VI. Themenbereiches befassen sich mit Problemen, die mit der modernen *Urbanisierung* aufgeworfen sind. Die Vision einer himmlischen Polis birgt in sich die Gestaltungskraft zum Bau auch eines irdischen gerechten und freien Gemeinwesens. Hier kommt der *Gemeinwesenarbeit* auch unter diakonischen Gesichtspunkten besondere Bedeutung zu.

Mehr und mehr Gewicht erhält in den letzten Jahren – darauf konzentriert sich der VII. Themenkreis – die Einsicht in die *Verantwortung für ein soziales Europa.* Diese wahrzunehmen, zu präzisieren und schrittweise einzuholen ist Aufgabe der europäischen Politik und um nichts weniger der Kirchen in Europa. Das Ringen um die Sozialgestalt Europas im Horizont der Einen Welt ist die neuerliche Herausforderung, vor der die christlichen Gemeinden und Kirchen gemeinsam stehen.

Die in diesem Band gesammelten Beiträge dokumentieren wesentliche Felder des Wirkens Theodor Strohms über einen Zeitraum von mehr als zwei Jahrzehnten hinweg. Aufgenommen wurden Texte, in denen sich Stationen seines Wirkens als theologischer Lehrer spiegeln. Es handelt sich um Arbeiten, die im Zusammenhang der Professur für Systematische Theologie und Sozialethik an der Kirchlichen Hochschule in Berlin, der Leitung des Züricher Instituts für Sozialethik, des Lehrstuhls für Praktische Theologie an der Universität Heidelberg und des Direktorats des Heidelberger Diakoniewissenschaftlichen Instituts entstanden sind. Daneben stehen Aufsätze und Vorträge, die insbesondere Strohms Arbeit als Vorsitzender der Kammer der EKD für soziale Ordnung und sein Wirken in unterschiedlichen Bereichen kirchlicher und gesellschaftlicher Öffentlichkeit deutlich werden lassen.

Mit der Zusammenstellung dieser Beiträge verbinden wir unseren herzlichen Dank für mannigfache Anregungen und Horizonterweiterungen, die wir wie viele andere durch die Zusammenarbeit mit Theodor Strohm erfahren haben. Wir wünschen Theodor Strohm zu seinem Geburtstag Gottes Schalom.

Heidelberg, im Januar 1993

Gerhard K. Schäfer und Klaus Müller

I. Diakonie und Sozialethik im Lichte der Reformation

»Theologie der Diakonie« in der Perspektive der Reformation

Zur Wirkungsgeschichte des Diakonieverständnisses Martin Luthers

I. Einleitung

Am Ende des 20. Jahrhunderts und zugleich in der Perspektive auf die Jahrtausendwende ist es geboten, die eigene Situation eines Landes oder einer Konfession ins Verhältnis zu setzen zur Lebenswirklichkeit anderer Völker, Konfessionen, ja Religionen. Heute liegt es auf der Hand, daß nur in der Zusammenarbeit, im Dialog, in zielgerichteter Interaktion die Lebensfragen der Menschheit erkannt und Lösungen zu ihrer Bewältigung gefunden werden können. Noch haben die Kirchen diese Aufgabe vor sich, ihre eigenen lokalen, regionalen Erfahrungen in die größeren kontinentalen und dann in weltweite Zusammenhänge hineinzustellen und Methoden der Zusammenarbeit und der intensiven Kommunikation zu entwickeln.

In Europa wird am Ende des Jahrhunderts vieles in Bewegung kommen, die Grenzen werden nicht nur in der Europäischen Gemeinschaft geöffnet, sie werden durchlässig nach allen Seiten. Viele Hoffnungen und auch Befürchtungen gehen mit dieser Entwicklung einher. Die Sorge ist lebendig, es könnte der Identitätsverlust der je gewachsenen Kulturen und Nationen voranschreiten; auch die Kirchen sehen sich einem Verlust ihrer Identität und ihrer Funktion ausgesetzt. Überall stehen Kirchen und ihre Gemeinden vor der doppelten Versuchung, sich entweder zurückzuziehen auf die Innerlichkeit des privaten Christenlebens, in christliche Zirkel und Gemeinschaften oder sich an die vorherrschenden Tendenzen der Gesellschaft anzupassen und zu verlieren. Beide Wege werden der gestellten Aufgabe nicht gerecht. Anzustreben ist, daß die Kirchen auf einer höheren Erfahrungs- und Bewußtseinsstufe ihre Identität nicht aufgeben, sondern neu gewinnen, sich einbringen und in offener, selbstloser Bereitschaft ihren Dienst in der Weltgesellschaft erkennen und wahrnehmen.

Anläßlich der Weltkonferenz für Kirche und Gesellschaft des Ökumenischen Rates der Kirchen 1966 in Genf hat die amerikanische Delegierte Margret Mead in engagierter Weise auf die neuen Ausgangsbedingungen des christlichen Zeugnisses und Dienstes in der Gegenwart aufmerksam gemacht:

»Erst seit 25 Jahren wissen wir wirklich, wer unsere ›Nächsten‹ sind. Es gibt nur ein Menschengeschlecht; das Schicksal einer Gruppe ist das Schicksal aller. Nichts, was irgendwo geschieht, liegt außerhalb unserer Verantwortung.«[1] Wir haben jetzt – so M. Mead weiter – die Mittel und Methoden, die geeignet sind, den Menschen ein menschenwürdiges Leben zu schaffen. Sie nicht zu benutzen zur Sicherung der Menschenwürde, sei Sünde. Das Wesen der Sünde ändere sich zwar nicht, aber jede Zeit habe ihre besondere Sünde. Heute liege sie darin, das empirische Wissen, das wir haben, nicht anzuwenden.

Solche Gedanken können leicht in christlichen Aktionismus münden und am Ende ins Leere laufen, wenn sie nicht eingebunden sind in eine Glaubens- und Hoffnungsperspektive, die ihre dynamische Kraft daraus bezieht, daß Gott in Christus die Welt mit sich versöhnt und in der Welt den Dienst der Versöhnung aufgerichtet hat. Was Dienst, »Diakonie der Versöhnung« bedeutet, zu welchen Hoffnungen sie uns berechtigt, zu welchen Taten sie uns ermächtigt, welche Lebensformen sie uns nahelegt, dies ist die Aufgabe einer »Theologie der Diakonie«. Diakonie im Zeichen der Versöhnung wahrzunehmen, ist somit das große Thema, die Aufgabe, die zu bearbeiten Kirche und Theologie in den kommenden Jahren sich vorzunehmen haben.

Die folgende Studie untersucht den Ansatz und die Wirkungsgeschichte der Reformation *Martin Luthers* im Blick auf die »Theologie der Diakonie«. Damit soll im beschriebenen Sinne ein Beitrag zur Identitätsgewinnung der lutherischen Kirchen geleistet werden. Dieser Aufgabe kann nur gerecht werden, wer auch in rückhaltloser Kritik die Schwächen und Unzulänglichkeiten dieses Weges aufzuzeigen bereit ist. Gefragt wird nach dem besonderen Profil des lutherischen Weges, nach möglichen »Konstanten« in der Entwicklung bis heute. Gefragt wird nach dem Verhältnis dieser Überlieferung zu den modernen sozialstaatlichen Systemen, nach Formen der Anpassung, des Widerstands und der Transformation. In einer kurzen Abhandlung soll diese Aufgabe in der Form von Fragen, Thesen und Hypothesen vorgetragen werden. Die ausführliche Darstellung muß einem anderen Rahmen vorbehalten bleiben.

II. Der reformatorische Impuls – Martin Luthers Verständnis von Diakonie

1. Die Tradition der Forschung

Bis heute wirken die Urteile *E. Troeltschs* über den ambivalenten Charakter der lutherischen Reformation nach. Troeltsch hatte in seinen »Soziallehren der christlichen Kirchen und Gruppen« die zusammenfassende These aufgestellt,

---

1 M. Mead, zit. n. H.-D. Wendland, Auf dem Wege zur ökumenischen Sozialethik, in: ÖR 16, 1967, 4 ff: 19.

die Leistungen des Luthertums für einen ethisch-sozialen Neubau der Gesellschaft erschöpften sich »in der Hauptsache in der Karität der Inneren Mission und wirken im übrigen restaurativ, nicht neubildend«. Wo Sozialethik und Sozialpolitik neue Wege gehen, seien andere Kräfte, z. B. des Calvinismus, am Werk. »Die Soziallehren des Luthertums sind, wie die ganze lutherische Religiosität, ein echter Schößling der ganzen, Welt, Recht, Besitz, Macht und Gewalt ablehnenden oder indifferenten christlichen Liebesreligion und Liebesmoral, des Monotheismus, der die religiösen Lebenszwecke der gottgeeigneten Persönlichkeit für die einzig wahren und bleibenden Lebenswerte erklärt und daraus die Liebesverbindung der Menschen in gemeinsamer Betätigung dieser Werte ableitet.«[2] Gegen diese pauschale Beurteilung hat schon *K. Holl* aus den Quellen ein anderes Bild gezeichnet und gezeigt, daß man aus Luthers Schriften »einen fast vollständigen Reformentwurf gewinnen kann«.[3]

Auf dem Gebiet der Diakonie hatte vor Troeltsch schon *G. Uhlhorn* insbesondere im Blick auf die »größte Not« dieser Zeit, das Bettelwesen, geurteilt, Luther habe »das Programm einer neuen höheren Stufe der christlichen Liebesthätigkeit entwickelt«.[4] Es war dann *W. Elert,* der im Gegenzug gegen Troeltsch die »Morphologie des Luthertums« in der modernen Entwicklung herausarbeitete. Erstmals deckte er tiefengeschichtliche Zusammenhänge auf und arbeitete Luthers Bedeutung für die moderne sozialrechtliche und wohlfahrtsstaatliche Entwicklung heraus. Wenn auch Elerts apologetische Absicht, sein nationalistischer Unterton und seine Beschränkung der Grund-»Konstanten« auf die Wirkungen der Katechismuserziehung den Wert der »Morphologie« einschränken, so haben doch neuere Forschungen seine Einsichten eher bestätigt und differenziert.[5] Es ist deshalb möglich, zunächst den Ansatz einer »Theologie der Diakonie« bei Luther zu skizzieren und daraufhin auf deren Wirkungsgeschichte aufmerksam zu machen.

---

2 Vgl. E. Troeltsch, Die Soziallehren der christlichen Kirchen und Gruppen, Tübingen ³1923, 585 ff: 603 u. 594.

3 K. Holl, Der Neubau der Sittlichkeit. in: ders., Gesammelte Aufsätze zur Kirchengeschichte I, Luther, Tübingen ²/³1923, 155ff: 266.

4 Vgl. G. Uhlhorn, Die christliche Liebestätigkeit, Darmstadt 1959 (Nachdruck der 2.Aufl. 1885), 515.

5 Vgl. W. Elert, Morphologie des Luthertums II, Soziallehren und Sozialwirkungen des Luthertums, München 1932, 409–429. Zur neueren Literatur vgl. Th. Strohm, Die Ausformung des sozialen Rechtsstaats in der protestantischen Überlieferung, Habil. Schrift, Münster 1969 und ders., Martin Luthers Wirtschafts- und Sozialethik, in: H. Junghans (Hg.), Leben und Werk Martin Luthers von 1526–1546. Festgabe zu seinem 500. Geburtstag, Göttingen 1983, I, 205–225 und II, 787 ff (s. Abdruck in diesem Band, 39 ff).

2. Martin Luthers Ansatz einer »Theologie der Diakonie«

Es ist oft konstatiert und auch bedauert worden, daß der Begriff der Diakonie bei *Luther* ebensowenig eine Rolle spielt wie das Diakonenamt. In dieser Hinsicht werden oft die viel handfesteren Bezüge bei *Martin Bucer, Johannes Calvin* und bei anderen Reformatoren hervorgehoben. Es ist deshalb von entscheidender Bedeutung, Luthers theologischen Neuansatz daraufhin zu befragen, ob dieser *der Sache nach* auf eine »Theologie der Diakonie« hin abzielt. Darüber hinaus ist nach den impliziten und expliziten Konsequenzen seines Ansatzes für die Neugestaltung der diakonischen Praxis zu fragen.[6]

Die seine Zeit in ihren Bann zwingende Entdeckung Luthers bezog sich auf die Wahrheit der christlichen Botschaft in einer Weise, die das Gesamtverständnis menschlichen Daseins vor Gott in der Welt grundlegend verändern sollte. Nach schwerem persönlichen Ringen, in umfassenden theologischen Studien lehrte Luther, Gottes Gerechtigkeit als die – den in Schuld, Selbstbehauptung und Unkenntnis befangenen Menschen – durch Christus wahrhaft gerechtmachende Zuwendung zu verstehen. In dieser Erkenntnis sah er nicht nur für sich selbst die neue, alles verändernde Lebensgrundlage. Im Rückblick erklärte er: »Da fühlte ich mich ganz und gar von neuem geboren, da war es, als hätten sich mir die Tore aufgetan und als wäre ich mitten ins Paradies getreten.«[7]

Indem Luther die von Gott geschenkte Gerechtigkeit der aus menschlichem Handeln folgenden Gerechtigkeit gegenüberstellte, trennte er sich von *Aristoteles* und von *Thomas von Aquin* und vollständig von der scholastischen Theologie, bei denen das Tun des Rechten – die Erfüllung von Gesetzen, Vorschriften, kirchlich auferlegten Forderungen – den Menschen gerecht werden läßt. Dieser verderblichen Menschengerechtigkeit, die sich zwischen Gott und Mensch geschoben, den Menschen einem kirchlichen Herrschaftswillen unterworfen habe, stellte er Gottes Gerechtigkeit entgegen, die sich in seinem rettenden Handeln am Menschen ereignet. Im Ergreifen dieser Tat erwächst die eigene Gerechtigkeit aus der fremden, von Gott geschenkten. Im Glauben ereignet sich nicht nur die neue Blickrichtung aus der Sicht Gottes auf die Welt und die Menschen. Die Erkenntnis und die Annahme des Willens Gottes erweckt zugleich die Bereitschaft, Werkzeug seines Willens zu werden. Befreiung vom Selbst, der superbia, Liebe und demütige Gottesfurcht sind die Kategorien, mit denen Luther den Lebensvollzug des neuen Menschen beschreibt. Diese Kategorien zeigen, daß es Luther um die Verwandlung des in Christus enthüllten

---

6 Vgl. hierzu die wichtigen Beiträge von R. Stupperich, Bruderdienst und Nächstenhilfe in der deutschen Reformation; und W. Bernoulli, Von der reformierten Diakonie der Reformationszeit, in: H. Krimm (Hg.), Das Diakonische Amt der Kirche, Stuttgart ²1965, 167 ff u. 197 ff.

7 WA 54, 186, 9 f.

Bildes des wahren Menschen geht, also um Verwandlung zum Ebenbild Christi. Luther sagt in seiner »Disputatio de homine« (1536) am Ende: Der Mensch dieses Lebens ist Stoff für Gott zum Leben seiner künftigen Gestalt mit dem Ziel der reformierten, wiederhergestellten und vollendeten Gottesebenbildlichkeit.[8] Mit der Inkarnation wird das Bild Gottes im Bereiche der Kreatur aufgerichtet. Hier wird der Blick geöffnet für Gottes Taten, »der Blick wie auf das Ende aller Dinge, so auch auf den Anfang« der Schöpfung.[9] Aber nicht nur in der zeitlichen Dimension wird die ganze Weite in Gottes Wirklichkeit aufgerissen, sondern auch im Blick auf die Ordnung Gottes in der Welt, die sich auf das dreifache Gegenüber von Gott und Mensch, von Mensch und Mensch und von Mensch und Erde konstitutiv gründet. In seiner reformatorischen Haupt- und Programmschrift »Von der Freiheit eines Christenmenschen« wird die königliche und die priesterliche Funktion des Christen hineingestellt in die Wirklichkeit Gottes und von daher bestimmt:

> »Wer kann nun ausdenken die Ehre und Höhe eines Christenmenschen? Durch sein Königreich ist er aller Dinge mächtig, durch sein Priestertum ist er Gottes mächtig ...«. »Durch den Glauben fähret er über sich in Gott, aus Gott fähret er wieder unter sich durch die Liebe, und bleibt doch immer in Gott und göttlicher Liebe ...«. »Sicher, das ist die rechte christliche Freiheit, die das Herz frei macht von allen Sünden, Gesetzen und Geboten, welche alle andere Freiheit übertrifft wie der Himmel die Erde.«[10]

Es wäre verfehlt, eine »Theologie der Diakonie« in Luthers reformatorischen Ansatz einzutragen; sein Ansatz ist vielmehr »diakonische Theologie« und zwar im umfassendsten Sinne, weil in ihr der Mensch in einer unmittelbaren Weise eingebunden wird in Gottes universalen Dienst an der Welt. Der Glaube – als lebensschaffendes Werk Gottes am Menschen – ist von sich aus in der Liebe tätig (vgl. Gal 5,6). Um reine Liebe sein zu können, frei von der Sorge des Liebenden um sich selbst, bedarf die Liebe des Glaubens, der dem Menschen, indem er ihn mit Gott verbindet, alles schenkt, was er nötig hat. Der Glaubende treibt also nicht Werke der Liebe, um »sich selbst zu verwirklichen«. Vielmehr: wer glaubt, ist schon verwirklichte Person und deshalb frei zum vorbehaltlosen Dienst am Nächsten.

---

8 WA 39, I, 173 ff.

9 Die Anthropologie Luthers im Anschluß an die Disputatio de homine hat in prägnanter Weise Ernst Wolf unter dem Hauptgesichtspunkt: »Die Begründung der Wirklichkeit des Handelns im Gehorsam gegen Gottes Berufung« herausgearbeitet, in: E. Wolf, Sozialethik. Theologische Grundfragen, hg. v. Th. Strohm, Göttingen ³1988, 16 ff.

10 Die Schlußsätze bilden die Krönung der reformatorischen Auslegung der christlichen Botschaft, sie sind zugleich die Grundlage der »Theologie der Diakonie«, wie sie Luther vorgetragen hat (vgl. WA 6, 340 ff).

Der zum Dienst Befreite wird in die gleiche Blickrichtung und Spur gelenkt, in der Gottes Dienst der Versöhnung mit der Welt auch verläuft: Gottes Liebe sucht nicht das »Liebenswürdige«. Sie liebt »Sündige, Böse, Törichte und Schwache, um sie zu Gerechten, Weisen und Starken zu machen«. Die schöpferische Liebe, in die Gott den Menschen hineinnimmt, vom Anfang bis zum Ende der Welt, ist »so beschaffen, daß er aus dem, das nichts, gering, verachtet, elend, tot ist, etwas macht, etwas Kostbares, Ehrenvolles, Seliges ...«. Üblicherweise ist der Dienst umgekehrt geordnet: jedermann dient gern um der Ehre, Reichtum, Wissen, alles, was groß und hoch ist, teilhaftig zu werden. »Nicht umsonst sind darum in der Schrift so wenige Könige und Fürsten als rechtschaffen beschrieben. Umgekehrt will niemand in die Tiefe sehen, wo Armut, Schmach, Not, Jammer und Angst ist; da wendet jedermann die Augen weg...«[11] Im Dienst der Versöhnung kommt es zur Umwertung aller Werte, zur reformatio der beschädigten Gottebenbildlichkeit. Man wird Luther nur gerecht, wenn man sieht, wie seine Kreuzestheologie, in die wir auf dem direkten Weg eingeführt werden, auf Erlösung und Schöpfung zugleich bezogen ist. Die Diakonie der Versöhnung zielt auf das Offenbarwerden der nova creatura, auf die Erneuerung der Schöpfung gemäß dem Ordnungswillen Gottes.

Diesem Willen widerspricht in Luthers Verständnis die scholastische Lehre über die Ordnung und die Grenzen der »Liebespflicht«. Die befindet darüber, wer jeweils der Nächste ist, wann dieser sich in äußerster Not befindet, was zum standesgemäßen Leben gehört, was dagegen überflüssig und als Almosen zu geben sei. Schon 1516 hat er dagegen gesagt: »Eine Liebe, welche die äußerste Not abwartet, ist eine träge, eine ganz faule, ja gar keine Liebe.«[12] Luther hat demgegenüber die goldene Regel als eine Regel der Liebe und der Vernunft gekennzeichnet, in der der Satz »den Nächsten lieben wie Dich selbst« jedermann einsehbar und konkret handhabbar erscheint. Die goldene Regel war für ihn der Schlüssel zur Konkretisierung der untrennbaren Gottes- und Nächstenliebe (1. u. 2. Tafel des Gesetzes). Sie ist das Grundgesetz der Liebe und das Grundgesetz der Vernunft, d.h. sie gilt für Christen wie Nichtchristen gleichermaßen. Aber im Glauben ist ihre Erfüllung selbstverständliche Pflicht.

---

11 Diese wichtigen Zitate stammen teils aus der Heidelberger Disputation vom April 1518, teils aus Luthers »Magnificat«, das Luther um und nach Ostern 1521 fertigstellte und dem Kurfürsten Friedrich dem Weisen von Sachsen übereignete. Vgl. WA 1, 365 und WA 7, 538–604. Im Magnificat wird die Demut (humilitas) zum Ausgangspunkt christlicher Existenz und der superbia gegenübergestellt.

12 Uhlhorn, der diese Sätze aus dem Jahre 1516 zitiert, sieht hier die »Fehler der mittelalterlichen Liebesthätigkeit ... in der Wurzel angegriffen«, G. Uhlhorn, a. a. O., 529.

»Wer aber dies Gebot ernstlich beobachten und anwenden will«, darf sich nicht mit seiner »guten Absicht« zufrieden geben, »sondern er muß alle Werke, Worte und Gedanken seines ganzen Lebens an jenem Gebote als einer Richtschnur messen und sich immer im Gedanken an den Nächsten fragen: was wolltest du, daß dir von ihm geschähe? Stellte er sich das vor Augen, dann würde er auch damit beginnen, jenem anderen gegenüber in gleicher Weise zu verfahren. Und alsbald würde das Streiten ... und die Zwietracht ein Ende nehmen und ... wie (der Apostel) hier sagt, die Erfüllung des Gesetzes wäre dann da«.[13]

Jedem einzelnen Menschen, jedem Christen wird von Gott zugetraut und zugemutet, gemäß dem Grundgesetz Gottes eine »diakonische Existenz« zu führen und selbst herauszufinden, welche Aufgaben in der je konkreten Situation daraus erwachsen.

3. Diakonie als neue Lebensform und Ordnungsprinzip der Wirklichkeit

Es ist für Luther kennzeichnend, daß er es als eine selbstverständliche Frucht des Glaubens ansieht, die Not nicht nur spontan durch Zuwendung zum bedürftigen Nächsten zu lindern, sondern zugleich systematisch auch an ihren Wurzeln zu bearbeiten. Der Bettel ist ihm »eine Grundsuppe und Ansammlung aller Übertretung der Gottesordnung und Gebot, ein Anfang aller Laster, ein Deckel des Geizes, entgegen der Nächstenliebe, dadurch man niemand wohlthue und von jedermann Wohltaten haben will«.[14] Der Bettel widerspricht der Würde des Menschen: entweder er kann durch Ausbildung und Arbeitsbeschaffung behoben werden oder – im Falle schicksalhafter Armut, d.h. durch Krankheit, Tod des Ernährers etc. – ist die Gemeinschaft verpflichtet, den Lebensunterhalt in geordneter Form sicherzustellen. Obgleich es in vielen Städten bereits Ansätze einer geordneten Armenpflege gab, hat doch Luther in seiner »diakonischen Theologie« den Durchbruch zu einer Wohlfahrtspflege erzielt, sofern dem Bedürftigen soziale Rechte zuwachsen, die die Rechtsgemeinschaft zu erfüllen hat.

Die Lutherforschung hat inzwischen die konstitutive Bedeutung der Drei-Status-Lehre als Modell der Erneuerung der Wirklichkeit herausgearbeitet. Hier wird das Medium sichtbar, durch das Gott seine Welt gestaltet und erhält. Der Mensch ist gewürdigt, in der cooperatio cum deo einen entscheidenden

---

13 Diese wichtige Stelle findet sich im Römerbrief-Kommentar zu Kap. 13, 8 – 10. Vers 9b wird durch die »Goldene Regel« interpretiert (Mt 7,12). Vgl. Röm.Br. dt. Übersetzung von E. Ellwein, München ²1937, 483. Zum Ganzen vgl. auch G. Scharffenorth, Den Glauben ins Leben ziehen ... Studien zu Luthers Theologie, München 1982, 205 ff.

14 Dieses von Uhlhorn verwendete Zitat stammt aus der Reformschrift von 1520: An den christlichen Adel deutscher Nation; vgl. G. Uhlhorn, a.a.O., 526.

Anteil der Verantwortung zu übernehmen. Luther gibt einer Vielzahl von Ämtern im Bereich der Ökonomie, der kirchlichen Gemeinde und des politischen Gemeinwesens einen spezifischen Akzent, der sie als Dienst im Ganzen der Schöpfung qualifiziert.

Die Stände und ihre Ämter werden in Luthers Theologie mit dem »gemeinen Orden der christlichen Liebe« gleichsam überwölbt. Diese Liebe ist keine schöpfungsmäßige Satzung wie die Stände, sondern Funktion des Christenreiches in seinen Gliedern. Sie hilft zur Pflichterfüllung, befähigt aber zugleich zur Nächstenliebe und trägt das unausbleibliche Leiden in der Welt. »Die Liebe ist ... die Klammer, welche das Handeln Gottes mit der Welt ... im geistlichen wie im weltlichen Bereich umgreift.«[15]

Es ist die Funktion des *status ecclesiasticus*, die Lebendigkeit der Herrschaft Christi zu bezeugen, die »bringt und gibt ewige gerechtigkeit, ewigen friede und ewiges leben«. Demgegenüber geht es im *status politicus*, in »weltlich obrigkeit und ampt«, um die Herstellung, Erhaltung und Förderung der zeitlichen Gerechtigkeit, des zeitlichen Friedens und Lebens. Dies ist nichts geringeres als »eine herrliche Göttliche Ordnung, die Gott gestiftet und eingesetzt hat«. Dies entspricht der ewigen Ordnung wie ein »Bild, Schatten und Figur«, also in realer körperlicher Entsprechung.[16] Im *status oeconomicus* geht es um die Bewahrung und Förderung der biologischen Lebensbasis, um Dienst an Schöpfung, Familie, Arbeit, Lebensunterhalt. Jeder Mensch hat an diesen drei Statuselementen lebensmäßigen Anteil, wenn auch in unterschiedlicher Gewichtung. Es kommt für Luther aber alles darauf an, die diakonische Existenz der Menschen in diesen Strukturen zu begreifen und sie nicht herauszulösen in eine Sonderexistenz. Dies soll im folgenden kurz veranschaulicht werden:[17]

– Im *status oeconomicus* sind die Fähigkeiten, das Eigentum, der Ertrag der Arbeit dem Menschen wie ein Lehen von Gott gegeben, um es – im Sinne der goldenen Regel – zu nutzen zum Dienst am Nächsten. Hierzu gehört die Bereitschaft, dem abzugeben, der etwas bedarf, willig und gern zu leihen »ohne allen Aufsatz und Zins«. Arbeit ist kreatürlicher Dienst und dadurch zugleich Dienst am Nächsten, deshalb gehören Rücksicht auf die Schwachen,

---

15 H. Bornkamm, Luthers Lehre von den Zwei-Reichen im Zusammenhang seiner Theologie, Gütersloh ²1960, 27. Zur Interpretation vgl. G. Scharffenorth, a. a. O., 287.

16 Luthers Schulpredigt enthält eine christliche Staatslehre von einer geradezu atemberaubenden theologischen Weitsicht und Aktualität, vgl. WA 30, 554.

17 Vgl. hierzu W. Maurer, Luthers Lehre von den drei Hierarchien und ihr mittelalterlicher Hintergrund, München 1970; vgl. auch M. Beyer, Luthers Ekklesiologie, in: H. Junghans (Hg.), Leben und Werk Martin Luthers, a. a. O., 98 ff, dort die neuere Literatur!

ihre Einbeziehung in den Arbeitsprozeß ebenso dazu wie die Beachtung der Lebensrechte der Natur.[18]

– Auch im *status politicus* geht es um Diakonie gemäß Röm 13. In die Dienstpflicht am Gemeinwesen ist virtuell jeder Bürger einbezogen: »Richter, Schreiber und Gelehrte und das Volk in seinen Ämtern müssen … mit oben an sitzen, helfen raten und regieren.« Öffentliche Ämter, die allen offenstehen und allen zugute kommen müssen, sind insbesondere »Prediger, Juristen, Pfarher, Schreiber, Ertzte, Schulmeister«, da sie neben dem Verteidigungsamt die Zwecke des Gemeinwesens im besonderen zu erfüllen haben.[19]

W. Elert hat mit Recht darauf hingewiesen, daß die Staatszwecksbestimmung bei Luther erstmals erweitert wird in Richtung auf »gemeine Wohlfahrt«. Schon in der Reformationsschrift des Jahres 1520 wurden die obrigkeitlichen Instanzen über die Zwecke der Rechtsbewahrung und Friedenssicherung hinaus auf ihre Verantwortung für das Ausbildungswesen, die ökonomische Vorsorge, die Eingliederung aller in das Erwerbsleben, Kampf gegen die Ursachen des Bettels, Beaufsichtigung der großen Handelsgesellschaften und die allgemeine Wohlfahrtspflege verpflichtet. »Der hier auftauchende, in engerem Sinne soziale Aufgabenkreis des Staates weist, von Luther aus gesehen, in eine weite Zukunft.«[20] Da es aber damals den Staat im modernen Sinne noch nicht gab, wandte *Luther* sich zur Durchführung der sozialpolitischen Aufgaben in der vielfältig gestaffelten Hierarchie der öffentlichen Instanzen jeweils an diejenigen, von denen er zu ihrer Erfüllung jeweils das meiste erwartete. Amtsträger, die sich ihrer Pflichten entzogen, geißelte Luther mit schneidender Kritik.

– Im *status ecclesiasticus* erhält die fundamentale Neuordnung der Wirklichkeit ihren Antrieb aus der Berufung aller durch die Taufe, nämlich »Christi Mitgenossen und Brüder« zu werden. Die Gemeinde wird zum Quellort, in dem Gott »eine neue wellt schaffet…«[21] In Taufe, Predigt und Herrenmahl wird der Ermöglichungsgrund gelegt dafür, daß »Christus will mit uns dienen« (Apol. IV). Luther kennt deshalb »kein größeren Gottesdienst, denn christliche Liebe, die den Bedürftigen hilft, dienet …«[22]

---

18 Näheres bei Th. Strohm, Luthers Wirtschafts- und Sozialethik, a. a. O. und ders., Martin Luthers Sozialethik und ihre Bedeutung für die Gegenwart, in: H. Süssmuth (Hg.), Das Luthererbe in Deutschland. Vermittlung zwischen Wissenschaft und Öffentlichkeit, Düsseldorf 1985, 68–91.

19 Dieser Gedanke wird im 2. Teil der Schulpredigt von 1530 entwickelt (vgl. Anm. 15).

20 W. Elert, a. a. O., 410.

21 Es ist kein Zufall, daß Luther diesen Gedanken ebenfalls 1530 in seiner Auslegung zum 82. Psalm entwickelte, vgl. hierzu M. Beyer, a. a. O., 106.

22 Dieser Satz findet sich in der Vorrede zur Ordnung des gemeinen Kastens zu Leisnig, WA 12, 13.

Luther hatte im Sermon vom Mahlsakrament von 1519 klargemacht, daß das Miteinanderteilen in den elementaren Lebensvollzügen die Freude und Stärke der urchristlichen Gemeinden ausmachte, deshalb lege jeder »sein Leid in die Gemeinde und suche Hilfe bei dem ganzen Haufen des geistlichen Körpers«[23]. Der wechselseitige Dienst ist das Kennzeichen einer lebendigen Gemeinde, virtuell sind alle Glieder der Gemeinde – kraft ihres allgemeinen Priestertums – Diakoninnen und Diakone. Es ist aber eine Frage der Situation, in welcher Weise dieser Auftrag konkrete Gestalt annimmt. Die Ausgestaltung der reformatorischen Gemeindeordnungen, die *Luther* angeregt und begleitet hat, die von seinen Schülern, von Verantwortlichen in den Städten und Territorien eingeführt wurden, machte deutlich: »Die Reform des Gottesdienstes« und des Amtsverständnisses »zog die Erneuerung des sozialen Lebens nach sich.«[24]

Bevor diesen Tendenzen im Gefolge der Reformation weiter nachgegangen wird, sollen die Überlegungen kurz zusammengefaßt werden: Die Sache der Diakonie ist bei Luther so eng mit der »Diakonie der Versöhnung« und der »Politia Christi« verknüpft, daß der Dienstauftrag das Grundelement der neuen Kreatur, der versöhnten Welt ist. Christen sind als Mitarbeiter Gottes in den konkreten Statusbeziehungen und Ämtern Diakone und Diakoninnen, sofern die Ausrichtung an der Bedürftigkeit des Nächsten Richtschnur jeder Amtsführung ist. Es ist angemessen, bei Luther eine »dreifache Diakonie«, wie es *J. H. Wichern* in seiner Zeitsituation auch getan hat, zu unterscheiden:

– eine *elementare Diakonie*, die zu üben ist im primären Lebenskreis und Umfeld der Familie und der Erwerbsarbeit;
– eine *gemeindebezogene Diakonie* der Kirche, die im »Einüben und Lernen« des Glaubens nicht nur auf eine »brüderliche christliche Einigkeit« hinzielt, sondern auf die Erneuerung der Welt gemäß ihrem geschöpflichen Sinn;
– eine *gemeinwesenbezogene, politische Diakonie*, die an den Ursachen von Not, Hunger, Krankheit ansetzt und ihre positive Aufgabe in der Bereitstellung, Sicherung und dynamischen Entwicklung von Lebensmöglichkeiten für die Angehörigen des Gemeinwesens und darüber hinaus für das Zusammenleben verschiedener Gemeinwesen erhält.

Luther hat damit eine Perspektive eröffnet, die dazu geeignet war, völlig neue Strukturen zu schaffen. Aber es ist bekannt, daß es sich um einen Impuls handelt. Nirgends wurde dieser Ansatz ausformuliert, nirgends konnten Organisationsstrukturen größeren Stils entwickelt werden. Luthers »Theologie der

---

23 WA 2, 745 vgl. hierzu die wichtigen Texte v. G. Scharffenorth, In der Taufe begründete Rechte der Kinder und Hilfsbedürftigen, und dies., Die Diakonie der Gemeinden aufgrund des Taufbundes, a. a. O., 111–118.
24 W. Maurer, Historischer Kommentar zur Confessio Augustana II, Theologische Probleme, Gütersloh 1978, 177 ff, vgl. G. Scharffenorth, a. a. O., 114.

Diakonie« ist deshalb bis heute darauf angewiesen, verstanden, aufgenommen und sinngemäß verwirklicht zu werden. Es kann deshalb die These vertreten werden, daß die neuzeitliche Gesellschaft seit Luther das große Experimentier- und Erfahrungsfeld geworden ist, in dem der Anfangsimpuls aufgenommen, transformiert wurde oder verlorenging bzw. an der harten Realität neuer Systembildungen scheiterte.

III. Luthers »diakonische Theologie« als Herausforderung an die neuzeitliche Gesellschaft

Es ist oft darauf hingewiesen worden, daß Luthers reformatorischer Neuansatz von Anfang an in die Gefahr geriet, zwar als Herausforderung zu neuem Glauben, Denken und Handeln verstanden zu werden, aber an den harten Tatsachen und Entwicklungen der beginnenden neuzeitlichen Gesellschaft scheitern zu müssen. Luther selbst hat im Blick auf sein vom »allgemeinen Priestertum« geprägtes Gemeindeverständnis später resignativ festgestellt, es fehlten ihm die geeigneten Leute dazu. Mußte nicht alles, was über die dreifache Diakonie gesagt wurde, lediglich den Charakter von Empfehlungen, unverbindlichen Möglichkeiten annehmen, sein Programm als Utopie erscheinen und verblassen? Nur in einer vorbehaltlosen selbstkritischen Betrachtung der eigenen Geschichte werden lutherische Kirchen in der Gegenwart begreifen, welche Verantwortung ihnen zukommt. Drei Thesen sollen den folgenden Ausführungen vorangestellt werden:

Erstens: Der reformatorische Impuls Luthers wurde in seiner Zeit durchaus und weithin verstanden und aufgenommen. Es entsprach diesem Ansatz, daß ein großer Reichtum an Formen diakonischer Arbeit sich entwickelte und an vielen Orten über lange Zeit sich auch behaupten konnte.

Zweitens: Die stärksten Hemmnisse lassen sich in zwei Bereichen beobachten: einmal brachten die theologischen Streitigkeiten im evangelischen Lager und die Konfessionskriege das Thema »Diakonie« gegenüber dogmatischen Fragen, die in der Diakonie Tätigen gegenüber den kämpferischen Theologen ins Hintertreffen. Zum anderen läßt sich historisch belegen, daß die konfessionellen und territorialen Kriege des 16. und 17. Jahrhunderts die Kraft der Selbstverwaltungsorgane in den Kirchengemeinden ebenso schwächten wie die der Städte und Bürgergemeinden. Dies führte zu einer Stärkung der wohlfahrtspolizeilichen Ordnungen und Territorien, zur Dominanz der Sicherheitsorgane gegenüber der freigestalteten und selbstverwalteten Wohlfahrtspflege. Die Impulse reichten aber aus, um den von Luthers Reformation geprägten Staaten ein hohes Maß sozialer Verantwortung und Gerechtigkeit zu vermitteln, das häufig seine religiösen Wurzeln erkennen ließ.

Drittens: Der reformatorische Impuls wurde in der politisch-sozialen Reformbewegung des frühen und hohen Pietismus durch großartige »Experimente der Diakonie« zur Blüte gebracht, deren Fernwirkungen bis nach Amerika und Asien reichten, deren Auswirkungen in den protestantischen Staaten Europas groß waren. Aber zu einer diakonischen Um- und Ausgestaltung der Kirchen in diesen Ländern reichte die Kraft dieser Experimente nicht. Als Modelle der Reform in größerem Stil eigneten sich erst die Neuansätze, die im 19. Jahrhundert von Kaiserswerth und von *Johann Hinrich Wichern* ausgingen.

1. Diakonie als Erneuerung des sozialen Lebens

Innerhalb weniger Jahrzehnte wurden in allen Städten »klein oder groß« sowie in einigen Ländern (Württemberg, Albertinisches Sachsen), auch in allen Dörfern oder Flecken, »Ordnungen des gemeinen Kastens« eingeführt. Die Initiative und Verantwortung lag in vielen Fällen direkt beim »Kirchspiel«, der Gemeinde. Von Anfang an aber waren die obrigkeitlichen Instanzen teils mitbeteiligt, teils in entscheidender Verantwortung zuständig.[25] Dies führte zu der Tendenz, systematische und zugleich möglichst umfassende Lösungen zu erreichen, von denen die Betroffenen auch wirklich erfaßt werden:

a) Menschen in lebensgeschichtlichen Notlagen, z.B. die »Hausarmen«, in Not geratene »Werktätige« etwa nach einem Unfall, ebenso Kranke, Alte und Gebrechliche, soweit sie nicht aus ihren Familien unterstützt werden konnten;

b) Menschen am Rande des bürgerlichen Lebens: gefährdete Kinder, Waisen, Witwen, Fremde in anerkannter Not, Strafgefangene oder -entlassene, Arbeitslose, Ungelernte.

Diesen Gruppen sollte eine gezielte Hilfe zuteil werden, deren Effekt möglichst dazu angetan war, daß diese wieder aus eigener Kraft existieren konnten. Bettel als Existenzform wurde überall verboten, ja geahndet. Stattdessen erhielten die Bedürftigen Naturalleistungen und auch Geld, Darlehen, Arbeit oder eine Ausbildung oder Beihilfen zur Aussteuer. Desgleichen wurden Besuchsdienste eingerichtet.

Die geschlossene Diakonie in Hospitälern, Waisenhäusern etc. wurde meist aus katholischer Zeit übernommen, teils sogar in der Regie der Bruder- und Schwesternschaften gelassen oder neu konzipiert. Ebenso wurde dem Schul-

---

25 Vgl. hierzu Th. Strohm, Intentionen der Kastenordnungen und Wohlfahrtspflege zwischen »Kirchspiel« und Rechtsgemeinschaft, in: H. Junghans (Hg.), Leben und Werk Martin Luthers, a.a.O, 220 ff. Dort die einschlägige Literatur.

und Berufsausbildungswesen ein neuer systematischer Stellenwert zugeschrieben.[26]

Entscheidendes Merkmal vieler Kirchen- und Kastenordnungen war die Einrichtung der Gemeindediakone, die zugleich den von den Räten bestellten Armenvögten, Pflegern und Beauftragten zugeordnet war. Die Städte und Dörfer wurden meist in überschaubare Diakoniebezirke eingeteilt. Zuständigkeiten der Diakone wurden abgeklärt und die Betroffenen wurden in Listen registriert. Die Mittel sollten aus dem ehemaligen Kirchenvermögen, aus Stiftungen, Sammlungen im Gottesdienst, bei besonderen Anlässen und in besonderen Fällen durch Steuern aufgebracht werden. Naturalien wurden gespendet, verwahrt und verteilt.

Das Amt der Diakone wurde in den reformatorischen Kirchen- und Armenordnungen – nicht nur in den von *Martin Bucer* und *Calvin* geprägten – eine selbstverständliche Institution. Johannes Bugenhagen sorgte in den nördlichen Regionen, z.B. in Braunschweig, Hamburg, Lübeck und in Kopenhagen dafür, daß in jedem Kirchspiel genügend Diakone gewählt, eingesetzt und mit klar umrissenen Funktionen ausgestattet wurden. Für jeden Kirchen- und Diakoniebezirk sollte wenigstens ein Diakon von der Gemeinde gewählt oder auch vom Rat beauftragt werden. Auch Subdiakone oder jüngere Mitarbeiter der Diakonie wurden eingesetzt. Es gab Gemeinden mit bis zu zwölf Diakonen, die mit anderen beauftragten Helfern häufig feste Gremien bildeten und ein genaues Wochen- und Monatsprogramm erfüllten, obgleich die meisten von ihnen einer anderen Erwerbsarbeit nachzugehen hatten. Die Namen wechselten, es gab Diakone, die zugleich »Älteste« hießen, die mit übergemeindlichen und mit Leitungsaufgaben betraut waren, und die »Jüngsten«, denen Sammlungs-, Pflege- und Besuchsdienste übertragen wurden (z.B. in Lübeck). Es gab Ansätze zum Diakonissen-Dienst zur Pflege der Kranken, zugleich zur Versorgung alleinstehender Frauen. Dem Kollegium der Diakone wurden Vollmachten übertragen. Insbesondere die Zuordnung zu den Räten und Obrigkeiten, die Zusammenarbeit mit gewählten Armenvögten oder Beauftragten der Magistrate kennzeichnet die Bemühung, freie kirchliche Initiativen mit den öffentlichen Instanzen so zu koordinieren, daß die soziale Hilfe zu höchster Effizienz gelangte. Der Formenreichtum in den verschiedenen Territorien war beträchtlich, auch wenn die Magistrate und Territorialherren auf eine Vereinheitlichung drängten.[27]

---

26 Vgl. hierzu G. Uhlhorn, a.a.O., 543 ff; G. Scharffenorth, a.a.O., 114 ff.

27 Ein besonders gründlich dargestelltes Beispiel ist F. Petri, »Unser lieben Frauen Diakonie – Vierhundert Jahre evangelische Liebestätigkeit in Bremen«, Bremen 1925. Leider gibt es keine umfassende Darstellung dieser Zusammenhänge. In Stadtgeschichtsschreibungen (Nürnberg, Hamburg, Lindau usw.) finden sich zahlreiche Belege, aber es fehlt der exakte Überblick!

2. Die Krise der reformatorischen Diakonie

Die nachreformatorische Zeit bis zum Ende des Dreißigjährigen Krieges ist gekennzeichnet von einer Polarisierung der Zuständigkeiten in geistlichen Dingen, die zu einer schweren Krise der reformatorischen Diakonie führen mußte: Auf der einen Seite setzte sich das eine Amt des Pfarrers und der ihm übergeordneten Superintendenten als das entscheidende kirchliche Amt durch. Auf der anderen Seite wurden alle Verantwortlichkeiten, die nicht den unmittelbaren Amtspflichten des Pfarrers zugehörten, in die Hände der obrigkeitlichen Instanzen überführt. Schon die Appelle Luthers an die Landesobrigkeit, die Verlagerung der Zuständigkeit auf staatliche Organe, die möglichst ungeschmälerte Überführung von Kirchengut dorthin, zeigten, daß die einzelnen Gemeinden zur Initiative und Selbsthilfe kaum in der Lage waren. Der Organisationsrahmen der sozialen Ordnung verkraftete die abrupte Säkularisation des Kirchenguts und die Zerstörung der Sozialfunktion der spätmittelalterlichen Kirche nur um den Preis, daß die Zuständigkeit der etablierten weltlichen Obrigkeiten überdimensional ausgedehnt wurde. Dies mußte wohlfahrtsstaatliche Tendenzen begünstigen, d. h. die ethisch formulierte Verpflichtung der im politischen Gemeinwesen, der in der Rechtsgemeinschaft zusammengefaßten Kräfte, innerweltliche Lebensziele, die Daseinsvorsorge und die Fürsorge für Bedürftige gemeinschaftlich zu regulieren. Hier entwickelte sich die für das lutherische Deutschland und die lutherischen Staaten Skandinaviens charakteristische politische Ethik, deren Probleme erst in den autoritären, bürokratischen und militärischen Flächenstaaten des 18. und 19. Jahrhunderts evident wurden. Andererseits führte sie dazu, daß im entwickelten Industrialismus der Staat frühzeitig zu sozialpolitischen Maßnahmen von großer Tragweite zugunsten des lohnabhängigen Arbeiters veranlaßt wurde.[28]

Die Krise der Diakonie hat *G. Uhlhorn* zutreffend beschrieben: Der Gedanke, daß die Gemeinde eine tragende Initiative zu übernehmen und in die soziale Welt hinauszutragen habe, war zunächst eine Überforderung. Der gemeine Kasten als ein wichtiges Medium wurde ein ganz von ihr verschiedenes Rechtssubjekt, eine Spezialstiftung, der andere Spezialstiftungen, Spitäler, Waisenhäuser, Almosenstiftungen, völlig gesondert zur Seite stehen. Ebenso ging das Diakonenamt an vielen Orten verloren, das Diakonissenamt kam nicht zur Entfaltung. Uhlhorn sieht in diesen Entwicklungen eine Strukturschwäche des Luthertums. Dem Lutheraner gelte zwar die Armenpflege als eine notwendige Betätigung des christlichen Lebens. Wer sie aber ausübe, ob kirchliche Organe oder die Obrigkeit, sei ihm lediglich eine Zweckmäßigkeitsfrage, ja er neige von vornherein

---

28 Eine gute Übersicht über diese Entwicklungsphase gibt W.R. Wendt, Geschichte der sozialen Arbeit. Von der Aufklärung bis zu den Alternativen, Stuttgart 1983; vgl. auch Ch. Sachße/F. Tennstedt, Geschichte der Armenfürsorge in Deutschland I, Stuttgart 1980, II, 1988. Vgl. auch Th. Strohm, Die Ausformung des sozialen Rechtsstaats, a. a. O., 319–412.

dahin, sie der Obrigkeit zu überlassen oder ihr die Leitung zuzugestehen. Gegenüber der »eigentlichen Aufgabe« der Kirche: Wortverkündigung, Sakramentsdienst, sei jene Aufgabe allenfalls ein Hilfsdienst. In den Augen lutherischer Theologen sei es die legitime Aufgabe christlicher Obrigkeit, in die Armenpflege ordnend und leitend einzugreifen. Dies sei die Ausübung des ihr anvertrauten Amtes der Liebe. Uhlhorn sieht in der Stralsunder Kirchenordnung von 1525 (!) einen klassischen Beleg für diese These. Dort heißt es: »Zwei Stücke sind es, worin das Christentum besteht, daß man Gottes Wort höre und daran glaubt und seinen Nächsten liebe. Der Prediger Amt ist, daß sie Gottes Wort lauter und rein predigen, der christlichen Obrigkeit gehört, zu ordnen, daß christliche Liebe gehalten werde.«[29]

Die Polarisierung ist also teilweise genuines Erbe der lutherischen Reformation. Es ist daher kein Wunder, daß die zarte Pflanze der Diakonie teilweise zertreten wurde in den Wirren der Konfessionskriege und der von Theologen und Pfarrern oft erbittert geführten innerprotestantischen Fehden. Die christliche Liebestätigkeit fiel teilweise auf das Niveau des zufälligen Almosengebens zurück oder kam ganz zum Erliegen, da ihr die entscheidenden Antriebskräfte fehlten. Allerdings war der Grundimpuls stark genug, um neben herber Kritik an den Fehlentwicklungen auch neue Ansätze, ja Modelle diakonischer Präsenz hervorzurufen. Auch wenn diesen Versuchen etwas Experimentelles anhaftet, wenn sie auch oft einseitig bestimmte Aspekte betonen, so zeigen sie doch den Formenreichtum, der auf dem Boden der Reformation im Blick auf die Diakonie heranreifen konnte.

IV. Struktur und Reichweite diakonischer Modelle im 17. und 18. Jahrhundert

Es ist hier nicht der Ort, eine Sozialgeschichte der Diakonie in der Neuzeit zu schreiben. Vorhandene Untersuchungen reichen aus, um die These zu belegen, daß im sog. frühen und hohen Pietismus lutherischer Prägung eine Art zweite Reformation im Zeichen der Diakonie stattgefunden hat. Die Zielsetzung war universal und ökumenisch, ihre Stoßrichtung beschränkte sich nicht auf die diakonische Erneuerung der Kirche, sondern des politisch-sozialen Lebens überhaupt. In Anknüpfung an zentrale Motive lutherischer Theologie entfaltete sie dennoch eigenständige theologische Überzeugungen, in denen die Einheit von Glauben und Tun betont und ein neuer, ganzheitlicher Dienst der Christen in der Welt begründet wurde. Vier Persönlichkeiten, die die Entwicklung prägten, sollen hervorgehoben und im Blick auf ihre Wirkung bewertet werden.

---

29 Vgl. G. Uhlhorn, a. a. O., 599. Er hebt diese Tendenz ab von bestimmten reformierten Traditionen, die auf einem eigenständigen diakonischen Amt der Kirche bestehen. Vgl. hierzu auch Th. Strohm, Pfarrhaus und Staat. Die politische Bedeutung des evangelischen Pfarrhauses, in: G. Greiffenhagen (Hg.), Das evangelische Pfarrhaus. Eine Kultur- und Sozialgeschichte, Stuttgart 1984, 329 ff.

1. Johann Valentin Andreae

Noch bevor die großen Verheerungen des Dreißigjährigen Krieges einsetzten, in den Jahren zwischen 1610 und 1619, entwarf *Johann Valentin Andreae* (1586–1654), lange Zeit Superintendent in Calw, das Modell einer Gesamtordnung, die auf dem Grundgedanken Luthers fußte.[30] Kennzeichen dieses Entwurfs ist die systematische Zuordnung des christlichen Bürgers (»civis christianus«), christlicher Dienstgemeinschaften (»fraternitates christianae«), christlicher Gesellschaftsgestaltung (»christianae societatis imago«) im Blick auf die Ordnung des politischen Gemeinwesens (»rei publicae christianopolitanae«). War die Gemeinde bei Luther noch »Modell einer neuen Ordnung«, so wird bei Andreae Christianopolis Maßstab für seine Kritik und Maßstab für die Ordnung der Staaten. Luther knüpfte einfach an die vorfindliche Gemeinde an, verlieh ihr neuen Sinn und vertiefte ihre Aufgaben. Andreae denkt an neue Organisationen, an die fraternitates Christi als konkrete Aktionsgemeinschaften, an die societas christianae als konkrete gesellschaftliche Kooperation überregionaler Kräfte, an die Christianopolis als eine bis ins Kleinste moralisch durchdachte Gesellschaftsgemeinde als Modellfall.[31] Ziel dieses großartigen Modells ist die »Generalreformation der ganzen Welt«. Andreae, der mit den anregendsten Persönlichkeiten seiner Zeit in engem Austausch stand (z. B. *Joh. Kepler, A. Comenius, Ludwig von Anhalt*), versuchte herauszuarbeiten, welche Konsequenzen aus der im Glauben erfaßten praesentia Christi in der Welt – »Christus die Welt umarmend« –, aus der Bindung an das regnum Christi, aus der reformata imago Dei in seiner Zeit zu ziehen sind.

Hier bewährt sich das bei Luther angelegte dreifache Verständnis von Diakonie, das sich am »wahren Dienst Gottes« orientiert. Das Lebensziel der Christen ist deshalb nicht die »Glückseligkeit«, sondern der Erweis der Brüderlichkeit, durch die das Elend in der Welt, Haß, Feindschaft und Ungerechtigkeit eingedämmt, abgeschwächt und im Ansatz überwunden wird. Dies zeigt sich vor allem in der persönlichen und öffentlichen Behandlung der Kranken und Irren: »Wem die Natur ungünstig war, der soll durch die Gesellschaft um so mehr begünstigt werden.«[32]

Es ist nicht verwunderlich, daß Andreae als Ahnherr der »Christlichen Gesellschaft« in Württemberg gilt. Als »Großtat« konnte seine Gründung des »Färberstifts«, getragen von der »Christlichen Gesellschaft«, bezeichnet werden. Der Zweck war »ein ganzes Wohlfahrtsprogramm, ja der Ansatz zu einer

---

30 Einzelheiten und Literatur bei Th. Strohm, Die Ausformung des sozialen Rechtsstaats, a. a. O., 173–185.

31 Vgl. hierzu P. Joachimsen, Der deutsche Staatsgedanke von seinen Anfängen bis auf Leibniz und Friedrich den Großen, München 1931, Einleitung.

32 Dieser Satz findet sich in der »Christenstadt« Kap. 22, vgl. Th. Strohm, Die Ausformung des sozialen Rechtsstaats, a. a. O., 183.

sozialen Reform«. Basis war die »Einladung zur Brüderschaft Christi an die Anwärter der göttlichen Liebe«[33]. Andreaes Fernwirkungen in zeitlicher und räumlicher Beziehung können gar nicht überschätzt werden. Obgleich alles Ansatz, Perspektive, Experiment blieb, hat er doch den Grund für das diakonisch-soziale Programm des frühen und hohen Pietismus bis weit ins 19. Jahrhundert hinein gelegt.

2. Philipp Jakob Spener

Eine ganze Generation später hat *Philipp Jakob Spener* (1635–1705) den lutherischen Gedanken des »allgemeinen Priestertums der Gläubigen« aufgenommen und in eine Perspektive der Reform der Kirche wie des politischen Gemeinwesens eingetragen. Spener gilt mit Recht als der eigentliche Anreger der Reformbewegung des Jahrhunderts. Er war ein Reformer von europäischem Rang, sammelte Erfahrungen in Straßburg, basierte auf *Luther, Bucer, Johann Arnd* und *Andreae*, er galt später in Berlin als der »einflußreichste Mann, den Berlin um 1700 besessen hat«.[34] Bei Spener wird die diakonische Intention der Reformation zum konkreten Handlungsprogramm: jeder einzelne Christ soll sich seiner diakonischen Verantwortung konkret bewußt werden, die Gemeinde soll sich ihres Auftrages konkret vergewissern, dem Gemeinwesen kommt die Gesamtverantwortung für die Koordination und Sicherung der gemeinschaftlichen Hilfe zu. Es ist deshalb nicht verwunderlich, daß Spener als Vater der modernen öffentlichen Wohlfahrtspflege gilt. Seine Behandlung des Armenwesens stand »an jener entscheidenden Stelle, wo die Versorgung der Armen nicht mehr dem christlichen Mitleid allein überlassen bleibt, sondern wo sie zur anerkannten Aufgabe des Staates wird.«[35]

Schon in Frankfurt (1666–86) widmete er sich der Reform der Gemeindearmenpflege, deren Effizienz durch die Verquickung von Kirchen- und Kastenordnung zu wünschen übrig ließ. Die zeitgemäße Organisation, die Speners Frankfurter Projekt eines Armen-, Waisen- und Arbeitshauses als Grundlage

---

33 Vgl. A. Pust, Über Andreaes Anteil an den Societätsbewegungen des 17. Jahrhunderts (MCG 14), 1905; vgl. Th. Strohm, Die Ausformung des sozialen Rechtsstaats, a.a.O., 185.

34 M. Schmidt, Spener und Luther, in: Luther Jahrb. XXIV, 1957, 102 ff stellt Spener in eine Reihe mit Luther selbst. Vgl. auch W. Grün, Speners soziale Leistungen und Gedanken. Ein Beitrag zur Geschichte des Armenwesens und des kirchlichen Pietismus in Frankfurt a.M. und Brandenburg-Preußen, Würzburg 1934. Vgl. vor allem die fundamentalen Beiträge in: C. Hinrichs, Preußen als historisches Problem. Gesammelte Abhandlungen, Berlin 1964.

35 W. Grün, a.a.O., 81; vgl. F.L. Kroel, Die Entwicklung der Waisenhäuser in Deutschland seit der Reformation, Diss. Heidelberg 1921.

öffentlicher Wohlfahrtstätigkeit fand, wurde vorbildlich für zahlreiche deutsche und europäische Städte und für die Politik vieler Territorien, insbesondere Brandenburg-Preußens. Diese Tendenz zur »Verstaatlichung« konnte nur verfolgt werden, sie konnte nur sinnvoll sein, solange und soweit hinter ihr die tragenden Kräfte der Gemeinden, christlicher Gesellschaften und einzelne verantwortliche Personen standen. Spener ging es um die Koordination der Mittel zur Erzielung des besten Erfolges gegenüber den Hilfebedürftigen. Diakonie wurde zu einer Frage der Kooperation, der Planung. Zum ersten Male wurde dem Gedanken, daß »Liebe sich in und durch Strukturen verwirklicht«, systematisch Rechnung getragen. Von jetzt an wurden das Krankenhauswesen, die Armen- und Krankenpflege, die Arbeits- und Ausbildungsförderung zur kommunalen und staatlichen Pflicht. Das spätere Prinzip der allgemeinen Fürsorgepflicht bei Anerkennung der Freizügigkeit wurde dann im Preußischen Landrecht (1794) kodifiziert. Hier bekam der soziale Rechtsstaat neuzeitlicher Prägung seine erste eindeutige Basis.[36]

3. August Hermann Francke

Es lag in der von *Spener* vorgezeichneten Linie, wenn *August Hermann Francke* (1663–1721) sich um die Ausformung vorbildlicher Strukturen bemühte und dabei dem diakonischen Ansatz der Reformation einen genuinen Ausdruck verlieh. Ihm ging es darum, der christlichen Nächstenschaft ihre kosmopolitischen Dimensionen zu eröffnen. Es ist kein Zufall, daß Francke im Verdacht stand, einen christlichen Pazifismus zu verbreiten, verstand er doch sein Reformprogramm auch als ein Gegenmodell zum militärisch-absolutistischen System seiner Zeit.[37] Im Glauben – befördert durch die christliche Bildung und Erziehung – wird jeder Christ zum Diakon, zur Diakonin, indem er alles riskiert für den von Gott gesetzten Zweck: »die Beförderung des ganzen Werkes des Herrn«; »die rechte Universalverbesserung allen Lebens, aller Stände«, »die Generalreformation der ganzen Welt«[38]. Halle wird so zum

---

36 Vgl. Th. Strohm, Die Ausformung des sozialen Rechtsstaats in der protestantischen Überlieferung, a. a. O., 230–297: Zwischen Staatsräson und ratio hominum. Der Beitrag der protestantischen Sozialphilosophie.

37 Vgl. hierzu »Pietismus und Militarismus« in Preußen, in: C. Hinrichs, Preußentum und Pietismus. Der Pietismus in Brandenburg-Preußen als religiöse-soziale Reformbewegung, Göttingen 1971, 126–173. Diese Sammlung von Abhandlungen ist der bedeutendste Beitrag zur Aufarbeitung des Halleschen Pietismus.

38 Vgl. hierzu A. H. Franckes Schrift über eine Reform des Erziehungs- und Bildungswesens als Ausgangspunkt einer geistlichen und sozialen Neuordnung der Evangelischen Kirche des 18. Jahrhunderts: Der große Aufsatz, hg. v. O. Podczeck, Berlin 1962. Weitere Literatur bei Th. Strohm, Die Ausformung des sozialen Rechtsstaats,

diakonischen Ausbildungs-Aktionszentrum, zu einem Großunternehmen und Musterbetrieb. Neben einer Armenschule (1694) schuf er nach und nach einen mehr als zweitausend junge Menschen umfassenden Campus mit Waisenanstalt, weiterführenden Schulen, Lehrerausbildungsstätten – »Gesamtschule« = »seminarium universale« –, Lehr- und Musterbetrieben in Landwirtschaft und Gartenbau; eine Verlagsbuchhandlung, einen pharmazeutischen Betrieb, eine Großhandelsgesellschaft mit Verbindungen in alle Bereiche der damaligen Welt. Bei aller Strenge und asketischen Grundstruktur dieses Modells nahm Francke doch Rücksicht auf die personale Natur des je einzelnen und bereitete die Differenzierung vor, in der die Hilfe am Menschen, die Armenhilfe, die Kindererziehung, die Versorgung von Kranken und Behinderten von nun an zum Maßstab der Hilfe wurde.[39]

Die Reichweite dieses »diakonischen Werkes« wird allein daran erkennbar, daß es bis zum Jahre 1704 Zweiggründungen nach dem Muster Halles gab – außer in Königsberg, Nürnberg, Halberstadt, Ostfriesland vor allem in Stockholm, Moskau, London. Ausgebildete Kräfte wurden entsandt nach Ungarn, Siebenbürgen, Dänemark, Schweden, Italien und in den Orient. Die Großhandelsorganisation hatte Verbindungen darüber hinaus nach Übersee. Francke war klar, daß innerweltliche, wirtschaftliche Organisation dem diakonischen Anliegen unmittelbar zugute kommt, d. h. er ersetzte privatkapitalistische durch genossenschaftliche, gemeinwirtschaftliche Betriebsorganisationen. Damit gewinnt das »Modell Halle« eine weit in die Gegenwart des Industrialismus hineinreichende Bedeutung.[40]

4. Nikolaus Ludwig von Zinzendorf

Es blieb *Nikolaus L. v. Zinzendorf* (1700–1760) vorbehalten, das Modell einer »diakonisch-apostolischen Gemeinde« mit Leben und Strahlkraft zu erfüllen. Als Schüler des Halleschen Paedagogiums, theologisch beeinflußt von *Luther*

---

a. a. O., 186 ff: »A. H. Franckes Großes Projekt von einer Universal-Verbesserung in allen Ständen.«

39 Zur Wirkungsgeschichte vgl. H. Weigelt, Die »Deutsche Christentumsgesellschaft« in ihrer geschichtlichen und theologischen Entwicklung, in: H. Weigelt (Hg.), Pietismus-Studien I, Der spener-hallesche Pietismus, Stuttgart 1965, 129 ff. und in E. Beyreuther, A.H. Francke und die Anfänge der ökumenischen Bewegung, Leipzig 1957. Neuerdings hat M. Rückert sowohl Gustav Werner und die »Christliche Industrie« als auch A.H. Francke und das diakonische Modell von Halle in ihrer Bedeutung für die gegenwärtigen Aufgaben der Diakonie untersucht, vgl. seine Diss. Bethel 1988, »Finanzierung diakonischer Arbeit«, 166–225.

40 Vgl. hierzu H. Welsch, Die Franckeschen Stiftungen als wirtschaftliches Großunternehmen, Diss. phil. Halle 1956.

und dem kirchen- und sozialkritischen Theologen *Gottfried Arnold* wurde der Dienstgedanke zum Binnenprinzip der Gemeinde und zum weltumspannenden Handlungsprinzip. Denn nicht nur in Herrnhut, überall in der Welt sollten Brüder/Schwestergemeinden als »Gottesrepubliken« in einem Netzwerk entstehen und so zur Umgestaltung der Welt beitragen. Aus dem Studium des riesigen Werkes von Gottfried Arnold »Die erste Liebe. Das ist: Wahre Abbildung der Ersten Christen nach ihrem lebendigen Glauben und heiligen Leben« (1696), entnahmen Zinzendorf und seine Mitstreiter alle entscheidenden Bauelemente für die Brüdergemeinde. Die schöpferische Aufnahme urchristlicher Lebensformen ist vermittelt durch Arnolds Darstellung: So wird der Bruder- und Schwestername, die Tätigkeit der Schwestern überhaupt übernommen, die Betonung der Laientätigkeit, die Hausbesuche, Liebesmahl und Fußwaschung, Armen- und Krankenpflege, Gastfreiheit, diakonische Abzweckung von Handel, Handwerk und Gemeinwirtschaft – »damit keine Diakonie vom rechten Zweck abkomme«[41]. Darüber hinaus aber gibt es im modernen Sinne Sozialeinrichtungen wie Wohnungsfürsorge, Berufsbildung, Schulendienst, Gewerbeaufsicht, medizinische Dienste. Zinzendorf kam es – wie Francke – auf die Neugestaltung der sozialen und kirchlichen Wirklichkeit an gemäß dem mit der Reformation ans Licht getretenen Gedanken der Freiheit des Christenmenschen, der cooperatio in der Mitarbeiterschaft mit Gott. Seine Ausrichtung fand dies alles im Blick auf das regnum Christi. Hier zeigt sich, daß der lutherische Gnadenuniversalismus sich mit Reformaktivismus so verband, daß die diakonische Grundstruktur des christlichen Lebens in der Welt sichtbar wurde und abstrahlte in viele Bereiche der damaligen Welt. Die Verbindung von aktiver mündiger, diakonischer Gemeinde mit ihren zahllosen Ämtern und Aufgaben mit der gemeinwirtschaftlichen Produktionsform kann als bleibendes Beispiel und Modell einer »Basisgemeinde« begriffen werden, von der gegenwärtig viel gesprochen wird, die im Protestantismus bisher aber nur ansatzweise verwirklicht wurde.[42]

---

41 Eine eingehende Untersuchung über den Zusammenhang der Herrnhuter Theologie und Kirchenverfassung mit Gottfried Arnolds großem Werk fehlt noch. Wichtige Hinweise finden sich bei H.-J. Wollstadt, Geordnetes Dienen in der christlichen Gemeinde; dargestellt an den Lebensformen der Herrnhuter Brüdergemeine in ihren Anfängen, Göttingen 1966, 24–48. O. Uttendörfer hat in verschiedenen Abhandlungen gezeigt, wie stark der Diakoniegedanke auf die gesamte Lebens- und Wirtschaftsgestaltung einwirkte. Vgl. u. a. Wirtschaftsgeist und Wirtschaftsorganisation Herrnhuts und der Brüdergemeine von 1743 bis zum Ende des Jahrhunderts (Alt-Herrnhut, 2. Teil), Herrnhut 1926, 388.

42 Diese Zusammenhänge habe ich im Kapitel »Ein protestantisches Commune-Experiment – Die Brüderunität als Gottesrepublik« herausgearbeitet, in: Th. Strohm, Die Ausformung des sozialen Rechtsstaats in der protestantischen Überlieferung, a. a. O., 204 ff.

5. Theodor Fliedner

Es kennzeichnet das ausgehende 18. und beginnende 19. Jahrhundert, daß die Anregungen der erwähnten Experimente und ein reger internationaler Erfahrungsaustausch auch mit den katholischen Ordensbewegungen überall zu Initiativen führte in Anstalten, Gesellschaften, Neugründungen. *Theodor Fliedners* (1800–1864) Gründung der Rheinisch-westfälischen Gefängnisgesellschaft, des »Diakonissenvereins« (1836) für dienstbereite Frauen und der »Bildungsanstalt für evangelische Pflegerinnen«, die Schul- und Krankenhausgründungen gehören zu den herausragenden Konsequenzen einer von langer Hand angelegten Entwicklung. Als Fliedner starb (1864), gab es bereits 30 Mutterhäuser mit 1600 Diakonissen. Die Induktionswirkung und Ausstrahlung dieser Initiative nach Nord- und Osteuropa und nach Übersee liegt in der universalen Tendenz, die von Anfang an sichtbar wurde. Das Modell der Diakonisse als Beruf und Lebensform prägte in der damals angelegten Form für ein Jahrhundert die evangelischen Gemeinden so sehr, daß Diakonie mit dem Amt der »Gemeindeschwestern« bis heute weithin gleichgesetzt wird.[43]

6. Johann Hinrich Wichern

Es blieb *Johann Hinrich Wichern* (1808–1881) vorbehalten, die zahllosen Einzelinitiativen theologisch und organisatorisch in ein integrales Konzept einzutragen. Wichern ist vorläufiger Endpunkt der nachreformatorischen Entwicklung; zugleich fordert er die nachfolgenden Generationen aufs neue heraus. Als Mitglied eines »männlichen Besuchsvereins«, als Lehrer einer Sonntagsschule, mit Hamburgs sozialer Not wie mit der Sozialarbeit vertraut, gründet auch er 1833 eine Rettungsanstalt für »sittlich verwahrloste Kinder« (Rauhes Haus). Zur Betreuung der Familiengruppen zog er »Brüder« heran, die seit 1845 in der Brüderanstalt ausgebildet wurden. Die männliche Diakonie wurde ins Leben gerufen. Seit 1844 erschienen »Fliegende Blätter aus dem Rauhen Haus«. 1842 wurde das »Seminar für Innere Mission« gegründet. Innere Mission ist ein Prozeß auf das Reich Gottes hin als die »große einheitliche Hilfe, welche alle einzelnen Hilfen als ein ganzes in sich vereinigt«, das allgemeine Priestertum beteiligt jeden Christen.[44]

---

43 Vgl hierzu die wichtige Arbeit von P. Philippi, Die Vorstufen des modernen Diakonissenamtes, 1789–1848. Eine motivgeschichtliche Untersuchung zum Wesen der Mutterhausdiakonie, Neukirchen-Vluyn 1966.

44 Dies ist der Grundgedanke der berühmten »Denkschrift an die deutsche Nation«, in: J. H. Wichern, Sämtl. Werke I, hg. v. P. Meinhold, Berlin 1962, 180 ff.

Die integrative Intention *Wicherns* wird an zwei Zitaten deutlich:

»Hamburg zählt bereits eine nicht geringe Zahl von Vereinen, welche Einzelzwecke der inneren Mission verwirklichen; zu diesen gehören z. B. die Warteschulen, der Verein für entlassene Sträflinge, der Enthaltsamkeitsverein, der weibliche Verein für Armen- und Krankenpflege, die Rettungsanstalt für Kinder, die Sonntagsschulen, der Verein für christliche Erbauungsschriften, die Sparlade u. a. Am meisten würde nun der Zweck des Vereins erreicht, wenn diese sämtlichen Einzelvereine sich zu einem gegliederten Ganzen zusammenschließen und den Verein für innere Mission als handreichende Hilfe gebrauchen wollten und könnten, um so die große christliche Volkshilfe, welche jeder Einzelverein nach einer besonderen Seite hin bietet, als ein Ganzes darzustellen.«[45]

Wichern wünscht ein Zusammenwirken der privaten und kirchlichen und der staatlichen Sozialhilfe mit verteilten Rollen:

»Die ganze Summe der Privatarmenpflege muß ihre nachhaltige Kraft zugleich in der Gemeinschaft und im Zusammenwirken mit diesen öffentlichen Autoritäten suchen. So wird sie als integrierender Teil der ganzen christlichen Armenpflege wahren Bestand haben.«[46]

Wichern kann deshalb von drei Formen der Diakonie sprechen: die freie persönliche, die kirchliche und die bürgerliche, gesetzlich verankerte öffentliche Armenpflege. Die freie und kirchliche Diakonie suchen sich ihre Aufgaben nach ihrem Berührtsein von sozialen Fragen, tragen die Lasten aus sich selbst. Der christliche Staat soll ergänzen, für den Rahmen und die Grundausstattung sorgen, d. h. Armengesetzgebung, Armen- und Sittenpolizei, gesetzliche Armensteuer. »Der bürgerlichen Diakonie fällt pflichtgemäß die Errichtung, Erhaltung und Verwaltung der ganzen institutionellen, d. h. derjenigen Armenpflege zu, die in öffentlichen Hospitälern, Armenhäusern, Schulen« erfolgt.[47]

Wichern übertrug den reformatorischen Gedanken der wechselseitigen Durchdringung »des politischen und kirchlichen Gemeinwesens« auf den modernen Flächenstaat, wobei Familie und Kirche ihre vom Staat gesonderten Aufgaben erhalten. Der missionarischen und sozialen Arbeit schreibt Wichern die ökologische Aufgabe zu, insbesondere durch Familienfürsorge die Hausstände und Zellen des Geschäftsgefüges in Ordnung, die Kirche lebendig zu halten und den Staat auf seine Verantwortung zu verpflichten.

Wicherns für die Gegenwart entscheidende Bedeutung liegt zugleich auch in seiner theologischen Perspektive. Er spricht in seinem Gutachten von 1856 von

---

45 J. H. Wichern, Der Verein für Innere Mission in Hamburg, 1849, in: J. H. Wichern, Sämtl. Werke II, hg. v. P. Meinhhold, Berlin 1965, 50.

46 J. H. Wichern, Über Armenpflege, 1855/56, in: J. H. Wichern, Sämtl. Werke III, hg. v. P. Meinhold, Berlin 1968, 57. Vgl. zum Ganzen auch W.R. Wendt, a. a. O., 80 ff.

47 Vgl. J. H. Wichern, Gutachten über die Diakonie und den Diakonat, 1856, in: J. H: Wichern, Sämtl. Werke III, hg. v. P. Meinhold, Berlin 1968, 130 ff.

der »reichsgeschichtlichen Perspektive für die Erledigung dieser Fragen«. Er fordert in diesem Blickwinkel eine Analyse des »heutigen Weltzustandes« als Folie, auf der sich die Frage nach Diakonie und Diakonat hervorhebt. Wie eine Zusammenfassung seiner theologischen Perspektive wirken die einleitenden Bemerkungen:

»Bei der ganzen Arbeit bin ich davon ausgegangen, daß tiefer und umfassender, als es bis jetzt geschehen, zur Anschauung gebracht werden müsse, in welchem organischen Zusammenhang die Antwort auf die Frage der Diakonie mit der ganzen Offenbarung Gottes im alten und neuen Bunde, ja, mit den noch erst *verheißenen*, noch nicht erfüllten Entwickelungen des Heils steht. Der Standort bei der Beantwortung dieser Frage muß jegliche Beschränkung des Gesichtskreises von sich ausschließen; er ist für mich ein ökumenischer. Jede Beantwortung geht fehl, die diesen Standpunkt verläßt. Die rechte Antwort muß in die Tiefen der Gottheit zurück, um in die Tiefen der Menschheit, in die Tiefen ihrer Nöte und in die Tiefen der ihr gebotenen Hilfe einzudringen. Der alleinige Wegweiser kann also allein die Offenbarung, die vorbereitende sowohl als die in Christo erfüllte, sein.«[48]

Diese Sätze lesen sich wie eine Aufforderung an die Theologie unserer Tage in all ihren Disziplinen, an einer Perspektive für die »Diakonie im Horizont des Reiches Gottes« zu arbeiten. Mit immer größerer Dringlichkeit werden wir heute genötigt, den Gesichtskreis ökumenisch zu entschränken und uns den Fragen nach den Nöten menschheitlich zu stellen.

V. Sozialstaatliche Entwicklungen in Europa als Herausforderung an die Diakonie

Wenn heute vom Sozialstaat als einer Herausforderung an die Diakonie gesprochen wird, dann wird der Blick auf die Geschichte der vergangenen hundert Jahre gelenkt. Denn die Geburtsstunde einer staatlichen, auf den Ausgleich wirtschaftlicher Ungleichheit und von Belastungen unter den gesellschaftlichen Schichten gerichteten Sozialpolitik ist die von Bismarck verfaßte »Kaiserliche Botschaft« vom 17. 11. 1881. Darin hieß es, es sei das Bestreben der beabsichtigten Sozialgesetze, »dem Vaterlande neue und dauernde Bürgschaften seines inneren Friedens und den Hilfsbedürftigen größere Sicherheit und Ergiebigkeit des Beistandes, auf den sie Anspruch haben«, zu verschaffen. Es wurde ein »Gesetz über die Versicherung der Arbeiter gegen Betriebsunfälle« vorgeschlagen. Ihm zur Seite treten sollte eine Vorlage, die eine gleichmäßige Organisation des gewerblichen Krankenkassenwesens zur Aufgabe hatte. Schließlich sollte ein Gesetz zur Alters- und Hinterbliebenenversicherung eine staatlich

---

48 Wichern in der Einleitung zum Gutachten über die Diakonie, a. a. O., 128.

organisierte Vorsorge gegen das Lebensrisiko »Alter« treffen. Als öffentliche Zwangsversicherungen waren dies Maßnahmen, die den modernen Sozialstaat einleiteten, wobei genossenschaftliche Elemente der Beteiligung an Selbstverwaltungen der Versicherungsanstalten auf Dauer auch die Akzeptanz durch die betroffenen Arbeiter und ihrer Organisationen ermöglichten. Bis zum Jahre 1889 waren die wichtigsten Reformgesetze verabschiedet, sie erwiesen sich als eine stabile Basis staatlicher Sozialpolitik, als Jahrhundertgesetze und als Vorbilder für andere europäische Regelungen.[49]

1. Der moderne Sozialstaat – eine Folge der Reformation?

Bismarck hat in den Parlamentsdebatten häufig diese Reformvorhaben als Konsequenz seines christlichen Ethos gekennzeichnet und die Gesetze als »Praktisches Christentum in gesetzlicher Gestaltung« bezeichnet, als Aufgabe der sozialen Gerechtigkeit, als »dauernde Bürgschaften des inneren Friedens«, als Beistand für die Hilfebedürftigen, »auf den sie Anspruch haben«. Dies sei »die höchste Aufgabe eines jeden Gemeinwesens, welches auf den sittlichen Fundamenten des christlichen Volkslebens steht«[50]. Es ist nicht unerheblich darauf hinzuweisen, daß der Geheime Rat *Theodor Lohmann* in den entscheidenden Jahren Bismarcks Gesetzgebungswerk vorbereitete, eine Persönlichkeit, die zugleich im Zentralausschuß der Inneren Mission prägenden Einfluß auf die Zielsetzungen dieser kirchlichen Reformbewegung hatte. Es war Th. Lohmann, der gemeinsam mit anderen christlichen Reformern wie *Adolf Wagner* und dem *Freiherrn von Berlepsch* die Sozialpolitik auf der Basis der Beteiligung der Arbeiterschaft, ihrer Emanzipation, Gleichberechtigung und Mitbestimmung im Staat und in der industriellen Gesellschaft betreiben wollte. Ihre Arbeit war aber zum Scheitern verurteilt in einem System, das die »Idee des sozialen Kaisertums« als Instrument im Kampf gegen Emanzipation und Gleichberechtigung benutzte. Den Sozialgesetzen haftete seither bei aller

---

49 Zur Entstehung der staatlichen Sozialpolitik vgl. aus der Fülle der Literatur W. Vogel, Bismarcks Arbeiterversicherung. Ihre Entstehung im Kräftespiel der Zeit, Braunschweig 1951; F. Boese, Geschichte des Vereins für Sozialpolitik, Berlin 1939; Th. Strohm, Die Ausformung des sozialen Rechtsstaats, a. a. O.; und ders., Ethische Leitlinien für sozialpolitisches Handeln, ZEE 33, 1989, 8 ff (abgedruckt in diesem Band, 233 ff); und ders., Positionen und Stellungnahmen der Evang. Kirche zu sozialpolitischen Aufgaben, in: Aus Politik und Zeitgeschichte, B. 21–22, 1988.
50 Vgl. hierzu H. Rothfels, Bismarck und der Staat. Ausgew. Dokumente, Stuttgart 1958, 301 ff.

Verfeinerung im Detail der Geruch soziotechnischer Instrumente an, die von Sozialbürokratien gehandhabt werden.[51]

Die Kirche der Reformation ist in den Zusammenbruch des deutschen Kaiserreichs bis zum Jahre 1918 zutiefst hineingerissen worden. Die politischen Katastrophen des 20. Jahrhunderts waren immer auch zugleich Katastrophen des deutschen Protestantismus. Zwar waren bei dem verfassungsrechtlichen und institutionellen Aufbau der Weimarer Republik im Sinne der sozialstaatlichen Ordnung und Kontinuität führende evangelische Persönlichkeiten direkt beteiligt: *Friedrich Naumann, Ernst Troeltsch, Adolf von Harnack, Otto von Gierke* u. a. Sie haben ihren Einfluß bei der Ausgestaltung der sozialen Grundrechte und der Grundsätze für eine sozialwirtschaftliche Ordnung in der Verfassung geltend gemacht. Aber sie waren eher intellektuelle Außenseiter; der Protestantismus war nicht die tragende und gestaltende Kraft in diesen entscheidenden Jahren demokratischer Bewährung. Dem sozialen Rechtsstaat fehlten die tragenden sittlichen Elemente, ja teilweise verweigerten kirchliche Kreise ihm die Anerkennung und trugen so zum Zusammenbruch mit bei.[52]

2. Das skandinavische Modell

Es ist sicher kein Zufall, daß in den von der lutherischen Reformation geprägten skandinavischen Ländern die Entwicklung den Verlauf genommen hat, den sie unter günstigeren Ausgangsbedingungen, z. B. in einem konfessionell nicht gespaltenen Staaten-System, in Deutschland auch hätte einschlagen können. Von einem einheitlichen skandinavischen Modell kann allerdings schon wegen der höchst unterschiedlichen Geschichte der vier Länder nicht gesprochen werden: Norwegen wurde 1537 dänische Provinz, von 1814 bis 1905 bestand eine politische Union mit Schweden; diese brachte Norwegen weitgehende Selbständigkeit, die strenge Staatskirchenverfassung blieb erhalten. Seit den fünfziger Jahren des 19. Jahrhunderts entwickelte sich ein überaus lebendiger Vereinsprotestantismus, der nicht zuletzt dem Gedanken der Inneren Mission in allen Gemeinden nachhaltig Geltung verschaffte. Finnland war bis 1809 ein Teil des Schwedischen Reichs, 1809 abgetrennt und bis 1917 autonomes russisches Großfürstentum. Unter dem Zaren Alexander II (1855–1881)

---

51 Vgl. H. Rothfels, Theodor Lohmann und die Kampfjahre der staatlichen Sozialpolitik, Berlin 1927 und K.E. Born, Staat und Sozialpolitik seit Bismarcks Sturz. Ein Beitrag zur Geschichte der innerpolitischen Entwicklung des deutschen Reiches seit 1890–1914, Wiesbaden 1957.

52 Vgl. Th. Strohm, Kirche und demokratischer Sozialismus. Studien zur politischen Kommunikation, München 1968, 44 ff: Die sozialethische und politische Zielsetzung des Evangelisch-sozialen Kongresses und ders., Die Ausformung des sozialen Rechtsstaats, a. a. O., 397 ff.

erlebte das Land einen einzigartigen nationalen, kulturellen und wirtschaftlichen Aufschwung, eine Öffnung zugleich für Bewegungen der Diakonie. Weite Verbreitung fanden die in vier Mutterhäusern ausgebildeten Diakonissen. Dänemark, insbesondere aber Schweden, bildeten die Zentren. Die Entwicklung beider Länder unter einem gemäßigten Königtum, das sich bereits im 19. Jahrhundert parlamentarisch-demokratischen Strukturen öffnete, verlief zwar ganz unabhängig voneinander, aber in den Wirkungen zeigen sich mehr die Parallelen als die Differenzen.

In der sozialpolitischen Entwicklung lassen sich zwei durchaus verschiedene Grundtypen in Skandinavien unterscheiden: in den Staatskirchensystemen *Dänemarks* und *Norwegens* wurde frühzeitig – aufbauend auf den Gemeinde- und Kirchenordnungen *Bugenhagens* und seiner Schüler – die soziale Verantwortung in die öffentlichen, staatlichen Hände gelegt. Den Gemeinden kam eine wichtige freie, ergänzende Funktion in der Seelsorge, Gesundheits- und Armenfürsorge zu. Dies führte wegen der strukturellen Verwandtschaft mit den deutschen Territorien zu einem lebendigen Austausch mit den Zentren der Reform in Halle, Hamburg, Kaiserswerth. Große Persönlichkeiten wie *Hans Nielsen Hauge* (1771–1824) und *N.F.S. Grundtvig* (1783–1872) verbanden Erweckungsarbeit mit wirtschaftlichen und sozialen Reformbemühungen. Der Reichtum an freien Initiativen der christlichen Liebestätigkeit führte am Ende des 19. und im 20. Jahrhundert zu einer wechselseitigen Durchdringung und Ergänzung von vorbildlicher freier Sozialarbeit und staatlicher Sozialpolitik. 1933 fand die entscheidende moderne Sozialreform statt, die zu einer evolutiven Ausgestaltung des modernen sozialstaatlichen Systems hinführte.

Ganz anders war der historische Ansatz in dem *schwedisch-finnischen* Territorium. In den ersten eigentlichen schwedischen und finnischen Kirchenordnungen von 1571 war festgelegt worden, daß die Kirchen und Gemeinden die Armen- und Krankenpflege verantworten und die Mittel aufbringen sollten. In den Verordnungen und Gesetzen der Jahre 1642 und 1686 wurden die Pfarrer und Kirchspiele erneut umfassend in die soziale Verantwortung eingebunden, die ergänzt wurde durch proviziale Einrichtungen wie Hospitäler für die nichtseßhaften Armen. Die kirchlichen Träger wurden herausgefordert bis ins 19. Jahrhundert hinein, eine Systematik der Hilfe zu entwickeln und vorhandene Ansätze in Richtung einer »allgemeinen sozialen Verantwortung« fortzuschreiben. So wurde im 18. Jahrhundert ein sog. Rottenpflegesystem entwickelt, in dem die Pflegebefohlenen in einem rotierenden Zyklus auf die Gehöfte verteilt wurden. Die Pfarrer und Bischöfe waren im Zusammenwirken mit den Gemeindeaufsehern und den Bewohnern genötigt, diakonisch-soziale Kompetenz zu erwerben und umzusetzen. Es ist gar nicht verwunderlich, daß das offizielle Kirchenbeamten-System, das in hohem Maße mit Staatsaufgaben betraut war, viel stärker als die Kirchen in Dänemark und Norwegen, eine starke pietistisch-freikirchliche Opposition hervorrief, eine Art low-church, die insbesondere die Impulse *Wicherns* aufnahm. Schon 1849 wurde eine Gesellschaft für Innere Mission gegründet, Diakonissenhäuser entstanden und 1898 ein Diakonenhaus bei Stockholm.

Seit der Jahrhundertwende bildeten die unterschiedlichen Traditionen Schwedens eine neue produktive Synthese. Die Kirche wandte sich konsequent den Problemen der Arbeiterschaft zu, die Diakonie wurde seit 1919 zum Zentrum der Laienaktivitäten innerhalb und außerhalb der Gemeinden. Die großartige Initiative *Nathan Söderbloms* in der »Weltkonferenz für praktisches Christentum« 1925 war zugleich die Frucht dieser Synthese und Auftakt für eine weltweite Verständigung über die soziale Verantwortung der Christenheit in der Gegenwart.[53]

Dies ist der religiöse Hintergrund des gegenwärtigen schwedischen Modells. Die Wirtschafts- und Sozialpolitik der Regierungen waren seit 1919 darauf gerichtet, die breite Masse des Volkes an der durch Außenhandel und Industrialisierung erzielten Wohlstandssteigerung in größtmöglichem Umfang teilnehmen zu lassen und ihr mittels einer umfassenden Sozialversicherung ein Ausmaß an sozialer Sicherheit zu geben, wie es in keinem anderen Land bisher erreicht wurde. Schweden hatte ausgewogene soziale und konfessionelle Strukturen und eine demokratische freiheitliche Tradition, die alle Schichten umfaßte.

Obgleich Norwegen trotz seiner bis 1905 währenden Personalunion mit Schweden seine nationale Selbständigkeit stets hatte wahren können, zeigte sich doch eine deutliche Parallelität in der sozialstaatlichen Entwicklung. Auch in diesem Land sorgten die Regierungen dafür, daß die breite Masse des Volkes an der durch den wirtschaftlichen und technischen Fortschritt erzielten Wohlstandssteigerung im großen Umfange teilnehmen konnte, Klassenunterschiede abgebaut wurden. Dazu kommt, daß die starke Stellung der Gemeinden und der zahlreichen Volks- und Berufsorganisationen dazu führte, daß ein aus christlichen Traditionen entstandenes soziales Klima mit einem ausgeprägten Solidaritätsgefühl dieses moderne skandinavische Land prägte. Ähnliches ließe sich auch für die anderen Länder Skandinaviens aufzeigen.[54]

---

53 Noch heute zeugen die wenigen Nummern der internationalen sozial-kirchlichen Zeitschrift »Stockholm« 1928 von einem Aufbruch, der – wie die meisten guten Ansätze des Jahrhunderts – im Strudel des Nationalsozialismus verloren ging.

54 Vgl. die Berichte und Literatur zu den Ländern Dänemark, Schweden, Norwegen und Finnland im HDSW mit vielen Literaturhinweisen!

VI. Theologie und Praxis der Diakonie in Europa – Anfechtungen und Perspektiven der Hoffnung

1. Die Krise des Wohlfahrtsgedankens

Die schlaglichtartigen Verweise auf Entwicklungen in Skandinavien sollten deutlich machen, daß die lutherische Reformation in produktiver Weise an der Entwicklung eines neuzeitlichen Staatsethos mitgewirkt hat. *W. Elerts* These, daß Martin Luther den Wohlfahrtszweck des Staates neben den Zwecken der Rechtsbewahrung und Friedenssicherung erstmals mit theologischen Argumenten hervorhob, kann gerade auf dem Hintergrund skandinavischer Entwicklungen gestützt werden. Dieser Wohlfahrtsgedanke bedarf allerdings sowohl der Abgrenzung gegenüber utilitaristischen und eudämonistischen Mißverständnissen, als auch gegenüber einer autoritär-bürokratischen Wohlfahrtsdiktatur, die seit den Tagen Dantons und Robespierres damit assoziiert wird.

Im Verständnis der reformatorischen Überlieferung geht es dabei um die Gemeinwohlverpflichtung der staatlichen Ämter und Organe und um die Gemeinwohlbindung des privaten Besitzes, der bürgerlichen Ämter, Berufe und Dienste und bei alledem um die Sicherung der Lebensrechte der Bedürftigen im Gemeinwesen. Nur so kann die Feststellung *G. Uhlhorns* verstanden und akzeptiert werden, es entspräche dem »lutherischen Charakter«, dem Staate die Armenpflege zu überlassen, aber diese Armenpflege, wie den Staat, mit christlichem Geiste zu durchdringen und ihn in Lösung seiner Aufgabe durch freie Liebestätigkeit zu unterstützen.[55] Dem »katholischen Charakter« dagegen sei es gemäß, die Armenpflege prinzipiell für die Kirche in Anspruch zu nehmen; der Staat habe die Verpflichtung, die Kirche subsidiär bei der Erfüllung ihrer eigenen Aufgabe zu unterstützen. Dem reformierten Weg sei es eigentümlich, Staat und Kirche so zu scheiden, daß beide eine von verschiedenem Geiste getragene Armenpflege leisteten. Die Tragfähigkeit dieser Feststellungen für die neuzeitliche Gesellschaft ist kaum untersucht und deshalb auch nicht überprüft worden. Fest steht allerdings, daß das Luthertum ein theologisch begründetes Sozialethos der Solidarität mit den Nöten der Gesellschaft und eine starke Mitverantwortung bei der Lösung gesamtgesellschaftlicher Aufgaben begründete.

Oft genug wurde darauf hingewiesen, daß viele der lutherischen Kirchen viel zu lang in der staatskirchlichen Abhängigkeit verblieben sind und deshalb in verhängnisvoller Weise sowohl den gesellschaftlichen und politischen Entwicklungen als auch dem Leben des einzelnen gegenüber entfremdet waren. In besonderer Weise betroffen waren von dieser doppelten Entfremdung die lutherischen Kirchen in Deutschland. Sie erwiesen sich als nicht widerstandsfä-

---

55 G. Uhlhorn, a. a. O., 799.

hig gegenüber der Perversion, die den Sozialstaat nach 1933 erfaßte. Im Nationalsozialismus wurden die Grundlagen der Sozialpolitik des Staates pervertiert; alle Reste von Mündigkeit und Barmherzigkeit gingen zugunsten einer rassenhygienischen, staatspolitisch orientierten Zweckrationalität verloren. *Joseph Goebbels* hatte die Formel geprägt: »Wir gehen nicht von den einzelnen Menschen aus, wir vertreten nicht die Anschauung, man muß die Hungernden speisen, die Durstigen tränken und die Nackten kleiden – das sind für uns keine Motive. Unsere Motive sind ganz anderer Art. Sie lassen sich am lapidarsten in dem Satz zusammenfassen: ›Wir müssen ein gesundes Volk besitzen, um uns in der Welt durchsetzen zu können‹.«[56] Die Erfahrung des totalitären Staates, der sich mit der sozialdarwinistischen Weltanschauung umgab, ließ die Frage nach der künftigen Bestimmung von Staat, Kirche und gesellschaftlichen Gruppen grundsätzlich hervortreten.

2. Bischof Eivind Berggravs Mahnung

Es war der norwegische lutherische *Bischof Eivind Berggrav*, der bei der Vollversammlung des Lutherischen Weltbundes 1952 in Hannover eine bis heute vielbeachtete Rede hielt, um Antwort auf die oben gestellten Fragen zu geben.[57] Berggrav hatte seit 1940 selbst Erfahrungen mit dem NS-Regime gemacht und zum christlich geprägten Widerstand dagegen aufgerufen.[58] Der moderne säkulare Staat tendiere, sofern er die Bindung an ein höheres Recht leugnet, zum Totalitarismus und versuche Gott und Glaube durch Wohlfahrt überflüssig zu machen. Diese Gefahr sah er 1952 nicht nur in sowjetisch geprägten Staaten des Ostens, sondern auch in den westlichen Ländern gegeben:

> »Das Spezifikum für den Wohlfahrtsstaat ist, daß er einerseits säkular ist ohne jedwede Anerkennung Gottes als den Herrn des Lebens, andererseits aber Vorsehung spielen will und sich dazu berechtigt meint, in alle Gebiete des Menschenlebens hineinzugrei-

---

56 Vgl. hierzu P. Vorländer, Die NSV. Geschichte des nationalsozialistischen Wohlfahrtsverbandes, Boppardt 1988, Einleitung.

57 Berggravs Vortrag unter dem Titel »Staat und Kirche in lutherischer Sicht« ist abgedr. in: Das lebendige Wort in einer verantwortlichen Kirche. Offizieller Bericht d. zweiten Vollversammlung d. Lutherischen Weltbundes Hannover 1952, hg. v. C.E. Lundquist, Hannover o.J., 78 ff. Vgl. auch H. Weber, Die kirchliche und theologische Diskussion um den Wohlfahrtsstaat, in: J. Doehring (Hg.) Gesellschaftspolitische Realitäten. Beiträge aus evangelischer Sicht, Gütersloh 1964, 90 ff. Dort viele Querverweise auf verwandte Positionen bei O. Dibelius, H. Thielicke, V. Herntrich u. a.

58 Diese Erfahrungen spiegeln sich in dem Buch E. Berggravs, Der Staat und der Mensch, Hamburg 1950, wider.

fen. Es ist dann fraglich, ob die lutherische Zwei-Regimenten-Lehre nunmehr aufrecht erhalten werden könne, oder ob der neue Staat so tief in das geistliche Regiment hineingreift, daß für die Kirche kein Platz mehr übrig bleibe. Der Wohlfahrtsstaat macht auch nicht vor dem Gewissen Halt, er möchte über die Gewissen herrschen... Was der Nazismus »Lebensanschauung« nannte, heißt im Wohlfahrtsstaat demokratische Überzeugung. Niemandem kann es dann erlaubt sein, die Jugend anders zu erziehen, als es diesem Staate dienlich ist. Christentum wird dabei eine Nebensache und eine Privatangelegenheit, die aber nie mit den Staatsanschauungen kollidieren darf.«[59]

Berggrav sieht zwei Wurzeln dieses neuen Staates; das Evangelium und die Französische Revolution. Was das Evangelium als Gabe oder Gnade den Armen oder Kranken zukommen lassen will, wünsche der Wohlfahrtsstaat ihnen als Vorrecht, worauf sie sogar eine Forderung haben, zukommen zu lassen. Der Staat wünsche eine Art von All-Vater zu sein, verzichte zwar auf direkte religiöse Anbetung, versuche aber »Gott dadurch zu substituieren, daß Gott und Glaube durch Wohlfahrt überflüssig gemacht werden«. Diese neue Staatshybris – auch wenn sie im demokratischen Gewand einhergehe – sei gotteslästerlich und müsse als »Gefahr und Feind« angesehen werden. Dieser Staat habe die »Tendenz zur Ausrottung aller anerkannten Diakonie-Wirksamkeit«, durch seine materialistische, autoritär-bürokratische Sozialfürsorge mache er »der Verkündigung der Botschaft durch Diakonie ein Ende«.[60] Der säkularisierte Staat erscheint hier unter dem Aspekt der Ablösung von seinen ursprünglichen Wurzeln, ständig in der Gefahr durch seinen Totalitätsanspruch »alles überflüssig« zu machen, was herkömmlicherweise mit dem »Dienst am Nächsten«, mit Diakonie in Verbindung stand.

Es ist bemerkenswert, daß Berggrav aus dieser Diagnose nicht den Schluß zog, diesem so gefährdeten Staat gegenüber zum Rückzug oder zum Widerstand zu blasen. Vielmehr stellte er fest, die Kirche bzw. das kritische oder konstruktive Engagement der Christen entscheide darüber, ob er seinem positiven Auftrag als Wohlfahrtsstaat gerecht werde oder pervertiere; seine Kritik gelte »nicht dem Wohlfahrtsstaat einmal für sich. Ich glaube aber, daß die Entwicklung in dieser Hinsicht auch sehr von der Stellungnahme der Kirche und der Christen beeinflußt werden könnte. Wir müssen fortan die gottgegebene Aufgabe des Staates anerkennen. Wir müssen bei allen guten Veranstaltungen mithelfen. – Unsere Hauptfrage ist diese: Wie können wir positiv mitwirken? nicht vorerst: Wie können wir Widerstand leisten?«[61] Berggrav sah es als »Pflicht aller verantwortungsbewußten Christen« an, sich bei der Verwirlichung der politischen Aufgaben im Staat zu engagieren.

---

59 E. Berggrav, Staat und Kirche in lutherischer Sicht, in: Das lebendige Wort, 83.
60 A. a. O., 84.
61 A. a. O., 85.

Es wird hier der Wohlfahrtsstaat im Sinne der sozialen Sicherung von Lebensmöglichkeiten für seine Bürger nicht nur nicht abgelehnt, sondern Berggrav fordert die Kirche und die Christen zum Wettstreit heraus: »Auf diesem Gebiet wird unsere Berufung immer dieselbe bleiben: Setzt die Liebe ein, wo es irgendeine Möglichkeit dafür gibt. Auch der Wohlfahrtsstaat wird dankbar sein, wenn ein Dienst in christlicher Hingabe geleistet wird.«[62] Berggrav hat in diesem Referat schlimme Erfahrungen aufgearbeitet und zugleich eine Perspektive im Geiste der Reformation eröffnet. Nicht der Kampf für die formale Wiederherstellung des traditionellen »christlichen Staates«, auch nicht die resignative Abkehr von der politischen Gestaltungsaufgabe des Staates, sondern die kritische und zugleich konstruktive Mitverantwortung für die Lebensmöglichkeiten der Menschen im politischen Gemeinwesen wird gefordert.

Christen sind durch ihr Tun immer ein Faktor der Unruhe, weil sie das Bewußtsein für das humane Defizit selbst in den besten politischen Verhältnissen wachhalten und durch überzeugende Beiträge bzw. eine verläßliche Parteinahme für den Mitmenschen dieses Defizit überwinden helfen. So wirkt christliche Liebe immer in der doppelten Form: als unmittelbarer Dienst am Mitmenschen und als Liebe, die durch Strukturen wirksam wird.

3. »Verantwortliche Gesellschaft« als Leitvorstellung und europäische Perspektive

Bischof Berggravs Ermahnungen bedurften der Ergänzung und Weiterführung. Dafür eignete sich das bei der ökumenischen Weltkonferenz 1948 in Amsterdam geprägte »mittlere Axiom« der »verantwortlichen Gesellschaft«, das als Kriterium zur Beurteilung und Transformation an die beiden politischen Systeme in Ost und West angelegt wurde. Das Prinzip der Verantwortung – Verantwortung vor Gott und Verantwortung für die mitmenschliche Welt sowie Verantwortung für die Schöpfung – wurde durch Richtungskriterien umschrieben: Freiheit und Mündigkeit, Hilfe für Schwache und Schutzbedürftige durch Aufrichtung des Rechts, Partizipation und Solidarität in der politischen und sozialen Gestaltung; Dienst statt Herrschaft; Frieden durch gewaltfreie Konfliktregulierung.

Hier wird kein einheitlicher Entwurf einer gesellschaftlichen Ordnung, wohl aber eine Perspektive für innerweltliches Handeln angedeutet, die offen ist für Zukunft, ja für die Zukunft des Reiches Gottes. Christen werden ermutigt, in ganz unterschiedlichen Systemen des Ostens, Westens oder Südens gemäß dieser Perspektive an der Transformation ihres Systems zu arbeiten. Das

---

62 A. a. O., 84.

Ausmaß dieser Aufgabe wurde häufig unterschätzt, die Entwicklung von Formen der Willensbildung und des Handelns vernachlässigt. Angesichts der Komplexität der Strukturen gerade in Europa bedarf es in den kommenden Jahrzehnten einer enormen Anstrengung, um den Beitrag der Christenheit in Europa und darüber hinaus sinnvoll einzubringen. Mit wenigen Bemerkungen soll diese Aufgabe angedeutet werden:

Der gemeinsame europäische Lebens- und Handlungsraum ist in der Zeit der Weltkriege zerstört, zerspalten worden, unaussprechliche Nöte haben sich dort ausgebreitet. Die Differenzierung in Nationen, Konfessionen, Weltanschauungen gehört seit langem zum Wesen dieser Region. Hat die Diakonie in und für Europa eine Perspektive? Diese Frage stellen, heißt heute, verschiedene Prozesse zu verfolgen: Zum 1. Januar 1993 werden zwölf west- und südeuropäische Staaten einen gemeinsamen Wirtschafts- und Sozialraum bilden. Die im Europarat versammelten und an der europäischen Menschenrechtskonvention sowie der Europäischen Sozialcharta orientierten Länder umfassen auch die in ihrem sozialen Stand hochentwickelten, vom Luthertum religiös geprägten Länder Schweden und Norwegen. Die an der KSZE-Konferenz beteiligten Länder schließen Osteuropa mit ein. Das Modell eines »gesamteuropäischen Hauses« wird durch die atemberaubenden Veränderungen in allen sozialistischen Staaten Osteuropas zur konkreten Vision einer kooperativen Staatenverbindung. Welche Aufgabe kommt den lutherischen Kirchen und ihrer Diakonie zu? Vier Aufgabenfelder sollen hier angesprochen werden:

– Es wird allein im EG-Sozialraum 1993 rund 17 Millionen Arbeitslose geben. In der Europäischen Sozialcharta wird in Art. II 1,1 das »Recht auf Arbeit« als soziale Norm festgehalten und die Erreichung eines »möglichst hohen und stabilen Beschäftigtenstandes« als Ziel der Politik postuliert. Es könnte zur Aufgabe politischer Diakonie werden, dem Recht auf Arbeit durch konkrete Modelle der Beschäftigungsförderung Nachdruck zu verleihen. Dies gilt auch für andere soziale Grundrechte wie die Mitbestimmung bei Betriebs- und Unternehmensentscheidungen.

– Diakonie wird verstärkt den sozialen Ausgleich zwischen den reichen und den ärmeren Regionen im gesamteuropäischen Haus verfolgen. Es ist jetzt möglich, den Brüdern und Schwestern in den osteuropäischen Ländern einen großzügigen Lastenausgleich sowie ganz direkte und persönliche Hilfe von Haus zu Haus zukommen zu lassen. »Diakonie ohne Grenzen« wird bereits praktiziert, aber als großes solidarisches Handlungskonzept bedarf sie noch der Entwicklung.

– Gemessen an der häufig katastrophalen Lage in Ländern der »Dritten Welt« halten sich die europäischen Probleme, ja Nöte noch in Grenzen. Es kommt deshalb darauf an, die europäischen Wohlfahrtsstaaten an ihrem eigenen Anspruch im Blick auf die Solidarität mit der »Dritten Welt« zu messen. Gemeinsame Projekte, Strategien, Perspektiven im KSZE-Rahmen sollen

Gegenstand des »sozialen Dialogs« werden, Modelle sollen gemeinsam erprobt werden.

– Ein wichtiger Schritt in die geforderte Richtung wurde Anfang Oktober 1988 in Erfurt von der 4. ökumenischen Begegnung, an der Protestanten, Katholiken, Orthodoxe, Anglikaner und Freikirchler teilnahmen, getan. In der Botschaft, die der Vorsitzende der europäischen Bischofskonferenz (CCEE), *Kardinal Carlo Maria Martini* (Mailand), veröffentlichte, wurden soziale Ungerechtigkeiten, Arbeits- und Obdachlosigkeit, fehlende Zukunftsperspektiven für Jugendliche, Emigration, Flucht und Rassismus als Ausdruck eines »Widerstandes gegen das Gottesreich« genannt. Es gelte ebenso der Mißachtung anderer Konfessionen, der Passivität und der Unterwerfung unter politische und kulturelle Systeme zu widerstehen. Der Prozeß der zwischenkirchlichen Verständigung muß sich gerade in den Herausforderungen der Regionen wie Europa bewähren. Die lutherische Kirche in der Kirchenprovinz Sachsen hatte als Gastgeberin zugleich entschiedene Schritte der »Umkehr und Erneuerung in unserem Land« gefordert und ihre eigene Regierung damit herausgefordert.[63] Was hier in einem Gremium von 100 Kirchenleuten geschah, bedarf der Verbreiterung in die Ebene der Begegnung der aktiven Christen und ihrer Gemeinden. Die lutherischen Kirchen können hier Wegbereiter eines neuen Aufbruchs in Europa werden.

VII. Versöhnung als Grund, Auftrag und Hoffnung der Diakonie

Die folgenden Thesen sollen die wirkungsgeschichtlichen Darlegungen dieser Studie noch einmal auf ihren theologischen Hintergrund hin zusammenfassen und die weitere Arbeit an einer »Theologie der Diakonie« vorbereiten.

1. Die große Herausforderung

Die Magna Charta des lutherischen Verständnisses der Existenz des Christen in ihrer Doppelstruktur – »Ein Christenmensch ist ein freier Herr über alle Dinge und niemand untertan. Ein Christenmensch ist ein dienstbarer Knecht aller Dinge und jedermann untertan« – hat sich als immer wieder neue Herausforderung im Laufe der Geschichte Bahn gebrochen. Gerade wegen ihrer Offenheit, universellen Gestaltung, Herz, Verstand und Glauben des einzelnen Christen beanspruchend, kann der diakonische Ansatz der Reformation auch in Zukunft seine fordernde, befreiende, kreative und weitreichende Kraft bewähren. Es

---

63 Vgl. A. Hinze, Kirchen: Mehr für die Menschenrechte tun. Appell des ökumenischen Treffens in Erfurt, Südd. Zeit. Nr. 228, 3. 10. 1988, 5.

bedarf allerdings einer hellwachen Wahrnehmung und Verständigung, um zu begreifen, was heute diese Freiheit und Dienstbarkeit konkret bedeuten.

2. Eine Diakonie der Versöhnung

Zu fragen ist heute nach dem Zusammenhang zwischen der Botschaft der Versöhnung und der Aufgabe der Diakonie, zwischen der Martyria und der »Diakonia tes Katalages«, den beiden wichtigsten Lebensweisen der christlichen Kirche: Beide haben ihren letzten Grund in dem lebendigen Christus als dem Beauftragten Gottes im Dienst an der von der Zerstörung bedrohten Welt. Beide sind ein reales Zeichen dafür, daß Gott diese Welt nicht aufgegeben hat, sondern sie einer neuen Zukunft entgegen führen will. Ihr Unterschied liegt darin, daß die Verkündigung das Versöhnungsgeschehen je und je artikuliert und dadurch neue Hoffnung weckt, während die Diakonie durch konkretes Handeln an leidenden Menschen die Versöhnung zur lebendigen Liebestat werden läßt. Theologische Bemühung um die Verkündigung wird zum leeren Geschwätz, diakonische Arbeit zum Leerlauf, ihr Zusammenwirken zum Wohle des Ganzen zerbricht, wenn nicht jede Bemühung auf die Verheißung des gemeinsamen Herrn ausgerichtet ist, der sich selbst zum Knecht aller gemacht hat. Wo aber dieser Herr gehört wird, da schafft er neue Hoffnung und weckt zu neuer phantasievoller Tat. Die christliche Gemeinde braucht die Diakonie, damit die Verkündigung zum konkreten Handeln führt. Die christliche Gemeinde braucht die Verkündigung, damit ihre diakonische Tat nicht abstirbt. Darum ist das gemeinsame Gespräch zwischen den Vertretern der Martyria und der Diakonie auch heute wieder neu von Nöten.

3. Jeder Christ ist zum Dienst berufen

Die lutherischen Kirchen stehen sich selbst solange im Wege, als sie den ganzen Reichtum der Dienste, die im Zeichen der Versöhnung stehen, unentdeckt lassen und sich auf eine Art Suprematie des einen Amtes der Wortverkündigung und Sakramentsverwaltung stützen. Es ist erfreulich, daß das Diakonen- und Diakoninnenamt überall zur Geltung kommt und häufig auch dem Amt des Pfarrers zugeordnet wird. Es geht aber um den der ganzen Gemeinde aufgetragenen Dienst, um die Verpflichtung, die jedem einzelnen aufgrund seiner Taufe zukommt. Dieses bei Luther nur recht unkonkret angedeutete allgemeine Priestertum der Gläubigen als konkreter Nächstendienst der Versöhnung bedarf heute seiner Aktualisierung und Konkretisierung. Jeder Christ ist zum Dienst berufen. Aufgabe der Gemeinde ist es, diesen Grundgedanken umzusetzen. Damit wird der ganze Reichtum der Gnadengaben in die Tat umgesetzt und etwas von der heilsamen Kraft christlicher Botschaft in unserer Zeit sichtbar.

4. Gemeinde als Ort der Versöhnung

Versöhnung kann zur Lebensform der Gemeinde werden und zum Handlungsziel diakonischer Arbeit. Was heißt, Gemeinde als Versöhnungsgeschehen verstehen? Versöhnung als Mitte des Herrenmahls, als Ort der Versöhnung Gottes mit den Menschen, als Ort der Versöhnung der Menschen untereinander, als Ort der Versöhnung im Blick auf die geängstigte Schöpfung. Was heißt Gottesdienst, der im Zeichen der Diakonie der Versöhnung steht? Eintreten in Gottes universalen Dienst an der Welt und damit »Stehen bei Gott in seinem Leiden« (D. Bonhoeffer) in der Welt. Was nimmt sich die Diakonie der Gemeinde vor, die mit der Versöhnung auch Zeichen setzt und Zeugnisse ablegt von Gottes Schalom in der Welt? Diakonie als Schalomarbeit überschreitet prinzipiell die Grenzen, die mit einer Ortsgemeinde heute gesetzt sind, aber sie überspringt diese nicht, sondern gibt über Ziele Rechenschaft und findet eine Richtung hin auf den kommenden Schalom des Messias. Sie wird sich als heilende Gemeinschaft gerade denjenigen gegenüber erweisen, die keine Hoffnung auf Heilung haben.

5. Kritisch-konstruktive Partnerschaft

Diakonie der Versöhnung hat es heute mit widerständigen Strukturen zu tun, sie überwindet Mauern, verhärtete Strukturen, ist dann aber auch schuldig, an der Transformation von Strukturen oder an der Neuentwicklung mitzuwirken. Es gilt, das Nächstenverhältnis »als Grund und Mitte des Rechts zu behaupten«. Indem die Gemeinde und jeder Christ ihrer Bestimmung durch Gott nachkommen und sich für das Recht des Nächsten konsequent anwaltschaftlich einsetzen, vermögen sie in bestimmtem Maße Interessengruppen und eine verfestigte Bürokratie in verantwortliche Gesellschaft umzuwandeln. Dies heißt aber, daß die Christen und ihre Kirche bei der Verwirklichung ihres Auftrages keinerlei taktischen Rücksichten Raum geben dürfen, sich der Bevormundung der Gesellschaft durch eigene Sozialmachtansprüche enthalten müssen. »Die Solidarität mit den Nöten der Gesellschaft ist die Voraussetzung für die Partnerschaft der diakonisch-kirchlichen mit den politischen Kräften bei der als Integration erfolgenden Neuformung gesellschaftlichen Daseins in Staat, Wirtschaftslehren und Kirche.«[64] Diese Partnerschaft ist kritisch-konstruktiv und

---

64 E. Wolf, a. a. O., 163 ff.

findet ihre Grenze hin zum Widerstand, wenn die Menschlichkeit des Menschen in politischen Systemen bedroht wird, ihre Richtschnur aber in der Menschenwürde des einzelnen gerade in seiner Bedürftigkeit. Die positive Aufgabe des Politischen, an die zu erinnern Christen nicht müde werden dürfen, ist die Bereitstellung, Sicherung und dynamische Entwicklung von Lebensmöglichkeiten, sowohl für die Angehörigen des eigenen Staates, wie auch für das Zusammenleben der verschiedenen Staaten. Die Ausübung, Verteilung und Kontrolle von Macht hat in den Dienst dieser Aufgabe zu treten. Heute sind neue, bisher kaum erprobte, umfassende Maßnahmen der Lebensermöglichung im weltweiten Rahmen gefordert.

6. Die doppelte Aufgabe

Damit ist der Diakonie der Kirche eine doppelte Aufgabe vorgezeichnet. Sie ist eingebunden in die Lebensbezüge der Gemeinde, ihres gottesdienstlichen Lebens als dem Quellort der Diakonie und als Raum brüderlichen und schwesterlichen Lebens, Teilens und Helfens. An diesem Quellort geht es auch um die Besinnung über die Wahrnehmung am »ganzen Menschen«, um ein geistliches Wachstum nach innen. Hier werden auch Formen diakonischen Handelns erlernt und erprobt, die dem Auftrag in unserer gegenwärtigen Situation gemäß sind.

Diakonie der Kirche setzt sich darüber hinaus aber mit den staatlichen Organen in einer doppelten Weise in Verbindung. Sie fördert, begleitet im politischen Gemeinwesen diejenigen Bemühungen, die der sozialen Absicherung der besonderen Lebensrisiken, vor allem derjenigen Menschen und Gruppen dienen, die in Not geraten sind bzw. sich selbst nicht helfen können. Sie wird zugleich vor Fehlentwicklungen warnen und unzulängliche Lösungen zu überwinden trachten. Sie wird um so glaubwürdiger sein und auch in der Öffentlichkeit vorbildlich wirken können, je überzeugender sie in ihrem eigenen Lebensbereich der Diakonie der Liebe und Versöhnung Ausdruck und Strahlkraft verleiht. Gegenüber einer sich ausbreitenden Sozialreligion, gegenüber materialistischer Selbstgerechtigkeit und sozialdarwinistischer Rücksichtslosigkeit wird sie die Botschaft von der richtenden und vergebenden Nähe Gottes zur Geltung bringen und solchen Tendenzen in konkreter Kritik entgegentreten.

Luthers Wirtschafts- und Sozialethik

I. Zum historischen Ort der Wirtschaftsethik Luthers

Es gibt kaum ein Gebiet von Relevanz innerhalb des Gemeinwesens, zu dem *Luther* nicht als Theologe, Seelsorger und Ratgeber Stellung hätte nehmen müssen. Die Reformation war als theologisch-kirchliche zumindest auch eine politisch-soziale Reformbewegung. Der Sturm der Reformation hatte gegenüber der feudalen Betrachtung der Welt, die nur einer Oberschicht von Besitz und Bildung adäquat war, eine neue Betrachtung der Wirklichkeit emporgewirbelt. Diese war einer neu heraufkommenden Schicht, der aufsteigenden Mittelklasse gemäß. Der Genuß der Welt, vor allem der auf Kosten anderer, galt dort als Abfall von Gottes Ordnung, als Sünde. Ihr Leitbild wurde geprägt durch die Verklärung dessen, was ihre Stärke ausmachte und was allein sie sozial in die Höhe bringen konnte: der bürgerlichen, der wirtschaftlichen Arbeit. Man versteht die Eigenart der Wirtschaftsethik Luthers aber nur, wenn man sie als epochale Auseinandersetzung an zwei Fronten begreift: als Versuch, die Schäden des mittelalterlichen Systems wirtschaftlicher Ordnung zu überwinden, andererseits als Abwehr des wesentlich Neuen dieser Zeit: des Wirtschaftens mit Geld, der »Anlage« von Kapitalien.

Alfred von Martin hat gezeigt, daß das mittelalterliche System eine wirtschaftliche »Ordnung« nur bei den kleinen Leuten, den Bauern und Handwerkern, die durch ihrer Hände Arbeit den ihrem Stand gemäßen Unterhalt verdienten, kannte. Diese arbeiteten zur Sicherung ihrer Nahrung, ihres traditionell fest gegebenen »Bedarfs«. Diese »statische Ordnung« war überwölbt von der »statischen Unordnung«, in der »die Reichen der vorkapitalistischen Zeit, die großen Herren, ihr seigneuriales Leben führten: Ob es sich nun um den weltlichen Adel oder um jene Priester handelte, von denen *L. B. Alberti* sagt, die wollten alle anderen übertreffen an Glanz und Prachtentfaltung, Hang zum Nichtstun und Fehlen aller Wirtschaftlichkeit.«[1] Die eine Zielrichtung der wirtschaftsethischen Urteilsbildung Luthers und der Reformation galt dieser fatalen Spaltung der Wirklichkeit. Sie war auf die Restitution der Schöpfungs-

---

1 Vgl. A. von Martin, Soziologie der Renaissance, München ³1974, 28f; vgl. auch ders., Die bürgerlich-kapitalistische Dynamik der Neuzeit seit der Renaissance und Reformation, in: HZ 172, 1951, 37 ff.

welt durch die gemeinschaftliche, in Ämter und Dienste gegliederte Ordnung des Gemeinwesens und auf die Neuordnung der Bedarfswirtschaft gerichtet.

Auf der anderen Seite hatten Luther und seine Anhänger den neuen Typus des individualistischen »Unternehmers« – nicht nur in den Familien der Fugger und Welser, sondern auch in dem städtischen Handelspatriziat der europäischen Städte – klar vor Augen. Der rationelle, nicht traditionelle Umgang mit der Wirklichkeit, der Drang nach Neuem, die Kalkulation auf weite Sicht kennzeichnen diesen Typus. Die Liebe des Bauern zum ererbten Gut wie die Arbeitsehre des Handwerkers sind ihm fremd. Das Wirtschaften mit Geld, die Anlage von Kapitalien wirkte schöpferisch, machte erfinderisch, unternehmend. »In ganz anderem Sinne ›unternehmende‹ Ziele konnte man sich setzen, seit man sie mit völlig rationalen Mitteln fördern konnte, wie sie in der Konsequenz der Ausnutzung der durch das Geld gegebenen Möglichkeiten lagen, – seit der rechnende und berechnende, die Zukunft vorausberechnende Kaufmannsgeist, wie eine Wirtschaftskunst so auch eine Staatskunst und Kriegskunst – Staat und Krieg als ›Kunstwerke‹ betrachtend – zu schaffen vermöchte.«[2] Gegen diesen notwendig rücksichtslosen, nach vorne drängenden Handlungstypus machte Luther Front. Er sah hier eine Umwertung aller Werte heraufziehen, die gegen Gottes Ordnungswillen verstieß. Sein Mißtrauen gegen das Geld hatte hier seine Wurzel. Geld ist für Luther eben kein Wert an sich, wie die Gaben der Schöpfung. Die Relativität des Geldes ist durch je verschiedene Relation von Geldangebot und Warenangebot gegeben, es sprengt ein Verständnis des Wirtschaftens zur Deckung des Bedarfs und verführt, ja nötigt zur Erwerbswirtschaft.[3]

Luther konnte sich den virulenten Problemen der spätmittelalterlichen wie der frühkapitalistischen Entwicklung nicht entziehen. Sein Rat und Urteil

---

2 A. von Martin, Soziologie, 30; vgl. hierzu auch D. Claessens, Rationalität revidiert, in: Kölner Zeitschrift für Soziologie und Sozialpsychologie 17, 1965, 465 ff; ders., Kapitalismus als Kultur: Entstehung und Grundlagen der bürgerlichen Gesellschaft, Düsseldorf 1973, 62 ff.

3 Vgl. G. Simmel, Philosophie des Geldes, München ⁵1930, Nachdr. Berlin 1958. H.A. Obermann, Werden und Wertung der Reformation. Vom Wegestreit zum Glaubenskampf, Tübingen, ²1979, 161 ff, hat die »oeconomia moderna«, die von führenden Theologen wie Gabriel Biel (Tractatus de potestate et utilitate monetarum, hg. v. J. Adler, Oppenheim um 1516), Konrad Summerhart (Septipertitum opus de contractibus ..., Hagenau 1500) und Johann Eck – dessen Bologneser Disputationsthesen von 1515 zur Wirtschaftsethik großes Aufsehen erregten – vertreten wurde, subtil herausgearbeitet. Während die Finanzhochburgen Italiens die Diskrepanz zwischen kirchlichem Wucherverbot und täglicher Geschäftspraxis mit Hilfe der Kanonisten längst gelöst hatten, während im Horizont des frommen Finanzmagnaten Jakob Fugger die Klärung gesucht wurde, argumentierte Luther von der Peripherie des Geschehens aus und strebte eine situative theologische Urteilsbildung an.

wurden erwartet. Dadurch sah er sich zu wirtschafts- und sozialethischen Urteilen genötigt, die er nicht zusammenhängend, sondern in Gelegenheitsäußerungen entwickelte. Luthers Wirtschafts- und Sozialethik bedarf einer umfassenden und vollständigen Rekonstruktion auf dem Hintergrund der zeitgeschichtlichen Zusammenhänge. Eine Gesamtdarstellung liegt bis heute nicht vor, wohl aber wurden die Grundzüge seit den Forschungen in der Zeit des nationalökonomischen Historismus, vor allem durch *Gustav Schmoller* und *Wilhelm Roscher* herausgearbeitet.[4] Die Bewertung des Materials wird bis heute stark von den pauschalen Beurteilungen *Ernst Troeltschs* und *Max Webers* geprägt. In Troeltschs weitausholenden Analysen erscheint die lutherische Ethik »mehr noch als die Gegenreformation als eine Nachblüte des Mittelalters ... inmitten einer gänzlich veränderten Welt, die den bereits gebildeten Trieben und Knospen einer weltlichen Kultur den Saft entzieht«[5]. Weber sah Luthers Berufsauffassung von »nur problematischer Tragweite« für sein Verständnis vom Zusammenhang von protestantischer Ethik und dem Geist des Kapitalismus.[6] Die Nachwirkungen dieser Deutungen reichen bis zu *Erich Fromm* und *Herbert Marcuse,* die Luther als Lehrer einer autoritären Religion bzw. Begründer jener typisch deutschen Schizophrenie von innerer Freiheit und Anerkennung eines äußeren Zwangssystems einordneten.[7]

Auch die neuere theologische Lutherforschung hat nur teilweise das Verständnis der Sozialethik Luthers gefördert. *Werner Elert* bezieht – trotz seiner vielen zuverlässigen Einsichten – zu sehr die Soziallehren Luthers auf den hermeneutischen Bezugspunkt des Kleinen Katechismus als der »Konstanten«[8]. *Johannes Heckel* gab noch 1953 als die »herrschende Auffassung des Protestantismus« die These wieder, Luthers Kampf für die iustitia Dei sei zugleich Kampf gegen die iustitia iuristarum, was bei ihm zu einem theologischen

---

4 Vgl. G. Schmoller, Zur Geschichte der national-ökonomischen Ansichten in Deutschland während der Reformationsperiode, Zeitschrift für die gesamte Staatswissenschaft 16, 1860, 461 ff; vgl. W. Roscher, Geschichte der National-Oekonomik in Deutschland, München ²1924; vgl. H. Wiskemann, Darstellung der in Deutschland zur Zeit der Reformation herrschenden national-ökonomischen Ansichten, Leipzig 1861.

5 E. Troeltsch, Luther, der Protestantismus und die moderne Welt, (1907/1908), in: ders., Gesammelte Schriften IV, Tübingen 1925, 202:214 ff; vgl. ders., Calvinismus und Luthertum: Überblick, (1909), in: a. a. O., 254 ff; ders., Epochen und Typen der Sozialphilosophie des Christentums (1911), in: a. a. O., 122 ff.

6 M. Weber, Die protestantische Ethik und der Geist des Kapitalismus, (1904/1905), in: ders., Gesammelte Aufsätze zur Religionssoziologie, Tübingen ⁴1947, 17 ff; ders., Die protestantischen Sekten und der Geist des Kapitalismus, (1906), in: a. a. O., 207 ff; ders., Die Wirtschaftsethik der Weltreligionen, (1915/1919), in: a. a. O., 237 ff.

7 Vgl. E. Fromm, Psychoanalyse und Ethik, Stuttgart 1954, engl.: Man for himself, New York 1947; ders., Psychoanalyse und Religion, Konstanz 1966; H.-Marcuse, Ideen zu einer kritischen Theorie der Gesellschaft, Frankfurt a. M. ²1969, 59 ff.

8 W. Elert, Morphologie des Luthertums I, München 1931, verb. Nachdruck 1952, 5.

Indifferentismus gegenüber dem Recht beigetragen habe.[9] Damit wird aber mit dem Rechtsunterricht Luthers auch seine Sozialethik verdeckt, die dank der Untersuchungen von *Ernst Wolf, Gerta Scharffenorth, Ulrich Duchrow* und anderen klare Konturen gewinnt, freilich sind ihre Dimensionen bis heute noch keineswegs ausgeleuchtet.[10]

Die Frage, ob Luthers Wirtschaftslehre sich im Laufe seines Wirkens gewandelt hat, ist bisher noch nicht gestellt und beantwortet worden. Im Mittelpunkt seines Interesses stand das Thema »Kaufshandlung und Wucher«. Dieses Thema hat sich von Ende 1519, als er den kleinen »Sermon von dem Wucher«[11] veröffentlichte, durchgehalten bis zu der Vermahnung »An die Pfarrherrn, wider den Wucher zu predigen« von 1540.[12] Dort erinnert Luther daran, er habe vor fünfzehn Jahren wider den Wucher geschrieben, d. h., er selbst stellt die Beziehung her zu der Schrift »Von Kaufshandlung und Wucher«[13], die im Sommer 1524 verfaßt wurde und im Herbst 1524 erschien. In dieser Schrift war der 1520 erschienene große »Sermon von dem Wucher«[14] eingefügt. Es wird sich zeigen, daß Luther zwar eine allgemeine Verschlechterung der gesamtwirtschaftlichen Lage konstatierte, nicht aber eine Abwandlung seiner Grundgedanken vornahm. Dies spricht für eine Gesamtbetrachtung unter Zurückstellung des Entwicklungsgedankens. Auch die Reformansätze zur Neuordnung des gemeinen Kastens sind vom Anlaß her bestimmt;[15] sie konzentrieren sich

---

9 J. Heckel, Lex charitatis. Eine juristische Untersuchung über das Recht in der Theologie Martin Luthers, Wien/Köln, ²1973, 3.

10 Vgl. E. Wolf, Peregrinatio I. Studien zur reformatorischen Theologie und zum Kirchenproblem, München, 2. durchges. Aufl. 1962; ders., Peregrinatio II. Studien zur reformatorischen Theologie, zum Kirchenrecht und zur Sozialethik, München 1965; U. Duchrow, Christenheit und Weltverantwortung: Traditionsgeschichte und systematische Struktur der Zweireichelehre, Stuttgart 1970; G. Scharffenorth, Römer 13 in der Geschichte des politischen Denkens: Ein Beitrag zur Klärung der politischen Traditionen in Deutschland seit dem 15. Jahrhundert, Heidelberg 1964 (Uni Heidelberg, Phil. Fak., Diss. 1962); vgl. weiterhin G. Buchwald, D. Martin Luther und die Einziehung und Verwendung des Kirchengutes, Dresden 1919; H. Reymann, Glaube und Wirtschaft bei Luther, Gütersloh 1934 (Uni Leipzig, Theol. Fak., Diss. 1932); E. E. A. W. Hahn, Die Bedeutung des Luthertums für die Entwicklung der Grundlagen der kameralistischen Wirtschaftslehre, Göttingen 1942 (Uni Göttingen, Rechts- und staatswissenschaftl. Fak., Diss. 1942); H. Barge, Luther und der Frühkapitalismus, Gütersloh 1951; G. Fabiunke, Martin Luther als Nationalökonom, Berlin 1963.

11 WA 6,(1) 3–8;9,798.

12 WA 51, (325) 331–424.

13 WA 15, (279) 293–322; 6, 36–60.

14 WA 6, (33) 36–60. 630; 15, (279) 314–320; 9, 798.

15 Ordnung eines gemeinen Kastens. Ratschlag, wie die geistlichen Güter zu handeln sind (Leisniger Kastenordnung), 1523 – WA 12,(1) 11–30.

auf die frühen zwanziger Jahre. Nichts spricht im Horizont unseres Themas für eine Unterscheidung zwischen einem jungen und einem späten Luther. Interessant ist die Differenzierung der Obrigkeitsauffassung in der sogenannten Schulpredigt von 1530[16], die sich an die Freie Reichsstadt Nürnberg wendet und nicht, wie die Obrigkeitsschrift von 1523[17], teilweise als Fürstenspiegel konzipiert ist. Zwar soll im Einzelfall der Entwicklungsaspekt beachtet, nicht aber zum Darstellungsprinzip erhoben werden. Es kommt bei dieser Darstellung darauf an, zu zeigen, wie Luthers sozialethischer Ansatz in der Wirtschaftsethik zum Tragen kam, ferner sollen die wichtigsten Themen und Gesichtspunkte herausgearbeitet und gewürdigt werden. Bei diesem eher systematischen als historischen Vorgehen wird ganz von selbst der Luther der frühen Jahre stärker zur Geltung kommen müssen als der ältere bzw. späte Luther.

II. Zur theologischen Verankerung der Wirtschaftsethik Luthers

1. Die Wirkung der fides iustificans

Luthers Sozialethik gründet in der fides iustificans, mit der die Perspektive des anbrechenden regnum Christi eröffnet ist. Die Aussagen über das regnum Christi gehören zur Substanz der Rechtfertigungslehre. Die iustitia Dei rückt ins Zentrum, sie wird durch das an ihr ergriffene Verständnis des in Christus gesetzten Gott-Mensch-Verhältnisses zum Inbegriff der neuen Schöpfung. Im Mitsein mit Christus wird der Mensch gewürdigt, teilzunehmen an der politia Christi gegenüber der Welt, an seiner kosmischen Wirksamkeit. Der Christ wird zum cooperator cum Deo. Hier wirkt sich das schöpferische Geschehen der Rechtfertigung in dem instrumentalen Handeln des Gerechtfertigten aus. Gott würdigt den Gerechtfertigten zum Mitwirkenden in der Überwindung der gottfeindlichen Welt. Grundlage des Welthandelns des Christen werden die Verweisung auf den Nächsten und der Auftrag zur cooperatio innerhalb der Schöpfung. Die Heiligung des Christen ist die Folge der Rechtfertigung, sie ist bezogen auf ein Dasein in der Welt unter den Bedingungen der Sünde. Aber sie ist Vollzug des Glaubensgehorsams in dem als Liebe bezeichneten Tun des Glaubens. Als Mitwirkender Gottes aber erst hat der Mensch die Freiheit zur vollen Natürlichkeit seines Tuns und zur vorbehaltlosen Indienststellung für die Rechte des Nächsten.

---

16 Eine Predigt, daß man Kinder zur Schule halten solle – WA 30 II, (508) 509f. 517–588; Revisionsnachträge zu WA 30 II, 30 III, 32, 33, 41, 48.
17 Von weltlicher Oberkeit, wie weit man ihr Gehorsam schuldig sei – WA 11, (229) 245–281.

»Die Demut, die humilitas als die universalis iustitia, welche alles allem unterwirft und infolgedessen allem alles erstattet, nennt den Ansatzpunkt für eine evangelische Ethik, die ... als die Äußerung des Glaubens das Gebot der Heiligung, das ›Gesetz‹ des Christenlebens in der kreatürlichen Welt trägt.«[18] Im Widerfahrnis der Rechtfertigung wandeln sich die Begriffe der Größen, die das Handeln des Christenmenschen coram mundo regeln. Die »lex Christi«, d. h. der Glaube, legt die irdischen Rechtsordnungen neu aus und begründet sie »geistlich«. Richtschnur sind das Liebesgebot und die Goldene Regel (Mt 7, 12), die sich dabei sowohl als eine Regel der Vernunft wie des Evangeliums erweist. Wo jeder der Goldenen Regel folgt, da entsteht wie von selbst Recht und Friede. Die Liebe als »meysteryn über alle Gesetz« sorgt dafür, daß der Christ nicht abwartet, daß alle Menschen vernünftig und gemeinnützig, d. h. nach der regula aurea, handeln. Er fängt an, spontan das zu tun, was für alle vernünftig ist und dem Frieden dient, auch wenn es schwere Opfer kostet. Er tut das, weil Gott sich nicht mit der alten gefallenen Schöpfung begnügen, sondern eine neue Schöpfung heraufführen will.[19]

2. Die zwei Regimente

In dieser Perspektive wird der Blick frei für Gottes einheitliches geordnetes Handeln als Schöpfer und Erlöser, das Luther mit dem Vorstellungsmuster der zwei Regimente Gottes umschreibt. Der Christ weiß zwischen diesen zu unterscheiden: für sich und seine Person gehört er dem geistlichen Herrschaftsbereich an und widersteht daher dem Evangelium folgend dem Übel nicht. In seiner Verbundenheit mit den Mitmenschen, den Nichtchristen, gehört er indes dem weltlichen Regiment Gottes an und handhabt hier, angeleitet vom Liebesgebot, zugunsten des Nächsten und zur Abwehr der destruktiven Bestrebungen des Satans die Amtsgewalt und folgt darin dem Gesetz Gottes. Während im geistlichen Regiment Gott durch sein Wort regiert, gehören zum weltlichen Regiment das Richteramt, das Wehramt, das Schreiberamt und das Schulmeisteramt. Dieses viergliedrige »Amt des Schwertes« als »Gottes Werk, Ordnung und Kreatur« dient der Erhaltung und Förderung der Gerechtigkeit und des Friedens. Luther betont den Vorrang des Richter-, Schreiber- und Schulamtes vor dem »Faust-Recht«. Die Personen im Richter- und Schreiberamt sollen

---

18 E. Wolf, Die Rechtfertigungslehre als Mitte und Grenze reformatorischer Theologie, 1949/50, in: WPer 2, 11 ff, bes. 20.

19 Vgl. E. Wolf, »Natürliches Gesetz« und »Gesetz Christi« bei Luther, in: EvTh 2, 1935, 305 ff; ders., Zur Frage des Naturrechts bei Thomas von Aquin und bei Luther, 1951, in: WPer 1, 183 ff.

dafür sorgen, daß »die Leute« die Rechte, die Gott den Menschen gegeben hat, »sicher haben«. Sie sind durch ihre Aufgaben Eckstein und Grundfeste des zeitlichen Friedens auf Erden. Das Amt des Schwertes ist zugleich Gottes Stiftung (Röm 13) und doch menschliche Ordnung (1 Petr 2, 13), insofern die Menschen verpflichtet sind zu verhüten, daß das weltliche Regiment zu einem »thierwesen« verfällt und so dem regnum satanae Terrain überläßt.[20] In »Die Zirkulardisputation über das Recht des Widerstandes gegen den Kaiser« (Mt 22, 21) vom 9. Mai 1539[21], aber auch im zweiten Teil der Schulpredigt von 1530) stellt Luther fest, daß jeder Bürger »Glied der Obrigkeit« sei, weil er für das rechte Regiment mitverantwortlich sei.[22]

Das Predigtamt, das seine unvergleichbare Würde aus seiner Bezogenheit auf das ewige Leben erhält, trägt zugleich die Mitverantwortung dafür, daß das weltliche Regiment seinen spezifischen Auftrag von Gott für das zeitliche Leben im Vorletzten wahrnimmt.

> »Denn alle werck dieses standes gehen und geho(e)ren allein jnn dis zeitlich, vergeng-lich leben, zu erhalten leib, weib, kind, haus, gut und ehre, und was zu dieses lebens not durfft geho(e)ret. So viel nu das ewigeleben ubertrifft dis zeitliche leben, so weit und hoch gehet auch das predig ampt uber welltliche ampt, das ist: gleich wie ein schatten gegen dem co(e)rper selbs, Denn welltliche herrschafft ist ein bilde, schatten und figur der herrschaft Christi, Denn das predig ampt (wo es ist, wie es gott geordent hat) bringt und gibt ewige gerechtigkeit, ewigen fride und ewiges leben, wie S. Paulus solchs hoch preiset 2. Corint. 4. Aber das welltlich regiment erhelt zeitlichen und vergenglichen frieden, recht und leben.«[23]

Deshalb ist es für Luther eine Selbstverständlichkeit, in Predigten zu den Fragen Stellung zu nehmen, die in den Aufgabenbereich des weltlichen Regiments fallen. Hierzu gehören unter anderem: die Armenpflege und der Bettel, die Schulen und Universitäten, Kriegsdienst, Revolution und Gefährdung des Friedens.

---

20 Vgl. z. B. WA 30 II, 554, 35–557, 31.
21 WA 39 II. (XVI Nr 17) (34) 39–90
22 WA 39 II, 41, 1 f; vgl. 46, 27–33; 30 II, 576, 21–24; die Bedeutung dieser Schriften für Luthers Rechts- und Regimentenlehre hat G. Scharffenorth, a. a. O., 135 ff, herausgearbeitet; vgl. auch G. Törnvall, Geistliches und weltliches Regiment bei Luther. Studien zu Luthers Weltbild und Gesellschaftsverständnis, München 1947; vgl. vor allem E. Wolgast, Die Wittenberger Theologie und die Politik der evangeli-schen Stände. Studien zu Luthers Gutachten zu politischen Fragen, Gütersloh 1977, bes. 283.
23 WA 30 II, 554, 25–34.

3. Die Dreiständelehre

In die gleiche Perspektive ordnet sich Luthers Dreiständetheorie ein. Luther hat den mittelalterlichen Gesellschaftsordo der beiden Stände, des geistlichen über dem laikalen, durch die vertikale Aufgliederung – des beibehaltenen corpus christianum – in die »Hierarchien« oder Erzgewalten ersetzt: den sogenannten status ecclesiasticus, den status politicus und den status oeconomicus.[24] Jede von ihnen ist als solche bezogen auf Gott und seine Kirche. Jeder Mensch hat in je verschiedenem Umfang im Regelfall an jeder der Hierarchien lebensmäßigen Anteil. Die Grenzen sind durchaus fließend, die durchgeführte Arbeitsteilung und Rangordnung der Stände sind Produkte des späteren Fürstenstaates. Luther ging es um den ganzheitlichen Menschen, der als cooperator cum Deo im Bereich der Schöpfung mit Würde und Souveränität ausgestattet ist. Die Normen, die im Wort des Gesetzes aufgestellt werden, korrespondieren mit den von Gott gestifteten Institutionen und schützen diese vor Destruktion und Mißbrauch. Während das Leben im status ecclesiasticus durch die »Lehre« vom allgemeinen Priestertum der Gläubigen, vom Recht der Gemeinde, alle Lehre zu beurteilen, Pfarrer ein- und abzusetzen (1523)[25] getragen wird und der status politicus nicht nur »Cantzler, Stadtschreiber, Juristen« erfaßt, sondern »das Volk in seinen Ampten«, bekommt das Leben im status oeconomicus seine eigentümliche Prägung durch den Gedanken der »Haushalterschaft«[26].

Wenn die Christen im Stand und Orden der »gemeinen« christlichen Liebe jenseits ihrer Standesgebundenheit spontan auf den beschäftigten Nächsten verwiesen sind und alle Standesrücksichten suspendieren, so ist ihr alltägliches Leben und Gottesdienst eingebunden in drei Strukturen des kreatürlichen Daseins. Im Dekalog werden die Aufgaben der tres ordines vitae huius umschrieben und von Luther im Großen Katechismus[27] aktualisiert. Die erste Tafel des Dekalogs (1. und 2. Gebot) ist der ecclesia, die Gebote 5 und 8 sind der politia und die Gebote 4, 6, 7, 9, 10 der oeconomia zuzuordnen. Luther

---

24 Zu den Wurzeln der Dreiständelehre Luthers vgl. R. Schwarz, Luthers Lehre von den drei Ständen und die drei Dimensionen der Ethik, in: LuJ 45, 1978, 15 ff.

25 Daß eine christliche Versammlung oder Gemeine Recht und Macht habe, alle Lehre zu beurteilen und Lehrer zu berufen, ein- und abzusetzen. Grund und Ursach aus der Schrift – WA 11, (401) 408–416.

26 WA 30 II, 567, 4. – Zur Ständelehre Luthers aus der neueren Literatur vgl. J. Küppers, Luthers Dreihierarchienlehre als Kritik an der mittelalterlichen Gesellschaftsordnung, in: EvTh 19, 1959, 361 ff. Küppers achtet auf den theologischen Gehalt dieser Lehre und rechnet die tres ordines dem regnum Christi zu, obgleich Luther sie gerade in ihrem Austauschverhältnis von regnum Christi und weltlichem Regiment bzw. Amt reflektiert. Vgl. auch W. Elert, Morphologie II, 49 ff.

27 Deutsch [Großer] Katechismus, 1529 – WA 30 I, (475) 125–238 (426–474) / BSLK, (XXVIII f) 545–733.

faßt den gesamten Bereich der Familie, des Sozialen, der Arbeit und der Wirtschaft im »status oeconomicus«, der Haushaltung, zusammen. Das »Ganze Haus« – die Zelle der alteuropäischen Ökonomik – wurde nach Luther schon im Paradies ins Leben gerufen. In dcr »Praelectio D. M. Lutheri in psalmum CXXVII ...« (1533/1534) sagt er:

> »... die haushaltung ist ein vrsprung, da von alle Policeyen vnd Stadt Ordenung herkommen. ... Sol nu derhalben ein Stadt werden, so mu(e)ssen zuuor hausveter vnd hausgesinde vorhanden sein. Denn ein Stadt nichts anders ist, denn viel heuser und hausgesinde, in ein gemein Regiment vnd ordnung gefasset. So werden nu aus steten fu(e)rstentumb, aus fu(e)rstenthumen ko(e)nigreich, welches die andern alle begreifft vnd inn sich beschleusset, vnd ist also die haushaltung dieser aller ein vrsprung, dauon sie her fliessen, welche erstlich inn dem Paradis von Gott dem Herrn erschaffen vnd gemacht ist, ...«[28]

Die Bürgerschaft, die Fürstentümer, das Reich sind abgeleitete Elemente des Gemeinwesens, in dessen Mittelpunkt als zentrales Ordnungselement menschlicher Wirklichkeit das Hauswesen steht.[29] Damit ist der theologische Ansatz der Wirtschaftsethik Luthers angedeutet. Diese kann im folgenden in ihren wichtigsten Dimensionen entfaltet werden.

III. Strukturen des status oeconomicus

1. Arbeitsethik und Arbeitswirklichkeit

Die erwähnte doppelte Frontstellung Luthers wird an seinem *Arbeitsverständnis* besonders deutlich. Einerseits trug Luther durch die Abschaffung des mönchischen Bettels zur Stärkung der bürgerlichen Arbeitsethik der Neuzeit bei, andererseits hat er sich das Arbeitsverständnis des aufkommenden Frühkapitalismus nicht aufdrängen lassen. Angesichts der starken Rückwendung zum biblischen Verständnis der Arbeit gilt gerade für Luther die Feststellung *Werner Conzes:* Es »führt keine Brücke von christlicher Arbeit zum modernen Kapitalismus«[30]. Im status oeconomicus wird nach Luther der Mensch gewürdigt,

---

28 WA 40 III, (3) 202–269, bes. 220, 21–23; 221, 18–25.
29 Den umfassenden Charakter des »Ganzen Hauses« hat O. Brunner, Neue Wege der Verfassungs- und Sozialgeschichte, Göttingen, 2. verm. Aufl. 1968, herausgearbeitet.
30 W. Conze, Arbeit, in: O. Brunner (Hg.), Geschichtliche Grundbegriffe I. Historisches Lexikon zur politisch-sozialen Sprache in Deutschland, Stuttgart 1972, 166. – Die theologische Eigenart von Luthers Berufsverständnis hat G. Wingren, Luthers Lehre vom Beruf, München 1952, herausgearbeitet. Zum Arbeitsverständnis vgl. G. Schmoller, Zur Geschichte und K. Eger, Die Anschauungen Luthers vom Beruf. Ein

cooperator auf Erden zu sein, durch welchen Gott äußere Dinge, nämlich die creatio continua, sein weiterwirkendes Schöpfungswerk, ausführt und gegen die Wirksamkeit des Bösen verteidigt. Arbeit ist die »Larve«, unter der der verborgene Gott selber alles wirkt und damit Menschen das gibt, was sie zum Leben nötig haben.[31] Der Beruf, die Berufsarbeit erhalten von daher ihre Würde, aber auch ihre ethische Ausrichtung. In Luthers Bibelübersetzung fließen im Wort »Beruf« zwei Begriffe symbolisch zu neuer Einheit zusammen: klesis und ergon, die Berufung und das Tagewerk. Damit kommt zum Ausdruck, daß Gottes ordnendes Wirken bestimmte Werke, die nun das Amt einzelner werden, aus sich ausgliedert.

Auch wenn Luther in der Frühzeit den Akzent mehr auf die Abwehr der spätmittelalterlichen Bevorzugung des geistlichen Standes legt und später häufiger zu prinzipiellen Aussagen über das biblische Verständnis kommt, so ist sein Tenor im wesentlichen unverändert. In der »Genesisvorlesung« von 1535 bis 1545 sagt Luther zu Gen 2, 15:

»... der Mensch [ist] nicht zum Mu(e)ßiggang, sondern zur Arbeit, auch wenn er im Stand der Unschuld geblieben wa(e)re, geschaffen ... Derohalben man das mu(e)ßige Leben, so Mo(e)nche und Nonnen gefu(e)ret haben, billig schilt und verdammet.«[32]

Oft hat er in Anknüpfung an Röm 12, 1 den gottesdienstlichen Charakter der Arbeit hervorgehoben. In der Auslegung »Der 128. Psalm. Wohl dem, der den Herrn fürchtet. ...« (1533/1534) werden die theologischen Aspekte zusammengefaßt:

»Erstlich ho(e)rest du, daß dir Gott durch die Arbeit die Nahrung und was dir mehr vonno(e)then, durch seinen Segen geben will. Darnach, daß er auch einen Wohlgefallen habe an deiner Arbeit, und will sie für ein angenehmes Opffer, und herrlichen Gottesdienst annehmen und halten, dieweil es nicht schlechte Arbeit, sondern auch ein Gehorsam ist, nachdem er es befohlen, und dich dazu beruffen.«[33]

Beitrag zur Ethik Luthers, Gießen 1990; H. Geist, Arbeit. Die Entscheidung eines Wortwertes durch Luther, in: LuJ 13, 1931, 83 ff; K. Holl, Die Geschichte des Wortes Beruf, (1924), in: ders., Gesammelte Aufsätze zur Kirchengeschichte III, Tübingen 1928, 189 ff.

31 WA 31 I,473, 7.

32 W 1, 186 / WA 42, 78, 26–28: »Prodest autem hic quoque admonere, quod homo non ad otium, sed ad laborem, etiam in innocentiae statu, conditus est. Quare merito ociosum vitae genus damnatur, quale Monachorum et Monialium est.«

33 W 4, 2739 / WA 40 III, 281, 21–26: »Primum audis Deum velle per laborem victum et alia ad tuendam vitam necessaria per benedictionem suam largiri; Deinde etiam tuo labore delectari eumque approbare ac sacrificii et gratissimi cultus loco habiturum esse, Si quidem non simpliciter labor est, sed opus obedientiae seu vocationis.«

»Müßiggang«, so heißt es in einer Predigt am 27. Juni 1529, »ist Sünde wider Gottes Gebot, der dir Arbeit befohlen hat. Zum anderen sündigst du gegen deinen Nächsten.«[34]

Daß Arbeit fröhlicher Dienst an Gott und Dienst am Nächsten sei, zu dem jedermann berufen und befähigt sei, charakterisiert Luthers Auffassung. Es ist also nicht die Selbstheiligung, die im Zentrum dieser Berufsethik steht, sondern der Nächste und die Sicherung des Grundbedarfs. In der Beurteilung menschlicher Arbeit kommt es Luther nicht auf die Arbeitsproduktivität, auf Ertrag, Erwerb und Arbeitsleistung an, sondern auf den Dienstcharakter für das Gemeinwesen bzw. für den Nächsten, ferner auf die notwendige Bedarfsdeckung für den Lebensunterhalt des Hauses und auf ihre Gebundenheit an die Ökologie der Schöpfung Gottes. Sind diese Kriterien erfüllt, ergibt sich auch eine relative Gleichwertigkeit der Arbeit bei aller geforderten Differenzierung.

> »Ein schuster, ein schmid, ein bawr«, wie es in der Reformschrift »An den christlichen Adel deutscher Nation von des christlichen Standes Besserung« (1520) heißt, »ein yglicher seyns handtwercks ampt unnd werck hat, unnd doch alle gleich geweyhet priester und bischoffe, unnd ein yglich sol mit seinem ampt odder werck denn andern nutzlich und dienstlich sein, das alszo viellerley werck alle in eine gemeyn gerichtet sein, leyp und sellen zufoddern, gleich wie die glidmasz des corpers alle eyns dem andern dienet.«[35]

Die Gemeinschaftlichkeit von Arbeit, die Kooperation der verschiedenen Gaben, in der jedes konkurrenzhaft-feindliche Gegeneinander ausgeschlossen wird, entspricht nach Luther der am christlichen Leib orientierten kreatürlichen Ordnung.

Luthers Beurteilung der *Berufsstände* kehrt die thomistische Lehre um. Dort wurde die Arbeit des Bauern am niedrigsten, hier wird sie am höchsten bewertet. Landwirtschaft und Bergbau sind zugleich Dienst an der Schöpfung und am Nächsten. Darin sind sie mit anderer Arbeit unvergleichbar. In seiner Schrift »An den christlichen Adel ...« sagt Luther, er könne nicht begreifen, wie es rechtlich zugehen will und möglich sei, daß jemand einen wirklich reinen Gewinn mache, der nicht aus der Erde oder von dem Vieh komme, »da das gut nit in menschlicher witz, szondern in gottis gebenedeyung stehet«.[36] Er als Theologe könne das nicht verstehen; so viel aber wisse er gewiß,

> »das viel gotlicher weere acker werck mehren und kauffmannschafft myndern, und die viel besser thun, die der schrifft nach die erden erbeytten und yhr narung drausz suchen, wie zu uns und allen gesagt ist in Adam ,...‹, ›und in dem schweisz deynis

---

34 WA 29, 442, 8 / 29 – 10 / 32; vgl. G. Wingren, Luthers Lehre von Beruf, a.a.O., mit Verweis auf Luthers Polemik gegen die imitatio.
35 WA 6, 409, 5 – 10.
36 WA 6, 466, 36 f.

angesichts soltu essen dein brot‹. Es ist noch viel lanndt, das nit umbtrieben und geehret ist.«[37]

Und in »Der 127. Psalm ausgelegt an die Christen zu Riga und Livland« heißt es 1524:

»Sage an, wer legt das sylber und gollt ynn die berge, das mans da findet? Wer legt ynn den acker solch gros gut, alls eraus wechst an korn, weyn und allerley fru(e)cht, da alle thier von leben? Thut das menschen erbeyt? Ja wol, Erbeyt findet es wol, Aber Gott mus dahyn legen und geben, solls die erbeyt finden.«[38]

Der Faktor Natur als Schöpfung steht immer noch weit vor dem Faktor Arbeit.
Neben dem Ackerwerk steht das Handwerk als ehrliches Gewerbe. Es ist mit der Herstellung der den Menschen notwendigen Gebrauchsgüter beschäftigt. Was die Kaufleute betrifft, so teilt er sie in einen notwendigen Stand und in einen schädlichen ein. Die Verteilung der Güter zur Deckung der Grundbedürfnisse ist notwendig, auch die Patriarchen hätten verkauft und gekauft: Vieh, Wolle, Getreide, Butter, Milch und andere Güter, die Gottes Gaben sind und aus der Erde kommen. Luthers Unwille trifft den Groß-, vor allem den auswärtigen Handel, der mit seinen fremden Luxuswaren, Geld- und Wechselgeschäften, mit seiner Geldausfuhr das naturalwirtschaftliche Gefüge, die Bedarfsdeckungswirtschaft aushöhlt und zerstört.[39]

Da Luther berufs- und nicht geburtsständisch dachte, hatte er gegenüber dem Adel ein höchst ambivalentes Verhältnis. Noch 1522 erklärte er jeden Unterschied zwischen Adel und Bürgerstand für verwerflich. Warum lasse man nicht wie in Israel nur einen König sein und stelle dessen »Brüder« dem Volk gleich. Er forderte die Heirat zwischen Fürst und Bürgerin, zwischen Magd und Bürger. »Es wirts doch die lenge nicht tragen, eyttel adel mit adel heyrraten.«[40] Über den Adel ürteilte er bei aller Kritik über die »Scharrhansen« später milde:

»Wie keme der schone baum der liebe Adel dazu, das nicht auch vnzeitige fruchte dauon fallen, vnd ettliche nicht auch wormstichig odder wartzicht sein solten, Der baum ist drumb nicht verdampt noch bose, ...«[41]

Der Adel hat keinen genau umrissenen Berufsstand, er gehört zum Wehrstand, zum Nährstand, zum Schreiber – d. h. Verwalteramt, zur Obrigkeit. Darin lag

37 WA 6, 466, 40–467, 6.
38 WA 15, 368, 24–369, 5. – Dieser Gedanke wird von G. Schmoller, a. a. O., 447, in den Mittelpunkt gerückt.
39 Vgl. H. Wiskemann, a. a. O., 19 f; vgl. auch die Abhandlung zur »oeconomia moderna« in: H. A. Obermann, a. a. O., 161 ff.
40 WA 10 II, 157, 6–15, bes. 12 f (Wider den falsch genannten geistlichen Stand des Papstes und der Bischöfe); vgl. G. Fabiunke, a. a. O., 95.
41 WA 30 II, 572,1–3 (Eine Predigt, daß man Kinder ..., 1530).

seine Chance, aber auch die Gefahr parasitärer ökonomischer Existenz. Besonders hoch schätzte Luther die akademischen Ämter und Berufe ein, da sie dazu dienen, den zeitlichen Frieden zu befestigen und der guten Ordnung des Gemeinwesens zu dienen. An diesen Berufen zeigt Luther, daß »Gott ein wünderlicher herr ist, Sein handwerck ist, aus bettler HERRN machen ...«. Die Botschaft von Ps 113, 5 – 8 habe sich überall schon bewahrheitet:

> »Juristen, doctores, Rethe, Schreiber prediger die gemeiniglich arm gewest, vnd ia gewislich allzumal schüler gewest sind, vnd durch die fedder so empor geschwungen vnd aüffgeflogen, das sie herrn sind, wie dieser Psalm sagt, vnd, wie die fursten, land vnd leute regiren helffen ...«[42].

Neben der Sorge für das leibliche Wohl tritt eigentlich nur die Sorge für das Regiment der Welt. Beides kommt von Gott, nicht vom Menschen oder von edler Geburt.

Luther zeichnet das Bild einer ständisch differenzierten, an Bedarfsdeckung und gemeinschaftlichen Diensten orientierten Wirtschafts- und Verwaltungsordnung, in der die Demut das Alltagsleben prägt:

> »Ein furst hat seiner person nach, futter vnd decke, vnd kan nicht mehr verbrauchen fur seine person, das ander mus er hinder sich lassen, so wol als ein burger baur vnd bettler. ... Er hat nichts denn futter vnd decke dauon, wie ein ander mensch, ob gleich das futter vnd decke kostlicher ist, noch ists nicht mehr denn futter vnd decke ..., eins jglichen notturft nach seinem stande, ... es ist allen Christen gesagt, nemlich, das wir ym brauch nicht mehr von allen gutern haben konnen, denn fullen vnd hullen, einer so wol als der ander, ob die fulle vnd hulle nach der person vngleicheit, vngleich sein mus daran ein iglicher yhm solle gnugen lassen.«[43]

Die wenigen Andeutungen genügen, um drei Ingredienzien in Luthers Berufsverständnis zu zeigen. Luther ist jedes naturalistische Ständeprinzip fremd. Nicht die Geburt definiert den Beruf, sondern die vocatio, das Mandat Gottes. Für den Amtsinhaber, ob Bauer oder Richter, ist es wichtig, auf den Ort seines Tuns zu achten, die Grenzen seiner Obliegenheit (functio) zu kennen und zu beachten. Jeder Stand (status, ordo) soll die Ziele und Grenzen dieser Tätigkeit richtig einschätzen und den Mißbrauch verhindern. Die ethische Verantwortung des einzelnen Amtsinhabers wird denkbar weit ausgelegt. Die Gemeinwohlverpflichtung wird vom Nächsten und von der Gemeinde her bestimmt. Der Zugang zu den Ämtern soll virtuell allen offenstehen, da Eignung, Ausbildung und Pflichtbewußtsein vor Privileg und Geburt rangieren.

---

42 WA 30 II, 575, 9 – 576, 4.
43 WA 51, 375, 15 – 17; 376,4 – 6. 9. 11 – 14.

2. Das Eigentumsverständnis

Luthers Stellung zum Eigentum ist wie sein Arbeits- und Berufsverständnis eingebunden in seine sozialethische Perspektive. Die Frage, »ob Christen sollen mit zeitlichen Gütern umgehen, oder ob sie müssen alles verlassen und wegwerfen«, hat schon »viel Jammer und Böses in der Christenheit geschafft«. Auch Christus hat nicht alles verkauft, und Paulus ist ein Handwerksmann gewesen und hat sein Brot mit Händen verdient.[44] Das Eigentum ist ordinatio Gottes und donum Dei. Daher gilt es nicht als gutes Werk, sich des Eigentums zu enthalten, sondern dem Nächsten »... sein gu(o)t vnd narung helffen bessern vnd behu(e)ten«.[45] Die »Confessio Augustana« (Artikel 16) drückt Luthers Überzeugung aus, »quod christianis liceat ..., tenere proprium, ...«. Die »Apologia der Confession« verschärft diesen Gedanken: wer behauptet, »die Priester dörften nicht Güter oder eigens haben, den achten wir fur aufrührisch. Denn eigens haben, Güter haben ist ein weltliche Ordnung« (Artikel 8). In der »Epitome articulorum« (Artikel 12) der »Konkordienformel« wird als Irrtum der »Wiedertäufer« bezeichnet:

> »Daß ein Christ mit gutem Gewissen nichts Eigens behalten noch besitzen könne, sondern schuldig sei, dasselbige in die Gemein zu geben.«[46]

Was sich in den offiziellen Formulierungen rasch zu einem bürgerlichen Eigentumsdenken verfestigt, ist bei Luther in die Dynamik des von der lex

---

44 WA 51, 384, 22–24; vgl. H. Lutze, Das Eigentum nach der Auffassung D. Martin Luthers, in: Das Eigentum als Problem evangelischer Sozialethik, hg. v. der Leitung der Ev. Kirche im Rheinland, Düsseldorf 1949, 119 ff, vgl. auch G. W. Lochner, Der Eigentumsbegriff als Problem evangelischer Theologie, Zürich 1954 (²1962), 21 ff. – Für den Komplex des Eigentums ist besonders aufschlußreich die Auseinandersetzung mit dem Mönchtum, das nicht zuletzt deshalb abgelehnt wird, weil es eine Flucht aus der Verantwortung des Eigentums ist: »Darumb, da der Herr Christus gebeut zu geben, so gebeut ers freylich denen, so da haben und zu geben vermu(e)gens sind. Sonst heisst's: Reuff mich inn der hand. Aber die Mu(e)nche sind diesem Gebot meisterlich entlauffen« (WA 51, 384, 22–25) und: »Nein, das begerd unser Herr Christus nicht, das ich mit meinem gut mich zum Bettler, und den Betler zum Herren mache. Sondern, Seiner notturft soll ich mich an nemen, und was ich vermag, jhm helffen, das der arme mit mir esse, und ich nicht mit dem armen esse, ...« (385, 18–22). – Hier vermögen wir das ganze Gewicht des Amtes »Eigentum« zu ermessen: Es ist nicht einmal erlaubt, sich der Verantwortung und dem Dienst dadurch zu entziehen, daß man alles, was man hat, an die Bedürftigen wendet und sich selber der Entbehrung unterwirft.

45 WA 30 I, 245 a, 9 f / BSLK, 509, 12 f (Der kleine Katechismus fur die gemeinen Pfarrherrn und Prediger, 1529).

46 BSLK, 70, 11. 15 f; 246, 36–40; 824, 28–31.

Christi eingeleiteten Weltbezuges eingebunden. Luther denkt vom 7. Gebot und der Bergpredigt her. Das Gebot »Du sollst nicht stehlen« impliziert ebenso das Eigentumsrecht wie die Aufforderung der Bergpredigt, das Eigentum dem Nächsten, der bedürftig ist, zur Verfügung zu stellen. Der Christ braucht es für den Dienst am Nächsten, deshalb soll er von der Gebundenheit ans Eigentum frei sein. Es ist Aufgabe des Gemeinwesens, diesem Grundgedanken Rechnung zu tragen. Für Luther ist Reichtum gute Gabe innerhalb von Gottes Schöpfung.[47]

Wenn Luther den Mammonismus geißelt, denkt er an »Geld«, ein Wort des Teufels, durch das dieser alles schafft, wie Gott durch sein Wort.[48] Sobald das Geld beginnt, eine eigenständige, auf seine ständige Vermehrung gerichtete ökonomische Bewegung zu vollführen, wo es sich in »naturwidriges« Kapital zu verwandeln beginnt, verurteilt Luther den Gebrauch von Geld als unnatürlich, schädlich, unmoralisch und teuflisch. Denn

> »... groß Geld und Gut [kann] den Hunger nicht stillen, noch ihm rathen, sondern verursacht mehr die Theurung. Denn wo reiche Leute sind, ist es allezeit theuer. Zu dem macht das Geld niemand recht fröhlich, sondern macht einen viel mehr betrübt und voller Sorgen; denn es sind Dornen, so die Leute stechen, wie Christus den Reichthum nennet. Noch ist die Welt so thöricht, und will alle ihre Freude darinnen suchen.«[49]

Luther hebt sich deutlich ab von der thomistisch-aristotelischen Anschauung, in der das Eigentum in seiner Funktion für die Perfektibilität des einzelnen gesehen wird. Dort wird das Recht auf Eigentum, neben dem Recht auf Sklavenhaltung, innerhalb der theoretischen Beziehung des Ichs zum Es als dem Dominum des gottebenbildlichen Einzelnen behandelt. Die berechtigte Selbstliebe ist die Wirkursache des zur Entwicklung der Person erforderlichen Privateigentums an äußerlichem Besitz. Die Institution des Privateigentums verbürgt insgesamt die im Verhältnis des Menschen zu den Sachen nötige Ordnung. Demgegenüber sieht Luther das Entscheidende des Eigentums nicht im Verfügungsrecht an Sachen, sondern in der Funktion für die Lebensgemeinschaft der Christen, für die Rechtsgemeinschaft der solidarischen Bürger und für die nationalökonomische Fortentwicklung des politischen Gemeinwesens.[50] Eigentum ist damit zunächst die notwendige Ausstattung für den Beruf, das »Amt«, das Gott eingerichtet hat:

---

47 Vgl. WA 10 I 2,361, 15–18.
48 Über Mammonismus bei Luther vgl. H. Barge, a. a. O., 32.
49 WA. TR 3,192,16–20 (3145 c), 26. bis 31. Mai 1532.
50 Vgl. hierzu E. Wolf, Zur Frage des Naturrechts, a. a. O., 188 und ders., Sozialethik. Theologische Grundfragen, hg. v. Th. Strohm, Göttingen 1975, 213 ff.

»Zum weltlichen regiment gehoret, das man gelt, gut, ehre, gewalt, land und leute habe und kan on dis nicht bestehen. Darumb soll und kan ein Herr odder fu(e)rst nicht arm sein, Denn er mus allerley solcher guter zu seinem ampt und stand haben.«[51]

Darüber hinaus begründet das Eigentum für sich allein ein »Amt« für den, dem Gott Herrschaft über Sachgüter eingeräumt hat, es ist von Gott ausgegebenes »Lehen«, »anvertrautes Gut«, der Eigentümer ist »Verwalter«. In eine abstraktere Wendung gekleidet, bedeutet das nichts anderes, als daß dem Eigentümer eine umfassende Pflicht zum fortwährenden Dienst mit seinem Gut obliegt. Angesichts dieser uneingeschränkten, einheitlichen Dienstpflicht fällt die von der Scholastik geschaffene, kasuistische Abstufung der Eigentümerpflichten weg. Die Einheitlichkeit der Eigentümerpflicht bedeutet nicht, daß diese nicht einer gewissen Gliederung in sich selber fähig wäre; sie besteht zunächst einmal gegenüber jedem Mitmenschen: »Also ist ytzund deyn gut nicht mehr deyn, sondern deynis nehisten.«[52] Um dieses Nächsten willen trifft sie den Eigentümer aber auch in seinem Verhältnis zu den im »irdischen Reich« gegründeten überpersönlichen Ordnungen. Er ist in der Verfügung und im Gebrauch seiner Güter »dem Ganzen verfallen und verpflichtet«, an den »gemeinen Nutzen« als Wirtschaftsprinzip gebunden. Das ist nichts anderes als ein Spezialfall des oben erkannten Prinzips, daß das Amt immer zugleich dem einzelnen und der Gesamtheit gegen über verpflichtet.[53]

3. Aufgaben obrigkeitlicher Instanzen

Luthers ökonomische Überlegungen haben mit Nationalökonomie im modernen Sinn nichts zu tun. Auch der beginnende Merkantilismus, der sich im ökonomischen Staat *Landgraf Wilhelms IV. von Hessen* (1567–1592) erstmals in voller Ausprägung zeigte, ist ihm noch unbekannt. Die kleinen Sozial- und Wirtschaftskreise – Haushalt, Stadtgemeinde, die hausväterliche Ordnung des kleinen Territoriums – prägen seine »Vorstellung eines einheitlichen, geistlich-weltlichen Gemeinwesens«[54], innerhalb dessen alle Organe, geistliche und weltliche, auf den gemeinsamen Zweck, »Leib und Seele zu fordern«, miteinander verbunden sind und füreinander einzustehen haben. Die allgemeine Zweckbestimmung des Herrschaftsverbandes, Dienst des gemeinen Wohls, beschränkt sich bei Luther wie bei den Reformern seiner Zeit nicht auf eine

---

51 WA 32, 307, 19–22 (Wochenpredigt über Mt 5–7, 1530/1532).
52 WA 12, 685, 12 (Predigt über Mt 18, 1523).
53 Vgl. hierzu W. Elert, Morphologie II, 485; G. W. Lochner, a. a. O., 44. – Zum Gedanken des »gemeinen Nutzen« vgl. WA 52, 268, 9.
54 Vgl. F. Meinecke, Luther über das christliche Gemeinwesen und den christlichen Staat, in: HZ 121, 1920, 1 ff, bes. 11 f.

nach außen und innen gerichtete Leitung und Sicherung des Ganzen. Die von Luther »aus seinem ethischen Ansatz gefolgerte und hinzugefügte Forderung eines Aufgabenmaximums für den Herrscher läßt doch nun erheblich mehr erwarten ... nicht nur Erhaltung der Machtstellung des Staates, nicht nur gesicherte Rechtspflege, sondern gemeine Wohlfahrt wird gefordert«[55]. Ein Fürst, der etwas von der Demut und Liebe Christi begriffen hat, handelt nach dem Gedanken:

> »Ich byn des lands und der leutt, ich solls machen, wie es yhn nutz und gu(o)t ist. ... Das alßo eyn furst ynn seynem hertzen sich seyner gewallt und uberkeyt eussere und nehme sich an der notturm seyner unterthanen und handele darynnen, als were es seyn eygen notturm. Denn alßo hatt uns Christus than, und das sind eygentlich Christlicher liebe werck.«[56]

Die von Luther inaugurierte Enteignung kirchlicher Besitzungen in Städten und Territorien führte zur Stärkung weltlicher Gewalt. Im Zuge der Reformation nahmen sich viele Städte mit Hilfe evangelischer Gemeinde- und Kastenordnungen der Probleme von Bettel, Armut und Arbeitslosigkeit an. Luther billigt es, daß die Fürsten Vorräte und Schätze für Zeiten der Not aufsammeln. »Es mu(e)ssen ia herrn und fu(e)rsten vorrat schaffen und haben fur land und leute, Denn dazu hat Got gold und silber geschaffen und jn bergwerck gegeben«[57].

Wie sehr Luther diese Vorräte an unmittelbaren Gebrauchsgegenständen und Geld billigt, sieht man auch noch aus dem Lob, das er dem Kurfürsten Friedrich erteilt, der »mit Scheffeln eingesammelt und mit Löffeln ausgegeben, der Keller, Böden und Gruben gefüllt und einen großen Schatz und Vorrat hinterlassen« habe.[58] Luther hat auch das Aufschütten eines Vorrats in städtischen Kornhäusern – so in Wittenberg – gegenüber einer buchstäbelnden Auslegung der Bergpredigt ausdrücklich verteidigt. Das sei kein Eigennutz oder Monopolisieren, sondern eine rechte gute geistliche »Fürsichtigkeit«, die der Gemeinde und anderen zugute kommt.[59]

Luther greift aber auch unmittelbar die Frage nach der richtigen Wirtschaftsverfassung auf. Die Obrigkeit, d. h. die Stadt Wittenberg, solle dafür sorgen, daß die Zünfte den Söhnen von »Habenits« (von Stadtknechten, Turmhütern, Nachtwächtern etc.) nicht den Zutritt zum Handwerk versperren.[60] Er wehrt sich in einer Begutachtung der neuen Stadtverfassung von Erfurt (September

---

55 W. Elert, Morphologie II, 410.
56 WA 11, 273, 10f. 21–24.
57 WA 32, 439, 23–25; vgl. auch 441, 10–18.
58 Vgl. H. Wiskemann, a. a. O., 63; WA. TR 1, 308, 5f (653), Herbst 1533; 3, 250, 20f (3287 b), Frühjahr 1533.
59 Vgl. WA 15, 306, 10–23.
60 WA 15, 651, 20–26 (Predigt vom 10. Juli 1524); 17, 468, 13–18 (Predigt vom 12. November 1525).

1525) gegen die unbeschränkte Gewerbefreiheit, die dazu führe, »daß kein armer fu(e)r den reichenn bleibenn noch sich nehrenn mu(e)ge«[61]. Luther verlangt von der Obrigkeit die Sicherstellung der Versorgung, z. B. mit Fleisch und Brot, wenn die Zünfte für eine Versorgung der ganzen Stadt nicht garantieren wollen. Er tritt für obrigkeitliche Preisrichter ein, welche die Waren kalkulieren und den Handel überwachen. Da aber eine solche Regelung »nicht zu hoffen ist«, soll «der gemeyn marckt» den Preis ermitteln bzw. der Preis so gestaltet werden, »wie lands gewonheyt ist zu geben und zunemen«[62].

Sowenig theoretisch Luther an die ökonomischen Probleme seiner Zeit heranging, so klar waren doch seine Leitvorstellungen, orientiert am Gemeinwohl kleiner Wirtschaftskörper, die zu einer gerechten und gesicherten Versorgung mit den wichtigsten Lebensgütern verpflichtet wurden. Luther reflektierte eine soziale Situation, die er selbst täglich vor Augen hatte. Wittenberg entsprach dem Stadttypus der »Lokalgewerbestadt«, die durch einseitiges Lokalgewerbe und Konsumentenhandel lokal absatzorientiert und handelsmäßig mit der umliegenden Bauernschaft durch ein eigenes Ackerbürgertum unmittelbar koordiniert war. Als einziges Exportgewerbe wurde der Buchhandel von Luther selbst kräftig angeregt. Die wirtschaftlichen Strukturen der westeuropäischen Exportgewerbestädte waren Luther aus eigener Erfahrung nicht bekannt.[63]

IV. Luthers Auseinandersetzung mit dem Monetarismus

Im Zentrum der Wirtschaftsethik Luthers steht seine Auseinandersetzung mit den ersten sichtbaren Auswüchsen der allenthalben expandierenden Geld- und Kreditwirtschaft, die aufs engste mit dem Dominantwerden des städtischen Fern- und Großhandels verknüpft war. Das Thema »Kaufhandel und Wucher«, wie Luther das Problem umschrieb, hält sich durch von der ersten öffentlichen Äußerung im November 1519 bis zu seiner Vermahnung »An die Pfarrherrn wider den Wucher zu predigen«, die an Neujahr 1540 herauskam.[64] Luther hat sich noch in einer seiner letzten Predigten im Jahre 1546 in Eisleben aufs höchste erregt gezeigt.[65] Den Höhepunkt bildete jedoch die Schrift »Von

---

61 WA 18, 536, 5 (An den Rat zu Erfurt. Gutachten über die 28 Artikel der Gemeinde).

62 WA 15, 296, 18–20.

63 Vgl. K. Holl, Luther und die mittelalterliche Zunftverfassung, 1919, in: ders., Gesammelte Aufsätze zur Kirchengeschichte III, 130–133; E. Eschhagen, Wittenberger Studien. Beiträge zur Sozial- und Wirtschaftsgeschichte der Stadt Wittenberg zur Reformationszeit, in: LuJ 9, 1927, 9 ff.: 102 f.

64 Vgl. oben, 42.

65 Vgl. WA 51, (XIV-XVI) 187–196.

Kaufshandlung und Wucher« vom Sommer 1524, die aus dem großen »Sermon von dem Wucher« aus dem Jahre 1520 und einer vorangestellten Abhandlung über »Kaufshandlung«, einer Tugendlehre für christliche Kaufleute, zusammengesetzt ist. Diese Schrift hat *Schmoller* mit Recht als »das Interessanteste, was uns in national-ökonomischer Beziehung aus der Reformationsperiode erhalten ist«, charakterisiert.[66] Während die inhaltliche Beurteilung Luthers kaum Wandlungen erfuhr, wechselten die Anlässe. Die wichtigsten seien kurz erwähnt: Die herrschende Ansicht, die im kanonischen Recht verankert und im Volke lebendig war, besagte, jede Forderung von Zins für Darlehen sei als Wucher zu ahnden. In Wirklichkeit aber war das Zinswesen vorherrschende Praxis und in Einschränkungen vom römischen Recht legitimiert. Johann Eck hatte schon 1514 auf dieser Linie in einigen Sätzen Zinsen bis 5 Prozent gerechtfertigt und diese 1515 in Bologna öffentlich verteidigt. Luther geht auf Eck nicht ein, sondern wendet sich angesichts der Notstände weiter Kreise entschieden gegen den Bezug fester Zinsen, weil dieser wider Gottes Wort und wider das natürliche Sittengesetz sei. Geld und Gut sollen im Dienste des Nächsten stehen und nicht dem Gewinn dienen.[67]

Der nächste Anlaß bot sich, als der von *Herzog Johann von Sachsen* hochgeschätzte Prediger *Jakob Strauß* 1523 in 51 Sätzen «Hauptstück und artikel Christlicher leer wider den unchristlichen Wucher» veröffentlichte und die unauflöslichen Gebote von Dtn 15, 7–11 und Lev 6, 34 f vom Leihen so deutete, daß nicht nur Zins*nehmen* Sünde, sondern daß auch das Zins*geben* Begünstigung der Sünde sei. Luther und *Melanchthon* entfalteten eine rege briefliche und gutachterliche Aktivität gegenüber dem herzoglichen Hof und gegenüber Strauß, um deutlich zu machen, daß Zinsen gezahlt werden müßten, auch wenn man die Tyrannei des Zinsnehmens mißbillige. Strauß milderte seine Thesen in einer neuen Veröffentlichung ab, wobei er die mosaischen Bestimmungen über das Sabbatjahr und das Halljahr sozialethisch aktualisierte und sich Luthers Gedanken aus der Schrift von 1520 aneignete. Luther billigte diese Fassung und beschloß, seinen großen »Sermon von dem Wucher« erneut herauszugeben, ergänzt durch den bezeichnenden kurzen, aber deutlichen

---

66 G. Schmoller, a. a. O., 492.
67 Zu Eck vgl. J. Schneid, Dr. Johann Eck und das kirchliche Zinsverbot, in: Historisch-politische Blätter für das katholische Deutschland 108, 1891, 241 ff: 321–335, 473–496, 570–589, 658–681, 789–810; Ecks Traktat trägt den Titel »Tractatus de contractu quinque de centum« (1515); vgl. außerdem F. X. Funk, Geschichte des kirchlichen Zinsverbotes, Tübingen 1876; H. A. Obermann, a. a. O., 174 ff; H. G. Assel, Das kanonische Zinsverbot und der »Geist« des Frühkapitalismus in der Wirtschaftsethik bei Eck und Luther, (Ms.), 1948, 1 (Uni Erlangen, Phil. Diss., 1948); zum ganzen Thema Wucher vgl. H. Barge, a. a. O.

Hinweis auf das Halljahr, dessen ethischen Modellcharakter (»Exempel«) er hervorhob.[68]

Zur gleichen Zeit befaßte sich der Reichstag zu Nürnberg mit der Forderung nach Beseitigung der Handelsmonopole. Aufgrund von Intrigen und Bestechungen der Augsburger Gesandten schwächte der Reichstag am 18. April 1524 die früheren Beschlüsse über die großen Gesellschaften wesentlich ab. Luther sah sich herausgefordert, ethisch zum Kaufhandel Stellung zu nehmen. Seine Urteile über die Mißstände decken sich weitgehend mit der herrschenden altgläubigen Einschätzung. Für Luther stand seither fest, daß der Teufel in der Gestalt des Mammon sich – namentlich in den Städten – bemüht, Menschen schon im Kindesalter in seinen Dienst zu stellen. Selbst Pfarrer sind davon betroffen. Der Kaufhandel besitzt diese verführerische Kraft.[69]

An die mehrfach nachgedruckte und weitverbreitete Schrift »Von Kaufshandlung und Wucher« von 1524 erinnert Luther in seiner Neujahr 1540 erschienenen Vermahnung »An die Pfarrherrn wider den Wucher zu predigen«. Unmittelbarer Anlaß zu dieser letzten ausführlichen Stellungnahme war eine im Frühjahr 1539 in Wittenberg und Umgebung ausgebrochene Teuerung als Folge einer langen Dürre, in deren Gefolge es zu schlimmer Hungersnot und allgemeinem Volkselend kam. Die Preise für Getreide waren nicht zuletzt infolge künstlicher Verknappung stark gestiegen, Kleinhändler und Konsumenten gerieten in Schuldenabhängigkeit gegenüber »Geldwucherern«. Luther hatte bereits am 7. April 1539 den Rat der Stadt und Bürgermeister *Lukas Cranach d. Ä.* in einer persönlichen Aussprache zu energischen Maßnahmen gedrängt. Zwei Tage später richtete er eine Botschaft an *Kurfürst Johann Friedrich*, in der er unter anderem die Bosheit der Reichen für die Lage verantwortlich machte und zum Eingreifen ermunterte.[70] Am 13. April 1539 hielt er eine heftige Predigt gegen den Geldwucher und die Getreidespekulation als Ursache für den katastrophalen wirtschaftlichen Niedergang.[71] In der Schrift selbst greift er die adligen Getreidespekulanten frontal an und fordert die Prediger auf, die Wucherer zu verfluchen. Luthers Argumentation hatte sich in zwanzig Jahren kaum verändert, der Tonfall jedoch wurde um ein mehrfaches schärfer. Luthers sozialethisches Urteil war herausgefordert. Er bemühte sich, das Übel von der Wurzel her – d. h. theologisch – anzugehen. Die wichtigsten Argumente sollen hervorgehoben werden.

---

68 Vgl. J. Rogge, Der Beitrag des Predigers Jakob Strauß zur frühen Reformationsgeschichte, Berlin 1957. – Luther gab den großen »Sermon von dem Wucher« mit der Ergänzung (WA 15, 321) als zweiten Teil der Schrift »Von Kaufshandlung und Wucher« 1524 heraus; vgl. J. Köstlin, Martin Luther. Sein Leben und seine Schriften I, Berlin ⁵1903, 692; dazu auch H. Barge, a. a. O., 19 f.

69 Vgl. WA 30 II, 518, 4 f; 22, 79, 19; 51, 172, 18.

70 Vgl. WA Br 8, 403–405 (3319), am 9. April 1539; in der Einleitung zu diesem Brief auch zu den Ereignissen des 7. April.

71 Vgl. WA 47, 558, 20–559, 7.

1. Die Ursachen des wirtschaftlichen Verfalls

In der Schrift von 1524 gibt Luther zunächst drei Quellen an, »daraus alle grewel, unrecht, list und tuck so weyt und breyt fleust«[72]:
- Jeder gibt das Seine, so teuer er kann, und orientiert sich nicht an einem aus Arbeitsaufwand und Beschaffungsrisiko genau ausgewiesenen Preis.
- Es werden persönliche Bürgschaften geleistet, die geradezu zur Leibeigenschaft führen müssen und in Gottes providentielles Herrschaftsrecht spekulativ eingreifen.[73]
- Wo man Geld oder Ware oder Gerät leiht und dafür mehr oder Besseres fordert, handelt es sich um Wucher, und der ist »in allen Rechten verdammt«. Alle, die fünf, sechs oder mehr aufs Hundert vom geliehenen Geld nehmen, sind Wucherer.[74]

Aus diesen drei Quellen entspringen viele weitere Übel. Einige seien erwähnt:

a. Anstelle von Bargeschäften wird auf Zins verkauft, um größere Gewinne zu erzielen. Dies geht »gar groblich widder Gottes wort, widder vernunm und alle billickeyt aus lautter freyem mu(e)twillen des geytzs...«. Solche Habgier »raubt und stilet« dem Nächsten »das seyne«.[75]

b. Der Preis wird durch Zurückhalten der Ware (Austrocknen des Marktes) in die Höhe getrieben, um dadurch aus dem Mangel des Nächsten Kapital zu schlagen. »Das sind alles offentliche diebe, reuber und wu(e)cherer.«[76]

c. Die Ware wird aufgekauft, um den Preis willkürlich diktieren zu können (Monopolwirtschaft). »Fürsten und Herrn sollten, solchs weren und straffen, wenn sie yhr ampt wollten volfuren.«[77] Dabei ist es den Monopolisten offenbar gleichgültig, »ob land und leute da durch verderben«[78].

d. Man treibt Dumping-Preispolitik, um den Markt zu beherrschen. »Diese leut sind nicht werd, das sie menschen heyssen, ... Syntemal der neyd und geytz so grob unverschampt hie ist, das er auch mit seynem schaden ander zu schaden bringt, auff das er ja alleyne auff dem platz sey.«[79]

---

72 WA 15, 304, 20 f.
73 »Wenn nu das burgewerden ynn der wellt nicht were, und das freye Euangelisch leyhen ym schwanck gienge, und eyttel bar gellt odder bereyte wahr ynn kauffs hendeln giengen, so weren die aller gro(e)sten schedlichsten fahr und feyl und geprechen ynn kauffshendeln scho(e)n weg, ...« (WA 15, 303, 32–35).
74 Vgl. WA 15, 298, 1 f.
75 WA 15, 305, 4–7
76 WA 15, 305, 17 f.
77 WA 15, 305, 27 f.
78 WA 15, 306, 23.
79 WA 15, 307, 16–20.

e. Man verkauft Ware, über die man noch gar nicht verfügt, »mit worten ym sack«, teurer als man sie schließlich erwirbt.[80]

f. »gorgel stecher odder kelstecher« sind solche, die über angeworbene Zwischenkäufer in Zahlungsnot geratene Kaufleute um ihre Waren prellen, indem sie diese für bares Geld unter dem üblichen Preis aufkaufen.[81]

g. Preisabsprachen und Kartellbildungen: »Dis stuck, ho(e)re ich, treyben die Engelender kaumeute am grobesten ...«[82].

h. Einem in Not Geratenen wird die Ware auf Zins (also zu überdurchschnittlichem Preis) verkauft, um sie ihm alsdann über einen angeworbenen Zwischenkäufer für bares Geld, dafür unter dem Normalpreis, wieder abzuhandeln. »So gewynne ich hynden und forne, ...«[83].

i. Risikofreie Zinseinlagen.[84]

j. Warenmanipulation (das Hübscheste zuoberst legen). »Also das solche triegerey keyn ende hat, und keyn kauffman dem andern weytter trawen thar, denn er sihet und greyfft.«[85]

Bei der Beantwortung der Frage, wie dem Zinsproblem beizukommen sei, hält sich Luther an seine Theorie der zwei Regimente: Die Christen handeln für sich nach Mt 5, 40, verweigern nicht den Zins und vertrauen, daß Gott das tägliche Brot gibt (Mt 6, 11). Sie geben selbst jedem, der es braucht, umsonst. Wer Geld leiht, soll virtuell ein Geben daraus machen. »Was euch übrig ist, das gebt zu almosen, ...'«« (Lev 11, 41 – Vg). Sie sollen ausschließlich Bareinlagen vornehmen, ansonsten gegenüber Christen das »freie evangelische Leihen« ohne Rückgabegarantie praktizieren.[86]

In seinem Schreiben an den Rat zu Danzig im Mai 1525 macht Luther deutlich, nach welchen Grundsätzen das weltliche Regiment handeln soll:

> »Aber das soll man tun mit den Zinsen, daß man menschliche Ordnung, Gesetze und Gebräuche in solchen Zinsen, so sie zu weit greifen, zurechtebringe und nach der Billigkeit, das man heißt epieikeia oder aequitas, richte.«[87]

Zwei Lösungswege nach dem Kriterium der aequitas deutet er an: eine Hypothek von 5 % sei billig, solle aber reduziert werden, wenn der Ertrag das nicht hergebe. Man sehe die Person an: Ein vermögender Zinsnehmer könnte durch

---

80 WA 15, 307, 26 f.
81 WA 15, 308, 15
82 WA 15, 308, 28 f.
83 WA 15, 309, 14.
84 Vgl. WA 15, 310, 8 – 17.
85 WA 15, 311, 6 f.
86 Vgl. WA 15, 300, 35; 301, 8 – 14; 302, 13 – 21; 303, 7. 32; 304, 9.
87 WA. B 3, 485, 24 – 27 (861).

Verhandlung zum Verzicht auf einen Teil der Zinssumme bewogen werden, alte, unvermögende hingegen sollten diese auf jeden Fall erhalten.[88]

Luther befand sich in der Ablehnung des Zinses in Übereinstimmung mit dem – im Spätmittelalter freilich vielfach durchlöcherten – Zinsverbot, das erst 1515 vom 5. Laterankonzil formell erneuert worden war. Er hielt es für besser, statt der Zinsen den Zehnten oder einen bestimmten Prozentsatz vom faktisch erwirtschafteten Ertrag einzuführen – so in der Schrift von 1519. In der Schrift von 1539/1540 hatte er noch deutlicher einen Konsumtivkredit im Auge, indem er wenigstens für alte Leute, arme Witwen und Waisen die Zinslosigkeit des Darlehens forderte. In diesem Punkt stimmte er mit *Johannes Calvin* überein, der im übrigen das Zinsnehmen entsprechend der in den Städten üblichen Praxis für durchaus erlaubt hielt und damit von seiten der Reformierten theologisch den Weg für den modernen Kapitalismus freigab.[89]

2. Die Auseinandersetzung um den »Zinskauf«

In der Vorrede zur »Ordnung eines gemeinen Kastens. . . .«[90] stellt Luther 1523 fest, die Güter der Klöster und Stifter stünden zum Teil, die Pfründen sehr viel »auff dem wucher«, den man »den widderkauff« nenne und der »die gantze wellt in kurtzen iaren verschlungen« habe. Solche Güter müsse man zuvor von den erbgestifteten Gütern absondern »wie den aussatz«.[91] In der Schrift über den Wucher setzt sich Luther 1524 ausführlich damit auseinander. Beim Zinskauf handelte es sich um eine Umgehung des kanonischen Zinsverbotes, indem man die Gewährung eines Darlehens in die Form eines Kaufgeschäftes kleidete. Der Geldgeber »kaufte« für die Summe, die er dem Besitzer eines Grundstückes darreichte, einen Anteil an dem »Zins« oder Ertrag des Grundstückes. Beim Wiederkauf verpflichtete sich der Schuldner, außer dem geliehenen Geld auch bestimmte Zinsen zu zahlen. Luther hielt diese Form des »Zinskaufs auf Wiederkauf« für verwerflich, da bei ihr die abstrakte Art des »Kapitals« zutage trat. Unbekümmert um die besondere Situation des Schuldners wurde unbedingt die Rückzahlung plus Zinsen verlangt.[92] In Leisnig hatten Erblasser der Kirche Zinsansprüche gestiftet, in Luthers Augen eine wertlose und verwerfliche Angelegenheit.[93] Der Gedankengang in der Schrift »Von Kaufshandlung und Wucher« enthält die Forderung nach strengeren

---

88 WA. B 3, 485, 41–486, 56.
89 Vgl. A. Biéler, La pensee economique et sociale de Calvin, Genève 1959.
90 Siehe oben Anm. 15.
91 WA 12, 14, 25–29.
92 WA 6, 53, 20–54, 33.
93 Vgl. WA 12, 1–9.

Schuld- und Kreditgesetzen, die der Reformator durch unverhohlen revolutionäre Untertöne verschärft.[94]

Obwohl Zinskauf als »zugelassener Handel«[95] gilt, ist er nach Luthers Auffassung gleichwohl gefährlich, denn: 1. ist er eine Erfindung der von Paulus als böse beschriebenen letzten Zeit, und 2. erregt er, obgleich gesetzlich legitimiert, Ärgernis und verstößt damit gegen 1 Thess 5, 22. Der Zinskauf widerspricht, selbst wenn er ohne Wucher geschieht, dem »naturlich und der Christlichen Lieb gesetz«. Jedermann weiß, daß der Zinskauf – »er sey wucher oder nit« – doch dieselbe Wirkung erzeugt wie der Wucher, indem er nämlich »alle land, stett, herrn, volck beschweret, außseugt und yn vorterben bringt«.[96] Zinskauf kann nicht »billig« sein, wenn »Land und Leute davon verderben«. An der schlechten Frucht erkennt man die üble Wurzel. Der »blinde Zinskauf« ist folglich unrecht. Die Rechtfertigung des Zinskaufs kann mithin nur darin bestehen, daß der «Zinsherr» bzw. Zinskäufer am Risiko des »Zinsmannes« voll beteiligt ist. Die Gefahren allesamt sollen den Zinsherrn mit betreffen. »Es gepurt yhm auch nit ehr zinß für seyn gelt«, als der Zinsmann über das erwirtschaftete Gut verfügt. »Das beweret sich auß der vornunfft, natur und allen rechten, die do eyntrechtlich sagen, das die fahr des vorkaufften dings sthee bey dem kauffer.«[97] Sowenig man zwei Herren dienen kann, sowenig kann man Gott »mit tzweyen widderspenstigen diensten dienen«.[98] Die bisherige Praxis des Zinskaufs fordert neben der Habgier (eigenem Vorteil) auch noch die Faulheit (Das Geld ist ja in Sicherheit und vermehrt sich. Es arbeitet für mich). Schließlich fordert sie aber auch die Gleichgültigkeit gegenüber dem bedrängten Nächsten, der das Risiko des Verlustes allein trägt. Das ist Sünde vor Gott. Eine arge Praxis, die »ynn Sachsen umb Luneburg und Holsteyn« verbreitet ist, besteht darin, daß der Zinsherr nicht nur einen horrenden Zinssatz verlangt, sondern das Kapital zudem nur unter der Bedingung gibt, daß ein Teil davon in Realgütern, welche »er sonst vielleicht nicht mag los werden odder nicht so theuer verkeuffen«, verrechnet wird, gleichwohl aber

---

94 Vgl. WA 15, 313, 3 – 21.

95 WA 6, 51, 20.

96 WA 6, 51, 25 – 52, 20.

97 WA 6, 57, 2 – 6; vgl. 57, 7 – 21: »Alßo wo ich zinß auffeynem benanten grund kauff, ßo kauffich nit den grund, ßondern die arbeyt unnd muhe des zinßmans auff dem grund, da mit er mir meyn zinß bringe. Darumb steht bey mir alle die fahr, die solch arbeyt des zynßmannß hyndernn mu(e)gen, ßo ferne sie on seyn schult und vorseumniß geschicht, ..., alßo wo yhm nach getanem vleyß seyn arbeyt nit gelinget, soll er und mag sagen zu seynem zinß herrn frey ‚diß jar byn ich dir nichts schuldig, ... das ist mir nit geraten, der schad ist deyn und nit meyn ...› Und wilche zinß herrn das nit leyden wollen, die seyn als frum als reu(e)ber und mo(e)rder, und reyssen auß dem armen seyn gutt und narunge. We yhnen!«

98 WA 6, 59, 28.

der volle Kapitalbetrag verzinst werden muß. »Was soll man da zu sagen? Es sind nicht leutte, sondern wolffe und unvernunfftige thier, die nicht gleuben, das eyn Gott sey.«[99] Luther zieht daraus die Konsequenz, zurückzukehren zur guten mosaischen Ordnung und den Zehnten vom Ertrag zu verlangen und in bestimmten Fällen auch den neunten, achten oder sechsten Teil. »Darum ist der zehend der aller feynste zins ... nach Go(e)ttlichem und naturlichem Recht der aller billichst ...«.[100] Auch das Halljahr sei ein weises Gesetz, nützlich und gut. Vordringliche Aufgabe der Obrigkeit wäre es jetzt, auf dem Reichstag, diese Fragen zu behandeln und neue Regelungen zu erlassen.

3. Die geldwirtschaftliche Situation

Luther behandelte in seinen wirtschaftsethischen Schriften Fragen, die vornehmlich mit geldwirtschaftlichen Entwicklungen seiner Zeit zusammenhingen. Das Problem des Geldes berührte Luther immer nur implizit, obgleich er sich mit den meisten Reformschriftstellern wie *Sebastian Franck, Ulrich von Hutten, Eberlin von Günzburg, Hans Sachs, Ulrich Zwingli* darin einig war, den Monetarismus soweit wie möglich einzudämmen. In Wirklichkeit war aber Luther Zeuge des eigentlichen Durchbruches der Geldwirtschaft. Der Kredit- und Wechselverkehr nahm ständig zu. Öffentliche Leihhäuser und Kreditanstalten für Handwerker entstanden in den Reichsstädten, Darlehen mit 5–6 prozentiger Verzinsung, Geldborgen mit Pfand, Bürgschaft und Rückzahlungsversicherungen – natürlich mit beachtlichen Zinsen – waren öffentlich geregelt. Die enormen Anleihen, die *Karl V.* und die Fürsten tätigten, bildeten die Spitze dieses Systems.

Hypothekenbücher traten an die Stelle von Realkrediten. Die Reihenfolge des dem Zugriff der Pfändung zugänglichen Vermögens wurde geregelt, und Luther hatte darauf gedrungen, dem Handwerker sein Gerät und jedem seine persönliche Habe zu belassen. Überhaupt verlangte er, den Schuldner milde zu behandeln, während die Reichsstädte sich um klare Verhältnisse bemühten und die bis dahin üblichen Kassationen sämtlicher Judenschulden abschafften und unter bestimmten Voraussetzungen Schuldenmachern das Bürgerrecht entzogen.

Die eigentlich destruktiven Faktoren lagen in der chaotischen Struktur der Währungen. Luther berichtete, der *Markgraf Joachim I.*, Kurfürst von Brandenburg, der in Edikten sein Land vor der schlechten Münze der Nachbarländer gewarnt hatte, habe einem Herzog zu Sachsen gegenüber angegeben, er habe während seiner bisherigen Regierungszeit drei Tonnen Gold durch Münz-

---

99 WA 15, 321, 1–13.
100 WA 15, 321, 14–27, bes. 25–27.

verschlechterung herausgeschunden.[101] Die raffinierte Steigerung und Vermischung von Maß und Gewicht an Geld und Ware, die Überschwemmung des Landes mit geringerer Scheidemünze, die ständige Umrechnung mit Agio und Disagio spielte alle Wirtschaftsmacht den Spekulanten und den multinationalen Gesellschaften in die Hand. Im Jahre 1524 mußten die Fugger an *König Ludwig von Ungarn* 6000 Dukaten Strafe wegen des dorthin eingeführten schlechten Goldes bezahlen. Von »den Fuckern und dergleychen geselschafften« hänge es ab,[102]

> daß »alle wellt ynn fahr und verlust mus handeln, Heur gewynnen, uber eyn jar verlieren, Aber sie ymer und ewiglich gewynnen und yhre verlust mit ersteygertem gewynn bu(e)ssen konnen: ists nicht wunder, das sie bald aller welt gut zu sich reyssen«[103].

Die Monopolgesellschaften, so Luther, treiben schamlos all die genannten Dinge. Sie »drucken und verderben alle geringe kauffleute, gleich wie der hecht die kleyne fisch ym wasser, gerade alls weren sie Herrn uber Gottes Creaturen und frey von allen gesetzen des glaubens und der liebe«.[104] Die Obrigkeit solle »hie dreyn sehen und nach gestrengem recht solchs weren. Aber ich ho(e)re, sie haben kopff und teyl dran, Und geht nach dem spruch Esaie.1.[,23] ,Deyne Fu(e)rsten sind der diebe gesellen worden›.« Die Folge davon aber sei: »Grosse diebe hengen die kleynen diebe, ...« Gott aber wird »eynen dieb mit dem andern, ynneynander schmeltzen wie bley und ertz« (nach Ez 22, 20). Monopolgesellschaften könnten sich nicht zum Guten ändern. Darum: »Soll recht und redlickeyt bleyben, so mussen die gesellschafften unter gehen.« Hier gelte Jes 28, 20: »... die decke ist zu schmal, kan beyde nicht zu decken.«[105]

Neben den Handelsgesellschaften und Handelsmonopolen war es der auswärtige oder Importhandel, der den Zorn des Reformators erregte. In der Schrift »Von Kaufshandlung und Wucher« wird der Handel »aus Kalikut [Calicut] und Jndien«, der Handel mit Seide, Goldwerk und Würze dafür verantwortlich gemacht, daß »wyr unser gollt und sylber mussen ynn frembde lender stossen, alle wellt reych machen und selbst bettler bleyben«.[106] Der Tuchimport aus England und die Gewürzeinfuhr aus Portugal führten, so Luther, zur wirtschaftlichen Auszehrung, die Messe in Frankfurt diene dem

---

101 G. Schmoller, a. a. O., 610, hat »Johann«, Johannes Aurifaber überliefert »Friedrich« – ist Johann Friedrich gemeint? – (WA TR 4, 33 1, 1 7–23 [4472], 7. April 1539).
102 WA 6, 466, 31.
103 WA 15, 312, 26–29.
104 WA 15, 312, 9–12.
105 WA 15, 313, 3–5. 8. 12 f. 20–22.
106 WA 15, 294, 8–10.

Import und sauge das Geld für sinnlose Luxusgüter ab.[107] Hierzu stellte er bei anderer Gelegenheit fest, die Frankfurter Messe würde jedesmal Deutschland an die dreißigmal 100 000 Gulden entziehen, von den Leipziger Märkten und anderen ganz zu schweigen.[108]

Luther hat mit seiner Klage über die Münzverschlechterung, Preissteigerungen und mit seinem Ruf nach festen obrigkeitlichen Preisen und strenger Kreditüberwachung wesentliche Symptome seiner ökonomischen Verhältnisse beim Namen genannt. Allerdings haben die Forschungen von *Schmoller* und *Karl Helfferich* im 19. Jahrhundert bereits klargelegt,[109] daß der Anfang der Geldentwertung von 1500 bis 1560 im Betrag von 50% nicht die Folge des amerikanischen Silbers war, das als Äquivalent zum Gold im Verhältnis von 12:1 gehandelt wurde, aber starken Schwankungen unterworfen war. Vielmehr kamen die stärkere Ausbeute deutscher Bergwerke und die damals sich vollziehende Umwandlung des Geldes vom Wertaufbewahrungs- in das eigentliche Umsatzmittel hinzu. Die Geldzirkulation beschleunigte sich, steigende Preise reizten zu mehr produktiver Anlage des Geldes, der Kredit dehnte sich aus, Geld wurde flüssiger, weniger Geld wurde dem toten Aufspeichern gewidmet. Manche Zeitgenossen sahen Luther ironisch wie gegen Windmühlen kämpfen, er selbst jedoch glaubte die Christenheit in dieser Lebensfrage im status confessionis, wie in seiner Anleitung an die Pfarrherrn von 1540 mehrfach betonte.

V. Ökonomische Grundsätze der Armen- und Gemeindeordnungen

Die Situation am Beginn der Reformation war gekennzeichnet durch die Existenz einer Klasse von aus der ökonomischen Ordnung Hinausgedrängten: Kranke, Spielleute, Gauner, Bettler. Diese galten als ehrlos und bildeten eine Welt für sich. Auf den demütigen Bettler fielen allerdings einige Strahlen des Heiligenscheins vom Haupt der Bettelmönche, die eine zweite große Gruppe gleichsam privilegierter Bettler bildeten. Die Kirche sorgte für die Armen und brachte die Mittel mit Hilfe des Grundsatzes auf, man könne sich durch die Vermittlung von Almosen in den Himmel einkaufen. Sie unterstützte die Bettler, pflegte aber das Bettelwesen und gab ihm dogmatische Rechtfertigung. Die Städte waren seit Beginn des 16. Jahrhunderts bemüht, diesem Mißstand mit Hilfe von Armenordnungen beizukommen.[110]

---

107 WA 15, 294, 10–15.
108 Vgl. G. Schmoller, a. a. O., 635.
109 Vgl. a. a. O.; vgl. auch K. Helferich, Das Geld, Leipzig 1903.
110 Nach wie vor ist G. Uhlhorn, Die christliche Liebestätigkeit, Stuttgart ²1895, Nachdr. Darmstadt 1959, von fundamentaler Bedeutung für die geschichtliche Einordnung; vgl. ferner L. Feuchtwanger, Geschichte der socialen Politik und des

1. Intentionen der Kastenordnungen

Erst Luthers Rechtfertigungslehre und seine Kirchenkritik begründeten eine neue Auffassung der Liebestätigkeit und Wohlfahrtspflege. Im großen »Sermon von dem Wucher« stellte er fest, Bettelei sollte in der Christenheit nicht vorkommen. Geistliche und weltliche Obrigkeiten würden »yn yrem ampt nit unformlich handeln, ßo sie alle bettell seck abtheten«. Gegenwärtig kämen die Almosen statt den armen Leuten größtenteils den Kirchen, Klöstern, Altären, Türmen, Glocken, Orgeln, Bildern, Kleinodien etc. zugute. Geistliche und weltliche Fürsten sollten entweder direkt oder in einem Konzil anordnen, daß jeder Ort seine Kirchen selbst baue und die Sorge für die Armen übernehme.[111] In der Schrift an den Adel forderte er, jede Stadt solle ihre eigenen Armen versorgen und keine fremden Bettler, »sie hiessen wie sie wolten, es weren walbruder odder bettel orden«, zulassen.[112] Luther dachte einerseits an die Sicherung des Existenzminimums für die nicht Arbeitsfähigen, andererseits an die Arbeitspflicht der Arbeitsfähigen. Dadurch würde das Bettelverbot zur sinnvollen Maßnahme. Da Luther den Nerv der bisherigen Opferwilligkeit durchschnitten hatte[113], kam alles auf das Gelingen öffentlicher Armenordnung an. Die erste Frucht dieser Reformbemühung ist in der »Ordnung des gemeinen Beutels zu Wittenberg« zu sehen, die auf Luthers Rat begründet wurde und vorsah, daß eine vom Magistrat hervorgerufene Einrichtung vor allem den verschämten Hausarmen, die sich nicht selbst zu helfen wissen, beistehen soll.

Die Leute von den Bettelklöstern sollen abgewiesen, ortsfremde und gewöhnliche Bettler zurechtgewiesen werden. Die Mittel sollten aus wöchentlichen Sammlungen beim Gottesdienst und durch Spenden aufgebracht werden. In jedem Stadtviertel sollte ein Wohlfahrtsbeauftragter sich um jeden einzelnen Fall kümmern, raten und helfen.[114]

Armenwesens im Zeitalter der Reformation, in: Jahrbuch für Gesetzgebung, Verwaltung und Volkswirtschaft im Deutschen Reich 32, 1908, 1423 ff; 33, 1909, 191 ff; O. Winckelmann, Über die ältesten Armenordnungen der Reformationszeit (1522–25), in: HvJs 17, 1914, 187 ff; 17, 1914/1915, 316 ff.

111 WA 6, 42, 12 f; 43, 32–44, 1; 45, 20–24.

112 WA 6, 450, 26 f.

113 Vgl. G. Ratzinger, Geschichte der kirchlichen Armenpflege, Freiburg ²1884 und O. Winckelmann, Über die ältesten Armenordnungen, 205.

114 Luthers Zusätze zur Wittenberger Beutelordnung von 1520/1521; vgl. K. Aland, Hilfsbuch zum Lutherstudium, Witten ³1970, 40 (82a); abgedruckt auch in, A. Karlstadt, Vom Abtuhung der Bilder und das keyn Bedtler vnther den Christen seyn sollen, (1522), Die Wittenberger Beutelordnung, hg. v. H. Lietzmann, Bonn 1911, 31 f.

Die dann am 24. Januar 1522 vom Wittenberger Rat erlassene, das ganze Kirchen- und Armenwesen regelnde Ordnung,[115] nahm in ihren Grundsätzen zum Armenwesen und zur Bettelei die wesentlichen Forderungen Luthers auf, wenn sie auch in der Inanspruchnahme kirchlichen Guts einerseits und im konsequenten Bettelverbot andererseits darüber hinausging. Im übrigen war die ohne Luthers Zutun entstandene Ordnung unausgereift und unwirksam. Hingegen gelang es der Nürnberger Bürgerschaft, eine ausgereifte Armenordnung zu verabschieden.[116] In ihr kam die von Luther angeregte obligatorische Fürsorge an jedem bedürftigen Mitbürger und die Pflicht der Gemeinde zur Beschaffung der erforderlichen Mittel klar zur Geltung. Dies wird an ihrem Grundsatz deutlich:

> »... unter uns christen [mag nichts] glaublosers und schentlichers erfunden werden, dann das wir offenlich gedulden und zusehen sollen, das die, ... [welche] von Christo so kostbarlich und teuer erkauft, darumb auch neben uns gleiche glider und miterben Christi sind, not, armut, zadel [Mangel] und kümer leiden, ja offenlich auf den gassen und in den heusern verschmachten söllen.«[117]

Diese im Sommer 1522 eingeführte Ordnung wurde zum Modell für viele andere Städte, vor allem für die großen Reichsstädte.

Es lagen schon vielfältige Erfahrungen vor, als das kleine und unselbständige Städtchen Leisnig, das nach damaligem Recht kirchliche und politische Gemeinde war, die Initiative zu einer Gesamtregelung der Kirchen- und Armenpflege ergriff. Luther ermunterte persönlich am 25. September 1522 die Gemeinde,[118] begutachtete und befürwortete Anfang 1523 den Entwurf[119] und schrieb eine Einführung mit grundsätzlichen theologischen Überlegungen. Die Hauptgedanken sind: die obligatorische Gemeindearmenpflege und allgemeines strenges Bettelverbot; zinsfreie Darlehen an arme Handwerker und Ankauf von Getreidevorräten für Notzeiten; milde Behandlung redlicher Fremder, die um Hilfe nachsuchen; Wahrnehmung der Fürsorgepflicht gegenüber Ordensgeistlichen, denen durch Einzug der Kirchengüter die Basis entzogen wurde und die zu keiner neuen Existenz fähig sind; schließlich ergänzende Steuern, wenn die Kirchengüter und die freiwilligen Gaben nicht ausreichen.[120]

Komplementär zu dieser Zwecksetzung wurden aber der gesamte kirchliche Dienst und die Schulen in die Ordnung eingebunden. Damit war aber ein

---

115 EKO 1, (696) 697 f.
116 Eins Rats der Stat Nürmberg ordnung des grossen allmusens Haußarmer leut – EKO 11, 23–32.
117 EKO 11 I, 23b.
118 WA 12, 3; vgl. WA. B 2, 604, 14 f (540), Luther an Georg Spalatin am 25. September 1522.
119 WA. B 3, 23 f (577), Luther an den Rat von Leisnig am 29. Januar 1523.
120 Vgl. oben Anm. 15.

Strukturfehler eingebaut, der dazu führte, daß bei knapper Kasse die Hauptprojekte Kirche und Schule auf Kosten der Armenpflege weitergeführt wurden. So konnte die Armenpflege nicht zu einer selbständigen Bedeutung gelangen. Diese verschaffte ihr erst *Johannes Bugenhagen* in den norddeutschen Armenordnungen.[121]

Die Leisniger Ordnung stand überhaupt unter einem ungünstigen Vorzeichen. Der Rat von Leisnig weigerte sich, sowohl eine Armensteuer zu erheben als auch die geistlichen Güter für die Finanzierung des Kastens voll zur Verfügung zu stellen. Schon Luther befürchtete, der Prediger *Tilemann Schnabel* müsse Leisnig verlassen, weil er Hunger leide. Er klagte bitter über dies »pessimum exemplum, quod vt primum iter oportuit esse optimum; ...,«[122] Luther konnte aber noch erleben, daß die »gemeine eingepfarte vorsammlung zu Leissnick« im Jahre 1529 Dienstag nach Exaudi durch fünf Visitatoren die Bestätigung ihres Kastens erhielt. Als man während der Visitation des Jahres 1599 bemerkte, daß der gemeine Kasten in die ausschließliche Verwaltung des Rates geraten war, wurde gefordert, daß die Ordnung »in den vorigen alten stand gebracht werden soll«, wie Luther ihn miteingesetzt habe, es sei denn, der Rat könne sein Recht anderweitig dokumentieren.[123]

2. Wohlfahrtspflege zwischen »Kirchspiel« und Rechtsgemeinschaft

In diesem Vorgang klingt die Spannung zwischen Christengemeinde und Bürgergemeinde an, zwischen Zuständigkeit des Rates, der bürgerlichen Ordnung und der Verantwortung des Kirchspiels, das aus der Verpflichtung zum eigenständigen ethischen Handeln, namentlich dort, wo bürgerliche Verwaltungsorgane notwendig versagen, nicht entlassen wird. Luther und seine Mitstreiter mußten den status ecclesiasticus der Christen allerdings erst ordnen, ja organisieren. Die Originalhandschrift der Kastenordnung von Leisnig trägt die Aufschrift »Bruderliche vereinigunge des gemeinen kasten ...«.[124] Die Ordnung wiederholt diese Wendung. Das Kirchspiel, wo es im Sinne Luthers gelang, war im Horizont des Pfarramtes auch wesentlich »ethischer Ver-

---

121 Vgl. z. B. »Kerckenordeninge des ganzen Pamerlandes [Pommerns] ... Dorch Doc. Joannem Bugenhagen«, 1535: »Twierlei kasten möt man hebben, ene mach me nömen der armen kaste, de andere de schatkaste« (EKO 4, 336 a). Allein der »schatkasten« war für die Besoldung der Pfarrer, Lehrer und anderer Kirchendiener zuständig (338 a).

122 Vgl. WA, 12, 7; WA. B 3, 390, 20–391, 21 (798), an Spalatin am 24. November 1524.

123 Vgl. K. Trüdinger, Luthers Briefe und Gutachten an weltliche Obrigkeiten zur Durchführung der Reformation, Münster 1975, 59 ff.

124 WA 12, 9.

band«[125]. Die Kompetenzabgrenzungen zwischen geistlichen und weltlichen Aufgaben wurden bewußt fließend gehalten, weil es um die wechselseitige Durchdringung von weltlicher Erfahrung, Aufgaben, Organisation und christlichem Ethos der Nächstenschaft ging. Wenn die Fürsorge, die Kranken-, Siechen-, Pest-, Waisen-, Findelhäuser bald mehr einen kommunalen, bald mehr einen spezifisch kirchlichen Charakter tragen, so hat Luther diese Offenheit schon in seiner Schrift »An den christlichen Adel...« intendiert.

Diese Offenheit konnte im gelungenen Modell zur Koordination freier kirchlicher Initiative mit öffentlichen Initiativen und in der Sozialhilfe und Sozialpolitik zu höchster Effizienz führen. Im ungünstigen Fall konnte es aber auch zur Reduktion des Gemeindeprinzips auf die reine Wortverkündigung und private Wohlfahrtspflege einerseits und zur bürokratischen, wohlfahrtspolizeilichen Regelung des sozialen Lebens andererseits führen.

Luther hat sich bemüht, seine ursprünglichen sozialpolitischen Grundsätze durchzuhalten, allerdings mußte er sich auf Einzelinitiativen beschränken.[126]

Neben Leisnig erbaten noch die Städte Zerbst und Plauen Luthers Rat in kirchlichen Vermögensfragen.[127] Die geordnete Verwendung für Armenfürsorge, Pfarrbesoldung und Errichtung von Schulen wurde von Luther so verstanden, daß dadurch die Kirchengüter dem ursprünglichen Stifterzweck entsprechend in besserem Sinne als »göttlicher Dienst« erhalten wurden. Luther, der sich in zahlreichen Eingaben an Handwerker (in Nürnberg), an Obrigkeiten um das Lebensschicksal ehemaliger Mönche kümmerte, mußte selbst als verbliebener Klosterinsasse im Augustinerkloster beim Kurfürsten vorstellig werden, damit dieser die Verantwortung für das Kloster und seine letzten Insassen übernehme.[128]

Ab 1525 dominierte bei Luther die Sorge um die wirtschaftliche Situation der Gemeinden. In zwei Eingaben an *Kurfürst Johann* bat er diesen um Unterstützung bei der Ordnung der Kirchengüter und der kirchlichen Finanzen. Der Landesherr solle dafür sorgen, daß die Prediger ausreichend versorgt werden aus den Pfründen und Zulagen vom »Rathause und sonst«[129]. In einem weiteren Schreiben vom 22. November 1526 beantragte er die Visitation, bei der der Kurfürst seiner neuen oberstbischöflichen Funktion nachkommen und die Ordnung der Kirchengüter und der Gemeinden in die Hand nehmen sollte. In diesem Schreiben wird die Pfarrbesoldung und die Finanzierung der Schulen

---

125 W. Elert, Morphologie II, 439.
126 Zu Einzelheiten vgl. K. Trüdinger, a. a. O., 60 ff.
127 WA. B 3, 492–496 (866), Luther an den Rat zu Zerbst [vor 14. Mai 1525]; 592 f (935), an den Rat zu Plauen am 30. Oktober 1525.
128 WA. B 3, 195–197 (687), an Kurfürst Friedrich [Mitte November 1523?].
129 WA. B 3, 594–596 (937), am 31. Oktober 1525; 628 f (950), am 30. November 1525.

der »Landesnotdurft« und der Armenpflege ausdrücklich vorgeordnet.[130] Der Kurfürst bewilligte den Visitatoren tatsächlich das Recht, unzureichende Klerikereinkommen durch Klostermittel aufzubessern.[131] Im Jahre 1531/1532 zeichnete Luther dem Kurfürsten Johann Friedrich auf, was er dessen Vorgänger geraten hatte, wenn es um die Neuordnung der Klostergüter ging:

> »Erstlich, das man fur allen dingen darein sehen sollt, das von den geistlichen gutern pfarren, kirchdiener, Schulen, Spitalen, gemein kasten vnd arm studenten zimlich versorget.«[132]

Die Überschüsse können anderweitig zum Dienst am gemeinen Nutzen verwendet werden, aber »mit einer massen«,[133] also maßvoll. *Karl Trüdinger* hat in seiner Analyse der Gutachten Luthers gezeigt, daß Luther in den späteren Gutachten für fremde Obrigkeiten die bis dahin entwickelten Grundsätze festgehalten und wiederholt hat.[134] Gelegentlich empfahl Luther die direkte Überführung eines Klosters, so des Wittenberger Barfüßerklosters, in eine Armenherberge.[135] Dem *Markgrafen Georg von Brandenburg-Ansbach* empfahl er 1542 die Überleitung des Klosters Heilsbronn in eine höhere Schule.[136] Hier wie auch in der Beurteilung der Neuregelung der Bistümer ließ Luther sich später von dem Grundsatz leiten, die geistlichen Gebilde als Ganze zu erhalten und sie größeren Zwecken zuzuführen (Förderung von Wissenschaft, Ausbildung und Religion).

Die Appelle an die Landesobrigkeit, die Verlagerung der Zuständigkeit auf staatliche Organe, die möglichst ungeschmälerte Überführung von Kirchengut dorthin, zeigen, daß die einzelnen Gemeinden zur Initiative und Selbsthilfe kaum in der Lage waren. Der Organisationsrahmen der sozialen Ordnung verkraftete die abrupte Säkularisation des Kirchenguts und die Zerstörung der Sozialfunktion der spätmittelalterlichen Kirche nur um den Preis, daß die

---

130 WA. B 4, 133–135 (1052).

131 EKO 1, 144 b (Instruction und befelch dorauf die visitatores abgefertigt sein, 1527). – Allerdings führte Luther zornige Klage über die Zahlungsunwilligkeit für kirchliche Aufgaben, insbesondere auch für drängende Sozialleistungen; vgl. WA 47, 519, 21–520, 23; 43, 53, 5; dazu G. Uhlhorn, a. a. O., 574; W. Elert, Morphologie II, 406. Luther sah sogar die Rechtfertigungsbotschaft in Gefahr, wenn in evangelischer Absicht ermahnt wird, daß man um Gottes willen aus reinem, einfachen Herzen geben soll (vgl. G. Uhlhorn, a. a. O., 575). – Die Erwartung auf die selbstorganisierende Kraft der evangelischen Predigt erfüllte sich nur teilweise. Vielmehr zeigte sich, daß der Fortgang der lutherischen Reformation von dem Ethos der etablierten obrigkeitlichen und sozialen Kräfte abhängig wurde.

132 WA. B 6, 9, 4–6 (1766: Beilage II).

133 WA. B 6, 9, 12–14.

134 Vgl. K. Trüdinger, a. a. O., 65.

135 WA. B 4, 248 f(1144), an Kurfurst Johann am 16. September 1527.

136 WA. B 10, 215–217 (3822), am 6. (13.?) Dezember 1541.

Zuständigkeit der etablierten weltlichen Obrigkeiten überdimensional verbreitet wurde. Dies mußte wohlfahrtsstaatliche Tendenzen begünstigen, d. h., die ethisch formulierte Verpflichtung der im politischen Gemeinwesen, der in der Rechtsgemeinschaft zusammengefaßten Kräfte, um innerweltliche Lebensziele, die Daseinsvorsorge und die Fürsorge für Bedürftige gemeinschaftlich zu regulieren. Hier entwickelte sich die für das lutherische Deutschland charakteristische politische Ethik, deren Probleme erst in den autoritären, bürokratischen und militärischen Flächenstaaten des 18. und 19. Jahrhunderts evident wurden. Andererseits führte sie dazu, daß im entwickelten Industrialismus der Staat frühzeitig zu sozialpolitischen Maßnahmen von großer Tragweite zugunsten des lohnabhängigen Arbeiters veranlaßt wurde. [137]

VI. Nachbemerkung

Dem durch die ökonomischen Erfahrungen der letzten Jahrhunderte vertieften Bewußtsein ergibt sich ein ambivalentes Bild von Luthers »Wirtschaftslehre«. Der Versuch, zu einem biblisch begründeten ethischen Urteil über die aktuellen wirtschaftlichen Ereignisse zu kommen, und die Notwendigkeit, dieses Urteil aktiv im wirtschaftspolitischen Geschehen durch Gutachten und Stellungnahmen zu bewähren, charakterisieren seine exemplarische theologische Leistung. Es konnte wenigstens in groben Zügen gezeigt werden, daß die situativen Komponenten im Urteil nicht einseitig dominierten, sondern korreliert wurden mit einer der biblischen Botschaft gemäßen Theozentrik, d. h. der Einsicht in Gottes einheitliches Wirken als Schöpfer und Erlöser in seinen Regimenten, in dessen Präsenz in aller Kreatur und in die von Gott geschenkte Position des Menschen als cooperator Dei. In der Wirtschaftslehre materialisiert Luther diese Perspektive durch die Bezeichnung des institutionellen Rollen- und Beziehungsgefüges in den Ständen, Ämtern, Berufen, Diensten, Gütern der Erde, die nicht zeitlos verallgemeinert werden, sondern in der konkreten Einschätzung dessen, was zu tun ist, theologische Qualität und ethische Verbindlichkeit erhalten. In Luthers ethischen Urteilen sind der neu verstandene Dekalog, die Bergpredigt, die Rufe Jesu in die Leidensnachfolge, die Kreuzespredigt, das Doppelgebot der Liebe, die Goldene Regel, die apostolischen Paränesen und andere Texte von Evidenz die Hauptquellen der Orientierung, die immer Zuspruch und Anspruch zugleich enthalten. Entscheidend ist

---

137 Luthers Einfluß auf die Ausformung des sozialen Rechtsstaates ist herausgearbeitet in Th. Strohm, Die Ausformung des sozialen Rechtsstaates in der protestantischen Überlieferung: Sozialethische Untersuchungen zur gegenwärtigen Verfassungswirklichkeit, Münster 1969 (Uni Münster, Theol. Fak., Habil. 1969); zur Einwirkung Luthers auf die Kameralistik vgl. E. E. A. W. Hahn, Bedeutung a. a. O.

aber, daß der Urteilende erkennt, in welchem Wort Gottes Anspruch in der gegebenen Situation aktuell wird. Es ergab sich, daß Luther in den wesentlichen Fragen zu einer Grundbeurteilung in den frühen Jahren kam, die er auch in den späteren Jahren festhielt, ja er kam dezidiert immer wieder auf sie zurück. Im status oeconomicus zeigt sich – bis in Luthers persönliche Existenz hinein – die Bedürftigkeit des Menschen, in der die Gefahr der Verwirrung, Verstrickung in Eigennutz und Habgier, aber auch in Verzweiflung und unverantwortliches Treibenlassen besonders groß ist. Luther war fern von jeder utopischen Perspektive, wohl aber war er überzeugt, daß es die Aufgabe der Christen ist, die Dinge »zurechtzubringen« und an dem Sinn – Luther verwendet da häufig die Zwillingsformel »wie das die Liebe und natürliche Billigkeit lehret« – auszurichten, den Gott in die Dinge und in die Beziehungen gelegt hat. Es ist deshalb zwar überraschend, aber kaum erstaunlich, daß Luthers »Wirtschaftsethik« gerade heute angesichts der Krise der modernen Ökonomie, mit der schon Luther die größte Mühe hatte, auf das Eigentliche, den Sinn des Wirtschaftens, gegenwartsnahe verweist.

Reformation und Gemeinwesenentwicklung in der Perspektive der Emanzipation

I.

Seit Karl Marx, Max Weber und Ernst Troeltsch ist die Verortung der Reformation im Zusammenhang strukturgeschichtlicher Herleitung von ökonomischem Rationalismus, revolutionärer Praxis und Säkularisierung geläufig geworden. Die Kategorie der Emanzipation schwingt allemal mit.

Emanzipation bei *Karl Marx* ist die Enthüllung der menschlichen Wesenskräfte im revolutionären Ausgang aus der Entfremdung. Die Reformation wird Teil eines objektiven Entwicklungszusammenhanges einer sich selbst produzierenden, zu ihrem Wesen, dem menschlichen Wesen, dem Gemeinwesen erst bestimmten Gattung Mensch. Emanzipation ist ein theoretisch-praktischer Vorgang, der in Stufen innerhalb der weltgeschichtlichen Vertikale verläuft und die Reformation nichts als die erste Stufe. Zugleich bildet sie ein Hindernis für die Erreichung weiterer Stufen. »Selbst historisch hat die theoretische Emanzipation eine praktische Bedeutung für Deutschland. Deutschlands revolutionäre Vergangenheit ist nämlich theoretisch, es ist die Reformation. Wie damals der Mönch, so ist es jetzt der Philosoph, in dessen Hirn die Revolution beginnt.«[1] Der Protestantismus war keineswegs die wahre Lösung der emanzipatorischen Aufgabe der Menschheit, aber er »war die wahre Stellung der Aufgabe«.[2] Luther bereitete den Weg von der »unbedingten Knechtschaft« an die Pfaffenherrschaft zur Emanzipation des Volkes von Religion überhaupt um den Preis einer Internalisierung von Religiosität vor;[3] er setzte den Prozeß in Gang, an

---

1 Zur Kritik der Hegelschen Rechtsphilosophie, in: K. Marx, Die Frühschriften, hg. v. S. Landshut, Stuttgart 1953, 207 ff: 217.

2 Ebd.

3 »Luther hat allerdings die Knechtschaft aus Devotion besiegt, weil er die Knechtschaft aus Überzeugung an ihre Stelle gesetzt hat. Er hat den Glauben an die Autorität gebrochen, weil er die Autorität des Glaubens restauriert hat. Er hat die Pfaffen in Laien verwandelt, weil er die Laien in Pfaffen verwandelt hat. Er hat den Menschen von der äußeren Religiosität befreit, weil er die Religiosität zum inneren Menschen gemacht hat. Er hat den Leib von der Kette emanzipiert, weil er das Herz in Ketten gelegt hat.« (ebd.)

dessen Ende die politische und ökonomische Emanzipation des Proletariats steht. An der Theologie scheiterte die »radikalste Tatsache der deutschen Geschichte«, die Bauernkriege, aber für Marx ist die Theologie längst selbst gescheitert und hat der kritisch-revolutionären Philosophie das Feld überlassen. Für ihn war damit die Kritik der Reformation im wesentlichen beendet; ein Festhalten an deren Prinzipien bedeutet regressive Behinderung des Eigentlichen.

Max Webers emanzipatorisches Interesse erschöpfte sich in der Beantwortung der Frage nach der eigengesetzlichen Art der modern-europäischen Gesellschaftsgestaltung und nach der einmaligen Verkettung von Umständen, die sie ermöglicht, ja erzwungen hat. Die Soziologie, als die systematische Wissenschaft auch von andersartigen gesellschaftlichen Wirklichkeiten, wird der Weg, auf dem sich die gegenwärtige Wirklichkeit in ihrer historischen Wirklichkeit selbst erkennen lernt. Die Gegenwart, das ist die eigentümliche Zweckrationalität der kapitalistischen Gesellschaftssysteme, deren Wurzeln zu erkennen, zugleich Selbsterkenntnis bedeutet: Aufklärung und Möglichkeit, dem unausweichlichen Schicksal, dem ehernen Gehäuse der Hörigkeit der Zukunft, der Kombination von Bürokratie und kapitalistischer Industrie durch Bewahrung der Subjektivität zu entrinnen.[4] Die Reformation gehört zu den Wurzeln des Systems, wie die okzidentale Stadt. Diese lieferte die Organisationsformen, jene den ethischen Kern des kapitalistischen Systems. Weber stellte paradoxerweise jedoch nicht eine logische Verknüpfung her zwischen der Tatsache, daß Stadtgemeinde und Reformation zur Einheit verschmolzen sind und dem von ihm diagnostizierten »ganz vorwiegend protestantische(n) Charakter des Kapitalbesitzes und Unternehmertums sowohl, wie der oberen gelernten Schichten der Arbeiterschaft, namentlich aber des höheren technisch oder kaufmännisch vorgebildeten Personals der modernen Unternehmungen«[5], in dem diese Verschmelzung seine Ursache hat.

Das lutherische Berufsverständnis, in dem die griechischen Begriffe Klesis und Ergon, die Berufung und das Tagewerk, symbolisch zum neuen Begriff zusammenschmelzen, allein erwies sich nicht als wirkkräftig; erst der *syllogismus practicus* im Rahmen einer vulgarisierten Prädestinationsdoktrin führte zu systematischer Selbstkontrolle, Individualität und innerweltlicher Askese, entfesselte das Erwerbsstreben und verhinderte den Konsum, führte so zur Kapitalakkumulation durch asketischen Sparzwang. Das Leben im Dienste der Heilsgewißheit hat die äußere Konsequenz, der Vermehrung des Kapitals ohne Rücksicht auf die eigenen und der anderen Bedürfnisse zu dienen. Der Mecha-

---

4 Vgl. M. Weber, Parlament und Regierung im neugeordneten Deutschland, in: ders., Ges. pol. Schriften, Tübingen ²1958, 318 ff.

5 M. Weber, Die Protestantische Ethik und der Geist des Kapitalismus, in: ders., Ges. Aufsätze zur Religionssoziologie, Tübingen ⁴1947, 17 ff: 18.

nismus funktioniert auch nach dem Wegfall der ursprünglichen religiös-ethischen Motive, der Geist des Kapitalismus erweist sich als Derivat säkularisierter reformatorisch-calvinistischer Ethik. Die katalysatorische Wirkung der Reformation für das gigantische ökonomische Abenteuer der Neuzeit wird für Weber Bestandteil eines Alptraums, in dem Freiheit und Emanzipation ihrer produktiven Möglichkeiten beraubt sind.[6]

Ernst Troeltsch stellte die Frage nach dem emanzipatorischen Gehalt des Protestantismus im Entwicklungsprozeß der modernen Welt. Trotz der freiheitlichen Anfänge bei Luther diagnostiziert Troeltsch im Luthertum das Dominantwerden von patriarchalisch-restaurativen Elementen. Demgegenüber sieht er im Calvinismus ein Hindrängen auf Kapitalismus, freiheitliche Demokratie, Menschenrechte, Internationalismus und Persönlichkeitswerte, die dem Luthertum fehlen. Zugleich erkennt er einen Zusammenhang zwischen Emanzipation und Säkularisierung, dem er sich in intellektueller Redlichkeit stellt. Max Weber hatte den Säkularisierungsbegriff zum soziologischen Strukturbegriff neutralisiert, der diejenigen Rationalisierungsprozesse in allen Lebensgebieten umschreibt, innerhalb derer die Religion – zumal in ihrer institutionellen Verfassung – sich fortschreitend gegen die übrigen gesellschaftlichen Lebensgebiete isoliert. Troeltsch stellte sich als Theologe diesem »unsäglich schweren Problem« und scheiterte daran.

Troeltsch geht dem soziologisch neutralen Strukturbegriff genealogisch und theologisch nach und kommt zu dem Ergebnis, daß der Prozeß der Säkularisation, d. h. die ganze moderne kirchenfreie individuelle Kultur, die Idee und Wirklichkeit der autonomen Persönlichkeit als Subjekt dieser Kultur, ihre klare Herkunftsbeziehung im christlichen Glauben hat. Andererseits kann er nicht umhin festzustellen, daß in diesem Prozeß zugleich die Substanz des christlichen Glaubens verschwinden wird. Im Problem der Säkularisierung, wie Troeltsch es faßte, hat es die Theologie mit dem Problem einer Emanzipation einer Kultur vom Christentum zu tun, deren Herkunft im Christentum begründet ist. Troeltsch schließt dabei nicht aus, daß die Reformation die katalytische Funktion erfüllte.[7]

Paradoxerweise wurden die strukturgeschichtlichen Konsequenzen der genannten Autoren von einem hervorragenden Kenner und Vertreter der lutherischen Reformation, *Werner Elert,* der sein klassisches Werk *Morphologie des Luthertums* als wissenschaftliche Antithese gegen die drei Autoren entworfen hatte, geteilt. Er mißt freilich die Gegenwart an dem Anspruch der

6 Vgl. K. Löwith, Max Weber und Karl Marx, in: ders., Ges. Abhandlungen. Zur Kritik der geschichtlichen Existenz, Stuttgart 1960, 1 ff: 8 f.

7 Vgl. E. Troeltsch, Die Soziallehren der christlichen Kirchen und Gruppen, Tübingen 1912, 607 ff und ders., Die Sozialphilosophie des Christentums, Tübingen 1923. – Zum Säkularisierungsbegriff vgl. H. Lübbe, Säkularisierung. Geschichte eines ideen-politischen Begriffs, Frankfurt a.M. 1965.

Reformation, genauer an ihrem Herzstück, dem Katechismus als dem »Zentrum der Dynamik«, die durch alle Epochenwechsel konstant geblieben ist.

Mit einem beispiellosen Quellenfundament wird eine strukturgeschichtliche These verfolgt, das Auf und Ab der konfessionellen Glaubens- und Lebensformen, ihrer kulturellen Ausstrahlung und Kraft. »In der morphologischen Perspektive erscheinen die Epochen als Abschnitte des allmählichen Schwächerwerdens und Wiedererstarkens der konfessionellen Dynamik.«[8] In drei Phasen verläuft die Bewegung: Im 16. und 17. Jahrhundert bis zum Ende der lutherischen Orthodoxie bleibt die Dominante klar erhalten. Sie droht verlorenzugehen in der 2. Phase der »gewaltigen Überfremdung vor allem vom Westen her«[9]. Nur in den peripheren Kategorien seines Ausdruckes lebt das Luthertum soziologisch und weltanschaulich fort, bis im 19. Jahrhundert eine Wiederbelebung der Dominante erfolgt und auch vielfach neue Formen des Ausdrucks erzeugt werden, um dann im 20. Jahrhundert offenbar doch wieder verlorenzugehen.

Die Wirklichkeit gehorcht der Dominante nicht mehr. Am Ende steht – im Jahre 1931 – die Erkenntnis: »die Not unserer Lage ist der seelische Bankrott«, hervorgerufen durch die Verabsolutierung der ökonomischen Faktoren. »Die Folge ist die Gleichgültigkeit gegen die anderen. Deshalb starrt einen auch bei Lösung aller Wirtschaftskrisen nur das leere Auge entseelter Menschen an. Der Schöpfer ist wieder der verborgene Gott. Da gibt es kein Entrinnen.«[10] Die »artfremden« Elemente der weltanschaulichen und sozialen Dynamik der Gegenwart, die nicht mehr deckungsgleich oder artverwandt mit der Dominante des Luthertums ist, überwuchern die historische Gestalt einer Konfession, deren Ende – ohne Vollendung – jetzt gekommen zu sein scheint. Die Gegenwart emanzipierte sich von ihrem Erbe, sie degeneriert zum Abfall von der Geschichte.

In den genannten Entwürfen verfällt die Reformation der Abdankung der Geschichte. Ihr fester Ort als Katalysator weitreichender, die Gegenwart schlechthin bestimmender Entwicklungszusammenhänge scheint gesichert. Ein Anteil an den weiteren Stufen der Emanzipation kommt ihr nicht zu, ja die innere Tendenz der emanzipatorischen Praxis scheint der reformatorischen Intention langfristig zu widersprechen.

Die Geschichte gehorcht manchmal den Entwürfen, die man von ihr macht. Die Reformation kann auch als Teil eines menschheitlichen Bildungsprozesses begriffen werden, in dem sie eine bestimmte Funktion übernahm und diese in

---

8 Vgl. W. Elert, Morphologie des Luthertums I: Theologie und Weltanschauung des Luthertums hauptsächlich im 16. und 17. Jahrhundert. II: Soziallehren und Sozialwirkungen des Luthertums, München 1931, Nachdruck München 1958; Zitat: I, 9.
9 Ebd.
10 A.a.O., 520.

jeder Phase, in der neue Probleme gelöst werden müssen, virtuell auch behält. Sie kann bleibend vor diesen Aufgaben versagen und in Regression versinken, wenn ihr nicht gesellschaftliche Kräfte zuwachsen, die ihre Transformation übernehmen. Es ist also sinnvoll, in kritischer Selbstreflexion den Anteil der Reformation an einem im emanzipatorischen Erkenntnisinteresse reflektierten Bildungsprozeß auf jeder Stufe aufzusuchen und zu messen an der historisch möglichen Leistung. Dieses Verfahren – in den historischen Disziplinen gemieden – verweist auf einen systematischen Umgang mit der Geschichte.[11]

Wenn von Bildungsprozeß gesprochen wird, so ist an einen kollektiven Handlungsablauf gedacht, der wie ein individuelles Leben Ursprung und Ziel in sich trägt, nicht als vorgegeben, sondern als zu erarbeitendes Ziel. Bildungsprozeß und individuelles Schicksal haben gemeinsam, daß das Problem der Identität und der Intentionalität durch alle Metamorphosen neu gestellt ist. Die gelungene Fortsetzung eines möglicherweise abgebrochenen Bildungsprozesses im individuellen Lebenslauf ist das therapeutische Ziel des Therapeuten. Kritische Selbstreflexion der Reformation in therapeutischer Absicht heißt kritische Bewußtmachung derjenigen Faktoren, die eine gelungene Fortsetzung der produktiven Intention bislang verhinderten, deren Kenntnis und Verarbeitung diese aber ermöglichen.

II.

Die kritische, auf Stichproben und Aspekte beschränkte Durchsicht hat bei den Intentionen der Reformatoren selbst zu beginnen. Worin liegt der emanzipatorische Anteil der Reformation, insbesondere der Reformation *Martin Luthers*? Vor allem in zwei Dimensionen: Erstens in der religiös-sittlichen Dimension, indem er Gottesgewißheit und innere Freiheit so ineinander zu denken vermochte, daß das eine als die Kehrseite des anderen erscheint. Luther hat dadurch für alle folgenden Generationen eine sittliche Autonomie begründet, die in der bisherigen Geschichte des Christentums keine Parallele hat. Zweitens in der gesellschaftspolitischen Dimension, indem er die Entwicklung des menschlichen Gemeinwesens, der guten politischen Ordnung, an dem dynamischen Begriff der Politia Christi orientiert, in dem die »größte Irrlehre der europäischen Christenheit« (Th. A. Potter), die Trennung zwischen der in der Rechtfertigung ermöglichten *reformata et perfecta imago Dei* und der Generalreformation des Gemeinwesens als Ausgangspunkt einer Generalreformation der ganzen Welt, virtuell aufgehoben wurde.

---

11 Vgl. hierzu J. Habermas, Zur Logik der Sozialwissenschaften, in: Phil. Rundschau. Eine Vierteljahresschrift für philosophische Kritik, hg. v. H. G. Gadamer/H. Kuhn, Beiheft 5, 1967, 192 ff.

Ad 1: Vom Therapeuten *E. H. Erikson* lernen wir die Reformation als Bestandteil eines höchst dramatischen Ringens um Ich-Identität und Ich-Integration des jungen Mannes Luther kennen.[12] Da jede Generation der nächsten einen verläßlichen Schatz an Grundvertrauen schuldet und im Zusammenhang damit gemeinsame Symbole der Integrität lebendig erhalten muß, um zu einem schöpferischen Leben weiterzukommen, wird Luthers Leistung gerade darin gesehen, den Menschen seiner Zeit vom Alpdruckgefühl innerhalb seiner Welt befreit zu haben im Namen eines höheren Glaubens an die größere Wirklichkeit einer erstrebenswerten Welt. Indem er versuchte, mit introspektiven, auf den Mittelpunkt der inneren menschlichen Konflikte zielenden Methoden im Menschen den Spielraum innerer Freiheit und des Problemlösungsverhaltens zu vergrößern, wird er zum Partner Sigmund Freuds. Jener beendete den Glaubensabsolutismus eines kollektiven Über-Ichs, dieser beendete die Zeit absolutistischer Vernunftherrschaft jenseits des Individuums. Beider »Ziel war Individualisierung und geistig-seelische Gesundheit des Menschen.«[13]

Indem Luther seine persönlichsten Konflikte exemplarisch durchlitt und zur Lösung brachte, gelang ihm die Erneuerung des Glaubens in einer Periode, in der organisierte Religion die ideologische Vorherrschaft ausübte. Erikson widerspricht somit der These von Karl Marx, Luther habe »den Leib von der Kette emanzipiert, weil er das Herz in Ketten gelegt« habe. Der Gott des Evangeliums legt nicht an die Kette, arbeitet nicht mit Drohungen, Entzug von Liebe, Repression, sondern mit der Hingabe an das geliebte Geschöpf. Gott ist nicht »die Einschränkung, sondern die Ermöglichung, die Quelle wahrer menschlicher Freiheit«.[14]

In der Schrift *Von der Freiheit eines Christenmenschen* wird begrifflich zunächst der äußere, durch die Verhältnisse definierte Mensch vom inneren Menschen unterschieden. Das edelste Seelenvermögen, der Wille, die den Menschen eigentlich bestimmende Person, haben die Möglichkeit, nicht in bleibende Unterwerfung unter den göttlichen Willen, unter seine absoluten Maßstäbe zu geraten, wohl aber an Gottes reinem Geist voll teilzuhaben und mit einem gottförmigen Willen, d. h. mit einer der göttlichen Gerechtigkeit entsprechenden Gesinnung erfüllt zu werden, aus der sich das richtige Verhalten auch in der äußeren Existenz, somit *regulae, mensurae, rationes* ableiten lassen.[15]

---

12 E. H. Erikson, Der junge Mann Luther. Eine psychoanalytische und historische Studie. Die Geschichte der Kindheitskonflikte und Jugendkrisen, die Martin Luther zum Reformator machten, München 1958.

13 A.a.O., 278.

14 H. Gollwitzer, Luthers Ethik, in: R. Italiaander (Hg.), Moral – wozu?, München 1972, 114 ff: 128.

15 Tractatus de libertate Christiana, 1520, WA 7. Deutscher Text: Von der Freiheit eines Christenmenschen, Münchener Ausgabe, ³1948, II.

Theologisch gesprochen wird hier das Entsprechungsverhältnis von Schöpfer und Geschöpf so angesetzt, daß der Mensch als *cooperator,* als selbständiger Mitarbeiter Gottes in Erscheinung tritt und »die Freiheit zur vollen Natürlichkeit seines Handelns hat«[16], genauer zu derjenigen Natürlichkeit, die der Ordnung der göttlichen und menschlichen Liebe ursprünglich entspricht. Diesen Vorgang schildert Luther so: »Durch den Glauben fähret er (der Mensch) über sich in Gott, aus Gott fähret er wieder unter sich durch die Liebe und bleibt doch immer in Gott und göttlicher Liebe ... Siehe, das ist die rechte geistliche, christliche Freiheit, die das Herz frei macht von allen Sünden, Gesetzen und Geboten, welche alle andere Freiheit übertrifft wie der Himmel die Erde.«[17]

Die innere Bestimmung des Menschen wird gebunden an diejenigen Statusbezeichnungen, die in der Skala der menschlichen Gesellschaft den höchsten Rang einnehmen: König und Priester, gemäß der biblischen Aussage: »Ihr seid ein priesterlich Königreich und ein königlich Priestertum« (1 Petr 2,9).

Beschrieben wird eine innere Dynamik, die nicht alle Faktoren des Lebens in ihrem äußeren Ablauf beeinflussen kann. Luther spricht bei der Einschränkung von physischen Bedingtheiten und vermeidet mit Bedacht soziologische Faktoren. »Nicht daß wir aller Dinge leiblich mächtig sind, sie zu besitzen oder zu brauchen, wie die Menschen auf Erden, denn wir müssen sterben leiblich und kann niemand dem Tode entfliehen; so müssen wir auch viel anderen Dingen unterliegen, wie wir an Christo und seinen Heiligen sehen.«[18] Gleichwohl geschieht hier von innen nach außen, von oben nach unten und von unten nach oben ein die Verhältnisse und Bedingtheiten potentiell umkehrendes Geschehen. »Das ist eine gar hohe ehrliche Würdigkeit und eine rechte, allmächtige Herrschaft, ein geistliches Königreich ... Siehe, wie ist das eine köstliche Freiheit und Gewalt der Christen!« Die Begriffe Priester und König werden für diese Existenzformen herangezogen, um sie gleichsam zur Norm des christlichen – und wie zu zeigen ist – des gesamten Lebens zu erheben.

Ad 2: Die produktive Leistung Luthers wird erst voll verständlich, wenn man die Elemente Gottesgewißheit und innere Freiheit in der gesellschaftlichen Dimension reflektiert. Luther hat nicht nur das Normensystem seiner Zeit umgekehrt, sondern auch die hierarchisch verfaßte Ordnung zugunsten einer Rechtsordnung nach den Prinzipien der Rechtsgleichheit und brüderlichen Solidarität. Die Intensität der solidarischen Zuwendung Gottes zum Menschen

---

16 So E. Wolf, Die Rechtfertigungslehre als Mitte und Grenze reformatorischer Theologie, in: ders., Peregrinatio II. Studien zur reformatorischen Theologie, zum Kirchenrecht und zur Sozialethik, München 1965, 11 ff: 20; vgl. ders., Königsherrschaft Christi und Zwei-Reiche-Lehre, in: a.a.O., 207 ff: 222; und ders., Schöpferische Nachfolge?, in: a.a.O., 230 ff.

17 M. Luther, Von der Freiheit eines Christenmenschen, 286 f.

18 A.a.O., 276.

wird in der Sozialpflichtigkeit als entscheidendem Kriterium sozialer Ordnung empirisch abgebildet. In der Ständevorstellung werden »Bapst, Cardinal, Bischoff, Prister, Munch, Nonnenstand« zu den »sündlichen Stünden« gerechnet wie »reyberey, wucherhandell, offentlicher frawen weßen.«[19]

Die Abwertung der kirchlichen Hierarchie führte zu einer neuen Vorstellung des christlichen Gemeinwesens als der »Larve« und dem »Hort« des *regnum Christi*. Diese lutherische Utopie erwies sich als ein Vorgriff unterhalb und innerhalb der gegebenen Ordnung. Sie betraf drei Dimensionen: In der Verfassung der christlichen Gemeinde manifestiert sich das neue Wirklichkeitsverständnis; in der ständischen Ordnung zerbricht die hierarchische Zweiteilung des *ordo naturalis* und des *ordo supranaturalis* zugunsten einer funktionalen Zuordnung der öffentlichen Dienste; im politischen Gemeinwesen erhalten diejenigen Strukturen Vorrang, die auf eine solidarische Verfassung hinweisen und dem christlichen Prinzip der Sozialpflichtigkeit gerecht werden.

Luther hatte zunächst die kirchliche Autorität vom Papst auf die Gemeinde verlagert. Bekannt ist seine Schrift: *Daß eine christliche Versammlung oder Gemeinde Recht und Macht habe, alle Lehre zu urteilen und Lehrer zu berufen, ein- und abzusetzen...*, aus dem Jahre 1523. Luther hat damit den Gedanken des allgemeinen Priestertums der Gläubigen als extreme Gegenposition gegen die Lehre vom hierarchischen Kirchenregiment und sakralen Priesteramt gestellt.

Auf solchen Stellen baut also die Lehre vom allgemeinen Priestertum der Gläubigen auf, welche Luther wie folgt definiert hat. Ich zitiere aus der Schrift *An den christlichen Adel, von des christlichen Standes Besserung* aus dem Jahre 1520:

> »Denn was aus der Taufe gekrochen ist, das mag sich rühmen, daß es schon zum Priester, Bischof und Papst geweihet sei, obwohl nicht einem jeglichen ziemt, solch Amt zu üben. Denn weil wir gleich alle Priester sind, muß sich niemand selbst hervortun und sich unterwinden, ohn unser Bewilligen und Erwählen das zu tun, des wir alle gleiche Gewalt haben; denn was allgemein ist, kann niemand ohne der Gemeinde Willen und Befehl an sich nehmen. Und wo es geschähe, daß jemand erwählet zu solchem Amt und durch seinen Mißbrauch würde abgesetzt, so wäre er gleich wie vorher. Drum sollte ein Priesterstand nichts anders sein in der Christenheit denn als ein Amtmann: dieweil er im Amt ist, geht er vor; wo er abgesetzt ist, ist er ein Bauer oder Bürger wie die anderen.«[20]

Drei Hauptgedanken kommen an dieser Stelle zum Ausdruck: Der priesterliche Charakter ist allen Getauften gleichermaßen verliehen. Daher sind es diese

---

19 M. Luther, Ein Sermon von dem heiligen hochwürdigen Sakrament der Taufe, 1519, WA 2, 734.

20 An den christlichen Adel deutscher Nation, von des christlichen Standes Besserung, 1520, Münchener Ausgabe II, 1948, 88.

Getauften, welche allein aus ihrem Kreise die geeigneten Personen für die Ämter in der Kirche bestimmen können. Diese Ämter verleihen keine besseren oder höheren priesterlichen Rechte, als sie der einzelne zum Amt Gewählte bereits hat. Das Priesteramt hat deshalb keinen Charakter indelebilis, die Priesterweihe drückt kein unauslöschliches, sakramentales Siegel auf, so daß der von der Gemeinde wieder abgesetzte Pfarrer, wie er durch die Ernennung nichts an priesterlicher Würde gewonnen hatte, durch die Absetzung nichts verlieren kann. Nach dieser Lehre geht alle Kirchengewalt von der Gemeinschaft der einzelnen getauften Christen, also von den Laien aus.

Luther hatte den mittelalterlichen Gesellschaftsordo der beiden Stände, des geistlichen über den laikalen auf dem beibehaltenen, aber auf die Gemeinde, das konkrete Gemeinwesen konzentrierten Hintergrund des *corpus Christianum*, ersetzt durch die vertikale Aufgliederung dieses *corpus* in die drei Erzgewalten, den sog. *status ecclesiasticus*, den *status politicus* und den *status oeconimicus*. Jede von ihnen sollte bezogen sein auf Gott und seine Kirche, in ihrer Vollkommenheit hatten sie teil am *regnum Christi*, sind sie Struktur der *politia Christi*. Konkret war gedacht an das Gemeinwesen, an die Gemeinde, die Stadt; in ihr hatte jeder Mensch in je verschiedenem Umfang im Regel- und Idealfall an jeder der Hierarchien lebensmäßigen Anteil. Als Werktätiger war jeder zugleich in den politischen Vertretungsorganen, den Zünften, in der Ratsversammlung, im großen oder kleinen Rat, in den Stuben oder Kammern. Zugleich sollte der Priesterstand nur besonderer Ausdruck des allgemeinen *status ecclesiasticus* sein, »des wir alle gleiche Gewalt haben; denn was allgemein ist, kann niemand ohne der gemeine Willen und Befehl an sich nehmen« (1520). *Friedrich Meinecke* hatte schon die Umrisse dieser Utopie in der Bemerkung angedeutet, daß Luther in seinen Gedanken vom *corpus mysticum* »hinübergleitet zu der Vorstellung eines einheitlichen, geistlich-weltlichen Gemeinwesens«, innerhalb dessen alle Organe, geistliche und weltliche, sich zwar nach ihrer besonderen Aufgabe differenziert zu bestätigen haben, aber durch den gemeinsamen obersten Zweck, »Leib und Seele zu fördern«, miteinander verbunden sind und nötigenfalls füreinander einzuspringen haben.[21] Zwar kannte Luther nicht die sozialrechtlichen Möglichkeiten kommunaler Verfassungen seiner Zeit von Lübeck bis Straßburg, aber er ging aus vom Grundmodell einer solidarischen Rechtsgemeinschaft, das in kleinen Sozialkreisen seinen christlichen Sinn, seine Orientierung am himmlischen Jerusalem, an der *civitas Dei*, am ehesten bewährte. Damit ist zunächst für das christliche Leben die feudale Fiktion außer Kraft gesetzt. Diese war bisher in der Soziallehre des christlichen Mittelalters bestärkt worden durch Bezug auf Gott als den König und Vater und auf die Schwerkraft der Naturverhältnisse. Könige und Väter hatten nach

---

21 F. Meinecke, Luther über christliches Gemeinwesen und christlichen Staat, in: HZ 121, 1920, 1 ff: 11 f.

dieser imago-Lehre am Element des Göttlichen ihren Teil. Gott war droben, und droben waren die Könige und Väter, die übrigen waren drunten und niedrig. Gott wird in letzter Konsequenz von Luther nicht mehr als König und Vater, sondern als reiner Geist verstanden. Nicht die Rolle des Kindes, nicht die der Untertanen, sondern die Rolle des Mitregenten wird dem Menschen zugewiesen. »Durch sein Königreich ist er aller Dinge mächtig, durch sein Priestertum ist er Gottes mächtig ...«[22]

Dem Einwand, die Umkehrung des sozialen Wert- und Ordnungssystems geschehe hier nur fiktiv, ist bereits durch den mehrfachen Hinweis auf die Durchlässigkeit von »innerer« und »äußerer« Wirklichkeit, von *regnum Christi* und den Naturverhältnissen begegnet worden. Gewichtig aber erscheint die Frage, ob nicht eine Herrschaftsordnung nur durch eine andere ersetzt werde. Die »sachliche Vorordnung des regnum Christi vor dem regnum mundi«[23] kann zur Christokratie führen und faktisch zu einer elitären Form der Herrschaft derer, die sich als Christen ausgeben. Die feudale würde durch die christokratische Fiktion vertauscht werden. Luther begegnet diesem Einwand zunächst mit dem Hinweis darauf, daß nach dem biblischen Verständnis nicht Herrschaft in Frage kommt, sondern Solidarität, denn Christen werden *ministri, servi, oeconomi*, »das ist Diener, Knechte, Schaffner«, genannt.

Luther verwirft alle diejenigen Taten, die den Zugang zu dieser Solidarität mit den Nöten der Gesellschaft versperren, weshalb auch »wenige Stifte, Kirchen, Klöster und Altäre, Messen, Testamente seien christlich«[24]. Als *opus operatum* dienten sie dazu, gerade den Tugendhaften vom Nichttugendhaften abzuheben, jenes Leistungssystem zu begründen, in dem der Mensch die *dignitas humana* nicht als sittlich freies Wesen überhaupt besitzt, sondern nur der tugendhafte, der nichtsündige Mensch. Hier werden Christen zum verantwortlichen Garanten gerade der *dignitas humana* des Bedürftigen, Nichttugendhaften. Bislang konnte der sündige Mensch gemäß der Naturrechtsverhältnisse getötet werden *velut bestia;* es gab – *naturaliter* – Menschen höherer Ordnung und Sklaven. Bei Luther hingegen heißt es:

> »Wir sehen es nicht für eine sonderliche Ehre an, daß wir Gottes Kreatur sind. Aber daß einer ein Fürst und großer Herr ist, da sperrt man Augen und Maul auf, obwohl doch derselbe nur eine menschliche Kreatur ist, wie es St. Petrus nennt (1. Epist. 2, 13) und ein nachgemacht Ding. Denn wenn Gott nicht zuvor käme mit seiner Kreatur und machte einen Menschen, dann würde man keinen Fürsten machen können. Und dennoch klammern alle Menschen danach, als sei es ein köstlich, groß Ding, so doch dies hier viel herrlicher und größer ist, daß ich Gottes Werk und Kreatürlein bin. Darum sollen Knechte und Mägde und jedermann solcher hohen Ehre sich annehmen und sagen: *ich bin ein Mensch,* das ist je ein höher Titel, denn ein Fürst sein. Ursache:

22 M. Luther, Von der Freiheit eines Christenmenschen, 276.
23 E. Wolf, Königsherrschaft Christi und lutherische Zwei-Reiche-Lehre, 222.
24 Von der Freiheit eines Christenmenschen, 277.

den Fürsten hat Gott nicht gemacht sondern die Menschen: daß ich aber ein Mensch bin, hat Gott allein gemacht.«[25]

Solange der Mensch, die *dignitas humana*, gebunden bleibt an die moralische Vollkommenheit, an denjenigen, der sich nicht an der empirischen und geistlichen Ordnung versündigt – wie im thomistisch-scholastischen Naturrecht –, bleibt jeder Mensch im absoluten Sinne der sozialen Kontrolle durch die Hüter der faktischen Herrschaftsordnung unterworfen. Die Stabilität der sozialen Ordnung konnte als die äußere Existenzweise Gottes begriffen werden, eine Berufung auf Gott jenseits dieser Ordnung war nicht denkbar. Luther erkaufte die Existenz Gottes und zugleich die *dignitas humana* notfalls mit der Stabilität der sozialen Ordnung. Seine revolutionäre Leistung bestand somit in der, mit dem gesamten publizistischen Aufwand seiner Zeit vorgetragenen, Neubestimmung des Menschen, und zwar gerade des niedrigen, gefährdeten und bedürftigen Menschen.

Auf dem Hintergrund des bisher entwickelten kategorialen Koordinatensystems erhalten viele Sätze Luthers einen neuen Sinn. Er vertrat nicht nur bürgerliches Gleichheits- und Freiheitsstreben in religiöser Hülle, sondern auf der für ihn eigentlichen, die Zukunft bestimmenden geistlichen Ebene. »Ob wir für die Welt ungleich sind, so sind wir doch für Gott alle gleich, Adams Kinder, Gottes Kreatur, und je ein Mensch ist des anderen wert.«[26] Dies meint nichts anders, als daß nicht nur der Obrigkeit, sondern allen die gleiche Weihe und Bedeutung zuerkannt wird und infolgedessen auch die gute politische Ordnung dieser Tatsache in Zukunft Rechnung tragen muß. Von nun an hatte »das Wort Mensch eine gewisse Würde in seinem Klang«[27].

III.

Daß Luther und die Reformation von einem starken emanzipatorischen Interesse getragen wurden, mag deutlich geworden sein. Es soll aber gleich untersucht werden, in welchen Gehalten diese Vorstellung unterschieden ist von dem Begriff der Emanzipation, der seit Marx eingebürgert ist. »Alle Emanzipation ist Zurückführung der menschlichen Welt, der Verhältnisse, auf den Menschen

---

25 Erlanger Ausgabe der Werke Luthers in 67 Bänden, Erlangen 1826 bis 1857, EA 4, 366; vgl. außerdem EA 21, 283, EA 40, 295, EA 23, 242 f.

26 Zitiert bei G. Fabiunke, Martin Luther als Nationalökonom, Berlin (-Ost) 1963, 94.

27 Diese Feststellung traf der Lutheraner Samuel Pufendorf, der als erster konsequent den anthropologischen Begriff der Freiheit zur Grundlage für den sozialethischen und rechtlichen Begriff der Freiheit erhob und die dignitas naturae humanae als Ausgangspunkt einer neuen Ordnungskonzeption, d. h. Naturrechtslehre, festsetzte. Vgl. H. Welzel, Naturrecht und materiale Gerechtigkeit, Göttingen ⁴1962, 141.

selbst«, heißt es in der Schrift *Zur Judenfrage,* 1844; gemeint ist die prinzipielle Aufhebung der als Entfremdung begriffenen Naturwürdigkeit gesellschaftlicher Kräfte, die der Verfügung durch den Menschen der Menschheit zurückgewonnen werden müssen.[28] Diese Intention liegt auf der Linie, die vom emanzipatorischen Interesse der Reformation verfolgt wurde. Der Unterschied liegt also nicht dort, wo er häufig vermutet wird, daß alle Emanzipation Zurückführung der menschlichen Welt auf Gott bedeute, bezweifelt wird aber grundsätzlich, daß die Emanzipation in diesem Sinne gelingen kann, allein durch eine immanente Revolution, durch die Hoffnung und das Einwirken auf ein Umschlagsprinzip, das in den Weltverhältnissen des Menschen selbst angelegt ist und das, falls es in Gang kommt, notwendig wieder Entfremdungsmechanismen freisetzt.

Gegenstand theoretischer Reflexion ist also nicht »Gott an sich«, der trinitarische Gott, demgegenüber kontemplatives Verhalten geboten wäre, sondern Gegenstand ist der entfremdete Mensch und *Deus justificans ac salvator.* Theologische Reflexion hat es mit einem Prozeß zu tun, der am Menschen, an der Menschheit geschieht und der die *reformata et perfecta imago Dei* intendiert.[29] Dieser Prozeß ist die tiefste Revolution, die in den Weltverhältnissen des Menschen geschehen kann. Sie ersetzt nicht und hebt die Umwertung und Umwälzung im Bereich der Produktionsverhältnisse und in den politischen, kulturellen Verhältnissen nicht auf. Sie ermöglicht, begründet, postuliert, macht permanent und universal, was andernfalls Gefahr liefe, partikular und singulär, ja okkasionell zu sein.

Die Reformation mußte kommen, denn sie hat den emanzipatorischen Inhalt der biblischen Verkündigung auf den Herrschaftszusammenhang ihrer Zeit angewendet. Das Problem der Emanzipation war von Paulus im Galaterbrief 3/4 in dem Sinne behandelt worden, daß der Mensch in eine sklavenartige Abhängigkeit von Normen, Strukturen und Naturmächten der Welt geraten sei und in der Orientierung am Christusereignis den Geist der Freiheit und die Vollmacht erhält, die Verfügung über die Naturmächte, den Mammon, die Triebstruktur, das Normensystem zurückzugewinnen.[30]

---

28 K. Marx, Zur Judenfrage, in: ders., Die Frühschriften, a. a. O., 171ff: 199.

29 Vgl. hierzu E. Wolf, Die Rechtfertigungslehre als Mitte und Grenze reformatorischer Theologie, in: ders., a.a.O., 11 ff.

30 »Solange der Erbe unmündig ist, unterscheidet er sich in nichts von einem Sklaven, obgleich er Herr von allem ist, sondern er steht unter Vormündern und Haushaltern bis zu der vom Vater vorherbestimmten Zeit. So waren auch wir, als wir unmündig waren, den Mächten der Welt wie Sklaven unterworfen.« Gal 4,1 f. Eine theologische Auseinandersetzung mit der Marxschen Kategorie »Emanzipation« hat zuerst Heinz E. Tödt in seiner Heidelberger Vorlesung 1969 über »Die Theologie und die Wissenschaften« vorgenommen. Diese bedeutende Abhandlung existiert als Vervielfältigung, Heidelberg 1969.

Es gehört zu den grundlegenden biblisch-reformatorischen Einsichten, daß die Emanzipation von der Mächtigkeit alles dessen, was nicht von Gott ist, und die Erkenntnis der Menschlichkeit der Lebensverhältnisse auf lange Sicht nur gelingt, wenn der Mensch als handelndes Subjekt sich auf die Transzendenz Gottes bezieht. Erst aus der wiedergewonnenen *imago Dei* vermag er allen Mächten der Welt gegenüberzutreten und seine Berufung zum *dominium terrae* wahrzunehmen. Der Sinn von Geschichte erschließt sich nicht im kontemplativen Nachdenken dessen, was Gott mit den Menschen vorhat, Gott als *intellectus archetypus,* sondern im bewußten Ergreifen der universalen Möglichkeiten, die mit der *imago Dei* gesetzt sind. Diese Bezugnahme wird in Marx' Emanzipationsbegriff ebenso abgewiesen wie eine Bezugnahme auf Weltentstehung jenseits der Erzeugung durch menschliche Arbeit, ebenso wie eine Bezugnahme auf diejenigen Bedingungen in der Geschichte der Natur, denen die Gattung Mensch ihre Entstehung verdankt. Mit anderen Worten, der Emanzipationsbegriff von Marx ist enger, spezifischer, instrumenteller: Die entfremdete Arbeit, woraus Aufhebung der Entfremdung als »Sinn« abgeleitet wird, geht nicht als allgemeine Struktur des Bewußtseins oder der Geschichtlichkeit des Menschen aller Geschichte voraus, sondern ist Teil dieser bestimmten geschichtlichen Situation; Marx sagt: deren »Ausdruck«[31]. Gerade in dieser methodischen Abstraktion des Emanzipationsbegriffs auf die revolutionäre Aufhebung der entfremdeten Arbeit wird er auf eine reale geschichtliche Situation relativ und bedarf auf Dauer einer Ergänzung.

Andererseits setzt sich dieser theoretische Ansatz bewußt der empirischen Überprüfbarkeit aus und damit auch der Widerlegbarkeit, während sich das christliche Verständnis einer solchen Überprüfung entzieht und unter Ideologieverdacht gerät, sofern Erscheinung und Wesen auseinanderklaffen und das Besondere mit dem Allgemeinen nicht zum konkret Universellen sich zusammenschließt. Marx stellt gerade das reine Bewußtsein, das sich mit dem Schein des emanzipatorischen Interesses und der Autonomie umgibt, unter Ideologieverdacht. »Herausgelöst aus den unmittelbaren Bezügen zum Lebensprozeß der Gesellschaft, gerät das Bewußtsein in kontemplative Abhängigkeit.«[32] Etablierte sich die Reformation als Ideologie mit dem Schein von Emanzipation? Nach einer Prüfung dieser Fragestellung im Zusammenhang mit den wichtigsten Folgeentwicklungen der Reformation können in einem letzten Abschnitt emanzipatorische Tendenzen in der deutschen Entwicklung behandelt werden.

1. Die lutherische Reformation hat ihren emanzipatorischen Ansatz in zentralen Punkten nicht verwirklicht. Ihrem Anspruch nach geht alle Kirchen-

---

31 J. Habermas, Zur philosophischen Diskussion um Marx und den Marxismus, in: Philos. Rundschau 5, 1957, 165 ff: 213.
32 A.a.O., 216.

gewalt von der Gemeinschaft der einzelnen getauften Christen aus, also von den Laien. Die Entwicklung der lutherischen Kirchenverfassung hat einen anderen Weg genommen. Ein Laienstand, der in der Lage gewesen wäre, die Lehre zu beurteilen und Verantwortung zu tragen, war in den Reichsstädten zunächst nicht vorhanden. Luther selbst stellte in der Vorrede zur Deutschen Messe 1526 fest: »Ich habe noch nicht Leute und Personen dazu.« Die lutherische Kirche wurde eine Kirche der Ämter, die sich mühelos in die zentralen Amtsorganisationen des werdenden Absolutismus einbauen ließ. Im bürokratisch durchorganisierten Territorialstaat des 18. Jahrhunderts erschienen alle kommunalen, gemeindlichen Selbstregierungen als sinnlose Überreste einer älteren Zeit. Die Transformation der *Politia Christi* war mißlungen. Der historisch-faktischen Entwicklung zur Amtskirche entsprach eine Theologie, die den Amtsgedanken gegenüber dem Gemeindegedanken überbot.[33]

Ihrem Anspruch nach war die Ständelehre die Aufhebung hierarchischer Positionen und darauf angelegt, Arbeitsteilung virtuell zu überwinden. Jeder Mensch sollte lebensmäßigen Anteil erhalten an den ökonomischen, politischen, geistlichen Funktionen. Erst später hat man dann die Grenzen schärfer durchzuziehen versucht, eine statische Dreiständelehre und eine Rangordnung der Stände festgelegt. Wieder etwas später hat man mit dieser Ständelehre Luthers Unterscheidung der beiden Regimenter verbunden, die ursprünglich »nur« das Mittel gewesen ist, Gottes einheitliches Handeln als Schöpfer und Erlöser der Welt gegenüber zu begreifen. So ist aus Luthers funktionaler Unterscheidung der zwei Regimenter eine lutherische Weltanschauung in bezug auf die Bereiche von Staat und Kirche geworden, in die man die Ämter eingeordnet hat. Neben die Staatsräson tritt am Ende die Kirchenräson, die das Christliche in das Ghetto von Richtlinien der Verwaltung sperrt, es ist von einer babylonischen Gefangenschaft in die andere geraten.

Die Ideologisierung dieser Entwicklung fand in der Trennung der vertikalen und horizontalen Aspekte des Christlichen, in der Trennung des Evangeliums vom aktiven Handeln in der Verwirklichung, der Wahrheit der menschlichen Lebensverhältnisse ihren Niederschlag. Die scharfe Unterscheidung zwischen evangelistischen und sozialen Aufgaben nannte der Generalsekretär des Weltrates der Kirchen »die größte Irrlehre der europäischen Christenheit«, eine »Verfälschung des Herzens des christlichen Glaubens«[34]. Sie hat im Zwangsstaatskirchentum deutscher, lutherischer Prägung ihren Bezugsrahmen.

---

33 Den Prozeß der Aushöhlung kommunaler Verfassungssysteme hat O. Brunner nachgezeichnet: Souveränitätsproblem und Sozialstruktur in den deutschen Reichsstädten der frühen Neuzeit, in: Neue Wege der Verfassungs- und Sozialgeschichte, hg. v. O. Brunner, Göttingen 1972, 294 ff.
34 Ph. A. Potter in einem epd-Interview, in: epd-Entwicklungspolitik 1, 1973, 4.

In diesem System wurde auch der Anspruch der Freiheit des neuen Menschen, der aus dem Bewußtsein der *reformata et perfecta imago Dei* resultiert, verfälscht in die Überzeugung von der unverbesserlichen Schlechtigkeit der »maudite race« (Friedrich II.) der Menschen. Der konservative Dualismus, der die Miserabilität des einzelnen diszipliniert und pflegt durch die Perennierung gottgewollter Institutionen, die patrimoniale Bindung des Bürgers an die Koalition von Thron und Altar, an das Gesetz des Staates und die sittliche Ordnung; dies sind im tiefsten ideologische Positionen im Gefolge lutherischer Reformation.

Hier rächte sich ein Strukturfehler, die Neigung zur Konzeptionslosigkeit, die trügerische Hoffnung, wenn der Repräsentant des Systems, der Papst als Antichrist, vom Throne gestürzt sei, werde sich die *Politia Christi* ausbreiten. Der Papst stürzte nicht vom Thron. Das entscheidende Ziel wurde gar nicht erreicht.

Es läßt sich zeigen, daß Luther wegen dieses ungelösten Widerspruchs auch den zweiten Gegensatz zwischen genossenschaftlich-gemeindlicher Willensbildung mit der Tendenz einer genossenschaftlich-gemeindlichen öffentlichen Ordnung – auch in der Kirche – und herrschaftlich-obrigkeitlicher Organisation mit der Tendenz zu einer bürokratisch durchorganisierten autoritären Ordnung – auch in der Kirche – faktisch zugunsten letzterer entschieden und damit den emanzipatorischen Anspruch der Frühzeit verraten hat. Ihm wurde die Alternative gar nicht voll bewußt, so blieb es bei der Alternative: Die Rechte weltlicher Ämter müssen respektiert werden, die herkömmlichen Rechte der Institution Kirche ihrem Wesen nach aber nicht.

2. *Calvins* reformatorischer Anspruch war demgegenüber widerspruchsfreier. Er verband ein genossenschaftlich-gemeindliches Modell der öffentlichen Ordnung mit einem Modell von christlicher Gemeinde, in dem drei Grundgedanken wirksam wurden: In der Anerkenntnis der Gemeindeleitung durch den Geist wurde eine Beauftragung der Glieder durch Wahl zum charismatischen Dienst anerkannt, während Luther 1529 die geistlichen Väter, die durchs Wort regieren, unter die Obrigkeiten stellt, denen der Christ nach dem 4. Gebot Gehorsam schuldig sei. Calvins Prädestinationslehre bestimmte das Sendungsbewußtsein des westlichen Protestantismus wesentlich, unterstellte er es doch damit gleichsam der Erfolgskontrolle. (Erst recht geschah dies im späteren *syllogismus practic*us, in dem Erweis der Wahrheit im Tun des Gerechten.) Calvins Lehre vom Bund Gottes mit den Menschen ist bereits eine Operationalisierung von Rechtfertigung und deshalb wirksamer. Dies wird am Begriff des »Covenant«, in dem der Vertragsgedanke mitschwingt, deutlich. In ihm kommt ein Grundgefühl der schottischen Presbyterianer, der englischen Puritaner der Pilgerväter und der ersten Kolonisatoren in Neuengland zum

Ausdruck.[35] Der Anspruch der *Politia Christi* konnte in dem auf Kommunen und Gruppen gegründeten Protestantismus konkret eingelöst werden.

Der Calvinismus hatte sich als Emanzipationsbewegung vor allem dort entwickeln können, »wo, wie in den Neuenglandstaaten, die altständischen Elemente Europas fehlten und die politischen Institutionen aus den kirchlichen hervorwuchsen«.[36] Zu dieser Tatsache kam hinzu, daß der episkopal-anglikanischen Staatskirchenverfassung, die der lutherisch-deutschen ähnlich war, eine echte reformatorische Opposition entgegentrat und sich durchsetzte: die puritanisch geprägten Gruppen der Presbyterianer, Baptisten, Kongregationalisten und Quäker. Freiheit und Emanzipation in den angelsächsischen Ländern und in den Niederlanden resultierten aus dem Pluralismus freikirchlicher Zentren, die in ihrer Binnenstruktur durchaus von asketischer Strenge und religiösem Eifer beherrscht waren, aber danach strebten, den politischen und gesellschaftlichen Referenzrahmen offen für liberale Freiheitsrechte, Internationalismus, Vertrags- und Bündnisbeziehungen zu halten. Dies aber ist dem reformatorischen Prinzip ursprünglich: die Beförderung eines freien Spiels religiöser Kräfte aus dem Bewußtsein der Fraglichkeit der eigenen Konfession heraus. Dies stärkt im einzelnen das Bewußtsein der Mitverantwortung für den Bestand der Kirche und gibt ihm Möglichkeiten der Betätigung, wodurch die holländischen und angelsächsischen Kirchen zu Mittelpunkten öffentlichen Interesses und zu Schulungszentren für jede Art von geistiger und politischer Diskussion werden konnten.

Deutschland ist diesen Weg nicht gegangen. Die zwangsstaatskirchliche Organisation in den bürokratischen Flächenstaaten und Militärdiktaturen laugte das freiheitlich-emanzipatorische Potential des protestantischen Christentums aus und funktionierte es um in Tugenden der Anpassung und Pflichterfüllung.[37] Es läßt sich im übrigen nachweisen, daß überall dort, wo sich Inseln genossenschaftlich-gemeindlicher Traditionen protestantischen Ursprungs auch nach der Verschmelzung der reformatorischen Zwergstaaten und Stadtkommunen zu modernen Flächenstaaten behauptet hatten, die Organisationsformen und das Selbstverständnis dieser Gruppen sich kaum von denen der angelsächsischen Gruppen unterschied.

In dieser Hinsicht wurden die Thesen Max Webers über die Ursachen der Entfesselung des Kapitalismus inzwischen ebenfalls modifiziert. Die Frage wird heute nicht nach den Beziehungen von calvinistischer Ethik und dem Geist des

---

35 J. Städtke, Demokratische Traditionen im westlichen Protestantismus, in: H.-D. Wendland/Th. Strohm, Kirche und moderne Demokratie (WdF CCV), Darmstadt 1973, 346 ff.

36 E. Troeltsch, Die Bedeutung des Protestantismus für die Entstehung der modernen Welt, München/Hamburg ²1963, 58.

37 Vgl. H. Plessner, Die verspätete Nation. Über die politische Verführbarkeit bürgerlichen Geistes, Stuttgart ³1959, 58 ff.

Kapitalismus gestellt, sondern: unter welchen institutionellen Bedingungen konnte sich die seit dem 12. Jahrhundert einsetzende bürgerlich-kapitalistische Dynamik entfalten, unter welchen wurde sie behindert oder verhindert? Werner Elert hat in der Morphologie des Luthertums an Beispielen belegen können, daß lutherische Ethik zu gleichen Leistungen fähig war wie calvinistische; ebenso konnte *Herbert Lüthy* darauf hinweisen, daß die kapitalistische Dynamik am Vorabend der Reformation im katholischen Abendland eine Strukturhöhe erlangt hatte, an die auch protestantische Staaten erst nach Jahrhunderten wieder heranreichten.[38] Andererseits führte die Krisenbewältigung der durch die Reformation herausgeforderten Monopolkraft Kirche dazu, den inzwischen fast freigegebenen politischen und gesellschaftlichen Rahmen wieder zurückzugewinnen und an die Stelle von Wandlung Stagnation und Machtdemonstration zu setzen. Die monopolistische Verwaltung, Kontrolle und Repräsentation der traditionellen Symbolsinnwelt erhält im Tridentiner Katholizismus eine neue Stützkonzeption. Die formale und bürokratische Struktur der Transzendenzverwaltung wurde mit umfassender Legitimation versehen. Der missionarische Universalismus erhält einen kämpferischen Charakter und setzt – gestützt auf die Machtstruktur der absolutistischen katholischen Staaten Europas – eine akzentuierte, gesamtgesellschaftliche Objektivierung der traditionalen Symbolsinnwelt durch. »Engere Bindung des heiligen Kosmos an die Institution, Bürokratisierung und Zentralisierung sowie eine Reaktivierung des Universalismus zur Durchsetzung der gesamtgesellschaftlichen Objektivierung der symbolischen Sinnwelt mit Hilfe der staatlichen Gewalt, bilden die entscheidenden Elemente des ›Krisenmanagements‹ der katholischen Kirche am Beginn der Neuzeit.«[39] Der antiemanzipatorische Charakter dieses Antisystems wurde zur neuen Qualität, er forderte Unterwerfung oder Revolution.

In diesen Zusammenhang brachte *Shmuel Noah Eisenstadt* neues Licht durch den Hinweis, daß das Wandlungspotential christlicher Gruppen umgekehrt proportional zu ihrem bestimmenden Einfluß auf den politischen und gesellschaftlichen Machtrahmen anwuchs: Dort, wo sie nicht die Legitimierung des traditionalen gesellschaftlichen und politischen Rahmens übernehmen, sondern wo sie Autonomie und Offenheit im Verhältnis zu den sie umgebenden Sozialstrukturen bewahren konnten. Als ethische Komponenten kommen die Kombination von Innerweltlichkeit und Transzendenz, von Verantwortlichkeit in der persönlichen Handlungsweise aufgrund dieser Kombination in Frage, Eigenschaften, die Lutheranern und Calvinisten gleichermaßen zukommen,

---

38 Zu W. Elert vgl. Morphologie des Luthertums II, a. a. O. Zu H. Lüthy vgl. Protestantismus und Kapitalismus. Die These Max Webers und die Folgen, in: Merkur 203 f, 1965, 101 ff.

39 K. Gabriel, Die Entwicklung der Organisations- und Führungsstruktur der katholischen Kirche in der Neuzeit in wissens- und organisationssoziologischer Perspektive, Diplomarbeit Bielefeld 1972, 63.

ebenso wie die Flexibilität in der selbständigen Verarbeitung und Rückbeziehung neuer Wirklichkeitserfahrung an die ethische Tradition.[40] Historisches Faktum ist, daß die Entfaltung dieser Kräfte unter dem Rahmen von Klerikatur und Bürokratie in den geistlichen Territorien nicht möglich war, und in den autoritären, bürokratischen Staaten des Kontinents weniger als in den offenen angelsächsischen Systemen.

Im Ergebnis war der emanzipatorische Gehalt dieser Entfesselung problematisch: die *ratio* der Staaten, die *ratio* der einzelnen Subjekte, die *ratio* des Wirtschaftens, die *ratio* des Ethos, sie waren nicht rational abgestimmt und emanzipatorisch. Der Gesamtvorgang ist identisch mit demjenigen, den *Georg Simmel* als das »Anwachsen der Mittel zu Endzwecken« charakterisiert: »... alle diese höchst verschiedenartigen und jeweils autonomen rationes gewinnen einen angemaßten Primat vor der einen göttlichen Vernunftgabe, die den Menschen als Menschen auszeichnet und vor der Beziehung auf den, der da höher ist denn alle Vernunft.«[41] Der Beliebigkeitscharakter der Mittel als Endzweck drängt sich mit dem Steigen technischer Verfügbarkeit in Technik und Wissenschaft ebenso auf wie in der Ebene der materiellen Werte, dem Geld. Beide Medien kapitalistischer Dynamik sind ebenso Endzwecke und beliebig. »Die Beliebigkeit des modernen Rationalismus fordert damit die höchste Elastizität des Menschen heraus. Angesichts dieser Tatsache, daß er durch das Losmachen von der Tradition Beweglichkeit ins Spiel gebracht hat, muß er nunmehr Beweglichkeit ins Spiel bringen, um die losgemachte Beweglichkeit abzufangen.«[42]

IV.

Besteht ein Spielraum in der Wirklichkeit der neuzeitlichen Entwicklung für eben diese Beweglichkeit? Konnte das emanzipatorische Potential der Christenheit in der nachreformatorischen Phase transformiert und ins Spiel gebracht werden? Beschränken wir uns auf die deutsche Entwicklung, so lassen sich punktuell sehr wohl Gelegenheiten benennen, tendenzbestimmend wurden zweifellos andere Kräfte.

1. Bis zum Kriegsbeginn von 1618 hatte sich im pluralistischen Klima der vielen Klein- und Zwergstaaten ein gruppenbezogener Protestantismus entwik-

---

40 Vgl. S. N. Eisenstadt, Die Protestantische Ethik und der Geist des Kapitalismus I und II, in: Kölner Zeitschrift f. Soz. u. Soz. Psych. 22, 1970, 1–23 und 265 ff.

41 G. Simmel, zit. n. A. v. Martin, Die bürgerlich-kapitalistische Dynamik der Neuzeit seit der Renaissance und Reformation, in: HZ 172, 1951, 37 ff: 60 f.

42 Vgl. D. Claessens, Rationalität, revidiert, in: ders., Angst, Furcht, gesellschaftlicher Druck und andere Aufsätze, Dortmund 1965, 116 ff: 124.

kelt, der als Nährboden von Frühaufklärung, Sozialkritik, Reform, interkonfessioneller Toleranz und Kosmopolitismus gewirkt hatte. Bereits 1564 hatten ausländische Gesandte, darunter ein päpstlicher Nuntius, konstatiert, ein Teil in Deutschland habe sich also bequemt, den anderen zu dulden, daß in den gemischten Orten wenig darauf gegeben werde, ob man mehr protestantisch oder katholisch sei. »Nicht allein Ortschaften aber sind derlei gemischt: die Familien sind es. Es gibt Häuser, wo die Kinder auf die eine, die Eltern auf die andere Weise leben. Die Brüder haben verschiedene Religionen: Katholiken und Protestanten heiraten untereinander.« Die Beobachter fügten hinzu: »niemand achtet darauf oder stößt sich daran.«[43] Die Liberalität aus dem Bewußtsein des humanen Endzweckes des Christentums führte nicht nur zu weltanschaulichen Symbiosen im Volk, sondern zu theologischen Intentionen, wie der des Fürstbischofs *Wilhelm von Ketteler* in Münster, die humanen Elemente von Katholizismus und Protestantismus systematisch zu verbinden.

In dieser Zeit gedieh der Tübinger Gelehrtenkreis, in dessen Horizont *Johannes Kepler, Christoph Besold,* der Rechtsgelehrte und Pansoph *Johann Amos Comenius* und *Tobias Hess* wirksam waren. Wissenschaftliche Arbeit wurde begriffen als Medium der Anbetung des Schöpfers, in der *imago Dei* lagen ihre Maßstäbe. Es ist die Zeit der Reformfürsten, z. B. *Wilhelm von Wenses,* der Gründung zahlreicher literarischer und sozialpolitischer Gesellschaften aus Bürgern und Adel, etwa der ›Fruchtbringenden Gesellschaft‹ unter Ludwig von Anhalt.

Johann Valentin Andreae, der ideenreichste unter diesen, begründete seine »societas christiana«, um damit der chaotischen Welt das Vorbild einer vom religiösen Sinnbezug und vom rationalen Denken her geordneten kleinen Welt gegenüberzustellen und zu beweisen, daß der Mensch geistig und vielleicht sogar durch das lebendige Beispiel über das Chaos der Welt Herr zu werden vermag.[44] Das Ziel dieser Bewegung war kein geringeres, als den inneren Widerstreit von empirischem Erfahrungswissen, der erneuerten Heilslehre, nämlich Christus in der Welt, »die Welt umarmend« und der weithin noch unvollkommenen sozialen und geistigen Ordnung durch das Konzept einer

---

43 Bei L. v. Ranke, Zur deutschen Geschichte, Ges. Werke VII, 3. Ausg., München/Leipzig 1888, 28 f.

44 Vgl. hierzu J. v. Andreae, Vita ab ipso conscripta, hg. v. F. H. Rheinwald, Berlin 1849, nach J. Seybold, Selbstbiographien berühmter Männer II, Winterthur 1799, 366 ff. Vgl A. Pust, Über Andreaes Anteil an den Societätsbewegungen des 17. Jahrhunderts, in: Monatshefte der Comenius Gesellschaft 14, 1905, 240 ff. P. Joachimsen, Johann Valentin Andreae und die evangelische Utopie, in: Zeitwende 2, 1926, 485 ff (Teil I), 623 ff (Teil II).

»Generalreformation der ganzen Welt« zu lösen.[45] Andreae gab in *Christiano-polis* der Gemeinde die politischen und sozialen Organe, die sie in der deutschen Entwicklung nicht gefunden hat. War sie bei Luther noch ein vages Modell einer neuen Ordnung, so wird sie hier Maßstab für die Kritik und Ordnung der Staaten. Luther hatte einfach vorhandene Gemeinden mit neuem Sinn erfüllt; jetzt denkt man an neue Organisationen, an die Fraternitas Christi als konkrete Aktionsgemeinschaften, an die Societas Christiana als konkrete gesellschaftliche Kooperation überregionaler Kräfte, an die Christianopolis als eine bis ins kleinste durchdachte Gesellschaftsgemeinde als Modellfall.[46]

2. Diese geistigen und gesellschaftlichen Initiativen wurden von den entfesselten Kräften des Konfessionskrieges fast ausgelöscht; der Friede wurde von den Zeitgenossen als unheilvoll und leichenhaft erlebt. Hatte sich schon Andreae vielfältigen Diffamierungen, u. a. wegen »staatsgefährdender Konspiration«, ausgesetzt, so mußte nun jeder aktive, initiativreiche Bürger damit rechnen, im repressiven Geflecht des entfalteten Staatsapparates erdrückt zu werden. Aber der Pluralismus der Einzelstaaten gewährte noch genügend Spielraum, um jenes großartige Experiment einer zweiten Reformation nicht der Kirche, sondern der ganzen Welt zu versuchen.

Für *Leibniz* war dies aufgrund einer »allgemeinen Conspiration« zwischen realer Wissenschaft und gemeinem Nutzen zu realisieren, in der die irdischen Zustände zum Abbild der Schönheit Gottes gedeihen und deren Mittelpunkt die *sphaera activitatis* einer großangelegten Akademie bilden sollte.[47]

Für seine Freunde und Zeitgenossen *Jakob Spener, August H. Francke* und den *Grafen Zinzendorf* gab Leibniz den theoretisch-praktischen Hintergrund für eine der bedeutendsten Initiativen der deutschen Neuzeit. Während Spener mit den »Collegia Pietatis« Mittelpunkte für geistige und sozialreformerische Aktivitäten schuf, entwickelte Francke ein Großprojekt aus gemeinwirtschaftlich-kapitalistischer Industrie, aus einem vielgliedrigen Bildungssystem und einem Zentrum für internationale Entwicklung, das weit über Europa hinausstrahlte. Hier lassen sich direkte Verbindungen und Parallelen zum angelsächsischen Puritanismus, Verbindungen zu den Pazifizierungsbemühungen der Quäker nachweisen. Deutschland erlebte auf dem Boden Preußens eine kurze Blüte des echten Puritanismus. Sie erstickte unter *Friedrich Wilhelm I.* in der

---

45 A. Rosenberg (nach U. v. Mangold, Leben und Werk J. V. Andreaes) Einleitung zu: Die chymische Hochzeit Christiani Rosenkreutz. Anno 1459, München 1957, 9 ff.; W. E. Peuckert, Die Rosenkreuzer. Zur Geschichte einer Reformation, Jena 1928.

46 Vgl. P. Joachimsen, Der deutsche Staatsgedanke von seinen Anfängen bis auf Leibniz und Friedrich den Großen. Dokumente zur Entwicklung, München 1931, Einleitung.

47 Vgl. hierzu C. Hinrichs, Die Idee des geistigen Mittelpunktes Europas im 17. und 18. Jahrhundert, in: ders., Preußen als historisches Problem, Berlin 1963, 272 ff.

»schneidenden Luft, die dieser Herrscher in den preußischen Staat hinein-brachte.«[48] Was in der preußischen Militärdiktatur verkümmerte, entfaltete sich vorübergehend im Herrnhuter Commune-Experiment, von dem aus ein sozialökonomisches und bruderschaftliches Netzwerk über die ganze damalige Welt gebreitet werden sollte, um – wie die Quäker – die Errettung der Menschheit konkret zu betreiben. Strengste wirtschaftliche Rationalität, ver-bunden mit asketischer Lebensführung, organisiert als städtische *community*, brachte die genossenschaftlich-gemeindlichen Lebensformen der Reformation nach zwei Jahrhunderten zur Entfaltung. Hier verband sich der Eintritt in Gottes universalen Dienst an der Welt mit langfristiger Struktur- und Wirt-schaftsplanung, ein Verfahren, das die zeitgemäße reformatorische Alternative zur Staatsräson und zur bürokratischen Staatswirtschaft bot. Der Herrnhuter Wirtschaftsfachmann *Dürninger* deutete das an: »Ich bin in vieler Herren Länder gewesen, was die zu geben und nicht zu geben haben, und ich habe nirgends wahrgenommen, daß man seinen Untertanen solche bodenlose Accu-sationes und Repetitiones gemacht habe, als mir schon gemacht worden sind.«[49] Der emanzipatorische Charakter dieses Experiments kam auch in Pennsylvania und North-Carolina eher zum Tragen, wo die »Moravians« ein Netzwerk von Städtegründungen legten und wie die Quäker in positive Koope-ration mit den Indianern eintraten.

3. Die Reformation scheiterte am Konflikt zwischen der *ratio status*, der sie institutionell und ideologisch verpflichtet war, und der *ratio hominum*, auf die sie sich ursprünglich verpflichtet hatte. Ihre eigentlichen Intentionen konnte sie nur im Einzelexperiment und in philosophisch-theoretischen Bewegungen behaupten, wie dem theologischen Rationalismus und vormärzlichen Vulgärli-beralismus, einer breiten emanzipatorischen, in Gruppen organisierten Strö-mung des frühen 19. Jahrhunderts. Dort sah man mit *Kant* den letzten Zweck des Christlichen im Fortschreiten der sittlichen Lebensverhältnisse; zum ande-ren, politisch, sah man in der Verwirklichung der bürgerlichen Freiheiten und in der Gleichheit vor dem Gesetz, im Ausgleich der Standesunterschiede und anderen Grundrechten das richtig verstandene Prinzip des Protestantismus.[50]

---

48 Vgl. C. Hinrichs, Preußentum und Pietismus. Der Pietismus in Brandenburg-Preußen als religiös-soziale Reformbewegung, Göttingen 1971, 126 ff und 301 ff.

49 Vgl. H. Hammer, Abraham Dürninger. Ein Herrnhuter Wirtschaftsmensch des achtzehnten Jahrhunderts, Berlin 1935, 155; und O. Uttendörfer, Wirtschaftsgeist und Wirtschaftsorganisation Herrnhuts und der Brüdergemeine von 1743 bis zum Ende des Jahrhunderts (Alt-Herrnhut, 2. Teil), Herrnhut 1926.

50 Vgl. H. Rosenberg, Theologischer Rationalismus und vormärzlicher Vulgärliberalis-mus, in: HZ 141, 1930. Als Beispiel für diese Zeitströmung vgl. K. G. Bretschneider, Die Theologie und die Revolution. Oder: Die theologischen Richtungen unserer Zeit in ihrem Einflusse auf den politischen und sittlichen Zustand der Völker, Leipzig

Vor Kant hatte bereits *Samuel Pufendorf* in betonter Weiterführung des lutherischen Rechtfertigungsverständnisses diese theologischen Motive in Kategorien des Rechts übertragen und die *dignitas humana* zum obersten Rechtsprinzip erhoben. Daraus folgerte er das Recht des persönlichen Gewissens, das Recht auf kritische Welteinsicht, das Recht der Vernunft. *Hans Welzel* hat als erster den Nachweis geführt, daß das lutherische Naturrecht Pufendorfs die Grundlagen der amerikanischen Demokratie gelegt hat. Die amerikanische Erklärung der Menschen- und Freiheitsrechte ist durch die Vermittlung des Ipswicher Pfarrers *John Wise* (1652 bis 1725) von Pufendorf beeinflußt. Im Kampf der Kongregationalisten für die kirchliche Demokratie gegen den theokratischen Puritanismus der Presbyterianer- dem Vorgefecht der politischen Demokratie – holte Wise, der »erste große amerikanische Demokrat und Vater der amerikanischen Demokratie«, Unterstützung in der christlichen Freiheitslehre Pufendorfs. Neben John Wise stützten sich die anderen geistigen Führer der amerikanischen Unabhängigkeitsbewegung auf diese Theorie einer menschenwürdigen politischen Gesellschaft. Im traditions- und institutionsunbeschwerten Amerika konnten sich die Gedanken revolutionär entfalten. Die *ratio hominum,* die Humanität als Endzweck der Rechtsgemeinschaft, bekam die Chance ihrer Realisierung.[51]

Nach Pufendorf und Kant hielt sich *Hegel* im reformatorischen Bezugsfeld: »Dies ist der wesentliche Inhalt der Reformation: Der Mensch ist durch sich selbst bestimmt, frei zu sein.«[52] Was wie Selbstbemächtigung des Gottmenschen klingt, verstand sich als Befreiung durch Gottes Ermöglichung. Was

---

1835. Zum Ganzen vgl. Th. Strohm, Die Ausformung des sozialen Rechtsstaates in der protestantischen Überlieferung. Sozialethische Untersuchungen zur gegenwärtigen Verfassungswirklichkeit, Habil.-Schrift, Münster 1969 (unv.).

51 Daß sich in den Vereinigten Staaten die gute menschliche und politische Ordnung so mangelhaft realisierte, lag zum Teil an der von John Locke stammenden, auf römisch-rechtliche Traditionen zurücklenkenden Ausgestaltung des Freiheitsprinzips: Das wichtigste natürliche Freiheitsrecht ist das Eigentum, Eigentum an sachlichen Gütern und an Leib und Leben! Der Zweck des Staates ist Eigentumsschutz und Vermeidung einer erheblichen Besteuerung. Diese Theorie hat nichts gemeinsam mit der sozialdemokratischen Teleologie Pufendorfs. Hier setzte sich vielmehr gegenüber dem lutherischen Sozialethos das Interesse des kapitalkräftigen Produzenten durch, der auch vor Sklaverei keine Skrupel kennt. Vgl. zu John Wise: H. Welzel, John Wise und S. Pufendorf. Ein Kapitel aus der Geschichte der amerikanischen Erklärung der Menschenrechte, in: O. Schwartz (Hg.), Rechtsprobleme in Staat und Kirche. Festschrift Rudolf Smend, Tübingen 1952, 387 ff. Zu Pufendorf vgl.: De Jure hominis et civis juxta legem naturalem libri duo, hg. v. G. Titius Lipsae 1751. Zur Eigentumsauffassung vgl. J. Locke, An Essay concerning the true original, extent and end of civil Government (1773), XI, 138.

52 G. W. F. Hegel, Vorlesungen über die Philosophie der Geschichte, Reclam-Ausgabe Stuttgart 1961, 559.

individualistisch-privatistisch klingt, verstand Hegel als Bedingung der allgemeinen bürgerlichen Rechtsgemeinschaft. Und eben die bürgerliche Freiheit und der öffentliche Rechtszustand werden einzig und allein die Frucht der wieder errungenen Freiheit in Gott.

4. Im 19. Jahrhundert wurde das emanzipatorische Erbe der Reformation vornehmlich als Bedingung der Möglichkeit zur Freiheit und Partizipation in der Rechtsgemeinschaft verstanden. In der Reformpolitik des *Freiherrn vom Stein*, der sich ausdrücklich als Vollstrecker der Reformation empfand, und in deren ethischer Unterstützung durch *Schleiermacher* wurde jenseits der feudalistischen Ansprüche der Traditionalisten und jenseits der technokratischen Ansprüche der Etatisten das Modell eines Gemeinwesens entworfen, in dem ein Höchstmaß an Regsamkeit und Partizipation aller Glieder der Rechtsgemeinschaft vorgesehen war.[53]

Wurde dieses Modell in der sozioökonomischen Realität rasch aufgerieben, so traf die protestantischen Theorien dieses Jahrhunderts samt und sonders der Vorwurf, durch geistig-sittliche, allenfalls politische Impulse Wirklichkeit verändern zu wollen, wo das Bewußtsein erst einmal in die Bedingungen der bestehenden gesellschaftlich-ökonomischen Praxis der Entfremdung hätte eindringen sollen. Die Erkenntnis des aktivistischen Protestantismus, daß durch die Gottesidee erst dasjenige Überlegenheitsgefühl und Selbstgefühl gegenüber den Naturverhältnissen erworben werde, durch das die Verwirklichung des Menschen als Gattungswesen möglich werde, bewegte sich oberhalb der sozioökonomischen Realität und wurde dann auch fortgesetzt durch die Interessen und Realprozesse in dieser Dimension blamiert.[54] Die These II von Marx gegen Feuerbach enthielt zugleich die Kritik an der verfehlten Theologie überhaupt: In der sozio-ökonomischen »Praxis muß der Mensch die Wahrheit und Macht, die Diesseitigkeit seines Denkens beweisen«.[55] Hinter diese These kann auch christlich bestimmtes Verhalten nicht zurück, in ihr kam jenseits der Frage nach der konkreten Weise der Praxis der reformatorische Anspruch angemessen zum Ausdruck.

Als nach dem Scheitern der Revolution von 1848 Theologie und Kirche in die hochkonservative Abwehrstrategie gegen die Emanzipationsbewegungen eingegliedert wurde, verlagerte sich das emanzipatorische Erbe der Reformation nach außen: *Friedrich Naumann* sah sich veranlaßt, seine kirchlichen Ämter aufzugeben und seine fundamentaldemokratischen Intentionen auf parteipoliti-

---

53 Vgl. hierzu Th. Strohm, Zum Ethos der Inneren Reformen des Freiherrn vom Stein, in: ZEE 17, 1973, 193 ff (s. Abdruck in diesem Band, 99 ff).

54 Typisch für diese Haltung ist A. Ritschl, Rechtfertigung und Versöhnung III, Bonn ⁴1895, 585 ff. §62 ist überschrieben »Die religiöse Weltbeherrschung, nicht Weltverneinung«.

55 MEW 3, 533 ff: 533.

schem Boden und im christlich-sozialen Kongress zu verfolgen. *Paul Tillich* stellte sich auf den Boden der sozialistischen Revolution und verfolgte dort einen ethisch bestimmten Sozialismus. *Karl Barth* stellte sich auf den Boden der »Revolution Gottes«, um der richtigen »Gegenbewegung«, der bestimmten Negation gegen das Bestehende und gegen dessen Christentum willen.[56] Während der nationalsozialistischen Gewaltherrschaft wurde die Alternative deutlich: Die Kirche stellte sich auf die Seite der Emanzipation oder geriet in den Sog der Inhumanität.

V.

Die Optik in bezug auf die Konstellationen menschlicher Entwicklung ist in den vergangenen Jahren schärfer geworden. Das Selbstzerstörungspotential ist ebenso erkennbar wie das Machtpotential der Beherrschung von Menschen. Die Perspektive umfaßt den universalen Horizont und erfaßt zugleich die Faktoren, die das Leben jedes einzelnen Menschen bestimmen. Verantwortung ist universal und individual zugleich. Die Emanzipation ganzer Völker, ja Kontinente steht ebenso zur Disposition wie die Herausführung jedes einzelnen aus der Unmündigkeit. Emanzipation erscheint nicht als ein Umschlag, als *creatio ex nihilo;* sie ist ein Arbeitsprozeß, in dem das Erreichte zu messen ist am Möglichen. Es ist ganz undenkbar, daß Aufgaben dieser Dringlichkeit im isolierten Zugriff durch eine Gruppe oder auch durch alle christlichen Gruppen zusammen ausreichend erledigt werden können. Die christliche Überlieferung schafft den Rückhalt und nötigt dazu, über die Ziele und Zwecke im unentschiedenen Prozeß des Fortgangs der Menschengattung verbindliche Verständigung zu suchen, um sie praktisch zu verwirklichen. Es gibt eine Renaissance des Christentums, der Reformation, die Geschehenes ins Museum sperrt und Handeln heute in die Irre leitet. Die Frage nach dem letzten Rückhalt für die rechte Orientierung ist ebenso neu zu stellen, wie die Intention des guten Lebens menschheitlicher Lösungen und im je gegebenen Einzelfall verantwortlicher Interaktion bedarf. Lebenspraktische Verständigung und kritische Selbstreflexion sind die Weisen, Tradition zur Geltung zu bringen.[57] Überzeugende Beispiele für gelungene Handlungsformen sind einstweilen selten:

---

56 Vgl. hierzu Th. Strohm, Kirche und Demokratischer Sozialismus. Studien zur Theorie und Praxis politischer Kommunikation, München 1968, 34–60. Vgl. auch F.-W. Marquardt, Theologie und Sozialismus. Das Beispiel Karl Barths, München 1972, 149 ff.

57 Vgl. zum Begriff des emanzipatorischen Interesses: J. Habermas, Technik und Wissenschaft als Ideologie (ed. suhrk. 287), Frankfurt a.M. 1968, 146 ff.

1. Die ökumenische Bewegung gewährt in dem sog. Antirassismusprogramm bestimmten Emanzipationsbewegungen in Afrika Unterstützung. Sie hat inzwischen Formen der Verständigung und Planung entwickelt, die es der Weltchristenheit möglich machen, Verantwortung ins Spiel zu bringen: Mit der »Wahrheit des in Christus erneuerten Menschen müssen wir die tragischen Entstellungen des Menschseins im Leben der Menschheit, gelegentlich sogar in der christlichen Gemeinschaft, beurteilen und zurückweisen.. Erneuerung muß in der Ortsgemeinde beginnen durch das Aufspüren und die Beseitigung aller Exklusivität von Rassen und Klassen sowie durch den Kampf gegen alle wirtschaftliche, politische und soziale Entwürdigung und Ausbeutung von Menschen.«[58]

2. Die Verpflichtung der lokalen Gemeinden überschreitet weit den herkömmlichen rituellen Ablauf. Während die Pflege des Traditionszusammenhangs längst ins Unverbindliche entrückt ist, sind die Rahmenbedingungen für Strukturen der Partizipation am Gemeinwesen über die formaldemokratischen Mechanismen und parteiendemokratischen Prozesse der Willensbildung hinaus gegeben. Gemeinde als Medium von Gemeinwesenarbeit würde etwas wiedergutmachen von dem mitverschuldeten Bruch zwischen Innerlichkeit und Öffentlichkeit. Bis heute fehlt dem Land eine erzieherische Mitte zwischen Haus und Staat, zwischen Familie und Öffentlichkeit, in welcher der einzelne auch gesellschaftlich Anreiz findet, sich hervorzutun, und gleichzeitig davor bewahrt wird, diese Wirksamkeit als flache Vereinsmeierei zu empfinden. Gemeinwesenarbeit als Aktivierung der Basis, gebunden an die Intention des wahren Lebens, ist der umfassende Auftrag christlichen Lebens am Ort.[59]

3. Geht es um reflektierte Formen des Zusammenwirkens verschiedener Kräfte zur Erfüllung je gesetzter Zwecke, so kann auch im Sozialisationsbereich nicht Beliebiges, sondern das dringend Notwendige geschehen. Jenseits professioneller Verhaltens- und Kommunikationstherapie bleibt heute ein weites Feld für therapeutische Dienste, von denen die Emanzipation vieler einzelner, einzelner Gruppen vom naturwüchsig zwanghaften Dasein abhängt. Der unüberschaubare und zugleich hochrationalisierte Umfang des gesamten Ordnungsprozesses, der dem einzelnen ein Gefühl der Unbedeutendheit und Unverantwortlichkeit gibt, raubt ihm sein Selbstverständnis und sein Selbstbewußtsein und demoralisiert ihn, weil er ihn nicht mehr wissen läßt, was gut und böse ist, und

---

58 Uppsala spricht. Sektionsberichte der vierten Vollversammlung des Ökumenischen Rates der Kirchen, Uppsala 1968, 15.
59 Vgl. Th. Strohm, Christliche und politische Verantwortung gegenüber dem Programm der Inneren Reformen, in: Die Neue Gesellschaft 7, 1972, 503 ff.

ihn nicht mehr erkennen läßt, wo sein individualistisches Bestreben zum asozialen wird. Das normale Verhalten ist zu scharf auf Arbeitsteilung gestellt, enthält keine anschaulichen Dauerverpflichtungen, so daß es zur Motivbildung erst gar nicht kommt. Dem reformatorisch bestimmten Christentum hat sich längst das neue ungeheuere Thema eröffnet, das zu beschreiben, das mit Denken zu durchdringen, das zu begründen, zu erforschen und zu praktizieren ist: der Mensch erhobenen Hauptes.

Zum Ethos der Inneren Reformen des Freiherrn vom Stein

Das Problem »Innerer Reformen« heute

In den kommenden Jahren wird unter anderem die Entscheidung darüber fallen, ob angesichts der Problemlösungen der Daseinsvorsorge und Infrastrukturentwicklung im Zeichen der Vollurbanisierung definitiv alle relevanten Initiativen in die Verfügung einer technisch perfekten Staats- und Wirtschaftsbürokratie übergehen oder auf neuzuerrichtenden Mechanismen der Mit- und Selbstverwaltung der Bürger basieren. Mit der Auszehrung in der gewerblichen Wirtschaft zugunsten einer überschaubaren Zahl von Versorgungstrusts in Bau- und Automobilindustrie und in der Lebensmittelversorgung geht seit langem die Auszehrung der echten Selbstverwaltungsfunktionen einher, die heranreichen an die kommunalen Bedürfnisse und Interessen der Bürger. *Max Weber* hatte diese »Möglichkeit im Schoße der Zukunft« beschrieben als das Zusammenwachsen der toten Maschinen mit der lebendigen Maschine der Bürokratie. Diese sei »im Verein mit der toten Maschine ... an der Arbeit, das Gehäuse jener Hörigkeit der Zukunft herzustellen, in welche vielleicht dereinst die Menschen sich ... ohnmächtig zu fügen gezwungen sein werden ...«. Weber knüpfte daran die Frage, wie es angesichts dieser Übermacht der Tendenz zur Bürokratisierung überhaupt noch möglich sein werde, »irgendwelche Reste einer in irgendeinem Sinn ›individualistischen‹ Bewegungsfreiheit zu retten«.[1] Mehr noch beschäftigte ihn die Frage, wie Demokratie in diesem Zusammenhang möglich sei. Was die Bewegungsfreiheit anlangt, so ist die Entscheidung schon gefallen: die Weite des effektiven Lebensraumes durch die Bereitstellung technischer Kommunikationsmittel ist Ausgleich für den Schwund des beherrschten Lebensraumes auf sein Minimum im großstädtischen Wohnungsbau. Ungleich komplizierter ist die Frage nach der Partizipation am demokratischen Gemeinwesen. Die Bundesregierung und insbesondere der Bundeskanzler haben in den Regierungserklärungen vom 28. 10. 1969 und vom 18. 1. 1973 und in der »Erklärung der Bundesregierung zur Reformpolitik« vom 24. 3. 1971 erklärt, daß ihre Reformen an Zielvorstellungen zu messen seien, die neben einem Mehr an Humanität, gleichen Lebenschancen, sozialer Gerechtig-

---

1 M. Weber, Parlament und Regierung im neugeordneten Deutschland, in: ders., Gesammelte politische Schriften, Tübingen ³1971, 306 ff: 332 f.

keit, Freiheit und Sicherheit vor allem »mehr Mitwirkung für den Bürger in unserem Gemeinwesen« bedeuten sollen[2]. »In den 70er Jahren werden wir … in diesem Lande nur so viel Ordnung haben, wie wir an Mitverantwortung ermutigen.«[3] Die Beschwörung des »vitalen Bürgergeists« soll die Reformpolitik der 70er Jahre in Zusammenhang bringen mit derjenigen Geschichte, die den einzelnen durch die Katastrophen des Jahrhunderts ferngerückt ist, die aber erneut jene Ursprungssituation aufleuchten läßt, in der der Bürgersinn des englischen Citizen und des französischen Citoyen als ureigenste Möglichkeit der deutschen Geschichte begriffen wurde[4]. Diese Formulierungen können rasch zur ideologischen Fassade einer harten zentralistischen Herrschaftsmechanik werden, in der die fiskalische Globalsteuerung das A und O der Regierungstätigkeit wird, und damit dem gleichen Schicksal verfallen, das die Reformvorstellung des Freiherrn vom Stein ereilte. Das Scheitern des einen wie

---

2 Das Reformprogramm der Bundesregierung. Antwort der Bundesregierung auf die Große Anfrage der Fraktion der CDU/CSU betr. Arbeitsprogramm der Bundesregierung zu innerpolitischen Vorhaben (Drucksache VI/1953, 1971, 93).

3 Aus der Regierungserklärung 1969, in: P. Pulte, Regierungserklärungen 1949–1973 (Aktuelle Dokumente), Berlin 1973, 227 ff: 228.

4 In der Regierungserklärung vom 18. 1. 1973 heißt es: »Seit der Zeit der Gewaltherrschaft hat sich ein gewandelter Bürgertypus gebildet, der seine Freiheit auch im Geflecht der sozialen und wirtschaftlichen Abhängigkeiten behaupten will … Wir brauchen Menschen, die kritisch mitdenken, mitentscheiden und mitverantworten; das sage ich heute wie 1969. Manches, was sich uns verzerrt zuweilen als ›Polarisierung‹ anzeigte, ist oft genug nur eine Schärfung des politischen Bewußtseins, die ich begrüße. Es ist der unpolitische Bürger, der dazu neigt, sich der Obrigkeit zu beugen. Wir wollen den Bürger, nicht den Bourgeois. Wir sind dem angelsächsischen Citizen, dem französischen Citoyen geistig nähergerückt. Die Bundesrepublik ist insofern ›westlicher‹ geworden – in einer Zeit, die unter dem Zeichen der sogenannten Ostpolitik stand … Aus der neuen, demokratischen Identität zwischen Bürger und Staat ergeben sich Forderungen. Der Bürgerstaat ist nicht bequem. Demokratie braucht Leistung. Unsere Aufgaben sind ohne harte Arbeit nicht zu erfüllen. Auch nicht ohne den Mut, unangenehme, manchmal sogar erschreckende Wahrheiten zu akzeptieren. Dieser Mut hat sich in unserer Deutschlandpolitik bewiesen. Auch in anderen Bereichen unserer Existenz werden wir es lernen müssen, neue Realitäten zur Kenntnis zu nehmen und uns durch sie nicht beugen zu lassen. Unser Staat kann dem einzelnen nicht wirklicher Besitz sein, wenn er seine Heimat nicht in der Geschichte wiedererkennt, die ihm durch die Katastrophen des Jahrhunderts ferngerückt ist. Denn in dieser Geschichte ist die Zusammengehörigkeit des deutschen Volkes verwurzelt. In ihr – wie in der unzerstörbaren Gemeinsamkeit der Sprache, der Kultur, des Alltags und des geistigen Erbes – lebt die Nation fort, auch in der Trennung. Der Sinn einer leidvollen Geschichte mündete für uns nach dem Kriege darin ein, daß wir die nationale Identität nicht preisgaben, aber den Willen zu einem Europa entwickelten, in dem es für die Menschen ein neues Zuhause gibt und zunehmend geben soll« (P. Pulte, a. a. O., 260 ff: 289).

des anderen kann daran hängen, daß dem Reformwillen nicht diejenigen Kräfte zuwachsen, in deren Namen und in deren Ethos die Reformen letztlich beschworen werden.

Das Sozialethos des Freiherrn vom Stein wird hier also aktualisiert in der Absicht, die gegenwärtigen Grundentscheidungen in unserem Gemeinwesen aus einer analogen historischen Situation zu beleuchten. Da es sich nicht um eine historische Klärung handelt, können einige Fragen gestellt und einige Strukturen aufgedeckt werden. Ausgehend von einer Einordnung der Reformintentionen in die evangelische Überlieferung, können die Zielperspektive des Ganzen und der Zusammenhang der einzelnen Vorhaben behandelt werden, wobei auch der Thematik der Kirchenreform Beachtung geschenkt werden soll. Schließlich können die ideologischen und produktiv-utopischen Gehalte gegeneinander abgewogen werden.

I. Der reformatorische Impuls

Die Frage ist bereits wiederholt aufgeworfen und beantwortet worden, »inwiefern Steins Reformwerk, die Erneuerung des Staates aus einem neuen Ethos heraus, nicht überhaupt als Ausdruck protestantischer Haltung zu betrachten ist«[5].

Ernst Foerster sieht in der Tätigkeit Steins die Überwindung des Staatsbegriffs der Aufklärung und die Verwirklichung eines neuen Staatsgedankens, der »sich in seiner ethischen Zuspitzung als eine Erneuerung des reformatorisch-lutherischen erweist«[6]. Von katholischer Seite wird ebenfalls betont, die »christliche Substanz« bilde allein den Schlüssel zum letzten Verständnis Steins.[7] Vor allem *Schnabel* stellt die Verbindung von Reformintention und Reformationsethos bei Stein heraus:

> »Die neue protestantische Religiosität ist zur Tat gelangt durch die preußische Reformzeit und die Befreiungskriege ... Der Charakter dieser preußischen Zeit wurde geprägt von den gläubigen Protestanten ... Entscheidend war, daß der Führer der Reformer ein gläubiger Christ gewesen ist und seine Aufgabe nie anders als im Geiste

5 E. Botzenhart, Der Frhr. vom Stein als evangelischer Christ, in: Jb. d. Vereins f. westf. Kirchengeschichte, Bethel 1952/53, 234.

6 E. Foerster, Die Entstehung der Preußischen Landeskirche unter der Regierung König Friedrich Wilhelms des Dritten. Ein Beitrag zur Geschichte der Kirchenbildung im deutschen Protestantismus I, Tübingen 1905, 126.

7 U. Noack, Christentum und Volksstaat in der politischen Ethik des Reichsfreiherrn vom Stein, in: HZ 147, 1933, 40 ff: 41 (Weitere Stellungnahmen: H. Hafter, Der Frhr. v. Stein in seinem Verhältnis zu Religion und Kirche (Abhandlungen zur mittleren und neueren Geschichte 71), Berlin 1932; V. Löber, Frhr. v. Stein. Staatsmann und Christ, Berlin 1933.).

des Christentums aufgefaßt hat: in dem Freiherrn vom Stein hat sich, mehr noch als in irgendeiner anderen Gestalt der deutschen Geschichte, der evangelische lutherische Staatsmann verwirklicht.«[8]

Steins Antriebsmotive sind allerdings nie im Rahmen einer philosophisch-theologischen Auseinandersetzung abgeklärt worden, wie wir dies bei Leibniz, dem großen Vorbild Steins, finden. Sie werden meist einfach mit dem Hinweis auf die Frömmigkeitstradition des Familiengeschlechts, das seit dem 16. Jahrhundert dem lutherischen Bekenntnis angehörte, im 30jährigen Kriege seines Glaubens wegen vertrieben wurde und eine geläuterte Glaubenshaltung bewahrt habe, eingeordnet. Hingewiesen wird auf die Unterscheidung dieser Haltung gegenüber dem theologischen Vulgärrationalismus, mit dem Stein den aktivistischen Zug und überhaupt den Vorrang der sittlichen Bewährung im privaten und öffentlichen Leben teilt. Steins Sittlichkeit gilt als Ausdruck einer Erlebnisfrömmigkeit, die sich ihre »Innerlichkeit« bewahrt habe, und zugleich als Ausdruck einer Religion der Gesinnung und Tat[9].

Der Unterschied zum theologischen Rationalismus und seiner politischen Erscheinung im vormärzlichen Vulgärliberalismus liegt auf einer anderen Ebene. Diese Bewegung verfolgte vor allem zwei Ziele: einmal, theologisch, sah man mit *I. Kant* den letzten Zweck des christlichen Glaubens im Fortschreiten der sittlichen Lebensverhältnisse; zum anderen, politisch, sah man in der Verwirklichung der bürgerlichen Freiheiten und in der Gleichheit vor dem Gesetz, dem Ausgleich der Standesunterschiede, der gleichen Berechtigung des Bürgertums zu öffentlichen Ämtern das »richtig« verstandene politische Prinzip des Protestantismus[10]. Stein knüpft an die altprotestantische Überlieferung an. Er hält nicht den Prinzipien des entfalteten absolutistischen Flächenstaats einfach die ethischen Imperative des christlichen Bürgertums entgegen, sondern kennt noch die protestantische Utopie des 16. und 17. Jahrhunderts, die an Luther unmittelbar anknüpfte, um ihn besser zu verstehen, als er sich selbst verstand. *Botzenhart* weist mit Recht darauf hin, daß in Stein nicht nur altprotestantisches Erbe wirkte, sondern »etwas Unzeitgemäßes ..., etwas Altfränkisches, das sich bis zum Bizarren steigern konnte«. Er war verwurzelt in einer Zeit »vor der Begründung des Fürstenstaates«. Er versuchte, »aus diesem Vergangenen Zukünftiges aufzurufen«[11].

An welcher christlichen Tradition kann jedoch diese »eigenartige« und »in schärfstem Gegensatz zu den herrschenden Zeittendenzen stehende Struktur

---

8 So F. Schnabel, Deutsche Geschichte im 19. Jahrhundert IV, Freiburg i. Br. 1937, 309.

9 Vgl. E Botzenhart, a. a. O., 251.

10 Hierzu H. Rosenberg, Theologischer Rationalismus und vormärzlicher Vulgärliberalismus, in: HZ 141, 1930, 497 ff.

11 E. Botzenhart in: ders./G. Ipsen, Freiherr vom Stein. Ausgewählte politische Briefe u. Denkschriften, Stuttgart 1955, V ff: VII.

des Steinschen Denkens«[12] gemessen werden? Ist es die Zeittendenz der Reformation? Worin bestand sie, worin liegt ihre die Gegenwart befruchtende Kraft und Utopie?

Sie liegt in dem reformatorisch geprägten Verständnis des menschlichen Gemeinwesens, der guten politischen Ordnung. Die frühe Reformation Luthers hatte sich durchgehend an einem dynamischen Begriff der »politia Christi« orientiert, in dem die »größte Irrlehre der europäischen Christenheit« (*Ph. A. Potter*), die Trennung zwischen der in der Rechtfertigung ermöglichten reformata et perfecta imago dei und der Generalreformation des Gemeinwesens als Ausgangspunkt einer Generalreformation der ganzen Welt, noch nicht stattgefunden hat. *Martin Luther* hatte den mittelalterlichen Gesellschaftsordo der beiden Stände, des geistlichen über den laikalen auf dem beibehaltenen, aber auf die Gemeinde, das konkrete Gemeinwesen konzentrierten Hintergrund des corpus Christianum ersetzt durch die vertikale Aufgliederung dieses corpus in die drei Erzgewalten, den sog. status ecclesiasticus, den status politicus und den status oeconomicus. Jede von ihnen sollte bezogen sein auf Gott und seine Kirche; in ihrer Vollkommenheit hatten sie teil am regnum Christi, sind sie Struktur der politia Christi. Konkret war gedacht an das Gemeinwesen, an die Gemeinde, die Stadt; in ihr hatte jeder Mensch in je verschiedenem Umfang im Regel- und Idealfall an jeder der Hierarchien lebensmäßigen Anteil. Als Werktätiger war jeder zugleich in den politischen Vertretungsorganen, den Zünften, in der Ratsversammlung, im großen oder kleinen Rat, in den Stuben oder Kammern. Ebenso sollte der Priesterstand nur besonderer Ausdruck des allgemeinen status ecclesiasticus sein, »des wir alle gleiche Gewalt haben; denn was allgemein ist, kann niemand ohne der gemeine Willen und Befehl an sich nehmen« (1520). *Friedrich Meinecke* hatte schon die Umrisse dieser Utopie in der Bemerkung angedeutet, daß Luther in seinen Gedanken vom corpus mysticum »hinübergleitet zu der Vorstellung eines einheitlichen, geistlich-weltlichen Gemeinwesens«, innerhalb dessen alle Organe, geistliche und weltliche, sich zwar nach ihrer besonderen Aufgabe differenziert zu betätigen haben, aber durch den gemeinsamen obersten Zweck, »Leib und Seele zu fördern«, miteinander verbunden sind und nötigenfalls füreinander einzuspringen haben[13]. Zwar kannte Luther nicht die sozialrechtlichen Möglichkeiten kommunaler Verfassungen seiner Zeit von Lübeck bis Straßburg, aber er kannte das Grundmodell einer solidarischen Rechtsgemeinschaft, das in kleinen Sozialkreisen seinen christlichen Sinn, seine Orientierung am himmlischen Jerusalem, an der civitas Dei am ehesten bewährte.

---

12 So G. Ritter, Stein. Eine politische Biographie, Stuttgart ³1958, 182.

13 F. Meinecke, Luther über das christliche Gemeinwesen und den christlichen Staat, in: HZ 121, 1920, 11 ff.

Die Entfremdung und Irrlehre setzte erst im Beamten- und Flächenstaat des 18. Jahrhunderts ein, in dem die Kommunalverfassung zerstört und die Grenzen scharf durchgezogen wurden, eine statische Dreiständelehre und eine Rangordnung der Stände festgelegt wurde. Erst im entfalteten Flächenstaat konnte die ratio status gegen die ratio hominum ausgespielt werden, Geistliches introvertiert oder als Legitimationsrahmen bürokratischer Herrschaft und weltliches Regiment als Selbstzweck begriffen werden.

Als nach hundert Jahren die Saat von 1520 aufzugehen begann, war es bereits zu spät. Christianopolis des *Joh. Val. Andreae* blieb Utopie, die nur noch zweimal in bereits verengter Form in *A. H. Franckes* Großem Projekt einer Generalreformation der Welt von der Gottesrepublik Halle ausgehend und in *Zinzendorfs* Weltreformprogramm auf der Basis der Gottesrepublik in Herrnhut konkret wurde. Andreae gab zumindest theoretisch-utopisch »der Gemeinde die politischen und sozialen Organe, die sie in der deutschen Entwicklung nicht gefunden hat. War sie bei Luther vages Modell einer neuen Ordnung, so wird sie bei Andreae als Christianopolis Maßstab für seine Kritik und Maßstab für die Ordnung der Staaten. Luther knüpfte einfach an die vorfindliche Gemeinde an, verlieh ihr neuen Sinn und vertiefte ihre Aufgaben. Andreae denkt an neue Organisationen, an die Fraternitas Christi als konkrete Aktionsgemeinschaften, an die Societas Christiana als konkrete gesellschaftliche Kooperation überregionaler Kräfte, an die Christianopolis als eine bis ins Kleinste moralisch durchdachte Gesellschaftsgemeinde als Modellfall.«[14]

Der Freiherr vom Stein war Staatsmann und insofern Realist, als er nicht vergangene, ausgeführte Modelle in seine Zeit übertragen wollte. Aber er hatte einen Begriff vom Gemeinwesen, der als christliche Verpflichtung und inhaltliche Vorstellung existierte und dessen Kern die Stadtgemeinde in den drei Dimensionen des status oeconomicus, des status politicus und ecclesiasticus bildete. An ihr konnte Partizipation und bürgerliche Selbstbestimmung nicht im bourgeoisen, sondern im Sinne verantwortlicher Gesellschaft für das Ganze entfaltet werden.

Die Christenstadt und der Christenstaat eines *Andreae* und *Seckendorff* waren insofern keine überholten Modelle, und es ist nicht verwunderlich, daß sich bei Stein das Erbe der »westfälischen Jahre« mit ihren »ständisch-liberalen« und humanitären Zielsetzungen vorrangig behauptete vor der »straffen staatspolitischen Haltung« des Königsberger Jahres.[15]

---

14 P. Joachimsen, Der deutsche Staatsgedanke von seinen Anfängen bis auf Leibniz und Friedrich den Großen. Dokumente zur Entwicklung, München 1931, Einleitung. Vgl. ders., Johann Valentin Andreae und die evangelische Utopie, in: Zeitwende 2, 1926, 485 ff. u. 623 ff. Hingewiesen sei auf die zweisprachige Neuausgabe von Andreaes Christianopolis, hg. von R. v. Dülmen, Stuttgart 1972.

15 G. Ritter, Stein. Eine politische Biographie, Stuttgart 1931, II, 262 f.

Die traditionalistischen Züge in Steins theologisch-gesellschaftspolitischer Vorstellungswelt, seine grundsätzliche Auseinandersetzung mit dem Rationalismus des 18. Jahrhunderts, seine Vorbehalte gegen den preußischen Absolutismus entstammen nicht einer frühromantischen Grundstimmung, so sehr sie sich in Steins Gefolge einstellen konnte, als vielmehr dem bei ihm noch kaum gebrochenen Verhältnis zur altprotestantischen Frühaufklärung, in der kulturelles, ethisches und politisches Denken ungetrennt aufeinander bezogen waren. Deshalb blieb er auch resistent gegen die abrupte Wendung zum Materialismus, zum instrumentalen Industrialismus und gegen die um sich greifende Staatsfremdheit der bürgerlichen Gesellschaft.[16] Die für die protestantische Frühaufklärung charakteristische kosmopolitische Weite und gleichzeitige Konsistenz der auf die Reform der eigenen Verhältnisse bezogenen politischen Weltanschauung zeigen sich deutlich in Steins Brief an *Arnim-Boitzenburg* vom 31. März 1829. Dort bezeichnet er »religiöse Sittlichkeit und Vaterlandsliebe« als die nicht zu erschütternden Träger des Charakters, deren der Verantwortliche besonders in Zeiten großer Belastung bedarf. Gegen alles Erstarren in Routine und krampfartiger Vieltuerei, das die Mehrzahl seiner Zeitgenossen ablenkt »von den raschen unaufhaltsamen Fortschritten des menschlichen Geistes und seiner auf Verbesserung der politischen Formen gerichteten Kräfte«, formuliert er die Grundsätze, unter denen es möglich ist, auf der »Bahn der Fortschritte des menschlichen Geistes« zu bleiben:

Es ist unerläßlich, »fortzufahren, an seiner eigenen wissenschaftlichen Bildung zu arbeiten und mit der staatsrechtlichen, staatswirtschaftlichen und geschichtlichen Literatur vertraut zu bleiben, auch die größeren Ereignisse im politischen, äußeren und inneren Leben der fremden Nationen, besonders der Engländer und Franzosen, mit Aufmerksamkeit zu verfolgen. Die vollkommene geistige und sittliche Bildung eines Volkes besteht in der Bildung des *einzelnen* Menschen, in der politischen Entwicklung des *ganzen* Staats zur politischen gesetzlichen Freiheit. Die letztere ist in Deutschland und besonders in der preußischen Monarchie noch höchst unvollkommen, und es bleibt im deutschen Charakter und Geist eine Lücke und Lahmheit, die nur freie Institutionen, ein öffentliches Leben, nicht die Schule allein, zu beseitigen vermögen. Aus diesem Grunde muß man das öffentliche Leben in England und Frankreich nicht aus dem Auge verlieren, wozu man die Materialien in den besseren Zeitungen, in besonderen Schriften, in periodischen Blättern findet ...«[17]

Steins politisches Denken war letztlich stärker am Vorbild englisch-insularer und amerikanisch-gesellschaftsbetonter Wohlfahrtspolitik geschult als an den Traditionen der kontinentalen Kriegs- und Machtstaaten.[18] In der Anschauung

16 H. Plessner, Die verspätete Nation. Über die politische Verführbarkeit bürgerlichen Geistes, Stuttgart 1959, 81.
17 Brief vom 31.3. 1829, in: E. Botzenhart/G. Ipsen, a.a.O., 485 f.
18 G. Ritter, a.a.O. II, 332 und 335. Die »Emanzipation von Amerika, das freie Spiel der dortigen menschlichen, geistigen und produktiven Kräfte ...« ist der grundle-

jener Systeme treten dem historisch versierten Politiker diejenigen produktiven Momente der *eigenen* Geschichte in ihrer entfalteten Form entgegen, die auch hier einmal angelegt waren. Aus der Lähmung der freien Institution und der freien Gesellschaftsinitiative resultiert auch die Unvollkommenheit der gesetzlichen Freiheit in Deutschland, die nur durch die Neubelebung und Neugründung freier Institutionen aufgehoben werden kann. Die »geistige und sittliche Bildung« des Volkes besteht in der Individuation, in der Bildung des einzelnen Menschen, und – das ist die politische Frucht der reformatorischen Ethik – sie bedingt die Entwicklung des ganzen Staates zur politisch-gesetzlichen Freiheit.[19]

II. Die Grundintention der Steinschen Reformen

Die Grundzüge des Steinschen Reformprogramms lassen sich an dem Modell illustrieren, an dem er sich durchgehend orientierte. In seiner Denkschrift, geschrieben im Nassauer Schloß im Sommer 1807, gibt er seine Antwort auf die selbstgestellte Frage: Wie kann Gemeingeist belebt werden? Wie kann einem modernen Staatswesen, das bislang ganz auf äußere Ordnung, Zucht, Disziplin, Befehl und Gehorsam gestellt war, dessen Brüchigkeit jedoch offensichtlich geworden ist, ein neuer Inhalt gegeben werden? Seine allgemeine Antwort lautet: Es gilt, dem Gemeinwesen neue Kräfte zuzuführen aus Selbsthilfe und gemeinnütziger Tätigkeit. Gemeingeist und Bürgersinn, die sich nur durch unmittelbare Teilnahme am öffentlichen Leben bilden, sollen reaktiviert werden.

Die gegliederte Teilnahme an Genossenschaften, an der Kommunalordnung, an der provinzialen Selbstverwaltung ergibt die stufenweise Heranziehung aller bisher ängstlich und mißtrauisch vom Staate ferngehaltenen Kräfte des Volkes zur Aktivbürgerschaft.[20] Mitarbeit und Mitverantwortung, die Freisetzung der

---

gende Eindruck seines Denkens. Brief vom 27. 2. 1826 an Gagern, in: E. Botzenhart/ G. Ipsen, a. a. O., 484 f. Vgl. auch Brief vom 16. 2. 1826 an Hövel, a. a. O., 453 f.

19 So wurde es im politischen Testament vom 24. November 1808 als Staatszweck bezeichnet, »die Möglichkeit aufzustellen, daß jeder im Volke seine Kräfte frei in moralischer Richtung entwickeln« kann. Vgl. Freiherr vom Stein. Briefwechsel, Denkschriften und Aufzeichnungen, hg. v. E. Botzenhart, VII Bde., Berlin 1931–1937, II, 582 ff: 583.

20 In der Antwort an den Staatsminister von Schrötter vom 17. Juli 1808, die Einführung der Städteordnung in Königsberg betreffend, moniert Stein die Ängstlichkeit des Aktivbürgerrechts: »ad 5. Scheinen mir die Bestimmungen über die zur Teilnahme an dem städtischen Wesen erforderlichen Eigenschaften zu ängstlich ausgewählt. Ich sehe keinen Grund ab, warum nicht jeder, der in einer Stadt wirklich domiziliert, auch am städtischen Wesen teilnehmen soll.« Schon in der Nassauer

Kräfte unter Beseitigung staatlicher Fesseln und staatlicher Bevormundung werden erzielt durch das Vertrauen in die selbstverantwortliche schöpferische Kraft des Menschen. Der Staat ist nichts anderes als die Selbstorganisation der Gesellschaft. Die breite politische und soziale Basis des Staates macht ihn nicht handlungsunfähig, sondern erhöht seine – durchaus kontrollierbare – Potenz und befähigt ihn zur Verwirklichung auch der höchst irdischen Ideen. Er kann wieder werden, was die antiabsolutistische Sozialkritik des 18. Jahrhunderts bereits abgewiesen hat, Stätte der Wirksamkeit für Menschenbildung und intellektuelle Kultur überhaupt.[21] Er soll zum Subjekt der gesamten Tätigkeit der Nation werden und sich an Aufgaben heranwagen, die alles bisherige übertreffen. Nicht der omnipotente Staat, sondern die Mobilisierung der demokratischen Potenz zum Nutzen des humanitären Lebens werden intendiert.

Stein konnte sein Zeitalter als ein »vorzüglich und ausgezeichnet glückliches« charakterisieren, weil es unter anderem durch die freie Zirkulation der Ideen über den zweckmäßigsten Bau der Staaten, durch Entstehung der konstitutionellen Monarchien in Europa, der Republiken in Amerika gekennzeichnet ist. Aber auch durch die amerikanische Emanzipation, durch das freie Spiel der dortigen menschlichen, geistigen und produktiven Kräfte seien unabsehbare positive Entwicklungen eingeleitet worden.[22] An derartigen produktiven Fortschrittsentwicklungen könnte auch Deutschland partizipieren; Stein mußte jedoch mit den vorhandenen Gruppen und Institutionen rechnen, so mußte er auch seinen eigentlichen Plan, das eine Vaterland als eine Gemeinschaft von Verfassungsstaaten und die verfassungsmäßige Teilnahme des Volkes an der Regierung, an dem Vorhandensein der Territorialstaaten ausrichten. Die in »eine Einheit gesammelte Kraft der Nation« sah er im Zusammenwirken von Königtum, Beamtentum und Bürgertum.

Die oberste Aufgabe des Staates besteht nach der Nassauischen Denkschrift darin, die Menschen von egoistischer Tätigkeit zu gemeinnützigem Leben zu führen. In einer Stufenfolge aufwärts vollzieht sich Staat als ein Prozeß: anhebend mit dem Gemeinsinn des tätigen Bürgers, »der durch unmittelbare

---

Denkschrift stellte Stein fest: »Soll die Nation veredelt werden, so muß man dem unterdrückten Teile derselben Freiheit, Selbständigkeit und Eigentum geben und ihm den Schutz der Gesetze angedeihen lassen.« Die Denkschrift findet sich an verschiedenen Orten; hier nach: E. Botzenhart/G. Ipsen, a.a.O., 109 ff. Der Brief an Schrötter v. 17. 7. 1808 in: Freiherr v. Stein. Briefwechsel II, 1936, 459 ff.

21 E. Botzenhart/G. Ipsen, a. a. O., VII.

22 Neben den amerikanischen Entwicklungen, über deren Zusammenhang mit deutschen protestantischen Überlieferungen (S. Pufendorf) H. Welzel gehandelt hat, wirkten Montesquieu und vor allem die englischen Verfassungsverhältnisse als Vorbilder. Vgl. H. Welzel, Die Naturrechtslehre Samuel Pufendorfs. Ein Beitrag zur Ideengeschichte des 17. und 18. Jahrhundert, Berlin 1958.

Teilnahme am öffentlichen Leben sich bildet, zunächst aus der Liebe zur Genossenschaft, zur Gemeinde, zur Provinz entspringt und sich stufenweise zur Vaterlandsliebe erhebt«[23]. *Ritter* nennt diese Auffassung »eine säkularisierte Neuformung der alt-lutherischen, patriarchalischen Staatsauffassung«[24]. Sie unterscheide sich aber durch den Staats- und Nationbegriff von der Vorstellung, daß eine christliche Obrigkeit ihre Untertanen zu einem gottseligen, ehrbaren Lebenswandel anzuhalten und zu erziehen habe.[25]

Stein faßt zunächst die vom Absolutismus zur Bedeutungslosigkeit herabgedrückten Stände der einzelnen Provinzen ins Auge, um sie neu zu beleben: nicht um sie aus dem Staat zu entlassen, sondern um sie »durch Überzeugung, Teilnahme und Mitwirkung bei Nationalangelegenheiten an den Staat zu knüpfen, den Kräften der Nation eine freie Tätigkeit und Richtung auf das Gemeinnützige zu geben«. Weiter noch: »Der Formelkram und Dienstmechanismus in den Kollegien wird durch Annahme von Menschen aus dem Gewirre des praktischen Lebens zertrümmert, und an seine Stelle tritt ein lebendiger, fortstrebender Geist und ein aus der Fülle der Natur gewonnener Reichtum von Ansichten und Gefühlen.«[26] Die ältere preußische Staatsraison fing das öffentliche Leben ein in Reglements, in Statistiken und Tabellen, jetzt sollen dem Staat die Energien aus der Selbsttätigkeit und Selbstverwaltung zuwachsen. Jede einschneidende und durchgreifende Reform, wie Stein sie vorhatte, konnte nicht nur die Verwaltungsordnung des Staates berühren, sondern mußte seine gesamte soziale und wirtschaftliche Ordnung zutiefst verändern, was sowohl auf eine Revolutionierung der Verhältnisse als auch auf einen neuen Staatsbegriff hinauslaufen mußte.

Die Struktur des Steinschen Denkens erschien seinen adeligen Zeitgenossen gelegentlich als politische Ideologie. Der Zeitgenosse *Friedrich August Ludwig von der Marwitz*[27] rechnet Stein zu einer revolutionären Intellektuellenclique, dem sogenannten Tugendbund, die nichts anderes bezweckte, als die »Revolution ins Land« zu ziehen. Marwitz nannte sie »Verräter, und Stein war ihr Haupt«[28]. Er fing, nach dieser Sichtweise, seit 1807 »die Revolutionierung des Vaterlandes an, den Krieg der Besitzlosen gegen das Eigentum, der Industrie gegen den Ackerbau, des Beweglichen gegen das Stabile, des krassen Materialismus gegen die von Gott eingeführte Ordnung, des (eingebildeten) Nutzens gegen das Recht, des Augenblicks gegen die Vergangenheit und Zukunft, des Individuums gegen die Familie, der Spekulanten und Comtoire gegen die

---

23 E. Botzenhart/G. Ipsen, a.a.O., 109 ff.
24 G. Ritter, a. a. O., 200.
25 Ebd.
26 Nassauer Denkschrift, E. Botzenhart/G. Ipsen, a. a. O., 95.
27 Aus dem Nachlasse F. A. L. v. d. Marwitz aus Friedensdorf, 2 Bde., Berlin 1851/52, Neuausg. Berlin 1908, 490.
28 Ebd.

Felder und Gewerbe, der Bureaus gegen die aus der Geschichte des Landes hervorgegangenen Verhältnisse, des Wissens und eingebildeten Talents gegen Tugend und ehrenwerten Charakter«[29].

So sehr Stein aus anderem Blickwinkel gerade an die vorabsolutistische Sozialverfassung anknüpfte und den Staat nicht als »landwirtschaftlichen und Fabrikverein« begriff[30], der auf die Produktion von Gütern und Reichtümern zielt, sondern als Staat, der die religiös-sittliche, geistige und körperliche Entwicklung seiner Menschen anstrebt, so sehr er den Wert der genossenschaftlichen Zusammenschlüsse wie Korporationen, Zünfte und Innungen betont, so unterscheidet er sich doch von seinen Gegnern, die weder von einer festen Staatsverfassung noch von einheitlichen Staatszwecken und allgemeinen Staatsbürgerpflichten etwas wissen wollen (so *K. L. v. Haller*).

Stein steht also zwischen den Fronten: die *eine* Richtung, deren Exponenten Marwitz und Karl Ludwig von Haller sind, sieht im Staat nichts als das Aggregat derjenigen Individuen, die einem Fürsten zu Dienst verpflichtet sind. Für sie gibt es außer einer Vielzahl nicht allzu mächtiger Fürsten, die als höchst Begüterte sich eine Menschenmasse abhängig machen können, nur noch die kommunalen Herrschaftsgebiete gewisser hochmögender Patrizierfamilien. Die *andere* Front vertritt den reinen Machtstaat, der nach Herrschafts- und wirtschaftlichen Effektivitätsgründen eine Zwangseinheitsverwaltung von oben nach unten legt und jeden einzelnen Untertanen direkt der bürokratischen Staatsaufsicht unterstellt. Stein, der reife *Humboldt* und alle, die sich ihnen anschlossen, verfolgten den mittleren Weg, die Umwandlung des Mechanismus des absoluten Staates in einen durch und durch belebten Organismus, in dem ein Höchstmaß an Regsamkeit und Mitverantwortung aller Glieder möglich wird. Die Idee des »allgemeinen Staatsbürgertums« auf der Grundlage der »allgemeinen Menschennatur« impliziert das notwendige und bereits eingeleitete Minimum sozialer Nivellierung durch die Gleichheit der Rechte und Pflichten[31].

Die beiden genannten Fronten sind vom Mißtrauen bestimmt, in einem Falle gegen alle Tendenzen, die die Naturverhältnisse der Gesellschaft mit dem Recht

---

29 A.a.O., 492.

30 Über das Zunftwesen (an Staatsrat Kunth 8. 11. 1821), in: K. Thiede (Hg.), H.F.K. Freiherr v. Stein. Ausgewählte Schriften. Briefe, Berichte, Aufsätze u. Denkschriften zur Staatswissenschaft (Die Herdflamme 17), Jena 1929, 319 ff.

31 Humboldt kehrte sich später (nach 1800) von seinem liberalistischen Staatsverständnis ab und näherte sich dem Staatsbild Steins an. Vgl. W. von Humboldt, Gesammelte Werke I, hg. v. C. Brandes, Berlin 1841, 301 u. 318; II, Berlin 1841, 242 (vgl. E. Spranger, Wilhelm von Humboldt und die Reform des Bildungswesens, Neuausgabe Tübingen 1969).

des Mächtigeren gegen den Schwächeren in eine nach ethischen Kriterien gebildete Rechtsgemeinschaft höherer Ordnung verwandeln wollen. Wenn ein Fürst für Rechts- und Wohlfahrtspflege sorgt, so ist das eine Wohltat, die er als der Mächtigere den Schwächeren erweist.[32] Ebenso verzichtet die andere Seite, der aufgeklärte Absolutismus, grundsätzlich auf die lebendige und freie Anteilnahme seiner Untertanen am Staatsleben, weil er ihrer Befähigung mißtraut. Von der Miserabilität des Menschen war auch *Friedrich II.* von Preußen überzeugt. Bei Stein und den Reformern sollte die Scheidewand des Mißtrauens, die den Bürger vom Staat und den Staat vom Bürger trennte, niedergerissen werden. Vertrauen in die mitschaffende Kraft und Initiative des Volkes war in ihnen wirksam. Die Sache des Staates sollte Sache der Bürger und umgekehrt, die Sache der Bürger, des Volkes, zur Sache des Staates werden.[33]

Bei aller Gemeinsamkeit darf jedoch nicht übersehen werden, daß Steins Freiheitsverständnis sich deutlich abhebt von dem seiner Nachfolger und Mitarbeiter. *Altenstein* und *Hardenberg*, die vieles von Steins Reformplänen umsetzten, standen grundsätzlich auf dem Boden der unbedingten individuellen Freiheit. In fast wörtlichem Anklang an *Adam Smith'* »Wealth of Nations« sahen sie die Staatätigkeit in der Ermöglichung des natürlichen Ganges der Dinge und in der Herstellung voller individueller Freiheit. Hardenberg, der nur den Staat und das Individuum kannte und sich am Vorbild der napoleonischen Präfekturverfassung mit ihrer zentralen Beherrschung der »Bürger« orientierte, hielt nicht viel von den Anklängen an die altgermanische Freiheit, nichts von korporativer Selbstverwaltung und Beschränkung der Bürokratie durch Deputierte. Im Gegensatz zur echten Selbstverwaltungsidee Steins sah Hardenberg in der Repräsentation vor allem die beratende Funktion, die zugleich als Stütze der Regierung und als Möglichkeit dienen sollte, die vom Adel ungünstig beeinflußte öffentliche Meinung zu verbessern. Der zentrale Staat verweigerte die Vor- und Eigenmacht des Adels, begünstigte volkswirtschaftlich das Bürgertum und trieb eine unabhängige Militär- und Landwirtschaftspolitik. Hardenberg fügte sich ins System des späten aufgeklärten Absolutismus zweifellos besser ein als Stein, dem es um das sozialethische Problem der Humanität, um die Stärkung des Menschen als Bürger zu tun war.[34]

32 So K. L. v. Haller (1768–1854), Restauration d. Staatswissenschaften o. Theorie des natürlich-gesellgen Zustandes d. Chimäre d. künstlerisch-bürgerlich entgegengesetzt, 6 Bde., Winterthur ²1820–34, I, 467 ff.
33 Nassauer Denkschrift, in: E. Botzenhart/G. Ipsen, a. a. O., 95.
34 F. Hartung, Deutsche Verfassungsgeschichte, Stuttgart ⁷1954, 245.

III. Die Dimensionen der Reform

Die Geschichte der Reform wurde von *Paul Lehmann, Gerhard Ritter* und zuletzt von *Reinhart Kosseleck* mit großer Subtilität geschrieben.[35] Der Anteil Steins läßt sich im Detail häufig nur schwer herausdestillieren. Im wesentlichen sind es drei Bereiche, die Steins besondere Aufmerksamkeit auf sich zogen und in denen er aktiven Anteil an den Reformbemühungen hatte: Ihn beschäftigten agrarpolitische Probleme im Zusammenhang mit der sogenannten Bauernbefreiung, reine Verwaltungsprobleme bei der Schaffung von Selbstverwaltungsorganen und außerdem die Frage der kirchlichen Neuordnung. Hauptzentrum der Reformbewegung war Königsberg in Ostpreußen, die bürgerlich-adelige Gelehrtenrepublik im Geiste Kants und Adam Smiths.[36]

1. Die gesellschaftspolitische Bedeutung der beiden einschlägigen Edikte zur sogenannten Bauernbefreiung vom 9. Oktober 1807 und vom 14. Februar 1808 wurde von den Anhängern der staatlichen Restauration als Preisgabe der Ordnung und Auftakt der Proletarisierung bestimmter Volksschichten gewertet: »Leibeigenschaft des kleinen Besitzers gegen die Gläubiger – des Armen und Kranken gegen die Polizei und Armenanstalten –, denn mit der Pflichtigkeit war natürlich die Verpflichtung des Schutzherrn zur Vorsorge aufgehoben.«[37] Dagegen wurde von ostpreußischen Anhängern der »Ideen vor 1789« das »Fundamentalgesetz«, die Abschaffung der Erbuntertänigkeit, »dieses Überbleibsel des finsteren Zeitalters« (so die Immediatskommission), eines »Rechtes, Unrecht zu tun« *(Kraus)*, einer Absurdität *(Kant)*, als Fortschritt gewertet. Auch Stein sprach von der Herstellung der »ursprünglichen und unveräußerlichen Rechte der Menschheit«, die Erbuntertänigkeit schlechthin verbiete.[38] Faktisch bedeuteten diese Edikte die Preisgabe des alten Dreiständestaates, die Beseitigung der feudalen Zwischenherrschaften zwischen Thron und Untertanen. Die Stärkung des Gemeinwesens konnte nur gelingen, wenn zunächst die Nation vorbehaltlos mit ihrem Staat verknüpft wurde. Die drei Klassen – Inhaber der königlichen Domänen, Edelleute und untertänige Bauern – waren im Begriff »Landbewohner« ebenso aufgehoben, wie die durch mancherlei Bestimmungen bisher noch aufrechterhaltene Scheidung von Bürgern und Bauern damit beseitigt wurde. Was von den einen als »Habeascorpus-Akte« der Freiheit *(von Schön)* gerühmt wurde, hatte den harten rationalen Kern, mit Hilfe der freien Konkurrenz wichtige Landstriche wirtschaftlich zu

---

35 R. Kosseleck, Preußen zwischen Reform und Revolution. Allgemeines Landrecht, Verwaltung und soziale Bewegung von 1791 bis 1848, Stuttgart 1967.

36 Vgl. W. Treue, Wirtschaftszustände und Wirtschaftspolitik in Preußen 1815 bis 1825, Stuttgart/Berlin 1937, 5 ff.

37 F. A. L. v. d. Marwitz, a. a. O., 495.

38 Freiherr vom Stein. Briefwechsel III, 498 u. 516.

sanieren, die Rentabilität und das Steuereinkommen zu heben. Faktisch lief die Gesetzgebung, da sie Stein teils aus der Hand glitt, teils nach seinem Sturz ihm aus der Hand geschlagen wurde, darauf hinaus, die Übermacht des kapitalkräftigeren Adels zu stärken, den ostelbischen Bauernstand dem »Auskauf« preiszugeben und obendrein in der ländlichen Arbeiterfrage das Problem des unerlösten vierten Standes von Landproletariern hervorzurufen. Gleichwohl ist es von Bedeutung, daß Stein klar die Notwendigkeit einer Ergänzung der Freiheit (qua Gewerbefreiheit) durch Schutz- und Hilfebestimmungen zugunsten der Chancenungleichen erkannte und obendrein Freiheit nicht als Ausgrenzungs-, sondern als Teilhaberechte verstanden wissen wollte. Die Freisetzung des Landmannes sollte deshalb gekoppelt werden mit freien Landgemeindeordnungen und den Prinzipien der Selbstverwaltung. Um sich behaupten zu können, mußte der Bauer auf den Kreis- und Provinziallandtagen ein kräftiges Mitspracherecht erhalten, die patrimoniale Gerichtsbarkeit und Polizei aufgehoben und wie in den Kommunen dem Staate einheitlich übertragen werden. Diese Reformversuche schlugen aber fehl.[39]

Die unbeschränkte Gewerbefreiheit gefährdete vor allem die Existenz der unter beschränkten Eigentumsrechten niederen Grades lebenden Bauern (die sogenannten Laßbauern). Deren Stärkung sowie die wirtschaftliche Sicherung der »freien« bäuerlichen Eigentümer gelang nur unzureichend. Sie mußten im Laufe von 24 Jahren ihre früheren Lasten und Abgaben durch Entschädigungen abgleichen, ohne die Hilfe eines Kreditsystems. In dem engen gegebenen Spielraum einer insgesamt auf adelsfreundliche Lösungen bedachten Regierung stellte Stein beharrlich die Frage: »Was gewinnt der Bauer hierbei?«[40] Auch in diesem Punkt wird man Ritter zustimmen müssen, der bedauert, »daß in der Fortführung der Agrarreform nicht sein fester Wille, sein strenger Gerechtigkeitssinn und ... sein unbändiger Fleiß ... mitgewirkt hat«[41]. Die gelegentlich vertretene These, die Geschichte der Nachwirkungen Steins sei eine Kette unerfüllter Erwartungen und verpaßter Gelegenheiten, gilt wohl für die eben angedeutete Agrarreform, weniger jedoch für die Organisation der städtischen Selbstverwaltung.[42]

2. Die Städteverordnung vom 19. November 1808 konnte auch in ihrer Realisierung sichtbar machen, was Stein vorschwebte: Die Entbindung einer freien Wirtschaftsgesellschaft, die Bildung einer selbstbewußten, unabhängigen Schicht freier Besitzer jenseits der noch bestehenden alten Stände sollte gekoppelt werden mit der verfassungspolitischen Entscheidung, die öffentliche Beteiligung der Staatsbürger zu ermöglichen. Die Bildung von Magistraten und

---

39 F. Hartung, Verfassungsgeschichte, 249 f; G. Ritter, a. a. O., 231.
40 A. a. O., 235.
41 A. a. O., 238.
42 Dies meint F. Schnabel, Deutsche Geschichte IV, 332 ff.

Stadtverordnetenversammlungen (zwischen 20 und 100 Mitgliedern) aus städtischen Bürgern hatte nicht – wie etwa Marwitz behauptete – dafür gesorgt, »daß jedem Vagabunden ... das Bürgerrecht gegeben werden mußte und mit ihm die Befugnis, an seinem Teil mit über das alte Stadtvermögen zu disponieren«[43]. Es handelt sich vielmehr um eine Standesreform. Die bürgerliche Selbstverwaltung hielt sich im Sinne des Landrechts im Horizont des zweiten Standes. Stein war alles andere als ein Revolutionär.[44] Er dachte an eine Vertretung der »großen Eigentümer«. Praktisch wurde später aus der »Bürgergemeinde« die Einwohnergemeinde mit allgemeinem gleichem Wahlrecht, eine Tatsache, die umgekehrt den staatlichen Dirigismus verstärkte.

Die Intention der Städteordnung ist gemäß ihrem Vorbild im angelsächsischen Selfgovernment die Errichtung der Gemeindefreiheit: »Die Stadt sollte ... dem Staat als eine von ihm wesensverschiedene Gemeinde gegenübertreten.«[45] Was die Gemeinden auszeichnet, ist ihre von einer Weisungsbefugnis der Staatsbehörden freie Willensbildung (die sich sogar auf die Besteuerungsbefugnis erstreckt). Ihre Eigenverantwortung besagt, daß sie außerhalb des staatlichen Verwaltungsaufbaues steht, vom Staat nicht gelenkt werden darf und ihm für ihre Politik Verantwortung nicht schuldet. Jedoch die Übernahme städtischer Gerichts- und Polizeigewalt durch den Staat – und das ist die Kehrseite der Verordnung – bedeutete faktisch und theoretisch, daß so wichtige Bereiche wie Fürsorge für Handel und Gewerbe, Armen-, Schul-, Kirchen- und Gesundheitswesen, Lebensmittelversorgung, Markttaxen und Marktaufsicht, Reinigung, Beleuchtung, Fremdenverkehr und Innungswesen der staatlichen Sicherheitspolizei unterstellt wurden und die Selbstverwaltung auf bloß kommunale Angelegenheiten eingeschränkt blieb.[46] Die Scheidung in Verwaltungsaufsicht (durch staatliche Polizei) und Verwaltungsausübung (durch die Selbstverwaltungsorgane) blieb Konstruktion; sie wirkte ambivalent und beließ die Differenz zwischen der Realität und dem Begriff von Freiheit, Teilhabe und Selbstbestimmung.

Die Intention Steins war durchaus moralpädagogischer Art, was aus der »großen Denkschrift über Städtereform«, die der Königsberger Polizeidirektor *Joh. Gottfried Frey* auf Wunsch und unter Mitwirkung Steins ausgearbeitet hat, deutlich hervorgeht: »Zutrauen veredelt den Menschen«, heißt es einleitend, »ewige Vormundschaft hemmt sein Reifen, Anteil an den öffentlichen Angelegenheiten gibt politische Wichtigkeit, und je mehr diese an Umfang gewinnt, wächst das Interesse für Gemeinwohl und der Reiz der öffentlichen Tätigkeit, welche den Geist der Nation erhebt, zur Erwerbung gemeinnütziger Kennt-

43 F. A. L. v. d. Marwitz, a. a. O., 495.
44 R. Kosseleck, a. a. O., 169.
45 O. V. Gierke, Die Stein'sche Städteordnung, Berlin 1909, 28.
46 G. Ritter, a. a. O., 261.

nisse, ja selbst eines unbescholtenen Rufs anfeuert und dadurch den Egoismus und die Frivolität zügelt«[47]. Die Befreiung von »fremden Invaliden, juristischen Routiniers und Schreibern« gilt als Akt der Selbstbestimmung und gesellschaftlichen Emanzipation.[48] Die Mobilisierung der kommunalen Demokratie, so unzulänglich, unvorbereitet, ungesichert sie auch von Stein und namentlich von seinen Nachfolgern betrieben wurde, so beschränkt auf die städtearmen Ostprovinzen sie überhaupt nur konzipiert werden konnte, sie etablierte zum ersten Male seit den vorabsolutistischen Zeiten des 15. und 16. Jahrhunderts den Gedanken der republikanischen Bürgerfreiheit. Darüber hinaus legte Stein den Grund für die moderne rechtsstaatliche und sozialstaatliche Demokratie, die u. a. auf dem Prinzip der Gemeindefreiheit basiert und mit der zitierten moralpädagogischen Motivation steht und fällt.

3. Zu den einschneidendsten »Reformen« Steins gehört die Kirchenreform, an die die Schulreform eng gekoppelt war. Der Gedanke, die Kirchen nach amerikanischem Muster dem freien Spiel der religiösen Kräfte auszusetzen, oder der Schleiermachersche Plan der Errichtung freier »Kirchenrepubliken« nach Art der französischen »Stadtrepubliken«, spielte immer wieder eine Rolle; faktisch vollendete Stein die Verstaatlichung der Kirche nicht zuletzt deshalb, weil er von der Unfähigkeit zur kirchlichen Selbstorganisation überzeugt war. Er verachtete den »lahmen, schleppenden, kalten, toten und tötenden, gebietenden« Charakter der ostelbischen Konsistorialverfassung und rühmte die rheinisch-westfälischen und märkischen Presbyterialordnungen. Er dachte an Beteiligung der Gemeinden bei der Predigerwahl. Er lehnte jede »Plünderung« der Kirchen im Zuge der Säkularisation ab und sicherte sogar staatliche Unterstützung zu.[49] Förderungswille und Sorge, »die in dieser Kirche nötigen Verbesserungen vorzunehmen«, leiteten ihn bei den kirchenpolitischen Maßnahmen. Zugleich entzog er das Schulwesen der geistlichen Mitaufsicht. Die Reform des Schul- und Volksschulwesens erforderte – nach Steins Ansicht – die höchsten pädagogischen und politischen Qualitäten. Die Erziehung hat die Funktion, die Selbsttätigkeit des Geistes zu erhöhen, den religiösen Sinn und alle edleren Gefühle des Menschen zu erregen, das Leben in der Idee zu befördern und den Hang zum Leben im Genuß zu mindern. Diese Grundsätze aus der Pädagogik *Pestalozzis* leiteten die gesamte Reformpolitik. Die Funktion der Menschenbildung und Hebung der intellektuellen Kultur war der nicht nur theoretisch behauptete, sondern jederzeit konkret zu verwirklichende Staats-

---

47 Vgl. Th. Winkler, J. G. Frey und die Entstehung der preußischen Selbstverwaltung, Berlin 1936, Nachdruck Stuttgart 1957, 128 und G. Ritter, a. a. O., 1. Aufl., I, 383.
48 Ebd.
49 Hierzu E. Foerster, a. a. O., 134. Stein kannte nicht das Problem »Staat und Kirche«. Er kannte nur Staatsbehörden, Gemeinden, Prediger. (zu Schleiermacher vgl. Anm. 103 ff).

zweck, nämlich – wie es im »Politischen Testament« vom 24. November 1808 heißt – »die Möglichkeit aufzustellen, daß jeder im Volke seine Kräfte frei in moralischer Richtung entwickeln könnte«[50].

So gesehen war Steins ganze Politik Pädagogik höheren Stils: »Die Tätigkeit für das öffentliche Wohl, die Tätigkeit für den Staat sollte unmittelbar erzieherisch wirken, eine Nation von freien, auf sich selbst gestellten, charaktervollen, gemeinnützigen Männern allmählich heranzubilden.«[51] In diesem moralpädagogischen Impetus übertraf Stein nicht nur seine Zeitgenossen, er führte zugleich das protestantische Ethos auf die Höhe seiner Zeit.

IV. Schleiermachers ethische Unterstützung

An *einem* Beispiel wollen wir nun die Frage erörtern, inwieweit die zeitgenössische Theologie zu einem relevanten Arbeitspartner der Inneren Reformen geworden ist. *Schleiermachers* Theologie galt Foerster als »Apologie der Steinschen Reform vom ethischen Standpunkt aus«. Kristallisation von Schleiermachers Ethos der universalen Lebensverbesserung im Rahmen eines christlich akzentuierten Naturbildungsprozesses bildet die »Christliche Sittenlehre«, die er angefangen hat im November 1809 und deren Gesamtheit *L. Jonas* 1843 erstmals herausgegeben hat. *Karl Barth* betont mit Recht, daß nicht nur Schleiermachers Religionsphilosophie, also seine ganze Lehre vom Wesen der Religion und des Christentums, eine Hilfskonstruktion sei »zur Begründung dieses seines eigentlichen, des ethischen Anliegens«[52]. Auch die Glaubenslehre nimmt, wie Barth bemerkt, sogleich die überraschende Wendung in die Richtung der Aktivität, »in der das Gottesbewußtsein ganz bezogen werde auf die Gesamtheit der Tätigkeitszustände in der Idee von einem Reiche Gottes«[53]. Die von anderer Seite unterstellte Kristallisation in der mystischen Position widerspricht dem nur, wenn man grundsätzlich ein Gefälle von der Mystik zum Typus der ästhetischen bzw. passivistischen Religion annimmt und nicht den Grundsatz protestantischer Mystik beachtet: »Tätigkeit ist ein Ausbrechen der

---

50 Freiherr vom Stein, Briefwechsel II, 582 ff: 583.

51 In der neuen Nationalerziehung sollten sittlich-religiöse und wissenschaftliche Bildungsziele aufs engste miteinander verknüpft werden. Vgl. G. Ritter, a. a. O., 299 f.

52 K. Barth, Geschichte der protestantischen Theologie im 19. Jahrhundert, Zürich 1943, 176. Hier wird nur ein Aspekt der Sozialethik Schleiermachers andeutungsweise behandelt. Zur weiteren Behandlung vgl. Y. Spiegel, Theologie der bürgerlichen Gesellschaft. Sozialphilosophie und Glaubenslehre bei F. Schleiermacher, München 1968.

53 K. Barth, a. a. O., 177.

Gottinnigkeit in die Wirksamkeit.«[54] Auch die Annahme einer unvermittelten Komplementarität von »Innigkeit seines Gottesbewußtseins« und der »idealistischen, der deutschen Form der Weltseligkeit«[55], die also »Weltfrömmigkeit«[56] und schließlich Romantik erzeugt, überspringt dasjenige Bindeglied, das Schleiermacher nicht nur mit der älteren protestantischen Reformbewegung verknüpft, sondern seinen unmittelbaren Anteil an den sozialpolitischen Reformbemühungen des Freiherrn vom Stein kennzeichnet.

Schleiermacher wird in seiner »teleologischen, aktivistischen, kulturbejahenden Absicht«[57] zum theologischen Interpreten der preußischen Reform und transponiert ihren theoretischen Grundgedanken in das universale System eines alle Bereiche umfassenden Reformprozesses. Hierbei übersieht er das empirisch verifizierbare Maß und etaliert das theologische Denken als ein grundsätzlich über die Lebenswirklichkeit beliebig hinwegschießendes Prinzip, das dann rasch in kontemplative Abhängigkeit von der bestehenden Wirklichkeit gerät, die sie ihren eigenen Intentionen nach grundlegend zu »verbessern« beabsichtigte.

Beachten wir zunächst Schleiermachers unmittelbaren Anteil am zentralen Reformwerk Steins. Er besteht in den kirchen- und kulturpolitischen Denkschriften und Beteiligungen während und nach den Reformjahren 1807/08. Wie Humboldt übertrug Schleiermacher das Autonomieprinzip auf Kirche und Universität. Korporative Selbständigkeit der Universität, synodale Selbstverwaltung der Kirche sollten die Freiheit der Wissenschaft ebenso wie die Freiheit des religiösen Lebens sichern. Er verzichtete nicht auf »eine Handlung des Staates«, auf dessen »wohltätige Hand«[58], aber gerade sein entwickelter Staat höchster Ordnung sollte, neben den Kriterien der Einheit, die Sicherung der Selbstverwaltung, der Freiheit der Person und des persönlichen Eigentums sowie die Ausbildung des allgemeinen Staatsbürgerbewußtseins enthalten[59]. Mit Stein verband ihn die Neigung, das Zunftwesen innerlich zu reformieren

---

54 Ein Satz des Meisters Eckhart, der als Deutung der lutherischen Form des Glaubens geeignet zu sein scheint.

55 E. Hirsch, Reich-Gottes-Begriffe des neueren europäischen Denkens, Göttingen 1921, 26.

56 Vgl. H. Plessner, a. a. O., Kap. 4: Der Ursprung der Weltfrömmigkeit aus dem Mißverhältnis zwischen Glaubensspaltung und evangelischer Staatskirche.

57 K. Barth, a. a. O., 178.

58 F. Schleiermacher, Sämtl. Werke V, 41–156. Vgl. G. Ritter, a. a. O., 294 f und E. Foerster, a. a. O., 88.

59 Die Reformpläne Schleiermachers und Steins waren in Alternativen konzipiert: eine vollständige Loslösung der Kirche vom Staat, die Einrichtung einer freien Kirchenrepublik, die Schleiermacher empfahl; oder eine kirchliche Selbstverwaltung durch Gemeindeorgane und Klassensynoden (wie in den Westprovinzen) bis hin zur Wahl der Pfarrer, die dem Freiherrn mehr entsprach. Der pädagogische Impetus Schleier-

und es nicht gänzlich zu beseitigen, mit ihm sah er im Berufsbeamtentum den Hort des Widerstandes gegen die Verbesserung der Lebensverhältnisse.[60]

Hier können nur das Prinzip der Reform in der »Christlichen Sitte« Schleiermachers, nicht die Einzelheiten seiner implizierten Staats- und Kirchenlehre untersucht werden. Die Staatsanschauungen laufen auf eine Theologisierung, ja Romantisierung des monarchischen Prinzips hinaus. Dies ist eine Folge seiner naturalistischen Verwendung des Organismusbegriffes im Zusammenhang des Staatsbegriffes. Seine Staatslehre will eine Physiologie des Staates sein.[61] Foerster machte deutlich, daß bei Schleiermachers Organizismus noch ein »optimistischer Naturgedanke vorherrscht«, in dem die Einheit von Geist und Natur gedacht wird und das Moment der Reform als naturgestaltende Aufgabe seinen zentralen Ort behält. Schleiermacher ist Frühromantiker, bei dem die dunklen, ungeistigen, dämonenhaften Züge des Naturbegriffes noch ungeweckt geblieben sind. Gleichwohl ist die Richtung vorgezeichnet. Bei Kant war der Organismusbegriff noch festgebunden an den Begriff des Kunstwerkes als einer Hervorbringung der Freiheit, die ihren Handlungen Vernunft zugrunde legt, wie sie uns einzig und allein am Menschen bekannt ist.

Schleiermacher faßt den Begriff der Reform als dasjenige Handeln des Menschen, das auf das Ganze solange einwirkt, als es im Zustand der unvollkommenen Organisation, des Fortschritts notwendig ist. Es ist also zwar individuelles Handeln, braucht aber nicht partikular zu sein. Es beendet die verbessernde Mitwirkung, sobald der Fortschritt gesichert zu sein scheint. Das Medium, in dem das Individuelle zum Allgemeinen in Beziehung tritt, ist die durch nichts zu beschränkende Öffentlichkeit. Die Öffentlichkeit als dasjenige Forum, auf dem die Einwirkung sich umsetzt in Fortschritt, ist ein Spezifikum des Protestantismus, der in unauflösbarer Verschmelzung mit Öffentlichkeit entstanden und zur Entfaltung gekommen ist.

Schleiermacher sieht die sittliche Aufgabe eingebettet in einen universalen Bildungsprozeß, der den religiösen und den gesellschaftlich-staatlichen Bildungsprozeß umfaßt. Die dynamische Beziehung der Lebensgeschichte der Kirche zur Lebensgeschichte des Staates ergibt sich durch das parallele Ablaufen des »reinigenden Handelns« in Richtung auf »Kirchenverbesserung« und auf »Staatsverbesserung«.

Die ethische Verbindlichkeit der Reform liegt im Begriff dieses »reinigenden Handelns«, das aus dem christlichen Begriff der Umkehr und Erneuerung von

---

machers übertraf jedoch jeden Einzelplan. Vgl. auch G. Holstein, Die Staatsphilosophie Schleiermachers, Bonn / Leipzig 1923, 200.

60 Das rein bürokratische Kirchenregiment wurde von allen Reformern abgelehnt. Eine wirkliche Durchführung der Reformpläne ist nicht gelungen!

61 F. Schleiermacher, Die Lehre vom Staat, in: ders., a. a. O., 3. Abt., Bd. 6, 1, Anm. 3. Vgl. G. Holstein, a. a. O., 76; E. Foerster, Staat und Organismus bei Kant und Schleiermacher, in: ZThK 12, 1931, 415 ff.

der Sünde abgeleitet ist. Weil Erneuerung im letzten seine Kraft aus dem Handeln Christi als dem höchsten Darstellungsgehalt der Menschheitsentwicklung bezieht, kommt dem religiösen Prozeß die vorrangige Funktion zu, im verbreitenden bzw. erweiternden Handeln – gemäß dem Ur- und Vorbild Christus – das Ganze der Menschheit allmählich universal zu durchdringen. Das Ziel der Entwicklung, die Erscheinung des Reiches Gottes, ist gleichbedeutend mit der Vollendung des Ganzen der Menschheit als Kirche. Nur sofern es diesem Ziel dient, ist von »reformatorischem Handeln« in echtem Sinne zu sprechen.[62]

Schleiermacher ist hier nicht nur frei von konfessionalistischem Partikularismus, sondern das Allgemeine des Christlichen stellt sich für ihn in den Partialkirchen als den sichtbaren Individuationen der einen unsichtbaren Kirche dar.[63] Er spricht in den »Reden« von »den einzelnen abgesonderten Gemeinheiten«[64]. Kirche soll »nichts anderes sein, als ein durch die Unkultur der Verhältnisse bedingter Ersatz für die einzig natürliche Form einer für die Religion vorbereitenden Gesellschaft in der frommen Häuslichkeit«[65].

Zu den Spezifika, auf die bei der Kirchenverbesserung zu achten ist, gehört für Schleiermacher die Beseitigung des Unterschiedes zwischen »Priestern« und »Laien«. Es gibt kein stetiges Priesteramt. Nichts als Begabung und Ähnlichkeit der Sinnesart einigt den Redner und die Versammlung. Religiöse Geselligkeit und Kommunikation, keine Kennzeichen der Macht (Eigentum, Symbole, Gebäude etc.), deuten in die Richtung der Verbesserung. Der Protestantismus trägt essentiell das reformatorische Prinzip, wie er es versteht, in sich.

Schleiermacher fragt nun weiter nach dem reinigenden Handeln, in welchem das bürgerliche Element mitkonstituierend ist. »In der Kirche hat das Verhältnis von Obrigkeit und Untertan keine Stelle.«[66] Im Staat geht die Verbesserung, die sittliche Pflicht ist, von beiden Teilen aus. Obrigkeit ist für Schleiermacher eine Organisation mit verschiedenen Funktionen und einem höchsten gemeinschaftlichen Lebenspunkte.[67] Schleiermacher sichert das Recht der staatsverbessernden Mitwirkung über die reinen Staatsämter hinaus als sittliche Pflicht für jedermann mit dem Argument, daß die »wahre sittliche Freiheit der Untertanen« entweder nicht beschränkt ist und die Mitwirkung an der Verbesserung in den Kommunikationsmedien ohne weiteres möglich ist, oder die Kommunika-

---

62 F. Schleiermacher, Die christliche Sitte (Sittenlehre), hg. v. L. Jonas, Berlin ²1884, 133 ff. Hierzu H. J. Birkner, Schleiermachers christliche Sittenlehre im Zusammenhang seines philosophisch-theologischen Systems, Berlin 1964.

63 F. Schleiermacher, Sittenlehre, 133 ff.

64 Ders., S. W. I, 1, 372, Anm. 1 b.

65 E. Foerster, a. a. O., I, 85 f.

66 F. Schleiermacher, Sitte, 271,1.

67 A. a. O., 271, 2.

tion ist regressiv zerstört, dann ist es Pflicht, notfalls unter Verletzung der politischen Stellung gegen die »aufzuhebende Verschlimmerung« zu wirken.[68] Alle diese Vorstellungen bleiben unbestimmt und münden schließlich in eine traditionalistische Auffassung ein. Die ihrer Überzeugung folgende Obrigkeit, auf die das reinigende Handeln einwirken kann, ist nur als lebendige und nicht als tote[69] zu verstehen, das heißt: sie soll und kann als monarchische am sichersten ihrer Überzeugung folgen und als sittliche Persönlichkeit alle sittliche Entwicklung des Staates bestimmen. Jedoch die Formalisierung der Obrigkeit als Regierung, die Frage der Kontrolle, die organisierte Mitwirkung der »Untertanen« blieb außerhalb des Blickfeldes.[70]

Schleiermachers ethische Apologie der Steinschen Reform hatte ihre fruchtbare Wirkung vor allem auf ein neues Verständnis von Kirche und Christentum. An Erfahrungsgehalt und damit an konkreter gesellschaftspolitischer Überzeugungskraft blieb sie weit hinter dem Programm Steins zurück und signalisierte den auch sonst zu beobachtenden Erfahrungsverlust der evangelischen Theologie angesichts der industriegesellschaftlichen Umwälzungen.

V. Zur Auswertung

Die Lehren aus den angedeuteten Sachverhalten müssen je neu gezogen werden:
1. Insbesondere ist die Frage lebendig zu halten, wie eine im Ansatz richtige, ethischen Traditionen verbundene Reforminitiative durch die Übermacht der Verhältnisse in ihr Gegenteil verkehrt werden konnte: ihr Kern richtete sich auf die Stärkung der Citizenship, des allgemeinen politischen Bürgertums, in das auch die ehemals unterprivilegierten Schichten integriert werden sollten. Der toten Maschine der absolutistischen Bürokratie sollte die Selbstverwaltung und Selbstinitiative gegenübergestellt werden. Freiheit, Selbstverwaltung und Sozialpflichtigkeit im politischen Gemeinwesen soll-

---

68 A. a. O., 272 u. 274.
69 A. a. O., 272 f.
70 Schleiermacher hatte kein Verständnis für moderne Organisationsformen. Er empfahl die Auflösung der Gemeindeorganisation. Das Gegenteil ist dann jedoch eingetreten: die bewußte Einbeziehung der Förderung des religiösen Gemeinschaftslebens in den Staatszweck und nicht die Auflösung des großen kirchlichen Organismus in zahlreiche einzelne, intime Vereinigungen. Bevor stand »die Aufrichtung eines so einigen kirchlichen Zusammenhangs, eines so großen, einheitlichen Kirchenkörpers, wie es der deutsche Protestantismus bis dahin nicht gekannt hatte«; E. Foerster, a. a. O. I, 85. 1803 ruft Schleiermacher selbst in »zwei unvorgreiflichen Gutachten« nach »einer Handlung des Staates, welche ja ohnedies das einzig wirksame Organ der kirchlichen Gesellschaft« sei. Staat als »wohltätige Hand«, Pfarrer sind »Staatsdiener«. (S. W. I, V, 41 ff).

ten in verfassungsmäßiger Bindung gesichert werden. Faktisch setzte der Staat eine Wirtschaftsgesellschaft frei, ohne sie verfassungsmäßig zu binden. Faktisch etablierte sich der bürokratische Verwaltungsstaat und die Bürgerschaft als Bourgeoisie, Unterschichten wurden zum rechtlosen Proletariat.[71] Die kommunale Selbstverwaltung blieb Idee, wurde zum ideologischen Erbteil jener »spezifisch preußischen Abart der Selbstverwaltung, die darin besteht, daß der ›Staat‹, das heißt die bürokratische Obrigkeit, die Angelegenheit selbst verwaltet, während der Selbstverwaltungskörper die Kosten dafür aufzubringen hat« *(Hugo Preuß)*. Die einst blühenden Reichsstädte waren längst auf die Ebene der alten Territorialstädte herabgedrückt. Seit dem 19. Jahrhundert waren sie zu bloßen Selbstverwaltungskörpern (Körperschaften öffentlichen Rechts) geworden, mit einer durch staatliche Gesetze festgelegten, eingeschränkten administrativen Kompetenz. Sie stehen neben den staatlichen Lokalbehörden oder erfüllen deren Aufgaben auf Grund staatlicher Delegation und unter der Aufsicht des Staates. Die Kommunen sind bis heute Instrument staatlicher Verwaltung und wirtschaftlichen Freibeutertums, die den Bürger in die äußerste Entfremdung zwingen.[72]

2. Ebenso pervertiert ist das Kammernwesen in der Wirtschaft. Die Industrie- und Handelskammern waren gebildet als Vertretungen der Wirtschaft in der Gesamtheit, nicht der Unternehmungen. Dies ist auch heute noch ihre rechtliche Grundlage, und so erklärt sich auch ihre Stellung als öffentlich-rechtliche Körperschaft. Sie sind aber bis heute Vertretungsorgane der Produzenten. Wenn es Aufgabe ist, den persönlichen und gemeinschaftlichen Sinn des sozialen Lebens zu fördern, so kann eine regionale Selbstverwaltung nicht wesentliche Teile der Wirtschaft einschließen. Ihre Aufgabe könnte die Zusammenführung der sozialen Partner sein, um die Interessen der Gesamtwirtschaft zum Ausdruck zu bringen. Dies könnte zweierlei bedeuten: eine Verständigung über einen menschengerechten Konsum, denn dieser ist Endzweck des Wirtschaftens, zum anderen über umfassende gemeinsame Bildungsanstrengungen, die Einheit der industriellen Lebenswelt zu definieren und jeden einzelnen aus seiner Objektstellung herauszuführen und zum beteiligten Glied am Ganzen werden zu lassen.

---

71 Vgl. zum historischen Bezug E. Kehr, Zur Genesis der preußischen Bürokratie und des Rechtsstaates. Ein Beitrag zum Diktaturproblem; R. Koselleck, Staat und Gesellschaft in Preußen 1815–1848 und W. Conze, Vom »Pöbel« zum »Proletariat«. Sozialgeschichtliche Voraussetzungen für den Sozialismus in Deutschland, sämtlich in: Moderne deutsche Sozialgeschichte, hg. v. H.U. Wehler (NWB 10), Köln/Berlin 1960, 37 ff; 55 ff; 111 ff.

72 O. Brunner, Souveränitätsproblem und Verfassungsstruktur in den deutschen Reichsstädten der frühen Neuzeit, in: O. Brunner, Neue Wege der Verfassungs- und Sozialgeschichte, Göttingen 1972, 294 ff. Hierzu M. Ragon, Die großen Irrtümer. Vom Elende der Städte, München 1972.

3. Bundespräsident Heinemann diagnostizierte im Februar 1973 eine Veränderung der politischen Landschaft: »... ein seit langem angestautes Verlangen nach persönlicher Mitbestimmung und Mitgestaltung« durchfege alle Einrichtungen und Organisationen und lasse nichts ungeschoren. »Ein Durchbruch von Mündigkeit aus begrenzten Lebensbereichen in das gesamte politisch-soziale Leben ...« zeige sich an. Die Hoffnung auf die Initiativen der Bürger bleibt jedoch trügerisch, solange die Infrastrukturplanung Privileg von Verwaltung bleibt und infolgedessen der Aktivbürger leicht auf wenige vorhandene Spielwiesen verdrängt oder auf die Mechanismen der Parteidemokratie verwiesen werden kann. Solange die Initiative nicht in abgesicherte Formen der Partizipation im Wohnen, in der Stadtentwicklung, am Arbeitsplatz, in Schule und Hochschule, in Modellen der Gemeinwesenarbeit einmündet, solange bleiben Bürgerinitiativen Demonstrationen der Ohnmacht.

4. Die Reformation hat im Prozeß der Urbanisierung eine besondere Rolle gespielt. Der Kampf um ihre Einführung hat vorübergehend zu einer Stärkung der Rechte der Gemeinde geführt, namentlich wenn sie, wie in Hamburg, in Kirchspielen organisiert war und es zur Schaffung dauernder »bürgerlicher Kollegien« kam. Es bahnte sich ein produktives Arbeitsverhältnis zur geschichtlichen Wirklichkeit an. Faktisch jedoch verlor die evangelische Christenheit den Boden unter den Füßen. Der obrigkeitliche Charakter der Räte wurde rasch verstärkt, und mit der Zerstörung der Städte- und Gemeindeautonomie verflüchtigte sich auch der produktive Zusammenhang von Christengemeinde und Bürgergemeinde im politischen Gemeinwesen. Die Kirche selbst wurde Bestandteil des bürokratischen Systems, verwaltetes Christentum.

»Man sollte ... damit rechnen, daß die Kirche als institutioneller Ausdruck und Träger des Christentums in besonderer Weise zur Ausformung und Bewältigung der modernen Stadtgesellschaft beitragen könnte, ja müßte«, sagte *Werner Simpfendörfer.* »Schon ein erster Blick auf die gegenwärtige Lage läßt erkennen, daß die Kirche in den Städten in extremer Weise vom Geschehen der Gesellschaft isoliert ist.«[73] Im westeuropäischen Kontext habe sie noch so gut wie nirgends Lebens- und Arbeitsformen entwickelt, die sie für die städtische Situation zu einem relevanten Gesprächs- und Arbeitspartner machen würde. Sie hat die Schlacht um das urbanisierte System nicht gewagt und dieses Arbeitsfeld preisgegeben.

5. Es ist eine Aufgabe theologischer Arbeit, an Hand tiefengeschichtlicher Rekonstruktion die Stationen ihrer eigenen Entfremdung vom wirklichen

---

73 W. Simpfendörfer, Kirche für Mobilopolis, in: R. Schmid (Hg.), Das Ende der Städte? Über die Zukunft der menschlichen Umwelt. Strukturen, Systeme, Pro(ro)-gramme, Stuttgart/Bern 1968, 67 ff: 69.

Geschehen aufzusuchen. Als theologische Theorie kann sie sich in dem Sinne begreifen, daß sie einen gesamtgesellschaftlichen Bildungsprozeß reflektiert und eine jeweils gegenwärtige Situation kollektiven Handelns an vergangenen Interaktionszusammenhängen rekonstruiert. Im Zuge der radikalen Partikularisierung ihrer Fragestellung, der ebenso radikale Globalinterpretationen komplementär entsprechen, ließ sich die Theologie von der Übermacht der Verhältnisse dorthin drängen, wo ihr keine Verbindlichkeit mehr zukommt. In dieser Weise teilt sie das Schicksal des bürgerlichen Geistes und wird wie dieser nicht zur Ruhe kommen, bis sie ihr produktives Arbeitsverhältnis zur wirklichen Geschichte wiedergefunden hat.[74]

---

74 Exakt am Ende dieser gnadenlosen Arbeitsteilung in materialistische Welt- und Naturbeherrschung und entweltlichte Theologie diagnostiziert *Nietzsche* den Tod Gottes als das Ende einer verbindlichen Antwort auf die Frage: »Wie soll die Welt als ganze verwaltet werden?« Zur Illustration sei eine Bemerkung *Carl Amerys* zitiert aus: Ders., Das Ende der Vorsehung – Die gnadenlosen Folgen des Christentums, Reinbeck 1972, 95: »In der Satzung der britischen Royal Society findet sich eine verräterische Bemerkung, die sinngemäß etwa folgendes besagt: Die Mitglieder, aufrechte Christen allesamt, beugen sich dem Anspruch der Kirchen, über letzte Dinge des Menschen zu entscheiden; sie konzentrieren deshalb ihre Arbeit auf die Gesetze der Natur und ihre Anwendung, um auf solche Weise Gott zu ehren und das Los ihrer Mitmenschen zu verbessern.«

II. Theologie der Diakonie – Diakonie an der Theologie

Theologie der Diakonie – Diakonie an der Theologie

Forschungsaufgaben in der Diakoniewissenschaft[1]

I.

In den vergangenen Jahren wurde wiederholt die Frage aufgeworfen, wie es dazu kommen konnte, daß die Diakonik bzw. die Diakoniewissenschaft an den theologischen Fakultäten und damit im Studien- und Forschungsprozeß der Theologie eine so geringe Rolle spielt.[2] Im Hinblick auf die Nachkriegsphase wird die ungelöste und teilweise nicht begriffene Spannung zwischen theologischer Theorie und kirchlicher Praxis als wesentliche Ursache herangezogen. Der wissenschaftlichen Theologie fehlte in einer Zeit höchster Erwartungen an die Mitarbeit der Kirchen am geistigen und gesellschaftlichen Neuaufbau eine tragfähige Theorie sowohl des eigenen Verhältnisses zur kirchlichen Praxis wie auch des Verhältnisses der Kirche zur gesellschaftlichen Praxis. Daß sich das gepredigte Wort aus eigener Kraft in jede Form der Praxis hineinvermitteln werde, gehörte zu den methodischen Grundaxiomen der Theologie. Die Aufnahme der Texte vollzog sich mit Hilfe historisch-kritischer Methode, in der Interpretation der Texte kam die Hermeneutik zum Tragen, der Abstand zwischen Text und Prediger wurde zusätzlich durch auslegungsgeschichtliche Bemühungen überbrückt. In der Meditation vollzog sich die aneignende Umsetzung in die Gegenwart des Predigers und der Hörer. Im Prediger, in der Verkündigung, in der Form der Predigt, des Unterrichts, der kirchlichen Worte und Erklärungen war die enge Verbindung von theologischer Forschung, Theoriebildung und kirchlicher Praxis durchaus angestrebt und in dieser Einseitigkeit auch erreicht. Vom Zeugnis, also der »Martyria«, her erhielt auch die

---

1 Hier handelt es sich um erweiterte Thesen, die der Verfasser anläßlich der Feier zum dreißigjährigen Bestehen des Diakoniewissenschaftlichen Instituts der Universität Heidelberg, 1984 vorgetragen hat.

2 Vgl. A. Funke, Diakonie und Universitätstheologie – eine versäumte Begegnung; J. Albert, Diakonik – Geschichte der Nichteinführung einer praktisch-theologischen Disziplin; P. Philippi, Diakonik – Diagnose des Fehlens einer Disziplin; und H. Wagner, Ein Versuch der Integration der Diakonie in die Praktische Theologie, in: PTh 72, 1983. Vgl. auch H. Schröer, Diakonie. Provokation für und zur Theologie, in: Diakonie 11, 1985, 181 ff.

Situation des persönlichen Gesprächs, der Beratung und der Seelsorge ihre inhaltliche Begründung und ihre Motive.

Es gab parallel dazu durchaus Ansätze einer auf den Zusammenhang von christlichem Glauben und gesellschaftlichem Handeln eingehenden Theologie. Diese Versuche blieben aber in der Gewichtung theologischer Arbeit eher am Rande, so daß sich zunächst das Bewußtsein vertiefte, daß ein tiefer Dissensus zwischen der Orientierung der wissenschaftlich-theologischen Arbeit und den faktischen Aufgaben der Kirche und des Pfarrers bestehe. Wichtige Bereiche kirchlichen Handelns tendierten dazu, aus dem Kontaktfeld mit der wissenschaftlichen Theologie zu emigrieren und die theologische Reflexion aus dem Vollzug ihrer Berufsaufgaben auszuschließen, obgleich sie sich als kirchliche Aufgaben von aktueller Dringlichkeit verstanden.

Zahlreiche kirchliche Einrichtungen für Erziehungsfragen, Ehe- und Familienberatung, psychotherapeutische und medizinische Einrichtungen, Einrichtungen der Industrie- und Sozialarbeit, der Sozialhilfe und Wohlfahrtspflege arbeiteten mit einer Kombination von Wissenschaften zusammen, im allgemeinen aber unter dem Aspekt praktischer Anwendung, d. h. ohne grundsätzliche methodische Klärung.

Es ist kein Zufall, daß ein Teil dieser Aktivitäten im Rahmen der Inneren Mission und des Hilfswerks der EKiD neu ins Leben gerufen und dann im Diakonischen Werk organisatorisch zusammengeführt wurde. Die Diakonie ist für die Gesellschaft der Bundesrepublik und auch für die theologische Arbeit ein weithin unbekannter Riese, rein wirtschaftlich gesehen ein in 19 500 rechtlich selbständige Klein- und Großbetriebe gegliederter sozialer »Dienstleistungs-Konzern« mit rund 220 000 haupt- und nebenamtlichen Mitarbeitern und einem geschätzten »Umsatz« von rund vier Milliarden DM pro Jahr. Die Zahl der Einrichtungen ist seit 1951 um rund 95 % gestiegen und die Zahl der Mitarbeiter hat sich mehr als verdoppelt.[3] Es ist daher gar nicht verwunderlich, daß die Ausbildungsstätten für diese erheblichen Tätigkeitsfelder teils vom Diakonischen Werk selbst ins Leben gerufen oder – soweit sie in Form von kirchlichen Fachhochschulen gegründet wurden – doch eher in ein Kontaktverhältnis zum Diakonischen Werk als zu den theologischen Fakultäten traten.

In einer gründlichen Analyse dieser asymmetrischen Entwicklung nach 1945 müßte das Bild differenzierter gezeichnet werden. Es haben selbstverständlich alle theologischen Disziplinen auf ihre Weise Bezüge zur Diakonik hergestellt, vor allem die historische Forschung hat viel neues Licht auf die nachreformatorische Entwicklung geworfen und auch das Lebenswerk *Joh. Hinrich Wicherns* sowie dessen historisches Umfeld wurde durchaus zum Gegenstand theologi-

---

3 Die Angaben beziehen sich teilweise auf: H.-J. Hofmann, Offensive Diakonie. Bestandsaufnahmen, Standortbestimmungen, Reklamationen, Aufgabenstellungen, Zukunftserwartungen, Vergangenheitsbewältigung, Leitlinien, München 1977, 11 ff.

scher Forschung. Auch die Sozialethik, die sich freilich eher am Rande der systematischen Theologie und ohne ausgreifende Entfaltungschancen angesiedelt hat, versuchte immer wieder Linien zur Diakonik auszuziehen.[4] Aufs ganze gesehen aber wird man *Paul Philippi* zustimmen müssen, wenn er die »Diagnose des Fehlens einer Disziplin« stellt. Die Frage, weshalb dieses Defizit existiert, trotz einer in Heidelberg bestehenden institutionellen Einbindung in die theologische Fakultät und trotz des vielbeachteten Entwurfs einer »Christozentrischen Diakonie«[5], kann vorläufig in zweifacher Weise beantwortet werden. Erstens: Wenn es wahr ist, wie Philippi konstatiert, daß die Christenheit wegen ihres schon immer bestehenden und von der Reformation erneuerten »Monophysitismus« (in dem die Gottheit Christi mehr als die Menschwerdung betont wurde) nur sehr sporadisch eine »Ekklesiologie sozialer Strukturveränderung« entwickelte, dann kann hier ein Einzelbeitrag die Umkehr kaum bewirken. Zweitens aber muß ein Ansatz, der Diakonie als Gemeindeaufgabe und Diakonik als besonders qualifizierte Lehre von der Gemeinschaftsbildung und Gemeindeleitung versteht, auf taube Ohren stoßen, wenn in einer von der Zeugnisaufgabe des Pfarrers und Predigers bestimmten Gemeindewirklichkeit die Diakonie organisatorisch längst an zuständige Einrichtungen ausgegrenzt wurde. Mit Philippis eigenen Worten müßte gefragt werden, welche Konsequenzen es unter den Bedingungen von Gemeinde und diakonischer Arbeit der Kirche heute hat, wenn »gemeindlich institutionalisierte Hilfe, also Diakonie«, eher im »Bereich der Bruderschaft« anzusiedeln sei, wie sie vom Sakrament des Herrenmahls her konstituiert wird, und »weniger in der Abfolge von Predigt – Glaube – Liebe – Handeln«.[6]

II.

Es ist das Verdienst *Philippis,* die zentrale Bedeutung der Diakonik für die wissenschaftliche Theologie in ihren Disziplinen hervorgehoben und diese auf

---

4 Eindrucksvolle Beispiele finden sich z. B. in dem Gedenkband zum 100. Todesjahr Joh. H. Wicherns: Th. Schober (Hg.), Gesellschaft als Wirkungsfeld der Diakonie (= Handbücher für Zeugnis und Dienst der Kirche IV), Stuttgart 1981. Die Linie von der Sozialethik zur Diakonik hat vor allem H.-D. Wendland in zahlreichen Beiträgen ausgezogen; vgl. z. B. Christos Diakonos, Christos Doulos, in: ders., Die Kirche in der revolutionären Gesellschaft, Gütersloh 1967, 181 ff.

5 Ohne Zweifel ist Paul Philippis systematischer Entwurf »Christozentrische Diakonie«, Stuttgart 1963, einer der wichtigsten theologischen Beiträge zur Begründung der Diakonie.

6 So P. Philippi im Anschluß an W. Elert, Die helfende Gemeinde bei Luther, in: Diakonik – Diagnose, a. a. O., 185 f.

ihre Verantwortung hingewiesen zu haben. Wie aber soll die Theologie die Defizite bearbeiten, die sie offensichtlich von langer Hand, gleichsam strukturell verursacht hat? Hier kann nicht nur ein Vorstoß in die eine oder andere Richtung weiterhelfen, hier müßte ein neuer Definitionsrahmen für theologische Forschung überhaupt entwickelt werden. Dies kann aber nur vom Zentrum der christlichen Botschaft her gelingen.

Indem in der biblischen Verkündigung die Selbstkundgabe Gottes in Christus als eschatologische Wende im Zeichen der »Versöhnung« beschrieben wird, wird von daher der Bezugs- und Definitionsrahmen der Theologie als Wissenschaft ebenso bestimmt wie das Leben der Christenheit bzw. der Kirche. Gottes universaler Dienst an der Welt wird als dasjenige Geschehen beschrieben, in welchem Menschen von den Lasten der Vergangenheit, von Sünde und Schuld befreit und zu neuer Gemeinschaft mit Gott und der Mitkreatur bevollmächtigt werden. Die Erfüllung eschatologischer Hoffnung besteht in der von Jesus proklamierten Herrschaft Gottes, in der von Paulus gepredigten Versöhnung des Kosmos, durch welche neue Kreatur, neue Schöpfung, entsteht, und bei Johannes in der Rettung der von Gott geliebten Welt durch die Sendung des Sohnes. Die Verantwortung des Glaubenden, der Christenheit, hat in dieser Selbstkundgabe Gottes in Christus ihren Ursprung. Es ist der Auftrag des Glaubenden, der Gemeinde, dieses Geschehen in die Welt hineinzutragen, indem sie das Evangelium, die Sache Jesu Christi, vor der Welt verantworten. Hieraus entspringt das Eintreten für Leben, Freiheit, Gerechtigkeit, Friede und Freude, also alle jene positiven Qualifikationen, die das Heil des Reiches Gottes charakterisieren (Röm 14, 17). Für das Evangelium einstehen heißt, diese Gaben des Heils in die Welt hinein zu repräsentieren, heißt Jesus Christus vor der Welt zu verantworten, heißt, den Zugang zu verantwortlichem Leben zu eröffnen. Die »Diakonia tes Katallages«, die »Diakonie der Versöhnung«, die damit der Christenheit anvertraut ist, wird, dies ist die These, zum Zentrum des theologischen Nachdenkens sowohl über den Auftrag und die Gestalt des christlichen Zeugnisses (Martyria) wie auch über die Gestalt und die Lebensäußerungen der Gemeinde (Koinonia) als auch über die Qualität und die Formen des Dienstes (Diakonia). Zeugnis, Gemeinschaft und Dienst sind jeweils selbständige und wechselseitig aufeinander bezogene Äußerungen der »Diakonie der Versöhnung«. Diese läßt sich weder auf ein kirchliches »Amt« beschneiden, »das die Versöhnung predigt«, wie dies noch die letzte Revision der Lutherbibel und manche Exegeten nahelegen, noch erschöpft sie sich in direkten und spontanen Aktionen gegenüber Notleidenden. Vielmehr – und daran wird die Forschungsaufgabe deutlich – sind hier Zusammenhänge zu entdecken zwischen den Verheißungs- und »Weltordnungs«-Linien, die im Alten Testament mit der Perspektive auf Gottes Schalom aufgezeigt werden; es sind die Zusammenhänge von Gottesdienst und Dienst am Mitmenschen (Mt 5, 23) zu entdecken, die Methodik und Qualität »sozialer

Strukturveränderung«, der Versöhnung durch Strukturen.[7] In der Verantwortung des Christen liegt es, für das Leben des Mitmenschen Sorge zu tragen. Unter den Lebensbedingungen des neutestamentlichen Zeitalters bedeutete dieses Sorgetragen zumeist: aktuelle und spontane Hilfe in Notsituationen, wie beim Samariter oder wie beim Almosengeben gegenüber den Armen. Es bedeutete aber auch für die Gemeinden in Griechenland: Kollekte für die Armen der Gemeinde in Jerusalem. Es bedeutete schließlich für die Gemeinde in Rom – so wie Paulus Röm 13, 1–7 es auslegt – Einordnung in die bestehenden politischen Ordnungen um des Gewissens willen, weil die politischen Gewalten dazu bestimmt sind, daß sie dem Menschen zugute tätig werden.

Unter den modernen Lebensbedingungen ist die Verantwortung für den Mitmenschen nicht auf die direkten und spontanen Aktionen gegenüber Notleidenden zu beschränken; denn heute ist das Leben des Menschen viel stärker durch die politischen und gesellschaftlichen Strukturen bestimmt. Dienst am Mitmenschen wird sich also in hohem Maße auch an der humanen Gestaltung der Strukturen realisieren und in der Beseitigung oder Überwindung destruktiver Strukturen. Man muß heutzutage begreifen, daß Liebe auch in und durch Strukturen wirksam wird. Diese neue Qualität unserer Lebensbedingungen ist es also, die uns nötigt, die neutestamentlichen Aussagen auf ihre Grundintentionen hin zu durchforschen und diese Grundintentionen in die modernen Lebensbedingungen zu übertragen.

Die Verantwortung für den Mitmenschen und also auch für die Strukturen, in denen er lebt, ist unabdingbarer Ausdruck der christlichen Liebe und insofern unlösbar mit dem christlichen Glauben verbunden.

Aus diesem Ansatz ergeben sich zahlreiche Forschungsaufgaben, zunächst für die biblische Theologie, sodann für die kritische Aufarbeitung geschichtlicher Zusammenhänge. Bis heute zehrt die Wissenschaft von *Gerhard Uhlhorns* eindrucksvoller Gesamtdarstellung »Die christliche Liebestätigkeit« (1882– 1890). Uhlhorn hat zur Hypothesenbildung Wesentliches beigetragen, indem er die Signatur bestimmter Epochen, der Karolingerzeit, des Hochmittelalters, der Reformation auf dem Stand der historischen Forschung seiner Zeit thetisch herausarbeitete. Damit ist ein wissenschaftliches Programm entworfen worden, das auf seine Wiederaufnahme und breite – d. h. ökumenische – Durchführung

---

7 Vgl. hierzu Ch. Maurer, Diakonie lebt von der Versöhnung. Versöhnung ruft nach der Diakonie. Eine Besinnung zu Matthäus 25 und 2 Kor 5, in: Memorandum zum Selbstverständnis der Diakonie, hg. vom Theologischen Arbeitskreis für diakonische Fragen, Zürich 1983. Vgl. auch: H. R. Reuter, Versöhnung im Neuen Testament; und R. Albertz, Schalom und Versöhnung. Alttestamentliche Kriegs- und Friedenstraditionen, in: Th. Strohm/B. Moltmann/Ch. Meier (Hg.), Dienst der Versöhnung als Auftrag der christlichen Gemeinde, Themen der Praktischen Theologie, ThPr 18, 1983, 29 ff. u. 16 ff.

noch immer wartet. Nur an einem Beispiel soll verdeutlicht werden, wie dies zu verstehen ist: Nachdem die Geschichte der sozialen Frage im 19. und 20. Jahrhundert in einigen neueren Monographien (z. B. von *W. O. Shanahan*) dargestellt wurde, ist es an der Zeit, Einzelsituationen genauer zu durchleuchten. So hat z. B. *Robert Barth* unter dem Thema »Protestantismus, soziale Frage und Sozialismus im Kanton Zürich 1830–1914« tiefengeschichtliche Zusammenhänge sichtbar gemacht, die in Gesamtdarstellungen bisher nivelliert wurden.[8]

III.

Was nun die Gegenwart anlangt, so zeigt sich, daß viele Voraussetzungen für eine wissenschaftliche Erfassung der Situation noch fehlen. Dies gilt sowohl hinsichtlich der theologischen Begründung als auch hinsichtlich der empirischen Bestandsaufnahme von Diakonie im ökumenischen Kontext. Die Kommission »Faith and Order« des Weltrates der Kirchen hat in den sechziger Jahren eine internationale Übersicht über das Diakonenamt in verschiedenen Kirchen erstellt. Sie hat daran anknüpfend in den Konvergenzerklärungen der Kommission über »Taufe, Eucharistie und Amt« (1982) klare Aussagen über das »ordinierte Amt« und seine Funktionen sowie Leitlinien zur Ausübung des Amtes in der Kirche formuliert. Damit ist der Diakonat im Rahmen einer dreigliedrigen ordinierten Amtsstruktur ins Zentrum der kirchlichen Willensbildung gerückt und die Zuordnung kirchlicher Dienste in ihrer ganzen Vielfalt zu diesem Amt implizit vorgeschlagen worden.

Ungeachtet aller Probleme, die durch die Konvergenzerklärungen im Blick auf die kirchlichen Ämter aufgeworfen werden, wird hier die Aufgabe einer systematischen und empirischen Abklärung kirchlicher Dienste im Bereich des diakonischen Handelns der Kirche unmittelbar sichtbar. Die Krise des Amtes der Diakonissen unterstreicht von einer historisch gewachsenen Arbeitsform der Kirche her die Dringlichkeit dieses Anliegens.[9]

---

8 R. Barths Untersuchung erschien in der Reihe: Veröffentlichungen des Instituts für Sozialethik an der Universität Zürich, hg. v. Th. Strohm, Zürich 1981 (= Bd. 8 der Reihe). W. O. Shanahans bedeutsame Übersicht trägt den Titel: Der deutsche Protestantismus vor der sozialen Frage 1815–1871, München 1962.

9 L. Vischer hat bereits 1963 in seinem Beitrag für das Faith-and-Order-Projekt des Weltrates der Kirchen über den Diakonat »Das Problem des Diakonats« die Grundlinien vorgezeichnet, die im sog. Lima-Text über das »dreigliedrige Amt« ausgezogen wurden. Mit Recht hat H. Mayr die Frage aufgeworfen: »Das Diakonenamt – Schlüssel zur Lösung der Ämterfrage? Anstöße aus dem Lima-Text für den Diakonat«, in: Diakonie 11, 1985, 54 ff. (vgl. auch: Diakonie 9, 1983, 270 ff.; und: 10, 1984, 102 ff.) und hat das Fazit gezogen: »Das Amt des Diakons (und der Diakonin) ist ein

Mehr noch als die Ämterfrage ist die Diskussion um die »Theologie der Diakonie« ins Zentrum kirchlicher Willensbildung gerückt.[10]

Mit dem Stichwort »Theologie der Diakonie« soll die höchst aktuelle, theologisch brisante Frage aufgeworfen werden, wie denn die christliche Gemeinde in einem jeweils vorgegebenen gesellschaftlichen Kontext »westlicher« oder »östlicher« Prägung ihrem Auftrag entsprechen könne, nämlich an Christi Statt und also im Dienst seines eigenen Wortes und Werkes die Botschaft von der freien Gnade Gottes, den Dienst der Versöhnung auszurichten an alles Volk. Es entsteht die Frage nach einem längerfristig zu verantwortenden Verhältnis zu Gesellschaft und Politik in einem je gegebenen Kontext. Es waren die Kirchen im Kontext marxistisch-leninistischer Gesellschaftspolitik, die das Stichwort vom »Dienst der Kirche« im Sinne »kritischer und konstruktiver Solidarität« geprägt haben. Sie ließen sich von der Erkenntnis leiten, daß der atheistische Staat in seinem Bemühen um das Absterben von Religion, Kirche und Christentum eine christliche Antwort verdient. Nicht der Versuch seiner Schädigung oder Abschaffung könne das Ziel des christlichen Dienstes sein, sondern in offener Benennung bleibender Gegensätze gelte es, Vertrauen herzustellen, das ein Leben in der Proexistenz ermögliche. Jeremia

---

Schlüssel zur Lösung der Ämterfrage – in jeder Kirche und in der ökumenischen Bewegung«(57). Zum Amt der Diakonisse vgl. G. Scharffenorth (mit F. Rupprecht, D. Jehle, E. Reichle u. a.), Schwestern. Leben und Arbeit Evangelischer Schwesternschaften. Absage an Vorurteile (Kennzeichen 10, Studien und Forschungsberichte aus dem Projekt »Frauen als Innovationsgruppen« des Dt. Nationalkomitees des Luth. Weltbundes), Offenbach 1984.

10 Hier geht es nicht darum, zu den Kontroversen um die »Theologie der Diakonie« Stellung zu nehmen, sondern um die Beschreibung der Aufgabe, Selbstverständnis und Handlungsräume der Kirche in unterschiedlichen Kontexten ins Gespräch zu bringen und Erfahrungen auszutauschen. Dem könnte ein europäischer Forschungsaustausch dienen. Die Debatte nahm ihren Anfang mit J. Hamels, Der Christ in der DDR, Berlin 1957 und mit den »Zehn Artikeln über Freiheit und Dienst der Kirche«, die 1963 von der Konferenz der Evang. Kirchenleitungen in der DDR herausgegeben wurden und zu denen u. a. K. Barth, E. Wilkens, W. Krusche, H. Falcke theologisch Stellung nahmen.
Wie unterschiedlich die Lage in den kommunistischen Ländern ist, zeigt W. Luchterhand in der Herder-Korr., April 1984: »Organe des Staates zur Kontrolle der Kirchen – Die Religionsaufsichtsbehörden in kommunistischen Staaten«. Wichtige Fragen an die ungarische »Theologie der Diakonie« hat I. V. Eibner, Zóltan Káldy, A New Way for the Church in Socialism?, in: Religion in Communist Lands, Vol. 13 Nr. 1, Kent GB, Spring 1985 gestellt. Zu Káldys eigener Position ist etwa epd-Dokumentation Nr. 48a/83 (= Interview von H. Hafenbrack mit Dr. Zóltan Káldy) zu vergleichen: »Bischof Zóltan Káldy, Budapest: Ungarn – Kirche im Sozialismus und die Diakonische Theologie«.

habe, entgegen einer auf totale Konfrontation gerichteten strenggläubigen Logik, den Deportierten in Babylon geboten, sich einzurichten und sich durch falsche Propheten und Träume nicht irreführen zu lassen. Es werde seine Zeit dauern, bis Gott seine Verheißung an den Deportierten wahrmachen werde. Darauf sollten sie warten, inzwischen aber »der Stadt Bestes suchen« und für sie beten. »Denn wenn es ihr wohl geht, so geht es euch auch wohl.« Es waren Kirchenleute wie *Johannes Hamel*, die sich diese Erkenntnis zu eigen machten und sagten: »Die Eiferer bauen das Reich Gottes und zerstören dabei die menschliche Möglichkeit des Handelns, das Evangelium aber läßt uns allein mit der Herrschaft Gottes rechnen und schenkt uns durch seine Wunderkraft das menschliche Tun.«

In der »Theologie der Diakonie« geht es nicht zuletzt – aber auch nicht nur – um die Frage, wie eine Orientierung der Kirche in dem atheistisch-sozialistischen Weltanschauungsstaat osteuropäischer Prägung konkret zu gewinnen sei. Theologische Erkenntnis kommt hier nicht in erster Linie durch Aufweis des sich gleichbleibenden Wesens der Kirche zustande, sondern eher dadurch, daß der Auftrag des Evangeliums und damit der Kirche konkret ausgelegt wird. Konkret heißt hier in Relation zur politisch-gesellschaftlichen Situation. In einer so angelegten Theologie »kritischer Solidarität« ist bereits der Ansatz des Denkens und d. h. die Art, wie der Horizont bestimmt wird, in welchem die konkreten geschichtlichen Erfahrungen christlich verstanden werden, unterschieden von einer Denkweise, die auf zeitlose Wesens- und Prinzipienaussagen ausgerichtet ist. Gefahren lauern hier wie dort. Die kontextuale Theologie ist auch in Schwarzafrika, in Lateinamerika von Gefährdungen bedroht, aber sie führt dazu, daß die Kompetenz des Evangeliums von den gesellschaftlichen Handlungsaufgaben nicht getrennt, sondern mitten in diese hineingeführt wird. Der aktuelle Streit um die »Theologie der Diakonie« kann Anlaß geben, gründlich über Auftrag und Grenzen des gesellschaftlichen bzw. politischen Dienstes der Kirche nachzudenken und vordergründige Alternativen – hier herrschende Kirche, klerikale Bevormundung, dort dienende Kirche, solidarische Partnerschaft – zu überwinden. »Theologie der Diakonie« darf nicht zum Schlagwort verkommen, vielmehr könnte es zum Stichwort eines ökumenischen Gesprächs darüber werden, wie der personale, soziale und politische Dienst der Kirche unter den Bedingungen des raschen sozialen Wandels und unterschiedlicher politischer Systeme in Zukunft zu leisten sei, welchem Ziele er entspricht, welche unüberschreitbaren Grenzen zu beachten sind. Hier bieten sich Formen des regionalen und weltweiten Forschungsaustausches an, der in Ansätzen hier und da bereits gepflegt wird.

IV.

Eine so weit ausholende »Theologie der Diakonie« kann dann an der Frage auf die Dauer nicht vorbeigehen, wie denn der diakonische Auftrag und das diakonische Handeln der Kirche im sozialen Rechtsstaat unseres Landes in Zukunft fruchtbar ausgestaltet werden soll. Das heute praktizierte Koordinationsmodell öffentlicher und freier Trägerschaft in der sozialen Hilfe hat sich nach allgemeiner Auffassung bewährt und ein hohes Maß an Effizienz erbracht.

Durch die Weiterentwicklung und Systematisierung der staatlichen Sozialpolitik in den fünf Risikobereichen: Gesundheit, Ausbildung, Einkommen, Arbeit und Alter wurden in jedem dieser Bereiche ein beachtlicher Standard und ein hohes Maß an Professionalität erreicht. Die Diakonie der Kirche hat damit in entscheidender Weise sozialpolitische Verantwortung übernommen. Sie hatte sich mit der Gefahr einer quasi Verstaatlichung durch fortschreitende Systematisierung auf der einen und eines »additiven Pragmatismus« *(Steinmeyer)* auf der anderen Seite auseinanderzusetzen.[11]

Bei der Weiterentwicklung des diakonischen Ansatzes der Kirche auf der Basis einer loyalen und zugleich kritischen Partnerschaft zum sozialen Rechtsstaat könnten in Zukunft fünf Aspekte maßgebend sein:
– erstens geht es um die Besinnung über die Wahrnehmung des Auftrags am »ganzen Menschen«, um ein »geistliches Wachstum nach innen«,
– sodann um eine stärkere Einbindung in die Gemeinde, als »den Quellort der Diakonie« und Raum brüderlichen Lebens und Teilens,
– drittens um eine größere Nähe zu Betroffenen in Einrichtungen und am Ort,
– viertens um eine Verbesserung der Zuordnung von haupt-, neben- und ehrenamtlichen Mitarbeitern und deren Fortbildung,
– schließlich um die Förderung und Finanzierung kontinuierlicher und tragfähiger Modelle christlichen Handelns.[12]

Durch eine sorgfältige diakoniewissenschaftliche Begleitung solcher Intentionen wird die Wechselbeziehung von Wissenschaft, Studium und Praxis sichergestellt.

Die Verantwortung für die Weiterentwicklung des Systems der sozialen Sicherheit sollte aufgrund einer Bilanz der Erfahrungen der öffentlichen Hilfeträger und der freien, organisierten Träger vor allem in der Erprobung neuer Vorschläge bzw. Modelle wahrgenommen werden. Dabei stehen Pläne zur

---

11 Vgl. hierzu die wichtigen Beiträge in: Th. Schober (Hg.), Das Recht im Dienst einer diakonischen Kirche. Handbücher für Zeugnis und Dienst der Kirche III, Stuttgart 1980. Dort F.-J. Steinmeyer, Diakonie im Sozialstaat, 231. Vgl. auch Th. Strohm, Liebe ist mehr. Zur Krise von Diakonie und Sozialstaat, Deutscher Evang. Kirchentag 1983 in Hannover (Dokumente), Stuttgart 1984, 222 ff.
12 Vgl. hierzu R. Leudesdorff, Neue Grenzen der Partnerschaft. Optionen der Diakonie im Verhältnis zum Sozialstaat, in: LM 17, 1978, 84 ff.

Debatte wie der – an eine Dienstverpflichtung erinnernde – Plan eines obligatorischen Sozialdienstes für alle Glieder der Rechtsgemeinschaft im Rahmen der veränderten Arbeitszeit- bzw. Marktsituation; Verstärkung freiwilliger, auf punktuelle Probleme konzentrierte Selbsthilfegruppen; neue Formen der Delegation der Hilfeverantwortung auf die erweiterte Familie bzw. auf »Wahlverwandtschaftsfamilien«; Fortschreibung des Koordinationsmodells von öffentlicher und freier Trägerschaft in eine die Initiative von Selbsthilfegruppen und privaten Trägerschaften anregende neue Zuordnung etwa im Rahmen von »überschaubaren Sozialgemeinden.«[13]

Derartige Modellvorschläge lassen sich sinnvoll nur im Zusammenhang einer Besinnung über Leistungsanforderungen in den erwähnten Risikobereichen diskutieren. So wurden in letzter Zeit für die Risikobereiche »Gesundheit« und »Alter« neue Modelle der Zuordnung der vorinstitutionellen, institutionellen und nachinstitutionellen Phase im Dienstleistungsprozeß entwickelt.[14]

Theologie und Kirche können die Frage nach der Zukunft des Systems der sozialen Sicherheit ebensowenig suspendieren wie die Frage nach der Zukunft der diakonischen Verantwortung der christlichen Gemeinde. Es ist eine Aufgabe theologischer Forschung, hier angemessene Perspektiven aufzuzeigen.

V.

Daß der »Diakonie der Versöhnung« der Auftrag der Kirche, den Frieden zu fördern, unmittelbar entspricht, ist eine allgemein anerkannte Einsicht. Mehr noch, die Friedensbotschaft ist heute – neben der helfenden Solidarität – der einzige Inhalt des Evangeliums, dessen Legitimität auch von dem säkularen Denken nicht in Zweifel gezogen wird. Deswegen wird die Glaubwürdigkeit der christlichen Kirche mehr und mehr daran gemessen, ob sie die geistige und geistliche Kraft besitzt, zur Realisierung von Frieden und zum Abbau existentieller Not in der heutigen Welt sichtbar beizutragen. Beide Bestrebungen entsprechen einander komplementär: Es ist nicht nur die Aufgabe, Kriege durch Maßnahmen der Verteidigung und Konfliktregulierung zu verhindern, vielmehr tritt die produktive Aufgabe hinzu, diejenigen ökonomischen, gesellschaftlichen und politischen Lebensbedingungen zu schaffen, welche die Ursachen und die Antriebe zu solchen Kriegen beseitigen. Hier wurden vielfältige Bemühungen seit 1945 eingeleitet, um umfassende neue Maßnahmen der

---

13 Vgl. hierzu die Beiträge in: Deutscher Caritasverband (Hg.), Der Sozialstaat in der Krise?, Freiburg 1984, v. a. 39 ff. und 130 ff.

14 Vgl. hierzu J. Kessels, Das kirchliche Krankenhaus zwischen Eigenverantwortung und Fremdbestimmung, Freiburg 1983 und P. Gross, Die Verheißungen der Dienstleistungsgesellschaft. Soziale Befreiung oder Sozialherrschaft, Opladen 1983.

Lebensermöglichung im weltweiten Rahmen zu ergreifen. Und doch sind in der nun laufenden »dritten Entwicklungsdekade« die Dinge ins Stocken geraten, ist allenthalben Ernüchterung eingetreten; die Eindämmung der einsetzenden Katastrophen scheint an die Stelle strategischer Perspektiven zu treten. In der Willensbildung der Kirchen in Deutschland, wie auch der Ökumene, wird das ganze Ausmaß der diakonischen Verantwortung gesehen. Es werden auch erhebliche Anstrengungen unternommen, Entwicklungserfahrungen durch zahlreiche Pilotprojekte und aktuelle Programme weltweiter Hilfe zu sammeln. Eine »recht verstandene soziale Diakonie in der Weltgesellschaft (Entwicklungsdienst) läßt sich methodisch wie sachlich von der sozialen Diakonie innerhalb der einzelnen Gesellschaft und der zu ihr anleitenden Sozialpädagogik nicht mehr trennen. Wir brauchen heute für die soziale Diakonie der Christen in der Weltgesellschaft, also für die Entwicklungshilfe durch Menschen, neue Modelle. Das Gleiche gilt aber auch für die soziale Diakonie innerhalb jeder einzelnen Gesellschaft; und die Methoden, beide Aufgaben zu lösen, sind untrennbar miteinander verkoppelt.«[15]

Die Träger des »Dialogprogramms der Kirchen: Entwicklung als internationale soziale Frage« haben sich in kompetenter Weise in die Debatte um die Ziele von staatlicher Entwicklungspolitik und um die Investitionstätigkeiten von Unternehmungen und Banken eingeschaltet. In Checklisten für Investoren wird u. a. gefragt, ob Investitionen wirklich zunächst für die Grundbedürfnisse der Bevölkerung (Nahrung, Wohnung, Kleidung, Gesundheit, Ausbildung) Beiträge leisten; ob sie zur Milderung sozialer Konflikte, zum Abbau von Arbeitslosigkeit beitragen. Aber die Theoriedebatte stagniert ebenso wie die konkrete Entwicklungsarbeit. In einem Positionspapier, das von der Synode der EKD am 4. November 1980 verabschiedet wurde, heißt es:

> »Hunger, Armut und Unterdrückung in der Welt schreien danach, daß auch die gesamte Christenheit mit allen Kräften bei ihrer Überwindung mitwirkt, und zwar nicht nur im Sinn individueller Hilfeleistungen – so nötig diese sind –, sondern ebenso im Sinne der Herstellung gerechter Lebensbedingungen und menschenwürdiger Verhältnisse. Evangelisation und sozialer Dienst, Mission und Diakonie, Verkündigung und Entwicklungshilfe gehören zusammen und sind als Aussage des kommenden Gottesreichs nicht voneinander zu trennen.«

Wer könnte dem nicht zustimmen? Daneben aber hat *Gunnar Myrdal*, einer der geistigen Väter der Entwicklungshilfe aus westlichen Industrienationen, kürzlich vernichtende Kritik am Ergebnis der staatlichen Entwicklungshilfe in der bisherigen Form geübt. Unter Hinweis auf die »skandalösen politischen Zustände in vielen Entwicklungsländern« hat er eine Abkehr von der bisherigen

---

15 So G. Picht, Memorandum über eine kirchliche Hochschule für Entwicklungsdienst und Sozialpädagogik, unveröffentlichtes Typoskript, 1969, 1. Diese Hochschule wurde allerdings nie gegründet, sehr zum Nachteil der Sache.

Praxis der bi- und multilateralen staatlichen Entwicklungshilfe gefordert und stattdessen die Einrichtung einer direkten »internationalen Armenfürsorge« empfohlen. Die pessimistische Bilanz zieht Myrdal aufgrund der Erkenntnis, daß die bislang in die sogenannte Dritte Welt geflossenen Gelder und Hilfen die wenigen Reichen dort noch reicher und die Masse der Armen durchweg ärmer gemacht hätten. Was also ist zu tun in den kommenden Entwicklungsphasen? Haben wir diese Frage für unsere Kirche schon beantwortet?

Solche Fragen bedürfen einer raschen Abklärung, und im Anschluß daran müssen in methodisch angemessener Weise auch rasche und wirksame Konsequenzen gezogen werden. Dabei wird das Erfahrungswissen der vergangenen Jahrzehnte unentbehrlich sein. Es könnte sehr wohl sein, daß die Phase der »Pilotprojekte« zu Ende geht und eine sehr viel einschneidendere Phase der Bewährung unserer weltweiten diakonischen Verantwortung jetzt beginnt.[16]

Es gibt Ansätze in der theologischen Forschung, solchen Herausforderungen zu entsprechen. Als Beispiel sei die theologische Untersuchung internationaler Entwicklungsmodelle durch *Klaus Nürnberger* erwähnt, wobei es kaum ein Zufall ist, daß Nürnberger als Theologe zugleich Agrarexperte ist.[17]

An verschiedenen Stellen wird unter theologischen Gesichtspunkten eine Bilanz kirchlicher Entwicklungsverantwortung erstellt. Dies sind wichtige Bausteine auf dem Weg zu einer theologisch gehaltvollen Grundlegung künftiger Entwicklungsverantwortung.

Ausgangspunkt unserer Überlegungen war die Frage nach dem theologischen Beitrag zur Erfassung und Begleitung der diakonischen Verantwortung der Kirche. Es kann nicht darum gehen, Zuständigkeiten anzumelden, nachdem entscheidende Aufgaben außerhalb des Sichtbereichs der Fakultäten wahrgenommen werden. Wohl aber wird die theologische Forschung ihr Bemühen darauf zu richten haben, ihren Wirklichkeitsbezug unter dem Aspekt der diakonischen Verantwortung neu zu bestimmen und sich das Erfahrungswissen durch interdisziplinäre Zusammenarbeit anzueignen. Sie kann dann Entscheidendes dazu beitragen – in Forschung und Ausbildung –, daß die Kluft zwischen einer Weltgestaltung unter Anleitung rein instrumenteller Rationalität und einer Weltorientierung, in der Glaube, Hoffnung und Liebe nur privati-

---

16 Vgl. hierzu Th. Strohm, Die neue Weltwirtschaftsordnung. Eine sozialethische Bilanz am Beginn der Dritten Entwicklungsdekade, in: Th. Strohm (Hg.), Christliche Wirtschaftsethik vor neuen Aufgaben, Festschrift für A. Rich, Zürich 1980, 351 ff. Zur Bilanz kirchlicher Entwicklungsarbeit vgl. E. Le Coutre (Hg.), Unterwegs zur einen Welt. Aus der Arbeit von »Dienste in Übersee«, Stuttgart 1970.

17 Vgl. K. Nürnberger, Die Relevanz des Wortes im Entwicklungsprozeß. Eine systematisch-theologische Besinnung zum Verhältnis zwischen Theologie und Entwicklungstheorie, Bern 1982.

stisch wirksam werden, überwunden wird. Wenn Vernunft sich von der Liebe trennt, entsteht vernunftlose Rationalität und ideologisches Bewußtsein. Umgekehrt stellt sich Vernunft in den Dienst der Versöhnung, wenn sie es lernt, sich von der Liebe erleuchten zu lassen und im Lichte der Liebe ihre Verantwortung zu erkennen.[18]

---

18 Dies ist auch der Grundgedanke bei G. Picht, Theologie in der Krise der Wissenschaft des 20. Jahrhunderts, in: Ders., Theologie und Kirche im 20. Jahrhundert, Stuttgart 1972, 10 ff.

Ist Diakonie lehrbar?

Plädoyer für ein neues Verständnis der theologischen Ausbildung

Von *Ulrich Bach* können alle, die sich mit ihm unterhalten und ernsthaft auseinandersetzen, vor allem lernen, Fragen zu stellen. Viele seiner Abhandlungen tragen ein Fragezeichen. Es sind keine rhetorischen Fragen, sondern Hinweise auf ungelöste Probleme, auf Widersprüche oder Scheinlösungen, mit denen wir uns allzu rasch begnügen. Vor allem mit seinem Beitrag »Heilende Gemeinde?« (1988) hat er Fragen aufgeworfen, die Kirche und Theologie nachdenklich machen und im Blick auf ihre Prioritäten-Setzungen herausfordern müssen.

I. Kritische Anfragen an die gegenwärtige Situation

Wer seit einigen Jahren in der theologischen Ausbildung dem Schwerpunkt »Diakonik« verpflichtet ist, fragt sich, ob »Diakonie eigentlich lehrbar sei«. Um es gleich vorweg zu sagen, ich habe nicht die Absicht, hier einen theoretischen Entwurf für ein diakoniewissenschaftliches Curriculum zu entfalten. Vielmehr möchte ich Fragen aufwerfen und ganz vorläufige Antworten andeuten, über die in den kommenden Jahren weiter nachgedacht werden sollte.

1. Daß in der theologischen Ausbildung, deren exemplarische Bedeutung für andere kirchliche Ausbildungsgänge nach wie vor sehr hoch zu veranschlagen ist, die Diakoniewissenschaft unterbelichtet ist, wird nun schon seit hundert Jahren beklagt. Es war nicht erst *Theodor Schäfer,* der im Jahre 1885 die Diakonik als »jüngsten Zweig am Baum der theologischen Wissenschaft« identifizierte und bemerkte, daß sich »das Bedürfnis nach einer Vertiefung im Kreis der theologischen Vorlesungen geltend« mache und »eine Fakultät nach der anderen« diesem »Bedürfnis Genüge«[1] tue. Im Jahre 1983 stellte der

---

1 Vgl. H. Wagner, Ein Versuch der Integration der Diakonie in die Praktische Theologie, in: PTh 72, 1983, 186ff., mit Bezug auf Th. Schäfer, Diakonik oder die Theorie und Geschichte der Inneren Mission, in: O. Böckler (Hg.), Handbuch der Theologischen Wissenschaften IV, Nördlingen ²1985, 450ff. Vgl. auch die Beiträge von A. Funke, J. Albert und P. Philippi, in: PTh 72, 1983, 152ff, 164ff, 177ff. Vgl. hierzu

Leipziger Diakoniewissenschaftler *Heinz Wagner* fest, es »habe sich nicht viel geändert in fast 100 Jahren«. Er fragte, woran das liegen mag. Die Antwort Wagners und vieler anderer, die sich solchen Fragen zuwandten, laufen immer wieder auf zwei Hauptargumente hinaus: Erstens wird die alte Antwort der reformatorischen Theologie Luthers hervorgehoben – es sei Aufgabe der Theologie, die fides justificans herzuleiten, zu aktualisieren und zu vertiefen; »in den Artikeln von der Rechtfertigung haben die Werke nichts zu suchen«. Sie seien nicht zu rationalisierende Früchte des Glaubens und je und je in der Situation zu bewährende Taten des Glaubensgehorsams. »Die helfende Liebe habe eine so starke personale Verantwortlichkeit, lebensmäßige Intensität, spontane Entschlossenheit, daß sie außerhalb der Strukturen der Wissenschaft sich bewege«. So faßte Heinz Wagner die Argumentationslinie zusammen.[2]

2. Das zweite Argument hängt mit dem ersten unmittelbar zusammen. Theologie dient dem Wort von der Versöhnung. Die grundlegende Arbeitshypothese der Theologie in all ihren Disziplinen und deshalb auch in der Praktischen Theologie lautete über viele Jahre und Jahrzehnte, daß das gepredigte Wort sich aus eigener Kraft in jede Form der Praxis hineinvermitteln werde. Alle Vermittlung der biblischen Wahrheit konzentrierte sich auf einen Vorgang, der modellhaft am besten mit dem Stichwort: vom Text zur Predigt und von der Predigt zur praktischen Wirkung zu beschreiben ist. Der Grundimpuls mußte also in jedem Fall ausgehen von dem Hören des biblischen Textes, praktisch also der zugrundeliegenden Perikope. Dieses Hören, im tiefsten Grunde als ein Akt existentieller Aneignung begriffen, vollzog sich als Exegese mit Hilfe der historisch-kritischen Methode, als Interpretation nach hermeneutischen Regeln, als Meditation, nämlich als aneignende Umsetzung in die Gegenwart des Predigers und der Hörer, und schließlich als Verkündigung in der Form der Predigt, des Unterrichts, der kirchlichen »Worte« und »Erklärungen« und des Zeugnisses in der Situation des persönlichen Gesprächs, der Beratung und der Seelsorge. Es ist gar nicht zu übersehen, daß die Evangelische Kirche in Deutschland diesem theologischen Paradigma in der Praxis kirchlichen Handelns in zweifacher Weise Rechnung getragen hat: Sie hat dem Gottesdienst mit dem Zentrum der Predigt absolute Priorität vor allen anderen Aktivitäten eingeräumt und eine Predigtkultur begründet, die alle anderen Lebensformen der Kirche in den Schatten gestellt hat. Sie hat – eng damit verbunden – dem Berufsbild des Pfarrers bzw. der Pfarrerin als Prediger und davon abgeleitet als Seelsorger und Lehrer höchste Priorität vor allen anderen Ämtern und Funktionen eingeräumt und damit eine Pfarramtspraxis eingeleitet, in der das Modell

---

auch Th. Strohm, Diakonie in der theologischen Aus- und Weiterbildung – Rückblick und Perspektive, in: Diakonisches Werk der EKD (Hg.), Ein Grenzgänger. Paul Philippi zum 65. Geburtstag, Stuttgart 1988, 15 ff.

2 H. Wagner, a. a. O., 187.

des Pfarrers im Mittelpunkt steht und alle anderen Aktivitäten in der Gemeinde von diesem Modell abgeleitet und diesem zugeordnet werden.

So konnte die Diakonie und soziale Arbeit der Kirche leicht aus dem Sichtbereich der theologischen Arbeit entschwinden. Ungeklärt blieb, wie eigentlich die den Menschen und die Gesellschaft bedrängenden Gegenwartsprobleme im Prozeß der theologischen Arbeit methodisch zur Geltung kamen. Es bedurfte einer Präzisierung der Gegenwartsorientierung, um sinnvolle Fragen an die biblische Überlieferung stellen zu können. Diese Gegenwartsreflexion aber konnte nicht bloß als existentiale Reflexion vollzogen werden, da diese eine Eingrenzung auf introvertierte Personalität bedeutete und gerade nicht die beruflichen, gesellschaftlichen und politischen Bezüge einbezog. Neben der Fragestellung, die üblicherweise nur in einer Richtung verlief: vom Text zur Predigt, von der Predigt zur Praxis, hätte die andere Richtung der Fragestellung: von der Reflexion der Gegenwartsprobleme zur Rückfrage an die Grundintentionen der biblischen Botschaft entwickelt werden müssen. Daß diese methodische Rückfrage nicht entwickelt wurde, vertiefte den Dissensus zwischen Theologie und kirchlich-diakonischem Handeln. Der Pfarrer, der Theologe, war seinem Selbstverständnis nach ausschließlich Verkündiger und Zeuge des frei wirkenden Wortes. Soziale Arbeit, Beratung und Hilfe für notleidende Menschen erhielten den Antrieb aus der Zeugnisaufgabe. So sehr sie darauf gerichtet waren, dem einzelnen und seiner Familie zurechtzuhelfen, sowenig waren sie durch gesellschaftsdiakonische Reflexion geklärt oder gar an einem Programm der Gesellschaftsgestaltung orientiert. Die Folge davon war, daß die diakonische Arbeit weitgehend aus dem Kontaktfeld mit der wissenschaftlichen Welt emigrierte. Sie lebte in Handlungsfeldern, die auf eine Kombination mit den Wissenschaften wie Medizin, Psychologie, Psychotherapie, Sozialpädagogik angewiesen sind. Sie mußte diese Kombination im Blick auf die praktische Anwendung meist ohne grundsätzliche methodische Klärung vollziehen, wie eine multidisziplinäre Kooperation theoretisch bzw. theologisch zu verantworten ist. Es kam also darauf an, daß die Theologie von sich aus Methoden der Kooperation mit Human- und Handlungswissenschaften, aber auch mit der naturwissenschaftlichen Medizin, ihren Technologien, mit der Psychiatrie und den empirischen Sozialwissenschaften entwickelt. Es war ein neues wissenschaftliches Selbstverständnis der Theologie nötig, in welchem die interdisziplinäre Kooperation grundsätzlich angelegt ist. Es konnte mit Recht H.-D. Wendland darauf hinweisen, daß die Fülle der praktischen Erfahrungen eines Jahrhunderts Innerer Mission, christlicher Diakonie theologisch noch nicht gemeistert worden ist.[3]

---

3 Vgl. H.-D. Wendland, Die dienende Kirche und das Diakonenamt, in: H. Krimm (Hg.), Das diakonische Amt der Kirche, Stuttgart 1953, 443 ff: 476. Grundlegende

3. Daß sich die Situation bis heute nicht wesentlich geändert hat, kann an den »Grundsätzen für die Ausbildung und Fortbildung der Pfarrer und der Pfarrerinnen der Gliedkirchen der EKD« gezeigt werden. Diese wurden von der Gemischten Kommission für die Reform des Theologiestudiums im November 1988 verabschiedet.[4] Gleich zu Beginn wird ohne Umschweife festgestellt, Jesus Christus habe »die Kirche ... begründet und mit der Evangeliumsverkündigung durch Predigt und Sakrament beauftragt.« »Amt und Ordination« des Pfarrers werden als die dem »Gründungsakt« gemäßen Fixpunkte kirchlicher Praxis herausgestellt, auf die die theologische Ausbildung vorbereitet. In der Grundaussage wird der »Auftrag«, auf den sich das Amt bezieht und in den die Ausbildung einzuüben hat, dahingehend bestimmt, »die tradierte ... rechtsgültige Lehre und Ordnung seiner Kirche« zu kennen, zu verstehen und zum Einsatz zu bringen. Die »Aneignung der kirchlichen Lehre« (6) knüpft an die »doctrina evangelii« von CA VII an, die bei Melanchthon vom Gedanken der freiwirkenden »praedicatio evangelii« sich entfernt hat und stark in Richtung auf die lehrhafte Tradition der Kirche im Sinne der »articuli fidei« eingegrenzt wurde. Wenn nun auch die Ordnung der Kirche in diese Traditionsbestimmung eingeführt wird, so ergibt sich in den Thesen eine klare Festschreibung des neuzeitlichen – und im wesentlichen hierarchisch-autoritativ strukturierten – landeskirchlichen Amts- und Kirchenmodells, auf das die theologische Ausbildung systematisch ausgerichtet werden soll. Auch wenn im Text insgesamt immer wieder relativierende Formulierungen verwendet werden, so kann doch nicht übersehen werden, daß der theologischen Grundlegung ein Gefälle in der hier angedeuteten Richtung zuzuschreiben ist. In diesen – inzwischen stark kritisierten – Grundsätzen wird weder in angemessener Weise auf die universale Heilsbestimmung der Versöhnung (»katallagé«) und auf die Bewegung hingewiesen, in der die »Diakonia und der Logos der Versöhnung« allem Handeln und allen Ämtern der Gemeinde ihre Begründung und ihre Bestimmung verleihen, noch wird die Frage nach der Wahrheit für Theologie und Kirche in ihrer ganzen Weite und Tragweite angemessen beantwortet.

Es wird verlangt, die »geltende Lehre« hinsichtlich ihrer Stichhaltigkeit einzusehen und hinsichtlich ihrer Vertrauenswürdigkeit persönlich »für sich« aufzunehmen und handhabbar für die persönliche Amtsführung zu machen. Zwar wird das »Wort vom Kreuz« als »Wahrheit des Evangeliums« ausdrück-

---

wissenschaftstheoretische Überlegungen dazu hat H. E. Tödt in seiner Vorlesung (Ms.) »Die Theologie und die Wissenschaften«, 1969 angestellt.

4 Vgl. EKD (Hg.), Gemischte Kommission für die Reform des Theologiestudiums: Grundsätze für die Ausbildung und Fortbildung der Pfarrer und Pfarrerinnen der Gliedkirchen der EKD, als Ms. gedruckt, Hannover 1988, 4 ff.

lich genannt. Aber der Wahrheitsbegriff erscheint für die Theologie eher im Sinne einer »adaequatio rerum et intellectus« Verwendung zu finden.[5] Dabei wird die strenge Bezogenheit des christlichen Wahrheitsverständnisses auf das Christusgeschehen nicht deutlich ins Bewußtsein gehoben. Als Wende im Geschick des Menschen und der Menschheit besagt es, daß Mensch und Welt erst zur Wahrheit kommen, wenn sie sich auf ihre Bestimmung hin orientieren. Ebendiese immer zugleich unverfügbare Bestimmung tritt im Christusgeschehen in Erscheinung, wird dort in ihrem Sinn erkennbar. Dieses Wahrheitsverständnis bewahrt die Theologie vor einer Reduktion der Wahrheit auf Kerygma, Dogma bzw. Lehre, Ethos oder Praxis, sondern transzendiert diese Elemente; sie ist weder vergangen noch abgeschlossen; sie ist nicht partikular, sondern universal – Menschheitsgeschichte und Weltlauf mitumfassend – zu verstehen. Sie übergreift die geschichtlichen Gestalten des Christentums und der Kirche. Sie ist vieldimensional und mit der Gabe des Geistes im Christusereignis zu begreifen. Sie hat die Bestimmung des Menschen und seiner Welt ans Licht gebracht.

Die Bezogenheit der Theologie auf die »christliche Wahrheit« verpflichtet sie geradezu zur Wachsamkeit gegenüber konfessioneller Fixierung auf bestimmte historisch gewachsene Kirchenformen und dogmatische Positionen. Vielmehr gilt es bei aller Treue zur geschichtlich gewordenen Gestalt der Bekenntnisse und Lebensformen der Kirche, diese im Lichte christlicher Wahrheit zu reflektieren und an ihrer Erneuerung teilzuhaben.

Wenn auch die Bedeutung solcher »Grundsätze« nicht überschätzt werden sollte, so sind sie doch symptomatisch für eine Situation, in der Theologie und Kirche sich in einer geradezu positivistischen Weise an eingefahrenen theologischen Traditionen, amtskirchlichen Strukturen und an einer theologischen Theoriebildung orientieren, in der die Weite und Tiefe des biblisch-reformatorischen Ansatzes verlorenzugehen droht.

II. Reform der theologisch-diakoniewissenschaftlichen Ausbildung

Es ist kaum verwunderlich, daß sich Theologie und Kirche noch immer schwertun, den diakonischen Auftrag so in ihren Ansatz einzutragen, daß er in der Theorie und Praxis kirchlicher Ausbildung zur Entfaltung gebracht werden kann. So wird schon im ersten Satz der »Grundsätze« die typische Engführung wiederholt, in der es heißt, Jesus Christus habe »die Kirche ... begründet und mit der Evangeliumsverkündigung durch Predigt und Sakrament beauftragt«.

---

5 Zur Ekklesiologie und zum Wahrheitsverständnis der Reformatoren vgl. v. a. U. Kühn, Kirche (HST 10), Gütersloh 1980, dort v. a. Luther und Melanchthon (21 ff u. 39 ff).

»Das Amt« – nur singularisch wird davon gesprochen – wird in dieser althergebrachten Argumentation zum sichtbaren Garanten der von Christus gegründeten Kirche, es folgt zugleich dem Gründungsakt und begründet in der »öffentlichen Verkündigung« Kirche. Hier wird weder die Tragweite sowohl der reformatorischen Einsicht in die Verantwortung des allgemeinen und königlichen Priestertums der Gläubigen noch die Vielzahl der Charismen, Dienste und Ämter noch eine angemessene Reflexion und Aktualisierung der Vorgabe des Leibes Christi, als christliche Gemeinde existierend, wirklich berücksichtigt.

Zu fragen ist also nach der Reformfähigkeit und Reformwilligkeit in unseren Kirchen und Ausbildungsstätten. Was können wir dazu beitragen, daß wir die Weite und Reichhaltigkeit der Botschaft, die im christlichen Zeugnis und Dienst ihren Niederschlag findet, zurückgewinnen?

1. Zunächst möchte ich an *Johann Hinrich Wicherns* ursprüngliche und grundlegende Intention erinnern – unabhängig von der Überlegung, ob diese später dann doch in den Sog eines ideologisch und institutionell verengten Milieus hineingezogen wurde. In der auch gegenwärtige Leser noch unmittelbar ansprechenden und betreffenden Schrift Wicherns, in seinem »Gutachten über die Diakonie und den Diakonat« (1856), stellte er gleich am Anfang seine theologische Voraussetzung und Perspektive vor. Von dieser wird dann auch die Frage nach dem Diakonat und Auftrag der Diakonie beantwortet:

»Bei der ganzen Arbeit bin ich davon ausgegangen, daß tiefer und umfassender, als es bis jetzt geschehen, zur Anschauung gebracht werden müsse, in welchem organischen Zusammenhang die Antwort auf die Frage der Diakonie mit der ganzen Offenbarung Gottes im alten und neuen Bunde, ja, mit den noch erst *verheißenen*, noch nicht erfüllten Entwickelungen des Heils steht. Der Standort bei Beantwortung dieser Frage muß jegliche Beschränkung des Gesichtskreises von sich ausschließen; er ist für mich ein ökumenischer. Jede Beantwortung geht fehl, die diesen Standpunkt verläßt. Die rechte Antwort muß in die Tiefen der Gottheit zurück, um in die Tiefen der Menschheit, in die Tiefen ihrer Nöte und in die Tiefen der ihr gebotenen Hilfe einzudringen. Der alleinige Wegweiser kann also allein die Offenbarung, die vorbereitende sowohl als die in Christo erfüllte, sein. Daß der Gegenstand, wenn er so gefaßt wird, in einem zufälligen Gutachten nicht im entferntesten erschöpft, daß das Wichtigste und Wesentlichste oft nur angedeutet werden konnte, liegt auf der Hand. Namentlich konnte auch die Folie des heutigen Weltzustandes, auf der sich die Frage nach Diakonie und Diakonat hervorhebt und Beantwortung *fordert*, nur mehr vorausgesetzt als irgendwie ausführlich dargelegt werden. Die *reichs*geschichtliche Perspektive für die Erledigung dieser Fragen, im Unterschied von der untergeordneten *kirchen*geschichtlichen, ließ sich ebenfalls kaum vorübergehend andeuten und ist deswegen kaum berührt.«[6]

---

6 Einleitende Bemerkungen Wicherns zu seinem Gutachten über die Diakonie und den Diakonat (1856), in: J. H. Wichern, Sämtl. Werke III, 1, hg. v. P. Meinhold, Berlin 1968, 128 ff: 128. Vgl. auch Th. Strohm, »Theologie der Diakonie« in der Perspektive

2. Im Blick auf die konkrete Durchführung dieses Ansatzes bei Wichern hat gerade *Ulrich Bach* sich in interessanter und weiterführender Weise zu Wort gemeldet. Unter der Überschrift »Diakonie – ein Wesensmerkmal jedes Christenlebens« hat er in einem Brief vom 16. Mai 1983 an Paul Philippi[7] darauf hingewiesen, daß es gerade Wichern war, der den Zusammenhang vom »Priestertum aller Gläubigen, ohne das unsere Kirche nicht mehr reformatorische Kirche wäre«, und der Berufung jedes Christen zur Diakonie heausgearbeitet hat. Er befragte damit die Position *Philippis,* der streng zwischen der Liebestätigkeit aller Christen und der Diakonie unterscheidet. Diakonie sei ein- und angebunden in bzw. an das kirchliche Amt der Gemeindeleitung. »Liebestätigkeit aller Christen und Diakonie der Gemeinde/Kirche unterscheiden sich wie allgemeines Priestertum und Amt.«[8] Ich verstehe Wichern mit Bach eher so, daß Wichern durch seine Bemühung, eine dreifache Diakonie zu unterscheiden: eine freie, eine kirchliche und eine bürgerliche, und durch den bewußt synonymen Gebrauch von Diakonie und Liebespflege den weiten Rahmen des diakonischen Auftrags und Spektrums abstecken möchte.

Wir haben heute allen Grund, Wicherns Perspektive vom dreifachen Diakonat in Erinnerung zu rufen und sinngemäß in die Lebensformen unserer christlichen Praxis zu integrieren. Deshalb soll das dreifache Diakonat noch einmal kurz vorgestellt werden: Wichern spricht:

– erstens von der freien Liebespflege, zu der jeder getaufte Christ befreit und verpflichtet ist. In diese können und sollen die Glieder der Gemeinde hineinwachsen, durch ein differenziertes Bildungsprogramm in den Gemeinden eingeführt und qualifiziert werden. Durch freie und gezielte Initiativen werden hier Kräfte der christlichen Liebe motiviert qualifiziert und mobilisiert;

– zweitens von dem kirchlichen Diakonat, das in den Rahmen der *oikodome* der Gemeinde, in der Ordnung der Ämter für Frauen und Männer eingefügt ist. Es ist unsere Aufgabe, unsere Ämter in den Gemeinden, die Ämter der Diakone/innen und Diakonissen daraufhin zu überprüfen, wie diese heute und in Zukunft ihren Auftrag erfüllen können

---

der Reformation. Zur Wirkungsgeschichte des Diakonieverständnisses Martin Luthers, in: P. Philippi/Th. Strohm, Theologie der Diakonie. Lernprozesse im Spannungsfeld von lutherischer Überlieferung und gesellschaftlich-politischen Umbrüchen. Ein europäischer Forschungsaustausch, (Veröffentlichungen des Diakoniewissenschaftlichen Instituts Heidelberg 1), Heidelberg 1989, 175 ff, v.a. 194 ff (Abdruck in diesem Band, 3 ff).

7 Vgl. U. Bach, Dem Traum entsagen, mehr als ein Mensch zu sein. Auf dem Wege zu einer diakonischen Kirche, Neukirchen-Vluyn 1986, 64 ff: »Diakonie – ein Wesensmerkmal jedes Christenlebens«.

8 P. Philippi, Der systematische Ort der Diakonie in der Theologie, in: Theologie – Prägung und Deutung der kirchlichen Diakonie. Lehren – Erfahrungen – Handeln, hg. v. Th. Schober/H. Seibert (Handbücher f. Zeugnis u. Dienst d. Kirche 6), Stuttgart o.J. (1982), 36 ff: 43.

– drittens von der bürgerlichen Diakonie im politischen Gemeinwesen. Damit ist der soziale Dienst in den öffentlichen Ordnungsstrukturen angesprochen. Schon Paulus hat hierfür den Begriff »Diakonie« verwendet. Es ist die Pflicht der Christen, dem Staat bei der Erfüllung seiner Dienstaufgabe konstruktiv und kritisch-solidarisch zur Seite zu stehen.

Bach hebt mit Recht hervor, daß Paulus sogar staatliche Organe oder, wie Wichern, an Luther orientiert, häufig sagt, Organe des »Gemeinwesens« – als Gottes »*diakonoi*« anspricht und an ihren Auftrag erinnert. Es ist nicht erstaunlich, daß Wichern bei der näheren Bestimmung der »bürgerlichen Diakonie« den Staat immer auf seinen Dienstauftrag dem Gemeinwesen gegenüber anspricht und den – damals durchaus üblichen – »Machtcharakter« und »Herrschaftsauftrag« so gut wie gar nicht ins Spiel bringt. Wichern sagt auch: »Nicht im Widerspruch, sondern im Einklange mit der freien und bürgerlichen Diakonie erscheint der also gefaßte Diakonat (der Kirche als ein Glied in der kirchlichen Ordnung der Ämter) uns zugleich als der einzig mögliche Vermittler für das Gesamtgebiet der Liebespflege in Staat und Kirche und im freien Gesellschaftsleben.«[9]

3. Wo immer wir über Wichern hinauswachsen oder seine Ansichten kritisch überprüfen müssen, im Blick auf seinen theologischen Ansatz, seine Begründung und Entfaltung des Auftrags der Diakonie, haben wir noch unendlich viel von ihm zu lernen und müssen erst einmal zu ihm zurückkehren. Versuchen wir die etwas verschlungenen Überlegungen zusammenzufassen: Die Frage nach einem angemessenen Paradigma für die Ausbildung, in der Diakonie nicht etwas Ephemeres, am Rande auch noch Dazugehöriges ist, sondern zum zentralen Anliegen wird und hinzugehört, ist uns auch heute noch in aller Dringlichkeit gestellt. Sie muß auch in erster Linie vom Glauben und den Erfahrungen des Glaubens her theologisch beantwortet werden, bevor wir uns in pragmatische Lösungen verlieren.

Die Theologie wird vermutlich stärker als bisher daran zu arbeiten haben, in welcher Weise die Zuordnung von Logos (Martyria) und Diakonia der Versöhnung unseren Auftrag als Christen in dieser Welt bestimmt. Die Formel: Die christliche Gemeinde, ja die Welt braucht die Diakonie der Versöhnung, damit die Verkündigung sich im konkreten Handeln vollzieht; die christliche Gemeinde, ja die Welt braucht die Verkündigung der Versöhnung, damit die diakonische Tat und Arbeit nicht leerläuft und abstirbt – diese Formel bedarf der theologischen Durchdringung. Wie können Menschen in Gottes universa-

---

9 J. H. Wichern, a. a. O., 131. Zum biblischen Verständnis vgl. jetzt das umfangreiche Gemeinschaftswerk mit der neutestamentlichen Wissenschaft: G. K. Schäfer/Th. Strohm, Diakonie – Biblische Grundlagen und Orientierungen. Ein Arbeitsbuch zur Verständigung über den diakonischen Auftrag (Veröffentlichungen des Diakoniewissenschaftlichen Instituts Heidelberg 2), Heidelberg 1990.

len Dienst an der Welt eintreten? Was folgt daraus für den Gottesdienst? Wie kann Gemeinde zum Versöhnungsgeschehen werden? Was folgt daraus für ihre Prioritätensetzung und Organisation? Wie kann sie durch ihr Handeln in Solidarität mit der geängsteten, leidenden Kreatur Zeugnis ablegen und die Richtung einschlagen hin auf Gottes Schalom? Welche Arbeitsformen sind zu entwickeln, die den Namen Schalomarbeit rechtfertigen? Wie sind angesichts der Grenzen der eigenen Möglichkeiten und der Grenzenlosigkeit des Leides, der Armut und der Not die Aufgaben zu bestimmen, Formen der Kooperation aufzubauen? All dies und vieles mehr sind in meinen Augen Aufgabenstellungen »wissenschaftlicher« Theologie, die gleichen Rang beanspruchen wie die Aufarbeitung der Überlieferungszusammenhänge, bei der es allerdings auch nicht um Begriffs- und Geistesgeschichte allein gehen kann, sondern um die Reflexion eben des jeweiligen Zusammenhangs von Martyria und Diakonia in konkreten Lebenssituationen der Christenheit. Auf diesem Wege wird auch der Zusammenhang von Versagen, Schuld, Vergebung und Erneuerung bewußt und für die Gegenwart erfahrbar.

III. Konkrete Folgerungen und Modelle für die Ausbildung

Was folgt aus solchen Überlegungen für die theologische Arbeit und Ausbildung in den verschiedenen Ausbildungsstätten? Welches Berufsverständnis wird dabei intendiert?

1. In meinem Verständnis sollte zunächst klargestellt werden, daß diejenigen, die zum hauptamtlichen Dienst in der Kirche vorbereitet werden, nicht nach hierarchisch-beamtenrechtlichen Regeln behandelt, sondern zum Dienst in seinen unterschiedlichen Ausprägungen befähigt werden sollen. Ich kann das beleuchten an einer Debatte, die im Bereich der Pflege geführt wird. Angesichts des real existierenden Pflegenotstandes und angesichts des nicht mehr real existierenden Modells der im selbstlosen, christlichen Dienst sich einsetzenden Diakonissen wird das Postulat aufgestellt, qualifizierte Pflege sei gleichwertig der kurativen Aufgabe des Arztes und infolgedessen auch besoldungsmäßig entsprechend zu regulieren. Qualifizierte diakonische Dienste in gemeindlichen oder übergemeindlichen Bereichen – so wäre die Analogie zu ziehen – sind der Aufgabenstellung und somit der realen Stellung des Pfarrers als Verkündiger und Seelsorger gleichzustellen. Erst wenn dies geklärt ist, wird es auch, je nach Begabung und Berufung, die längst fällige Differenzierung der Dienste in der Gemeinde geben. Dann werden auch die Ausbildungsgänge durchlässig und die Zugangswege zu den Diensten innerhalb der Kirche entsprechend den biographischen Gegebenheiten vielfältig. Damit ist auch klargestellt, daß nicht alles über einen Leisten geschlagen werden muß, sondern jeder Ausbildungsgang, ob

im Universitätsbereich, im Fachhochschulbereich oder in einer Diakonen- bzw. Diakoninnenausbildungsstätte, ihr eigenes Profil entwickeln und entfalten darf. Aber fest steht auch, daß diese Ausbildungsstätten sich in engem Austausch miteinander und in einer reflektierten Differenzierung wechselseitig zu ergänzen und zu befruchten haben. Erfreulicherweise bahnen sich Entwicklungen in der angedeuteten Richtung an. Sie gilt es zu unterstützen, Modelle gilt es zu entwickeln und zu evaluieren.

Nun gilt es allerdings ein Mißverständnis auszuschließen. Von haupt- und nebenamtlichen Diensten kann angesichts knapper Finanzen nur im eingeschränkten Sinne die Rede sein. Bisher tendierten die Vertreter dieser Berufe dazu, ihre Kompetenz unter Beweis zu stellen. In Zukunft wird die Kompetenz daran gemessen, ob sie übertragen und weitervermittelt wird an die Glieder der Gemeinde, die ohne Ausnahme ebenfalls zu den Diensten berufen, unterschiedlich befähigt und belastbar sind. Die Liebespflege eines jeden Christen, wie Wichern sie mit Recht postulierte, bedarf – übrigens ebenso wie die Zeugnisaufgabe, die pflegende und heilende Fürsorge, die katechetische Aufgabe – der Aus- und Weiterbildung vor Ort im Zentrum des Gemeindebildungsprozesses. Deshalb sollen wir an einem neuen Dienst- und Ämterverständnis arbeiten, das sich in der Ab- und Weitergabe von Kompetenz bewährt. In Parenthese sei gesagt, daß Untersuchungen über »Ehrenamtlichkeit« einerseits große Bereitschaft auch unter jungen Menschen diagnostizieren. Diese Bereitschaft aber erlischt, wenn nicht dem Bedürfnis nach Qualifizierung und verantwortlicher Mitarbeit Rechnung getragen wird. Bestrebungen in der Nachkriegszeit, ein Laiendiakonat einzuführen und die entsprechenden Ausbildungsvoraussetzungen zu schaffen, sind vorläufig gescheitert. Warum sollten auch Diakone bzw. Diakoninnen einem »Laiendiakonat« zustimmen, solange die pfarramtlichen Funktionen gar nicht zur Disposition gestellt werden? Die lutherischen Kirchen in Finnland zum Beispiel haben in dieser Hinsicht bahnbrechend vorgearbeitet.

2. Aus diesen Überlegungen folgt für die theologische Ausbildung in den Universitäten und Kirchlichen Hochschulen, daß sie gut daran tun, die Wirklichkeit der Praxis in ihren Ausbildungsplan so zu integrieren, daß zumindest ein Schwerpunkt im Blick auf Studium, Forschung und Praxisbegleitung herausgebildet wird. Man sollte nicht darauf insistieren, überall diakoniewissenschaftliche Schwerpunkt- und Aufbaustudiengänge zu installieren. Es könnte ja sein, daß den pflegerischen und heilenden Aufgaben der Gemeinde durch eine intensive Zusammenarbeit mit den entsprechenden Fakultäten und Einrichtungen an bestimmten Hochschulen besondere Aufmerksamkeit geschenkt wird. Ähnliches mag für die Gebiete der Gemeindepädagogik, Gemeinwesenarbeit, psychosoziale Begleitung und Beratungsarbeit, Jugendarbeit und Jugendforschung gelten.

Für die Theologische Fakultät in Heidelberg kann festgestellt werden, daß sich das Schwerpunktstudium Diakoniewissenschaft nicht neben, sondern inmitten der herkömmlichen theologischen Disziplinen entfaltet hat.[10] Diakonie wird so in komplementärer Korrelation zur anderen Seite der philologisch-historischen bzw. systematischen Forschung und Lehre in der theologischen Ausbildung etabliert. Dadurch wird eine realitätsbezogene Aufarbeitung und Aktualisierung der christlichen Überlieferung möglich. Es ergeben sich zum Beispiel völlig neue Einsichten in Tiefenstrukturen altorientalischer, altchristlicher, mittelalterlicher oder frühneuzeitlicher Lebensverhältnisse und Theologie. Ebenso wird die interdisziplinäre Zusammenarbeit mit Medizinern, Sozialpolitikern, Strafrechts- und Vollzugsexperten usw. zur selbstverständlichen Pflichtaufgabe. Die Themen der Seminar- und Examensarbeiten ändern sich. Erfahrungen mit Praxis bleiben nicht äußerlich, sondern erhalten ihr spezifisches Gewicht. Obgleich sich das Themenspektrum enorm erweitert und die Studierenden mit ihren jeweiligen Gaben, Erfahrungen und Kompetenzen zu Partnern in einem gemeinsamen Forschungs- und Lernprozeß werden, konzentriert sich zugleich alles auf die gemeinsamen theologischen Grundfragen, Zielsetzungen und Perspektiven. Der Gedanke des forschenden Lernens erhält hier seinen konkreten Ort.

Hinzuzufügen ist noch ein weiterer Gesichtspunkt: Mein Kollege im Cariaswissenschaftlichen Institut in Freiburg hat vor kurzem festgestellt, daß es nicht zuletzt in der Ausbildung darauf ankäme, ein »Instrumentarium« zu entwickeln, »um Leiden zu verstehen und Christus in den Leidenssituationen zu erkennen«. »Der leidende Mensch ist das theologische Forschungsdokument meiner Wissenschaft.«[11] Wenn »Christen bei Gott in seinem Leiden stehen«, wie *Bonhoeffer* gesagt hat, dann muß auch in der Ausbildung der Weg dahin geöffnet und offengehalten werden. Dies ist leichter gesagt als methodisch aufgenommen. Ob sich dies etwa anhand eines Praxisprojekts unter qualifizierter Begleitung und reflektierter Auswertung lernen und erfahren läßt? In dieser Hinsicht stehen wir erst am Anfang und sind selbst der Beratung bedürftig. Sicher aber reichen die herkömmlichen Praktika nicht aus, eher schon könnte das Erfahrungsfeld vieler Zivildienstleistender Aufschluß über die in der Ausbildung zu leistende Aufgabe geben.

---

10 Die Theologische Fakultät Heidelberg hat dies durch einhelligen Beschluß festgestellt und erfüllt diesen Auftrag durch die kontinuierliche Bezugnahme aller Disziplinen auf die Fragestellungen der Diakoniewissenschaft. Sie hat darüber hinaus eine »Prüfungs- und Studienordnung für den Aufbaustudiengang Diakoniewissenschaft der Ruprecht-Karls-Universität Heidelberg« im Herbst 1989 erlassen, die sich gegenwärtig im Genehmigungsverfahren befindet.

11 Vgl. I. Kisters, Neuer Cariaswissenschaftler – Ein Interview, mit Prof. Heinrich Pompey, in: Caritas 90, 1989, 563 ff.

3. Zum Schluß sollen einige *Forschungsaufgaben* umrissen werden, die in den kommenden Jahren in der Arbeit der theologischen Fakultäten zu erledigen sind. Stellvertretend für viele Bereiche sollen hier lediglich einige Aufgaben exemplarisch vorgestellt werden.

a. Als erste nenne ich das weite Feld »Aufarbeitung der Überlieferung der Diakonie und sozialen Wirksamkeit der Kirchen«. Es ist ganz selbstverständlich, daß hier eine ökumenische Aufgabe benannt wird, die den verbindlichen Dialog mit den Traditionen der Orthodoxie, der römisch-katholischen Tradition und mit den Freikirchen miteinschließt. Ein erster Schritt würde vollzogen, wenn die altisraelitischen und frühchristlichen Überlieferungen – im Vergleich mit den altorientalischen, ägyptischen, griechisch-römischen Kulturkreisen – kontinuierlich untersucht und bewertet werden. Ein weiterer Schritt über die beiden bedeutenden – aber inzwischen auch überholungsbedürftigen Werke von *G. Uhlhorn* und *H. Bolkestein*[12] hinaus wurde durch die Publikation des Diakoniewissenschaftlichen Instituts »Diakonie – Biblische Grundlagen und Orientierungen. Ein Arbeitsbuch zur Verständigung über den diakonischen Auftrag«[13] getan. Es ist gelungen, führende Vertreter der biblischen Exegese auf dieses Themenfeld aufmerksam zu machen und Dimensionen der Diakonie im Lichte neuerer Forschung zu beleuchten. Freilich mußten gerade die alttestamentlichen und religionsgeschichtlichen Aspekte stark verkürzt werden, und der Anschluß an die vorkonstantinische Christenheit wurde auch nur von Fall zu Fall hergestellt. Es handelt sich um ein Forschungsgebiet, das das Interesse junger Theologen erregen kann.

Aufzuarbeiten ist aber auch noch die Entwicklung der Wohlfahrtspflege seit dem Aufkommen der mittelalterlichen Städte und dort vor allem der Übergang vom späten Mittelalter zur frühen Neuzeit bis zum Beginn des Dreißigjährigen Krieges. Zwar wurde seit den Anfängen der Erforschung dieses Themengebietes in der jüngeren Historischen Schule um *Gustav Schmoller* (gest. 1917) eine Fülle von Quellenmaterial ausgewertet.[14] Ein gesamteuropäischer Überblick

---

12 G. Uhlhorn, Die christliche Liebestätigkeit, Darmstadt 1959 (Nachdr. der 1. Aufl. 1894), hat H. Bolkestein zu einer gründlichen Neubearbeitung des Themas »Wohltätigkeit und Armenpflege im vorchristlichen Altertum«, Utrecht 1939 = Groningen 1967 herausgefordert. Allerdings ist auch dieses wichtige Buch noch nicht das letzte Wort.

13 Vgl. G. K. Schäfer / Th. Strohm, a. a. O. Hier wird die Basis gelegt für eine umfassende Aufarbeitung der biblischen Grundlagen der Diakonie. Spezialuntersuchungen zur Alten Kirche sind bereits im Gange.

14 Zu denken ist nicht nur an Gesamteditionen der Kirchen- und Armenordnungen der Reformationszeit und zahlreiche Monographien zu einzelnen Ordnungen, sondern auch an kritische Überblicke von der Art Chr. Sachße / F. Tennstedt, Geschichte der Armenfürsorge in Deutschland. Vom Spätmittelalter bis zum 1. Weltkrieg, Stuttgart 1980. Die »europäische Dimension« wird allerdings durch das Gutachten von Vives

fehlt jedoch ebenso wie eine konfessionsübergreifende Längsschnittuntersuchung, in der beispielsweise das wichtige Gutachten des Spaniers Vives für die Stadt Brügge wirklich zum Tragen kommt oder am Ende die Perspektiven von *J.V. Andreae* für die Generalreformation des sozialen Gemeinwesens eingeordnet werden können. Auch hier zeichnen sich erste Initiativen zu einer umfassenden Aufarbeitung dieses epochalen Zusammenhangs ab.

Schließlich sei noch daran erinnert, daß auch die »Diakonie im 20. Jahrhundert« ihrer systematischen Aufarbeitung noch harrt. Das Diakoniewissenschaftliche Institut wird im Herbst 1993 ein wissenschaftliches Kolloquium im Internationalen Wissenschaftsforum in Heidelberg durchführen, das das Ziel verfolgt, die Forschungslinien aufzudecken und ein Forschungsdesign zu umreißen. Stichdatum wären die Jahre um 1881, als mit der Proklamation des Sozialstaats eine neue Ära sozialer Verantwortung und möglicherweise auch die Fehlwege vorbereitet wurden, die in Katastrophen des 20. Jahrhunderts geführt haben. Hier geht es inzwischen auch nicht mehr nur um eine deutsche Periode. Vielmehr bedarf diese der Einbettung in Entwicklungslinien, die die skandinavischen Länder auf der einen, die sog. »Beveridge-Länder« (z. B. Großbritannien) und die »lateinischen« Länder (z. B. Spanien, Portugal) auf der anderen Seite verfolgt haben. Es geht um die Frage nach dem Anteil der Kirchen an der Bildung einer tragfähigen und menschenwürdigen sozialen Ordnung in Gesamteuropa.[15]

b. An diesen Beispielen könnte leicht gezeigt werden, daß historische Forschung im Bereich der Diakoniewissenschaft kein Glasperlenspiel einiger Gelehrter ist, sondern die höchst aktuelle Rekonstruktion einer gefährdeten, oft mißlungenen geschichtlichen Identität der Christenheit in ihrer weltlichen, sozialen Gestalt. Um nichts anderes geht es auch, wenn der Zusammenhang von »Innerer« und »Äußerer« Mission und Diakonie untersucht und mit den gegenwärtigen Zielen und Methoden weltweiter Entwicklungsarbeit in Verbindung gebracht wird. Man kann einwenden, es handle sich hier um ein neues, zu weites Feld. Aber auch dieses Gebiet ist zu lange dilatorisch in der theologi-

---

deutlich, die ihrer Aufarbeitung noch harrt. Vgl. Joannis L. Vives Valentini, De subventione pauperum. Sive de humanis necessitatibus Libri duo (Januar 1526), Paris 1530. (Deutsch: Über die private und öffentliche Fürsorge, Unv. Ms., Heidelberg 1990.)

15 Vgl. hierzu S. Leibfried, Sozialstaat Europa? Integrationsperspektiven europäischer Armutregimes, in: Nachrichtendienst des Dt. Vereins f. öffentl. u. priv. Fürsorge, 1990, 295 ff; J. Alber, Die Bundesrepublik im internationalen Vergleich, in: N. Blüm / H. F. Zacher (Hg.), 40 Jahre Sozialstaat Bundesrepublik Deutschland, Baden-Baden 1989, 783 ff. Vgl. hierzu auch Th. Strohm, Perspektiven diakonisch-sozialer Arbeit im Prozeß gegenwärtiger europäischer Entwicklungen. Ref. anläßlich der 1. Int. Ostsee-Diakonie-Konferenz, Oktober 1990. Dokumentation, Heidelberg 1991 (abgedruckt in diesem Band, 439 ff).

schen Forschung behandelt worden. Das Thema Innere Mission hat ja schon in der Wichernzeit seine konkrete Ausgestaltung in der Programmatik der Stadt-missionen gefunden, wurde also bezogen auf die Prozesse und Wirkungen der Vergroßstädterung. Die bisherigen Versuche der Wiedergewinnung der von den Agglomerationsprozessen mit ihren Entfremdungssymptomen erfaßten Bevölkerung in die christlichen Lebens- und Glaubensformen können als gescheitert gelten. Der weltweite Trend zu riesigen Ballungszentren, in denen eines Tages rund 80 % der Menschheit leben werden (UN-Prognose), zeichnet eine Aufgabe von sehr großem Ausmaß vor. Es geht also hier noch weniger nur um Aufarbeitung vergangener (Fehl-)Wege in der Mission, sondern um die Gewinnung einer Perspektive und eines durch Einzelziele gefüllten Handlungs-rahmens.[16]

Angesichts der Überwindung des kräfteverschleißenden Ost-West-Konflikts kann jetzt zum ersten Mal in der Geschichte der Gedanke einer kontinentalen Partnerschaft in Erwägung gezogen werden. Das Thema der Larnaca-Consulta-tion (1986) »Diakonia 2000 – Called to be Neighbours« sollte durchaus wörtlich aufgenommen werden. Niemand wird die vorrangige Verantwortung der europäischen Länder für die Länder Afrikas, von denen eine beachtliche Zahl zu den Least Developed Countries (LDCs) gehören, bestreiten können.[17]

Die theologische Forschung ist hier in besonderer Weise herausgefordert: Es gilt den Zusammenhang von Mission und Entwicklung theologisch zu durch-dringen und in eine operationale Perspektive zu überführen. Die Kritik, die in den Missionskontinenten Südamerika, Afrika und Asien an der Mission geübt wurde, hängt ja damit zusammen, daß eine auf Bekehrung und Wiedergeburt abzielende Mission keinerlei Hilfe geleistet habe bei all den großen gesellschaft-lichen und politischen Nöten, in welche die Menschen z.T. durch den Übertritt zum Christentum hineingeraten sind. Der Mensch, der aus der heidnischen Stammes- und Familienordnung herausgelöst war, bedurfte nicht nur der persönlichen Bekehrung und Kirchenzucht, die ihm dies und jenes verbot. Es bedurfte vielmehr der Entwicklung neuer Lebens- und Gesellschaftsformen, in denen er als Christ existieren konnte, ohne Europäer zu werden. Die Entwick-lung dieser neuen Lebensformen, verbunden mit einer solidarischen Teilung

---

16 Ein europäisches Forschungsvorhaben: »Aufgaben diakonisch-sozialer Arbeit in Agglomerationszentren« (Arbeitstitel) ist gegenwärtig in Vorbereitung. Das Design wird gemeinsam vom Diakoniewissenschaftlichen Institut in Heidelberg und dem Research-Institut der norwegischen Diakonie in Oslo erarbeitet.

17 Vgl. hierzu den South-Report: South-Commission (Hg.), Challenge to the South, Oxford 1990 und United Nations Developement Programme (UNDP) (Hg.), Human Developement Report, 1990, published for the United Nations Develope-ment Programme (UNDP), New York/Oxford 1990. Die Ostsee-Diakonie-Konfe-renz hat den Gedanken einer kontinentalen Partnerschaft zwischen Europa und Afrika in aller Deutlichkeit herausgestellt.

der Ressourcen, ist eine Aufgabe weltweiter Diakonie, die die Anstrengung aller Kräfte erfordert. Erfreulicherweise hat die Evangelikale Bewegung für Weltmission in ihrer »Lausanner Verpflichtung« den neuen und richtigen Weg vorgezeichnet. Dort heißt es u. a.:

> »Versöhnung zwischen Menschen ist nicht gleichzeitig Versöhnung mit Gott, soziale Aktion ist nicht Evangelisation, politische Befreiung ist nicht Heil. Dennoch bekräftigen wir, daß Evangelisation und soziale wie politische Betätigung gleichermaßen zu unserer Pflicht als Christen gehören. Denn beide sind notwendige Ausdrucksformen unserer Lehre von Gott und dem Menschen, unserer Liebe zum Nächsten und unserem Gehorsam gegenüber Jesus Christus. Die Botschaft des Heils schließt eine Botschaft des Gerichts über jede Form der Entfremdung, Unterdrückung und Diskriminierung ein. Wir sollen uns nicht scheuen, Bosheit und Unrecht anzuprangern, wo immer sie existieren. Wenn Menschen Christus annehmen, kommen sie durch Wiedergeburt in Sein Reich. Sie müssen versuchen, Seine Gerechtigkeit nicht nur darzustellen, sondern sie in einer ungerechten Welt auch auszubreiten. Das Heil, das wir für uns beanspruchen, soll uns in unserer gesamten persönlichen und sozialen Verantwortung verändern. Glaube ohne Werke ist tot.«[18]

Auf der Grundlage dieser die Christenheit einigenden Erklärung ist es uns möglich, der Frage nach einem neuen tragfähigen Konzept für die »interkontinentale Diakonie« und weltweite Entwicklungsarbeit nachzugehen. Es ist kaum zweifelhaft, daß aus solchen Ansätzen das Forschungs- und Arbeitsprogramm einer ganzen Generation von Theologen in Wissenschaft und Praxis abzuleiten ist.

c. Der dritte Bereich, auf den wir hier kurz eingehen wollen, betrifft die Frage nach der Zukunft unserer Zusammenarbeit mit Behinderten und den (chronisch) Kranken. Dies ist ein so sensibles Gebiet, daß in jeder Phase des Nachdenkens über neue Wege äußerste Sorgfalt geboten ist. Es wäre aber ein bedenkliches Zeichen, wenn sich die Diakonie an schöpferischer Phantasie, an Innovationsbereitschaft, an Anwaltschaft für die Betroffenen von Kräften überrunden ließe, die über weniger Erfahrung, weniger Mitleidenschaft und geringere Kapazitäten verfügen. Es geht hier in einem ganz eminenten Sinn auch um die Zukunft unserer Gemeinden und ihrer diakonischen Kompetenz. Die Diakonie der Kirche braucht tragfähige Konzepte und wissenschaftlich begleitete bzw. evaluierte Modelle der Integration, der Öffnung und gemeindenahen Versorgung, die plausibel machen, daß die Lebensbedürfnisse behinder-

---

18 Die Lausanner Verpflichtung. Eine Auslegung und Erläuterung von John Scott, in: Lausanne geht weiter, hg. v. Lausanner Kommitee für Weltevangelisation, Neuhausen-Stuttgart 1980, 146 f. Zur Einordnung vgl. auch G. Schäfer / Th. Strohm, Der Dienst Christi als Grund und Horizont der Diakonie. Überlegungen zu einigen Grundfragen der Diakonie, hg. v. Diakonischen Werk Württemberg, Stuttgart 1987, 19 ff.

ter Menschen erfüllt werden. Sie muß sich aus der doppelten Umklammerung befreien: einmal in die Rolle von Landespflegeanstalten in den Bedarfsplänen der Länder gedrängt zu werden und zum anderen immer mehr in den Schatten des von der kurativen Medizin beherrschten Gesundheitssystems zu geraten.
– Welche Modelle der Integration bewähren sich, welche Aufgaben haben die Gemeinden zu erfüllen?
– Wie steht es mit der pränatalen Beratung und postnatalen Hilfe?
– Welches Verständnis des Menschen liegt unserer Arbeit verbindlich zugrunde?

Ulrich Bach hat in seiner Schrift »Heilende Gemeinde«? entscheidende Fragen aufgeworfen und Defizite aufgedeckt. Es rächt sich heute, daß die Theologie sich aus den realen Bezügen des heilenden Handelns gelöst hat und erst allmählich das Gespräch mit der Medizin wiederaufnimmt und zu einem neuen Arbeitsverhältnis und Forschungsbezug zurückfindet. Es ist aber nicht zu spät.[19]

Im Blick auf die »Diakonische Gemeinde« beobachten wir die Tendenz, zumindest im Kirchenkreis hier und dort einen Neuanfang zu wagen. So wurde beispielsweise im Kirchenbezirk Herrenberg/Württemberg nach einjähriger systematischer Vorbereitung eine Diakonische Woche durchgeführt. Diese Form der Aktivierung wurde vom Diakoniewissenschaftlichen Institut begleitet und ausgewertet.[20]

Die Ausführungen zeigen, daß die Theologie sehr wohl in ein neues Theorie-Praxis-Verhältnis geführt werden und damit dem Studium wie der Forschung eine neue Verbindlichkeit verleihen kann. Erst wenn man von den Fakultäten wieder etwas erwartet, auf ihre Gutachten angewiesen ist und gemeinsam Perspektiven erarbeitet werden, wird der gegenwärtige Zustand der Fremdheit überwunden sein.

Fassen wir kurz zusammen: Wir sind längst aus dem Stadium heraus, in dem nur Postulate formuliert werden. In vielen Punkten ist bereits ein Anfang gemacht und eine Tendenz eingeleitet. Als *Reinhold Seeberg* im Jahre 1927 in

---

19 Vgl. U. Bach, »Heilende Gemeinde«? Versuch, einen Trend zu korrigieren, Neukirchen-Vluyn 1988. Erfreulicherweise hat auch R. Turre in seinem Buch »Diakonik – Grundlegung und Gestaltung der Diakonie«, Neukirchen-Vluyn 1991, dem Thema Leiden als Bewährungsfeld des Lebens und der Diakonie breiten Raum gewidmet und die Frage nach der »therapeutischen Gemeinschaft« ausführlich behandelt. Es sei auch darauf hingewiesen, daß die Sozialkammer der EKD gegenwärtig eine Denkschrift zu »Reformaufgaben im Gesundheitswesen« erarbeitet, durch die die Kirche sich wieder substantiell und konstruktiv in die Reformdebatte um das Gesundheitswesen einschalten wird.
20 D. Becker-Hinrichs u.a (Diakoniewissenschaftl. Institut Heidelberg) (Hg.), »In Ängsten – und siehe wir leben«. Auf dem Weg zu einer diakonischen Gemeinde. Ein Werkstattheft, Stuttgart ²1990.

Berlin das »Institut für Sozialethik und Wissenschaft von der Inneren Mission« gründete, nahm er sich manches vor, was soeben dargestellt wurde. Das Institut blieb Episode und geriet in den Strudel der nationalsozialistischen Barbarei. Jetzt ist diese Epoche überwunden, ein Neuanfang ist möglich. Uns schwebt ein Forschungs- und Studienverbund vor, der über die deutschen Länder wie ein Netzwerk gebreitet ist und die Grenzen ins europäische, ja außereuropäische Ausland überschreitet. Die Zeit ist reif für diese großzügige und doch dem Detail verpflichtete Beschreibung unserer Aufgabe. Denn diese mißt sich an der weltüberwindenden Kraft der Liebe Gottes und an Gottes universalem Dienst an der Welt.

Die Gottesebenbildlichkeit und die Ursprünge der Entfremdung
Überlegungen zur ethischen Urteilsbildung

I. Die Reichweite des Themas

Das Thema der Gottesebenbildlichkeit des Menschen hat eine fast unbegrenzte theologische Reichweite. Es steht hinter den Bemühungen, die menschliche Verantwortung, ihre Würde, ihren Inhalt und ihre Grenze zwischen Gott und Welt, zwischen Geschichte und Natur zu begründen. Damit kommt mehr ins Spiel als eine theologische Bemühung um Ideale der Bildung, Leitbilder der Erziehung und pädagogische Einzelziele. Das Gespräch der Theologie mit den Human- und Sozialwissenschaften erhält hier ebenso seine Begründung, wie die internationale und ökumenische Debatte um die Begründung der Menschenrechte. Inzwischen hat das Thema seinen festen Platz in der Grundlegung einer Umweltethik. Zugleich aber wird die Überforderung dieses »Sonderprädikats« der Gottesebenbildlichkeit deutlich, die das Wort zur Unbestimmtheit, Beliebigkeit verurteilt. Jeder Versuch, das Thema positiv zu umschreiben, ufert entweder aus oder verkürzt etwas, was sich jeder vorschnellen Einordnung entzieht. Um dies deutlich zu machen, ist es sinnvoll, den theologischen Aussagegehalt dieses Themas zunächst zusammenfassend darzulegen. Es kann um so eher deutlich gemacht werden, daß es leichter ist, via negationis, durch das Hervorheben des kritischen Potentials den Sinn des Themas und zugleich die Verbindlichkeiten für unsere praktischen Bemühungen zu erschließen.

1. Es ist eine gesicherte Erkenntnis theologischer Arbeit, daß das Wort von der Gottesebenbildlichkeit uns nicht in erster Linie auf anthropologische Fragestellungen hinweist. Es enthält nicht primär Aussagen über den Menschen, sondern Aussagen über Gottes Tun, sein Welt-Verhältnis, sein Verhältnis zum Menschen und zur Natur. Damit ist es aber fester Bestandteil der mit Jesus Christus gebrachten Erfüllung eschatologischer Hoffnung. Diese besteht ja in der von Jesus proklamierten Herrschaft Gottes, in der verkündigten Versöhnung des Kosmos, durch die neue Kreatur, neue Schöpfung entsteht (2 Kor 5, 17 ff). Damit eröffnet sich aber die Einsicht in die Gesamtwirklichkeit der Schöpfung als Spiegelung der Weisheit Gottes und in die Rettung der von Gott geliebten Welt.

Das Neue Testament hat eine vielschichtige Vorstellung von Christus als der Ikone Gottes. In diese Vorstellung wirken – vor allem im Hebräer-Brief – kosmologische Elemente hinein: die Weltschöpfung einer unsichtbaren und die Weltschöpfung einer sichtbaren Welt verhalten sich zueinander wie Urbild und Abbild. Das Urbild wird so zum Wesen der Sache, zur Richtschnur und Norm. So wurde – um ein Beispiel zu nennen – das Jerusalem coelestis, das Himmlische Jerusalem, visionäre Gedankenfigur, in der das Schema Stadt verstanden wurde als Gefäß für Jenseitiges. Das Himmlische Jerusalem beflügelte und fesselte zugleich die konkrete, städtebauliche Phantasie. Das himmlische und das irdische Ideal gehen in der Gedankenwelt des Mittelalters unaufhörlich ineinander über; hier spiegelt eins das andere, Christi Stammburg zur Stadt schlechthin verklärend. Nur in dieser realistischen Perspektive lassen sich die Inhalte des Neuen Testamentes begreifen. Christus als Ikone Gottes (2 Kor 4, 4; Röm 8, 29) wird zum Ermöglichungsgrund der Gottebenbildlichkeit des Menschen.

Die Zentralstelle finden wir in 2 Kor 3, 12 – 4, 6.

»Der Herr ist der Geist; wo aber der Geist des Herrn ist, da ist Freiheit. Wir alle aber schauen mit unverhülltem Angesicht die Herrlichkeit des Herrn wie in einem Spiegel und werden zu demselben Bild umgestaltet von Herrlichkeit zu Herrlichkeit, wie es vom Herrn ausgeht, der Geist ist« (V. 17 f).

Hier wird scheinbar die philonische Lehre von der unmittelbaren, mystischen Gottesschau vorgetragen, die sich auf den Phaidros-Mythos Platons bezieht. Paulus verwandelt diesen Gedankengang. Der Herr, dessen Herrlichkeit wir mit unverhülltem Antlitz im Spiegel schauen, ist nicht der sich in seinem eigenen Schatten, Bild oder Logos offenbarende Gott, sondern der Kyrios Christus als der Gekreuzigte, dessen Bild wir nach Röm 8, 29 gleichgestaltig werden, in dessen Bild wir nach 2 Kor 3, 18 hineinverwandelt werden sollen. Hier wird der paulinisch-eschatologische Charakter der Verwandlung des Menschen im Glauben deutlich: es geht um die Einbildung, Nachbildung, um eine Transformation, um Bildung im ganz handgreiflichen Sinne.

2. Bildung und zugleich Verantwortung haben hier ihren Ursprung. Er liegt im eschatologischen Christusgeschehen. Der Auftrag des Glaubenden ist es, dieses Christusgeschehen in die Welt hineinzutragen, hineinzustellen, indem er das Evangelium, die Sache Jesu Christi vor der Welt verantwortet, den Zugang zu verantwortlichem Leben eröffnet.

Verantwortung ist wie die Ebenbildlichkeit ein Beziehungsbegriff und zugleich eine »eschatologische Kategorie«.[1] Beide verbinden auf unverwechselbare Weise Anfang und Ende. Verantwortung erhält seine Brisanz aus der

---

1 Vgl. G. Picht, Über das Wesen des Ideals, Ms 1963, zitiert bei H. E. Tödt, Säkularisierung und das Problem einer »christlichen« Kulturpolitik, Mannheim / Heidelberg

Tatsache, daß sich jedermann nach 2 Kor 5, 10 vor Gottes Richterstuhl verantworten wird. Im Gleichnis vom großen Weltgericht wird die Ikonenhaftigkeit des Christusgeschehens konsequent durchgeführt. Im bedürftigen, erniedrigten Nächsten erscheint Christus selbst als Weltenrichter. Aber der Gerichtsgedanke verweist auf das, was ursprünglich ist und noch vor aller Rechenschaftsablegung liegt: die Bevollmächtigung des Menschen, durch die ihm seine Verantwortung zukommt. So wird das Wort von der imago Dei Grund und Inhalt der Verantwortung des Menschen.

Für eine theologische Anthropologie ist dies eine verbindliche Aussage: der Mensch als verantwortliches Wesen. Nach Gen 1, 26 ff; 2, 15 f empfängt die Menschheit von Gott das Mandat des dominium terrae; sie ist von nun an für die Bebauung und Bewahrung der Erde verantwortlich. Zuletzt hat *Christian Link* wieder zusammenfassend betont, daß sich die anthropologischen Aussagen des Textes von Gen 1,26 darauf beschränken, daß Gott den Menschen »zu seinem Entsprechen« (Westermann) geschaffen habe. Das tertium comparationis zwischen Gott und Mensch manifestiert sich »allein im menschlichen Tun, darin, wie der Mensch sein Verhältnis zur Welt gestaltet, mit K. Barth gesprochen, in der ›geschöpflichen Wiederholung ... der göttlichen Lebensform‹«[2]. Link hat darüber hinaus den Prozeßcharakter der Ebenbildlichkeit betont: Nicht die Ausstattung des Menschen ist gemeint, sondern, daß ein Gott entsprechendes Tatverhältnis sich durchhält und auf Erneuerung angelegt ist. Der durch Christus erneuerte Mensch wird als Mitarbeiter Gottes in der Schöpfung angesprochen. Dadurch wird die vorfindliche Welt als immer schon gestörte und zerstörte im Lichte ihrer Möglichkeit und Bestimmung beleuchtet und zur Gestaltung übertragen. Israel und die Welt stehen nach alttestamentlichem Verständnis unter der Verheißung einer künftigen Vollendung, bei der Jahwe König sein wird über die ganze Erde und über alle Völker. Völkerfriede und Gerechtigkeit, Erkenntnis und Fruchtbarkeit sollen diese eschatologische Vollendung charakterisieren (z. B. Jes 2, 2–4). Sind dies Kennzeichen eines Weltzustandes, in dem nicht irdische Reiche nach Willkür verfahren, sondern Gott der Herrscher ist, so entspricht dem die Haltung des neuen Lebens: das Eintreten für Leben, Freiheit, Gerechtigkeit, Friede und Freude, Heilung und Restitution der Welt als geordneter Schöpfung, also alle jene positiven Qualifikationen, die das Heil des Reiches Gottes charakterisieren (Röm 14, 17; 8, 19).

3. Innerhalb des angedeuteten christologischen Verständnisses erfährt das Thema der imago Dei seine Zuspitzung und wird so zur Grundnorm für alle Handlungsweisen der Christen in der Welt. Sie ergibt sich aus der Bewegung,

---

1963, v. a. 59–65. Vgl. dort auch die Bezugnahme auf I. Schaarschmidts Dissertation über den Bedeutungswandel der Worte »bilden« und »Bildung«, Leipzig 1931.

2 Vgl. Chr. Link, Die Welt als Gleichnis. Studien zum Problem der natürlichen Theologie (BEVTh 73), München 1976, 110.

die am Menschen geschieht und die die »reformata et perfecta imago Dei«[3] zum Ziele hat. Der Mensch dieses Lebens ist Stoff für Gott zum Leben seiner künftigen Gestalt mit dem »Ziel« der reformierten, wiederhergestellten und vollendeten Gottesebenbildlichkeit. Damit sind der Wahrheitskern und die Zielsetzung christlicher Verkündigung und des christlichen Ethos angesprochen. Dieser Sachverhalt wird allerdings verdunkelt, wenn er abstrakt formuliert stehen bleibt und nicht eingetragen wird in die Wirklichkeit der Erfahrung.

II. Zum theologischen Problem der Entfremdung

1. Die theologischen Lehren von der Gottebenbildlichkeit und der Entfremdung basieren zunächst auf dem Schöpfungsbericht. In Gen 1, 26 f heißt es: »Dann sprach Gott: Wir wollen Menschen machen nach unserem Bild, uns ähnlich«, die herrschen sollen über die Welt der Tiere. »So schuf Gott den Menschen nach seinem Bild; nach Gottes Bild schuf er ihn; männlich und weiblich schuf er sie.« Dann folgt der Segen und das Mandat des dominium terrae.

Von *Gerhard von Rad*[4] lernen wir, daß die hebräische Formulierung, die auf »Bild« und »Ähnlichkeit« Gottes bezogen ist, sich nicht auf eine bestimmte Form der Ausstattung des Menschen, also anthropologisch fixieren läßt, sondern gerade die enge Eingrenzung auf die »reale, massive Bedeutung des »Bildes«, der »Plastik« intendiert: So wie auch irdische Großkönige in Provinzen ihres Reiches, in denen sie nicht persönlich aus- und eingehen, ein Bildnis ihrer selbst als Wahrzeichen ihres Herrschaftsanspruches aufstellen, so ist der Mensch in seiner Gottesbildlichkeit auf die Erde gestellt, als das Hoheitszeichen Gottes. Er ist recht eigentlich der Mandatar Gottes, dazu aufgerufen, Gottes Herrschaftsanspruch auf Erden zu wahren und durchzusetzen. »Das Entscheidende an seiner Gottesbildlichkeit ist also seine Funktion an der außermenschlichen Welt.«[5]

Wenn aber die Verbindung von Gottesbildlichkeit mit der Beauftragung zur Wahrnehmung einer Funktion an der außermenschlichen Welt so eng ist, dann gewinnt zwangsläufig auch die Weisheit in Israel eine zentrale Bedeutung. Ist sie doch durchdrungen vom Beobachten und Sammeln bestimmter Regeln, von einer Erfahrungsweisheit, der nach G. v. Rad die Prämisse zugrunde liegt, »es

---

3 M. Luther, Disputatio de homine (1536), WA 39, 1, 175 ff: 177,These 38.
4 Vgl. G. von Rad, Vom Menschenbild des Alten Testaments, in: Der alte und der neue Mensch (Beiträge + Evang. Theologische Abhandlungen 8), hg. v. E. Wolf, München 1942, 5 ff.
5 W. Caspari, zit. n. a. a. O., 7.

ist eine geheime Ordnung in den Dingen«.[6] Die Entfremdung setzt aber ein, wenn dieser Handlungskreis verfehlt wird und das sehr sensible Geschehen von Hören, Beachten und Beobachten, Gestalten, Ordnen und Zurücknehmen, in dem die Bedeutung für die ganze außermenschliche Kreatur liegt, in dem ihre neue Gottbezogenheit begründet ist, auf Dauer unterbrochen wird. Die Kreatur bekommt dann nicht mehr außer ihrem Von-Gott-Her durch den Menschen ein Zu-Gott-Hin und verliert ohne dessen Mitwirkung die »Würde eines besonderen göttlichen Hoheitsgebietes«.

Das Zeugnis des Neuen Testaments wird verdunkelt, wenn es unter der Kategorie der »Entweltlichung« diesen Handlungskreis so verändert, daß nur noch das Heilsinteresse der Personinnerlichkeit im Verhältnis Gott-Mensch übrig bleibt. Entscheidend ist im Neuen Bund die Ebenbildlichkeit des Sohnes zum Vater. In der Menschwerdung wird das Bild im Bereiche der Kreatur aufgerichtet, das Bild Gottes, in dem Gott sich als Gott für uns offenbart. Von da aus geht dann der Blick auf das ängstliche Harren der Kreatur. Das Ende aller Dinge und der Anfang der Kreatur verbinden sich mit der Gegenwart des Schöpfers.

2. Mit diesen Sachverhalten hat sich die christliche Überlieferung schwer getan. Der reformatorischen Theologie wird von seiten ostkirchlicher Theologie der Vorwurf gemacht, sie habe sich fixiert auf das Thema der Sündigkeit des Menschen (Harmatologie) und habe die Botschaft der Gottebenbildlichkeit verfehlt. Dies habe zur Trübung des Glaubens geführt und sei »das traurigste Ergebnis des Abfalls von der Auffassung der Welt und des Menschen, die von Anfang an im Christentum bestand und die in der Orthodoxie bewahrt geblieben ist«.[7] Dieser Vorwurf ist insofern teilweise berechtigt, als sich die reformatorische Position zunächst einmal als »bestimmte Negation« entwickelt hat gegenüber der römisch-katholischen Position. Diese hat die »Lehre« von der Gottebenbildlichkeit orientiert an der »Idee« des Menschen, an einem Menschenbild als Idee des Wesens vom Menschen. Diese inhaltliche Bestimmung des Menschen wird im I. Vatikanischen Konzil weitgehend festgeschrieben, wenn es in Sessio III heißt, Gott habe in seiner Güte und in seiner allmächtigen Kraft beides aus Nichts geschaffen, nämlich die geistige und die leibliche Kreatur, die der Engel und die der Welt und hernach die menschliche »quasi communem ex spiritus et corpore constitutam«. Damit ergibt sich die »römische« Definition des Menschen: Gott hat die ersten Menschen nach Leib und Seele ex nihilo geschaffen. Die Natur des Menschen besteht aus Leib und Seele. Die menschliche Seele ist geistig und unsterblich.

---

6 G. von Rad, Theologie des Alten Testaments 1, München ⁵1966, 434.

7 B. Zenkowsky, zit. n. E. Wolf, Sozialethik. Theologische Grundfragen, hg. v. Th. Strohm, Göttingen 1975, 27.

Diese Anthropologie, die zu dem für die abendländische Geistesgeschichte entscheidenden Ereignis eines katholischen Anthropismus führt, versteht den Menschen schlechthin als abbildhaft-gleichnismäßige göttliche Individualität. Damit wurde zugleich die Verbindung mit dem Römischen Recht möglich, die sich etwa in der Feststellung des *Thomas v. Aquin* (Scg 3/112) erkennen läßt: Sollte die Bibel verbieten, »irgend etwas an Grausamkeit gegen die tierischen Seelenwesen zu begehen ... so geschieht dies entweder, um das Gemüt des Menschen von der gegen Menschen zu verübenden Grausamkeit abzubringen ... oder weil die den tierischen Seelenwesen zugefügte Verletzung zum zeitlichen Schaden des Menschen ausgeht«.

Ernst Wolf hat mit Recht darauf hingewiesen, daß die Reformation in ihrer Zuspitzung bestimmte Negation der römischen Position sei[8]. Zwar behält sie die Vorstellung von der imago-bestimmten Ausrüstung des Urmenschen, vom urständlichen Idealmenschen bei, aber erklärt, seine Imagohaftigkeit sei durch den Sündenfall insofern »zerstört« und nicht nur »verringert«, als der freie Wille ausgelöscht sei und dadurch der Mensch der Macht der Sünde willenlos unterworfen sei und keine Möglichkeit habe, von sich aus sich wirksam Gott zuwenden zu können. Auch die Gnade sei dazu nicht ausreichend. Dadurch erweist sich die Vorstellung der Reformation als die Aufnahme der Tradition, aber unter dem Vorzeichen ihrer Durchstreichung bis hin zur Behauptung der imago Satanae als Kennzeichen des Menschen als peccator.

Damit aber begünstigte die Reformation die These von der »Miserabilität des Menschen« (Friedrich II.), die die Grundlage des neuzeitlichen Absolutismus und Konservatismus bildete. Hier wurde die Gottebenbildlichkeit des Menschen insofern in ihr Gegenteil verdreht, als nun die Ordnungs- und Herrschaftsstruktur der bestehenden Welt mit der besonderen Dignität göttlichen Wollens ausgestattet wurde, und der einzelne Mensch demgegenüber in die Rolle des homo peccator gedrängt wurde, von dem Unterwerfung erwartet wird.

3. Jenseits dieser Fixation findet sich in der Reformation gerade eine produktive Verarbeitung des Prädikats der Gottebenbildlichkeit, die heute besondere Beachtung verdient. Hier bahnt sich zugleich ein ökumenischer Konsensus an, der konfessionelle Überspitzungen vermeidet. Heute sollte Klarheit darüber bestehen: Die Ebenbildlichkeit ist nicht in einer Eigenschaft oder Verhaltensweise des Menschen zu suchen, sondern sie besteht, indem der Mensch selber und als solcher als Gottes Geschöpf besteht. Daraus folgt, daß die Herrschaft des Menschen im Bereich der Schöpfung nicht das Wesen seiner Imagohaftigkeit ausmachen kann, sondern Folge der Ebenbildlichkeit ist; weiterhin: Die Ebenbildlichkeit ist, weil sie eben nicht in einer Eigenschaft zu suchen ist, auch

---

8 Vgl. E. Wolf, Sozialethik. Theologische Grundfragen, hg. v. Th. Strohm, Göttingen 1975, 30 ff.

nicht verloren. Die Gottesebenbildlichkeit ist gesetzt, bestimmt und gehalten durch das Wort Gottes, das er selbst in präsenter, personhafter Begegnung spricht. Damit ist die Bewegung, die am Menschen geschieht, die reformata et perfecta imago Dei, allgegenwärtige, universale Möglichkeit irdischer Existenz.

III. Beispiele aus der Wirkungsgeschichte

Damit ist aber zugleich deutlich, daß wir es hier mit einem theologischen Zentralthema zu tun haben, das uns die Urteilsbildung in ganz verschiedenen Dimensionen unseres geschichtlichen und sozialen Lebens ermöglicht. Dies soll zunächst in drei Dimensionen verdeutlicht werden:
– In der Menschenrechtsentwicklung hatte dieses Thema eine Initialwirkung;
– in der Frage der Gleichheit der Geschlechter hat sich darüber hinaus eine Klärung ergeben und
– schließlich zeigt sich die Virulenz des Themas in der bildungstheoretischen Reflexion.
Erst wenn dies behandelt und weitgehend referiert worden ist, sollen weitere Ingredienzien angedeutet werden.

1. Bei *Luther* selbst liegt die Wurzel des von *Samuel Pufendorf* für die neuzeitliche Rechtsbegründung entwickelten Prinzips der dignitas humana als normative Basis aller Rechts- und Gesellschaftsordnungen. Imago Dei heißt für Luther Teilhaberschaft an Gottes Wesen und Willen, aber nicht als Besitz und Bemächtigung, sondern wie bei Christus Entäußerung, d. h. Weitergabe.

> Es müssen »Gottes Güter fließen aus einem in den andern und gemein werden, daß ein jeglicher seinen Nächsten also annehme, als wär er's selbst. Aus Christo fließen sie in uns, der sich unser hat angenommen in seinem Leben, als wär er das gewesen, was wir sind. Aus uns sollen sie fließen in die, so ihrer bedürfen, auch so ganz, daß ich muß auch meinen Glauben und Gerechtigkeit für meinen Nächsten setzen vor Gott, seine Sünden zudecken, sie auf mich nehmen und nichts anderes tun, denn als wären sie mein eigen, eben wie Christus uns allen getan hat. Siehe, das ist die Natur der Liebe, wo sie wahrhaftig ist.«[9]

Luther verwirft alle diejenigen Taten, die den Zugang zu dieser Solidarität mit den Nöten der Gesellschaft versperren, weshalb auch »wenige Stifte, Kirchen, Klöster und Altäre, Messen, Testamente seien christlich«. Als opus operatum dienten sie dazu, gerade den Tugendhaften vom Nichttugendhaften abzuheben, jenes Leistungssystem zu begründen, in dem der Mensch die dignitas humana

---

9 M. Luther, Von der Freiheit eines Christenmenschen (1520), WA 7, 20 ff: 37 f (übertragen).

nicht als sittlich freies Wesen überhaupt besitzt, sondern nur der tugendhafte, der nichtsündige Mensch. Nun werden Christen zum verantwortlichen Garanten gerade der dignitas humana des Bedürftigen, Nichttugendhaften. Bislang konnte der sündige Mensch gemäß der Naturrechtsverhältnisse getötet werden velut bestia; es gab – naturaliter – Menschen höherer Ordnung und Sklaven. Bei *Luther* hingegen heißt es:

> »Wir sehen es nicht für eine sonderliche Ehre an, daß wir Gottes Kreatur sind. Aber daß einer ein Fürst und großer Herr ist, da sperrt man Augen und Maul auf, obwohl doch derselbe nur eine menschliche Kreatur ist, wie es St. Petrus nennt (1. Epist. 2, 13) und ein nachgemacht Ding. Denn wenn Gott nicht zuvor käme mit seiner Kreatur und machte einen Menschen, dann würde man keinen Fürsten machen können. Und dennoch klammern alle Menschen danach, als sei es ein köstlich, groß Ding, so doch dies hier viel herrlicher und größer ist, daß ich Gottes Werk und Kreatürlein bin. Darum sollen Knechte und Mägde und jedermann solcher hohen Ehre sich annehmen und sagen: ich bin ein Mensch, das ist je ein höher Titel, denn ein Fürst sein. Ursache: denn Fürsten hat Gott nicht gemacht sondern die Menschen: daß ich aber ein Mensch bin, hat Gott allein gemacht.«[10]

Solange der Mensch, die dignitas humana, gebunden bleibt an die moralische Vollkommenheit, an denjenigen, der sich nicht an der empirischen und geistlichen Ordnung versündigt – wie im thomistisch-scholastischen Naturrecht –, bleibt jeder Mensch im absoluten Sinne der sozialen Kontrolle durch die Hüter der faktischen Herrschaftsordnung unterworfen. Die Stabilität der sozialen Ordnung konnte als die äußere Existenzweise Gottes begriffen werden, eine Berufung auf Gott jenseits dieser Ordnung war nicht denkbar. Luther erkaufte die Existenz Gottes und zugleich die dignitas humana notfalls mit der Stabilität der sozialen Ordnung. Seine revolutionäre Leistung bestand somit in der, mit dem gesamten publizistischen Aufwand seiner Zeit vorgetragenen Neubestimmung des Menschen, und zwar gerade des niedrigen, gefährdeten und bedürftigen Menschen.

2. Neu sowohl innerhalb der dogmatischen Frage sowie der Exegese ist *K. Barths* Auslegung von Gen 1, 26.[11] Hier versucht Barth, Gen. 1, 26 im Licht einer analogia relationis zwischen Schöpfer und Geschöpf zu begreifen. Grundlegend sind zwei Thesen:
 – »Lasset uns Menschen machen«. Dieser umstrittene Plural kann nicht, wie es weithin bei den Alttestamentlern geschieht, auf die Assistenz etwa eines himmlischen Hofstaates bei der Schöpfung des Menschen bezogen werden, zumal ja dann die Formel »unser Bild« in V. 26 aufgenommen wird von der Formel »sein Bild« in V. 27. Sondern »Lasset uns Menschen machen« ist so, wie es schon in der Alten Kirche geschehen ist, trinitarisch zu verstehen:

---

10 M. Luther, zit. n. G. Fabiunke, Martin Luther als Nationalökonom, Berlin 1963, 94.
11 Vgl. K. Barth, KD III/1, Zürich ⁴1970, 204–233.

Gott ist einer, aber nicht einsam, da er den Unterschied und die Beziehung von Ich und Du in sich selber hat.

– Der zweite Ausgangspunkt ist mit V. 27 gegeben: »Als Mann und Frau schuf er sie«. Das ist, wie Barth meint, eine gerade definitionsmäßige Erklärung von »bezalmenu kidmuthenu«. Diese Formel übersetzt *Barth* nun: »in unserem Urbild nach unserem Vorbild«. Das heißt: In analogia relationis steht eben dieses Gegeneinander und Füreinander von Mensch und Mensch, von Mann und Frau zu dem innergöttlichen Gegenüber von Ich und Du. »Wie sich das anrufende Ich in Gottes Wesen zu dem von ihm angerufenen göttlichen Du verhält, so verhält sich in der menschlichen Existenz selbst das Ich zum Du, der Mann zur Frau«.[12]

Im Menschen wiederholt sich so die göttliche Lebensform. Der Mensch ist so wenig einsam wie Gott. Aber beim Menschen handelt es sich um ein Verhältnis zwischen zwei Individuen in der Form der Geschlechtlichkeit. Auch diese Form der Geschlechtlichkeit ist insofern wichtig, weil ja das Gegeneinander als ein Füreinander festgelegt ist. Beides aber, daß es sich hier um zwei Individuen handelt und daß es sich um sie handelt in der Form der Geschlechtlichkeit, gehört zur Geschöpflichkeit und verhält sich darin eben zur Gottebenbildlichkeit als Entsprechung des Ungleichen.

3. Ein dritter Aspekt betrifft die Tatsache, daß gerade der Vorstellungsgehalt der imago Dei vom Prozeß der »Säkularisierung« erfaßt wurde. Die Studien dieses Prozesses sollen im Anschluß an *G. Picht* und *H. E. Tödt* kurz angedeutet werden:

– 2 Kor 3,17 f kann, wie gezeigt, als die Ausgangsposition des christlich-abendländischen Begriffs der imago Dei gelten.

> »Der Herr ist der Geist; wo aber der Geist des Herrn ist, da ist Freiheit. Wir alle schauen mit unverhülltem Angesicht die Herrlichkeit des Herrn wie in einem Spiegel und werden zu demselben Bild umgestaltet von Herrlichkeit zu Herrlichkeit, wie es vom Herrn ausgeht, der Geist ist.«

Paulus gestaltet hier den philonischen Gedanken der unmittelbaren, mystischen Gottesschau um, sofern der Kyrios Christus als der Gekreuzigte es ist, in dessen Bild wir hineinverwandelt werden. Dies steht im eschatologischen Zusammenhang der Offenbarung der Gerechtigkeit Gottes.

– Bei *Seuse* (gest. 1366) heißt es: »die Sele muss etwaz bildliches haben, daz minnigliche bild Jesu ... so er in daz bild wirt gebildet ... so wirt er von Gotes Geist überbildet«. Diese Deutung ist allgemein in der mittelalterlichen Mystik. Der Begriff der »Bildung« geht auf dieses Stadium zurück: »idea« bei Plato, idea und eikon Gottes bei Philon, eikon des Kyrios in eschatologischer Deutung bei Paulus; Rückdeutung in der Mystik. *Johann Arndt* (gest. 1621):

---

12 K. Barth, a. a. O., 220.

»die Begierden und Affecte Christo so gleichförmig zu machen, das heißt nach Gott gebildet werden«. Bei Arndt ist die Wiedergeburt auch ein »Vorbilden in Christus«, verstanden als »göttliche Veränderung des Herzens«. Die Wendung des Bildungsbegriffes ins Moralische bahnt sich an.

– Bei *Klopstock*, dem jungen *Wieland* und bei *Herder* hat der Begriff »Bildung« noch unmittelbar theologische Bedeutung, steht aber an der Schwelle zu seinem säkularisierten Gebrauch, wobei zur mystischen Umformung noch die rationalistische Brechung hinzukommt. Herder verknüpft die Begriffe »Bildung«, »Umbildung der Seele«, »neue Geburt«, »Fortbildung« und den Bildungsprozeß der Menschheit mit dem Bildungsprozeß der individuellen Person. »Es sei denn, daß diese Bildung Hauptgeschäft seines Lebens werde, so ist das Reich Gottes nicht sein«. Zum sittlichen Ideal wird dies dann bei *A. Ritschl*: »allein das Reich Gottes ist als das höchste Gut nur gemeint, indem es als das sittliche Ideal gilt, zu dessen Verwirklichung die Glieder der Gemeinde durch eine bestimmte gegenseitige Handlungsweise sich untereinander verbinden«. Schon bei *Kant* ist das Ideal nicht eine »Idee der Tugend«, sondern »der göttliche Mensch in uns«. *Picht* sagt dazu: »Die paulinische Formel von Christus als Bild Gottes, als eikon tou theou, doppelt gebrochen durch Mystik und Rationalismus, das ist der Kern des Wesens des Ideals«.[13]

– In *Schillers* Gedicht »Das Ideal und das Leben« treten in das christliche Erbe die »Götter der Griechen« (*Hegel*), die allerdings – wie Hegel konstatiert – angesichts der modernen Welt der Arbeit, Bedürfnisorientierung und Interdependenz in »der Schönheit stilles Schattenland« gehören. Im Schattenreich sind die Ideale die Geister »abgestorben dem unmittelbaren Dasein, abgeschieden von der Bedürftigkeit der natürlichen Existenz«. Die »Ideale« sterben ab an der Realität der bedürfnisorientierten, ökonomisch-technischen Welt, und sie wirken doch weiter. Haben sie ihren Ursprung in einer Liaison zwischen Platons Ideen und den griechischen Göttern mit paulinischen und mystischen Traditionen, so werden sie jetzt säkularisiert. »Gerade das schattenhafte Wesen der Ideale hat aber die deutsche Bildung in ihren Bann gezogen und jene vermeintlich höhere Sphäre erzeugt, in der sich das deutsche Bürgertum dem wirklichen Ernst des Lebens zu entziehen sucht; der substantielle Gehalt hingegen ist versunken; daß Götter ernst genommen werden könnten, war und ist liberalem Bildungsdenken unbegreiflich und suspekt. So blieben denn nur die Gespenster jener Schatten, nämlich die sog. ›Leitbilder‹ übrig«.[14] Neben die Leitbilder in der Pädagogik treten in der Ethik Philosophie und im Rechtsleben die »Werte«, verstanden als Geltungsgrund, aus dem die zu positivierenden Normen hervorgehen.

---

13 G. Picht, a. a. O., (Anm. 1).
14 A. a. O.

Die Botschaft der imago Dei geriet in den Sog neuzeitlicher Subjektivität. Diese hat in einem langandauernden Prozeß die göttlichen Eigenschaften der Autonomie, des Selbstseins (Aseität), und des Herrschaftsanspruches in die Selbstbehauptung des Menschen übernommen und anspruchsvoll gegenüber einer zu produzierenden Welt entfaltet. Hier liegt zugleich ein Vorgang der Entfremdung zugrunde: Autonomie beansprucht, nicht im Dialog mit Gott, im Beobachten und Beachten auf Gesetze einzugehen. Es wird unterstellt, daß im menschlichen Subjekt alle Voraussetzungen für jegliche Form der Weltorientierung enthalten seien, die Folgen sind Abstraktion, Rücksichtslosigkeit, Sinnlosigkeit, die einsetzen, sobald der Mensch isoliert die »Werte« setzt und »Sinn« entwirft. Im Herrschaftsanspruch liegt das Moment der »Verfügung über die Umwelt«, bei dem nicht deren eigenes Sein und Leben berücksichtigt, sondern nur der materielle Nutzeffekt für den Menschen gesucht wird, so daß das Ergebnis Ausbeutung der Natur ist. Der in dieser Form radikal autonome Mensch macht sich selbst zum Schöpfer und verliert seine Bestimmung.

IV. Elemente und Ursprünge der Entfremdung

1. Wenn wir die Konsequenzen dieses höchst verschlungenen Wirkungszusammenhangs bedenken, so ergibt sich die doppelte Aufgabe: Ohne dogmatische Rechthaberei, die selbst nur Ausdruck eines »trostlosen Weltbildes für leer gewordene Seelen« (*Weizsäcker*) wäre, soll lebensmäßig bezeugt werden, was im Glauben erfaßt wird: daß in Christus das Bild Gottes aufgerichtet wird in der kreatürlichen Welt, daß im individuellen Lebensprozeß dieses Bild Gestalt gewinnt als Wahrheit des erneuerten Menschen. Dies hat nur Sinn und Realität, sofern wir bereit sind anzugeben, was dies für die Aspekte der Sozialisation, Mental Health, Bildungsziele, Ziele lokaler, regionaler, nationaler, internationaler Handlungs- und Lebensformen positiv bedeutet. Einstweilen sind wir eher dazu in der Lage, via negationis zu sagen, wogegen Abgrenzungen geboten sind. Dies wurde in exemplarischer Form von Sektion I der Weltkirchenkonferenz von Uppsala 1968 zum Ausdruck gebracht:

> »Mit dieser Wahrheit des in Christus erneuerten Menschen müssen wir die tragischen Entstellungen des Menschseins im Leben der Menschheit, gelegentlich sogar in der christlichen Gemeinschaft, beurteilen und zurückweisen. Die Kirchen haben sich gegen jeglichen Rassismus ausgesprochen; dennoch gibt es bei ihnen Rassentrennungen, so daß, selbst wenn sie sich im Namen Christi versammeln, einige aufgrund ihrer Hautfarbe ausgeschlossen werden. Eine solche Leugnung der Katholizität erfordert raschesten und leidenschaftlichsten Widerstand. Wie lange oh Herr, wie lange noch? Erneuerung muß in der Ortsgemeine beginnen durch das Aufspüren und die Beseitigung aller Exklusivität von Rasse und Klasse sowie durch den Kampf gegen alle

wirtschaftliche, politische und soziale Entwürdigung und Ausbeutung von Menschen.«[15]

Die kritische Potenz dieses Verständnisses entfaltet sich auf vielen Gebieten. An zwei Beispielen soll dies abschließend verdeutlicht werden.

2. *Karl Marx* hat im Anschluß an Fichtes und Hegels Begriff der »Entäußerung« bekanntlich die Zerstörung des »menschlichen Wesens« unter den modernen Bedingungen einer auf Lohnarbeit und Kapitalbesitz beruhenden Gesellschaft diagnostiziert. Ihm erschien die schöpferische, die Natur vermenschlichende Arbeit und damit die vergegenständlichte Arbeit, die Welt der menschlichen Produkte, als »aufgeschlagenes Buch der menschlichen Wesenskräfte«. Erst die vollständige Wiederaneignung des menschlichen Wesens durch den Menschen befreit die Menschlichkeit und den einzelnen Menschen von der Macht der entfremdeten Welt. Marx unterscheidet vier Aspekte der entfremdeten Arbeit:

– Dem Arbeiter wird sein Produkt fremd. Was er – gemeinsam mit anderen – erzeugt, steht ihm am Ende des Produktionsprozesses fremd und feindlich als kapitalistisches Produktionsmittel gegenüber, als Werk, das, seinerseits nur ein Element in dem zusammenhängenden Reich der Waren, unbekannten und verhängnisvollen Gesetzmäßigkeiten unterworfen ist.
– Dem Arbeiter wird auch seine Tätigkeit fremd, sie ist nicht die freie Äußerung seiner menschlichen Wesenskräfte, sondern abgezwungen, durch die Umstände bedingte Entäußerung. Ihre Beziehung zur Person wird beliebig; sobald die äußere Not wegfällt, wird die Arbeit wie die Pest geflohen.
– Damit entfremdet sich der Arbeiter aber der menschlichen Gattungseigenschaft selbst. Was das Wesen des Menschen ausmacht – schöpferische Arbeit zu vollbringen –, wird hier zum Mittel für die Fristung der rein animalischen Existenz degradiert und pervertiert.
– Hieraus aber folgt endlich, daß auch das Verhältnis der Menschen zueinander entfremdet wird, was sich am deutlichsten an der Beziehung der Geschlechter ablesen läßt. An ihm zeigt sich nämlich, »inwieweit das Bedürfnis des Menschen zum menschlichen Bedürfnis, inwieweit ihm also der andere Mensch als Mensch zum Bedürfnis geworden ist, inwieweit er in seinem individuellsten Dasein zugleich Gemeinwesen ist«.[16]

Inzwischen hat sich gezeigt, daß die Ursachenverkettung, die zur entfremdeten Arbeit geführt hat, in einer gesamtneuzeitlichen Erwartungshaltung begründet ist, die eine unbeschränkte Verfügungsgewalt gegenüber den Ressourcen der Natur unterstellt. Der Übergang von der sozialistischen zur klassenlosen Gesellschaft soll möglich werden, wenn die Produktivkräfte und Produktions-

---

15 Sektion I der Weltkirchenkonferenz von Uppsala 1968, in: Uppsala spricht. Die Sektionsberichte der 4. Vollversammlung des ÖRK, Genf 1968, 14 f.
16 MEGA I, 3, 113.

verhältnisse so wachsen, daß die expandierenden Bedürfnisse eines jeden befriedigt werden können, ohne daß Mangel zu einem neuen Kampf um Besitz und damit zu neuer Klassenherrschaft führt. Daß die Befriedigung der reichen, allseitigen Bedürfnisse der Menschheit erst bei einem hohen Entwicklungsstand der Produktivkräfte möglich sei, ist aber gemeinsame Überzeugung kapitalistischer und marxistischer Theorie und Weltanschauung.

Der kürzlich verstorbene Ökonom *E. F. Schumacher*[17] hat daher die größere Reichweite des Problems angedeutet, wenn er von drei Aspekten spricht, die die gleiche Ursache zu haben scheinen:

– Auf der Ebene des Menschen: eine immer weiter um sich greifende Neurose;
– auf der Ebene der »unter« dem Menschen liegenden lebenden Natur: eine Häufung von Anzeichen, daß wir einer ökologischen Katastrophe zutreiben;
– und auf der niedrigsten Ebene der leblosen Natur: das Gespenst einer radikalen Verknappung lebenswichtiger Rohstoffe, vor allem der fossilen Brennstoffe.

Nach Schumacher handelt es sich um Metanoia, ein Zurück zum Menschen und damit ein Zurück zu Gott; denn der Mensch wird erkannt als Bild Gottes.

»Wie eine Tangente vom Kreis, so hat sich der Mensch vom Ebenbild Gottes fortbewegt, und man kann direkter und schneller von der Tangente zum Kreis zurückkehren, als auf dem Weg der Tangente. In diesem Sinne ist die Rückkehr keine Annullierung der Vergangenheit, sondern vielmehr das Beschreiten eines bisher nicht begangenen Weges. Und das Ziel dieser Rückkehr? Der dreifachen Krise gemäß ist es ein dreifaches Ziel – ein menschenwürdiges Leben; ein Lebensstil, der der lebenden Natur gegenüber schonend und ehrfurchtsvoll ist, und eine Wirtschaftsweise, auf Dauer und Frieden angelegt, d. h. sparsam mit unersetzlichen Rohstoffen. Das dreifache Ziel ruft nach einer dreifachen Strategie – für den Menschen: sinnvolle und schöpferische Betätigung; gegenüber der lebenden Natur: biologisch korrekte, giftfreie Produktionsweisen; und gegenüber den unersetzlichen Rohstoffen: schärfste Beschränkung des Verbrauchs.«[18]

Schumacher hat mit großer Unbefangenheit theologisches Denken mit Anschaulichkeit erfüllt. Er folgte damit dem Ansatz Tillichs, der den Entfremdungsbegriff in die Dialektik menschlicher Existenz zwischen Sein (in Gott bzw. Christus) und Nichtsein (in der verdinglichten Welt) einträgt und den Kampf gegen die Verdinglichung zum universalen Auftrag der Christenheit erklärt.

3. Wurde zuletzt Entfremdung im Bildungsprozeß der Menschheit angesprochen, so stellt sich das Problem auch im Bildungsprozeß des einzelnen Individuums. Dies kann zunächst am Begriff der Emanzipation verdeutlicht werden.

---

17 Vgl. E. F. Schumacher, Es geht auch anders. Jenseits des Wachstums. Technik und Wirtschaft nach Menschenmaß, München 1974, 29 ff.
18 A. a. O., 42.

Das emanzipatorische Interesse in Psychoanalyse und Bildungstheorie ist zu hinterfragen. Nach *Habermas* ist es der Sinn der Psychoanalyse im Freudschen Verständnis, Selbstreflexion auf das eigene Ich zu lenken bzw. dem Patienten zu ermöglichen, Bewußtsein auf die ihm eigenen Verzerrungen zu lenken und dadurch zu einer »gelungenen Fortsetzung seiner Lebensintentionen« zu befähigen. Habermas versucht, mit Selbstreflexion und »explanatorischem Verstehen« eine Instanz zu gewinnen, die herkömmlicherweise die Theologie vertrat. An die Stelle einer inhaltlichen Bestimmung des Menschen tritt die Kategorie der »Intentionalität«. *Christopher Nichols* fragt aus klinischer Erfahrung: »Wörtlich genommen, würde *Habermas'* Abwehr der ›kontextfreien Deutungen‹ die Möglichkeit einschließen, daß einige psychotische Patienten wirklich Gott sind, *gar nicht* existieren oder noch im Mutterleib sind.«[19] *Freud* zeigte selbst die Grenze der Psychoanalyse:

> »Da die Psychoanalyse ein Maß von psychischer Plastizität bei ihren Patienten in Anspruch nimmt, muß sie sich bei deren Auswahl an gewisse Altersgrenzen halten. Da sie eine lange und intensive Beschäftigung mit dem einzelnen Klienten bedingt, wäre es unökonomisch, solchen Aufwand an völlig wertlosen Individuen, die nebenbei auch neurotisch sind, zu vergeuden.«[20]

Der Emanzipationsbegriff hat die Funktion eines Erziehungsideals und ist das meist gebrauchte Ziel in der Pädagogik. Zugleich sehen wir die Krise dieses Ansatzes. Das aus der Sinndeutung einer Totalität des Daseins abgeleitete Erziehungsziel Emanzipation hat einen totalen logischen Spielraum; es verbietet nichts, es bleibt leer, ja es verbietet am Ende Erziehung. Wir haben es – wie beim Begriff der »Intentionalität« – mit dem Sachverhalt zu tun, daß die Kategorie Emanzipation als Leer- und Friedensformel eingesetzt wird, hinter der das Bestreben nach eindeutiger Begrifflichkeit in der alten Differenziertheit weitergeht. Damit ist die Herausforderung für eine theologische Aktualisierung der imago Dei-Vorstellung hinreichend angedeutet.

4. Wir haben das Wort von der Gottebenbildlichkeit auf den göttlichen Handlungskreis bezogen, der zwischen Gott und Mensch, Mensch und Menschheit, und Mensch und Natur ausgelegt ist. Im Zusammenspiel dieser Kräfte ereignet sich »Wirklichkeit«, hier realisiert sich Wahrheit oder wird Wahrheit verfehlt, und zwar eine Wahrheit, die sowohl die Existenz des Menschen als auch die Existenz der Natur erst ermöglicht. Wenn aber Wirklichkeit und Erfahrung so ihre theologische Relevanz erhalten, dann kann

---

19 Ch. Nichols, Wissenschaft oder Reflexion: Habermas über Freud, in: W. Dallmayr (Hg.), Materialien zu Habermas' »Erkenntnis und Interesse«, Frankfurt a.M. 1974, 401 ff: 414.

20 S. Freud, Psychoanalyse und Libidotheorie, in: ders., Gesammelte Werke 13: Jenseits des Lustprinzips u. andere Arbeiten aus den Jahren 1920–1924, Frankfurt a. M. [7]1972, 209 ff: 226.

zugleich der Wirklichkeitsverlust und der Erfahrungsverlust als eine der bedeutsamsten Ursachen der Entfremdung ausgemacht werden.

John Dewey, Urie Bronfenbrenner und *Hartmut von Hentig*[21] haben ganz allgemein die Frage gestellt, ob Arbeitsgänge und Ausbildungsgänge, die so hochgradig formalisiert sind, wie in unseren industriellen Systemen, Erfahrungen im Vollsinne überhaupt abwerfen können. Sachkenntnis, Maschinenverstand, Routine, fachliches Urteil, Spezialistentum bis zur Virtuosität ja, aber eine Erfahrung, die zyklisch ist und einen Lebensinhalt bilden könnte, kaum. '

Bronfenbrenner und Hentig geben der Erlebnisarmut, dem Mangel an primären Erfahrungen in der extrem arbeitsteiligen, standardisierten, unüberschaubaren, von Notwendigkeiten mehr als von verantworteten Ordnungen regulierten Welt die Schuld für die meisten Fehlentwicklungen. Die Familie, die Massenmedien und die Schule fördern die Erlebnisarmut, wenn Erlebnis verstanden wird als Wachstum, Differenzierung und Verantwortung fördernde Erlebnisse.

Die Schule verhindert die Erwachsenen wahrzunehmen, wie arm an konkreter Erfahrung, Aufgaben, Herausforderungen, an Anlässen zu Verantwortung und Verpflichtung, an Gelegenheiten zu sachlichem Verstehen und moralischer Einsicht das von ihnen repräsentierte gesellschaftliche Leben ist – jedenfalls solcher, die über die Familie hinausreichen. Den Erwachsenen ist selbst die Gelegenheit genommen, Vorbild zu sein und ihre Vorstellung von Sinn und Zweck ihrer Existenz zu demonstrieren. Die Folge ist, daß die Kinder und Jugendlichen die Subkulturen der Altersgenossen, in denen die gesellschaftlichen Einrichtungen sie massenhaft isolieren, mit der Anschauung und den Werten füllen, die sie den Reklamen, den Schaufenstern, dem Fernsehen, den Comics, den Illustrierten entnehmen. In diesen Schutzbereich dringen die Erwachsenen nicht ein; sie zeigen nicht, daß und wie sie für die Welt moralisch einstehen, die sie verwalten und von der sie erwarten, daß die nächste Generation sie dereinst übernimmt. Das macht es den Kindern und Jugendlichen so ungeheuer schwer, ihrerseits erwachsen zu werden.

Margret Mead[22] hat gezeigt, daß der Konflikt der Generationen einer Trennung der Generationen gewichen ist. Die alte Rivalität ist dadurch nicht aufgehoben, sondern nur auf eine für die Jugendlichen hoffnungslose Weise zugunsten der Erwachsenen entschieden. Das Zeitalter des Kindes, der Jugendkultur, der progressiven education, die Emanzipation der Jugend – sie haben nicht zu einer Stärkung ihrer Position geführt, sondern nur zu einer Dispensierung der Erwachsenen von der Verantwortung. Das Dilemma der Jugendlichen

21 Vgl. J. Dewey, Democracy and Education. An introduction to the philosophy of education, New York 1928; H. v. Henting, Einleitung zu: Ph. Ariès, Geschichte der Kindheit, Stuttgart ²1970; U. Bronfenbrenner, Die Ökologie der menschlichen Entwicklung. Natürliche und geplante Experimente, hg. v. K. Luescher, Stuttgart 1980.

22 Vgl. M. Mead, Der Konflikt der Generationen. Jugend ohne Vorbild, Olten 1971.

ist darum doppelt groß: die Kindheit und Jugend erscheint ihnen nichtig, abhängig, abgeleitet; das Erwachsensein nicht nur heuchlerisch (so erschien es vielen Generationen vorher), sondern ohnmächtig und also verächtlich. Angesichts der Entwertung jeder konkreten, den Fähigkeiten und Zielen des Einzelnen entsprechenden Berufsperspektive entsteht »Gleichgültigkeit« und Verzweiflung. Rebellion verspricht nichts mehr; es gibt nur Anpassung oder radikale Verneinung – eine denkbar schlechte und, wo sie bewußt wird, eine mit Notwendigkeit neurotisierende Alternative. Was wir schon heute an den sensibleren Jugendlichen erleben – daß sie den Utopien, den gewollten Abenteuern, der politischen »Fernstenliebe« anheim fallen – das muß sich, wenn die Entwicklungen ungebrochen anhalten, zu einer schweren Gefährdung der Kultur auswachsen.

Es ist nun hinreichend deutlich geworden, daß die heilsame Botschaft von der Gottebenbildlichkeit des Menschen eine Brisanz entwickelt, die nicht nur gesammeltes Nachdenken, Forschung herausfordert, sondern ein neues Wirklichkeitsverständnis und ein neues Arbeitsverhältnis gegenüber der Wirklichkeit von uns verlangt.

Sanctity or Quality of Life?

Zum Stand der wissenschaftsethischen Debatte um Peter Singers Ansatz

»Der Streit um Leben und Tod« wird aus einsichtigen Gründen in Deutschland mit besonderer Leidenschaft ausgetragen. Es hat sich die Erkenntnis durchgesetzt, daß das nationalsozialistische Regime seine »Euthanasie«-Verbrechen auf dem Hintergrund einer vorauslaufenden »wissenschaftlichen« Debatte um das Lebensrecht und die Lebensqualität des Menschen, um »Euthanasie«, Sterbehilfe, um die genetischen Qualitäten von Menschen durchgeführt und mit Zielsetzungen wie »Verbesserung der Volksgesundheit« verbrämt hat. Wen wundert die Empörung, als der australische Moralphilosoph *Peter Singer* zu wissenschaftlichen Kolloquien nach Deutschland eingeladen wurde, um seine Thesen zur »Euthanasie« zur Diskussion zu stellen?[1] Man könnte auch rasch zur Tagesordnung übergehen, wenn die ethischen Grundfragen, die Peter Singer aus seinem Ansatz einer »Praktischen Ethik« – basierend auf ausgeprägten angelsächsisch utilitaristischen Grundannahmen – beantwortet, in Deutschland im Zuge der Vergangenheitsbewältigung gelöst und für folgende Generationen verbindlich bearbeitet wären. Es müßte sich ein öffentlicher und tragfähiger Konsens herausgebildet haben. Gibt es diesen Konsens, wie tragfähig ist er gegebenenfalls? Auf diese – begrenzten – Fragestellungen beziehen sich die folgenden Ausführungen.

I. Ethische Herausforderungen durch Peter Singers Ansatz

Beginnen wir mit einer Kernthese Peter Singers:

> »Wenn wir die veraltete und irrige Vorstellung von der Heiligkeit allen menschlichen Lebens ablegen, dann können wir damit beginnen, menschliches Leben als das zu betrachten, was es wirklich ist: vom Standpunkt der Lebensqualität aus, die ein menschliches Lebewesen besitzt oder erreichen kann. Dann wird es möglich sein, sich

---

1 Die wichtigsten Publikationen Peter Singers sind: Sanctity of life or quality of life, in: Pediatrics 72, 1983; Befreiung der Tiere, München 1982; Praktische Ethik, Stuttgart 1984; P. Singer/H. Kuhse, Ethical Issues in Reproductive Alternatives for Genetic Indications, in: F. Vogel / K. Sperling (Hg.), Human Genetics, Berlin 1987, 683 ff.

diesen schwierigen Fragen von Leben oder Tod mit dem erforderlichen ethischen Feingefühl zu nähern.«[2]

Die Frontstellung ist deutlich: Singer wendet sich gegen ethische Positionen, die in der jüdisch-christlichen Tradition entstanden sind und zu dem Glauben geführt haben, »daß das Leben der Angehörigen unserer Gattung heilig sei«.[3] Der aus der Gottesebenbildlichkeit des Menschen abgeleiteten Ethik wird die »praktische Ethik« aus der Tradition des Utilitarismus und auf der Basis der Evolutionstheorie entgegengesetzt. Singer stellt fest, daß Menschen und Tiere eine Interessengleichheit verbindet, nämlich Schmerz zu vermeiden und Lust bzw. Glück zu empfinden. Dieses utilitaristische Argument wird zu einem »ethischen«, sofern der universale Standpunkt eingenommen wird und die »Interessen aller« berücksichtigt werden. »Die utilitaristische Position ist eine minimale, eine erste Grundlage, zu der wir gelangen, indem wir den vom Eigeninteresse geleiteten Entscheidungsprozeß universalisieren.«[4] Die evolutionstheoretische Position Singers fußt auf dem Gedanken: »Das Leben als Ganzes hat keinen Sinn.« Es entwickelte sich durch »willkürliche Mutationen« und »natürliche Selektion«. All dies geschieht »ohne irgendein übergeordnetes Ziel«.[5] Allerdings überleben und reproduzieren sich menschliche Wesen durch zielbewußte Handlungen. Der höchste Sinn und Zweck im individuellen Leben ist es, sich seiner Situation in der Welt bewußt zu werden und über seine Ziele nachzudenken.[6] Auf dem Wege dieser Reflexion kommt Singer zu einer Art evolutionären Drei-Stufen-Theorie des Lebens: Es gibt 1. »selbstbewußtes Leben« (Person-sein), 2. »bewußtes Leben« und 3. »nichtbewußtes Leben«. Diese Formen des Lebens stehen in einer hierarchischen Rang- und Wertordnung; den einzelnen Lebewesen ließen sich nach der Regel des IQ-Test-Verfahrens Zahlenwerte zuschreiben. Damit wird auch vorentschieden, daß behinderte und vor allem schwer geistig behinderte Menschen in der Wertskala weit unter hochentwickelten Tieren rangieren[7]:

> »Ein Schimpanse, ein Hund oder ein Schwein etwa wird ein höheres Maß an Bewußtsein seiner selbst und eine größere Fähigkeit zu sinnvollen Beziehungen mit anderen haben als ein schwer zurückgebliebenes Kind oder jemand im Zustand fortgeschrittener Senilität. Wenn wir also das Recht auf Leben mit diesen Merkmalen begründen, müssen wir jenen Tieren ein ebenso großes Recht auf Leben zuerkennen

---

2 P. Singer, Sanctity, 129.
3 P. Singer, Ethik, 108.
4 A. a. O., 24.
5 A. a. O., 294.
6 A. a. O., 298.
7 A. a. O., 122 ff.

oder sogar ein noch größeres als den erwähnten zurückgebliebenen oder senilen Menschen.«[8]

Der evolutionstheoretische Ansatz führt in seiner Kombination mit dem Präferenz-Utilitarismus folgerichtig zu einer Methodik ethischer Urteilsbildung, in der die Eugenik und Euthanasie ihren festen Stellenwert erhalten:

»Sofern der Tod eines geschädigten Säuglings zur Geburt eines anderen Kindes führt, dann ist die Gesamtsumme des Glücks größer, wenn der behinderte Säugling getötet wird. Im Kern ist die Sache freilich klar: die Tötung eines behinderten Säuglings ist nicht moralisch gleichbedeutend mit der Tötung einer Person. Sehr oft ist sie überhaupt kein Unrecht.«[9]

Zwar will Singer jeder »unfreiwilligen Euthanasie« gegenüber einen theoretischen Riegel vorschieben. Deshalb sagt er,

»daß die Euthanasie nur dann gerechtfertigt ist, wenn jene, die getötet werden, entweder: (1) die Fähigkeit, ihrem Tod zuzustimmen, nicht haben, weil sie die Wahl zwischen der Fortsetzung ihrer Existenz und ihrer Nicht-Existenz nicht zu verstehen vermögen; oder (2) die Fähigkeit haben zwischen der Fortsetzung ihres Lebens und dem Tod zu wählen, und eine wohlinformierte, freiwillige und sichere Entscheidung treffen, zu sterben«[10].

Viele erschreckte Hörer und Leser der Thesen Singers haben sofort auf die unmittelbare Verwandtschaft mit der auf darwinistischen Annahmen beruhenden nationalsozialistischen Ideologie hingewiesen. So haben die einflußreichen Vorläufer der Nazis, *Hoche* und *Binding*, in ihrem 1920 erschienenen Buch »Die Freigabe der Vernichtung lebensunwerten Lebens« fast wörtlich die gleichen Schlußfolgerungen gezogen wie Singer:

»Wieder finde ich weder vom rechtlichen noch vom sozialen, noch vom sittlichen, noch vom religiösen Standpunkt aus schlechterdings keinen Grund, die Tötung dieser Menschen, die das furchtbare Gegenbild echter Menschen bilden und bei fast jedem Entsetzen erwecken, der ihnen begegnet, nicht freizugeben.« Und: »Das Wesentlichste ist das Fehlen der Möglichkeit, sich der eigenen Persönlichkeit bewußt zu werden, das Fehlen des Selbstbewußtseins. Die geistig Toten stehen auf einem intellektuellen Niveau, das wir erst tief unten in der Tierreihe wieder finden, und auch die Gemütsre-

---

8 P. Singer, Befreiung, 40; vgl. auch: G. Feuser, Lebensrecht und Förderung für Menschen mit Behinderungen. Sonderpädagogik und Ethikdiskussion, in: C. Adam/ P. Lindert (Hg.), Griff nach dem Leben? Lebensrecht für Menschen mit Behinderungen! Wissenschaftliche Diskussion am 29. Januar und 8. Februar 1990, Dortmund 1990, 55 ff.
9 P. Singer, Ethik, 188.
10 A. a. O., 200.

gungen erheben sich nicht über die Linie elementarster, an das animalische Leben gebundener Vorgänge.«[11]

Kannte Singer diese Zusammenhänge nicht? Er kennt sie, aber er bewertet sie höchst eigenwillig. Er fragt sich, ob die Euthanasie der erste Schritt sei, der ihn auf die schiefe Bahn bringt, und verneint diese Frage. Die Verbrechen der Nationalsozialisten beruhten seiner Meinung nach auf der »Rassenideologie« und der Vernichtung der »Nicht-Arier«. »Somit ist es nicht die Auffassung, daß einige Lebewesen kein lebenswertes Leben haben, durch die sich die Nazis von normalen Leuten, die keine Massenmorde begehen, unterscheiden.«[12] Er sagt selbst, es wäre ein Grund, die Euthanasie zu verdammen, wenn diese aus irgendeinem Grunde zwangsläufig zu den Greueltaten der Nazis führen würde.[13] Hier übersieht Singer den ideologischen Zusammenhang: Die Verbindung von darwinistischer Moral und Antisemitismus führte dazu, die jüdischen Mitbürger zusammen mit Behinderten und alten Menschen in »Untermenschen« und »lebensunwertes Leben« umzudefinieren. Auch die Forderung Singers, nur Ärzte sollten über Leben und Tod entscheiden, wurde von den Nazis aufs Ganze gesehen beachtet. Es fanden sich Ärzte, die im Dienste der Wissenschaft und Volksgesundheit zu jeder Form der Euthanasie und Menschenselektion bereit waren. In der Verharmlosung dieser Zusammenhänge liegt ja auch die Ursache für die Heftigkeit und Emotionalität der Reaktionen, denen Singer gerade in Deutschland begegnete.[14]

Abgesehen von solchen Reminiszenzen liegen die Folgen des Ansatzes einer »Praktischen Ethik« dieses Zuschnitts für die biologisch-medizinische Forschungspraxis auf der Hand. Singer und seine Mitarbeitern haben sich dazu beim 7. Internationalen Kongreß für Humangenetik 1986 in Berlin auch ausdrücklich bekannt: Hierzu gehören die unbegrenzte Verschwendung, Benutzung und Vernichtung menschlicher Keimzellen, Zygoten und früher Embryos ebenso wie die Herstellung von Embryonen für Forschungszwecke ohne Einschränkung; darüber hinaus können auch ältere Embryonen/Föten mit vorhandenen Hirnfunktionen und Nerven schmerzlos getötet und für For-

---

11 K. Binding / A. Hoche, Die Freigabe der Vernichtung lebensunwerten Lebens, Leipzig 1920, 57 f.

12 P. Singer, Ethik, 211.

13 A. a. O., 209 ff.

14 Vgl. hierzu R. Merkel, Der Streit um Leben und Tod. DIE ZEIT (Dossier) Nr. 26 vom 23. Juni 1989, 13 ff und die Wiedergabe der dazu in der ZEIT-Redaktion geführten Diskussion mit dem Titel »Exzeß der Vernunft oder Ethik der Erlösung«; DIE ZEIT (Dossier) Nr. 29 vom 14. Juli 1989, 9 ff; ferner auch einen Beitrag von H. Schuh, Läßt sich Euthanasie ethisch begründen? in: DIE ZEIT (Modernes Leben) Nr. 25 vom 16. Juni 1989, 77 und die zu diesen ZEIT-Beiträgen geführte Leserbriefdiskussion (DIE ZEIT, Nr. 29 vom 14. 7. 1989, 54/55 und Nr. 33 vom 11. 8. 1989, 12).

schungsexperimente verwendet werden, denn diesen fehlen die Kriterien für Personalität und auf die Zukunft gerichtetes Bewußtsein. Da sich Personalität und Selbstbewußtsein erst im ersten Lebensjahr und auch nur bei gesunden Kindern voll einstellen, ist – unter ärztlicher Kontrolle – Infantizid oder Tötung durch Nahrungsentzug oder Therapieverweigerung zulässig. Auch der Schritt zur Tötung von Schwerkranken/Unfallverletzten oder Alten, bei denen die Kriterien für Personalität nicht mehr zutreffen, wird bewußt gedanklich vollzogen. Die Forderung nach Übertragung der Entscheidungskompetenz auf Ärzte- und Ethikkommissionen ändert nichts an der Tatsache, daß von Singer und seiner Mitarbeiterin Kuhse der Grundsatz für die Praxis der Forschung und für den gesellschaftlichen Umgang mit menschlichem Leben aufgestellt wird, im Rahmen dieser Ethik sei es möglich und notwendig, lebenswertes und lebensunwertes Leben zu unterscheiden und das unwerte Leben gegebenenfalls zur Tötung freizugeben.[15]

II. Die Übertragung auf die Behindertenpädagogik

Das etwas ausführliche und häufig wörtliche Referat sollte dem Leser ein möglichst authentisches Bild vermitteln und ihn nötigen, den eigenen Ansatz zur ethischen Urteilsbildung in den zur Debatte stehenden Fragen aufzusuchen. Zum ersten Male in der Nachkriegszeit sind wir mit einer Konzeption konfrontiert, in der der auf der Evolutionstheorie basierende wissenschaftliche Zeitgeist unverblümt hervortritt und all die Folgerungen zieht, die latent ohnehin im Scientismus angelegt sind. Es ist deshalb kaum verwunderlich, daß man in den angelsächsischen Ländern gelassen darüber debattiert und nicht selten offene Zustimmung zu verschiedenen Thesen erkennen läßt. Auch in Deutschland hat Singer keineswegs nur Ablehnung erfahren. Vielmehr hat der in Dortmund lehrende Behindertenpädagoge *Christoph Anstötz* eine »Heilpädagogische Ethik auf der Basis des Präferenz-Utilitarismus« entfaltet, die sprachlich zurückhaltender, in den Konsequenzen vorsichtiger argumentiert, aber den wissenschaftlichen Intentionen Singers weitgehend folgt.[16] Bei Anstötz wird auch die Frontstellung deutlicher und die Problemzuspitzung auf den Umgang

---

15 Vgl. hierzu G. Feuser, a. a. O., 73 f, Anm. 16 unter Bezug auf den Bericht des 7. Internationalen Kongresses für Humangenetik vom 22.–26. 9. 1986 in Berlin und die dort vorgetragenen Thesen.

16 Vgl. vor allem C. Anstötz, Heilpädagogische Ethik auf der Basis des Präferenz-Utilitarismus. Rationale Grundlegung einer Pädagogik für Schwerstbehinderte im Rahmen einer Mensch-Tier-Ethik, in: Behindertenpädgogik 27, 1988, 368 ff; ders., Ethik und Behinderung, Stuttgart 1990; ders, Ethik – nur eine pädagogische Fußnote? in: Heilpädagog. Forschung 12, 1985, 349 ff.

mit »Schwerstbehinderten« klarer. Die Argumentation läßt sich kurz zusammenfassen: Seit der NS-Zeit fehlt der Schwerstbehindertenpädagogik eine rationale ethische Begründung. Gefühle allein (z. B. Abscheu vor den Greueltaten der NS) sind keine Basis für eine Schwerstbehindertenpädagogik.

Anstötz kritisiert herkömmliche Ansätze zur Rechtfertigung von Schwerstbehindertenpädagogik, da diese nicht ohne Rückgriff auf »nicht-rationale Wesenheiten«, »Dogmen« und »teilrationale Systeme« auskommen. In diesen Ansätzen wird das Besondere der Gattung Mensch herausgestellt, im christlich-jüdischen Zusammenhang wird auf die unsterbliche Seele und die Gottesebenbildlichkeit verwiesen. Philosophische Grundlegungen greifen auf Eigenschaften wie Rationalität, Vernunft usw. zurück. Schwerstbehinderte besitzen diese Eigenschaften wie Rationalität usw. jedoch nicht. Um diese Diskrepanz zwischen moralisch relevanten Eigenschaften der Gattung Mensch und den individuellen Eigenschaften der Behinderten zu überwinden, werden verschiedene Mittel angewendet, z. B. wird das Recht auf Erziehung der Schwerstbehinderten einfach postuliert. Oder man führt das Argument an, Schwerstbehinderte gehörten zur Spezies Mensch.

Die Gattung Mensch lehnt Anstötz jedoch als ethisch irrelevant ab, sie führt lediglich zu »Speziesismus«. Hier schließt sich Anstötz der Argumentation von Singer an. Singers Position ist für ihn eine Alternative zu den herkömmlichen Ansätzen, denn sie verpflichtet zu einer Schwerstbehindertenpädagogik:

Die Gesamtsumme des Glücks soll vermehrt werden. Dies geschieht auch dann, wenn man Schwerstbehinderten zu einem glücklicheren Leben verhilft. Außerdem bewahrt das Prinzip der gleichen Interessenerwägung die Behinderten vor Benachteiligung. Schwerstbehindertenpädagogik hat die Aufgabe, als Stellvertreterin die Interessen der Behinderten zu artikulieren und durchzusetzen (= sozialpolitische Aufgabe) und durch Förderungsmaßnahmen die Lebensqualität der Behinderten zu verbessern.[17]

Anstötz folgt, wie gezeigt, der Argumentation Singers bis zu dem Punkt, an dem die Trennungslinie zu ziehen ist zwischen dem menschlichen Leben, demgegenüber »keine Interessen mehr zu berücksichtigen« sind, und der Solidarität, für die sich gerade der Schwerstbehindertenpädagoge stark macht. Sie wird mit der Kategorie der »Empfindungsfähigkeit« umschrieben.

»Insofern Rationalität, Vernunft und Selbstbewußtsein sehr eng mit der Empfindungsfähigkeit so oder so zusammenhängen und die jeweiligen Interessen und Bedürfnisse bestimmen, sind sie auch in ethischer Hinsicht relevant und lassen eine (allerdings grobe) Unterscheidung zwischen selbstbewußtem und lediglich bewußtem Leben zu.« Eine zweite Trennungslinie ergibt sich daneben: »die Trennlinie, die sich aus der Empfindungsfähigkeit ergibt, die jedem bewußten Leben, auch dem des noch so schwerbehinderten Menschen und dem vieler Tiere zukommt. Jenseits dieser Grenze,

---

17 C. Anstötz, Heilpädagog. Ethik, a. a. O., 370.

wo keine Empfindungen möglich sind, gibt es auch keine Interessen mehr zu berücksichtigen.«[18]

Das ist für Anstötz die neue Situation, die sich aus der Ablehnung der Gattungskategorie und aus der Gleichheit der Interessen von Mensch und Tier ergibt. Auch Anstötz entgeht auf diesem Wege nicht der Gefahr, den Umgang von Mensch zu Mensch mit dem Umgang von Mensch zu Tier auf die gleiche Stufe zu stellen und beide der Bewertung nach selbstbewußtem, bewußtem, empfindendem und nicht-empfindungsfähigem Leben auszusetzen. So sehr bei Singer und Anstötz eine durchaus sympathische Interessensolidarität mit dem Lebensrecht der Tiere aufleuchtet, so sehr wird umgekehrt die Solidargemeinschaft der Menschen prinzipiell relativiert und mit bestimmten Grenzlinien versehen.

III. Ein alternativer wissenschaftsethischer Entwurf

Die bisherigen Ausführungen haben deutlich gemacht, daß die Behindertenpädagogik gegenwärtig um eine »wissenschaftliche« Fundierung bemüht ist und sich dabei von der »christlichen Ethik« im Stich gelassen fühlt. Allerdings gibt es auch völlig andere Versuche, die zu entsprechend anderen Ergebnissen führen. Eine bemerkenswerte Alternative zu Anstötz hat der Bremer Behindertenpädagoge *G. Feuser* kürzlich vorgetragen, der lediglich im Anspruch auf wissenschaftliche Rationalität mit seinen Kontrahenten übereinstimmt.[19] Sein Ansatz läßt sich wie folgt zusammenfassen:

Die heutige Praxis der Heil- und Sonderpädagogik ist von einem »pragmatischen Utilitarismus« gekennzeichnet. Auch noch jenseits aller wirtschaftlichen Leistungen bleibt der Nutzen der Betroffenen ein enormer. D.h. behinderte Menschen werden in jedem Fall instrumentalisiert. Solange sich die Heil- und Sonderpädagogik den sie konstituierenden Prinzipien der Selektion und Segregation nicht widersetzt, wird ihr Zweck der Erziehung immer ein ökonomisches, gesellschaftsimmanentes Moment sein (Erziehung zur Funktionsfähigkeit, um möglichst wenig der Allgemeinheit zur Last zu fallen). Die Konsequenz, die wir daraus zu ziehen haben, ist radikal: Integration zu praktizieren und so eine neue Kultur zu schaffen.[20]

Prinzipiell gilt: Eine Ethik ist auch dann noch rational zu begründen, wenn ihre Basis eine Setzung ist, wie z. B.: »Das Lebensrecht eines Menschen kann nicht in Frage gestellt werden.« Eine solche Setzung wäre nicht zu rechtfertigen, aber rational zu begründen. Feuser macht genau diese Setzung und

---

18 A. a. O., 377 f und ders., Ethik und Behinderung, letztes Kapitel.
19 G. Feuser, a. a. O.
20 A. a. O., 64.

versucht nun, diesen Standpunkt rational zugänglich zu machen. Ethik bezeichnet die übergeordneten Regularien der Sozialität der Menschen; das Erlernen dieser Regularien sichert sowohl die individuelle Existenz wie auch die der Gattung selbst. Ethik hat also nur und ausschließlich mit dem Menschen zu tun (gegen Singers Vorwurf des Speziesismus), sie ist für das Überleben der Spezies Mensch notwendig. Ethik hätte somit beizutragen: 1. zur Arterhaltung des Menschen schlechthin, 2. zur Erhaltung der menschlichen Individuen, die die Gattung Mensch konstituieren, 3. zur Realisierung der Bedingungen, die die Sicherung der Existenz des einzelnen Individuums ermöglichen.

Dies hat direkte praktische Auswirkungen: 1. Die Tötung eines Menschen kann ethisch nie gerechtfertigt werden. 2. Ziel muß die soziale Integration aller an den Rand gedrängten Menschen sein.[21] Die Kritik an der Singerschen Ethik läuft auf folgende Gesichtspunkte hinaus: Sie ist reduktionistisch, indem sie einem egoistischen Eudämonismus huldigt. Sie ist partikularistisch durch die Begrenztheit ihrer Maximen auf jenen Teil der Gesellschaft, die die Macht haben, ihre Glückseligkeit auf Kosten anderer zu betreiben. Sie ist pervers, indem sie das Glück der einzelnen durch die Negation des Leids des anderen zu steigern versucht. Sie ist eine Ethik des wirtschaftlichen Nutzens.

Feuser ist um ein wissenschaftlich operationalisierbares Menschenbild bemüht. Der Mensch ist eine bio-psycho-soziale Einheit. Egal, auf welcher Ebene eine Behinderung zustande kommt, wir bleiben immer auf die soziale Ebene verwiesen, von der her und auf die hin Pädagogik und Therapie bezogen sein müssen (»pars-pro-toto-Prinzip«). Die bio-psycho-soziale Einheit Mensch, die sich ihre gattungsspezifische Normalität über Lernen aneignen muß, findet ihr »Wesen« in der Gattung und nicht primär in sich. Jedes menschliche Individuum hat die Potenz, sich das gattungsspezifische Erbe zu eigen zu machen und damit seine menschliche Natur herauszubilden. Das ist nicht die Frage einer bestimmten Ebene oder eines bestimmten Niveaus, sondern allein die seiner Gewährung in einer dem Individuum aneignenbaren Struktur.[22]

Menschliche Existenz ist kein Zustand, sondern ein Entwicklungsprozeß. Jeder Mensch ist zu jeder Stufe seiner Entwicklung und diesem Niveau entsprechend zum vollen und umfassenden Erleben seiner Welt fähig. Dies trifft uneingeschränkt auch auf behinderte Menschen zu, denn ihre Beeinträchtigung modifiziert bzw. negiert diese entwicklungspsychologischen Grundlagen nicht. Jeder Mensch ist ein Entwurf dessen, was aus ihm werden kann – unabhängig von seiner jeweils aktuellen Lebenssituation und vom jeweils dominierenden Entwicklungsniveau. Mit der Tötungsforderung wird die eigene Entwicklung negiert, und sie kann nur noch begriffen werden als »Selbsttötung« der Ver-

---

21 Vgl. ebd.
22 Vgl. a. a. O., 67.

nunft. Diese Aussagen haben eine direkte Auswirkung auf die Ethik, denn sie konstituieren Lebensrecht und Recht auf Förderung jedes Menschen in einem; beides gehört untrennbar zusammen.

In der Fähigkeit jeder einzelnen Zelle zur Selbstorganisation ist auch verankert, daß Elemente des Psychischen (wie Sprache, Bewußtsein, Emotionen) zum einen Produkte selbstorganisierter Lebensprozesse sind, zum anderen zugleich Organisatoren und Regulatoren der Selbstorganisation. Der Organisator von Selbstorganisation ist die Zeit. Mithin ist kein Leben vorstellbar, das nicht in der Zeit organisiert ist. Wird ein Mensch getötet, so kommen wir in den Bereich seiner von ihm antizipierbaren Lebenszeit. Die Tötung behinderter Menschen greift in den Ultrazyklus der Produktion und Reproduktion der Gattung Mensch ein und führt so zu Veränderungen der gesamten Menschheit. Nicht nur die Lebensvielfalt der behinderten Menschen wird durch Selektion eingeschränkt, sondern auch die Lebenswelt der Menschen schlechthin (»psychosoziale Verkrüppelung«). Aus- und Einschluß von Behinderten und gar ihre Tötung sind für die Gattung Mensch kontraproduktiv. Daraus resultiert folgende Erkenntnis:

»Je beeinträchtigter ein Mensch, desto differenzierter muß die Sicherung seiner Grundbedürfnisse nach Gesundheit, Erziehung und Bildung erfolgen und desto größer muß der Grad der Komplexität seiner sozialen Integration und desto tragfähiger der darin mit ihm zu führende Dialog sein.«[23]

IV. Maximen und Kriterien christlicher Ethik

Der zuletzt dargestellte ethische Ansatz basiert sowohl auf evolutionstheoretischen Annahmen als auch auf dem historischen und dialektischen Materialismus. Die Frage drängt sich auf, ob das von der Evolution angestrebte Ziel der Selbststabilisierung des menschlichen Gattungsbereichs nicht auch eugenische Eingriffe zur Verbesserung der Gattungsqualität zuläßt, ja geradezu herausfordert. Zu fragen ist ferner, ob die Sonderpädagogik von der Theorie her zu einem Erfolgsdenken genötigt wird, in dem der Wert des Menschen in seiner Entwicklungsmöglichkeit begründet wird.[24]

Es gibt Menschen, die andere Menschen pflegen, bei denen kein Fortschritt erkennbar ist, bei denen keine Hoffnung besteht. Hier kommt ein Ethos zum

---

23 A. a. O., 70.

24 Dieser Einwand wurde Feuser gegenüber gemacht (a. a. O., 84): »Ich sehe einen schmalen Grat zwischen Singers Erfolgs- bzw. Nutzenethik und dem, was Sie vorgetragen haben. So erkenne ich in Ihrer Herleitung von Ethik eine materialistische Ausgangsbasis. Sie befürworten eine gattungsgeschichtliche Selbstorganisation unter Anlehnung von Ideen und Idealen. Die Einstellung, einen Menschen zu pflegen, weil er an sich einen Wert hat, lehnen Sie ab. Hier sehe ich den schmalen Grat.«

Tragen, das auf absoluten Werten basiert und ethische Leitlinien beachtet, die die Grenzen wissenschaftlicher Rationalität überschreiten. *Gerd Theißen* hat am Gleichnis vom barmherzigen Samariter diesen Sachverhalt herausgearbeitet: das Handeln des Samariters wird für ihn zum Exempel antiselektionistischen Handelns. Dem Nicht-Verwandten, dem Fremden, dem Aufgegebenen und Verlorenen wendet er sich zu.[25] Damit wird die von der wissenschaftlichen Rationalität mit Ratlosigkeit betrachtete Basis christlicher Ethik sichtbar. Sie knüpft an eine Deutung der Sinnfrage an, die sich zugleich in einen fruchtbaren und spannungsreichen Dialog mit der Wissenschaft und der darauf bezogenen Praxis begibt. Einige Grundsätze seien hier noch angedeutet:

1. Die Botschaft von der Gottes-Ebenbildlichkeit jedes Menschen beantwortet die Sinnfrage des Lebens durch den doppelten Verweis:
   Menschen sind zu einem Leben in Ehrfurcht vor Gott und zur Ehrfurcht gegenüber dem geschöpflichen Leben verpflichtet. Im »Bild« des Lebens und Sterbens des Christus ist die Bestimmung des Menschen zur Ebenbildlichkeit erneut ans Licht gekommen und hat eine spezifische Ausdeutung erfahren. Weder menschliche Untaten noch Schuld heben diese Bestimmung auf, noch ist die Würde des Menschen an bestimmte Qualitäten gebunden. Die Sinnfrage wird konzentriert auf die Bestimmung des Individuums und nicht in die Gattung verschoben.[26]

2. Der Sinn und die Perspektive des Lebens wird aufs engste verknüpft mit der zum Dienst bereiten Hingabe an den Nächsten, die darin begründet wird, daß Gott den Menschen in jedem und insbesondere in jedem bedürftigen, leidenden und verachteten Menschen begegnet. Die unlösbare Verbindung von Nächstenliebe und Gottesliebe, welche weder mit dem natürlichen Selbsterhaltungstrieb noch der Aufgabe der Arterhaltung harmonisiert werden kann, wird im Geschick Jesu, im Tode für den Sünder, zum Zentrum christlicher Verhaltensorientierung.

3. Der Mensch, der sein Leben am Maßstab der Nächstenliebe mißt und sich an diesem Maßstab als Sünder erkennt, soll gerade nicht in seinem Schuldigwerden fixiert werden. Sinn des Lebens ist vielmehr das spontane Handeln aus der Grunderfahrung, daß Gott die Negationen seines Lebens aufhebt und, wie es im Gleichnis heißt, Freude über die Umkehr des befreiten Sünders hat. Nicht aus dem Evolutionsprinzip, sondern aus dem Bewußtsein der geschenkten Erlösung, die zu einem Neuanfang bzw. zur Fortsetzung des Lebens ermächtigt, entsteht ethisches Handeln.

---

25 Vgl. G. Theißen, Die Bibel diakonisch lesen. Die Legitimationskrise des Helfens und der barmherzige Samariter, in: G. K. Schäfer / Th. Strohm (Hg.), Diakonie – Biblische Grundlagen und Orientierungen. Ein Arbeitsbuch zur theologischen Verständigung über den diakonischen Auftrag, Heidelberg 1990, 376 ff, bes. 392 ff.

26 Vgl. hierzu Th. Strohm, Die Gottesebenbildlichkeit und die Ursprünge der Entfremdung (abgedruckt in diesem Band, 155 ff).

4. Das im Christentum gegebene Verständnis von Würde, Mitmenschlichkeit und Schuld erzeugt Kommunikation und setzt Sozialisierungsprozesse in Gang, die zu integrativen Gruppenbildungen und zu Lernprozessen ohne Vorbedingungen ermutigen. Schon während seines irdischen Wirkens erscheint Jesus seinen Anhängern nicht bloß als Lehrer, nicht bloß als vollmächtiger Arzt und Heiler, sondern als der, der Gemeinschaft zwischen ungleichen, getrennten, feindlichen Menschen begründet.

5. Schon in den Schöpfungsberichten wird das Verhältnis von Mensch und außermenschlicher Natur nicht als harmonisches Gleichgewicht, sondern als Konflikt beschrieben, der durch die Schuld des Menschen verschärft ist. In diesem Konflikt ist der Mensch zur Mitkreatürlichkeit verpflichtet und muß bestmögliche Regelungen finden und verwirklichen. Die Kreatur wartet in ängstlichem Harren darauf, daß der Mensch seine Gott-Ebenbildlichkeit bewährt. Die Erwartung der Schöpfung richtet sich darauf, daß der versöhnte Mensch auch der Kreatur in ihrer Angst und Not zum Helfer bei ihrem Freikommen aus tödlicher Knechtschaft wird.

Die hier keineswegs vollständig angeführten Sinnelemente, die christliche Ethik wie auch den verbindlichen Dialog mit der wissenschaftlichen Rationalität begründen, können sinngemäß in eine Ethik der Verantwortung integriert werden. Aus ihr können für die Urteilsfindung Richtungskriterien abgeleitet und mit den in der Entscheidungssituation immer schon mitgesetzten Werten konfrontiert werden. Hierzu gehören z. B.:

– Solidarität und Verantwortung für den Mitmenschen; nur mit dem Mitmenschen gemeinsam kommt der Mensch zum Heil.
– Berufung zur Freiheit und Mündigkeit durch Emanzipation vom heteronomen Umgang mit dem Gesetz und den Zwängen der Umwelt.
– Dienst statt Herrschaft des Menschen über den Menschen und Gewalt.
– Hilfe für Schwache und Schutzbedürftige durch Aufrichtung des Rechts.

Die Liebe gilt als die Zusammenfassung aller Kriterien, die zusammen kein »Programm« ergeben, aber wirksame Bestimmungen für Handlungsorientierung im sozialen Kontext.

Es ist hier nicht möglich, den geschilderten Ansatz christlicher Verantwortungsethik mit dem aus biblischer Überlieferung abgeleiteten und zugleich verallgemeinerten Entwurf von Hans Jonas in eine (positive) Beziehung zu setzen.[27] Ebensowenig kann Albert Schweitzers neues »Weltprinzip« der »Ehrfurcht vor dem Leben«, das er diametral dem Prinzip Nietzsches vom »Willen zur Macht« entgegensetzte, einbezogen werden.[28] Die Basis ist heute breiter

---

27 Vgl. H. Jonas, Das Prinzip Verantwortung. Versuch einer Ethik für die technologische Zivilisation, Frankfurt a. M. 1984.
28 Zum Zusammenhang von Albert Schweitzers Ethik der Ehrfurcht vor dem Leben vgl. H.-A. Stempel, Die Ehrfurcht vor dem Leben. Der historische und theologische

geworden, von der aus eine ethische Beurteilung der von der biologisch-medizinischen Forschung und Technologie aufgeworfenen Fragen möglich wird.[29] Gleichwohl muß festgestellt werden, daß der eingangs postulierte »consensus in fundamentalis« gegenwärtig (noch) nicht in Sicht ist.

Ansatz von Albert Schweitzers Ethik, in: Th Pr 20, 1985, 363 ff. Zum Zusammenhang vgl. Th. Strohm, Protestantische Ethik und der Unfriede in der Schöpfung. Defizite und Aufgaben evangelischer Umweltethik, in: G. Rau u. a. (Hg.), Frieden in der Schöpfung. Das Naturverständnis protestantischer Theologie, Gütersloh 1987, 194 ff.

29 Hierbei geht es um die Fragen der »prädikativen Medizin« auf der Basis der Genomanalyse; um chirurgische Eingriffe in die Keimbahnen; um pränatale Diagnostik und ihre Konsequenzen; um die »Grenzen ärztlicher Behandlungspflicht bei schwergeschädigten Neugeborenen«; um Modellversuche nach Art des Schweizer »alpha-Feto-Protein Screenings«; um die Verwendung von Embryonen und Föten zu Forschungszwecken. Schließlich geht es auch um die Bestimmung von Grenzen apparativer Lebensverlängerung bei Erwachsenen bzw. im hohen Alter.

III. Diakonie und sozialer Rechtsstaat

Der soziale Rechtsstaat als theologisches Problem

Neue Wege der politischen Ethik

I.

Der soziale Rechtsstaat ist ein zentraler Bestandteil jener bewußten Vorstellungsinhalte, die nach dem Willen des Bonner Grundgesetzes im gesellschaftlichen Zusammenwirken der Bundesrepublik zur Herrschaft gebracht werden sollen. Mit ihm soll etwas in die Wirklichkeit gerufen werden, was es zuvor so noch nicht gegeben hat und was es nach Auffassung des kritischen Beobachters auch mehrere Jahre nach Inkrafttreten des Grundgesetzes noch nicht gibt.[1] Das Bonner Grundgesetz harre noch seiner Erfüllung. Dies gelte nicht zuletzt für den »Aufruf des Bonner Grundgesetzes zur Sozialstaatlichkeit«[2]. Der Staatsrechtslehre ist es, was anzudeuten sein wird, nicht gelungen, die in Frage kommenden Vorstellungsinhalte aus dem Nebel der Standpunktsinteressen herauszulösen und ihnen diejenige Strahlkraft zu verleihen, durch die ihr verpflichtender Charakter für die zusammenwirkenden Menschen und Kräfte im westlichen Teil des Landes hätte hervortreten und durch die sie auf das ganze Deutschland hätten hinweisen müssen.[3]

Politische Vorstellungsinhalte von solch exemplarischer Bedeutung, die weit über die Legalstruktur in die ökonomische und soziale Struktur hineinreichen, sind heute zugleich im Kontext internationaler Ordnungsbemühungen abzuhandeln, denn es gibt, wie *M. Mead* feststellte[4], heute nur ein Menschenge-

---

1 Vgl. A. Arndt, Das nicht erfüllte Grundgesetz (Recht und Staat 224), Tübingen 1960, 22.

2 A.a.O., 9.

3 Der Grundsatz der Sozialstaatlichkeit weist über die selbstgestellte Aufgabe, »dem staatlichen Leben für eine Übergangszeit eine neue Ordnung zu geben« (Präambel GG und Art. 146 GG) hinaus und eignet sich heute als kritische Zielvorstellung für das zweistaatliche Deutschland im Hinblick auf seine Einheit. Vgl. auch H. P. Ipsen, Über das Grundgesetz (Hamburger Universitätsreden 9), Hamburg 1950, 7 ff.

4 In einem Beitrag auf der Weltkonferenz für Kirche und Gesellschaft, Genf 1966: »Seit 25 Jahren wissen wir wirklich, wer unsere Nächsten sind. Es gibt heute nur ein Menschengeschlecht. Das Schicksal einer Gruppe ist das Schicksal aller. Nichts, was irgendwo geschieht, liegt außerhalb unserer Verantwortung. – Sodann aber: wir haben

schlecht. Das Schicksal einer Gruppe ist das Schicksal aller. Das gemeinschafts-
und staatsbildende Prinzip des sozialen Rechtsstaates eignet sich als Kategorie
einer internationalen Gemeinschaftsordnung, die sowohl die westlichen als
auch die östlichen, die nördlichen wie auch die südlichen Länder umspannt.
Nichts, was irgendwo geschieht, liegt somit gegenwärtig außerhalb der Verantwortung der Bürger oder Bürgerschaften.

In der Regel wird eine politische Ordnung zum theologischen Problem,
wenn sich die Gestaltung des staatlichen und gesellschaftlichen Lebens in
Spannung befindet mit den aus Offenbarung und Naturrecht sich ableitenden
Grundsätzen und Anwendungen auf das soziale Leben – so im katholischen
Denken[5] – oder wenn sie nicht in Begriff und Selbstverständnis sich als
transparent zum gouvernatorischen und konservierenden Handeln Gottes
erweist und die Verwirklichung des eigenständigen Auftrages verbürgt oder
doch erleichtert – so im traditionellen evangelischen Denken[6]. Die Kirche hat
deshalb der Demokratie nach 1919 »nicht geben können das Maß geistiger
Homogenität, das die Voraussetzung einer innerlich angeeigneten Demokratie
in einem Kulturvolk ist, und ebensowenig die letzte Legitimität, die auch eine
demokratische Verfassung in ihrer Weise bedarf«. Dies konstatierte *R. Smend*
am Vorabend des Zusammenbruchs der Demokratie.[7] Im Hinblick auf die
rechtsstaatliche Ordnung und ihre Wertentscheidungen reagiere »... das
Luthertum ... immer wieder aufs neue noch neuralgisch«. So vor kurzem *Ernst
Wolf*.[8] Die Reaktionsschwäche der Kirche auf willkürliche Freiheitsverletzun-

---

jetzt die Mittel, das zu tun, was wir immer zu tun gewünscht haben. Wir haben die
technologischen Mittel und Methoden. Sie sind besser geeignet, den Menschen ein
menschenwürdiges Leben zu schaffen. Sie nicht zu benutzen zur Sicherung der
Menschenwürde, ist Sünde. Das Wesen der Sünde ändert sich zwar nicht, aber jede
Zeit hat ihre besondere Sünde. Heute liegt sie darin, das empirische Wissen, das wir
haben, nicht anzuwenden.«

5 Vgl. E. W. Böckenförde, Das Ethos der modernen Demokratie und die Kirche, in:
Hochland 50, 1957/58, 4 ff.

6 Vgl. die kritische Betrachtung zur neulutherischen Staatsethik und Geschichtstheolo-
gie bei E. Wolf, Die Königsherrschaft Christi und der Staat, in: W. Schmauch/E.
Wolf, Königsherrschaft Christ (TEH NF 64), München 1958, 28 ff und 46 ff.

7 R. Smend, Protestantismus und Demokratie (1931), in: ders., Staatsrechtliche
Abhandlungen und andere Aufsätze, Berlin 1955, 297: 308. Vgl. auch Th. Strohm,
Zum kulturellen Gleichgewicht in der Bundesrepublik: Historisch-soziologische Per-
spektiven, in: Soziale Welt 16, 1965, 207 ff.

8 E. Wolf, Die rechtsstaatliche Ordnung als theologisches Problem, in: ders. (Hg.), Der
Rechtsstaat – Angebot und Aufgabe (TEH NF 119), München 1964, 28 ff: 34. Die
Beiträge dieses Heftes wurden im Arbeitskreis Kirchlicher Bruderschaften (1964)
vorgetragen. Vor dem gleichen Kreis referierte ich im Jahre 1965 über das Thema
dieses Beitrages, der an die vorhergehenden Erörterungen von 1964 anzuknüpfen
versuchte und hier in veränderter Form vorgelegt wird.

gen und auf damit verbundene Eingriffe in elementare Grundrechte habe eine wesentliche Ursache darin, daß »ihr noch die allgemeine Überzeugung von dem Wertcharakter dieser Freiheiten, von ihrer Unantastbarkeit um des Menschseins des Menschen willen zu fehlen scheint«[9]. Wohl als erster hat Ernst Wolf die Kirche aufgefordert, darüber hinaus »die Sozialstaatsklausel als sozialethischen Anruf (zu) hören, und zwar im Blick auf die Aufgabe neuer Gestaltung auch des Verhältnisses von Staat und Gesellschaft als einander heute unausweichlich sich durchdringende Größen«[10]. Hier liegt aber bereits das wichtigste theologische Problem: der »sozialethische Anruf« trifft scheinbar von außen auf die kirchliche Verkündigung und Praxis und kommt nicht aus ihrem eigenen Zentrum als ein Anruf an die soziale Welt.[11] Dies ist um so verwunderlicher, als es in der Frage des sozialen Rechtsstaates gar nicht des vielleicht zweifelhaften Verfahrens bedarf, daß als Früchte des christlichen Glaubens und des Verkündigungsauftrages etwas geerntet wird, was auf dem Baume nichtchristlicher Traditionen herangereift ist.[12] Die soziale und politische Überlieferungsgeschichte des Protestantismus, die mit dem älteren politischen Denken in Deutschland weithin parallel verläuft, verweist unmittelbar auf diesen Vorstellungsinhalt, ja ohne eine Herleitung aus ihr und eine Neubesinnung auf diese Geschichte wird eine kritische Klärung und sozialethische Ausfüllung des noch immer unbestimmten und ausfüllungsbedürftigen Verfassungsbegriffes schwerlich gelingen. Eine Herleitung kann im Rahmen dieses Beitrages nur von Fall zu Fall andeutungsweise versucht werden.[13]

Hieran schließt sich die andere Frage an, inwieweit sich die bereits entwickelten theologischen Kategorien der Gegenwart als kommensurabel mit bewußten politischen Inhalten erweisen und inwieweit die Theologie über abgestufte kategoriale Beziehungsformen verfügt, in denen Vorstellungsgehalte großer, mittlerer und aktueller Reichweite aufgehoben werden. Im kirchlichen Alltag besteht die Gefahr, je nach Temperament gesellschaftliche Realitäten und Notwendigkeiten auf ihren kontemplativen Nutzen abzuhören oder am

---

9 A.a.O., 56.

10 A.a.O., 57 und E. Wolf, Kirche und Öffentlichkeit, in: Arbeitsgemeinschaft sozialdemokratischer Akademiker (Hg.), Christlicher Glaube und politische Entscheidung, München 1957, 99 ff.

11 Verwunderlich im Sinne der Forderung, die Christengemeinde biete der Bürgergemeinde gemäß dem Rechtfertigungshandeln Gottes exemplarische Formen und Prinzipien an. (So etwa K. Barth.) Hierin liege die »Botschaft an die soziale Welt«, so H.-D. Wendland.

12 Diese ironische Feststellung traf H. Welzel, Naturrecht und materiale Gerechtigkeit, Göttingen [4]1964, über die theologische Vereinnahmung bestimmter Naturrechtstraditionen (4. Teil, letzter Abschnitt).

13 Vgl. Th. Strohm, Die Ausformung des sozialen Rechtsstaats in der protestantischen Überlieferung, Habil. Schrift, Münster 1969.

Bezugsrahmen einer Endzeitmetaphysik zu messen. Soweit das Heute und Jetzt theologisch erfaßt wird, versucht man häufig, die Ratlosigkeit angesichts der sehr komplexen und abstrakten Gegenstandswelt durch Handlungsmaximen von Fall zu Fall und durch eine Beschreibung der Situation als Medium personaler Beanspruchung zu unterlaufen.[14] Demgegenüber legitimierte sich vor dem Auftrag und vor der Aufgabe besser derjenige Ansatz, der vor dem Thema regnum Christi und gegenwärtige Staatswirklichkeit nicht ausweicht, sondern es konkreter Ausformung zugänglich macht.[15] Er basiert auf der Einsicht, daß die politische Ordnung als »Aufgabe menschlichen Handelns« (Wolf) ernst genommen werden kann, wenn nicht länger geheimnisvolle Mächte oder auch eine dem Menschen vorgegebene Macht Gottes dort vermutet werden müssen, wo die Verantwortung des Menschen zur Bewährung ansteht.[16] Gott will das Regiment der Welt ein Vorbild der rechten Seligkeit und seines Himmelreiches sein lassen. Diese Auffassung Luthers vom regnum Christi verweist darauf, daß nicht nur das Verhalten des einzelnen von der Herrschaft Gottes tangiert wird, sondern daß auch die Gesamtordnung verantwortet und im Lichte seiner Herrschaft ständig überprüft werden muß. Die ökumenische Parole von der »verantwortlichen Gesellschaft«[17] trägt diesem Auftrag Rechnung.

Inzwischen sind Kriterien erarbeitet worden, die sich an Begriffen wie Menschenwürde, Solidarität mit den Nöten der Gesellschaft und rechtsstaatlicher Ordnung orientieren. Zugleich wurde jeder christliche Bevormundungsanspruch zurückgewiesen und das »exemplarische Handeln« der Christenheit auf den selbstlosen Einsatz für den gesellschaftlich-politischen Umbau bezo-

---

14 Zur Kritik dieser Denkweise vgl. E. Topitsch, Zur Soziologie des Existentialismus, in: ders., Sozialphilosophie zwischen Ideologie und Wissenschaft, Neuwied 1961, 71 ff.

15 Die Weltgestaltung im Glauben an das Reich Christi und in dessen Erwartung wird von H.-D. Wendland und Ernst Wolf stark betont. Die Kirche erscheint hier als die »verborgen-wirksame Gemeinschaft der Erlösung inmitten aller kreatürlichen Gemeinschaft«. Sie ruft die kreatürliche Gemeinschaft aus Sünde und Zerfall zurück zu ihren schöpfungsgemäßen Berufen, zu der von ihr geforderten Sachlichkeit. H.-D. Wendland, Zur Grundlegung der christlichen Sozialethik, ZSTh 7, 1930, 22: 31, 54, 52. Hierzu E. Wolf, Zur Sozialethik des Luthertums, Sonderdruck aus Kirche, Bekenntnis und Sozialethos, Genf 1934, 14 ff.

16 Vgl. E. Wolf, Die Königsherrschaft Christi und der Staat, a. a. O., 23. Der Zusammenhang Luthers mit den modernen Staatslehren wird von G. Salomon-Delatour, Moderne Staatslehren, Neuwied-Berlin 1965, 308 ff, herzustellen versucht.

17 Diese 1948 in Amsterdam erstmals in breiter Form vorgetragene ökumenische Parole erfuhr verschiedene Modifikationen. Zur Rezeption in den Kontext deutscher Theologie vgl. H.-D. Wendland, Die Kirche in der revolutionären Gesellschaft. Sozialethische Aufsätze und Reden, Gütersloh 1967, 99 ff (Der Begriff der «verantwortlichen Gesellschaft» in seiner Bedeutung für die Sozialethik der Ökumene).

gen.[18] Gegenüber der Frage, ob »verantwortliche Gesellschaft« im Bereich der Grundentscheidungen des Glaubens oder der mittelbaren, geschichtsbezogenen Entscheidungen expliziert werde, wurde von *H.-D. Wendland* geantwortet, sie sei »nicht das Reich Gottes auf Erden ... sie trägt den Charakter einer weltlichen und geschichtlichen Ordnung«[19]. Aber sie hat mit der am regnum Christi gemessenen Liebe zu tun, denn sie fordert »Maximen und setzt Ziele der Humanität im Dienste der Wohlfahrt aller Menschen«[20]. Die Schwäche der Maxime der verantwortlichen Gesellschaft liegt darin, daß sie die Vorstellung nahelegt, als könne sich eine Gesellschaft aus dem Verhalten der Menschen selbst organisieren, sie ist unpolitisch und steht in der Gefahr, eine dekorative Leerformel zu werden und gerade den Kräften zu dienen, die sich der Verantwortung im politisch verfaßten Gemeinwesen gerne entziehen.[21] Für den entscheidenden Geltungsbereich öffentlich-rechtlicher Strukturen bedarf es einer zusätzlichen, über die Sozialstruktur hinauswirkenden und die Legalstruktur erfassenden Kategorie, die sich im Begriff des demokratischen und sozialen Rechtsstaates anbietet. Er gibt eine höchst konkrete Zielsetzung, die eine Veränderung und Verbesserung von Institutionen und sozialen Verhältnissen intendiert. Sie löst den Begriff der »verantwortlichen Gesellschaft« nicht ab, wohl aber appliziert sie ihn auf eine je konkrete rechtlich verfaßte und politische Sozialordnung.[22] Das sozialstaatliche Prinzip kann sich im rechten und vollen Verständnis jedenfalls als diejenige Kraft erweisen, die die im »Verantwortungsbereich« dieses Landes verantwortliche Gesellschaft aktualisiert.[23] In vier Betrachtungsweisen soll dem volleren Verständnis des Begriffes gedient werden: durch die Anschauung der staatsrechtlichen Definitionsbemühungen, durch Aufweis der gesellschaftspolitischen Implikationen und durch die geneti-

---

18 Im Hinblick auf das Verhältnis von Kirche und Öffentlichkeit bedeute die Parole von der »verantwortlichen Gesellschaft«: 1. negativ: Verzicht auf jegliche kirchliche Bevormundung der Gesellschaft, 2. positiv: Solidarität der Kirche mit den Nöten der Gesellschaft. So E. Wolf in: Kirche und Öffentlichkeit, a. a. O.

19 H.-D. Wendland, a. a. O., 105.

20 A.a.O., 106.

21 Die Gefahr, daß durch technokratische Tendenzen in den Machtzentren der Staaten und der Gesellschaft »die Idee der verantwortlichen Gesellschaft allmählich aus den Händen ... gleiten« könnte, wurde in Genf 1966 konstatiert. Vgl. Appell an die Kirchen der Welt. Dokumente der Weltkonferenz für Kirche und Gesellschaft, hg. v. ÖRK, Stuttgart / Berlin 1966, 155.

22 Diese Richtung hat die Sektion II »Wesen und Auftrag des Staates in einer Zeit des Umbruchs« faktisch auch eingeschlagen. Vgl. Appell an die Kirchen der Welt, a. a. O., 151 ff.

23 Zum Begriff des »Verantwortungsbereiches« vgl. H. Gollwitzer, Leitsätze zur christlichen Beteiligung am politischen Leben, in: Die Kirche als Faktor einer zukünftigen Weltgemeinschaft, hg. v. ÖRK, Stuttgart / Berlin 1966, 296 ff (Zur deutschen Frage).

sche Betrachtungsweise, die vor allem die evangelische Überlieferung zu beachten hat. Zuletzt können der Anwendungsbereich und die Frage der Trägerschaft zumindest angedeutet werden.

II.

Der Begriff des »sozialen Rechtsstaates« leitet sich nicht aus dem Wesen des Rechts und der Idee der Gerechtigkeit ab, sondern aus der konkreten Erfahrung, daß auch die autoritären Staaten der Gegenwart auf die Rechtsstaatlichkeit ihres politischen Seins hinweisen können und sogar in gewissem Umfange die Freiheitsrechte als private Abwehrrechte gegen den Staat gewähren können, solange sie die politische Führung nicht gefährden.[24] Vor allem aber entstammt er der Erfahrung der Verfassungswirklichkeit im bürgerlichen Rechtsstaat, die in den zwanziger Jahren auf die Alternative zusteuerte, entweder bewußt den liberalen in einen sozialen Rechtsstaat zu entfalten und die Demokratie als eine soziale zu realisieren oder aus der Gesellschaft heraus durch die staatliche Mobilisierung privater Macht mehr oder minder autoritäre Züge anzunehmen. In seiner Schrift »Rechtsstaat oder Diktatur« formulierte *H. Heller* diese Alternative.[25] Er gebrauchte dort als erster den Begriff »sozialer Rechtsstaat«, in dem die negative Dialektik von Staat und Gesellschaft, die nicht zur Befreiung der Bürger, sondern zur Akkumulation unkontrollierter Herrschaft führt, positiv aufgehoben werde.[26] Bei der Aufnahme in das Grundgesetz herrschte dementsprechend der Gedanke vor, daß der Glaube an die immanente Gerechtigkeit der bestehenden Wirtschafts- und Gesellschaftsordnung irreal sei und daß diese Ordnung der Gestaltung durch diejenigen Organe des politischen Gemeinwesens unterworfen werden müsse, in denen sich die demokratische Selbstbestimmung des Volkes repräsentiert.

Die Ausdehnung der öffentlich kontrollierten Sphäre gegenüber derjenigen des früheren bloßen Privatrechts schützt die Masse der Glieder der Gesellschaft vor der formell privaten und an Partikularinteressen orientierten Gewalt derjenigen Glieder, die über die entscheidenden ökonomischen und auch gesell-

---

24 Hierzu G. Leibholz, Der Zweck des Rechts, in: ders., Strukturprobleme der modernen Demokratie, Karlsruhe 1958, 282 ff; A. Arndt, Das nicht erfüllte Grundgesetz, a. a. O., 21.

25 H. Heller, Rechtsstaat oder Diktatur, Tübingen 1930, 9 f und 26.

26 Hierzu W. Abendroth, Zum Begriff des demokratischen und sozialen Rechtsstaates im Grundgesetz der Bundesrepublik Deutschland, in: H. Sultan-Abendroth, Bürokratischer Verwaltungsstaat und soziale Demokratie. Beiträge zu Staatslehre und Staatsrecht der Bundesrepublik, Hannover und Frankfurt a. M. 1955, 81 ff. Vgl. ferner J. Habermas, Zur Alternative der autoritären oder sozialen Demokratien, in: Student und Politik, Neuwied 1961, 34 ff.

schaftlichen Machtpositionen verfügen, und verleiht ihnen eine dauerhafte Sicherung individueller Rechte, wozu auch Gleichheit und Sicherheit gehören.[27] Der liberale Rechtsstaat sichert ein Maß privater und ökonomischer Freiheit durch Ausgrenzung. Er überläßt den einzelnen seiner gesellschaftlichen Situation, er hat ein Gefälle zum gesellschaftlichen »Status quo«, er begünstigt denjenigen, der sich auf »habende Freiheiten« berufen kann. Er läßt ihn in Ruhe und begünstigt die »Bourgeoisie«[28]. Er vernachlässigt den Gedanken, daß eine gute politische Ordnung auf der aktiven Teilhabe ihrer Staatsbürger beruht und nicht auf der sich selbst und dem privaten Eigentum überlassenen homines oeconomici«[29]. »Die Teilhabe als Recht und Anspruch meint einen leistenden, zuteilenden, verteilenden, teilenden Staat, der den einzelnen nicht seiner gesellschaftlichen Situation überläßt, sondern ihm durch Gewährungen zu Hilfe kommt ...«[30] Der diesem Satz zugrundeliegende Gegensatz von »Freiheit« und »Teilhabe« hebt sich auf, wenn der Tatsache Rechnung getragen wird, daß die vorgängige Disposition des Lebens nicht mit der Reichweite öffentlicher Gewalt endet, sondern für die erdrückende Mehrheit eine das ganze – gesellschaftliche – Leben mitumfassende Tatsache ist. Schon im Jahre 1930 kontrollierte die öffentliche Wirtschaft ca. 53 % des Nationalproduktes[31]. Die wachsende Tendenz liegt nicht nur in den Lenkungsmaßnahmen und öffentlichen Haushalten begründet, sondern in der Umkehrung alles Gegebenen angesichts der Vertriebenen, Flüchtlinge, der Bomben-, Kriegs- und Währungsgeschädigten. Somit ist heute Freiheit Gegenstand bewußter Disposition, oder sie verflüchtigt sich zur kaum erkennbaren Schwundstufe.

Freiheit wird manifest in der Teilhabe. Die Vorstellung, daß die vorhandene Staatsrealität ihrem Wesen gemäß auf die schmale Gruppe selbständiger, über erhebliches privates Eigentum verfügender Rechtspersonen zugeschnitten sei, an der die absolute Mehrheit irgendwie auch durch Gewährungen mitbeteiligt wird, ist unter demokratischen Gesichtspunkten nicht mehr erträglich. Gleich-

---

27 W. Abendroth, a. a. O., 82 f; J. Habermas, a. a. O., 44.

28 Hierzu R. Smend, Bürger und Bourgeois im Deutschen Staatsrecht, a. a. O., 317, Anm. 13; vgl. Th. Strohm, a. a. O., 205.

29 A. a. O.

30 So E. Forsthoff, Begriff und Wesen des sozialen Rechtsstaates (1953), in: ders., Rechtsstaat im Wandel. Verfassungsrechtliche Abhandlungen 1950–1964, Stuttgart 1965, 36. Nach Forsthoff sind Rechtsstaat, der Freiheiten durch »Ausgrenzung« gewährt, und Sozialstaat, der »Teilhabe« gewährt, miteinander kaum vereinbare Rechtsformen.

31 Hier findet das von A. Wagner formulierte »Gesetz der wachsenden Staatsaufgaben« seine empirische Bestätigung. Vgl. K. H. Hausmeyer, Der Weg zum Wohlfahrtsstaat. Wandlungen der Staatstätigkeit im Spiegel der Finanzpolitik unseres Jahrhunderts, Frankfurt a. M. 1957; H. Maier, Die ältere deutsche Staats- und Verwaltungslehre (Polizeiwissenschaft), Neuwied 1966, 318 ff.

wohl wurde diesen neuen Erkenntnissen weder im Grundgesetz unmißverständlich Ausdruck verliehen – es ist das Ergebnis von Kompromissen »und nach dem Willen aller Beteiligten nur als Provisorium gedacht«[32] –, noch wurden sie von der herrschenden Auslegung richtunggebend expliziert.

An zwei Stellen, in Art. 20, Abs. 1 und in Art. 28, Abs. 1 GG, wird vom sozialen Bundesstaat bzw. vom sozialen Rechtsstaat gesprochen. Der Grundsatz der Sozialstaatlichkeit gehört neben der »demokratischen Struktur« zu den jeder Verfassungsänderung entzogenen Grundlagen des Verfassungssystems. Sie werden wie das Bekenntnis zur unantastbaren Würde des Menschen (Art. 1 GG) in Art. 79, Abs. 3 als unaufhebbar charakterisiert.

Ebenfalls auf das Sozialstaatsprinzip verweisen der Art. 14, Abs. 2 GG: »Eigentum verpflichtet. Sein Gebrauch soll zugleich dem Wohle der Allgemeinheit dienen« und der Art. 15, in dem die Regelung der Enteignung und Vergesellschaftung im Grundsatz ihren Niederschlag findet[33].

In die Beantwortung der Frage nach dem Ausmaße der sozialstaatlichen Bestimmung des Grundgesetzes gehen erhebliche metajuristische Entscheidungen mit ein. Es lassen sich unter bestimmten Gesichtspunkten die gesamten Grundrechte einbeziehen, wenn man sie nicht mehr als Ausgrenzung, sondern als Teilnehmerrechte versteht. Sie garantieren heute nicht mehr den staatsfreien Spielraum für ein bürgerliches Publikum von Privatleuten, sondern sie schaffen die Garantie für eine Teilnahme aller am öffentlichen Geschehen. Menschenwürde und die Entfaltung der Persönlichkeit bleiben Leerstellen, sofern nicht die Bedingungen ihrer Realisierung im politischen Gemeinwesen mit geschaffen werden.[34] Der Aufruf zur Sozialstaatlichkeit kann jedoch nicht darüber hinwegtäuschen, daß das Grundgesetz gegenüber der Weimarer Reichsverfassung in zwei Punkten zurückgeblieben ist: es fehlen dem Grundgesetz die sozialen Grundrechte, und auch die Art. 14 und 15 bleiben bewußt hinter der Eigentumsregelung in Art. 153 WRV zurück.[35] Das Grundgesetz habe sich in der

---

32 H. P. Ipsen, a. a. O., 7.

33 Einen guten Überblick gibt Ch. Fr. Menger, Der Begriff des sozialen Rechtsstaates im Bonner Grundgesetz, Tübingen 1953. Eine knappe Typologie gibt W. Reuss, Die Bedeutung des Sozialstaatsprinzips, in: ders./K. Jantz, Sozialstaatsprinzip und Soziale Sicherheit, Stuttgart 1960, 8 ff.

34 »Sozial« meint hier nach W. Hamel den »Begriff eines besonderen materialen Rechtswertes, der unseren Rechtsstaat auszeichnet« und den Grundrechten einen unmittelbaren »sozialpolitischen Sinn« verleiht im Sinne der »justitia distributiva«, einem »höheren, sozialen Gerechtigkeitsprinzip«. Hamel finalisiert die liberalen Grundrechte des GG in »soziale Grundrechte« um und verleiht dadurch dem Sozialstaatsprinzip ein hohes Gewicht: Die Bedeutung der Grundrechte im sozialen Rechtsstaat. Eine Kritik an Gesetzgebung und Rechtsprechung, Berlin 1957, 28 f.

35 Inwiefern die sozialen Grundrechte der WRV auf protestantischem Boden vorformuliert wurden, habe ich in meiner Arbeit »Kirche und demokratischer Sozialismus.

Anerkennung aller (wohl) erworbenen konkreten Eigentumsrechte ganz eindeutig für den Rechtsstaat als Konservierung entschieden und alle Fragen notwendiger sozialer Umgestaltung von sich weg auf den Weg künftiger Gesetzgebung verwiesen, die ihrerseits aber der Eigentumsordnung des Grundgesetzes verpflichtet bleibe.[36]

In Art. 14, Abs. 1, Satz 1 GG wird das Eigentum sowohl als konkret individuelles Privateigentum wie als Rechtsinstitut »Eigentum« gewährleistet. Damit fügt sich Art. 14 ganz ein in den auf umfassende Sicherung der Freiheitssphäre bedachten Grundrechtsteil. Gedacht ist offensichtlich an jenes politisch ungefährliche Eigentum in der Hand des einfachen Bürgers, das zu einer individuellen Lebensdisposition in einer Zeit maximaler Abhängigkeiten dienen kann. Unterschiede nach erworbenen Rechten, nach Leistung und sozialer Chance werden als privater Spielraum gewertet, der den Schutz des Staates verdient. Der Artikel 15 GG spricht von demjenigen Eigentum, das ökonomische und darum auch politische Macht verschaffen kann. So sind Grund- und Bodeneigentum wegen der natürlichen Knappheit virtuell eine öffentliche Angelegenheit. Das Eigentum an Produktionsmitteln erhält öffentlichen Charakter wegen der Herrschaftschancen über andere Bürger, das nicht nur kontrollbedürftig, sondern unter Umständen »vergesellschaftungsbedürftig« werden kann. Hierher gehören nicht nur Wirtschaftslenkungs-, Mitbestimmungs-, sondern auch Umverteilungsmaßnahmen über Steuergesetzgebung und politische Kontrollen. Das Grundgesetz gebraucht in diesem Zusammenhang den Begriff der Gemeinwirtschaft, der eine Zielaussage über die sozialstaatliche Ausgestaltung der Wirtschaftsverfassung enthält und ihn von rein privatwirtschaftlichen Formen abhebt.[37]

III.

L. *Raiser* betonte unter Hinweis auf die lutherische Überlieferung die Gemeinwohlbindung des Eigentums gemäß Art. 14, Abs. 1 Satz 2 gegenüber jeder einseitig individualisierenden Auslegung.[38] Dort, wo Eigentum ökonomische und dadurch auch politische Macht über andere verschafft, müsse das Grundge-

---

Studien zur Theorie und Praxis politischer Kommunikation«, München 1968, gezeigt.

36 Vgl. H. P. Ipsen, Enteignung und Sozialisierung, VVdStRL 1952, 82.

37 Vgl. H. P. Ipsen, a. a. O.; W. Abendroth, a. a. O., 87 f.

38 Vgl. L. Raiser, Art. Eigentum II, in: HdSW III, 39 ff und sein Diskussionsvotum bei der Göttinger Staatsrechtslehrer-Tagung 1951: Ungeschriebenes Verfassungsrecht. Enteignung und Sozialisierung, in: VVdStRL, H. 10, 1951, 158 u. 167. Vgl. ferner E. Klüber, Eigentum verpflichtet. Eine zivilrechtliche Generalklausel, Diss. Tübingen 1959.

setz eine »aggressive« Auslegung erfahren. Die Führung eines Unternehmens müsse es sich gefallen lassen, seine Herrschaft mit dem Staat teilen zu müssen, der wirtschaftslenkende Maßnahmen ergreift, und mit politischen und gesellschaftlichen Gruppen, soweit sie Kräfte repräsentieren, die an der Tätigkeit des Unternehmens beteiligt sind. Der Begriff »Wohl der Allgemeinheit«, der den historisch beziehungsreichen Begriff des »allgemeinen Besten« (Art. 153 WRV) abgelöst hat,[39] deutet auf die Rechtsgemeinschaft als einem überindividuellen Ganzen, demgegenüber eine Pflichtbeziehung besteht. Eine Enteignung zum »Wohle der Allgemeinheit« unterscheidet sich von der – nicht zulässigen – Konfiskation darin, daß hier nicht eine Entziehung des Eigentums vom bisherigen Eigentümer bezweckt wird, sondern die Herstellung einer anderen Eigentümerposition, deren höheren Nutzen für das Allgemeinwohl einer Mehrheit bestimmbar erscheint[40]. Dahinter verbirgt sich das Vertrauen der Verfassung, »durch Mehrheitsbeschluß das Gemeinwohl rational und verbindlich zu bestimmen«[41]. Freilich ist, wie es in einem exemplarischen Gerichtsurteil heißt, »der schwerwiegende Begriff der Enteignung oder Überführung in Gemeineigentum ... zum Wohl der Allgemeinheit nur dann gerechtfertigt, wenn er einen unzweifelhaft erheblichen Nutzen für das gesamte Volk bringt«[42]. Augenfällig verbirgt sich hier das Problem des Verhältnisses von Einzelwohl und Gemeinwohl. Der liberalen Theorie liegt die Prämisse zugrunde, bei ungehinderter Entfaltung des Gesellschaftslebens finde eine fortschreitende Annäherung statt. Gelegentlich wird von einer möglichen Kongruenz gesprochen. *Ernst Benda* nimmt eine »Koordination« von beiden Belangen an.[43] Der

---

39 Der Beziehungsreichtum des Begriffs wurde von W. Merk, Der Gedanke des gemeinen Besten in der deutschen Staats- und Rechtsentwicklung, in: Festschrift für A. Schultze, hg. v. W. Merk, Weimar 1934, 451 ff, herausgearbeitet. Vgl. auch W. Hennis, Zum Problem der deutschen Staatsanschauung, VfZG 7, 1959, 1 ff.

40 H. P. Ipsen. Enteignung und Sozialisierung, 88.

41 Ebd.

42 So im berühmten Urteil des Badischen Obersten Gerichtshofes vom 3. 7. 1950.

43 E. Benda, Industrielle Herrschaft und sozialer Staat, Wirtschaftsmacht von Großunternehmen als gesellschaftspolitisches Problem, Göttingen 1966, 366. Nicht mit einer wesensmäßigen Verschiedenheit rechnet auch G. Dürig, in: Th. Maunz (Hg.), Vom Bonner Grundgesetz zur gesamtdeutschen Verfassung. Festschrift zum 75. Geburtstag von H. Nawiasky, München 1956, 172. Das ordnungspolitische Problem hat H. D. Ortlieb, Der Mensch in der Wirtschaftsordnung, in: Hamb. Jahrb. f. W. u. G. Politik 2, 1957, 20 ff, herausgearbeitet. Nach ihm »können marktwirtschaftliche Ordnungsformen nur so weit zugelassen werden, als sie nicht (wie bisher häufig) ein asoziales Verhalten institutionalisieren, aber auch bei den sozialen Sicherungen, die der Wohlfahrtsstaat bietet, muß Vorsorge getroffen werden, daß Faulheit und Initiativlosigkeit nicht prämiiert werden und daß die Kontrolle der plan- und marktwirtschaftlichen Bürokratie ausreicht, um Mißbrauchsmöglichkeiten amtlicher oder privatwirtschaftlicher Befugnisse hintanzuhalten« (21).

Begriff des sozialen Rechtsstaates verweist jedoch in eine andere Richtung. Er hat das Vertrauen in die liberale Harmonievorstellung aufgegeben.

Als in den Verhandlungen zur Weimarer Verfassung von protestantischer Seite, vor allem von *O. v. Gierke, F. Naumann, Max Weber* und *F. Meinecke* die Sozialpflichtigkeit des Eigentums betont und im Art. 153 in die Verfassung eingetragen wurde, berief man sich auf diejenigen Traditionen, die unmittelbar hinter die zeitgenössische individualethische Betrachtung des Eigentums zurücklenkten zur reformatorischen Fassung.[44] Diese Auffassung der Reformation, die hier nicht entfaltet werden kann, kam bereits auf dem 8. evangelisch-sozialen Kongreß 1897 voll und zeitgemäß zur Sprache. In den Leitsätzen des Hauptreferates (*Prof. Wendt*, Jena) wird statuiert, »daß alles irdische Eigentum Gott gehört und von Gott aus Liebe den Menschen anvertraut ist« und »daß das Eigentum ganz in den Dienst der Liebe gestellt sein muß«[45]. Im Hinblick auf die rechtliche Ausgestaltung wird gefordert die »Anerkennung solcher Pflichten der Rücksichtnahme und Dienstleistung den Nebenmenschen und menschlichen Gemeinschaften gegenüber, durch welche der einzelne bei dem Erwerbe, der Verwahrung und Verwendung des Privateigentums beschränkt wird« (Leitsatz VI)[46]. O. v. Gierke erklärte auch, daß »alles Eigentum von Gott anvertrautes Gut ist«. Dieser Gedanke könne der Rechtsordnung genauso wenig fremd bleiben wie der andere, daß das Individuum dienendes Glied des Ganzen sei.[47] Konkret setzte sich der Kongreß für die »Einführung eines kommunalen Enteignungsrechts auf Baugrund«, für die Herausnahme des Grundes und

---

44 Vgl. hierzu Verh. d. 8. evang.-sozialen Kongresses 10./11. Juni 1897, Göttingen 1897, außerdem Th. Lorch, Die Beurteilung des Eigentums im deutschen Protestantismus seit 1848, Gütersloh 1930; K. Bayerle, Zehn Jahre Reichsverfassung. Festrede zur Münchener Verfassungsfeier der Reichsbehörden am 11. August 1929, München 1929, dort Hinweis auf Gierkes Gutachten zu den Grundrechten. Vgl. auch F. Naumann, Versuch volksverständlicher Grundrechte (1919), in: ders., Werke IV, Köln / Opladen 1965, 573 ff. Max Weber, Deutschlands künftige Staatsform, Frankfurt 1919, spricht von der »ganz radikalen sozialen Demokratisierung, die wir erstreben ...«, in: ders., Ges. pol. Schriften, hg. v. J. Winkelmann, Tübingen ²1956, 437 ff. Fr. Meinecke spricht in seinem Gutachten von der »Genossenschaftlichkeit der deutschen Demokratie«, die wir »wohl wünschen, aber noch lange nicht besitzen«. H. Preuß versucht eine gemischte Verfassung, in der das sozialstaatliche Programm auf dem Wege der Gesetzgebung realisiert werden sollte, was freilich unterblieb. Vgl. E. Forsthoff, Deutsche Verfassungsgeschichte der Neuzeit, Stuttgart ²1961, 184 ff.

45 Verh. d. 8. ev.-soz. Kongresses, 10.

46 A. a. O., 67.

47 A. a. O., 40. Vgl. auch O. v. Gierke, Die soziale Aufgabe des Privatrechts, Berlin 1889, 13 ff. und 25 ff. Zum Ganzen vgl. J. Herz (Hg.), Evangelisches Ringen um soziale Gemeinschaft. Fünfzig Jahre Evang.-sozialer Kongreß 1890–1940, Leipzig 1940, 14 ff.; Th. Strohm, Kirche und demokratischer Sozialismus, a. a. O.

Bodens aus dem freien Markt usw. ein. Er vindizierte der Allgemeinheit die Pflicht zur sozialen Vorsorge, d. h. durch regulierende Maßnahmen die Erfüllung des Daseinsbedarfs der abhängigen Schichten zu sichern (Arbeitsplatzpolitik, Vollbeschäftigungspolitik, Ausbildungsförderung etc.), selbstverständlich die Pflicht zur sozialen Fürsorge bei spezifischen Schäden, die sich aus der Abhängigkeitslage im industriellen System ergeben (vorbeugende, heilende und lindernde Maßnahmen). Durch die Formulierung von »sozialen Grundrechten« wurde eine konkrete Anspruchsbasis gelegt, die zugleich verbindliche Richtlinien für die Gestaltung der Rechtsordnung darstellten.[48]

Diese hier nur angedeuteten Zusammenhänge sind zum Verständnis des Art. 14, Abs. 2, Satz 1 GG insofern von Belang, als dieser Artikel in seinem etwas archaischen Sprachgebrauch leicht ornamentale Funktion erhalten kann ohne Rechtserheblichkeit. Er ist in der Tat auch eine Art »sozialethisch ausfüllungsbedürftige Generalklausel«, bei der alles darauf ankommt, daß ihm aus der Gesellschaft und aus dem politischen Leben Vorstellungsinhalte zuwachsen und sich relevante Gruppen finden, die ihm Gewicht und Nachdruck verleihen. Die evangelische Kirche, die durch einige Voten zur Eigentums- und Mitbestimmungsfrage[49] in der Nachkriegszeit hervortrat, ist schon aus dem genealogischen Aspekt aufgerufen, den Zusammenhang von Rechtsgemeinschaft, Sozialverpflichtung des Bürgers und des Kapitals sowie der Frage der materialen Grundrechte verbindlich aufzuklären und zur Fortentwicklung der Rechtsordnung beizutragen.

Die Dringlichkeit dieser Aufgabe wird erst ganz sichtbar, wenn man die gegenläufigen Tendenzen und Schwierigkeiten ins Auge faßt. Sie werfen zugleich ein Licht auf die Spannungen zwischen der Legalstruktur unserer Rechtsverfassung und der durch ein hohes Maß von Abhängigkeiten gekennzeichneten Sozialstruktur, die zwar die Unerfülltheit des Aufrufes zur Sozialstaatlichkeit im Grundgesetz erklären, aber nicht rechtfertigen können.

---

48 Einzelheiten bei Th. Strohm, a. a. O.

49 Vgl. K.v. Bismarck (Hg.), Die Kirche und die Welt der industriellen Arbeit. Reden und Entschließungen der Synode der EKD 1955, Witten ²1955; Eigentumsbildung in sozialer Verantwortung. Eine Denkschrift zur Eigentumsfrage in der Bundesrepublik Deutschland, hg. v. EKD, Hannover 1962; Empfehlungen zur Eigentumspolitik eines evang.-kathol. Arbeitskreises. Bad Boll, Dokumentation. Auch die im Nov. 1968 veröffentl. Studie der Kammer für soziale Ordnung: Sozialethische Erwägungen zur Mitbestimmung in der Wirtschaft, hg. v. Kirchenamt d. EKD, Gütersloh 1968, beleuchtet erneut die Kontinuität der protestantischen Willensbildung.

IV.

Es kennzeichnet den offenen, aber auch provisorischen Charakter der Verfassung, daß gegenüber der Weimarer Verfassung die sozialstaatliche Zielaussage an drei Stellen weniger deutlich formuliert wurde: 1. die Verfassung überläßt es dem verantwortlichen Zusammenspiel der politisch-sozialen Kräfte und ihrer Gesetzgebungsorgane, die »Wirtschaftsverfassung« mit ihren ökonomisch-politischen Machtpositionen sozialstaatlicher Ordnung politisch zu erschließen. 2. Sie gibt keine wirkliche Abgrenzung, wo der defensive, schutzwürdige Charakter des Eigentums (Art. 14 GG) einen aggressiven, öffentlich relevanten, weil für die Rechtsgemeinschaft unter Umständen gefährlichen Charakter annimmt. 3. Sie verzichtet auf die Formulierung »sozialer Grundrechte« neben den reinen Freiheitsrechten und läuft Gefahr, daß die sozialstaatliche Zielvorstellung theoretisch und praktisch im Sinne des bürgerlich liberalen Rechtsstaates unterwandert wird. Darüber hinaus macht das Grundgesetz auch noch die vorhandenen Instrumente stumpf, da es im Falle einer Zulassung zur Enteignung oder einer Sozialisierung eine Entschädigung im vollen Umfange vorschreibt. Wird jedoch die Eigentumssubstanz unangetastet gelassen, ist die Gefahr des politischen Mißbrauchs nicht zu bannen. Eine Einschränkung der durch das Großeigentum an Produktionsmitteln gegebenen Machtpositionen ist nicht möglich, bestenfalls ein Kapital- bzw. Machtumtausch. H. P. Ipsen spricht deshalb von einer Legalisierung des Zweifels des einzelnen an der demokratischen Gleichheit, der Allgemeinheit und Gerechtigkeit des Gesetzes und daran, die soziale Ordnung eigenmächtig zu bestimmen.[50] »Der Zweifel an der demokratischen Selbstbestimmung siegt, was für den Sozialbereich, der der Entscheidung harrt, in einem wesentlichen Punkt Verzicht auf Gestaltung bedeuten muß. Soziale Gestaltung müßte nach Art. 14, Abs. 3 GG zu Lasten der Allgemeinheit gekauft und bezahlt werden.«[51]

Angesichts dieser Sachlage ist es kaum verwunderlich, daß der Artikel 15 fast zu einem verfassungsrechtlichen Blinddarm geworden ist,[52] und die Sozialstaatlichkeit von der herrschenden Staatsrechtslehre faktisch im Sinne des alten Rechtsstaatsbegriffes ausgelegt wird. Er sei »substanzloser Blankettbegriff«, der praktisch keine bedeutsamen Rechtsfolgen haben könne,[53] er sei kein Rechtsbegriff, aus dem sich Rechte und Pflichten begründen und Institutionen

---

50 H. P. Ipsen, Enteignung und Sozialisierung, 90.

51 A. a. o., 91.

52 H. Ridder spricht davon, daß der Art. 15 durch langjährige Nichtbenutzung obsolet geworden sei und deshalb die »Sozialentwährung« der in Eigentumsform gegossenen wirtschaftlichen Machtpositionen nicht mehr zulässig sei, wenn sie nicht bald durchgeführt werde: Eine bezeichnende Fehlinterpretation, VVdStRL, H. 10, 1951, 148 ff (These 9). Dazu W. Abendroth, a. a. O., 88.

53 W. Grewe, Bundesstaatliches System des GG, DRZ 1949, 349 ff.

ableiten ließen;[54] ein sozialethisches Postulat oder ein Bekenntnis zum Gerechtigkeitsprinzip, freilich ohne verfassungsmäßige Festlegung eines Gerechtigkeitsgrundsatzes etwa im Sinne des sozialen Ausgleichs, der Egalisierung.[55] Demgegenüber liegt eine Steigerung in der Annahme eines verbindlichen Auslegungsgrundsatzes für die Gesetzgebung (*Menger* und *Hamel*) und noch mehr in der Annahme, der Grundsatz der Sozialstaatlichkeit sei unmittelbar verbindliches Verfassungsrecht, das Rechtsansprüche auf breiter Basis begründet.[56] Die herrschende Praxis folgt im wesentlichen der Auffassung Nipperdeys, derzufolge das Sozialstaatsprinzip eine Norm ist, nach der der Gesetzgeber seine Tätigkeit nach den sozialen Notwendigkeiten der gegebenen Situation auszurichten habe. Als Auslegungsgrundsatz gelte sie auch für die Gerichte, enthalte sie auch verbindliche Richtlinien für die Verwaltung.[57]

Hier werden keine »verbindlichen Richtlinien für die Gestaltung unserer Rechtsordnung« und keine Grundlegung subjektiver öffentlicher Rechte auch ohne Aktualisierung durch ein konkretisierendes Gesetz unterstellt, sondern die »sozialen Notwendigkeiten« und die »soziale Situation« werden zum Leitfaden für eine Sozialgesetzgebung von Fall zu Fall, deren Ergebnis im Gutachten »Soziale Umverteilung« der Forschungsgemeinschaft umschrieben wird.[58]

---

54 E. Forsthoff, Begriff und Wesen des sozialen Rechtsstaates, a. a. O., 33 ff. Forsthoff will freilich die Sozialstaatlichkeit auf die Ebene der Verwaltung und des Verwaltungsrechts verlagern (»die leistende Verwaltung der modernen Daseinsvorsorge« neben der »Eingriffsverwaltung alten Stils«, 33).

55 Zu dieser Kategorie sind nach W. Reuss, a. a. O., 8, zu rechnen: H. P. Peters, H. Gerber, Th. Maunz. W. Reuss, a. a. O., 8 ff, entwickelt eine Steigerung in der Verbindlichkeit in sieben Stufen vom »substanzlosen Blankettbegriff« über den »Programmsatz«, »Auslegungsgrundsatz« bis hin zur »unmittelbaren Anspruchsgrundlage«, die jedoch als radikale Position in diesem Kontinuum erscheint.

56 A. Hamann, Deutsches Wirtschaftsverfassungsrecht, Neuwied 1958, 46 f, 58, 77 f, 114, bei W. Reuss, a.a.O., 10 f.

57 Vgl. A. Hueck / H. K. Nipperdey, Lehrbuch des Arbeitsrechts, Berlin / Frankfurt a. M. 1957, Bd. II, 33 f. H. K. Nipperdey sieht in Art. 2 GG, Art. 12 und 14 die Magna Charta der sozialen Marktwirtschaft, die also verfassungsmäßig vorgeschrieben und geschützt werde; vgl. Die soziale Marktwirtschaft in der Verfassung der Bundesrepublik, Karlsruhe 1959; aber auch W. Abendroth, a.a.O., 85 ff.

58 Soziale Umverteilung, Mitteilung I der Kommission für dringliche sozialpolitische Fragen der Deutschen Forschungsgemeinschaft, Wiesbaden 1954. Vgl. auch G. Mackenroth, Die Reform der Sozialpolitik durch einen deutschen Sozialplan, in: Sozialpolitik und Sozialreform, hg. v. E. Boettcher, Tübingen 1957, 42 ff. Die Forderungen Mackenroths enthält auch das Godesberger Programm der SPD (1959), sie harren jedoch noch ihrer Verwirklichung. Vgl. auch A. Rüstow, Die Kehrseite des Wirtschaftswunders, Hamburg 1961, 8 ff.

»Die öffentlichen Aufwendungen für die soziale Sicherheit (Umverteilungsleistungen) in der Bundesrepublik übertreffen das früher in der deutschen Sozialgeschichte Geleistete; in ihrer Gesamtheit und gemessen am Brutto-Sozialprodukt übertreffen sie auch die Leistungen vergleichbarer ausländischer Systeme ... Dennoch besteht die Gefahr, daß das eigentliche Ziel aller Sozial- und Gesellschaftspolitik, Wohlfahrt und Würde der Person in einem gesunden Gesellschaftsaufbau zu mehren, immer häufiger verfehlt wird. Die Gründe hierfür liegen darin, daß es an einer Gesamtkonzeption und einheitlichen Planung fehlt und in isolierten politischen Aktionen von Fall zu Fall Lösungen gesucht werden, wie sich bereits an der Existenz von mindestens sechs mit sozialpolitischen Fragen befaßten Bundesministerien dokumentiert.«

Die Schöpfer des Grundgesetzes haben den am Ordnungsprozeß beteiligten Kräften ein schweres Erbe hinterlassen: Sie verzichteten darauf, die durch die Vorsorgefunktion und gesamtgesellschaftliche Verantwortung des modernen Staates notwendig gewordene soziale Programmatik zu positivieren, und vollends darauf, den Verpflichtungscharakter der Sozialstaatlichkeit im Bereich der Sozial- und Wirtschaftsverfassung analog Art. 165 WRV zu regeln. So allein war es möglich, daß die herrschende Lehre die soziale Situation in dem Sinne normativ werden läßt, daß sie von einer »autonomen Wirtschaftsverfassung« ausgeht oder die »soziale Marktwirtschaft« als das vom Grundgesetz geforderte System proklamiert oder von einem Selbststeuerungsmechanismus spricht, der vom Staat geschützt werden müsse[59].

F. Böhm, der im Gefolge *W. Euckens* als »repräsentativ für eine ganze Gruppe von Juristen und Volkswirten gelten« kann[60], konstruiert dann auch einen »reinen Rechtsstaat« unter »modernen Bedingungen«, dessen Aufgabe es wäre, das berufliche, konsumtive, kulturelle Zusammenleben im Rahmen der Privatrechtsordnung zur Entfaltung zu bringen. Eine ausgebildete Privatrechtsordnung sei durchaus geeignet, »die Entstehung einer ungemein differenzierten, arbeitsteiligen und wohlhabenden Gesellschaft nicht nur zu ermöglichen, sondern auch anzuregen und einen erstaunlich verwickelten sozialen Kooperationsprozeß zwischen frei und autonom planenden Privatrechtssubjekten durchsichtig, klar und sinnvoll zu ordnen«[61]. Die soziale Marktwirtschaft basiere auf der »Entscheidung zugunsten des Rechtsstaates« und auf der

---

59 Zu diesem ganzen Problemkreis vgl. H. Ehmke, Wirtschaft und Verfassung. Die Verfassungsrechtsprechung des Supreme Court zur Wirtschaftsregulierung, Köln 1961, 3 ff; ders., Staat und Gesellschaft als verfassungsrechtliches Problem, in: Staatsverfassung und Kirchenordnung. Festschrift R. Smend (80. Geb.), hg. v. K. Hesse u. a., Tübingen 1962, 23 ff. Ehmke vermeidet den Begriff »Staatsverfassung« und schlägt statt dessen den Begriff »government« vor, dessen deutsche Fassung noch aussteht.

60 H. Ehmke, Wirtschaft und Verfassung, 55, Anm. 17.

61 F. Böhm, Der Rechtsstaat und der soziale Wohlfahrtsstaat. Reden und Schriften, hg. v. E. J. Mestmäcker, Karlsruhe 1960, 104, 144 ff.

Entscheidung »zugunsten des Wohlfahrtszweckes«. Lenkende Eingriffe der Regierung seien »nur in Notfällen« und »nur im Rahmen des Ausnahmezustandes« zulässig. [62]

In analoger Sichtweise wird die Entwicklung der Bundesrepublik als eine sich »selbstregulierende« und »selbststabilisierende« Wirtschaftsgesellschaft analytisch bestimmt, die aus sich selbst ordnende Kräfte hervorgebracht habe, die den Staat tragen und in Form halten. [63] Die Fragwürdigkeit dieser Argumentationsweise wurde in der Problematik der »formierten Gesellschaft« offenbar, die als »die Antwort auf die Herausforderung der liberal-demokratischen Entwicklung« bezeichnet wurde. Im Augenblick der Krise rief man nach dem »starken Staat«, der die Wirtschaft absichert vor möglichen Störungen des ökonomischen Funktionszusammenhanges (wobei unschwer an gewerkschaftliche Tätigkeit und extensive Mitbestimmungsforderungen zu denken ist). [64] Der Umschlag in den autoritären, den »Ausnahmezustand« und die »Notfälle« beherrschenden Staat ist bei dieser theoretisch-praktischen Tendenz latent mitgegeben. Sie zielt nicht auf die politische Mitte der Verfassung im Sinne des freiheitlichen und sozialen Rechtsstaates und der Ordnung des politischen Gemeinwesens, sondern sie löst die Ordnungsproblematik von den Naturverhältnissen der Gesellschaft her.

---

62 A.a.o., 145.

63 E. Forsthoff, Die Bundesrepublik Deutschland, 197 ff. Die Frage dagegen ist berechtigt, daß doch wohl diese angebliche »Selbstregulierung« auf klaren politischen Entscheidungen beruht. Vgl. hierzu A. Grosser, Die Bonner Demokratie. Deutschland von draußen gesehen, Düsseldorf 1960, 185 ff: »Die Entscheidung für den Liberalismus«.

64 Die Theorie der »formierten Gesellschaft« basiert auf zwei ganz einfachen Prinzipien: 1. »In der formierten Gesellschaft soll der einzelne Mensch seine private Initiative gerade auch in der Selbstvorsorge für die Wechselfälle des menschlichen Lebens wie Krankheit, Unfall, Arbeitslosigkeit, Arbeitsunfähigkeit im Alter … usw. frei entfalten.« Gesellschaftspolitische Kommentare 12, 1965, Nr. 13/14, 9. These, 161. Das heißt Abbau eines großen Teiles der gesetzlichen Leistungspflichten der Arbeitgeber zur Entlastung der Wirtschaft, Verzicht auf jedes Versorgungsprinzip in der Sicherungspolitik der öffentlichen Hand. 2. Festigung des status quo gegen jede weitere Nivellierungstendenz in der Lohnpolitik, Sozialpolitik, Bildungspolitik. »Formierte Gesellschaft – Das Modell einer solchen modernen Gesellschaft besteht in der Synchronisierung einer dynamischen Wirtschaft mit einer sozialen Schichtung des Sozialprodukts.« So L. Erhardt im Bonner Generalanzeiger, nach: Die Zeit 26, 1965, 18. Vgl. zur Kritik, H. Pross, Die neue Volksgemeinschaft, des Kanzlers »Formierte Gesellschaft« und H. Simon, Formierte Gesellschaft oder sozialer Rechtsstaat, Kirche in der Zeit 21 1966, 486 ff. In der vom Kanzleramt verteilten Literatur hieß es ausdrücklich, die Wirtschaft dürfe nicht in die Formierung einbezogen werden, da ihre Funktionsfähigkeit gefährdet werde. Gesellschaftspol. Kommentare, a.a.O., 162.

Die Fragwürdigkeit einer Gegenüberstellung von Staats- und Wirtschaftsverfassung hat vor allem *H. Ehmke* betont: »Es gibt *eine* Verfassung, und das ist die des politischen Gemeinwesens.« Verfassungsrechtlich könne es «allein um die Frage gehen, welche Maßstäbe und Bindungen diese eine auch insoweit als Einheit zu verstehende Grundordnung für die rechtliche Ordnung der Wirtschaft enthält, die auch die Ordnung des Gemeinwesens ist»[65]. Die gute Ordnung des Gemeinwesens ist Aufgabe eines auf das Ganze der Rechtsgemeinschaft sich richtenden Gesamtwillens, der im Ringen der Parteien und der Gesetzgebungsorgane zum Ausdruck gebracht werden muß. Dabei wird sorgfältig darauf zu achten sein, daß der Herrschaftsstaat im vorkonstitutionellen Sinne und jedes Abgleiten in den Staatssozialismus oder in den Faschismus verhindert werden.[66]

V.

Am Prozeß der politischen Kommunikation beteiligt sich auch die Kirche durch ihre Stellungnahme und durch ihr faktisches Verhalten. Die Kirche muß daran interessiert sein, daß sich im Verhältnis von Ökonomie und Politik das Schwergewicht auf eine gewisse Autonomie der politischen Sphäre legt. Der relative Gewinn an Eigenständigkeit der sog. »Produktivkräfte« gegenüber den »Produktionsverhältnissen« schafft jenen Raum, in dem eine Debatte über den ethischen Zweck und die humane Organisation des sozioökonomischen Zusammenhangs überhaupt wieder sinnvoll und legitim wird. Solange der Grad der Industrialisierung oder der Stand des Kapitalverwertungsprozesses zum entscheidenden Richtmaß über den Wert einer Gesellschaft wird, sind die Entscheidungen bereits gefallen! Die Gegenwart ist Durchgangsstadium zu einem höheren Grad der Produktionsverhältnisse, alle übrigen Kräfte stehen in fungibler Abhängigkeit zu diesem Antriebsmoment der Entwicklung. In der Vergangenheit war die ökonomische Expansion streckenweise identisch mit

---

65 H. Ehmke, Staat und Gesellschaft als verfassungsrechtliches Problem, 46. Vgl. auch R. Smend, Die politische Gewalt im Verfassungsstaat, Staatsrechtl. Abhandlungen a. a. O., 68 ff und U. Scheuner, Das Wesen des Staates und der Begriff des Politischen in der neueren Staatslehre, in: Staatsverfassung und Kirchenordnung. Festschrift Smend, 225 ff: 253.

66 Hiervor warnt H. Ballerstedt, Wirtschaftsverfassungsrecht, in K. A. Bettermann u. a., Die Grundrechte. Handbuch der Theorie und Praxis der Grundrechte, Bd. 3/1, Berlin 1958, 1 ff: 47 und 48, Anm. 125. Vgl. auch ders., Wirtschaftsverfassung und sozialer Rechtsstaat, in: Wirtschaftl. Mitbestimmung in der Gegenwartsdiskussion, hg. v. DGB-NRW, Düsseldorf 1967, 19 ff. Gegen Ehmke wird hier die »Wirtschaftsverfassung als Ausfüllung der Sozialstaatsklausel« bezeichnet, die aus sich und mit Hilfe der »politischen Verfassung« zu einer gerechten Sozialordnung gedeihen kann und soll.

einer Emanzipation von den ethischen Überlieferungen des älteren Protestantismus, die an der Kategorie der guten, menschlichen und politischen Ordnung, an der Rechtsgemeinschaft und Sozialpflichtigkeit des Lebens sich orientierten.[67] Der Begriff des sozialen Rechtsstaates lenkt zurück zu diesen Überlieferungen und trägt zugleich dem Entwicklungsstand im Verhältnis von Produktivkräften und Produktionsverhältnissen Rechnung.[68]

Die evangelische Ethik könnte sich nur unter Wiederbelebung einer naturalistisch gefärbten Theorie der Schöpfungsordnungen bereit finden, an die (physiokratische) Forderung anzuknüpfen und der Entfaltung eines Naturgesetzes in der Wirtschaft, das daraufhin zum Staatsgesetz erhoben werden würde, zuzustimmen.[69] Gegenüber einem ordnungspolitischen »Denken von der Gesellschaft her« liegt der Sinn des sozialen Rechtsstaates darin, möglichst viel Klarheit und Kontrolle darüber zu bekommen, wer die Dispositionen trifft und zu wessen Gunsten sie wirken.[70] Auch der freie Markt ist somit ein zu kalkulierendes und global zu steuerndes Instrument für eine Politik des sozialen Ausgleichs und der Beförderung des Wohles für die schwachen Teile in der Gesellschaft und für die schwachen Völker im internationalen Maßstab.[71] Kann

---

67 Dies wird anschaulich bei E. F. Heckscher, Der Merkantilismus, deutsch v. G. Mackenroth, 2 Bde., Jena 1932 v. a. Bd. 1, 21 und 109 ff. Vgl. auch Th. Strohm, Zum kulturellen Gleichgewicht, a. a. O., 201 ff. Außerdem T. Rendtorff, Freie Wirtschaft und soziale Ordnung, in: ZEE 7, 1963, 103 ff.: 109.

68 Bedauerlicherweise gibt es außer G. Wünschs teilweise überholter Evangelischer Wirtschaftsethik, Tübingen 1927, keine historisch fundierten Analysen.

69 Zur christlichen Kritik des Physiokratismus vgl. H. D. Ortlieb, Der Mensch in der Wirtschaftsordnung.

70 Mit Recht wurde auf der ökumenischen Weltkonferenz in Evanston festgestellt: »Wenn es im öffentlichen Interesse notwendig wird, muß der Staat eingreifen, um zu verhindern, daß irgendein Zentrum wirtschaftlicher oder sozialer Macht, das ein einseitiges Interesse vertritt, stärker wird als er selbst, denn nur der Staat hat die Macht und die Autorität, unter Gott als Treuhänder für die Gesellschaft als Ganzes zu handeln.« Evanston Dokumente. Berichte und Reden auf der Weltkirchenkonferenz in Evanston 1954, hg. v. F. Lüpsen, Witten 1954, 81. »Staat« meint hier keineswegs »Staatsapparat«, sondern »politisch verfaßte Gesellschaft« in ihren Organen und in ihrer Öffentlichkeit. Ausführlicher nahm die Genfer Konferenz hierzu noch Stellung, vgl. Appell an die Kirchen der Welt.

71 Während noch Kurt Schumacher postulierte, »der Staat« müsse »aus einem Instrument der Unterdrückung zu einem Instrument sozialer Wirtschaftsgestaltung und allgemeiner Wohlstandsförderung« werden, Leitsätze zum Wirtschaftsprogramm – Entwurf 1945 –, faßte Karl Schiller die Erfahrungen der Nachkriegszeit in die Formel: »Die dreifache Kombination von dynamischer Marktwirtschaft, monetärer und fiskalischer Globalsteuerung und Wohlfahrtspolitik hat sich als diejenige Lösung erwiesen, die sich auf der Höhe der Zeit befindet.« Stabilität und Aufstieg. Dokumentation der wirtschaftspolitischen Tagung der SPD, Hannover 1963, 33.

sich das politisch verfaßte Gemeinwesen der Verantwortung für den gesamten Wirtschaftsablauf nicht entziehen, so noch viel weniger in den Bereichen der Wohlfahrtspolitik und Kulturpolitik im engeren Sinne.

Hier liegen jedoch ernste Probleme, insofern es der evangelischen Kirche bis heute noch nicht gelungen ist, ihr Engagement auf diesen Gebieten vor dem Vorwurf zu schützen, es ginge ihr »primär um die Vertretung partikularer Interessen der Kirchen, nicht aber um die Mitverantwortung der Kirchen für die gemeinsame Zukunft des ganzen Volkes ...«[72]. »Die öffentliche Diskussion wurde beherrscht« nicht von der umfassenden Erfüllung des Rechts und der Pflicht zur Bildung, sondern »von den Problemen der Konfessionsschule«[73]. Sie wurde nicht beherrscht von den Bedingungen für ein leistungsstarkes Sozialrecht, das sowohl den Ursachen der Hilfebedürftigkeit als auch akuter Not wirksam begegnet und zu diesem Zwecke eine möglichst wirksame Kooperation von öffentlicher und freier Wohlfahrtspflege hervorruft, sondern von der Forderung und Vorrangigkeit der privaten (freien) vor der öffentlichen Initiative.[74] Die öffentliche Hand wurde funktionsbehindert und die öffentliche Willensbildung geschwächt. In mühsamen prozessualen oder formaldemokratischen Verfahren wurde in den vergangenen Jahren dem Ausverkauf der öffentlichen Verantwortung in kultur- und sozialpolitischen Fragen Einhalt geboten.[75]

---

72 So G. Picht, Die Krise der Kulturpolitik und die Aufgabe der Kirche, in: LM 2, 1963, 456 ff: 466.

73 Ebd.; vgl. auch Th. Strohm, Evangelische Bildungspolitik nach 1945. Analyse eines Trends, in: MPTh 1 ,1967, 16 ff.

74 J. Matthes, Gesellschaftspolitische Konzeptionen im Fürsorgerecht. Zur soziologischen Kritik der Sozialgesetzgebung von 1961, Stuttgart 1965. Vgl. auch die Beiträge von J. Matthes, T. Rendtorff und H. Weber, in: J. Doehring (Hg.), Gesellschaftspolitische Realitäten. Beiträge aus evangelischer Sicht, Gütersloh 1964.

75 Die kirchliche und theologische Diskussion um den »Wohlfahrtsstaat« war, wie H. Weber an Beispielen belegte (in: Gesellschaftsp. Realitäten, a. a. O., 90 ff), sachlich und begrifflich nicht auf der Höhe des demokratischen Bewußtseins. Auch die Schriften »Evangelische Stimmen zum Bundessozialhilfegesetz und Jugendwohlfahrtsgesetz« und »Beiträge zum Verfassungsstreit über das Bundessozialhilfegesetz und das Jugendwohlfahrtsgesetz«, Stuttgart 1962 und 1963 waren einseitig an einem vorpolitischen Personalismus orientiert, der darauf hinauslief, der öffentlichen »Gemeinde auf dem Gebiet der Jugend und Sozialhilfe ... die Gesamtverantwortung dafür, daß in beiden Bereichen durch behördliche und freie Tätigkeit das Erforderliche geschieht« durch die Konstruktion einer Vorrangigkeit (Personnähe der kirchlichen Organisationen) streitig zu machen. Diese Gesamtverantwortung ist im Urteil des BVG vom 18. Juli 1967 stark unterstrichen worden, obgleich die klagenden Bundesländer und Kommunen abgewiesen wurden: Ohne die Hauptzuständigkeit der öffentlichen Organe einzuschränken, gelte es, »durch den koordinierten Einsatz öffentlicher und privater Mittel den größtmöglichen Erfolg zu erzielen«.

Soweit auch evangelische Gruppen diesen bedenklichen Tendenzen theoretisch und praktisch Vorschub leisteten, verstießen sie gegen ihre eigenen Prinzipien und gegen das Prinzip des sozialen Rechtsstaates. Demgegenüber wurde allerdings sehr viel fundierter daran erinnert, daß der Gedanke des Wohlfahrtsstaates (der noch nicht identisch ist mit dem Gedanken an den sozialen Rechtsstaat) doch wohl nur auf dem Boden des Christentums entstehen konnte, wo die Verantwortung aller für alle und die Solidarität aller mit allen aus den Wurzeln des Glaubens lebendig erhalten wird.[76] Die Idee der Gleichheit und der brüderlichen Solidarität führte unmerklich, aber doch sehr entschieden auf die Erklärung der Hilfe für den Mittellosen zum Rechtsanspruch, der dann auf verschiedene Weise begründet werden konnte, aber schließlich doch unvermeidlich zur Ausprägung des heutigen Wohlfahrtsstaates führte, in dem der Anspruch auf Hilfe als Menschenrecht erscheint, also eine Prüfung auf Würdigkeit und Zweckmäßigkeit als fast untragbar erscheinen muß.[77]

Die Sicht des Menschen von der Rechtfertigung vor Gott statuiere eine Gleichheit, stellt *Ernst Wolf* fest, »die quer durch alle irdische Ungleichheit hindurchgeht«. Die Gleichheit erscheint in der Rechtsgemeinschaft als Rechtsgleichheit und als sozialer Ausgleich auf ein menschenwürdiges Mittelmaß.

Angesichts der Tatsache, daß noch in diesem Jahrzehnt nach einem erfüllten Arbeitsleben ein erheblicher Teil der Altersrenten unter den Regelsätzen der Sozialhilfe liegen (250,– DM für ein Ehepaar) und nahezu 50 % der männlichen Altersruhegeldempfänger der Arbeiterrentenversicherung eine Altersrente beziehen, die unter diesem Satz liegt, die weiblichen Altersrenten und die Witwenrenten in ca. 50 % bzw. 40 % der Fälle die 100-DM-Grenze nicht oder unerheblich überschreiten, kann die These von der »nivellierten Mittelstandsgesellschaft« nur eine ideologische Verhüllung sein.[78] Sie nimmt den Durchschnitt zwischen den Extremeinkommen nach oben und nach unten und gibt ihn als Realität an. Der soziale Rechtsstaat muß erfüllt werden durch einen Gesamtsozialplan, in dem die Neuordnung der sozialen Sicherungspolitik eingefügt ist in ein Gesamtsystem geplanter sozial- und wirtschaftspolitischer Interventionen der Staatsgewalt zur Krisenbekämpfung.[79] Der Bereich der Kooperation, Soli-

---

76 Vgl. hierzu T. Rendtorff, Kritische Erwägungen zum Subsidiaritätsprinzip, in: Der Staat 1, 1962, 405 ff. Vgl. auch W. Dirks, Ghetto im Angriff – Tendenzen und Ideologien, in: Frankfurter Hefte 17, 1962, 296 ff.

77 Vgl. K. Janssen, Das Subsidiaritätsprinzip in evangelischer Sicht, in: Die neue Gesellschaft 9, 1962, 456 ff.

78 Die Daten sind aus: Arbeiterwohlfahrt Hauptausschuß (Hg.), Für und gegen den Wohlfahrtsstaat, Bonn 1964, 23 ff und 26 ff. Vgl. H. Hemsath, Unsere Forderungen an den sozialen Rechtsstaat.

79 Einen internationalen Vergleich liefert W. Abendroth, Soziale Sicherheit in Westeuropa nach dem 2. Weltkrieg. Festschrift G. Lukacs, Neuwied / Berlin 1965, 151 ff.

darität und der Befreiung des einzelnen vor den drückenden Lasten des Daseins kann sich so ständig ausdehnen.

Wenn theologisch erst einmal geklärt ist, »daß die ungerechte Ordnung nach bestem menschlichem Vermögen verständig und gerecht umzubilden eine christliche Aufgabe ist, die gerade aus der Liebe zum Nächsten heraus notwendigerweise gestellt ist«, dann wird man auch die weitergehenden Versuche einer Sozialreform nicht »ohne weiteres dem Verdikt ... unterstellen, daß damit so etwas wie eine perfekte Rationalität oder dergleichen erreicht werden solle«[80]. Es wird dann auch nicht die unsinnige Behauptung vertreten, daß der in funktionaler Sorge für sein Leben sich verzehrende Mensch aufgeschlossener sei für die Botschaft des christlichen Glaubens als derjenige, dessen Sorge für das Ganze der Rechtsgemeinschaft verbunden ist mit einem Rückgang der funktionalen Sorge für das Alltagsleben. Es wird also keine Ordnung empfohlen, in der ein »allmählich höchst unvaterhafter Staat den irdischen und den himmlischen Vater aufzuzehren beginnt«, sondern der Ausbau einer Rechtsgemeinschaft, in der das Recht des anderen und das Prinzip der Solidarität aufs engste mit dem Prinzip der Menschenwürde verflochten ist.[81]

Es kann daher eine christliche Aufgabe sein, das Ziel der Wohlfahrtspolitik heute dahingehend zu modifizieren, daß ein allgemeiner Schutz nicht gegen besondere Risiken, sondern gegen möglichst viele Lebensrisiken geschaffen wird. Hierzu gehört dann auch das Postulat S. Slichters, »die Einkommen nicht (mehr länger) zu eng an die Produktion zu binden«, um die Disposition der Verteilung des Einkommens nicht der politisch verfaßten Allgemeinheit zu entziehen.[82] Die Maximen der Vollbeschäftigung, der stabilen Preise, die Antidropout-Kampagne (in USA) deuten darauf hin, daß neue Gesellschaftsfunktionen erwachsen, die auf allgemeinere Ziele hinweisen als auf den traditionellen Begriff der sozialen Sicherheit.

Zweierlei sollte herausgearbeitet werden: einmal sollte die Reichhaltigkeit der Vorstellungsinhalte herausgestellt werden, die sich mit dem Begriff des sozialen

---

Ähnliche Forderungen bei V. Gräfin v. Bethusy-Huc, Das Sozialleistungssystem der Bundesrepublik Deutschland, Tübingen 1965.

80 K. Janssen, a. a. O.

81 Zitat von J. Trier, Vater. Versuch einer Etymologie, in: Z. d. Savignystiftung f. Rechtsgeschichte, Germanist. Abt., 65, 1947, 232 ff.: 259 f. Zum größeren Zusammenhang vgl. O. Brunner, Das »ganze Haus« und die alteuropäische »Ökonomik«. Neue Wege der Sozialgeschichte, Göttingen 1956, 33 ff. Ein Teil der theologischen Literatur bleibt fixiert an der »Hausväterliteratur« der älteren deutschen Gesellschaft.

82 Hierzu H. K. Girvetz, From Wealth to Welfare. The Evolution of Liberalism, Stanford 1950, 230 ff und A. H. Hansen, Economic Issues of the 1960s, New York 1960, Kap. 8 (ökon. Aspekte).

Rechtsstaates verbinden und die noch auf ihre Realisierung warten.[83] Zum anderen wurde auf die evangelische Mitverantwortung bei der Begründung und Verwirklichung hingewiesen. Hierbei ist noch ein Gesichtspunkt zu bedenken, der bei der Genfer Konferenz für Kirche und Gesellschaft 1966 hervorgehoben wurde. Bisher hätten die Kirchen sich zu einseitig mit den Fragen der sozialen Gerechtigkeit innerhalb der einzelnen Staaten befaßt. Es komme aber heute darauf an, die soziale Gerechtigkeit zwischen den reichen und den armen Völkern zu verwirklichen. Hier wird ein weltweiter Verantwortungsbereich sichtbar, der die inneren Kriterien des sozialen Rechtsstaates universal erweitert. Umgekehrt kann überhaupt nur ein realisierter Sozialstaat den konzentrierten Einsatz der Kräfte eines Landes, das erforderliche Maß an Opferbereitschaft und kollektiver Solidarität leisten, nicht jedenfalls ein die Kräfte neutralisierender wirtschaftlicher Naturprozeß.

Der soziale Rechtsstaat erweist sich so gesehen als eine Rahmenvorstellung, die geeignet ist, das traditionelle Nationalbewußtsein zu ersetzen und statt dessen eine Aufgabe vorzulegen, die Ost und West, Nord und Süd eines Tages in einem menschenwürdigen Wettstreit verbindet. Er ist zugleich auf die Trägerschaft verantwortlicher Gruppen angewiesen: die Kirche könnte ein solcher Faktor einer kommenden Weltgesellschaft sein. Ihre Probe wird sie allerdings im Detail unseres Verantwortungszusammenhangs bestehen müssen.[84]

---

83 In diesem Sinne ist auch die Einheit Deutschlands nicht eine Angelegenheit einer trickreichen Politik oder – eines Tages – einer dumpfen Kraft unübersehbarer politischer Mächte, sondern eine Aufgabe der Ausgestaltung der Ordnung. Daß hier Konvergenzen grundsätzlich denkbar sind, hat E. Richert, Die neue Gesellschaft in Ost und West. Analyse einer lautlosen Reform, Stuttgart 1966, 298 ff, deutlich gemacht.

84 Es gibt Anzeichen dafür, daß die evangelische Kirche als einzige organisatorische Kraft, die noch ganz Deutschland umfaßt, sich als der gegebene Träger des sozialen Rechtsstaates im Sinne der »nationalen« Aufgabe erweisen könnte. Vgl. hierzu die Studie: »Friedensaufgaben der Deutschen«, Kammer der EKD für öffentl. Verantwortung, Gütersloh 1968.

Diakonie im Sozialstaat
Überlegungen und Perspektiven

I. Krisenstimmung

In den vergangenen Jahren hat sich im Blick auf den »Sozialstaat« Krisenstimmung breit gemacht. Aus drei ganz unterschiedlichen Richtungen wurde der Hebel der Kritik angesetzt. Auf der einen Seite wurde die alte Tradition liberaler Staatskritik verstärkt aufgenommen. Die staatliche Sozialpolitik, der Sozialstaat selbst wurden gelegentlich auch in kirchlichen Kreisen in die Nähe eines »totalitär/sozialistischen Wohlfahrts-, Betreuungs-, Überwachungs- und Manipulationsstaates« gerückt. Nicht nur die Länder des »sozialistischen Lagers«, sondern klassische »Wohlfahrtsstaaten« wie Schweden wurden als negative Leitbilder gekennzeichnet, denen auch unser System sich mehr und mehr annähere.

Es kam aber auch Kritik aus einer ganz anderen Richtung, in der die prinzipielle Offenheit und Unvollkommenheit dieses Systems beklagt wurde. Vom Staat wurde verlangt, er müsse die Probleme unserer Industrie- und Arbeitsgesellschaft dadurch lösen, daß er ein steuerfinanziertes Grundeinkommen und damit auch eine Grundsicherung in Krisenlagen und im Alter für jedermann bzw. jedefrau ohne Ansehen der eigenen Leistung und eigener Beiträge bereitstellt. Die Inkonsequenz unseres Sozialstaates wurde zum Anlaß der Kritik, eine konsequente Verwirklichung des Sozialstaates und einer staatlichen Umverteilungspolitik wurde gefordert. Dabei kamen z. B. Modelle der Maschinensteuer als neuartige Finanzierungsquellen ins Spiel.

Schließlich machte sich nicht zuletzt bei denen, die in der Diakonie und in den anderen freien Wohlfahrtsverbänden Verantwortung tragen, Unbehagen breit über eine Politik, die die durchaus als notwendig anerkannte Konsolidierung der öffentlichen Haushalte vorwiegend über den Abbau sozialer Leistungen erreichen will und dabei die schwächsten Glieder in der Solidargemeinschaft, also u. a. die Behinderten, Sozialhilfeempfänger, Arbeitslosen, besonders hart trifft. Haushaltskonsolidierungen haben aber auch die Tendenz, die Unabhängigkeit der freien Träger einzuschränken und die freigemeinnützigen Leistungserbringer »unter einen staatlichen Sicherstellungsauftrag mit Hilfe der Hoheitsverwaltung« zu subsumieren. Die Sorge vor einer Quasi-Verstaatlichung diakonisch-sozialer Arbeit macht sich in der Diakonie breit, um so mehr, je abhängiger man sich sowohl in den Investitionskosten als auch in den laufenden (Pflege-)Kosten von den Finanzen der öffentlichen Haushalte weiß. Die These von der »Krise des Sozialstaates« in den achtziger Jahren ist also begründet, wenn sie auch ganz unterschiedlich beurteilt wird .

II. Geburtsstunde staatlicher Sozialpolitik

Wenn heute vom Sozialstaat als einer Herausforderung an die Diakonie gesprochen wird, dann wird der Blick auf die Geschichte der vergangenen hundert Jahre gelenkt. Denn die Geburtsstunde einer staatlichen, auf den Ausgleich wirtschaftlicher Ungleichheit und von Belastungen unter den gesellschaftlichen Schichten gerichteten Sozialpolitik ist die von *Bismarck* verfaßte »Kaiserliche Botschaft« vom 17. 11. 1881. Darin hieß es, es sei das Bestreben der beabsichtigten Sozialgesetze, »dem Vaterlande neue und dauernde Bürgschaften seines inneren Friedens und den Hilfsbedürftigen größere Sicherheit und Ergiebigkeit des Beistandes, auf den sie Anspruch haben«, zu verschaffen. Es wurde ein »Gesetz über die Versicherung der Arbeiter gegen Betriebsunfälle« vorgeschlagen. Ihm zur Seite treten sollte eine Vorlage, die eine gleichmäßige Organisation des gewerblichen Krankenkassenwesens zur Aufgabe hatte. Schließlich sollte ein Gesetz zur Alters- und Hinterbliebenenversicherung eine staatlich organisierte Vorsorge gegen das Lebensrisiko Alter treffen. Als öffentliche Zwangsversicherungen waren dies Maßnahmen, die den modernen Sozialstaat einleiteten, wobei genossenschaftliche Elemente der Beteiligung an Selbstverwaltungen der Versicherungsanstalten auf Dauer auch die Akzeptanz durch die betroffenen Arbeiter und ihrer Organisiationen ermöglichten. Bis zum Jahre 1889 waren die wichtigsten Reformgesetze verabschiedet, sie erwiesen sich als eine stabile Basis staatlicher Sozialpolitik, als Jahrhundertgesetze und als Vorbilder für andere europäische Regelungen.

Bismarck hat in den Parlamentsdebatten häufig diese Reformvorhaben als Konsequenz seines christlichen Ethos gekennzeichnet und die Gesetze als »Praktisches Christentum in gesetzlicher Gestaltung« bezeichnet, als Aufgabe der sozialen Gerechtigkeit, als »dauernde Bürgschaften des inneren Friedens«, als Beistand für die Hilfebedürftigen, »auf den sie Anspruch haben.« Dies sei »die höchste Aufgabe eines jeden Gemeinwesens, welches auf den sittlichen Fundamenten des christlichen Volkslebens steht«. Es ist nicht unerheblich, darauf hinzuweisen, daß der Geheime Rat *Theodor Lohmann* in den entscheidenden Jahren Bismarcks Gesetzgebungswerk vorbereitete, eine Persönlichkeit, die zugleich im Zentralausschuß der Inneren Mission prägenden Einfluß auf die Zielsetzungen dieser kirchlichen Reformbewegung hatte. Es war Theodor Lohmann, der gemeinsam mit anderen christlichen Reformern wie *Adolf*

Wagner und dem *Freiherrn von Berlepsch* die Sozialpolitik auf der Basis der Beteiligung der Arbeiterschaft, ihrer Emanzipation, Gleichberechtigung und Mitbestimmung im Staat und industrieller Gesellschaft betreiben wollte. Ihre Arbeit war aber zum Scheitern verurteilt in einem System, das die »Idee des sozialen Kaisertums« als Instrument im Kampf gegen Emanzipation und Gleichberechtigung benutzte. Den Sozialgesetzen haftete seither bei aller Verfeinerung im Detail der Geruch soziotechnischer Instrumente an, die von Sozialbürokratien gehandhabt werden.

III. Dem Erbe Wicherns verpflichtet

Es gehört zu den tragischen Entwicklungen des deutschen Protestantismus, von denen auch die Diakonie nicht verschont blieb, daß er nicht die Kraft und Perspektive besaß, um den entstehenden Sozialstaat mit innerem Leben zu erfüllen und ihn vor seinem Verfall, ja seiner Zerstörung durch den Nationalsozialismus zu bewahren. Es war Johann Hinrich Wichern, der in seinem »Gutachten über die Diakonie und den Diakonat« von 1856 den richtigen Weg vorgezeichnet hat. Dieses Gutachten ist übrigens das wichtigste Vermächtnis überhaupt, das wir Wichern bis heute verdanken. Er zeichnete die dreifache Diakonie als Chance und Aufgabe vor: die freie, spontane, nachbarschaftliche Diakonie ist das Amt jedes Christenmenschen, die niemals zugunsten anderer Formen verlorengehen darf; sie begegnet der Not unmittelbar, geht auf sie ein und sucht nach Lösungen, die den Betroffenen als Partner und aktives Subjekt anerkennt und möglichst mit ihm gemeinsam den Ausweg aus der Not beschreitet. Hier ist der Weg der Selbsthilfebewegung unmittelbar vorgezeichnet. In einer zweiten Ebene wird die kirchliche Diakonie angesprochen, die in koordinierter, reflektierter Bemühung eigene Formen und eigene Dienste entwickelt als »assoziierte Betätigung der christlichen Liebe«. Hier ist seit Wichern viel in Gang gekommen, die Kirche hat ihr »diakonisches Amt« nicht verleugnet, sie darf sich mit dem Erreichten aber nicht zufriedengeben. Sie muß in kritischer und konstruktiver Weise mit dem dritten Bereich der Diakonie, dem »bürgerlichen Gemeinwesen«, in Beziehung treten. Das Gemeinwesen hat den Auftrag, durch gesetzliche Regelungen, durch Prävention und Rehabilitation dafür Sorge zu tragen, daß Entstehungsgründe von Not minimiert werden, die großen Lebensrisiken soweit wie möglich abgesichert werden und die Integration in die normalen Lebensvollzüge gelingt. Die Kirche hat diesen Auftrag anzumahnen und das Gemeinwesen bei der Erfüllung zu unterstützen, ohne die Gesellschaft zu bevormunden.

Diese dreifache Form der Diakonie gilt es auch heute zu beachten und in situations- und sachgemäßer Form umzusetzen. Dies gilt um so mehr, als es der Kirche bzw. der Diakonie im Nationalsozialismus nicht gelungen war, den totalen Staat davon abzuhalten, alle Reste von Mündigkeit und Barmherzigkeit zugunsten einer rassenhygienischen, aristokratisch-elitären, staatspolitisch orientierten Zweckrationalität aufzuheben. Als der norwegische Bischof *Eivind Berggrav* bei der Vollversammlung des Luth. Weltbundes 1952 in Hannover seine Fundamentalkritik am modernen Wohlfahrtsstaat vortrug, wurde er teilweise so verstanden, als ob er den modernen Sozialstaat überhaupt als mit dem christlichen Glauben unvereinbar erkläre, da dieser »Gott und Glaube durch Wohlfahrt überflüssig zu machen« versuche. Dies trifft aber nicht zu; vielmehr wollte er die »Pflicht aller verantwortungsbewußten Christen« beschwören, positiv mitzuwirken und den Staat bei der Erfüllung seiner innerweltlichen sozialen Aufgaben zu unterstützen. Hier also ist der Ort, an dem wir auch heute die Zukunft des Sozialstaates zu bedenken haben.

IV. Diakonie der Versöhnung

Gerade weil in der Gegenwart eine gesteigerte Mitverantwortung der Christen und ihrer Kirche bei der Ausgestaltung des sozialen Rechtsstaates und der Sozialpolitik gefordert ist, kommt alles darauf an, daß die Diakonie ihr unverwechselbares Profil gewinnt. Zwar unterscheidet sie sich in vielen äußeren Abläufen kaum von anderen Einrichtungen der Wohlfahrtspflege. Aber ihre Arbeit steht in einer bestimmten Perspektive, die sowohl den Entscheidungsprozessen wie ihren Lebens- und Handlungsformen die Richtung vorzeichnet. Diakonie lebt von der Versöhnung, die Gott in die Welt getragen hat, und sie steht in der Perspektive der Versöhnung. Zeugnis (Martyria) und Dienst (Diakonia) der Versöhnung sind die Lebensweisen der Kirche, die damit selbst zum Versöhnungsgeschehen wird. Beide haben ihren letzten Grund in dem lebendigen Christus als dem Beauftragten Gottes im Dienst an der von der Zerstörung bedrohten Welt. Beide sind reale Zeichen dafür, daß Gott diese Welt nicht aufgegeben hat, sondern sie einer neuen Zukunft entgegenführen will. Ihr Unterschied liegt darin, daß die Verkündigung das Versöhnungsgeschehen je und je artikuliert und dadurch neue Hoffnung weckt, während die Diakonie durch konkretes Handeln am leidenden Menschen – und an der ängstlich harrenden Kreatur überhaupt – die Versöhnung zur lebendigen Liebestat werden läßt. Theologische Bemühung um die Verkündigung wird zum leeren Geschwätz, diakonische Arbeit zum Leerlauf, ihr Zusammenwirken zum Wohle des Ganzen zerbricht, wenn nicht jede Bemühung auf die Verheißung des gemeinsamen Herren ausgerichtet ist, der sich selbst zum Diener aller gemacht hat.

V. Kriterien für diakonisches Handeln

Aus diesem Ansatz leiten sich die Kennzeichen einer Diakonie der Versöhnung ab, von denen hier nur drei hervorgehoben werden:

Diakonie der Versöhnung steht in der Bewegung, die von Gott in Christus ausgeht und die Erneuerung der Gottesebenbildlichkeit des in seiner Menschenwürde beschädigten Menschen zum Ziele hat. Damit wird zugleich ausgesagt, daß Diakonie in spezifischer Weise den inneren Sinn der Verfassung unseres Gemeinwesens zur Geltung bringt. Das Konstitutionsprinzip der Menschenwürde (Art. 1 GG) wird zum Maßstab, an dem das Gemeinschaftshandeln in Staat und Gesellschaft ausgerichtet werden soll. Es bildet die Grundlage der Sozialpolitik, wenn in § 1 des BSHG der Auftrag formuliert wird, soziale Hilfe solle »die Führung eines Lebens ermöglichen, das der Würde des Menschen entspricht«. Die Diakonie der Kirche steht im Dienst dieses Auftrags und trägt die Mitverantwortung an seiner materiellen Erfüllung. Abwehr von Ausgrenzungen, Aufhebung der Segmentierung der Hilfe, Eingehen auf die unverwechselbare Biographie der Betroffenen, partnerschaftliches Ernstnehmen und Förderung der Mündigkeit des Hilfebedürftigen, Hilfe durch Aufrichtung des Rechts des Nächsten, dies sind die Richtungskriterien, an denen Entscheidungen und Handlungsformen auszurichten sind.

VI. Ganzheitliche Zusammenarbeit gefragt

Diese gewaltige Aufgabe, die sich dem ganzen Leidensdruck der Welt stellt, kann nur übernommen werden, wenn auch die Lebensformen in der Diakonie von der Versöhnung geprägt sind. Im System der sozialen Arbeit ist heute ein Ringen um professionelle Absicherung und Abgrenzung im Gange, das zwar erklärbar ist, das aber oft die zu lösenden Aufgaben überdeckt oder verdrängt. In der Diakonie wird die »geistlich geprägte Dienstgemeinschaft« als die spezifische Antwort auf die gestellte Herausforderung angesehen. Mit dieser Option wird nicht eine ganz bestimmte Lebensform »vorgeschrieben«, etwa ordensähnliche Gemeinschaftsformen, so wichtig diese Möglichkeit auch heute noch ist. Mit Sicherheit aber wird eine ganzheitliche Form der Zusammenarbeit vorgezeichnet, in der die Dominanz einer Amtsgruppe oder hierarchische Strukturen im Dienstrecht keinen Raum haben. Wir müssen die Zusammenarbeit von Frauen und Männern, Alten und Jungen, Schwachen und Starken, den Austausch an Kompetenz und Begabung, die Formulierung gemeinsamer Handlungsziele doch erst noch lernen. Die Diakonie kann hier vorbildliche Lösungen für die Kirche und die Gesellschaft erproben.

VII. ...nicht an Gemeinden vorbei

Die Diakonie der Versöhnung nimmt Züge der Schalom-Arbeit an. Das heißt, sie gewinnt ihr Spezifikum dadurch, daß sie den immer unübersichtlicher werdenden Strukturen unserer technisch-wissenschaftlichen Zivilisation übersichtliche Strukturen gemeindenahen und personnahen Lebens gegenüberstellt und dadurch zur Transformation des Systems beiträgt. Damit wird zugleich ausgesagt, daß die »Diakonie« sich nicht an den lokalen Gemeinden vorbei in einen sozialen Überbau hinein entfremden lassen darf. Dies ist die Tendenz, die durch Gebietsreform und zentralistische Planung in den vergangenen Jahrzehnten viel zu stark durchgesetzt wurde. Die negative Tendenz wird ja noch dadurch verstärkt, daß auch am Ort der Partikularismus der Interessen, Vereine und Religionsgemeinschaften um sich greift. Damit ist aber deutlich ausgesagt, daß Diakonie und Gemeinde zu offenem Dienst an jedem Ort befähigt werden müssen. Ein langer Weg steht uns da bevor.

VIII. Offene Schritte in die Zukunft

Auf dem Hintergrund der bisherigen Überlegungen können nun verschiedene Aufgaben angedeutet werden, die im Blick auf die Zukunft des sozialen Rechtsstaates der Diakonie der Kirche heute gestellt sind. Auch hier werden nur wenige Gesichtspunkte hervorgehoben:
– Zunächst scheint es mir an der Zeit zu sein, eine Bilanz der gegenwärtigen Arbeitsschwerpunkte der Diakonie zu ziehen in doppelter Absicht: einmal um die Arbeit im Lichte der Verheißung und des Auftrags neu zu bedenken, von dem oben die Rede war. Zum anderen gilt es, der Gefahr eines »additiven Pragmatismus« zu entgehen, die dann besteht, wenn die Diakonie nur noch in die kurz- und mittelfristigen Zielsetzungen staatlicher Sozialplanung eingebunden und entsprechend in das finanzielle Schlepptau genommen wird. Diakonie soll wieder stärker zum Vorreiter und Entdecker in der Wahrnehmung sozialer Verantwortung werden, d. h. es muß ein geordneter Prozeß der Willensbildung, der Evaluation und Innovation in Gang gesetzt werden.
Dazu gehört nicht nur eine Klärung des Verhältnisses von haupt- und ehrenamtlichen Mitarbeitern in der Diakonie, sondern die Einleitung eines umfassenden Lernprozesses, der beide Gruppen zusammenführt und das diakonische Amt eines jeden Christen zentral zur Geltung bringt. Die erwähnten Friktionen in der Mitarbeiterstruktur lassen sich nur abbauen, wenn alle Beteiligten sich in den Dienst einer Sache stellen, deren Ziele alle verstehen, von deren Notwendigkeit alle überzeugt sind und in der die je verschiedenen Gaben und Kompetenzen auch wirklich zum Tragen kom-

men. Hier könnten übrigens gerade die Diakone und Diakoninnen eine Schlüsselstellung einnehmen, weil sie frei sind von dem Verdacht, einmal errungene Positionen verteidigen zu wollen; weil sie verstehen, daß die Gemeinde zum Lernort für jede Form des Dienstes werden soll.

– Die großen Lebensrisiken, für deren Absicherung in der modernen Industriegesellschaft die staatlichen Instanzen die Verantwortung tragen, haben hinsichtlich ihrer Entstehung, ihrer Begleitung und der Rehabilitation klare lokale Komponenten. Selbst in dem so zentralistisch geordneten Bereich der Arbeitslosenversicherung und tariflichen Arbeitspolitik begegnen die Nöte und Sorgen vor Ort. Nicht selten ist auch die Überwindung von Arbeitslosigkeit nur wirklich über lokale Initiativen möglich. Deshalb kommt es darauf an, offene soziale Netze und Kooperationsstrukturen aufzubauen, durch die Menschen rechtzeitig bei voller Wahrung ihrer Selbständigkeit und unter Inanspruchnahme vorhandener Ressourcen zur Fortsetzung eines Lebens in Würde befähigt werden. Die Dimensionen dieser Verantwortung sind heute neu zu beschreiben, das Dickicht der Kompetenzen muß gelichtet werden.

– Die Ausführungen stehen nur scheinbar mit der Tradition der Anstaltsdiakonie in Spannung. *Friedrich von Bodelschwingh* hat nur eine alte Tradition fortgeführt, als er 1888 die Vision Bethels umschrieb: »Wir wollen Zeit und Ewigkeit, Beten und Arbeiten treulich miteinander verbinden und möchten in unserer Kolonie nichts anderes herstellen als ein möglichst frisches, gesundes, christliches Gemeinwesen, in dem jeder die große Freude hat, nicht nur gepflegt zu werden, sondern auch zu pflegen, nicht nur sich dienen zu lassen, sondern auch anderen zu dienen und zur Erhaltung des Ganzen beizutragen.« Die Anstalten der Diakonie leisten bis heute Vorbildliches und kämpfen doch an zwei Fronten: Sie werden immer stärker zur Endstation für die schwer und schwerst Betroffenen. Im Gefolge dieser Entwicklung nimmt die Isolation und Separation dieser Einrichtungen von der Umwelt – auch der Kirchengemeinden – ständig zu. Die Mitarbeiter lösen ihren Lebensmittelpunkt aus den Anstalten heraus. Hier wird eine ganz grundsätzliche Revision diakonischer Arbeit unausweichlich, für die Modelle menschenwürdiger Pflege und Rehabilitation erst noch erprobt werden müssen. Aufgrund langer Erfahrung ist hier gerade die Diakonie zum Handeln aufgerufen.

Diese wenigen Beispiele zeigen, daß die Zeichen der Zeit nicht auf Rückzug aus der Verantwortung stehen, sondern umgekehrt, wir ermutigt werden, offene Schritte in die Zukunft gemeinsam zu tun. Weder ein verkrampftes Erfolgsdenken, noch ein unreflektierter Occasionalismus helfen hier weiter, sondern das Vertrauen in die weltüberwindende Kraft der Liebe Gottes ist die Kraftquelle, aus der heraus neues Leben erwächst. Ohne sie wird der Sozialstaat auf die Dauer erstarren, auf diese Kraft ist er heute mehr denn je angewiesen.

Die Zukunft des Sozialstaats im Blickwinkel der neueren Literatur

I.

In einer etwas groben Periodisierung läßt sich die Entwicklung der sozialstaatlichen Regelungen und sozialpolitischen Zielsetzungen seit der Gründung der Bundesrepublik in drei Abschnitte einteilen. Der vom Grundgesetz abgesteckte allgemeine und zugleich weite Rahmen mit seinem Bekenntnis zur Menschenwürde (Art. 1), zum Sozialstaatsprinzip (Art. 20 und 28) und zur Gemeinwohlbindung des Eigentums (Art. 14,2) wurde in der Weise ausgefüllt, daß teils sozialstaatliche Traditionen der Weimarer Republik wieder aufgegriffen und weiterentwickelt, teils in schöpferischer Weise neue Entwicklungen eingeleitet wurden. Mit der Einführung der Koalitionsfreiheit, der Tarifautonomie, dem Prinzip der Selbstverwaltung sozialer Angelegenheiten, betriebsdemokratischer Mitbestimmungsregelungen und mit der Wiedereinführung von weitgehenden Wirkungsmöglichkeiten der Verbände der freien Wohlfahrtspflege wurden in einer ersten Phase die Grundlagen für die Sozialpolitik eines demokratisch verfaßten sozialen Rechtsstaates geschaffen. Schon der erste deutsche Bundestag vollbrachte im Bereich der Sozialpolitik eine quantitativ und qualitativ erstaunliche Leistung. Die Erfolgsbilanz umfaßt die Bekämpfung der dringendsten Notlagen der Kriegshinterbliebenen, Kriegsbeschädigten, Flüchtlinge und Heimkehrer, sodann die Herstellung der Funktionsfähigkeit des Systems sozialer Sicherung auf demokratischer Grundlage, schließlich die Schaffung der Rechtsgrundlagen für eine freiheitliche Arbeitsmarkt- und Lohnpolitik, die Neuregelung der Betriebsverfassung und den Aufbau einer unabhängigen Arbeits- und Sozialgerichtsbarkeit.[1]

---

1 Einen Gesamtüberblick gibt J. Frerich, Sozialpolitik. Das Sozialleistungssystem der Bundesrepublik Deutschland. Darstellung, Probleme und Perspektiven der Sozialen Sicherung, München/Wien 1987. Zur historischen und internationalen Einordnung vgl. S. Leibfried / F. Tennstedt (Hg.), Politik der Armut und die Spaltung des Sozialstaates, Frankfurt a. M. 1985; W. Conze / M. R. Lepsius (Hg.), Sozialgeschichte der Bundesrepublik Deutschland. Beiträge zu Kontinuitätsproblemen, Stuttgart 1983; Ch. Sachße / F. Tennstedt (Hg.), Soziale Sicherheit und soziale Disziplinierung. Beiträge zu einer kritischen Theorie der Sozialpolitik, Frankfurt a. M. 1986. Weitere

Kennzeichen dieser ersten Phase ist die Weiterentwicklung der Sozialversicherung, vor allem durch die Rentendynamisierung, die Lohnfortzahlung für Arbeiter im Krankheitsfall, die Verstärkung prophylaktischer Maßnahmen sowie der Rehabilitation. Die Sozialgesetzgebung der ersten Phase wurde begleitet durch wirtschaftliche Prosperität, anhaltendes Wachstum, was bewirkte, daß man Konflikte – etwa im Bereich der Kompetenz- und Finanzierungsregelungen, in der Sozialhilfe und Jugendwohlfahrt – durch freizügige Mittelgewährung und eine plurale Struktur des Neben- und Miteinanders freier bzw. privater und öffentlicher Initiativen weitgehend vermeiden konnte.

In einer zweiten Phase - von Mitte der sechziger bis zum Ende der siebziger Jahre – wurde das System sozialer Sicherung systematisiert, konsolidiert und um neue Grundelemente erweitert. Zugrunde lag der Gedanke, daß eine Gesamtordnung der sozialen Sicherung von der Gesellschaft geschaffen werden muß, bei der die Risiken abgedeckt werden, die durch die Gliederung der Gesellschaft in einem arbeitsteiligen Gesamtprozeß selbst entstehen. Erst wenn die großen sozialen Risiken gesellschaftlich abgesichert sind, können sich die ehemals tragenden Kräfte, die Familie, die kleine Gruppe, die spontane und unmittelbare Zuwendung von Mensch zu Mitmensch sinnvoll und notwendig entfalten. In der Systematik sozialer Sicherung werden allmählich die Grundrisiken: »Gesundheit« »Ausbildung« »Arbeit« »Einkommen« und »Alter« sowohl voneinander abgegrenzt als auch systematisch verbunden. Das Arbeitsförderungsgesetz (1969) und das Ausbildungsförderungsgesetz (1969) sind Beispiele für diese neue systematisierende Tendenz. Zugleich machen diese Gesetze deutlich, daß sowohl eine aktive Arbeitspolitik als auch eine umfassende Bildungspolitik die Herstellung materieller Chancengleichheit insbesondere für Angehörige wirtschaftlich und sozial schwacher Schichten bewirken und zur Sicherung der sozialen Symmetrie, des sozialen Friedens und eines breiten Wohlstandes beitragen können. Besonders konsequent wurden die Lebensbedingungen behinderter Mitmenschen – im Risikofeld Gesundheit – in qualitativer wie quantitativer Hinsicht durch eine Verknüpfung von therapeutischen, pädagogischen und arbeitsrechtlichen Regelungen verbessert.

Mit Beginn der achtziger Jahre setzte die Diskussion über die Effizienz, Finanzierbarkeit und humane Qualität eines sozialen Leistungssystems ein, dessen Maximum praktisch unerreichbar bleibt, dessen Optimum auf den bisher eingeschlagenen Wegen möglicherweise verfehlt wird.[2] Die Frage nach

---

Literatur zur gegenwärtigen Sozialpolitik: G. W. Brück, Allgemeine Sozialpolitik, Köln ²1981; H. Lampert, Sozialpolitik, Berlin 1980; L. Neumann / K. Schapper, Die Sozialordnung der Bundesrepublik Deutschland, Frankfurt a. M. / New York 1982; B. Schäfers u. a. (Hg.), Sozialpolitik in der Bundesrepublik, Opladen 1983.

2 Die neue Entwicklung wird von W. Schmähl u. a., Soziale Sicherung 1975–1985. Verteilungswirkungen sozialpolitischer Maßnahmen in der Bundesrepublik Deutschland, Frankfurt a. M. 1986, untersucht. Die spezifische Sozialpolitik sozialdemokrati-

der Krise und Zukunft des Sozialstaats im Zeichen abnehmender Wachstumsraten und zugleich zunehmender weltwirtschaftlicher Verflechtungen kennzeichnet die Literatur dieser Jahre. Bei unserer Betrachtung kann die Sachdebatte in den einzelnen Risikobereichen nicht berücksichtigt werden, hingegen sollen Grundfragen, ethische Leitgesichtspunkte und systematische Neuansätze, soweit sie in der Debatte hervortreten, expliziert werden.

II.

Die entscheidenden staatstheoretischen Grundfragen wurden auf beachtlichem Niveau bei einem von der *Gesellschaft Civitas* veranstalteten Symposion erörtert, das 1982 in den denkwürdigen Tagen des Bonner »Machtwechsels« in München veranstaltet wurde. *Peter Koslowski*, Vorsitzender von Civitas, trug aus einem Blickwinkel liberaler politischer Philosophie und Ökonomie einen Fundamentalangriff gegen die gegenwärtigen »bürokratisch erstarrten«, auf »Maximalversicherung des Konsums« gerichteten Formen staatlicher Daseinsvorsorge vor und forderte neue Formen der »ordo caritatis«, die auf ein Maximum an eigener Daseinsvorsorge und Initiative und auf ein Minimum an staatlicher bzw. obligatorischer Absicherung abheben[3]. Diese in der Atmosphäre dieser Jahre liegenden Argumente wurden mit großer Sorgfalt diskutiert. Im Ergebnis trafen sich alle Korreferenten in der Feststellung, es gebe deshalb keine »Alternative« zum Sozialstaat, weil er von seiner Bauform her nicht ein Gegenprinzip, sondern komplementäre Erscheinung zur Industriegesellschaft und dem mit ihr »freigesetzten Besitzindividualismus« sei[4]. Der Wohlfahrtsstaat sei notwendiger »Teil der gesellschaftlichen Evolution«[5], die Gesellschaft liege im »Sozialstaat auf der Intensivstation« mit all den Künstlichkeiten, dem Apparatehaften dieses Verfahrens[6]. Das Problem aber wurde in ebenso großer

scher Regierungen untersucht im Vergleich M. G. Schmidt, Wohlfahrtsstaatliche Politik unter bürgerlichen und sozialdemokratischen Regierungen. Ein internationaler Vergleich, Frankfurt a. M. 1982; F. Scharpf, Sozialdemokratische Krisenpolitik in Europa, Frankfurt a. M. 1987.

3 Vgl. P. Koslowski, Versuch zu einer philosophischen Kritik des gegenwärtigen Sozialstaats, in: P. Koslowski u. a. (Hg.), Chancen und Grenzen des Sozialstaats. Staatstheorie – Politische Ökonomie – Politik (Civitas-Resultate 4), Tübingen 1983, 1 ff.

4 So H. Zacher, N. Luhmann, E. W. Böckenförde in ihren Beiträgen zum Civitas-Colloquium 1982, in: P. Koslowski u. a. (Hg.), a. a. O.

5 N. Luhmann, Wohlfahrtsstaat zwischen Evolution und Rationalität, in: P. Koslowski u. a. (Hg.), a. a. O., 2 ff: 38.

6 H. Zacher in der Diskussion über die Rolle des Rechts in der Gestaltung des Sozialstaats, in: P. Koslowski u. a. (Hg..), a. a. O., 88 f: 89. Vgl. auch ders., Der

Übereinstimmung darin gesehen, daß offenbar die »sozialethischen Kriterien und Grundsätze« für die Sozialgestaltung präzisiert werden müssen, »ein Verzicht auf Theorie und Abstraktionen wäre verhängnisvoll«[7]. Nicht »Abbau« Sondern »Umbau« hieß die Alternative: »daß die Solidarität, die der Sozialstaat verwirklichen soll, umgedacht wird von einem Reparaturbegriff für die sozial schädlichen Folgen des Individualismus zum Ausgangspunkt und Strukturprinzip des Zusammenwirkens und Miteinander der Menschen.«[8]

Damit waren die Themen angestimmt, die in zahlreichen Fachkonferenzen mit teilweise identischen Fachleuten und Fragestellungen durchgespielt wurden. Nur selten tauchten Argumente auf, die Wege in die Zukunft eröffneten jenseits der Alternative: Sozialabbau, Stärkung freier Marktkräfte oder wohlfahrtsstaatlicher Ausbau der Staatstätigkeit. Aufschlußreich waren solche Debatten, wenn sie präzisere Fragestellungen und eine durchsichtige, reflektierte Interessenlage erkennen ließen.

Dies galt für das von der *Walter-Raymond-Stiftung* veranstaltete Kolloquium »Sozialstaat – Die Krise seiner Ethik«, in der im Interesse der privatwirtschaftlichen Unternehmerschaft die Frage im Mittelpunkt stand: »Wie wirkt sich die Eigenproduktion von Dienstleistungen durch den Sozialstaat auf Staat und Gesellschaft aus?«[9] Diese Fragestellung, die zunächst in der Diskussion rein fiskalisch und monetär reflektiert wurde, mündete ein in die Anfrage an die Struktur einer Wirtschaftsverfassung im Rahmen einer sozialethisch geprägten Staatsverfassung, die die demokratische Willensbildung und die durchgängige Bestimmung der Staatsaufgaben in bleibende Korrespondenz zur sozialstaatlichen Idee der sozialen Gerechtigkeit gestellt hat. *Peter Badura* formulierte die Aufgabe: Die verfassungsrechtliche Bekräftigung der sozialen Staatsaufgaben muß in einer zukunftsweisenden Verfassungspolitik verbunden werden mit der Einsicht in die wirtschafts- und gesellschaftspolitischen Voraussetzungen eines leistungsfähigen Sozialstaats und mit freiheitsbewahrenden Bindungen sozialstaatlicher Politik und Verwaltung durch Verfassung und Gesetz. Der Sozialstaatssatz sei, wie es das Bundessozialgericht ausgedrückt hat, »Ermächtigung und Auftrag zur Gestaltung der Sozialordnung«, gerichtet

---

Wohlfahrtsstaat auf dem Prüfstand – Was kann Politik noch leisten, in: Ein Cappenberger Gespräch mit Referaten von G. Kirsch und H. F. Zacher, Stuttgart 1983.

7 N. Luhmann, a. a. O., in: P. Koslowski u. a. (Hg.), a. a. O., 38.

8 E. W. Böckenförde, Sozialstaat, Besitzindividualismus und die Uneinholbarkeit der Hegelschen Korporation, in: P. Koslowski u. a. (Hg.), a. a. O., 248 ff: 249.

9 So K. Murmann in seiner Einführung zum 21. Kolloquium d. Walter-Raymond-Stiftung vom 14.-16. März 1983 München, in: Sozialstaat – Die Krise ihrer Ethik. 21. Kolloquium d. Walter-Raymond-Stiftung mit Beiträgen v. T. Necker u. a. (Veröffentlichungen d. Walter-Raymond-Stiftung 22), Köln 1983, 15 ff: 17.

auf »Herstellung und Wahrung sozialer Gerechtigkeit und auf Abhilfe sozialer Bedürftigkeit«[10].

Drei Konsequenzen ergeben sich aus der Interessenlage dieses Forums:

1. Der Sozialstaat wird als Voraussetzung freier Marktwirtschaft und freien Unternehmertums nicht in Frage gestellt.

2. Es wird aber der Abschied von einer Dualität von sozialer Dienstleistungsproduktion und freier Güterproduktion einschließlich der komplementären Dienstleistungen eingeläutet. Wirtschafts- und Sozialpolitik werden als unlösbare Einheit interpretiert, eine integrale Mitgestaltung und Mitverantwortung an der Gestaltung der Sozialordnung durch die Unternehmerschaft postuliert.

3. Entgegen bisheriger Vorstellungen, die auch vom Bundesverfassungsgericht gestützt werden, könne »die Verfassungsformel vom ›sozialen‹ Staat nur Impuls und Richtschnur für den Gesetzgeber sein und nicht unmittelbar konkrete Rechte einzelner begründen«[11]. Die Verfassung wird damit wieder eher in Richtung des Weimarer Verfassungsverständnisses lediglich als norma normans für die aktuelle und durchaus wandlungsfähige Gesetzgebungsarbeit interpretiert und nicht mehr als Zugleich von norma normans und norma normata. In diesen Argumentationsmustern – und nicht nur hier – bahnte sich in der Tat eine neue Phase unserer staatlichen Wirklichkeit an, deren Ausgang in die Zukunft hinein offener ist, als bisherige Auslegungen des Grundgesetzes es wahrhaben wollten.

So wird eine der grundlegenden Entscheidungen des Bundesverfassungsgerichts, in der unterstrichen wurde, es gehöre »zu der dem Staat obliegenden, ihm durch das Gebot der Sozialstaatlichkeit vom Grundgesetz auch besonders aufgegebenen Daseinsvorsorge«, daß »die Arbeitslosigkeit auf der einen und der Mangel an Arbeitskräften auf der anderen Seite gemindert und behoben werden«, als zeitbedingte Äußerung zur Rechtfertigung des Monopols der Bundesanstalt für Arbeit abqualifiziert.[12] Zu ähnlichen Ergebnissen kamen auch Nationalökonomen wie *Bruno Molitor,* der das Sozialstaatsprinzip als soziale Komponente des Rechtsstaates interpretiert und ein »Lob der Ungleichheit in Freiheit« anstimmt, das der Wiedergeburt der freien Marktkräfte den Vorrang einräumt.[13]

Eine ganz andere, an der bisherigen Rechtssprechung des Bundesarbeits- und Bundesverfassungsgerichts anknüpfende Argumentationslinie kommt zu dem Ergebnis, daß die »Beschäftigung als Hauptmechanismus der Sozialpolitik«

---

10 So P. Badura, Schlußfolgerungen – Erfahrungen und Einsichten, in: Sozialstaat, 267 ff: 280.

11 A. a. O., 281.

12 Ebd.

13 B. Molitor, Der Sozialstaat auf dem Prüfstand, Baden-Baden 1984, 27 ff. Vgl. ders., Marktwirtschaft und Wohlfahrtsstaat, Hamburg 1982.

In den Industriestaaten ist die bezahlte Arbeit die wichtigste Grundlage, nach der das Leben der Individuen, die Familie und die Gesellschaft organisiert sind. Durch die bezahlte Arbeit kann man die Notwendigkeiten und womöglich die Annehmlichkeiten des Lebens erwerben. Sie ermöglicht auch sozialpolitische Programme für Gesundheitsfürsorge und Aufrechterhaltung des Einkommens. Deshalb sollte die Politik vor allen anderen Aufgaben dafür Sorge tragen, daß jeder Erwachsene nach Beendigung der Ausbildung und bis zu seinem Ruhestand eine für die Gesellschaft nützliche und für das Individuum sinnvolle Arbeit findet. Alle anderen sozialpolitischen Aktivitäten leiten sich gleichsam von dieser Grundlage ab. Diese These wird in den Basisdokumenten der internationalen Expertentagung des *International Council of Social Welfare* (ICSW) vom November 1983 in Berlin vertreten.[14] Diese diente zugleich der Vorbereitung der XXII. Konferenz des ICSW in Montreal im Sommer 1984.

Unter dem Gesamtthema »Soziale Sicherheit in einer Welt der Krise: Analyse und Verantwortung« bemühten sich die Vertreter von ca. 20 europäischen Ländern, die Auswirkungen der ökonomischen Krise auf die unterschiedlichen Sozialstaaten in Europa einer Gesamtanalyse zu unterziehen und nach neuen zukunftsweisenden Ansätzen zu suchen. Die Debatten konzentrierten sich auf ein Referat von *Adrian C. M. De Kok*[15], der zugleich einige Basisdokumente vorlegte. Er konstatierte, durch die Stagnation des Wirtschaftswachstums stünden die beiden Pfeiler des welfare state, Vollbeschäftigung und Fürsorge durch Unterstützungsleistungen und nicht gewinnorientierter Dienstleistungen zur Garantie einer menschenwürdigen Existenz, in den meisten westlichen Ländern kurz vor dem Zusammenbruch.[16] Er empfahl einen dritten Weg jenseits eines verkrampften Festhaltens am Existierenden als auch der Untergrabung des welfare state, wie sie unter den Regierungen *Reagan* und *Thatcher* betrieben würden. Ein Staat neuen Stils sollte Bedingungen schaffen, die einen Übergang vom »état protecteur« zum »état catalisateur« ermöglichen. Er dachte mit *J. Robertson* und *J. Gershuny* an dualwirtschaftliche Entwürfe, die ihre Analogie im Sozialbereich durch Beschränkung und Ergänzung des forma-

---

14 Bericht »Die Konsequenzen der Wirtschaftskrise für die gegenwärtige und künftige Entwicklung des Sozialstaates«, aus: Eurosocial-Report 17, Wien 1982, in: Expertentagung des ICSW 1983, Wien 1983, 56 ff.

15 A. De Kok ist Leiter der Forschungs- und Planungsabteilung im niederländischen Ministerium für Soziales, Gesundheit und Kultur. Die Tagung stand unter der Leitung von O. Fichtner und D. Jarre, namens des Deutschen Vereins f. öffentl. und priv. Fürsorge.

16 A. De Kok, Sozialpolitik in der Unsicherheit der achtziger Jahre, in: Deutscher Verein für öffentliche und private Fürsorge (Hg.), Die ökonomische Krise des Wohlfahrtsstaats. Konsequenzen und neue Ansätze in europäischen Ländern. Expertentagung d. Internationalen Rates f. Soziale Wohlfahrt (ICSW) in Berlin, Frankfurt a. M. 1983, 117 ff.: 118.

len und nichtformalen Sektors, der Kollektiv- und Selbstfürsorge sowie der professionell und von Laien erbrachten Dienstleistungen finden sollen.

Die Mehrzahl der Teilnehmer plädierte dafür, in Zeiten einer ökonomischen Krise mit besonderer Sorgfalt darauf hinzuwirken, soziale Gerechtigkeit im Rahmen einer Garantie des Existenzminimums zu üben. Das Netz der Sozialleistungen müsse »über die Phase der strukturellen Krise hinüber zur postindustriellen Gesellschaft gesichert werden«[17].

Eine solche Konferenz kann nicht die notwendige komparative Erforschung der sozialen Sicherungssysteme in den westlichen Industriestaaten ersetzen. Angesichts wachsender internationaler Verflechtungen – nicht nur im Rahmen der Europäischen Gemeinschaft – sind derartige Analysen, wie sie beispielsweise von *M. G. Schmidt* in seiner von der UNESCO preisgekrönten Untersuchung der wohlfahrtsstaatlichen Politik in 21 westlichen Industrienationen unternommen hat, von großer Bedeutung.[18] Es werden zur Erklärung tiefengeschichtliche Überlieferungen – nicht zuletzt konfessionelle und sozialethische Traditionen – etwa in Schweden, England, USA und den beiden deutschen Staaten herangezogen werden müssen. Realanalysen, die die Sozialprogramme mit den faktischen Situationen und Wirkungen konfrontieren, fehlen bis heute fast völlig.

Festgehalten werden sollte, daß sich die Debatte am Beginn der achtziger Jahre noch stark an der Oberfläche des politischen Meinungskampfes bewegte, in der vorhandene Vorurteile, die die reale oder vermeintliche Krise teilweise nur verstärkten, ins Feld geführt wurden. Einige der grundsätzlichen Handlungsalternativen wurden allerdings bereits sichtbar.[19]

III.

Zu den Eigentümlichkeiten der Debatte um die Krise des Sozialstaats gehörte es, daß wesentliche Fragestellungen oft völlig ausgeklammert wurden und allein die Kostenfrage ins Visier der Kritik geraten ist. Dem wirklichen Geschehen näher sind Publikationen, die auf die faktischen Gegebenheiten des Neben- und Miteinanders freier/privater und öffentlicher Sozialleistungsträger eingehen, die

---

17 A.a.O., 134.

18 Vgl. M. G. Schmidt, a. a. O., 1982.

19 Die Theorie- und Programmdiskussion in den achtziger Jahren wurde in ganzer Breite weitergeführt. Beispiele politologischer Beiträge: E. Matzner u. a. (Hg.), Der Wohlfahrtsstaat von morgen. Entwurf eines zeitgemäßen Musters staatlicher Interventionen. (Arbeitsberichte des Wissenschaftszentrums Berlin), Frankfurt a. M. / New York, 1982.; Th. Stahl/M. Zängle, Die Legende von der Krise des Sozialstaats, Frankfurt a. M. / New York 1984; J. Strasser, Die Grenzen des Sozialstaates, Köln ²1983 und G. Voruba, Politik im Wohlfahrtsstaat, Frankfurt a. M. 1983.

die geltenden Sozialprinzipien hinterfragen und vorausschauende Bedarfsanalysen vornehmen. Hier wird eingehendes Sachwissen erforderlich, das bei pauschalen Betrachtungen weniger im Vordergrund steht. Ergiebig ist der vom Caritasverband herausgegebene Sammelband »Der Sozialstaat in der Krise?«[20] *Oswald von Nell-Breuning* hat sich hier noch einmal zu Wort gemeldet und ist der Frage nach möglichen Fehlinterpretationen des »Subsidiaritätsprinzips« nachgegangen. Da es sich hier nicht um ein in der Verfassung vorgegebenes Staatsgrundprinzip handelt, konnten damit leicht sachfremde Ziele verfolgt werden. Nicht nur für die katholische Sozialarbeit, sondern auch für die Diakonie sind die Ausführungen Nell-Breunings von grundsätzlicher Bedeutung. Er kritisiert die fehlerhafte Interpretation des Subsidiaritätsprinzips in den entscheidenden fünfziger Jahren durch führende Vertreter der freien/privaten Verbände. Sie versuchten dem Prinzip zu entnehmen, »wie die Grenze zwischen öffentlicher und freier Wohlfahrtspflege zu ziehen sei«, und den »freien«, d. h. »ausschließlich auf freiwilliger Mitwirkung angewiesenen Trägern nicht einmal nur im Zweifel, sondern grundsätzlich den Vortritt vor öffentlich-rechtlichen, über hoheitliche Gewalt verfügenden Trägern zuzuerkennen«[21]. Man habe schon damals erkennen können, daß die politische Ortsgemeinde oder andere öffentlich-rechtliche Körperschaften oder Anstalten im Vergleich zu einer freien, jedoch von einer weit entlegenen Zentralstelle geleiteten Institution sehr wohl der engere »hautnähere« Lebenskreis sein könne. Damit habe sich die Caritas – wie auch die Diakonie und andere »freie« Träger – in einer Weise in die gegenwärtige Krise des Sozialstaats verstrickt, die paradoxe, vielleicht sogar tragische Züge annehme. Die Arbeitsteilung, dem Staat die Beschaffung der Mittel zuzuschreiben, während die freien Träger die personellen Kräfte aufbringen, müsse befremdlich erscheinen. Es sei paradox, den Staat für Bereiche finanziell verantwortlich zu machen, aus denen »man ihn soviel wie möglich verdrängen möchte, ganz besonders dann, wenn dieser Staat wegen seiner finanziellen Schwierigkeiten sich aus bestimmten Bereichen zurückziehen will, zum mindesten seine Leistungen kürzen will«. Von Nell-Breuning fragt danach, ob die freien Träger »immer jenes Maß von selbstlosem Dienst an der Sache bewiesen hätten«, das man von religiös motivierten Trägern erwarten kann. Werden sie – so fragt er – in einer schwierigen Lage sich bewähren, die deren Aufgabe zugleich vergrößert und die dafür verfügbaren Mittel beschränkt?[22]

---

20 Der Band von 1984 enthält Beiträge u. a. von P. Gross, N. Blüm, U. Fink, O. Fichtner.

21 O. v. Nell-Breuning, Solidarität und Subsidiarität, in: Deutscher Caritasverband (Hg.), Der Sozialstaat in der Krise? (Themen d. sozialen Arbeit 1), Freiburg 1984, 88 ff: 93.

22 A. a. O., 94.

Diese sehr vorsichtige, aber grundsätzliche Anfrage fordert die caritativen und diakonischen Werke der Kirchen heute zu einer Überprüfung ihrer Arbeit im Blick auf ihre Glaubwürdigkeit und ihren Beitrag zur Zukunft des »demokratischen und sozialen« Rechtsstaates heraus.

Was aber meint das Subsidiaritätsprinzip, wenn es nicht formales Abgrenzungsprinzip zwischen öffentlicher und privater (freier) Trägerschaft ist oder gar als Zuständigkeitsprinzip im föderalistischen Staatsaufbau zwischen der höheren staatlichen Einheit (Bund) und der jeweils niederen Einheit (Länder) in Anspruch genommen wird? Für die Zukunft des Sozialstaats wichtig ist die Klarstellung, die hier gegeben wurde. Sie muß hinsichtlich ihrer inhaltlichen und organisatorischen Konsequenzen freilich erst noch durchdekliniert werden:

> »Wer jeweils der berufene Träger sozialer oder caritativer Werke oder Maßnahmen ist, bestimmt sich nicht generell oder a priori, sondern stets nach dem konkreten Sachverhalt; dieser ist allerdings an einem allgemeingültigen Maßstab zu messen. Jede Art von Hilfe und darum auch die Gemeinschaftshilfe ist in um so höherem Grad wirklich ›hilfreich‹, als sie den Hilfsbedürftigen so wenig wie möglich als hilfloses Objekt behandelt, vielmehr ihn so viel wie möglich zur Selbsthilfe instand setzt und ihm Gelegenheit gibt, als aktives Subjekt selbst an der Befreiung aus seiner Not mitzuwirken, sich aktiv daran zu beteiligen. Unter dieser Rücksicht ist auszumachen, wer der jeweils berufene Helfer ist. Dies und nichts anderes ist das vielberufene Subsidiaritätsprinzip.«[23]

Es mehren sich in der Literatur die Stimmen, die gemäß dieser Bestimmung des Subsidiaritätsprinzips die Forderung nach einem Strategiewandel staatlicher Sozialpolitik hin zu einer kontextbezogenen Hilfe und zu einer bewußten Förderung von Selbsthilfepotentialen erheben. Den freien, insbesondere konfessionellen Verbänden wird die Frage gestellt, ob sie sich neuen Lösungen gegenüber offen zeigen, da sie geprägt seien von Lösungsstrategien, die versuchen, soziale Probleme aus ihrem Entstehungskontext herauszulösen und sie in ein normatives Leistungssystem einzufügen. Fast zwei Drittel ihrer Einrichtungen sind Krankenhäuser, Heime, Tagesstätten, in denen rund 90 Prozent der hauptamtlichen Mitarbeiter tätig sind.[24] Karlheinz Blessing plädiert für eine völlig neue Konzeption lokaler Sozialpolitik und eine Neustrukturierung einer herkömmlich segmentierten und fragmentierten Verwaltung. Darüber hinaus fordert er eine Öffnung des von ihm sog. »neokorporatistischen Wohlfahrtskartells zwischen Land, Kommunen und freien Trägern«, das zu Verflechtungen der Verbandsverwaltungen und der Staatsverwaltungen führte und die

---

23 A. a. O., 92 f.
24 Vgl. K. H. Blessing, Die Zukunft des Sozialstaats. Grundlagen und Vorschläge für eine lokale Sozialpolitik (Beiträge zur sozialwissenschaftlichen Forschung 98), Opladen 1987, 156 ff.

Möglichkeit zur Selbsthilfe sowie zur Partizipation der Klienten verminderte. Er macht sich auch die bereits 1978 vorgetragene These *R. Bauers*[25] zu eigen, bei freien Verbänden werde die Wahrnehmung von Tätigkeitsfeldern davon abhängig gemacht, ob sie dem Image der »white collar«-Wohlfahrtspflege nicht abträglich sei. Die Arbeit mit Konfliktklientel (Obdachlose, Fixer, Trebegänger, Gefangene, Strafentlassene) werde zunehmend den öffentlichen Instanzen oder Selbsthilfeinitiativen überlassen.[26] Hier meldet sich ein in den Einzelheiten noch zu durchdenkendes neues Subsidiaritätsverständnis, das auf eine »komplementäre Vernetzung« im lokalen Feld abzielt: Die größere Gemeinschaft, die Kommune, soll die kleineren Gemeinschaften in die Lage versetzen, Selbsthilfe zu betreiben, und zugleich sollen die administrativen Strukturen sich zu ganzheitlichem und zielgerichtetem Tun vernetzen. Dieser Ansatz wird unter dem sozialethischen Gedanken der Responsivität zusammengefaßt.[27]

Drei für die Zukunft des Sozialstaats bedeutsame Tendenzen treten im Zusammenhang der behandelten Fragen deutlich hervor, die einer gründlichen Behandlung erst noch bedürfen:

1. Das Koordinationsmodell, das das Zusammenwirken von öffentlichen und »freien« Trägern seit der Konfliktregulierung durch das Bundesverfassungsgericht von 1967 trägt, wird heute auf seine Elastizität hin befragt: Nutzen die Wohlfahrtsverbände das durch empfindliche Kürzungsmaßnahmen der öffentlichen Leistungsträger erweiterte Betätigungsfeld? Oder reduzieren sie synchron ihre Leistungen im Rahmen ihrer budgetorientierten Sparstrategie?[28] Die eingehende Analyse der Prognos AG »Entwicklung der freien Wohlfahrtspflege bis zum Jahre 2000« von 1984 hat klargemacht, daß die Verbände der freien Wohlfahrtspflege als eigenständige Organisationen ihre Zukunft nur sichern können, wenn sie ihre ergänzende Arbeit wirklich plausibel machen und ein hohes Maß an Flexibilität und Spendenbereitschaft einbringen.[29]

2. Die Stärkung der lokalen Ebene der Sozialpolitik, deren Neustrukturierung durch Verbesserung der Zusammenarbeit zwischen öffentlichen und freien

---

25 R. Bauer, Wohlfahrtsverbände in der Bundesrepublik, Weinheim / Basel 1978.

26 R. Bauer, Zur Verbesserung der Kooperation der Träger, in: Projektgruppe Soziale Berufe (Hg.), Sozialarbeit: Problemwandel und Institutionen, 3 Bde., II, München 1981, 229 ff: 231.

27 Vgl. Abschn. III 1,2 »Das Subsidiaritätsprinzip als sozialphilosophische Orientierung einer neuen Sozialpolitikstrategie«, K. H. Blessing, a. a. O., 236 ff.

28 R. Heinze und Th. Olk sehen eine Erweiterung des Betätigungsfeldes: Die »freien« Wohlfahrtsverbände – »Krankenpfleger« des dahinsiechenden Wohlfahrtsstaates? Referat auf der Tagung »Zum Stand der Wohlfahrtsverbändeforschung in der Bundesrepublik« 28.–30. 5. 1982 in Bremen. K. H. Blessing, a. a. O., 182 bestreitet dies.

29 Vgl. Prognos AG, Entwicklung der freien Wohlfahrtspflege bis zum Jahr 2000, Basel 1984, 97.

Trägern, die Kompetenzveränderung hin zu ganzheitlichen Lösungsansätzen sowie die Aktivierung der Selbsthilfe und Partizipationspotentiale können auf die Dauer nur gelingen, wenn der Finanzierungsdruck von den Kommunen genommen wird. Der Verfall der städtischen Finanzen zerstört tendenziell das System der sozialen Sicherung, verhindert Reformlösungen im Ansatz.[30] Die Abwälzung der Kosten der Arbeitslosigkeit, der ständig zunehmende Kostendruck in der Altenpflege macht die Kommunen bewegungsunfähig und führt zu einer allgemeinen Verschlechterung der Lebensqualität. Hier ist gegenwärtig der Konzeptions- und Handlungsbedarf am größten.

3. In der Literatur wird der Selbsthilfebewegung großes Gewicht beigemessen. Es fehlen jedoch Feldstudien, die die Voraussetzungen vor Ort genauer analysieren und außerdem das Problem der Verknüpfung mit den vorhandenen Strukturen präzise umschreiben. Mittlerweile wurde als eine Reform von oben flächendeckend ein System der Sozialstationen (Einzugsbereich 30 000 bis 50 000 Personen) aufgebaut, Ansätze von Psychiatriestationen mit einem Einzugsbereich ab 50 000 Personen sind erkennbar. Die Zukunft wird erweisen müssen, inwieweit diese Einrichtungen sich als Stätten der Integration, Supervision und Vernetzung erweisen oder zu von Professionellen getragenen insularen Strukturen mit selektiver Wirkung verkommen. Dies wird wesentlich von der sozialen Qualität der Ortsgemeinden, der Nachbarschaftsstrukturen und der kommunalen Gemeinschaft abhängen.[31]

IV.

Die Krise helfenden Handelns wurde zu einem Zeitpunkt diagnostiziert, in dem die helfenden Berufe eine Differenziertheit entwickelt haben, die atemberaubend ist. Unter den Betroffenen haben *Wolfgang Schmidbauers* Thesen zum »Helfersyndrom« erhebliches Nachdenken ihrer eigenen Berufsrolle ausgelöst, auch Unsicherheit. Stimmt die These, die Strategie der Professionalisierung beruhe auf der Annahme, daß alle durch die Industrialisierung angerichteten emotionalen Probleme rational durch geeignete Experten gelöst werden können? Schmidbauer behauptet, es sei ein Irrtum, auf diesem Wege zu Lösungen zu gelangen, weil nur immer neue Erklärungen der Probleme gefunden und

---

30 Vgl. K. Gretschmann, Kommunale Sozialpolitik unter Finanzierungsdruck, in: T. Olk u. a. (Hg.), Der Wohlfahrtsstaat in der Wende, München 1985, 88 und O. Fichtner, Sozialhilfe überfordert oder falsch konstruiert?, in: Deutscher Caritasverband (Hg.), a. a. O., 1984, 145 ff.

31 Unter der Überschrift »Viel guter Wille – zu wenig Geld« hat die Stiftung Warentest Sozialstationen unter die Lupe genommen und die Überlastung dieses Arbeitszweiges auf Kosten der Betroffenen klar herausgearbeitet; vgl. Test 8, 22, 1987, 16 ff.

neue Techniken des Umgangs mit ihnen propagiert werden. Wie diese an der Wurzel, wo sie entstehen und stehenbleiben, behandelt werden können, deutet er zwar an: in den ganzheitlichen, primären Beziehungsformen, in der Einheit von Leben, Denken, Tun, in originären ganzheitlichen Beziehungen. Professionalisierung korreliert mit der im sozialen Dienstleistungsbetrieb üblich gewordenen Segmentierung der Kontakte und Therapieformen, die den vom Leiden Betroffenen gar nicht erreicht, sondern allenfalls zur Ich-Stärkung des Betreuers beitragen kann. Der Pakt mit bürokratischer Macht und ihre technisch-naturwissenschaftliche Ausrichtung entfremde speziell die moderne Medizin »den emotionalen Seiten des Helfens«[32]. Wegen seiner relativen Unbestimmtheit, der Zusammenmischung richtiger Beobachtungen mit Vorurteilen, kamen seine Thesen teils an, teils aber hinterließen sie Ratlosigkeit.

Es gibt inzwischen empirische Untersuchungen zur Professionalisierung sozialer Berufe, die die Konfliktpotentiale im Hilfesystem genauer durchleuchten. Die Professionalisierung und fachliche Differenzierung der Arbeit sowie die damit einhergehende Reduktion des ursprünglich komplexeren Rollenrepertoires professioneller Helfer auf Ein-Rollen-Funktionen schaffen Unsicherheiten und Konkurrenzsituationen. Das Streben nach »Binnenlegitimität« und »Außenlegitimität« wurde zur Voraussetzung für die Forderung nach beruflicher Autonomie und materieller Sicherheit.[33] Strukturell bleiben diese Berufe den klassischen etablierten Führungspositionen gegenüber (Ärzten, Psychologen, Theologen und Verwaltungsfachleuten) unterlegen. Die unterschiedlichen Zielvorstellungen und Konzeptionen führen zu latenten, früher oder später zu manifesten Friktionen, die ausgetragen werden zu Lasten der auf Heilung, auf Hilfe Angewiesenen. Innovationen wie etwa das »Normalisierungskonzept« – »Man soll den (geistig) Behinderten dazu verhelfen, ein Dasein zu führen, das so normal ist, wie es nur eben ermöglicht werden kann« – verlangen aber eine volle Übereinstimmung im Konzeptionellen und in der kooperativen Methodik, die heute weithin aufgehoben ist. So kommt es dann zur Dominanz von Routine und tayloristischer Arbeitszerlegung.[34]

Allzuoft wird dann auch der Ruf nach »Ganzheitlichkeit« zur Leerformel, die verdeckt, daß es oft eher um Berufs- und Rollenprobleme der helfenden Berufe geht als um das Wohl der einzelnen Hilfebedürftigen. Deshalb ist in Zukunft die Frage zu beantworten: Gibt es eine soziale Anwaltschaft, die den verschämt oder manifest in Not Geratenen durch den Irrgarten des Hilfesystems geleitet; gibt es in den Pflegeeinrichtungen, in Krankenhäusern, wann

---

32 W. Schmidbauer, Helfen als Beruf, Reinbek 1983, 186. Angeregt hat Schmidbauer die Debatte bereits 1979; vgl. ders., Der hilflose Helfer. Über die seelische Problematik helfender Berufe, Reinbek 1979.

33 R. Depner u. a., Chaos im System der Behindertenhilfe? Eine empirische Untersuchung zur Professionalisierung sozialer Berufe, Weinheim/Basel 1983.

34 Das Normalisierungskonzept wird a. a. O., 165 ff entfaltet.

immer die Angehörigen fehlen oder überfordert sind, Menschen, die auf die gemeinmenschlichen, biographisch-persönlichen Bedürfnisse kontinuierlich achten und diese befriedigen? Mit welchen Rechten und Kompetenzen werden diese Bezugspersonen ausgestattet? Welche Aufgaben entstehen den diakonischen Diensten und der Seelsorge im Sozial- und Gesundheitswesen? Wie werden sog. Laien und Ehrenamtliche für diese Aufgaben zugerüstet, ermutigt und gebraucht?[35]

V.

1. Die Prognosen im Bereich der sozialen Sicherung sind geprägt von dem epochalen Trend zur Abnahme der Geburtenhäufigkeit und einer vom Jahr 2000 an immer deutlicher werdenden Überalterung der Bevölkerung. *Rainer Mackensen* u. a. haben diese »Perspektiven für die nächste Generation«, die in zahlreichen Analysen, Prognosen und Szenarien empirisch erhoben worden sind, zusammengetragen[36]. Besonders ins Gewicht fällt das veränderte Rollenverhalten und Selbstverständnis der Frauen, deren Ausbildungsdefizite nicht nur abgebaut sind, sondern die in den nichttechnischen, nichtnaturwissenschaftlich geprägten Bereichen gleichgezogen haben oder sogar dominieren. Die Probleme liegen noch immer in den langen Qualifizierungsgängen und in der Ausgewogenheit von privater und beruflicher Verwirklichung. Epochale Trends zeigen sich in der Tendenz zur »Singularisierung«, d. h. der Anteil der Alleinstehenden oder in ungesicherten Bindungen Lebenden nimmt zu, was sich schon heute insbesondere bei älteren oder hochbetagten Frauen drastisch zeigt.[37]

Zu diesem Tatbestand kommt noch hinzu, daß die überwiegende Mehrzahl der älteren, alleinstehenden Frauen in Armut oder an der Armutsgrenze lebt. Das Thema »Armut« ist, seit H. Geißler rund 10 Prozent und J. Roth rund 26 Prozent der Bevölkerung zu »Armen« erklärten, nicht mehr zur Ruhe gekommen.[38] Die »neue Armut« als globales und innergesellschaftliches Phänomen

---

35 Vgl. hierzu Th. Olk, Der informelle Wohlfahrtsstaat. Beziehungsprobleme zwischen Sozialarbeit und nichtprofessionalem Hilfesektor; B. Dewe / W. Fliehhoff, Die Krise des Wohlfahrtsstaates – Niedergang oder neue Chance für die Idee des Professionalismus, in: Olk u. a. (Hg.), 1985, 122 ff.

36 Vgl. R. Mackensen u. a., Leben im Jahr 2000 und danach. Perspektiven für die nächste Generation, Berlin 1984.

37 Näheres bei A. Kruse u. a. (Hg.), Gerontologie – eine interdisziplinäre Wissenschaft, 1. Gerontolog. Woche, München 1987.

38 Vgl. H. Geißler, Die neue soziale Frage, Freiburg 1976; J. Roth, Armut in der Bundesrepublik, Reinbek 1979; H. Ehrenberg / A. Fuchs, Sozialstaat und Freiheit.

beschäftigte die amerikanischen Bischöfe und den britischen Kirchenrat.[39] Das Thema beherrscht in zunehmendem Maße die Bundesrepublik. Als Ergebnis einer im Auftrag der Diakonischen Werke der EKD 1987 abgeschlossenen Untersuchung wird gefordert, den Armutsbegriff zu präzisieren und »relative« von »absoluter« Armut zu unterscheiden. Es geht um die Frage nach der Geltung der Grundrechte (Art. 1 und 2!) und ob § 1 BSHG in Kraft bleibt, die Sozialhilfe solle die »Führung eines Lebens ermöglichen, das der Würde des Menschen entspricht«. Die Finanzierungsgrundlagen und die konkrete Ausgestaltung der Sozialhilfe sind unter den gegenwärtigen politischen Konstellationen ernsthaft in Gefahr.

Zu einer strukturellen Bedrohung wird die Armut für betroffene Familien mit Kindern. Es mehren sich die Stimmen, die befürchten, daß insbesondere die Familie als tragende Institution im Industrialisierungs- und Urbanisierungsprozeß aufgerieben wurde. Trotz aller verbalen Hochschätzung der Familie ging die Sozialreform der fünfziger Jahre an ihr weitgehend vorüber, weshalb *Krüsselberg*[40] hier vom »großen Versäumnis« spricht. Schon damals war beklagt worden, daß im Erwerbssystem die Kinderlosigkeit belohnt würde, während doch »nur die Vorleistungen der Familie das gesamte soziale Leistungsgebilde des Staates, der Gemeinden und der Sozialversicherungsträger auf die Dauer aufrechterhalten«[41]. Es erweist sich rasch als illusionär, wenn heute wieder die Familie entdeckt wird, wenn es gilt, öffentliche Soziallasten umzuverteilen. Ein erschreckend hoher Prozentsatz von Kindern wächst heute in Familien an der Armutsgrenze, unter Bedingungen der Obdachlosigkeit, in unvollständigen Familien und/oder in unzulänglichen Wohnverhältnissen auf. Ob sich eine reiche Gesellschaft diese latente Proletarisierung an entscheidender Stelle leisten kann?

Unüberhörbar sind die Stimmen, die familienpolitische Ziele fordern, die auf eindeutigen, ausreichend operationalisierbaren, politisch planbaren und büro-

Von der Zukunft des Sozialstaates, Frankfurt a. M. 1980, 47 ff. Ferner S. Leibfried / F. Tennstedt, a. a. O.

39 Vgl. Economic Justice for All. Pastoral Letter on Catholic Social Teaching and the US Economy, Washington D. C. 1986: deutsch, Frankfurt a. M. 1987 und British Council of Churches, Faith in the City. The Report of the Archbishop of Canterbury's Commission on Urban Priority Areas, London 1985.

40 H. G. Krüsselberg u. a., Verhaltenshypothesen und Familienzeitbudgets – Die Ansatzpunkte der »Neuen Haushaltsökonomik« für Familienpolitik (Schriftenreihe d. Bundesministeriums f. Jugend, Familie u. Gesundheit 182), Stuttgart 1986, 1.

41 F. Oeter, Die Zukunft der Familie. Streitschrift für eine Reform der Familienpolitik, München 1986, 80.

kratisch kontrollierbaren Vorstellungen beruhen.[42] Schon aus Gründen sozialer Gerechtigkeit darf die allgemeine Wohlfahrtsposition der Familien mit Kindern bzw. Kinderreicher nicht so drastisch hinter den übrigen Bürgern zurückbleiben, da von diesen schon heute ein überproportionaler Anteil an der Bewältigung künftiger Rentenbelastungen getragen wird. Mit Recht wird u. a. die dem geltenden Steuersystem inhärente »Bestrafung« der Familien bzw. Alleinerziehenden mit Kindern kritisiert.[43] Es ist deshalb sinnvoll, die Familie unter ihrer gegenwärtigen Bedrohung als sechsten Risikobereich neben »Gesundheit«, »Ausbildung«, »Arbeit«, »Einkommen« und »Alter« in der Systematik sozialer Sicherung zur Geltung zu bringen.[44]

2. Die gegenwärtige »Krise des Sozialstaats« ist – das ist deutlich geworden – von Elementen geprägt, die aus übergreifenden Entwicklungen resultieren, und von Elementen, die durch die Prioritätensetzung gegenwärtiger Politik, insbesondere der Wirtschafts- und Finanzpolitik, geprägt sind. In Zukunft wird es darauf ankommen, daß neben der Abklärung des unabdingbar Notwendigen zugleich die Grenze definiert wird, die im Leistungsbereich ohne Gefährdung der Menschenwürde nicht unterschritten werden darf. Darüber sollte ein breiter Konsens bestehen. Erst nach Absicherung dieser Faktoren kann die spezifische Akzentsetzung erfolgen, der Spielraum für die weitere soziale Daseinsgestaltung von den jeweiligen Regierungen ausgeschöpft werden. Um diese Essentials des Sozialstaats wird aber gegenwärtig noch gerungen. Dies soll abschließend an drei Beispielen verdeutlicht werden:

– *Fritz Scharpf* stellte vor kurzem fest: »Vollbeschäftigung, steigende Arbeitseinkommen, steigende Sozialtransfers und bessere Versorgung mit öffentlichen Einrichtungen und Diensten sind derzeit nicht zugleich erreichbar.«[45] Hier wird sichtbar, welche Entscheidungen auf dem Spiel stehen. Zur Grundausstattung eines sozialen Staates gehört aber, wie schon im Stabilitäts- und Wachstumsgesetz (1969) festgestellt, eine Politik des hohen Beschäfti-

---

42 P. Gross, Selbstbestimmung und Trendsteuerung der Familie. in: F. X. Kaufmann (Hg.), Staatliche Sozialpolitik und Familie (Soziologie und Sozialpolitik 2), München / Wien 1982, 309 ff.

43 Vgl. F. Oeter, a. a. O., 56 f. Zur defizitären Wohlfahrtsposition kinderreicher Familien vgl. Alterssicherung – Die Notwendigkeit einer Neuordnung. Eine Denkschrift d. Kammer d. EKD für soziale Ordnung, hg. v. Kirchenamt im Auftrag d. Rates d. EKD, Gütersloh 1987, 86.

44 Vgl. Gräfin von Bethusy-Hue, Familienpolitik. Aktuelle Bestandsaufnahme der familienpolitischen Leistungen und Reformvorschläge, Tübingen 1987; Landesfamilienrat Baden-Württemberg, Handlungsfeld Familie. 152 Empfehlungen zur Familienpolitik, Stuttgart 1983; Bundesministerium für Jugend, Familie, Frauen und Gesundheit, IV. Familienbericht, Bonn 1986.

45 F. Scharpf, a. a. O.

gungsstandes. Eine schrittweise Auflösung des Systems der Erwerbsarbeit, eine Festschreibung hoher Arbeitslosigkeit über Jahre führt zur Gefährdung des Sozialstaats. Der Leistungsrahmen der Bundesanstalt für Arbeit und die Sozialhilfe der Kommunen werden sonst überfordert, die Netze der sozialen Sicherung reißen.

– Gravierende Entscheidungen stehen bei der Reform des Gesundheitswesens an. Nach Expertenauffassung lassen sich 30 Prozent bis 40 Prozent der Gesamtaufwendungen ohne Leistungsminderung einsparen,[46] das Einsparpotential im stationären Sektor wird auf 10 Mrd. geschätzt. Als ein »Leistungserbringungssystem«, das nur wenig auf die konkrete Aufgabe der Erhaltung der Gesundheit und der Bekämpfung der Krankheit gerichtet ist, wirkt es wie ein »Selbstbedienungsladen«, in dem man Bequemlichkeiten einkauft, der zugleich Industrien große Gewinne und bestimmten Berufsgruppen einen hohen Lebensstandard garantiert. Um den circulus vitiosus zu durchbrechen, bedarf es eines breiten politischen Konsenses. Die Absicherung des Pflegerisikos, die bisher auf die Sozialhilfe abgewälzt wurde, gehört zu den vordringlichen Aufgaben.[47]

– Die Reform der Alterssicherung ist – nach langer und sachlicher Debatte – fällig. Die systemverändernden Lösungsansätze: Grundrente aus Steuermitteln für jeden, Alterssicherung aus eigenem Vermögen und Kapitaldeckungsverfahren, sind zugunsten eines breiten Konsensus zurückgetreten. Dieser hält an den bewährten Grundprinzipien der bisherigen Lösung, z. B. obligatorisches, umfassendes Versicherungssystem mit Ausgleich besonderer Belastungen, Dreigenerationenvertrag etc., fest. Notwendige Ergänzungen und Verbesserungen (für Frauen und Kindererziehende, für unverschuldet Unterversicherte) und Sicherung des Staatszuschusses gehören zu den schrittweise einzuführenden Reformen.[48]

Die Beispiele zeigen, daß es im Feld der sozialen Sicherung so etwas wie eine »große Koalition« geben muß, die sich in ihren Entscheidungen von der Interessen- und Notlage der Betroffenen leiten läßt und verhindert, daß Sozialpolitik zum Spielball von Machtinteressen oder zur Funktion liberaler Wirtschaftspolitik verkommt. Sozialethische Aufgaben erwachsen aber auch, wenn es gilt, die Handlungsebenen in einem von starken Bürokratien getragenen Flächenstaat so zu bestimmen, daß im Nahbereich des Hilfesuchenden ein

---

46 Vgl. Wissenschaftliches Institut der Ortskrankenkassen, Ausgewogene Absicherung von Gesundheitsrisiken, (Wido Schriftenreihe 7), Bonn 1984, 80; unter Berufung auf H. Schäfer, Heidelberg.

47 Die verschiedenen Lösungsvorschläge werden in der AOK-Studie sorgfältig bedacht. Vorschläge unterbreitet die EKD in der Denkschrift zur Alterssicherung, 54 ff.

48 Die EKD-Denkschrift ist um den politischen Konsensus in diesem Sinne bemüht.

Höchstmaß an ganzheitlicher Hilfe und Selbsthilfe möglich wird. Dies deutet hin auf die Bildung lokaler Sozial- bzw. Wohlfahrtsgemeinden, die den heute gesteckten Rahmen der professionellen und institutionellen Träger weit übersteigen. So würden die Kräfte menschlicher und auch spontaner Solidarität am Leben gehalten und neu geweckt, ohne die der Sozialstaat früher oder später erstarren würde.

IV. Aspekte ethischer Orientierung in der wissenschaftlich-technischen Welt

Ethische Leitlinien für sozialpolitisches Handeln

Eine Perspektive aus evangelischer Sicht

I. Sozialpolitik und soziales Pathos

Bis heute wirkt das engere bis nach dem Zweiten Weltkrieg vorherrschende Verständnis von Sozialpolitik nach, das sich auf die Lösung der Probleme bezog, die sich aus der besonderen Lage der von fremdbestimmter Arbeit abhängigen Bevölkerungsgruppen ergab. Diese fand ihren entscheidenden Niederschlag in der mit der Kaiserlichen Botschaft vom 17. November 1881 eingeleiteten *Sozialversicherungsgesetzgebung*, die insbesondere durch »Jahrhundertgesetze« vom Stil der Krankenversicherung (1883), der Unfall- (1884) sowie 1889 der Invaliden- und Altersversicherung materialisiert wurde. Gegenüber dieser ebenso wirksamen wie soziotechnisch angelegten sozialpolitischen Linie war in den bedeutsamen Vereinen des 19. Jahrhunderts ein denkbar weitgespanntes Verständnis verbreitet. Dies gilt ebenso für den 1844 gegründeten Centralverein für das Wohl der arbeitenden Klasse, erst recht für den Centralausschuß der Inneren Mission (1849) und den 1863 gegründeten Allgemeinen Deutschen Arbeiterverein[1].

Hatte *Ferdinand Lassalle* im Vorfeld der Entwicklung freier, die Selbsthilfe der Arbeitnehmerschaft fördernder Arbeiterassoziationen »die helfende Hand des Staates« angefordert, so ging *Gustav Schmoller* in seiner Rede zur Gründung des Vereins für Sozialpolitik am 8. Oktober 1872 von einem Pathos aus, das Sozialpolilik als integrative Gesellschaftspolitik begreift:

---

[1] Die eigentlichen Wurzeln moderner Sozialpolitik liegen in den städtischen Sozialordnungen, die nicht zuletzt in der Reformationszeit ihre systematische und ethische Fundierung erfuhren. Die Einführung des sog. Elberfelder Systems in den Jahren 1852/53 bildete sowohl den Höhepunkt dieser Tradition wie auch den Auftakt der organisierten Armen- und Familienhilfe im Sinne der Verknüpfung von öffentlicher und freier Wohlfahrtspflege, vgl. hierzu u. a. W. R. Wendt, Geschichte der sozialen Arbeit. Von der Aufklärung bis zu den Alternativen, Stuttgart 1983, 129 ff. Vgl. auch die neue Studie von B. Geremek, Geschichte der Armut. Elend und Barmherzigkeit in Europa (polnisches Original 1978), deutsche Ausgabe: München 1988, 181 ff.

»Wir verlangen vom Staat, wie von der ganzen Gesellschaft und jedem Einzelnen, der an den Aufgaben der Zeit mitarbeiten will, daß sie von einem großen Ideale getragen seien. Und dieses Ideal darf und soll kein anderes sein als das, einen immer größeren Teil unseres Volkes zur Teilnahme an allen höheren Gütern der Kultur, an Bildung und Wohlstand zu berufen, das soll und muß die große im besten Sinne des Wortes demokratische Aufgabe unserer Entwicklung sein, wie sie das große Ziel der Weltgeschichte überhaupt zu sein scheint.«[2]

Es war *Carlo Schmid,* der auch bei der Gründung der Bundesrepublik jenes Pathos ins Spiel brachte, wenn er zu ihrer Staatszielbestimmung feststellte, daß ein Gemeinwesen bundesstaatlichen Charakters geschaffen werden soll, »dessen Wesensgehalt das demokratische und soziale Pathos der republikanischen Tradition bestimmt«. Es komme an auf den »Mut zu den sozialen Konsequenzen, die sich aus den Postulaten der Demokratie ergeben«[3].

Es ist in der Tat erstaunlich, daß gerade auf dem Gebiet der Sozialpolitik trotz – oder sogar wegen – der katastrophalen Pervertierungen im Nationalsozialismus im Sinne einer rassehygienischen, machtpolitisch orientierten Zweckrationalität, die Kontinuität bis in die Anfänge hinein gewahrt blieb. Allerdings wurde von führenden Sozialpolitikern der Nachkriegszeit betont, die heute geltende Ordnung folge keiner »einheitlichen Konzeption«, sie werde vielmehr den »jeweiligen Notständen und Bedürfnissen angepaßt«[4]. Dieser ältere sozialstaatliche Traditionen programmatisch fortschreibende Stil hat sich zwar in hohem Maße bewährt und einen beachtlichen sozialen Standard hervorgerufen, er birgt aber die Gefahr, daß die jeweiligen Aufgaben auf »soziotechnischem« Wege mit Hilfe eines weitausgebauten bürokratischen Apparates und der mit diesem kooperierenden sozialen Großorganisationen abgewickelt werden. Weder die sozialen Umfeldbedingungen noch die soziale Akzeptanz im Sinne langfristiger Prozesse der Willensbildung sind hinreichend geklärt. Staatliche Sozialpolitik ist bei der Bearbeitung sozialer Probleme aber entschiedener auf die Zusammenarbeit mit der Selbsthilfe der Bürger angewiesen, als dies lange Zeit angenommen wurde. Daß diese Initiativen noch nicht gelähmt sind, daß

---

2 F. Boese, Geschichte des Vereins für Sozialpolitik, 1872–1932 (Schriften des Vereins für Sozialpolitik 188), Berlin 1939, 11. Vgl. auch J. Reulecke, Sozialer Friede durch soziale Reform. Der Centralverein für das Wohl der arbeitenden Klassen in der Frühindustrialisierung, Wuppertal 1983.

3 Sten. Bericht des Parlamentarischen Rats, 1949. 172. Vgl. auch C. v. Ferber, Hundert Jahre Sozialstaat. Versuch einer Zwischenbilanz, in: S. Mosdorf (Hg.), Sorge um den Sozialstaat – Bilanz nach 100 Jahren, Stuttgart 1982, 13 ff.

4 Die Perspektiven für den Neuanfang lassen sich am klarsten erkennen in: H. Achinger u. a. (Hg.), Rothenburger Denkschrift. Neuordnung der sozialen Leistungen, Köln 1955; Walter Auerbach u. a., Sozialplan für Deutschland, Berlin 1957; Sozialenquete-Kommission (Hg.), Soziale Sicherung in der Bundesrepublik Deutschland. Bericht der Sozialenquete-Kommission. Erstattet von W. Bogs, Stuttgart u. a. 1966 (dort Zitat).

das umfassende Sozialleistungssystem die Graswurzeln einer gemeindenahen, ehrenamtlichen, initiativreichen Selbst- und Mithilfebewegung noch nicht erdrückt hat, gehört zu den erfreulichen und hoffnungsvollen Zeichen der Zeit[5]. Andererseits birgt der fortschreibende Pragmatismus die Gefahr, daß das System in Teilen oder als Ganzes eine Eigendynamik annimmt, daß andererseits Propheten heranwachsen, die mit scheinbar *einheitlichen Konzeptionen* dem System grundsätzlich beikommen wollen. Es bedarf also einer breiten und sorgfältigen Konsensbildung über wesentliche Grundannahmen und einer Grundperspektive der Sozialpolitik, ohne die auf die Dauer ihre Grundlagen ausgehöhlt oder pervertiert werden.

II. Die Krise des sozialen Protestantismus

Es kennzeichnet die sozialstaatliche Ordnung der Bundesrepublik, daß sie – insbesondere auf dem sozialpolitischen Feld – offen ist für geschichtlich bewährte Problemlösungen, aber auch für die Mitwirkung der in der Weimarer Republik bereits etablierten *Spitzenverbände der freien Wohlfahrtspflege*, unter denen die beiden kirchlichen Verbände auch aus staatskirchenrechtlichen Gründen eine Vorrangstellung einnehmen[6]. Damit kamen konfessionelle Traditionen mit ihren teilweise ganz unterschiedlichen ethischen Prägungen zum Zuge, womit einerseits die Kontinuität gestärkt, andererseits auch Zweckbündnisse ohne ausreichende inhaltliche Verständigung oder Annäherung begünstigt wurden.

Zu fragen ist, ob die zusammenfassende Formel von *Gerhard Uhlhorn* von 1894 hinsichtlich der prinzipiellen Unterschiede im sozialpolitischen Ansatz noch irgendeine Aussagekraft besitzt:

---

5 Ein Beispiel: Nach einer respräs. Umfrage des Emnid Instituts 1984 erklärten sich 52 % der Berliner über 18 Jahre bereit, ehrenamtliche soziale Dienste zu übernehmen, wenn ihnen dazu Gelegenheit gegeben wird; 14 % erklärten: »Wir arbeiten bereits ehrenamtlich.« Die Bereitschaft nahm allerdings linear mit wachsendem Alter ab, nur 33 % der über 60jährigen wollten sich noch engagieren. Die mehr als 40 000 Selbsthilfegruppen in der Bundesrepublik sind ebenfalls ein Beleg für diese These. Zum ganzen vgl. M. L. Moeller, Anders helfen. Selbsthilfegruppen und Fachleute arbeiten zusammen, Stuttgart 1981; Chr.v. Ferber, Ehrenamt und Selbsthilfe im Wandel ihrer gesellschaftlichen Voraussetzungen. Trennendes und Gemeinsames. Versuch einer Systematisierung, in: Soziale Arbeit 33, 1984, 382 ff.

6 Zur Geschichte vgl. die Hist. Habil. Schrift Münster 1986 von J.-C. Kaiser, Sozialer Protestantismus zwischen Republik und Diktatur. Studien zur Geschichte der Inneren Mission 1918–1945, 135–250. (Anm. d.Hg.: Die Arbeit von J.-C. Kaiser ist inzwischen erschienen unter dem Titel: Sozialer Protestantismus im 20.Jahrhundert, München 1989. Vgl. dort 95–227).

»Katholisch ist es, die Armenpflege prinzipiell für die Kirche in Anspruch zu nehmen und dem Staat bloß die Aufgabe zuzuweisen, für diese kirchliche Armenpflege Hilfsdienst zu thun da, wo die kirchliche Tätigkeit nicht ausreicht; reformiert ist es, Staat und Kirche so zu scheiden, daß sie beide eine von verschiedenem Geiste getragene Armenpflege treiben; dem lutherischen Charakter dagegen entspricht es, dem Staate die Armenpflege zu überlassen, aber diese Armenpflege, wie den ganzen Staat, mit christlichem Geiste zu durchdringen und ihn in Lösung seiner Aufgabe durch Freie Liebestätigkeit zu unterstützen.«[7]

So richtig diese Feststellung allgemeine Entwicklungslinien des 19. Jahrhunderts beschreibt, so wird sie doch der inneren Bewegung und der Grundintention nicht gerecht, die durch die Wirksamkeit *Johann Hinrich Wicherns* vorgezeichnet wurde. Ihm und seinen Mitstreitern in der Evangelischen Kirche ging es um eine *soziale Erneuerung,* von der zunächst jeder einzelne Bürger und Christ, sodann die Kirche in ihren Gemeinden und Gruppen erfaßt werden sollten, schließlich nicht zuletzt die Organe des Staates bei der Erfüllung ihres sozialpolitischen Auftrages. Diese dreifache, sich wechselseitig befruchtende und ergänzende soziale Aufgabe nannte Wichern das *»dreifache diakonische Amt«*[8]. Während Wichern vom einzelnen eine auf den bedürftigen Nächsten gerichtete Haltung der Mitmenschlichkeit und soziales Engagement verlangte, sollte sich die Kirche in ihrer Diakonie den akuten Nöten und Notständen in ihren verschiedenen Erscheinungsformen durch konkrete Hilfe an den betroffenen Menschen zuwenden. Das »diakonische Amt« der staatlichen Organe hingegen richtet sich auf die Beseitigung noterzeugender Strukturen und auf die Bereitstellung, Sicherung und dynamische Entwicklung von Lebensmöglichkeiten gerade auch für diejenigen, die aus eigener Kraft keine ausreichenden Lebensmöglichkeiten erreichen können. So läßt sich eine Tendenz des »sozialen Protestantismus« erkennen, die sich in den Denkschriften und Stellungnahmen des Centralausschusses der Inneren Mission, in den Ergebnissen des Evangelisch-sozialen Kongresses bis hinein in die Sozialgesetzgebung der Bismarckzeit und schließlich in die soziale Grundrechtsgestaltung der Weimarer Verfassung hinein verfolgen läßt[9].

---

7 C. Uhlhorn, Die christliche Liebestätigkeit, Stuttart ²1895, Darmstadt Nachdruck 1959, 799.
8 J. H. Wichern, Gutachten über die Diakonie und den Diakonat (1856). in: J. H. Wichern, Sämtl. Werke III, hg. v. P. Meinhold, Berlin 1968, 130 ff.
9 Die weiterreichenden geschichtlichen Zusammenhänge habe ich in meiner Hab. Schrift, Münster 1969 »Die Ausformung des sozialen Rechtsstaats in der protestantischen Überlieferung« dargestellt. Vgl. auch Th. Strohm, Positionen und Stellungnahmen der Ev. Kirche zu sozialpolitischen Aufgaben, in: Aus Politik und Zeitgeschichte. Beilage zur Wochenzeitung Das Parlament, B 21–22, 1988, 11 ff.

Die Kräfte erwiesen sich jedoch als zu schwach, um dem alle bis dahin geltenden Grundlagen der Sozialpolitik pervertierenden Nationalsozialismus widerstehen zu können. Es gingen alle Reste von Mündigkeit und Barmherzigkeit zugunsten einer rassenhygienischen, staatspolitisch orientierten Zweckrationalität verloren. *Josef Goebbels* prägte die Formel:

> »Wir gehen nicht von den einzelnen Menschen aus, wir vertreten nicht die Anschauung, man muß die Hungernden speisen, die Durstigen tränken und die Nackten kleiden – das sind für uns keine Motive. Unsere Motive sind ganz anderer Art. Sie lassen sich am lapidarsten in dem Satz zusammenfassen: Wir müssen ein gesundes Volk besitzen, um uns in der Welt durchsetzen zu können.«[10]

Es waren nicht zuletzt die Erfahrungen mit einer sozialdarwinistisch geprägten Politik, die die Kirche nach 1945 zu einer grundsätzlichen Neubesinnung auf ihre ethischen Grundlagen und ihren Beitrag zur sozialen Gestaltung verpflichteten.

Es ist nicht verwunderlich, daß die Willensbildung zunächst unentschieden schwankte zwischen einer Einstellung, die den sozialen Staat als weltliche Erfüllung diakonischer Anregungen und Vorbilder begrüßte und der Sorge, dem modernen Wohlfahrtsstaat wohne eine »Tendenz zur Ausrottung aller anerkannten Diakonie-Wirklichkeit« inne, durch seine materialistische, autoritärpädagogische Sozialfürsorge mache er »der Verkündigung der Botschaft durch Diakonie ein Ende«[11]. Wenn auch diese Sorgen bis heute lebendig geblieben sind[12], so bestimmen sie jedoch nicht das Geschehen. Dieses ist seit Beginn der Nachkriegszeit und seit der Gründung der Bundesrepublik durch eine konstruktive und partnerschaftliche Zusammenarbeit nicht nur mit den öffentlichen Leistungsträgern, sondern auch mit den anderen Wohlfahrtsverbänden gekennzeichnet. Übrigens gilt – bei all den Unterschieden im Grundsätzlichen und im Detail – dies auch für die DDR. Die Diakonie der evangelischen Kirche hat sich dort als einer der wichtigsten Träger einer freien Wohl-

---

10 Vgl. die wichtige Neuerscheinung: H. Vorländer, Die NSV. Darstellung und Dokumentation einer nationalsozialistischen Organisation, Boppard am Rhein 1988, 96 ff.

11 E. Bergrav, Staat und Kirche in lutherischer Sicht, in: Das lebendige Wort in einer verantwortlichen Kirche. Offizieller Bericht der Zweiten Vollversammlung des Lutherischen Weltbundes, Hannover 25.7.–3.8. 1952, hg. v. C. E. Lundquist, Hannover o.J., 78 ff; vgl. hierzu H. Berthold, Sozialethische Probleme des Wohlfahrtsstaates, Gütersloh 1968, 11 ff.

12 Vgl. Arbeitskreis für eine missionarische Diakonie der Evangelischen Sammlung in Württemberg (Hg.), Diakonie ist absolut kein weltlich Ding, Reutlingen 1981; ders., Die Frage nach dem Nächsten und die Antwort der Bibel, Reutlingen 1983. Dazu G. Schäfer/Th. Strohm, Der Dienst Christi als Grund und Horizont der Diakonie. Überlegungen zu einigen Grundfragen der Diakonie, hg. vom Diakonischen Werk Württemberg, Stuttgart 1987.

fahrtspflege behauptet und erfährt dafür im wachsenden Maße auch die Anerkennung und Förderung durch staatliche Instanzen[13].

III. Ethische Leitgesichtspunkte

Die Frage ist oft gestellt und häufig verneint worden, ob es auf seiten der evangelischen Kirche eine gesicherte theologische bzw. ethische Basis gebe, aus der heraus sich tragfähige Sozialprinzipien und Kriterien für die Formulierung eigener Stellungnahmen und für die Beurteilung sozialpolitischer Konzeptionen ableiten lassen. Den vorliegenden Versuchen haftet immer zugleich etwas Vorläufiges, die Richtung des Handelns Suchendes an. Diese sind meist auch von der Sorge begleitet, die Kirche könne sich an Ideale, Programme und Ideologien ausliefern und dabei den Blick auf ihr sozialethisches Proprium verlieren. Die Gesellschaft ist für sie gemäß ihrer Orientierung an der Botschaft von der in Christus erneuerten Gottebenbildlichkeit des Menschen – und zwar gerade auch des in seiner Existenz beschädigten, gefährdeten und der Hilfe bedürftigen Menschen – das Feld der Bewährung ihres Auftrages: Der Mensch soll sein Menschsein im Leben der Gemeinschaft durch das Mitmensch-Sein bewähren. Die Christen, die Gemeinde, die Kirche in ihren Organen soll bei der Verwirklichung ihres Auftrages »keinerlei taktischen Rücksichten Raum geben«, sich jeder Bevormundung der Gesellschaft durch eigene Sozialmacht-Ansprüche enthalten.

> »Die Solidarität der Kirche mit den Nöten der Welt ist die Voraussetzung für die Partnerschaft der kirchlichen mit den politischen Kräften bei der als Integration erfolgenden Neuformung gesellschaftlichen Daseins in Staat, Wirtschaftsleben und Kirche.«[14]

Dieser – hier nur angedeutete- Grundgedanke kann in drei thetischen Gesichtspunkten weiter entfaltet und in die Ebene konkreter Entscheidungsfindung verfolgt werden.

1. Der bedeutende Rechtsgelehrte *Erik Wolf* hat im Jahre 1957 den Versuch unternommen, das im christlichen Glauben neu begründete »Nächstenverhältnis« aus dem »Reservat des Social-Caritativen« herauszulösen und »als Grund und Mitte des Rechts (zu) behaupten«. Auf diese Weise werde die Aufgabe allen Rechts erfüllt, »in gegebener Lage natürlicher wie sozialer Ungleichheit

---

13 Vgl. hierzu u. a. Diakonie als Faktor in Kirche und Gesellschaft, in: R. Henkys (Hg.), Die evangelischen Kirchen in der DDR, München 1982, 62 ff. Die Diakonie in der DDR unterhält (Stand 1. Januar 1987) gegenwärtig 1 193 Einrichtungen mit 41 087 Plätzen/Betten und 14 850 Mitarbeitern.

14 E. Wolf, Sozialethik. Theologische Grundfragen, hg. von Th. Strohm, Göttingen 1975, 163 f.

Jedem das Seine zuzuteilen und zu belassen«. Wolf formuliert hier so etwas wie ein Grundrecht, das vor jedem Selbstbehaupten von menschlichem Recht »aus Natur, Vernunft oder geschichtlicher Tradition« gelten soll. Die theologische Dimension dieses Ansatzes wird durch zwei Kategorien verdeutlicht: *Personalität* und *Solidarität*. Personalität bezieht sich auf das von Gott Angerufensein, auf die Verantwortlichkeit vor Gott, das Angenommensein jedes Menschen vor allen gesellschaftlichen und persönlichen Konstellationen. »Personalität ist das Urrecht vor allen Grundrechten, die es theologisch ebenso begründet, wie es philosophische oder juristische Definitionen der Menschenrechte begrenzt.« Solidarität konstituiert als Konsequenz von Personalität ein neues Verhältnis der Mitmenschlichkeit, »aus Mitmenschen werden Nächste«. Indem der Mensch seiner Bestimmung durch Gott entsprechend seinen Nächsten annimmt, vermag er »Interessengruppen in verantwortliche Gesellschaft« umzuwandeln.[15]

2. Erik Wolf nahm mit dem Begriff der *»verantwortlichen Gesellschaft«* das wichtigste sozialethische Axiom des Ökumenischen Rats der Kirchen auf, das erstmals 1948 bei seiner Vollversammlung in Amsterdam in die Willensbildung eingeführt wurde. Die Kurz-Definition basiert auf dem Gedanken, daß der Mensch geschaffen und berufen sei, ein freies Wesen zu sein, verantwortlich vor Gott und seinem Nächsten. Sie lautet:

> »Eine verantwortliche Gesellschaft ist eine solche, in der Freiheit die Freiheit von Menschen ist, die sich für Gerechtigkeit und öffentliche Ordnung verantwortlich wissen und in der jene, die politische Autorität oder wirtschaftliche Macht besitzen, Gott und den Menschen, deren Wohlfahrt davon abhängt, für ihre Ausübung verantwortlich sind.«[16]

Mit diesen Formulierungen war ein *Leitbild* – oder vorsichtiger – ein *Leitkriterium* benannt, das seither in der kirchlichen Willensbildung eine wichtige Orientierungsfunktion erfüllte und deshalb auch mancherlei Ergänzungen erfuhr. Implizit oder explizit gingen diese Vorstellungen in die Begründung vieler kirchlicher Stellungnahmen zu wirtschafts- und sozialpolitischen Fragen mit ein.

3. Von solchen Voraussetzungen her erfuhr auch die Verfassungsordnung der Bundesrepublik – in anderer Hinsicht auch die Verfassung der DDR – ihre sozialethische Beleuchtung. Das Grundgesetz der Bundesrepublik, das mit den Worten beginnt »Im Bewußtsein seiner Verantwortung vor Gott und den Menschen ...«, bildet eine Basis der Integration und ermächtigt zu notwendi-

---

15 Vgl. E. Wolf, Recht des Nächsten. Ein rechtstheologischer Entwurf, Frankfurt 1958, 16 f.

16 Vgl. Dokumentation der ersten Vollversammlung des Ökumenischen Rats der Kirchen, V, Amsterdam 1948, 100 f.

gem sozialen Handeln, zu dem sich Christen im Zusammenwirken mit Nichtchristen herausgefordert wissen. Das Bonner Grundgesetz versteht sich – anders als die Weimarer Reichsverfassung – als *norma normans* und als *norma normata*, das heißt, sie geht über das rechtsstaatliche Legalitätsprinzip des bürgerlich-liberalen Rechtsstaats hinaus und bindet »die vollziehende Gewalt und die Rechtsprechung an Gesetz und Recht« (Art. 20, Abs. 3). Das Konstitutionsprinzip der Menschenwürde (Art. I GG) bildet die verfassungsrechtliche Grundlage der Rechtsstaatlichkeit und begründet zugleich eine materiale Rechtstaatlichkeit der demokratischen Verfassung. Die Grundrechte werden durch die Menschenwürde inhaltlich bestimmt und bilden zusammen mit ihr den »Wesensgehalt«, der bei den Grundrechten »in keinem Fall ... angetastet werden« darf (Art. 19, Abs. 3 GG).[17]

Das Konstitutionsprinzip der Menschenwürde, das Grundrecht auf Leben und körperliche Unversehrtheit und auf freie Entfaltung der Persönlichkeit verpflichten den Staat, für Einrichtungen zu sorgen, die jedenfalls das *Existenzminimum* garantieren. Es ist die Konsequenz dieses Ansatzes, wenn das geltende Recht – als reflexiver interpretatorischer Kontext einer Verfassungsnorm – in §1 des BSHG den Auftrag formuliert, die Sozialhilfe solle »die Führung eines Lebens ermöglichen, das der Würde des Menschen entspricht«. Zu bezeugen, was ein *menschenwürdiges Dasein* unter den gegenwärtigen Bedingungen erfordert, ist nicht zuletzt Aufgabe der verantwortlichen gesellschaftspolitischen Kräfte und Träger der Willensbildung. Die erwähnten Grundrechte stehen in unmittelbarem Zusammenhang mit dem *Sozialstaatsprinzip* (Art. 20, 28, 79, Abs. 3 GG) und mit der *Sozialpflichtigkeit des Eigentums* (Art. 14, Abs. 2 GG). Das Sozialstaatsprinzip ist die eigentliche »Transformationsstelle von gesellschaftspolitischen Postulaten in Rechtsansprüche« und dient zugleich »als rechtspolitischer Anknüpfungspunkt zugunsten umfassender staatlicher Aktivität auf dem sozialen Sektor«[18]. Dies hat das Bundesverfassungsgericht mit der Formulierung unterstrichen, es sei Aufgabe des Sozialstaates, »für einen Ausgleich der sozialen Gegensätze und damit für eine gerechte Sozialordnung zu sorgen«[19]. Zwei Thesen sollten zuletzt verdeutlicht werden: 1. Das Grundgesetz ist einer Wertordnung verpflichtet, die im hohen Maße auch Ausdruck evangelischer Sozialethik ist oder in der schon erwähnten Formulierung »praktisches Christentum in gesetzlicher Betätigung«. 2. Das Grundgesetz ist in seiner relativen Unbestimmtheit zugleich Auftrag, der auf seine rechtliche und gesellschaftspolitische Erfüllung angewie-

---

17 Vgl. H. Simon, Der Rechtsstaatsgedanke in der Rechtsprechung, in: E. Wolf (Hg.), Der Rechtsstaat. Angebot und Aufgabe (TEH 119), München 1964, 64 ff.

18 M. Stolleis, Sozialstaat und karitative Tätigkeit der Kirchen, in: A.v. Campenhausen/H.J. Erhardt (Hg.), Kirche. Staat. Diakonie. Zur Rechtsprechung des Bundesverfassungsgerichts im diakonischen Bereich, Hannover 1982, 188 ff.: 198.

19 Ebd.

sen ist. Die Qualität dieser inhaltlichen Erfüllung hängt wesentlich von der Leistungsbereitschaft einzelner, der verantwortlichen Institutionen, Verbände und Gruppen ab.[20]

IV. Internationale Sozialpolitik

Sozialethische Überlegungen zu den Grundlagen der Sozialpolitik bedürfen mit wachsender Dringlichkeit einer Entschränkung über den Rahmen des partikularen Nationalstaates oder gar des Teilstaates Bundesrepublik hinaus. Wir befinden uns in der paradoxen und zu bewältigenden Lage, daß die wirtschaftliche und soziale Einigung Europas zum 31. Dezember 1992 unmittelbar bevorsteht. Damit wird ein geschichtliches Datum fällig, das zwanzig Jahre hinter der weltgeschichtlichen Entwicklung herhinkt, nämlich der schrittweisen Öffnung der Austauschbeziehungen zwischen Osteuropa und dem Westen und der weltwirtschaftlichen Gesamtaufgabe am Beginn der vierten Entwicklungsdekade der Vereinten Nationen. Dann muß es zur Entscheidung kommen, ob die Industrienationen unter Einschluß der sich öffnenden sozialistischen Länder zu gemeinsamen Anstrengungen im Sinne einer *Weltsozialpolitik* in der Lage sind. Es wäre ein Anachronismus, wenn der 1993 einsetzende Test auf die soziale Belastbarkeit, Solidarität und Harmonisierungsfähigkeit von zwölf ausgewählten Staaten Europas zu einer anhaltenden Selbstbeschäftigung eines Teils von Europa mit den Regulierungen des freien Binnenmarktes führen würde.[21]

1. Die kleineuropäische Lösung wird zumindest überlagert von der im Europarat zusammengeschlossenen 18 west- und nordeuropäischen Staaten. Für dieses mittlere Haus Europas, in dem *protestantische* Länder mit einem teilweise sehr hohen sozialen Status mitarbeiten, wie Schweden, Norwegen und die Schweiz, wurde bereits eine gemeinsame sozialrechtliche Basis entwickelt, während für die EG-Länder bislang nur Kriterienkataloge ohne Rechtsverbindlichkeit existieren. Die *Europäische Sozialcharta,* die am 16. 2. 1965 für die Bundesrepublik in Kraft trat, enthält einen optimalen Katalog an sozialen Grundsätzen (Teil 1), Rechten und Pflichten, die insbesondere den sozialen Schutz der im industriellen und landwirtschaftlichen Bereich abhängig Beschäftigten optimal

---

20 Vgl. Urteil des Bundesverfassungsgerichts (BVG) vom 18. Juli 1967. Hierzu: Diakonisches Werk der Evangelischen Kirche von Westfalen, Zur gegenwärtigen sozialpolitischen Entwicklung in der Bundesrepublik. Eine Stellungnahme des Diakonischen Werks der Evangelischen Kirche von Westfalen, 1985, 2 ff.

21 Dem Ministerrat der Europ. Gemeinschaft wurde in Hannover 1988 eine Liste mit rund 80 »Aktionen« betreffend die sozialen Dimensionen des Binnenmarktes übergeben, die teils durchgeführt wurden oder in Planung sind. Nur wenige Experten sind in der Lage, diese Problemfülle produktiv zu erfassen.

gewährleisten. Insbesondere das Recht auf Arbeit, Ausbildung, Arbeitsschutz, Mitbestimmungsrechte, soziale Sicherheit, Schutz der Familien, Schutz der Feiertage und des Sonntags u. a. wurden hier in normativer Weise zum Ausdruck gebracht. Der Art. 1 aus Teil II, das »Recht auf Arbeit« im Sinne der Erreichung und Aufrechterhaltung eines möglichst hohen und stabilen Beschäftigtenstandes, d. h. »die Verwirklichung der Vollbeschäftigung« als »Hauptziel« wurde sinngemäß in das Arbeitsförderungsgesetz (AfG) und das »Stabilitäts- und Wachstumsgesetz« aufgenommen (1969/67), wurde aber seit 1982 nur noch indirekt über die Stabilitäts- und Wachstumspolitik weiterverfolgt und deshalb auch als Ziel verfehlt. Im übrigen wird man aber feststellen können, daß in der Bundesrepublik der Normenkatalog der Europäischen Sozialcharta verbindliche Richtschnur der Sozialpolitik geworden und in vielen Punkten erfüllt worden ist.[22]

2. Es wird eine wesentliche Aufgabe der Kirche sein, unter den Sozialpartnern und verantwortlichen Kräften eine soziale Verständigung auf der Basis optimaler Informationen herzustellen und eine Angleichung der Sozialrechte und Sozialpflichten auf hohem Niveau anzustreben. In bezug auf die internationale Wettbewerbsfähigkeit steht die Bundesrepublik unter den EG-Staaten an erster Stelle.[23] Diese wird auch nicht durch die im Vergleich zu anderen Ländern effektiv niedrigeren Arbeitszeiten beeinträchtigt. So hat England zwar eine um 16,4 % verlängerte effektive Arbeitszeit je Arbeitnehmer, die Arbeitsproduktivität liegt hierzulande gegenwärtig jedoch um 60,3 % höher als dort.[24] Es besteht also keinerlei Anlaß, den Industriestandort Deutschland herabzuwürdigen und einem sozialen Dumping auszusetzen. Die Hauptschwierigkeiten liegen in den nationalen Verfahrensregeln. Die Stellung der Einheitsgewerkschaften, die Tarifpartnerschaft und Tarifautonomie im gewachsenen deutschen Sozialrecht finden kaum Anhaltspunkte in anderen Ländern, die entweder rein

---

22 Vgl. hierzu A. Khol, Zwischen Staat und Weltstaat. Die internationalen Sicherungsverfahren zum Schutz der Menschenrechte, (Schriftenreihe der Österreichischen Gesellschaft für Außenpolitik und internationale Beziehungen IV), Wien / Stuttgart 1969; H. Schambeck, Grundrechte und Sozialrecht. Gedanken zur Europäischen Sozialcharta (Schriften zum öffentlichen Recht 88), Berlin 1969. Eine EG Sozialenquete gibt es bisher noch nicht, in Vorbereitung ist jedoch ein Vorschlag für den Ministerrat einer »Gemeinschaftscharta für soziale Rechte«. Eine »Vergleichende Untersuchung der Regelungen der Mitgliedstaaten betreffend die Arbeitsbedingungen« ist ebenfalls in Vorbereitung.

23 Vgl. 7. Bericht über die internatoinale Wettbewerbsfähigkeit der Stiftung des Europäischen Managementforums (Juli 1986). Von allen internationalen OECD Staaten und 7 Schwellenländern ergab sich Platz 4 (nach Japan, USA und Schweiz).

24 Vgl. auch W. Tegtmeier, Wirtschafts- und sozialpolitische Positionen der Bundesrepublik vor dem Hintergrund des EG-Binnenmarktes 1992 (Ms. Sept. 88), 14.

staatlich reglementiert oder in viele kleinere Handlungseinheiten zerlegt sind. Deshalb ist auch ein gesamteuropäischer Gewerkschaftsbund als Entscheidungs- und Handlungsträger nicht in Sicht. Dies kann ungünstige Auswirkungen überall dort haben, wo die Sozialleistungen wie die Sozialversicherung hinsichtlich der Beitrags-Lastenverteilung in langwierigen Verhandlungen der Tarifvertragsparteien ausbalanciert wurden. Viel leichter wird die wechselseitige Anerkennung von beruflichen und schulischen Ausbildungszertifikaten verlaufen, kurz technische Fragen bis hin zu Richtlinien für gefährliche und krebserzeugende Stoffe am Arbeitsplatz werden sich abklären und angleichen lassen.

Was aber wird mit den 16 Millionen Erwerbswilligen, aber Arbeitslosen, im EG-Europa geschehen, wenn einer der größten einheitlichen Wirtschaftsräume der Erde mit 322 Millionen Einwohnern entsteht mit einem BSP von 3300 Millionen Dollar? Werden sich europaweit die Polarisierungstendenzen fortsetzen und an den Peripherien des industriellen Fortschritts Armutszonen entwickeln? Die Tatsache, daß schon heute in diesem Raum die Arbeitslosenquote bei Jugendlichen bis 25 Jahre mit über 22 % doppelt so hoch ist wie in den übrigen Erwerbsaltersgruppen und rund 50 % der Arbeitslosen seit mehr als einem Jahr in dieser Situation sind, deutet in diese Richtung. Nur unter der Annahme, daß sich die Regierungen sowohl der »Kooperativen Wachstumsstrategie für mehr Beschäftigung«[25] als auch flankierenden Maßnahmen im Sinne einer aktiven Arbeitspolitik mit aller Konsequenz widmen, kann die Annahme eines Wirtschaftswachstums von 7 % und der Schaffung von 5 % neuer Arbeitsplätze als realistisch bezeichnet werden.[26] Es wird schon heute zu fordern sein, daß die Bundesrepublik den Aktionsgrundsätzen des Ministerrats Rechnung trägt. In diesen geht es um den »Ausbau der Sonderprogramme zur beruflichen Wiedereingliederung der Langzeitarbeitslosen und Festlegung eines Gemeinschaftskonzepts für die Probleme der Langzeitarbeitslosigkeit auf der Grundlage der erfolgreichsten nationalen Erfahrungen«[27].

Es ist deutlich geworden, daß sich die evangelische Kirche jetzt aktiv in den *sozialen Dialog* in enger Fühlung mit der Katholischen Europäischen Bischofskonferenz, die bereits Kommissionen gebildet hat, einschalten sollte. Sie wird sich dabei konzentrieren auf die Sicherung eines »garantierten sozialen Sockels«

---

25 Diese Strategie wurde vom Ministerrat am 22. 12. 1986 beschlossen.

26 Die sog. Cecchini-Kommission hat die wichtigsten Planungsdaten erarbeitet. Vgl. 1992 Le Défi: Nouvelles données economiques de l'Europe sans frontieres, Flammarion 1988 (Cecchini-Studie).

27 Seit 1982 werden Informationen über Sonderbeschäftigungsprogramme gesammelt und ausgewertet (in Planung ist das sog. MISEP-Programm). Vgl. Bericht von Vizepräsident Marin, »Die soziale Dimension des Binnenmarktes«, Juni 1988, 30 und Anhang 11 (Ms.).

wie er in der im Werden befindlichen »Gemeinschaftscharta für soziale Rechte« angestrebt wird[28].

3. Zur Dynamik der europäischen Situation gehört heute die Tatsache, daß die Reformpolitik der sowjetischen Führung u. a. auf das von der KSZE-Konferenz ermöglichte Modell eines »gesamteuropäischen Hauses« zielt. Damit ist mehr gemeint als nur ein verstärkter wirtschaftlicher Austausch. Es geht um Lernprozesse, in denen der Dialog über das Verhältnis von Freiheits- und Sozialrechten ebenso angelegt ist wie die Frage nach der Transformationsfähigkeit einer Zentralverwaltungswirtschaft in Richtung auf eine soziale bzw. »sozialistische Marktwirtschaft«[29]. Der Strukturwandel im »gemeinsamen Haus Europa« auf eine ausgewogene Sozialordnung Gesamteuropas hin liegt nicht nur im Interesse des geteilten Deutschlands, sondern ist ein sozialethisches Anliegen im Blick auf die bessere Verwirklichung von Humanität in der Gesellschaft. Daß es sich hier nicht nur um eine Einbahnstraße handelt, zeigen beispielsweise die Rentenbiographien der Aussiedler aus Osteuropa, die durchschnittlich wesentlich länger und stabiler sind und deshalb auch deutlich höhere Rentenansprüche begründen, als sie durchschnittlich von Arbeitnehmern hier erzielt werden. Gleichwohl steht hier eine immense Aufgabe bevor, an deren Lösung in wachsendem Maße auch die religiösen und ganz neue ökumenische Kräfte mitwirken.[30]

4. Diese Voraussetzungen sind noch weniger im Weltmaßstab gegeben. Die neunziger Jahre werden zeigen, ob es gelingt, Entwicklungspolitik auch als Weltsozialpolitik und Wirtschaftspolitik im Sinne einer sozialen Weltmarktwirtschaft zu etablieren. Es zeigt sich heute, daß die Debatte um die »Neue Weltwirtschaftsordnung« im Zusammenhang mit der UN-Charta der wirtschaftlichen Rechte und Pflichten der Staaten zu global geführt wurde. Kürzlich hat Staatssekretär *Otto Schlecht* anläßlich der IWF-Tagung in Berlin die

---

28 Die Sozialkammer der EKD hat deshalb im Herbst 1988 einen eigenen Ausschuß eingesetzt. Es kommt darauf an, anstelle der traditionellen sektoralen Ansätze einen »integrierten Ansatz« (Marin) zu entwickeln, in dem die verschiedenen Fonds (z. B. EFRE, ESF, EAGEL-Ausrichtung) sinnvoll zusammengeführt werden. Aber auch das geplante 3. Programm zur Bekämpfung der Armut (1990–1993) bedarf sorgfältiger Strukturierung.

29 Vgl. z. B. Kowaljow, Das gemeinsame Haus Europa. Der Grundstein ist bereits durch die politischen Verträge und die Schlußakte von Helsinki gelegt, in: Beilage »Sowjetunion« der SZ Nr. 164, 19. 7. 1988.

30 Die 4. ökumenische Begegnung im Oktober 1988 in Erfurt, an der u. a. Vertreter der Konferenz europ. Kirchen (KEK) und der Europ. Bischofkonferenz (CCEE) teilnahmen, war in dieser Hinsicht ein Meilenstein der europ. Entwicklung (vgl. die sog. »christlich-politische Botschaft« 2. 10. 1988).

Chancen für eine »soziale Weltwirtschaft« optimistisch beurteilt.[31] Allerdings orientiert er sich an den Leistungen der »Schwellenländer in Südostasien«, die ein eindrucksvolles Beispiel dafür abgeben, »daß diejenigen Länder, die sich am Weltmarkt orientieren und im Inneren eine solide Wirtschaftspolitik betreiben, die größten Fortschritte im Entwicklungsprozeß machen – und zudem keinerlei Schwierigkeiten haben, ihre zum Teil beachtlichen Auslandsschulden zu bedienen«. Der Schlüssel zur Überwindung der Schuldenkrise in den Entwicklungsländern liege in der Überwindung deren binnenwirtschaftlicher Insuffizienz. Als die eigene Linie wird die Öffnung der eigenen Märkte vorgeschlagen, um den Entwicklungsländern eine reale Chance zu bieten, als Handelspartner von unseren Märkten zu profitieren. Desweiteren wird eine mutige Politik der Entschuldung angeregt, eine Case-by-case-Strategie, die auf Anpassung und Wachstum in den Entwicklungsländern sowie auf die Mobilisierung zusätzlicher Finanzierungsmittel gerichtet ist und als neue Säule der Entwicklungshilfe eine Beratung in Fragen des Wirtschaftssystems, der Steuerung der Wirtschaftsabläufe und der Makropolitik angibt. Dieses Konzept ist zweifellos geeignet, den Kreis der Staaten, die sich als Partner auf dem Weltmarkt behaupten können, zu erweitern. Gleichwohl stellen sich heute noch weiterreichende Fragen.[32]

Angesichts der »skandalösen politischen Zustände in vielen Entwicklungsländern« haben Experten wie *Gunnar Myrdal* gefordert, von der bisherigen Praxis der bi- und multilateralen staatlichen Entwicklungshilfe abzugehen und statt dessen die Einrichtung einer direkten internationalen Armenfürsorge empfohlen. Die Polarisierung der Entwicklungsländer in kleine Schichten Reicher und in ein immer größeres Potential von Armut und Hunger direkt Bedrohter sei eine direkte Folge der bisherigen Entwicklungsstrategien.

Die dritte Entwicklungsdekade der Vereinten Nationen geht zu Ende mit einer dreifachen Negativ-Bilanz: Erstens einer Gesamtverschuldung maßgeblicher Dritt-Welt-Länder von über 1 Billion US-Dollar, die sowohl Ausdruck ruinöser wirtschaftlicher Strukturen darstellt, als auch den wirtschaftlichen Ruin begründet oder verstärkt. »Afrika steht vor dem wirtschaftlichen Ruin« – so verlautbart im Herbst 1987 die UNO. Zweitens hat das Fluchtkapital Ausmaße angenommen, die oft weit mehr als 50 % der Auslandsschulden betragen und damit verantwortliche Sanierungsbemühungen unterminieren. (Nach einer Statistik des US-Finanzministeriums sind in acht Jahren z. B. aus Mexiko rund 60 Milliarden Dollar, aus Argentinien 22 Milliarden abgeflossen.)

---

31 Vgl. O. Schlecht, Soziale Weltwirtschaft, Wirtschaftswoche 16. 9. 1988; vgl. auch O. Schlecht, Ethische Betrachtungen zur sozialen Marktwirtschaft, Tübingen 1983; Ethische und ökonomische Ziele im Konflikt, BMWI-Dokumentation Nr. 266, 1985.
32 Vgl. hierzu: K. Wilkens u. a., Märkte und Mächte – Beiträge zum ordnungspolitischen Nord-Süd-Dialog, EKD-Texte 39, 1987.

Drittens sind wichtigste Rohstoffabkommen zusammengebrochen, die Terms of Trade haben sich katastrophal verschlechtert. Die Stiftung für Menschenrechte und internationale Entwicklung in Caracas hat kürzlich für viele Länder der Dritten Welt das Ende des Warenaustausches auf dem Weltmarkt prognostiziert.[33]

Wir besitzen so gut wie keine transkulturelle Ethik, die etwa den generativen Verhältnissen anderer Kulturen gerecht wird. Die internationalen Institutionen sind noch zu schwach, um ethisch vertretbare Handlungsmodelle zu erproben und in abgestimmter Form den jeweiligen Gegebenheiten angepaßte Entwicklungs- oder Überlebenskonzepte zu erarbeiten. Einem schleichenden Zynismus in den internationalen Beziehungen muß heute ein religiös fundierter Widerstand entgegengesetzt werden, der anstelle einer »Nach-uns-die-Sintflut«-Mentalität neue Hoffnungs- und Handlungsperspektiven für eine verantwortliche Weltgesellschaft eröffnet. Daß hier Opfer, reales Engagement ganzer Generationen und politische Lösungen großen Stils erforderlich sind, ist nicht zu bezweifeln. Hier kommt auf die Kirchen als *Träger sozialer Willensbildung* und *Mittler solidarischer Lösungen* Verantwortung in völlig neuen Dimensionen zu.

V. Systematik der Risikobereiche

Auf dem Hintergrund übergreifender Entwicklungen treten Licht- und Schattenseiten der Sozialpolitik in der Bundesrepublik deutlicher hervor. Der Organisationsgrad des Sozialleistungssystems ist beachtlich, in Teilaspekten einmalig. Das *Koordinations- und Partnerschaftsmodell,* in dem die Spitzenverbände der freien Wohlfahrtspflege als öffentlich-rechtliche Leistungsträger anerkannt und finanziert werden, gibt diesen systemtragende Funktionen. Goodwill-Einbußen des Systems treffen auch die Verbände. Dennoch kann sich die Bilanz der Nachkriegszeit sehen lassen. Dem Bestand von über 600 000 hauptberuflichen Mitarbeitern stehen rund 1,5 Millionen Ehrenamtliche gegenüber. Die Leistungen, die von Ehrenamtlichen erbracht werden, werden mit etwa 5,5 Milliarden DM veranschlagt.[34]

Die Eigendynamik des Systems ist das eigentliche Problem. Politische Entscheidungen, eine Politik der Haushaltssanierung schlagen sofort durch auf die schwächsten Glieder. Initiativen außerhalb der Zonen staatlicher Finanzierung erlahmen, professionelle Kräfte verdrängen die Nichtprofessionellen. Intole-

---

33 Vgl. Entwicklungspolitische Ernüchterung. Ein Donnerschlag Gunnar Myrdals, NZZ 18. 11. 1980.
34 Vgl. Prognos AG, Entwicklung der Freien Wohlfahrtspflege bis zum Jahr 2000. Studie der Prognos AG Basel, im Auftrag der Bank für Sozialwirtschaft, Basel 1984, 94.

ranz gegenüber »Nichtprofessionellen« sowie Absicherungsbestrebungen (Erhaltung des Arbeitsplatzes) seitens der Professionellen prägen vielfach das Verhältnis von »Ehrenamtlichen« und »Hauptberuflichen«.[35] Der Gedanke der *geistlich geprägten Dienstgemeinschaften* als der charakteristischen und verfassungsrechtlich verbürgten Handlungsform der konfessionellen Wohlfahrtsverbände verblaßt in der Alltagspraxis häufig, in der überkommene Leistungsstrukturen und Sachzwänge die inhaltliche Konsensbildung überformen. Der Sinn der Zusammenarbeit zwischen Staat, Kirchen und freien Wohlfahrtsverbänden ist es, »mit dem koordinierten Einsatz öffentlicher und privater Mittel den größten Erfolg zu erzielen«[36]. Der Sinn wäre aber verfehlt, wenn die privaten Mittel nur noch symbolischen Charakter annehmen und der Staat nach dem Kostendeckungsprinzip die finanzielle Last und schließlich die organisatorische Kontrolle in immer weiteren Bereichen der sozialen Hilfe übernimmt. Es wird deshalb die Forderung nach einer umfassenden Wiederbelebung der *Diakonie-Vereine* laut, denen mindestens 10 % der Gemeindeglieder angehören und die zu entsprechenden finanziellen und personellen Eigeninitiativen angeregt werden sollen. Hier geht es um einen – in anderen Ländern durchaus vorhandenen – Handlungsrahmen, der in einem Netzwerk nachbarschaftlichen Lebens verankert ist und auf das Modell einer *Wohlfahrtsgemeinde* verweist, die in übersichtliche Strukturen, Bezirke und Nachbarschaften gegliedert ist.[37] Damit wird deutlich, daß es zwei Ebenen im Sozialleistungssystem geben sollte: Eine rechtlich formelle Ebene, in der die Grundrisiken abgesichert werden und eine eher informelle Ebene, in der der Hilfebedürftige eine seiner Würde entsprechende Gelegenheit erhält, so viel wie möglich selbständig und doch getragen von solidarischer Gemeinschaft als aktives Subjekt an der Fortsetzung seines Lebens mitzuwirken.

In der von Systemen geprägten Industriegesellschaft, in der die Leistungen jedes einzelnen in vielfältiger Weise von den Voraussetzungen abhängen, die er nicht selbst geschaffen hat – vom Erwerbssystem, den monetären und fiskalischen Strukturen, den technischen Systemen mit ihrem raschen Wandel –, müssen auch die großen Risiken nach wie vor durch gesetzliche und finanzielle Regelungen der Gesellschaft abgesichert werden. Allerdings dürfen diese Regelungen nicht so starr sein, daß sie die individuelle Mitverantwortung für die Funktionsfähigkeit dieser Systeme außer Kraft setzen. Es ist ein *Grundsatz*

---

35 A. a. O., 95.

36 Dieser Kerngedanke wurde im Urteil des BVerf.Gerichts von 1967 (22, 180) festgeschrieben. Zur Kategorie der »Dienstgemeinschaft« vgl. A. v. Campenhausen, Die Verantwortung der Kirche und des Staates für die Regelung von Arbeitsverhältnissen im kirchlichen Bereich, in: Essener Gespräche zum Thema Staat und Kirche, 18, 1983, 9 ff.

37 Vgl. hierzu Th. Olk u. a. (Hg.), Der Wohlfahrtsstaat in der Wende, Weinheim 1985; A. Trojan, Gemeindebezogene Gesundheitssicherung, München u. a. 1980.

evangelischer Sozialethik, daß »die Gemeinschaft verpflichtet (ist), diejenigen Sicherungen zu schaffen, die die Voraussetzung eines menschenwürdigen Lebens sind«[38]. Darauf bezogen und aufbauend soll dann aber der Spielraum individueller, familiärer und gruppenspezifischer Verantwortung gesichert und offengehalten werden. Daraus kann die Regel abgeleitet werden, daß Systemlösungen in der sozialen Sicherung dann ihren Nutzen haben, wenn sie sowohl die Eigenverantwortung, das Gebot der Zuwendung des Menschen zu seinem bedürftigen Mitmenschen sowie die Möglichkeit, zwischen verschiedenen Optionen sinnvoll wählen zu können, im Ansatz berücksichtigen.

Sozialpolitisches Handeln im Dienste der Bereitstellung, Sicherung und dynamischen Entwicklung von Lebensmöglichkeiten bezieht sich auf die *lebensgeschichtlichen Aspekte bzw. Risiken,* die heute auf gesellschaftliche Absicherung angewiesen sind:

– auf Risiken, die Familien bzw. Alleinerziehende bei der Betreuung und Erziehung von werdenden und heranwachsenden Kindern bzw. Jugendlichen tragen,

– auf die gesundheitlichen Risiken, die aus exogenen und endogenen Ursachen aktuell und schicksalhaft entstehen,

– auf die Sicherung einer optimalen Aus- und Weiterbildung im Sinne des Gedankens lebenslangen Lernens,

– auf das Risikofeld Arbeit und Arbeitslosigkeit,

– auf die Gewährleistung eines unterhaltsichernden Einkommens,

– schließlich auf die besonderen Risiken, die sich mit wachsendem Alter steigern.

Im folgenden soll an einigen Beispielen gezeigt werden, wie unter ethischen Leitgesichtspunkten neue *integrierte* Lösungen nötig werden, die bei den heute anstehenden großen Reformvorhaben berücksichtigt werden sollen.

VI. Lebensbegleitende, integrative Lösungen

Das Konzept der *lebensbegleitenden integrativen Sozialpolitik* geht von dem Gedanken aus, daß die Hilfe zur Selbsthilfe dann ihren Sinn erfüllt, wenn sie sowohl rechtzeitig, präventiv als auch überall dort, wo es nötig ist, effektiv zupackend erfolgt. Jedes Glied des politischen Gemeinwesens ist aber auf grundlegende Information bzw. Beratung im Blick auf die Pflichten und Rechte der Daseinsfürsorge und -vorsorge angewiesen. Diese wird um so dringlicher, je flexibler, mobiler und diskontinuierlicher sich die biographischen Abläufe

---

38 O.v. Nell-Breuning, Solidarität und Subsidiarität, in: Deutscher Caritas-Verband (Hg.), Der Sozialstaat in der Krise, Freiburg 1984, 88 ff: 92 ff; vgl. auch Th. Strohm. Positionen und Stellungnahmen, 15 f.

gestalten. Wer z. B. einige oder viele Jahre im Ausland lebt, muß genau über die Struktur seiner Rentenbiographie Bescheid wissen, ähnliches gilt für Frauen, die zwischen Eigenständigkeit, Familie und Beruf pendeln.

1. Sozialpolitik setzt damit ein, daß Eltern, insbesondere den Müttern die Sicherheit gegeben wird, daß sie nicht durch die Sorge um das werdende Leben und die Erziehung von Kindern in eine Randgruppenexistenz gedrängt werden. Rund drei Viertel der finanziellen Leistungen für die nachwachsende Generation in der Bundesrepublik tragen die Familien, immer häufiger sogar alleinerziehende Mütter. Die Debatte um das Ausmaß der sozialen Notlagenindikation (83,4 % der Schwangerschaftsabbrüche) soll, wenn sie ehrlich geführt wird, in ein integrales Konzept münden, das Eltern oder Alleinerziehenden mit Kindern eine verläßliche Zukunft ermöglicht.[39] Trotz der langen und eindrucksvollen Liste familienpolitischer Maßnahmen in der Nachkriegszeit wird immer wieder das Fehlen wirksamer und eindeutiger familienpolitischer Ziele beklagt.[40] Die Stoßrichtung neuerer Maßnahmen – Erziehungsgeld für Pflege und Erziehung des Kindes während des ersten Jahres, Anrechnung eines »Babyjahres« in der Rentenbiographie, Hilfen aus der Bundesstiftung »Mutter und Kind« – zielt auf die Vereinbarkeit von Familien- und Erwerbsarbeit. Grundlegende und weiterreichende Hilfen sind aber vor allem den Familien zu gewähren, die zwingend auf doppelten Verdienst angewiesen oder unvollständig sind. Anspruch auf großzügige Lösungen haben kinderreiche Familien, von denen heute zu viele von Obdachlosigkeit, Armut und, im Blick auf die Kinder, von dauerhaften Schädigungen bedroht sind.[41]

Es gibt, um ein Beispiel zu nennen, Jugendgefängnisse, die ihren Nachwuchs zu annähernd 70 % aus genau umgrenzten Problem- und Armutszentren rekrutieren. Eine umfassende Präventive würde nicht nur die sozialen Kosten drastisch senken, sondern dem Prinzip der Menschenwürde unmittelbar Rechnung tragen. Eine tendenziell kinderlose Gesellschaft ist nicht in erster Linie ein

---

39 Vgl. hierzu Th. Strohm, »Wir wählen das Leben.« Eine Bemerkung zum sozialen Klima, ThPr 3, 1988, 228 f.

40 Vgl. hierzu die Literaturübersicht in: Th. Strohm, Die Zukunft des Sozialstaats im Blickwinkel der neueren Literatur. Eine Review, ZEE 32, 1988, Anm. 41 – 43 (abgedruckt in diesem Band, 214 ff). Vgl. auch K. Lüscher / F. Schultheis, Die Entwicklung von Familienpolitik – Soziologische Überlegungen anhand eines regionalen Beispiels, in: R. Nave-Herz, Wandel und Kontinuität der Familie in der Bundesrepublik Deutschland, Stuttgart 1988, 235 ff. Zur Aufgabe vgl. K. Lüscher (Hg.), Sozialpolitik für das Kind, Stuttgart ²1984.

41 Vgl. hierzu als Beispiel: Landeshauptstadt München. Sozialreferat (Hg.), Neue Armut in München. Ursachen. Strukturen. Entwicklungstendenzen. Sozialpolitische Konsequenzen, München (April) 1987. Vgl. auch G. Schwarz, Neue Armut – Konsequenzen für Theorie und Praxis der sozialen Arbeit?, in: Armut in München. Eine Vortragsreihe des Projekts »Stützpunkt« der IM, München 1987, 59 ff.

bevölkerungspolitisches Problem. Es geht um ihre Humanität, die Qualität der Lebensbedingungen. Verantwortliche Elternschaft läßt sich nicht durch restriktive Gesetze herbeizwingen, es bedarf vielmehr gesicherter Erfahrungen einer lebenswerten Umwelt und tragender sozialer Gemeinschaften.

2. Die in vielen Bereichen fortschreitende Eigendynamik des Gesundheitssystems mag durch das Kostendämpfungsprogramm des Jahres 1988 an einigen Stellen gebremst werden. Es läßt sich aber heute mit Sicherheit feststellen, daß ohne eine Revision des gegenwärtigen gesundheitspolitischen Ansatzes die Schere zwischen abnehmenden Erträgen und zunehmendem Aufwand sich weiter öffnet.

Die Faszination und Dominanz des heute vorherrschenden »iatrotechnischen Konzepts« in der Medizin beruht auf den Erfolgen der physikalisch-chemischen Verfahren bei der Verwirklichung praktisch kurativer Ziele.[42] Die Sicherheit, mit der technische Anordnungen in Maschinen, Geräten und Apparaten schon zu Beginn des vergangenen Jahrhunderts funktionierten, bewirkte, verglichen mit der Ungewißheit des Erfolges ärztlichen Denkens und Handelns, Resignation und Skepsis gegenüber der traditionellen Medizin. Dies führte zwangsläufig zu einer im Durchschnitt mehr als hundertfachen Höherbewertung der Leistungen durch Apparate gegenüber ärztlichen oder pflegerischen Leistungen. Verstärkt wird diese Tendenz dadurch, daß für den vom Gesundheitswesen beanspruchten Teil des Sozialprodukts die preis- und mengensteuernden Kräfte des Marktes weitgehend außer Kraft gesetzt sind. Die Anbieter (Ärzte, Krankenhäuser) bestimmen nicht nur den Umfang und die Struktur des Angebots, sie können auch zu einem hohen Grade das Ausmaß der Nachfrage festsetzen (durch Verschreibung von Medikamenten, aufwendige Diagnosen, Folgeuntersuchungen, Verweildauer in Krankenhäusern usw.). Aufgrund des anonymen Abrechnungsverfahrens mit den Kassen waren sie bisher der Notwendigkeit individueller Preisverhandlungen enthoben. Die Krankenkassen sind zu »Selbstbedienungsläden« degeneriert, deren steigende Ausgaben durch Beitragserhöhungen ausgeglichen wurden. Das Preisniveau für Pharmazeutika konnte bis zu 80 % über das der übrigen EG-Staaten angehoben werden. Die Ausgaben für stationäre Behandlungen haben sich seit 1970 annähernd verfünffacht; trotz der Verdoppelung der Ärztezahl hat sich das Brutto-Einkommen von niedergelassenen Ärzten auf einem Niveau gehalten, das um den Faktor 4,5 über den durchschnittlichen Bruttoeinkommen aus unselbständiger Arbeit liegt.[43]

---

42 Vgl. hierzu K. E. Rothschuh, Konzepte der Medizin in Vergangenheit und Gegenwart, Stuttgart 1978, 417 ff.

43 Vgl. hierzu die Kostenstrukturstatistik des Stat. Bundesamtes und Berechnungen des Bundesministers für Arbeit und Sozialordnung 200/9, 83 V. Vgl. Wissenschaftliches Institut der Ortskrankenkassen (WIDO) (Hg.), Ausgewogene Absicherung von Gesundheitsrisiken. Gutachten im Auftrag des Senators für Gesundheit, Soziales und

Bei einer Revision des Ansatzes muß zunächst die systematische Unterbewertung des *Faktors Mensch* und die einseitige Definitionsmacht, die heute bei den Fachärzten liegt, zugunsten integrierter Lösungen überwunden werden. Die Fremdbestimmung der Beitragszahler und die systemisch bedingte Unmündigkeit der Betroffenen muß durch eine in die Ansätze des Gesundheitswesens eingeführte Stärkung und Honorierung gesundheitsverantwortlicher Lebensführung sowie Arbeits-, Verkehrs- und Umweltgestaltung ersetzt werden.[44]

Eine Reform, die langfristig angelegt ist und geordnete Handlungsprozesse einzuleiten bestrebt ist, sollte von einer anthropologisch bestimmten Grundüberlegung über den menschlichen Umgang mit Gesundheit und Krankheit ausgehen. Gesundsein und Kranksein sind keine Gegensätze, sondern die beiden Möglichkeiten im Leben jedes Menschen, die ihn zur Verantwortung und Identität herausfordern. Dazu bedarf es der Hilfen. Gesund wäre demnach

»ein Mensch, der mit oder ohne nachweisbare oder für ihn wahrnehmbare Mängel seiner Leiblichkeit allein oder mit Hilfe anderer ein Gleichgewicht findet, entwickelt und aufrecht erhält, das ihm ein sinnvolles, auf die Entfaltung seiner persönlichen Anlagen und Lebensentwürfe eingerichtetes Dasein und die Erreichung von Lebenszielen in Grenzen ermöglicht, so daß er sagen kann, mein Leben; dazu gehört dann auch meine Krankheit, mein Sterben«[45].

Es handelt sich hier also nicht in erster Linie um objektive Zustandsbilder, die rein versicherungsrechtlich abgehandelt werden könnten, sondern um einen persönlichen Lebensprozeß mit Einstellungen und Erwartungen, dem Einfluß der Arbeitswelt, dem Verkehr und der Freizeiträume und die ganz persönlichen zwischenmenschlichen Beziehungen. In diesem komplexen Feld ist die Erziehung zu und Einübung von »verantwortlichem Leben« eine sozialethische Forderung von höchster Valenz.[46]

3. Erwerbsarbeit zur Sicherung des Lebensunterhalts ist nicht nur der Hauptmechanismus der Sozialpolitik, sondern die Voraussetzung eines selbst- und mitverantwortlichen Lebens. Ein gesicherter Arbeitsplatz wird ganz selbstver-

---

Familie des Landes Berlin, Bonn 1984 (WIDO Schriftenreihe 7), 79 ff. Vgl. auch H. U. Deppe (Hg.), Vernachlässigte Gesundheit. Zum Verhältnis von Gesundheit, Staat, Gesellschaft in der Bundesrepublik, Köln 1980.

44 Vgl. hierzu M. Blohmke u. a., Medizinische Ökologie. Aspekte und Perspektiven, Heidelberg 1979; T. McKeown, Die Bedeutung der Medizin. Traum, Trugbild oder Nemesis? Frankfurt/Main 1982, 41 ff.

45 F. Hartmann, zit. bei H. Schipperges, Homo patiens. Zur Geschichte des kranken Menschen, München 1985, 310.

46 Vgl. hierzu G. Badura / Chr. v. Ferber (Hg.), Selbsthilfe und Selbstorganisation im Gesundheitswesen, München / Wien 1981; M. L. Moeller. Anders helfen, a. a. O.; H. Schaefer, Plädoyer für eine neue Medizin, München ²1981, 146 ff.

ständlich anderen Optionen wie »gutes Einkommen, Aufstiegsmöglichkeit, mehr Freizeit etc.« vorgezogen.[47] Die individuellen und sozialen Kosten von Arbeitslosigkeit nehmen mit ihrer Dauer zu. Gewaltige Apparate müssen zur Bewältigung der Folgekosten (Armut, Familienkrisen, Obdachlosigkeit, Suchtgefahren, Krankheiten etc.) in Gang gehalten werden, weil man die arbeitspolitischen Aufgaben scheinbar naturwüchsigen Prozessen überläßt.

»Statt in immer größerem Umfang Arbeitslosigkeit und ihre Folgen zu finanzieren, müssen Möglichkeiten entdeckt und genutzt werden, um Unterstützungsleistungen an Arbeitslose in produktive Arbeitsmöglichkeiten zu transformieren.«[48]

Aus prinzipiellen ethischen Erwägungen ist aber ein integrierter Ansatz zu verfolgen, der auch immer deutlicher in den Stellungnahmen der evangelischen Kirche zum Tragen kommt. Eine Reihe aufeinander abgestimmter sozialpolitischer Aufgaben ist hier näher zu bestimmen:

– Notwendige öffentliche Investitionen im zusätzlichen Umweltschutz, in der Stadtsanierung und bei den sozialen Diensten sollen zu einem Zeitpunkt getätigt werden, in dem diese Aufgaben rechtzeitig und mit ungenutzten Arbeitskräften wirtschaftlich vertretbar erledigt werden können. Durch »kommunale Arbeitsbeschaffungs- und Investititionsprojekte« im Rahmen einer Gemeinschaftsaufgabe von Bund, Ländern und Gemeinden soll gezielt – insbesondere den länger als ein Jahr von Arbeitslosigkeit Betroffenen – die Rückgliederung ins Erwerbsleben ermöglicht werden.[49]

– Mit sehr viel größerer Sorgfalt als bisher sollen die Gründe, die zur Dauerarbeitslosigkeit führen, aufgespürt und bearbeitet werden. Wenn über 50 % der Langzeitarbeitslosen über keine zureichende und abgeschlossene Ausbildung verfügen, so ist eine *Ausbildungsstrategie* selbst unter schwierigsten Bedingungen die menschenwürdigste und zugleich wirtschaftlichste Lösung.

– Der Gedanke des *lebenslangen Lernens* im Sinne einer komplementären Zuordnung von *Arbeiten und Lernen* ist in unserem Erwerbssystem noch ungenügend verankert. Hier geht es nicht nur um die ständige Anpassung an

---

47 Emnid Umfrage »Arbeit im Jahr 2000« im Auftrag der Wirtschaftsjunioren, vgl. 2, 19. Juli 1988, mit insgesamt sehr aufschlußreichen Einzelergebnissen.

48 Die Denkschrift der Sozialkammer, Gezielte Hilfen für Langzeitarbeitslose, EKD-Texte 19, 1987, 20: »Gefordert wird ein ›integrierter Ansatz‹.« Im Deutschen Bundestag wurde nach der Anhörung am 8. Juni eine Erklärung verabschiedet, in der es u. a. heißt: »Der Vorschlag der EKD wurde von allen Sachverständigen und allen Vertretern der Politik unterstützt ...«.

49 Die EKD fordert, daß Bundesregierung und Bundesländer das sog. Strukturhilfegesetz gezielt für diese Aufgabe einsetzt, zumal rund 70 % der Langzeitarbeitslosen in den Arbeitsamtsbezirken der strukturschwachen Regionen wohnen. In dieser Hinsicht ist auch auf den KGSt Bericht, Organisation der kommunalen Beschäftigungsförderung, 6, 1988, zu verweisen.

technologische Entwicklungen, sondern auch um ein neues Verständnis der menschlichen Lebensphasen, um die Sicherung menschlicher Bildungs- und Leistungskapazitäten. Die systematische Zuordnung von *Arbeiten und Lernen* soll den circulus vitiosus von *Arbeit und Arbeitslosigkeit* durchbrechen. Unterstützt werden soll bei einer Unterbrechung der Erwerbsbiographie die Weiterbildung und nicht die – die Persönlichkeit destruierende – Arbeitslosigkeit.

– Es entspricht internationaler Erfahrung, daß bei ungesteuerter Rationalisierung und Automatisierung eine Fülle von sog. einfachen Tätigkeiten verloren geht. Der Verlust an Dienstleistungen, Kommunikation und Sozialkultur, der damit einhergeht, kann nur durch eine öffentliche Förderung dieses Arbeitssektors wettgemacht werden. Es kann nicht hingenommen werden, daß die Sozialhilfe seit 1962 von einem sozialen Auffangnetz für den individuellen Notfall zu einem Instrument der kollektiven Absicherung unzulänglicher Arbeitspolitik umgewandelt wird.[50]

– Seit 1970 hat sich die Zahl der Sozialhilfeempfänger verdreifacht. 30 % bis 40 % der Mittel – bei einem jährlichen Volumen von heute rund 20 Milliarden – sind Folgekosten der Arbeitslosigkeit. Die Landkreise und Kommunen müssen mit Zustimmung der Tarifvertragsparteien in die Lage versetzt werden, versicherungsrechtlich angemessene Formen und Felder einfacher Tätigkeiten in viel größerem Umfang vorzuhalten, zu fördern und aufrechtzuerhalten als bisher, um Menschen in erwerbsfähigem Alter die Finanzierung des Unterhalts zu ermöglichen.[51]

– Daß hier langfristig Handlungsbedarf besteht, wird auch daran deutlich, daß die seit Beginn der siebziger Jahre verstärkt einsetzende berufliche Bildung und Integration von Behinderten zunehmend unter dem Druck der Rationalisierung und Haushaltskonsolidierung stagniert oder regrediert. Die Sicherung und Weiterentwicklung des Bereichs *geschützter Arbeitsplätze* für Behinderte ist heute ein Kernanliegen der Diakonie.[52]

4. Sozialpolitische Defizite schlagen im Risikofeld *Alter* voll zu Buche. Die Sozialhilfe hat bisher mit rund 5 Milliarden DM jährlich die Funktion eines Pflegefall-Sicherungssystems übernommen. Auch die Tatsache, daß mehr als zwei Drittel der alleinstehenden Frauen im höheren Alter an oder unter der

---

50 Vgl. U. Engelen-Kefer, Berufliche Qualifizierung ist das Kernstück einer aktiven Bechäftigungspolitik, Die Zeit, Nr. 16, 1987, 11. Vgl. zur Sozialhilfe: J. Forster, Strapazierte Sozialhilfe. Vom letzten Netz für Einzelfälle zum kollektiven Notanker, SZ, 77, 2. 4. 1988, 31.

51 Einen wichtigen »sozialpolitischen Beitrag« hat das Diakonische Werk und die Landeskirche in Württemberg geleistet mit »Zweiter Arbeitsmarkt für Baden-Württemberg«, Stuttgart 1987.

52 Vgl. Th. Strohm, Positionen und Stellungnahmen, a. a. O., 18 f.

Armutsgrenze leben, wird sich erst bei einer grundsätzlichen Revision des Alterssicherungssystems abmildern oder beseitigen lassen. Jedem Glied der menschlichen Gemeinschaft steht das Recht zu, das *Alter in Würde* zu durchleben. Im Blick auf ganze Bevölkerungsgruppen und angesichts fortschreitender Überalterung könnte dieses Ziel aber völlig verfehlt werden. Nur in einem umfassenden, obligatorischen Versicherungssystem mit Ausgleich besonderer sozialer Belastungen kann die Sicherung eines angemessenen Lebensstandards nach einem erfüllten Arbeitsleben – aber auch im Falle krankheits- oder unfallbedingter Erwerbsunfähigkeit – gewährleistet werden. Das Prinzip der Eigenvorsorge für das Alter kann – durch verläßliche Staatsbeiträge – ergänzt, aber nicht ersetzt werden, etwa durch eine rein steuerfinanzierte Grundrente. Ein integrierter Ansatz wird für diejenigen auf lange Sicht unumgänglich, die wegen unvollständiger Rentenbiographien nicht mit einer Mindestrente rechnen können. Hier wird eine menschenwürdige und menschenfreundliche Sozialbürokratie dafür Sorge tragen, daß komplizierte Anspruchsregelungen durch Zusammenführung der Leistungen, durch vereinfachte Lösungen im Sinne einer Mindestsicherung ersetzt werden.

Da aber im Prinzip Menschen nur als *alt* angesehen werden sollten, die auf die Hilfe anderer angewiesen sind, können die Ruhestandsgrenzen sehr viel flexibler vom 58. bis 72. Lebensjahr gestaltet und kann ein allmähliches Ausscheiden aus dem Erwerbsleben ermöglicht werden. Auch hier wird wieder die Schlüsselfunktion der Arbeitspolitik für die Sozialpolitik sichtbar.[53]

VII. *Sozialpolitik und sozialer Konsens*

Die behandelten Beispiele sollten veranschaulichen, daß unser hochorganisiertes soziales Leistungssystem vor Asymmetrien und Erstarrung nur zu bewahren ist, wenn es einem breit angelegten Verfahren der Reflexion, Aneignung und Transformation zugänglich gemacht wird. Obgleich in der Rentenreform, als Beispiel, der Wille zum Konsens zu erkennen ist, dreht sich die entscheidende Debatte doch lediglich um die Höhe des Bundeszuschusses und um rein technische Fragen. Wie aber die im Ansatz seit der Bismarckzeit angelegte patriarchalische Struktur dieses Systems der veränderten Situation der Frauen angepaßt werden kann, wird kaum berücksichtigt, den Frauen selbst nicht das nötige Gewicht bei der Vorbereitung der Reform eingeräumt. Auch die

---

53 Vgl. das Kapitel »Flexibilisierung und Anhebung des Renteneintrittsalters«, in der Denkschrift »Alterssicherung« der EKD-Sozialkammer, Gütersloh 1988, 70 ff. Dort heißt es: »Die Rentenversicherung ist in hohem Maße an der Finanzierung der Arbeitslosigkeit beteiligt worden.« Diese Denkschrift fordert ebenfalls einen »integrierten Ansatz« in einer langfristigen Perspektive.

Kostendämpfungsreform im Gesundheitswesen wurde nach einem Schattenboxen mit mächtigen Lobbygruppen nur technisch bewältigt. Ähnliches ist bei der Novellierung zum Arbeitsförderungsgesetz zu beklagen. So wird leicht das Fundament der auf Solidarität gegründeten sozialen Sicherheit unterspült.

Es fehlt nicht an der Bereitschaft zum sozialen Dialog. Erfreulicherweise ist dieser auch unter den Tarifpartnern wieder in Gang gekommen. Auch zwischen den beiden großen Kirchen gibt es eine große Offenheit.

Gefunden werden müssen jedoch die geeigneten Formen und Bahnen zum verbindlichen sozialen Dialog, aus dem heraus Handlungsperspektiven und Reforminitiativen erwachsen. Die evangelische Kirche könnte mehr noch als bisher und ohne jede Bevormundung neue Formen entdecken und erproben, um den vorauslaufenden sozialen Konsens in den zentralen Fragen der sozialen Gestaltung zu fördern.

Wirtschaftswachstum und Wirtschaftsordnung

Wirtschaftsethische Leitlinien[1]

Die wirtschaftsethische Diskussion hat im Zusammenhang mit den revolutionären Entwicklungen in Osteuropa eine neue Dimension erhalten. Das Thema »Marktwirtschaft« beherrscht inzwischen auch die Debatte innerhalb der sowjetischen Führung. Die marktwirtschaftliche Umgestaltung der osteuropäischen Volkswirtschaften wird als das vordringlichste Ziel der Politik überhaupt gekennzeichnet. Allzu rasch können undifferenzierte Modelle und Verfahrensweisen an die Stelle der bisherigen starren zentralistischen Methoden gestellt werden. Umso wichtiger ist es, gerade auch im Westen die Erfahrungen der Nachkriegszeit aufzuarbeiten und Leitlinien für die Zukunft zu entwerfen. Erfreulicherweise gibt es wirtschaftsethische Arbeitsgemeinschaften, die sich dieser Aufgabe widmen. Ich selbst gehöre einigen dieser Arbeitsgruppen an, z. B. dem »Arbeitskreis Wirtschaftsethik« beim Bundesminister für Wirtschaft (*O. Schlecht*), dem »Arbeitskreis Kirche und Wirtschaft« (des Rates der EKD), die Sozialkammer der EKD hat einen eigenen Ausschuß »Ethik der Sozialen Marktwirtschaft« gebildet. Es gibt aber auch im Verein für Sozialpolitik neuerdings eine Arbeitsgruppe »Ethik und Wirtschaftswissenschaften«, vor allem die sog. »business ethics« erleben eine gewisse Konjunktur. Hier ist ein Lernprozeß in Gang gekommen, der erfreulich ist. Die folgenden Ausführungen sind als Thesen zum Gespräch im Rahmen dieses Lernprozesses zu verstehen.

I.

Der geschichtliche Ort unseres Nachdenkens über die Zukunft unserer Wirtschaftsordnung in der letzten Phase des 20. Jahrhunderts ist geprägt von dem Bewußtsein einer tiefen Ambivalenz. Wenn ich die Statements im Horizont der Baseler ökumenischen Konferenz 1989 über »Friede, Gerechtigkeit und Bewahrung der Schöpfung« oder die vorherrschenden Verlautbarungen der

---

1 Dieser Beitrag entstand im Zusammenhang mit dem 8. Bad Bramstedter Gespräch 1989 und setzt die damalige wirtschaftspolitische Situation voraus.

Kirchentage bedenke, dann überwiegen in diesen Kreisen die Sorgen, unsere Welt könne allmählich immer stärker katastrophische Züge annehmen. Es gibt aber gerade in diesen Jahren Anzeichen dafür, daß viele Länder aus ihrer bisherigen Erstarrung erwachen und im Konzert der Völker eine völlig neue Partitur aufgeschlagen werden kann.

Die Zeit der Weltkriege hat weite Teile der Welt, auch nach dem Untergang des Hitler-Reiches, in einen Zustand der Erstarrung versetzt, und zwar der ideologischen Erstarrung, der wirtschaftlichen Erstarrung und auch der menschlichen Erstarrung. Dadurch wurde auch die Schaffung einer Weltordnung, in der Werte wie Menschenwürde, Solidarität, friedlicher wirtschaftlicher Wettbewerb und auch der Ausbau stabiler internationaler Organisationen zur Geltung kommen, über Jahrzehnte hinaus verzögert. Die Rüstung hat nicht nur gigantische Investitionsmöglichkeiten den Volkswirtschaften entzogen, sondern auch Bedrohungspotentiale von kaum noch beherrschbarem Ausmaße geschaffen. Dies sind die Ursachen, weshalb viele Menschen heute noch von tiefer Sorge heimgesucht sind. Und es gehört zu den kaum noch erwarteten Lichtzeichen unserer Tage, daß zum erstenmal seit 1945 neue, groß angelegte Formen internationaler Entspannung und wirtschaftlicher Zusammenarbeit in Sicht kommen.

Es ist ein Kennzeichen des christlichen Geistes, daß er sich weder in einen abgründigen Pessimismus noch in einen naiven Optimismus versetzen läßt, sondern eher von Nüchternheit und Beharrlichkeit geprägt ist, die Zeichen der Zeit prüft und sich in seinem Urteilsvermögen stets erneuern läßt und damit diesem Urteil auch einiges zutraut.

Als Vorsitzender der Kammer der Evangelischen Kirche für soziale Ordnung habe ich seit mehreren Jahren an exponierter Stelle die innerkirchliche Willensbildung sowie die Gespräche mit Vertretern der Tarifvertragsparteien und auch der gesellschaftlichen Gruppen und politischen Parteien mitgeführt. Wir haben Denkschriften zu wirtschafts- und sozialpolitischen Themen verabschiedet und uns auch manchmal in gewagter Form weit hinaus gelehnt mit ganz konkreten Vorschlägen und Forderungen.

II.

Ich gehe zunächst von der Beobachtung aus, daß die sogenannte Zweiweltenkonzeption von Wirtschaftstheorie, reiner ökonomischer Rationalität, Wertfreiheit und ökonomischer Sachgesetzlichkeit verpflichteter Wissenschaft auf der einen Seite, und der theologischen Wissenschaftsethik als einer reinen außerökonomischen Moralität, nämlich einer Art privater Gewissensethik und personal verstandener Humanität auf der anderen Seite obsolet geworden ist, ihre Gültigkeit weitgehend verloren hat. Die tiefe Kluft, die über Jahrzehnte, ja über mindestens ein Jahrhundert geherrscht hat zwischen der theologischen Ethik einerseits und der den Sachgesetzen folgenden Nationalökonomie andererseits, können wir heute als überwunden betrachten. Aber wir stellen fest, es herrscht noch kein neues Paradigma, in dem ethische Leitgesichtspunkte in die zentrale ökonomische Sachlogik integriert sind. Deshalb herrscht gegenwärtig auch eine starke Unsicherheit auf beiden Seiten. Möglich geworden ist bislang aber der »verbindliche Dialog« zwischen Ökonomie und Ethik, in dem nicht einfach nur Reizthemen hin- und hergeschoben werden.

Ein paar Beispiele können dies erläutern: Mein Züricher Kollege *Arthur Rich* hat vor wenigen Jahren das Konkurrenzsystem in der Wirtschaft mit seinem »Leitbild der rücksichtslosen unternehmerischen Selbstbehauptung« als Moment des »strukturell Bösen« in der freien Marktwirtschaft gekennzeichnet. Er hat damit die Frage ausgelöst, ob damit das Wettbewerbsprinzip überhaupt dem ethischen Verdikt verfalle. Stimmt die Formel, die *Franz Böhm* formuliert hat: »Marktwirtschaft ist nur so lange eine auch sozialethisch vertretbare und freiheitsbegründende Ordnung, als sie auf wirksamem Leistungswettbewerb beruht«? Die Sozialkammer hat, um hier zur Klärung beizutragen, in einer Denkschrift »Leistung und Wettbewerb« (2. Aufl. 1979) sozialethische Überlegungen angestellt und damit die Debatte versachlichen können.

Heftige Auseinandersetzungen riefen auch Thesen hervor, die von Vertretern des kirchlichen Dienstes in der Arbeitswelt vor einigen Jahren vorgetragen wurden. Sie schlossen sich der auch anderwärts vertretenen Auffassung vom Ende der «Arbeitsgesellschaft» an, forderten eine Entkoppelung von Arbeit und Einkommen und als Konsequenz daraus das steuerfinanzierte Grundeinkommen für jeden Mann und jede Frau. Damit lag das Thema der «Grundrente» gleich mit auf dem Tisch. Damit wurde zweifellos – wenn auch nicht als Angriff auf unsere Verfassungsordnung, wie behauptet wurde – die leistungsbezogene Erwerbsarbeit als Basis für die Sicherung des individuellen und familiären Einkommens sowie als Beitrag zur Alters- und Invaliditätssicherung infrage gestellt. Auf diese These komme ich später noch einmal zurück.

Hier aber soll noch ein drittes Beispiel aus jüngster Zeit angefügt werden: Heftige Debatten hatten Thesen des Theologen *Ulrich Duchrow* zum Thema »Ethik in der Weltwirtschaft« ausgelöst. Eine dieser Thesen lautet:

> »Langfristig gesehen gilt nur die Überwindung des auf Geldvermehrung ausgerichteten Systems durch Orientierung der Wirtschaft am Gebrauchswert der Produkte zur Befriedigung der Lebensbedürfnisse aller Menschen in den ökologisch verantwortbaren Grenzen des Wachstums auf der Grundlage dezentralisierter Subsistenzwirtschaften.«

Der Frankfurter Nationalökonom *Hermann Sautter* fragte daraufhin, hier werde eine subsistenzwirtschaftliche Organisation der Weltwirtschaft gefordert, in der es keinen Tausch, keinen Handel oder Zins gebe. »Das heißt natürlich, daß keine 4 oder 3,5 Mrd. Menschen auf dieser Welt leben könnten, daß es keine Stadtkulturen, Stadtwirtschaften mehr geben kann ... keinen Fernhandel, keinen landwirtschaftlichen Überschuß.«[2] Das Thema »Wachstum« schwingt in dieser Debatte mit, in stationären Subsistenzwirtschaften gibt es ökonomisches Wachstum nicht.

Die kirchliche Entwicklungshilfe »Brot für die Welt« hat einen jahrelangen Disput mit einem Jahresleitthema »Hunger durch Überfluß« (mit und ohne Fragezeichen verwendet) ausgelöst. Der exponentielle Wachstumsprozeß, den die Industrieländer durchlaufen, wurde in einen direkt ursächlichen Zusammenhang mit dem Hunger in der Dritten Welt gebracht. Dies hat nicht nur Widerspruch ausgelöst, sondern inzwischen einen durchaus sachlichen Dialog auch auf wissenschaftlicher Ebene begründet, der zu einem fruchtbaren Nachdenken Anlaß gibt.

Was den genannten Thesen aus dem kirchlichem Bereich gemeinsam ist, ist die gelegentlich zugespitzte Einseitigkeit der Argumentation, die dann auch gelegentlich ins Bodenlose abzustürzen droht. Die Ursachen solcher Mißverständnisse liegen nicht nur in mangelnder Sachkenntnis. Sie liegen auch darin, daß die Entscheidungsträger in den Unternehmen und auch in der Politik die normativen Fundamente sowohl der betriebswirtschaftlichen Rationalitätskonzepte als auch des volkswirtschaftlichen bzw. weltwirtschaftlichen Handelns nicht ausreichend deutlich gemacht haben und dann auch nicht genügend ethisch plausibel zu vertreten in der Lage waren. Ich spreche bewußt in der Vergangenheit, weil wir ja Anzeichen verspüren, daß gegenwärtig die ethischen Fragestellungen bei den Besten unter den Verantwortlichen immer stärker in ihren Überlegungen zum Tragen kommen.

Wir befinden uns gegenwärtig an der Schwelle, in der die Unternehmer und Unternehmungen in den meisten Branchen sich der Leitidee einer offenen Unternehmensverfassung verschreiben. Eine realistische Unternehmungsethik wird heute nicht mehr darauf verzichten können und wollen, die betriebswirtschaftliche Rationalität, also die Sorge um das Überleben des eigenen Betriebes, jenseits ganzheitlicher, auch sozialökonomischer Vernunft anzusiedeln. Das ist das Problem, vor dem wir auch heute gerade im Gespräch mit der Nationalökonomie stehen, die betriebswirtschaftliche Rationalität zu öffnen, gewissermaßen zu entschränken in Richtung auch auf eine ganzheitliche sozialökonomische Vernunft. Das Praktische an der kommunikativen Wirtschafts- und Unternehmensethik ist, daß sie mit ihren ethischen Ansprüchen nicht mehr ohnmächtig gegen eine wirkungsmächtige, auf Sachzwänge hin angelegte betriebs-

---

2 H. Sautter (u. a.), Ethik in der Weltwirtschaft. Anfragen von Christen an die Wirtschaft – Rückfragen von Ökonomen an die Theologie. Wie giftig sind die Nord-Süd Beziehungen. Diskussion zwischen U. Duchrow, K. Hungar u. H. Sautter, in: epd-Entwicklungspolitik 7/8 1989, k-q: k.

wirtschaftliche Rationalität anreden muß. Sie kann für wohlverstandene ökonomische Vernunft argumentieren und diese auf die Seite der lebenspraktischen Vernunft zurückholen.

III.

Diese kurzen Überlegungen deuten den Ort an, an dem wir gegenwärtig im Gespräch zwischen Ethik und Ökonomie auf der einen und Kirche und Wirtschaft auf der anderen Seite stehen. Sobald nun das Thema Wirtschaftswachstum unter dem Aspekt der Antriebskräfte und der Wachstumsziele angeschlagen wird, geraten wir fast unversehens in die religiös-weltanschauliche Dimension.

Der Protestantismus gilt bis heute überall in den westlichen Industrienationen als eigentlich treibende Kraft im Hintergrund. Gerade der Protestantismus hat allen Anlaß, sorgfältig über solche Zusammenhänge nachzudenken, wird doch gerade der neuzeitliche industrielle Wachstumsprozeß in engster Beziehung zur geistesgeschichtlichen Entwicklung in den westlich-protestantischen Zentren gesehen.

Die berühmte These *Max Webers* über den Zusammenhang von »Protestantischer Ethik und Geist des Kapitalismus« ist durch die neuere Forschung insoweit bestätigt worden, als sie die Interaktion von ethisch-kulturellen und sozio-ökonomischen Wandlungspotentialen in der Neuzeit herausgearbeitet hat. Allerdings wird u. a. seit *S. N. Eisenstadt* die Bedeutung der politischen und gesellschaftlichen Rahmenbedingungen für den ökonomischen Wandlungsprozeß als dritter Faktor hervorgehoben und das Wechselspiel aus ethischen bzw. religiösen Zielen, ökonomischem Wandel und politischen Rahmenbedingungen untersucht. In diesem Dreiecksverhältnis wird auch die gegenwärtige Frage nach der Zukunft unserer Industriegesellschaft zu behandeln sein. Eisenstadt kommt zu dem Ergebnis, daß das Wandlungspotential der protestantischen Gruppen am geringsten war, wenn sie die volle politische und gesellschaftliche Macht hatten; außerordentliche Bedeutung im Modernisierungsprozeß hatte der Protestantismus hingegen, wo er nicht die »Legitimierung des traditionalen politischen und gesellschaftlichen Rahmens« übernahm, sondern angesichts von dessen Krisen einerseits Autonomie und andererseits Offenheit im Verhältnis zu den ihn umgebenden Sozialstrukturen bewahrte. Diese Fähigkeit war durch folgende Aspekte in seinen religiösen Zielen und im Ethos bedingt: Kombination von Innerweltlichkeit und Transzendenz; Verantwortlichkeit in der persönlichen Handlungsweise aufgrund dieser Kombination; direkte Beziehung der Person zu der überlieferten Tradition unter gleichzeitiger Flexibilisierung der Bindungen an die Tradition, so daß ihre fortwährende Neuformulierung möglich wurde.

Wenn diese Thesen sich als richtig bewähren, kann zugleich auch erklärt werden, daß – etwa in Frankreich – wirtschaftlicher und industrieller Strukturwandel in einem traditionell katholisch geprägten Land seine entsprechende Ausprägung fand. Heute stellen sich die Fragen eher umgekehrt. Was geschieht, wenn die religiösen Kräfte zum Erliegen kommen oder sich im Jenseits von sozialen und wirtschaftlichen Entwicklungen ansiedeln? *Joseph Kardinal Ratzinger* hat mit Recht auf einem Symposion über Kirche und Wirtschaft in Rom auf diese Zusammenhänge aufmerksam gemacht.

Er zitierte Präsident *Roosevelt*, der 1912 im Blick auf Lateinamerika festgestellt hat: »Ich glaube, daß die wirtschaftliche Assimilation der lateinamerikanischen Länder an die Vereinigten Staaten lange und schwierig sein wird, solange diese Länder katholisch sein werden«. Rockefeller hatte 1969 ganz ähnlich argumentiert, er hatte gar empfohlen, die Katholiken dort durch andere Christen in Lateinamerika zu ersetzen, um die Wachstumskräfte in Gang zu halten. Ratzinger hat dann hinzugefügt, daß die Vorstellung, die Gesetze des freien Marktes seien ihrem Wesen nach gut und notwendig und müßten notwendig zum Guten wirken, mit der katholischen Soziallehre in der Tat nicht in Einklang stehen und sich im Weltmaßstab auch als Irrtum herausgestellt hätten.[3]

Diesen kritischen Überlegungen fügte er noch einen Gedanken hinzu, der uns als Protestanten in hohem Maße angeht. Er hat nämlich gesagt, daß die Ausbildung wirtschaftlicher Systeme und ihre Rückbindung an das Gemeinwohl von einer bestimmten ethischen Disziplin abhängen, die ihrerseits nur durch religiöse Kräfte hervorgebracht und gehalten werden kann. Dies sei eine immer deutlicher werdende wirtschaftsgeschichtliche Tatsache! Daß umgekehrt der Verfall solcher Disziplin auch die Marktgesetze und damit das Wachstum auf die Dauer zum Zusammensturz bringe, werde inzwischen ebenfalls offenkundig. »Eine Wirtschaftspolitik, die nicht nur dem Gruppenwohl, ja nicht nur dem Gemeinwohl eines bestimmten Staates, sondern dem Gemeinwohl der Menschheitsfamilie zugeordnet ist, verlangt ein Höchstmaß an ethischer Disziplin und damit ein Höchstmaß an religiöser Kraft.« Eine politische Willensbildung, die die inneren Gesetze der Wirtschaft auf solche Ziele hin nutzt, sei heute trotz aller großen humanitären Beteuerungen noch kaum möglich. Durchsetzbar könne sie auf die Dauer nur sein, wenn ganz neue ethische Kräfte dafür freigesetzt werden. Ich glaube, damit sind wir bei dem Thema, das uns im hohen Maße beschäftigt und vor dem auch die Evangelische Kirche in Deutschland nicht ausweichen kann, nämlich vor der Frage, ob sie die ethische Disziplin, wie ich es eben genannt habe, und auch die innere religiöse Kraft besitzt, um die Anforderungen, die uns gestellt sind, und zwar nicht zuletzt gerade in der internationalen Zusammenarbeit, zu erfüllen.

---

3 Rede anläßlich der Eröffnung des Symposions:»Kirche und Wirtschaft«, 1986 in Rom.

Die Katholische Kirche hat sich in dezidierter Weise in letzter Zeit immer wieder geäußert und vor allem in Amerika großes Aufsehen durch ihren Hirtenbrief erregt. Sie hat dort die Fragen aufgeworfen: Was tut die Wirtschaft für die Menschen und was tut sie den Menschen an? Wie partizipieren die Menschen an der Wirtschaft? Diese Grundfragen hat der amerikanische Hirtenbrief gestellt. Die Antworten fielen für die amerikanische Wirtschaft nicht sehr positiv aus, und zwar deshalb, weil das Ausmaß der Armut in einem so reichen Land von der Katholischen Kirche als ein Skandal angesehen wurde. Gefordert wurde die Einlösung der uramerikanischen Versprechen; nämlich der Freiheit und Gerechtigkeit für alle.

IV.

Ohne Zweifel ist der offene Dialog zwischen den christlichen Konfessionen in wirtschaftlichen Fragen intensiver geworden. Der Dialog mit den anderen Weltreligionen steht uns allerdings weitgehend noch bevor! Wir können heute im Rückblick auf eine vierzigjährige Entwicklung in der Bundesrepublik konstatieren, daß ihre Wirtschaftsordnung stark unter Mitwirkung christlicher Kräfte und unter dem Einfluß christlicher Ethik entwickelt wurde. Dies zu rekonstruieren ist eine lohnende Aufgabe. Die Faszination, die davon nicht zuletzt in die osteuropäischen »sozialistischen« Länder und Systeme hinein ausgeht, hängt sicher damit zusammen, daß hier ethische und religiöse Werte nicht ausgeklammert, sondern bewußt in Ansatz gebracht werden.

Es war vor allem das von dem sog. Freiburger Kreis (*W. Eucken, W. Röpke, A. Müller-Armack, L. Erhard*) favorisierte Konzept der »Sozialen Marktwirtschaft«, das als dritter Weg zwischen Zentralverwaltungswirtschaft und Laissez-faire-Kapitalismus zu einer integrierten Lösung beitragen wollte: Verantwortliche Wirtschaftssubjekte unter Rahmenbedingungen des sozialen Rechtsstaats und einer sozialverpflichteten Marktwirtschaft. Dieses Konzept hat sich im Prinzip beim Wiederaufbau von Wirtschaft, Staat und Gesellschaft bewährt, es hat Strukturwandel befördert und zugleich in ethisch vertretbarem Rahmen gehalten. Zu fragen ist allerdings, ob es ohne Korrekturen und Ergänzungen den großen weltwirtschaftlichen, weltökologischen und sozialen Herausforderungen standhält.

Ich darf stellvertretend für alle anderen *Müller-Armack* zu Wort kommen lassen, weil er am stärksten die Zusammenhänge von Religion, Ethik und Wirtschaft reflektiert hat. Er sagte:

> »Was wir verlangen, ist eine neu zu gestaltende Wirtschaftsordnung. Eine solche kann nie aus dem Zweckdenken und überalterten politischen Ideen alleine hervorgehen, sondern bedarf der tieferen Begründung durch sittliche Ideale, welche ihr erst die

innere Berechtigung verleihen. Zwei großen sittlichen Zielen fühlen wir uns verpflichtet, der Freiheit und der sozialen Gerechtigkeit.«

In diesem Zusammenhang wird deutlich, daß wir von Wirtschaftswachstum um jeden Preis eigentlich gar nicht sprechen können, sondern daß das Wirtschaftswachstum eingebunden ist gewissermaßen in einen Kranz von anderen Fragestellungen, von Rahmenbedingungen, die es zu einem gebändigten Wachstum notwendigerweise führen mußten. Schon 1947 hat Müller-Armack die folgenden Merkmale einer sozialen Marktwirtschaft herausgestellt:

- Betriebsordnung mit Mitgestaltungsrecht des Arbeitnehmers, ohne die betrieblichen Initiativen des Unternehmers einzuengen;
- Verwirklichung einer Wettbewerbsordnung;
- Befolgung der Antimonopolpolitik;
- Durchführung einer konjunkturpolitischen Beschäftigungspolitik;
- marktwirtschaftlicher Einkommensausgleich zur Beseitigung ungesunder Einkommen- und Besitzverschiedenheiten durch Besteuerung, Familienzuschüsse usw.;
- Siedlungspolitik und sozialer Wohnungsbau;
- soziale Betriebsstruktur durch Förderung kleiner und mittlerer Betriebe und Schaffung sozialer Aufstiegschancen;
- Ausbau genossenschaftlicher Selbsthilfe, z. B. im Wohnungsbau;
- Ausbau der Sozialversicherung;
- Städteplanung;
- Garantie von Minimal- und Einzellöhnen, die Tarifvereinbarungen auf freier Grundlage sollten bestärkt werden.

Wenn wir diese Merkmale heute nach 40 Jahren Entwicklung der sozialen Marktwirtschaft in der Bundesrepublik rekapitulieren, wird klar, in welch hohem Maße dieses Konzept verwirklicht wurde und sich auch aufs Ganze gesehen bewährt hat.

Es wäre aber ein Fehler, sich mit dem Erreichten einfach zu begnügen, auf Stillstand zu plädieren oder in ein liberalistisches Modell der freien Marktwirtschaft ohne erklärte Sozialbindung zurückzufallen. Es gibt auch klare Anfragen an den bisherigen Weg, etwa ob sich das Kartellrecht als effizient genug erwiesen hat. Gefragt wurde auch nach der Ausbaufähigkeit der sozialen Kapitalwirtschaft mit einer stärkeren Teilhabe der Arbeitnehmer am produktiven Risikokapital und seinen Erträgen, also nach der Wirksamkeit der bisherigen beschäftigungskonformen Vermögenspolitik im Sinne breiter Streuung bis in die Hände der Arbeitnehmer hinein. Gefragt wird auch nach der Effizienz und den Zielen der Arbeitsförderung und Beschäftigungspolitik. Jenseits dieser binnenwirtschaftlichen Aufgaben bzw. »Gemeinschaftsaufgaben« ist heute die Frage zu beantworten, inwieweit wirtschaftliches Handeln mit den großen weltwirtschaftlichen, ökologischen und intergenerativen Herausforderungen in Einklang gebracht werden kann.

V.

Die Prinzipien des »Stabilitäts- und Wachstumsgesetzes« und des »Arbeitsförderungsgesetzes« (»Magisches Viereck«) gelten bis heute neben dem Kartellgesetz und den Mitbestimmungsgesetzen als die klassischen Ausführungsgesetze der »Sozialen Marktwirtschaft«.

Die dreifache Kombination von dynamisch »mitbestimmter« Marktwirtschaft, die monetäre und fiskalische Globalsteuerung durch öffentliche Organe und eine umsichtige Sozialpolitik haben sich als die ordnungspolitische Lösung der sozialen Marktwirtschaft herausgestellt. Über sie besteht in dieser Allgemeinheit jedenfalls ein breiter Konsensus, auch innerhalb der Kirchen sowie zwischen den beiden großen Kirchen. Das System der sozialen Marktwirtschaft, das den Charakter eines ethisch bestimmten ordnungspolitischen Modells annahm, wurde inhaltlich durch ein Bündel wirtschaftspolitischer Ziele ausgestaltet, die selbst wiederum das Ergebnis von Wertentscheidungen waren. Solche Ziele waren etwa Preisstabilität, das außenwirtschaftliche Gleichgewicht, Vollbeschäftigung oder hoher Beschäftigungsstand in Verbindung mit einem angemessenen Wirtschaftswachstum, wie man es damals ausgedrückt hat. Durch das Postulat der »Sozialen Symmetrie« – und damit ist es nicht mehr ein magisches Viereck, sondern ein Fünfeck geworden – soll dem grundsätzlichen Anspruch der Arbeitnehmer auf Verteilungsgerechtigkeit entsprochen werden.

Auch wenn Juristen dazu neigen, das vorhandene Verfassungsrecht als ausreichend interpretierbar auch für die Umweltaufgaben zu qualifizieren, kann die Forderung nach klarer Verankerung der Staatsaufgabe Umweltschutz in der Verfassung nicht zurückgestellt werden. Das Sozialstaatsprinzip in Verbindung mit Art. 1.2 GG hat nur impliziten Charakter. Die Erhaltung und Erweiterung der natürlichen Lebensgrundlagen sind von gleichrangiger Bedeutung für das politisch-soziale System wie die Aufrechterhaltung der sozialen Sicherheit und des inneren und äußeren Friedens. Dies muß aber auch Niederschlag finden in der Verfassung. Das Bundesverwaltungsgericht hat 1980 festgestellt, aus Art. 2 ff. GG könne kein »Umweltgrundrecht« hergeleitet werden. Die Einführung eines besonderen »Umweltgrundrechtes in die Verfassung« im Sinne eines gerichtlich durchsetzbaren Anspruchs gegen den Staat auf Schutzmaßnahmen gegenüber Umweltbeeinträchtigungen hat heute kaum Aussicht auf Realisierung. Eher schon die heute von einer breiten Zustimmung getragene Einführung einer Staatszielbestimmung mit Gesetzesvorbehalt. Es wäre ein Test auf die Ernsthaftigkeit und Verbindlichkeit, denn diese Festlegung bedarf einer breiten Konsensusbildung der Verantwortungsträger. Damit wäre der Weg auch frei für eine »ökologische und soziale Marktwirtschaft«. Denn die »soziale Marktwirtschaft« hat ihre Anhaltspunkte im »Sozialstaatsprinzip« der Verfassung. Wer die Debatte um diese Grundlagen des Bonner

Verfassungssystems verfolgt hat, kann die Bedeutung einer solchen Staatszielbestimmung ermessen.

Als zusätzliche Kriterien sind heute im Anschluß an John Rawls die intergenerative Verteilungsgerechtigkeit (»Gerechtigkeit gegenüber späteren zeigt sich in der Ökonomie darin, daß wir Naturgüter verzehren und Investitionen vom selben Wert hinterlassen«) in Ansatz zu bringen sowie die ökologische und soziale Verpflichtung, insbesondere gegenüber den LDC (»least developed countries«) bzw. MSAC (»most seriously affected countries«). Dies soll hier nur kurz angedeutet werden.

Wir sprechen heute also nicht nur von der »Dritten«, sondern auch von der »Vierten Welt«, also den Ländern, die aus eigener Kraft den Anschluß an die weltwirtschaftlichen Abläufe niemals schaffen können. Die Kirchen haben hier die Funktion, im Rahmen der internationalen Solidargemeinschaft Lösungen zu erarbeiten, die mehr sind als internationale Sozialfürsorge. Auch diesen Ländern gegenüber gilt die Aufforderung nach ausgleichender Gerechtigkeit gegebenenfalls durch direkte Transferleistungen und durch einen hohen Einsatz an menschlicher und sachlicher Hilfe. Die Kirchen dürfen nicht müde werden in ihrem Erfindungsreichtum und in der Anregung einer solidarischen Willensbildung.

VI.

Die Frage nach dem Preis des Wirtschaftswachstums wird heute auf dem ökologischen Feld entschieden. Wenn wir von einer ökologischen und sozial verpflichteten Marktwirtschaft sprechen, dann wird eine vorausschauende Wirtschaftspolitik Rahmenbedingungen erarbeiten, die hohe Anforderungen an die Sicherung des Naturhaushaltes und des ökologischen Gleichgewichts stellen. Verantwortliche Unternehmen werden ihre Zukunftsinvestitionen an höchsten Standards orientieren, weil nur so auf die Dauer wirtschaftliches Handeln sinnvoll und rentabel sein wird. Wir haben heute drei ethische Prinzipien, die ihrer Adjustierung noch harren: das Verursacherprinzip, das Vorsorge- und Kooperationsprinzip. Das Vorsorgeprinzip verlangt von den Verantwortlichen eine langfristige Zukunftsorientierung und das Bemühen, die vielfältigen systemaren Wechselbeziehungen zwischen den Lebewesen sowie zwischen den Lebewesen und der unbelebten Umwelt bei allen Entscheidungen zu berücksichtigen. Das ist ein großes Wort, aber es umzusetzen in konkrete Möglichkeiten, das ist die große Aufgabe, die gemeinschaftliche Aufgabe, vor der wir stehen.

Das zweite ist das sogenannte Verursacherprinzip, das ja, wie manche behaupten, gegenwärtig eher zu einer Art »Verursachergemeinlastprinzip« verkommen sei. Die Frage ist, wie können wir das Verursacherprinzip in einer angemessenen und auch wirklich optimalen Weise zur Geltung bringen. Das Verursacherprinzip lautet, daß jeder, der die Umwelt belastet oder sie schädigt, für die Kosten dieser Belastung und Schädigung aufkommen muß. So ist es ursprünglich formuliert worden, und wir alle wissen, wie außerordentlich schwierig es ist, den exakten Nachweis gegenüber den Verursachern zu führen. Daraus resultiert gelegentlich die Frage, ob wir nicht eher in eine Art Verursachergemeinlastprinzip hineingerutscht seien. Wie kommen wir hier wieder heraus? Müßten wir nicht unser gesamtes technisches »Know-how« in den Dienst dieser Aufgabe stellen und auch die Sanktionsmöglichkeiten effektiv und rasch wirksam gestalten?

Das dritte ist das Kooperationsprinzip. Es geht davon aus, daß verantwortliches Handeln Zusammenarbeit und Kompromißbereitschaft aller Betroffenen erfordert. Es setzt auch Glaubwürdigkeit des je eigenen Verhaltens voraus. Es muß aber in den Rahmen einer ökologisch erweiterten Gemeinwohlbindung volkswirtschaftlicher Zielsetzungen integriert werden. Das heißt, hier kommt es darauf an, daß wirklich Zusammenarbeit mit denjenigen stattfindet, die im Inneren eines Landes die Sensibilität haben, d. h. z. B. mit bestimmten Naturschutzorganisationen auf der einen Seite und mit der Landwirtschaft auf der anderen Seite.

In unserer Landwirtschafts-Denkschrift haben wir uns bemüht, ein neues Bild gerade für die Landwirtschaft, eine Art neues Berufsbild unter Einschluß der Pflegeleistung für die Natur zu entwerfen. Wir haben auch die Bitte an die Verantwortlichen vorgetragen, gerade die Pflegeleistung zu subventionieren und nicht die Maximierung der Produktion und des Gewinns. Dies alles deutet darauf hin, daß wir im Inneren eine Art Kooperations-Nachholbedarf haben, der aber natürlich seine wesentlich größeren Dimensionen im internationalen Bereich hat.

VII.

Wirtschaftswachstum darf weder zu Lasten des Naturhaushaltes, noch – und darauf will ich mit einigen Bemerkungen noch eingehen – auf Kosten der Sicherung eines hohen Beschäftigungsstandes gehen. Die Informations- und Kommunikationstechniken und andere auf dem höchsten naturwissenschaftlichen und technologischen Know-how basierenden Techniken entsprechen zweifellos den strukturellen Anpassungserfordernissen der deutschen Wirtschaft in spezifischer Weise. Die Arbeits- und Lebenswelt wird immer stärker von dieser Entwicklung geprägt. Verschiebungen der Branchenstruktur, der Ausbildungserfordernisse erweisen sich als starke Herausforderung an das Arbeitsethos, die Arbeitsorganisation und die Arbeitspolitik.

Die Kammer der EKD für soziale Ordnung hat sich in den letzten Jahren intensiv mit der Zukunft der Erwerbsarbeit unter neuen technischen und weltwirtschaftlichen Bedingungen auseinandergesetzt. Sie hat davor gewarnt, Tendenzen zu einer schleichenden Auflösung des Systems der Erwerbsarbeit zu begünstigen. Für die ganz überwiegende Mehrheit der Bevölkerung hat sich die Erwerbsarbeit als die Basis selbstverantwortlichen Lebens und der sozialen Sicherung, aber auch der Teilhabe an der Erstellung der Güter und Dienstleistungen erwiesen. Inzwischen haben auch die Frauen nicht nur von ihrem Recht auf gleichwertige Ausbildung Gebrauch gemacht, sondern fordern ihren Anteil an der Erwerbsarbeit und der damit verbundenen Mitverantwortung bei der Gestaltung der Wirtschafts- und Lebensverhältnisse.

Die Sozialkammer hat angesichts einer unvermindert hohen Gesamtarbeitslosigkeit, angesichts europäischer Herausforderungen – wenn eine starke Mitverantwortung für das Schicksal von etwa 17 Millionen Arbeitslosen in der Europäischen Gemeinschaft auf uns zukommt – dringend zusätzliche »Beschäftigungshilfen für Langzeitarbeitslose« und entsprechende »Maßnahmen zur Wiedereingliederung Langzeitarbeitsloser in das Arbeitsleben« angemahnt. Erfreulicherweise ist es gelungen, in dieser Frage einen breiten Konsens mit allen im Bundestag vertretenen Parteien, mit den Tarifvertragsparteien herbeizuführen. Die EKD-Erklärung »Gezielte Hilfen für Langzeitarbeitslose« (Auflagen 1986/87) wurde mit ihren konkreten arbeitsmarktpolitischen Überlegungen zur Basis dieser Konsensbildung.

Alle verantwortlichen Kräfte – zuletzt der Bundeskanzler in seiner Regierungserklärung vom 28. April 1989 – haben die beiden Kirchen gebeten, ihre Initiativen zu verstärken und Vorschläge für eine längerfristige Lösung des Problems der Langzeitarbeitslosigkeit auszuarbeiten. Die 1,5 Mrd. Eingliederungshilfen für Langzeitarbeitslose bis 1991 sind ein wichtiger Anfang, der für rund 10 % der Betroffenen 700000 wirksam werden kann. Auch die Summe von 250 Millionen für zusätzliche Bemühungen um schwer- und schwerstvermittelbare Arbeitslose ist ein Schritt in die richtige Richtung. Wir werden noch in diesem Jahr bemüht sein, unsere Vorschläge aufgrund erster Erfahrungen und nach Evaluation von Modellinitiativen in verschiedenen Arbeitsamtsbezirken in den strukturschwachen Gebieten vorzulegen. Dem Bundestag und der Bundesregierung gebührt unser Dank, daß sie die anhaltenden Bitten der Kirche nicht in den Wind schlagen. Auch mittelfristig wird neben dem Arbeitsmarkt für die Starken, Gesunden, Ausgebildeten eine strukturelle Aufgabe zu erfüllen sein: für diejenigen, die entweder in strukturschwachen Gebieten leben oder für diejenigen, die aufgrund bestimmter Beeinträchtigungen von struktureller Arbeitslosigkeit bedroht sind.

VIII.

Die Schlußüberlegung soll unserer internationalen Verantwortung gewidmet sein. Die veröffentlichten Pressestimmen spiegeln im Blick auf den europäischen Binnenmarkt nicht selten eine Mischung aus Unbehagen und Unsicherheit (»Europa darf nicht auf sozialen Ruinen entstehen« Stuttgarter Zeitung 24. 5. 1988) und einer Aufbruchstimmung, die auf ganz große Durchbrüche hinweist. Es entsteht einer der größten einheitlichen Wirtschaftsräume der Erde mit 322 Mio. Einwohnern und einem Bruttosozialprodukt von 3300 Mrd. Dollar (USA 4200 Mrd; Japan 2000 Mrd.). Die wirtschaftlichen Vorteile werden rein rechnerisch auf 170–250 Mrd. ECU in Preisen von 1988 beziffert (Wegfall von Handels- und Produktionsschranken etc.), insgesamt wird ein Zuwachs an Arbeitsplätzen in der Größenordnung von 1,8–5 Mio. Beschäftigten kalkuliert. Die Dynamisierung der Lebensverhältnisse fordert aber auch ein Höchstmaß an verantwortlicher Kommunikation heraus, an verbindlichem internationalem Dialog.

Der im Mai 1989 vorgelegte Vorentwurf einer »Gemeinschaftscharta der sozialen Grundrechte«, verfolgt das Ziel, daß die wirtschaftliche und politische Einigung »mit einer Weiterentwicklung der sozialen Rechte aller Bürger der Europäischen Gemeinschaft, namentlich der abhängig und selbständig Beschäftigten, Hand in Hand gehen muß.« Es ist keine Frage, daß die dort vorgelegten sozialen Grundrechte in der Bundesrepublik zum großen Teil verwirklicht sind; dies gilt insbesondere für die Bereiche der Mitbestimmung, der beruflichen Bildung, Koalitionsfreiheit, Arbeitszeitregelungen, Gesundheitsschutz am Arbeitsplatz etc. Im Blick auf die Alterssicherung geht der Entwurf sogar einen Schritt darüber hinaus: es wird ein »Mindesteinkommen« für diejenigen gefordert, die über keinen ausreichenden Rentenanspruch verfügen. Ohne Zweifel wird diese – eher an Mindestnormen orientierte – Charta für die an der Peripherie der wirtschaftlichen Prosperität lebenden Bürger Europas Verbesserungen bringen. Das alles mit Geist und Inhalt zu erfüllen, wird wesentlich auch eine Aufgabe der Kirchen als Träger sozialer und geistlicher Belange sein. Die Kirchen aber werden auch darüber zu wachen haben, daß das »kleine Haus« Europa in der EG nicht zur Insel mit Festungsmauern ausgebaut wird, sich unsolidarisch gegenüber den Nachbarvölkern insbesondere Osteuropas verhält. Vielmehr wird es ganz entscheidend darauf ankommen, das Erreichte zu bewahren, es aber zu öffnen und zugänglich zu machen für diejenigen, die sich ihrerseits im »großen Haus« Europa öffnen für ganz neue Formen des Dialogs und der Kooperation. Wir stehen heute an der Schwelle einer neuen Aera in den internationalen Beziehungen. Wie eingangs bereits gesagt, die Nachkriegszeit mit ihren besonderen Fronten und Erstarrungen kann einer neuen internationalen Kooperation und Friedensordnung weichen. Diese Aufgabe zu durchdenken, mit Geist und wirtschaftlichen und kulturellen Perspektiven zu versehen, ist eine der lohnendsten Herausforderungen unserer Tage. Denn auf der Basis der Kooperation erst wird es möglich sein, integrierte Konzepte solidarischer Entwicklung auch für die Länder der dritten und vierten Welt mit diesen gemeinsam zu erarbeiten und zu realisieren. Der Preis, den wir für diese Aufgaben zu entrichten haben, sollte uns nicht zu hoch sein.

Umweltethik in der Industriegesellschaft als theologische Aufgabe

I. Zur Aufgabe der Ethik

Es ist kaum zweifelhaft, daß sich die christliche Ethik dort zu bewähren hat, wo heute die grundsätzlichen Konflikte unserer Gesellschaft aufbrechen. Der Glaube drängt als Dynamis nach Gestaltung. Die alle Dimensionen der Wirklichkeit betreffende Selbstkundgabe Gottes ist Grund und Triebfeder dieser Dynamik. Einzelne Christen, christliche Gruppen, die Kirchen, die Christenheit, sind herausgefordert, ihre Lebenspraxis mit ihrer vom Glauben her erneuerten Vernunft zu überprüfen, die Wirklichkeit so zu gestalten, daß sie den Intentionen des Glaubens entspricht und so das Gute verwirklicht. Umgekehrt aber drängen die Erfahrungen unserer Naturumwelt und menschlichen Wirklichkeit in ihrer ganzen Unmittelbarkeit und Komplexität auf uns ein.

Gerade in ihrer Widersprüchlichkeit fordern sie unser Urteil und Handeln heraus. Entscheidungen werden Christen immer häufiger abverlangt. Häufig treffen diese Herausforderungen unmittelbar auf die Impulsivität des Glaubens, auf die Stimme des vom Glauben geleiteten Gewissens. Durch diesen Zusammenstoß werden Christen immer häufiger in ihrer Identität bedroht. Es ist Aufgabe der theologischen Ethik, mit methodischer Anleitung und sachlicher Klärung Hilfestellung zu leisten.

Die christliche Ethik sieht sich in unmittelbarer Gemeinsamkeit mit der dogmatischen Reflexion, die im konsensusstiftenden Sinnentwurf des Glaubens gründet. Für die apostolischen Väter waren Dogmen niemals bloß »religiöse Wahrheiten«, sondern ebenso »ethische Weisungen«.[1] Die Ethik, die sich auf den Sinnentwurf des christlichen Glaubens gründet, setzt sich aber mit großer Selbständigkeit und entsprechendem Risiko den gegenwärtigen gesellschaftlichen und politischen Herausforderungen aus. Sie ist auf wissenschaftliche Analyse, auf interdisziplinäre Dialoge und Konfrontationen angewiesen. Diese

---

[1] G. Gloege, Art. Dogma II, RGG³ II, 221 ff: 221 unter Hinweise auf die Didache, Ignatius und Barnabasbrief. Zum Ethikansatz vgl. H. E. Tödt, Versuch zu einer ethischen Theorie sittlicher Urteilsfindung, Referat v. d. Societas Ethica, 4. 9. 1979 (jetzt in: ders., Perspektiven theologischer Ethik, München 1988, 21 ff).

verbindet sie mit dem Ethos, so daß sich aus der Synthese konkrete Optionen innerhalb der Entscheidungsalternativen ergeben und in die Lebens- und Gesellschaftsgestaltung der Christenheit Perspektiven, ja konkrete Handlungsimpulse eingehen. Dabei kommt alles darauf an, daß die Kraft des christlichen Glaubens ihre konsensusstiftende Wirkung auch für die ethische Urteilsbildung bewährt, damit es zu einvernehmlicher Wahrnehmung der Wirklichkeit und entsprechend zur Wahrnehmung der Weltverantwortung kommen kann.

1. Im Sinne dieser Eingrenzung hat sich *Jürgen Moltmann* in seiner letzten großen Publikation streng an seine selbstgesteckte Aufgabe, nämlich eine »ökologische Schöpfungslehre« zu entwerfen, gehalten.[2] Ihre ökumenische Methode und Weite zielt auf den Konsensus innerhalb der Christenheit und auf den interreligiösen Dialog über die Schöpfung. Ihr streng trinitarischer Duktus bindet sie ein in das Gesamtzeugnis der biblischen Verkündigung. Ihre messianische Hinsicht wird zum hermeneutischen Prinzip, unter dem alles geprüft und das Beste aus den vielfältigen Überlieferungssträngen behalten wird. Sie verschafft dem christlichen Glauben darin Ausdruck, daß sie ihm und der evangelischen Theologie »die kosmische Horizonterweiterung ... auf die ganze Schöpfung Gottes« sichert.[3] Die drei Artikel des Apostolischen Glaubensbekenntnisses werden so ineinander verschränkt, daß Moltmann eine pneumatologische Schöpfungslehre entwerfen konnte. Diese geht von dem Gedanken der Einwohnung Gottes im Ganzen seiner Schöpfung und in jedem einzelnen Geschöpf aus. Sie verbindet diesen Ansatz mit all jenen theoretischen und empirischen Ansätzen der Naturphilosophie, die aus der Erfahrung gesammelt wurden und dem Gedanken der Ganzheitlichkeit verpflichtet sind.

Für die Ethik eröffnet sich hier ein reiches Feld der Orientierung und Motivierung. Als ethische Perspektive wird von Moltmann der Gedanke der *Wohnlichkeit im Dasein,* der Einwohnung des Menschen im natürlichen System der Erde herausgearbeitet. »Die Wohnlichkeit im Dasein kann nur durch jenes entspannte Verhältnis von Natur und Mensch gewonnen werden, das mit Versöhnung, Frieden und einer überlebensfähigen Symbiose bezeichnet wird«.[4] Die entscheidende Kritik richtet sich gegen Theologien der Schöpfungsvergessenheit auf der einen und mechanistische Naturphilosophien auf der anderen Seite.

Zu denken geben muß uns die Feststellung Moltmanns in seinen Schlußüberlegungen:

> »Erst das Symbol der *Welt als Werk* und als *Maschine* macht Gott so transzendent, daß die Immanenz ihm kein gleichwertiges Gegenüber, weil nicht mehr von seiner Art, sein kann. Der Monotheismus des transzendenten Gottes und die Mechanisierung der

---

2 J. Moltmann, Gott in der Schöpfung. Ökologische Schöpfungslehre, München ²1985.

3 A. a. O., 12.

4 Ebd.

Welt lösen alle Vorstellungen von einer Immanenz Gottes auf. Mit dieser Entwicklung begann die Ausgliederung des Göttlichen aus der Welt des Menschen. Der *Deismus* macht Gott *zum fernen Gott.* Der *Atheismus* mußte folgen, denn diese Weltmaschine muß auch ohne Gott aus sich selbst funktionieren.«[5]

In solchen Sätzen findet Moltmanns Kritik ihre äußerste Zuspitzung. Insgesamt zeigt sich hier, daß dogmatische Reflexion immer zugleich auch den Definitionsrahmen für eine ethische Perspektive mit absteckt.

Inzwischen liegen umweltethische Entwürfe aus verschiedener Richtung vor. Hervorheben will ich den Beitrag des Tübinger Ethikers *Alfons Auer.*[6] Auer sieht seine Aufgabe darin, »die vielfältigen Äußerungen der gesellschaftlich-geschichtlichen Vernunft des Menschen anzuhören, sie kritisch-positiv aufzunehmen sowie in einem Sinnverständnis zu integrieren und zu ordnen«.[7] Dieser Weg einer empirischen Argumentation hat den Vorteil, das Konzert der Stimmen zur Geltung zu bringen und die aktuelle Debatte gleichsam in den christlichen Sinnhorizont hineinzustellen und durch die Kontinuität des christlichen Zeugnisses zu überformen. Sie hat ihre Grenzen darin, daß sie nach all der intensiven Übersichts- und Integrationsbemühung zu dem Ergebnis kommt: Der neue Sinnhorizont wirke sich für das ökologische Ethos in zwei Dimensionen aus. Er stelle für das konkrete Handeln des Christen neue Motivationen bereit und bringe in den Prozeß der Herausbildung ethischer Orientierungen und Normierungen unablässig den kritischen und stimulierenden Effekt der christlichen Botschaft ein. Der Verfasser macht sich die ethische Grundaussage der Erklärung der Deutschen Bischofskonferenz zu Fragen der Umwelt und Energieversorgung »Zukunft der Schöpfung – Zukunft der Menschheit« (1980) zu eigen. Hier wird ebenfalls von der »christlichen Motivation« unter dem Stichwort »Spiritualität unseres Verhaltens zur Welt« gesprochen. Eine Spiritualität christlichen Weltverhaltens – so heißt es da – lebt aus den Grundwerten Annahme und Antwort, Freisein und Loslassen. Darüber hinaus ist von einer Spiritualität der vier Kardinaltugenden »Maß, Klugheit, Starkmut, Gerechtigkeit« und vom »Geist der evangelischen Räte« nämlich »Armut, Gehorsam, Jungfräulichkeit« die Rede. Dies ist gewissermaßen das Konzept, das durch weitere Konkretisierung fruchtbar gemacht werden soll.

---

5 A.a.O., 319.

6 A. Auer, Umweltethik. Ein theologischer Beitrag zur ökologischen Diskussion, Düsseldorf 1984. Einen umfassenden Überblick über die Literatur vermittelt G. M. Teutsch, Lexikon der Umweltethik, Göttingen/Düsseldorf 1985. Vgl. aber auch G. M. Teutsch, Soziologie und Ethik der Lebewesen. Eine Materialsammlung, Frankfurt [7]1978 und D. Sölle, lieben und arbeiten. Eine Theologie der Schöpfung, Stuttgart 1985.

7 A. Auer, 70.

Die richtige Motivation soll in Erinnerung gerufen werden und stimulierend auf das vernünftige Handeln einwirken.[8]

Schon wird der Verdacht geäußert, die »Theologie der Natur« mache sich die ökologische Krise durch Abstrahierung von den konkreten geschichtlichen Voraussetzungen der gegenwärtigen Problemsituation, durch Assoziationen wie: »Gottvergessenheit des modernen Menschen«, »Todesverdrängung«, »Machbarkeitswahn« etc. in unguter Weise apologetisch zunutze.[9] Das heißt, Theologie und Kirche könnten der Anstrengung aus dem Wege gehen, Wissenschaft und Technik dort zu begegnen, wo es gilt, Sachzwänge aufzubrechen und neue lebensfördernde Perspektiven zu erarbeiten.

2. Sicher ist, daß sich die Theologie den fatalen Trends der heutigen Welt nicht einfach fügen darf, als wären sie unabwendbares Fatum – zwar von Menschen hervorgebracht, aber nicht mehr von ihnen zu meistern. Aber sie kann die Auseinandersetzung auch nicht durch die theologische Herausbildung einer Gegenwelt – sei sie apokalyptisch oder messianisch-futuristisch geprägt – führen. Ebensowenig führt die Auseinandersetzung auf dem konventionellen Weg moralischer Postulate weiter. Sie soll vielmehr in die Tiefenschichten vorstoßen, innerhalb derer die Prägung der neuzeitlichen Subjektivität erfolgt ist. Sie soll den christlichen Anteil an modernen Entwicklungen, insbesondere auch an Fehlentwicklungen, sorgfältig prüfen. Sie soll vor allem vorstoßen in die Ebene, in der das wissenschaftlich-technische System zum beherrschenden Element der materiellen und politischen Selbstverwirklichung in den Staaten und Machtblöcken geworden ist. Solange diese Ebene, auf der die »Verhexung« der Verhältnisse passiert, nicht tangiert wird, muß jeder Ansatz, der bei der Selbstbegrenzung vieler Einzelner stehen bleibt, wirkungslos erscheinen.

II. Rückfragen an die ethische Überlieferung

In dieser Hinsicht traf die ökologische Krise die christliche Theologie weithin unvorbereitet. Inzwischen wurde die theologische Ethik im Zeitalter der wissenschaftlich-technischen Expansion seit dem 19. Jahrhundert soweit aufgearbeitet, daß wir die These begründen können: Je stärker die moderne Geschichte als die Geschichte der vom Menschen beherrschten und produzierten Welt, als die »zweite Natur«, hervortritt und der Prozeßanteil der »natürlichen Natur«

---

8 A. a. O., 301. Vgl. die wichtige Erklärung der Deutschen Bischofskonferenz, Zukunft der Schöpfung – Zukunft der Menschheit, hg. v. Sekretariat der Deutschen Bischofskonferenz, Bonn 1980.

9 Diese Frage wirft z. B. U. Hasler, Beherrschte Natur. Die Anpassung der Theologie an die bürgerliche Naturauffassung im 19. Jahrhundert (Schleiermacher, Ritschl, Herrmann), Bern / Frankfurt 1982, 352, auf.

immer weiter eingeschränkt wird, desto mehr zeigt sich die für die neuere Theologie typische Trennung von Natur und Existenz, von scientistischer und hermeneutischer Wirklichkeitserschließung, von historisch-kritischer und existentialer Interpretation.

Wilhelm Herrmanns Empfehlung, alle Konfliktmöglichkeiten zwischen Theologie und Naturwissenschaften durch eine erkenntnis- und wissenschaftstheoretische Kompetenzbereinigung auszuschließen, hat beinahe kanonische Bedeutung gewonnen. Das gilt, wie oft gezeigt wurde, nicht nur für Bultmann und seine Schule; auch Barth und selbst Tillich haben die Auseinandersetzung mit den exakten Naturwissenschaften ausgeklammert aufgrund des Konzepts des »schiedlich-friedlichen Nebeneinanders«, das auf diesem Methodendualismus basiert.[10] Der späte Herrmann unterscheidet angesichts der sich ausbreitenden Macht der wissenschaftlich-technischen Zivilisation das uneigentliche Welterleben von dem eigentlichen Erleben des Lebendigen, das seinem Ursprung nach ausschließlich in zwischenmenschlichen Beziehungen, genauer im »Vertrauenserlebnis« begründet ist. Vertrauen ist der Vorgang, in dem der in der unendlichen Welt verlorene Mensch seiner Einsamkeit, Zerstreutheit und Verfallenheit ans Nichtige entrissen und so zu sich selbst kommend innerlich lebendig wird. Religion entsteht in der Verborgenheit und Unscheinbarkeit rein personaler Beziehungen, wie sie vor allem in der Familie erfahrbar werden. Hier allein gibt es nach Herrmann Hingabe, Geborgenheit, Unmittelbarkeit, Heimat, Nähe zum Leben. Was Leben zu heißen verdient, reduziert sich auf die scheinbar intakten, idyllischen Verhältnisse des Privaten, Familiären, Persönlichen, Intimen. Das durch die gesellschaftliche Krise erschütterte christliche Bürgertum versuchte, so scheint es, das eigentlich Menschliche vor der scheinbaren Eigengesetzlichkeit und vor der Lebensfeindlichkeit der Technik, der Expansion der Industrie, vor der Macht der Politik und den Klassengegensätzen zu retten. Im Moment der reinen Begegnung von Person zu Person, in der nichts mehr gilt als das innerste eigene Sein des andern, leuchtet das »Eine auf, das wir ohne weiteres von aller Natur unterscheiden«.[11]

Wir versperren uns allerdings den historischen Blick, wenn wir die stark von *Kierkegaard* beeinflußte existenztheologische Wende des späteren Herrmann

---

10 Vgl. hierzu O. Jensen, Theologie zwischen Illusion und Restriktion. Analyse und Kritik der existenz-kritizistischen Theologie bei dem jungen Wilhelm Herrmann und bei Rudolf Bultmann, München 1975 und J. Track, Naturwissenschaft und Theologie. Erwägungen zu einem interdisziplinären Gespräch, in: KuD 2, 1975, 104 ff.

11 Vgl. hierzu H. Timm, Theorie und Praxis in der Theologie Albrecht Ritschls und Wilhelm Herrmanns. Ein Beitrag zur Entwicklungsgeschichte des Kulturprotestantismus, Gütersloh 1967. Von W. Herrmann vgl. u. a. Die Religion im Verhältnis zum Welterkennen und zur Sittlichkeit. Eine Grundlegung der systematischen Theologie, Halle 1879 und ders., Der Verkehr des Christen mit Gott. Im Anschluß an Luther dargestellt, Berlin / Stuttgart ⁵1908. Zum ganzen vgl. U. Hasler, a. a. O., 299 ff.

einseitig hervorheben. *Schleichermacher* hatte unter vorindustriellen Bedingungen eine »ökologische« Theologie und Ethik vertreten, die durch neuere Bemühungen unserer Tage nur umso deutlicher ans Licht tritt. Er bekämpfte die Spaltung zwischen Subjekt und Objekt und die Erniedrigung der Natur zum unselbständigen Mechanismus mit einem denkerischen Aufwand, der heute noch längst nicht eingeholt ist. Seine philosophische und theologische Durchführung der Idee der »Vernunftwerdung der Natur« und der »Naturwerdung der Vernunft«, sein Zielgedanke eines befreundeten Verhältnisses zur Natur, der Gedanke einer Versöhnung zwischen Mensch und Natur stehen nicht am Rande, sondern im Zentrum seiner Bemühungen. Daß der Naturbildungsprozeß dem Menschen höchste ethische Aufgaben in der Kooperation mit Gott stellt, war ihm ebenso selbstverständlich wie der Gedanke, daß Gottes Dasein in der Natur dem Glauben und dem Tun ein höchst anschauliches Bezugsfeld liefert. Die Vernunft ist ihm als Kraft in der Natur überall organisierende Tätigkeit.[12] Das Christentum setzt für die Wahrnehmung der Natur keine Grenzen, sondern heiligt alles, was sich auf die Erweiterung unserer Kenntnis von der Natur bezieht. Denn Kenntnis der Natur führt zur Beherrschung der Natur und zur Erkenntnis Gottes. Ebenso ist aber auch dem Naturbildungsprozeß keine Grenze gesetzt.

> »In dem Maße, in welchem die Kräfte der Natur für den Menschen noch nicht überwunden sind, in dem Maße ist auch der geistige Verband unter den Menschen noch unsicher, und jede Erweiterung der Herrschaft über die Natur ist eine Erweiterung der Verbindung unter den Menschen selbst, also notwendige Bedingung für die Verbreitung des christlichen Geistes.«[13]

Schleiermachers Naturbildungsmodell ist stark vom Fortschrittsgedanken geprägt, der gelegentlich auch schon im ökonomischen Sinne der Überschußproduktion mit den Kategorien »Vergrößerung des Exponenten im extensiven und intensiven Wachstum des Naturbildungsprozesses« beschrieben werden kann.[14] Aber alles ist eingebunden in eine vom Inkarnationsgedanken geprägte Christologie, die die Schöpfungstheologie trägt und in die Zukunft öffnet durch die evolutionstheoretisch fundierten Vorstellungen der Vollendung der Schöpfung in Christus. Problematisch ist u. a., daß Schleiermachers Gott sich dem Leiden nicht aussetzen kann. Die Unübertragbarkeit der »Leidentlichkeit« auf Gott zwingt zu einem fortschrittstheologischen Optimismus, zwingt dem Leiden Marginalität auf, verweigert die Gewißheit, daß Christen bei Gott in

---

12 Vgl. F. Schleiermacher, Die christliche Sitte, hg. v. L. Jonas, Berlin ²1844, v. a. 472 f.

13 A. a. O., 472. Vgl. Schleiermachers Auseinandersetzung mit dem mechanistischen Weltbild, a. a. O., 463 f.

14 Maßgebend für diese Gedanken ist Schleiermachers Abhandlung: Das verbreitende Handeln – Äußere Sphäre. Insbes.: Der Talent- und Naturbildungsprozeß im Dienste der christlichen Gesinnung, a. a. O., 440 ff.

seinem Leiden stehen und gerade dem ängstlichen Harren der Kreatur Gottes Verheißung gilt.[15]

Über solche Fragen und Aporien lohnt es gewiß noch heute, sich mit Schleiermacher zu unterhalten. Ob man ihm mit *Albrecht Ritschl* aber eine »halbspinozistische Kosmologie«, die in »voller Unabhängigkeit« vom Christentum konstruiert sei, vorwerfen sollte, ist eher zweifelhaft. Albrecht Ritschl wittert in Schleiermachers Gedanken der »schlechthinigen Abhängigkeit« von Gott und der »schlechthinigen Ursächlichkeit Gottes« entweder eine deistische oder eine pantheistische Lösung. Die Schöpfung ist für ihn, Ritschl, Gegenstand, Material der Gestaltung und der souveränen Beherrschung zum Zweck der Versittlichung der Welt.

> »Also Weltverneinung haftet am Christentum nur soviel, als zur Weltbeherrschung gehört. Verneint wird eben die Herrschaft der Welt über den Menschen, indem das umgekehrte Verhältnis in Aussicht und als Aufgabe gestellt wird.«[16]

Wenn Ritschl von »natürlichen Ordnungen« spricht, dann werden Ehe und Familie, Berufsstand, Rechtsstaat und Völkergemeinschaft abgehandelt. Die außermenschliche Schöpfung interessiert als Material, durch das der Beruf zum Lebenswerk im Sinne der sittlichen Vervollkommnung werden kann. Erst dann erhält das geistige Selbst einen »Bestand«, der es »unabhängig macht von den allgemeinen Bedingungen des natürlichen Daseins in der Welt«[17] Ich breche hier ab. Es widerstrebt mir, Ritschl zum Vater der naturimperialistischen Theologie und Herrmann zum Vater der naturabgewandten Theologie der Personinnerlichkeit zu stempeln. Wir bemerken aber, daß theologische Entwürfe auf eine oft erschreckende Weise Ausdruck des Zeitgeistes sind, daß sie diesem theologisches Gewicht verleihen. Zum falschen Bewußtsein von der Wirklichkeit wird Theologie um so eher, wenn sie sich analytischer Orientierung und der Rechenschaft über die Konsequenzen ihrer Aussagen für Wissenschaft und Zeitgeist enthält und damit ihre Partikularität nicht überwindet. Im folgenden soll – in thetischer Form – unser Standort im Umgang mit der Natur umrissen werden.

III. Systemanpassung oder Systemwende?

Deutliche Zeichen von Irritation und Verwirrung lassen sich überall ausmachen. Die internationale Debatte schwankt zwischen der Hoffnung auf die

---

15 Vgl. U. Hasler, a. a. O., 171.
16 A. Ritschl, Rechtfertigung und Versöhnung III, Bonn 1870–74, 541; vgl. auch 198.
17 A. a. O., 392 und 222.

»Wendezeit«[18] und dem bevorstehenden eigentlichen »Wunder der Industrialisierung«[19].

1. Im Blickwinkel der »Wendezeit« nimmt die wissenschaftlich-technische Zivilisation in ihrer herkömmlichen Gestalt ein Ende. Ein neues Systembild des Lebens tritt an die Stelle der kartesianischen Weltanschauung und der Newtonschen Physik. Dieses neue Weltbild »transzendiert« die gegenwärtigen disziplinären und begrifflichen Grenzen und wird in neuen Institutionen zur Anwendung kommen. In der Perspektive der Wendezeit sind die zahlreichen Bewegungen, die Ökologie-, die Friedens-, die Frauenbewegung längst aus ihrer Marginalität herausgetreten und zu Trägern einer neuen Zeit geworden, an deren Ende die Menschenwelt sich in die Selbstregulierung des Kosmos harmonisch einfügt. Denn es sei das Kennzeichen unseres Planeten, daß sein Regulierungssystem in ökologischer Hinsicht »optimale Verhältnisse für die Evolution des Lebens aufrechterhalten kann«.[20]

2. Demgegenüber erwarten die Verfechter einer ungebrochenen industriellen und technologischen Expansion im 21. Jahrhundert das eigentliche »Wunder der Industrialisierung«, wenn im Zuge des industriellen Wachstums die meisten Länder dieser Erde in das »Zeitalter des Massenkonsums« eingetreten sein würden. Der einflußreiche amerikanische Futurologe H. Kahn, der die Thesen Walt W. Rostows über die Stadien des wirtschaftlichen Wachstums fortschrieb[21], geht davon aus, daß zu Beginn des 2. Jahrtausends, also bis 2176 ein Bruttosozialprodukt pro Kopf der Weltbevölkerung von 20000 US-Dollar erreicht werde gegenüber 1300 Dollar pro Jahr im Jahre 1976. Zu diesem Zeitpunkt gebe es 15 Mrd. Einwohner auf der Erde gegenüber 4,1 Mrd. im Jahre 1976. Das globale Bruttosozialprodukt liege bei 300000 Mill. Dollar gegenüber 5500 Mill. Dollar 1976. Dieser kaum vorstellbaren Prognose gegenüber wird nicht nur die Ressourcenfrage aufgeworfen, sondern

---

18 Vgl. hier das inzwischen in 7. Aufl. erschienene Buch des in Berkeley lehrenden Naturphilosophen F. Capra, Wendezeit. Bausteine für ein neues Weltbild, Bern / München / Wien 1983 und ders., The Tao of Physics, 1975, deutsche Ausgabe: Der kosmische Reigen. Physik und östliche Mystik. Ein zeitgemäßes Weltbild, München [6]1983.

19 Am Ausgang dieser These stand W. W. Rostows einflußreiches Buch, The Stage of Economic Growth, Cambridge 1960, deutsche Ausgabe: Stadien des wirtschaftlichen Wachstums. Eine Alternative zur marxistischen Entwicklungstheorie, Göttingen 1960; vgl. Kap. 6: Das Zeitalter des Massenkonsums u. 92; H. Kahn, Vor uns die guten Jahre, Wien 1977, zeichnet diese Perspektive aus als »Markierungen auf dem Weg zum quartären Zeitalter«.

20 F. Capra, a. a. O., 315.

21 H. Kahn, a. a. O., 20 ff.

auch die Frage nach den ökologischen Bedingungen eines solchen Zukunftssystems.[22]

3. Vor kurzem wurden von einer Landesregierung zwanzig führende Wissenschaftler des In- und Auslandes gebeten, »Zukunftsperspektiven gesellschaftlicher Entwicklungen« zu erarbeiten.[23] Im ersten Teil dieser Studie wird die wachsende Neigung angeprangert, die Herkunftsgeschichte der wissenschaftlich-technischen Zivilisation »als Folge eines ursprünglichen Schrittes in die falsche kultur-revolutionäre Richtung zu deklarieren«. Im kulturkritischen Raisonnement streite man sich nur noch über die ursprüngliche falsche Weichenstellung: einige sähen sie im Übergang zum Kapitalismus, andere hielten sie für die gravierende Nebenfolge »säkularisierungsbedingter religiöser Desorientierung«, andere sähen gar die christlich-jüdische Glaubenstradition mit ihrem Auftrag zum dominium terrae (Gen 1, 28) als die Wurzel unseres Übels an. Solchen Verwirrungen des Geistes gegenüber wird gefordert, unser kulturelles Verhältnis zur Industriegesellschaft bedürfe der Stabilisierung durch Vergegenwärtigung der Gründe, »die sie nach ihrer Herkunft zustimmungsfähig, ja zustimmungspflichtig machen«. Die Anpassungskrise in einigen Sektoren der Industriekultur, die Erreichung bestimmter Kostengrenzen dürfe nicht die Zustimmungspflicht zu den Fundamenten dieser Kultur in Frage stellen, nämlich die Befreiung von Zwängen physisch niederdrückender Arbeit, Steigerung der Produktivität der Arbeit, Mehrung der Wohlfahrt, der sozialen Sicherheit, des sozialen Friedens. In dieser Perspektive kann festgestellt werden, die Industriekultur sei in ihren Ansprüchen an Verhaltenskonformität differenziert genug, um randgruppenhafte Alternativkulturen aushalten zu können. Hier wird der Industriekultur eine evolutionäre Eigenschaft zugebilligt, dergegenüber Verhaltensmodelle der Anpassung verlangt werden.

4. Befinden wir uns in einer Anpassungskrise der wissenschaftlich-technischen Zivilisation oder in einer »Wendezeit«, die nach einer Zeit des Verfalls, die wir heute durchleben, kommt? In der Wendezeit gibt es eine natürliche Innovationsbewegung: »... Altes wird abgeschafft, Neues wird eingeführt...«.[24] Wir befinden uns gegenwärtig in einem Meinungsstreit um die

---

22 Vgl. hierzu vor allem H.Chr. Binswanger u. a., Der NAWU Report. Wege aus der Wohlstandsfalle, Frankfurt a. M. 1978, 46 ff und H. Chr. Binswanger u. a., Arbeit ohne Umweltzerstörung. Strategien einer neuen Wirtschaftspolitik, Frankfurt a. M. 1983.

23 Vgl. Bericht der Kommission »Zukunftsperspektiven gesellschaftlicher Entwicklungen« erstellt im Auftrag der Landesregierung von Baden-Württemberg, Stuttgart 1983. Dieses wichtige Dokument wird eingeleitet mit einem Essay »Gesellschaftliche Vielfalt: Neue Lebenschancen, erneuerte Institutionen«, an dem Hermann Lübbe mitgearbeitet hat. Vgl.9 ff.

24 F. Capra, a. a. O., 5.

Grundfesten unseres Systems und um die Grundüberzeugung des Lebens, aus dem auch ein je ganz unterschiedliches Ethos resultiert. Es ist Aufgabe der theologischen Ethik, selbständig die Zeichen der Zeit zu prüfen und zu einer eigenständigen Beurteilung unserer Gegenwart vorzudringen.

Das für die systemfortschreibende Grundüberzeugung angemessene Ethos besteht aus einer Wertsynthese: aus Pflicht- und Akzeptanzwerten gegenüber dem wissenschaftlich-technischen System und aus individuellen Selbstentfaltungswerten, die zu einer elastischen Handhabung komplexer Zusammenhänge und zur Gewinnung instrumenteller Befähigungen führen. Durch eine »Wertkulturpolitik« lasse sich ein solches Ethos durchaus befördern.[25]

Bei dem Ethos, das der »Wendezeit« entspricht, könnte ebenfalls von einer »Wertesynthese« gesprochen werden: Einstellungen aus östlichen Überlieferungen wie z. B. Vedanta, Yoga, Buddhismus und Taoismus verbinden sich mit zahlreichen im Westen entwickelten Formen bioenergetischer, psychosomatischer, ganzheitlicher Lebensformen.[26]

Schon jetzt soll der Standort meiner Überlegungen angedeutet werden. Ich warne vor einem pauschalen theologischen Antimodernismus, wie er sich im Gefolge des Weltbildes der »Wendezeit« zwangsläufig einstellen muß. Ich bin ebenso beunruhigt von den technokratischen Verfechtern der Durchbrecherthese, die das eigentliche »Wunder der Industrialisierung« für das 21. Jahrhundert prognostizieren, wenn die wissenschaftlich-technische Zivilisation überall in der Welt in das Zeitalter des Massenkonsums, d. h. in ihr »Reifestadium«, eingetreten sein wird. Beiden Weltbildern ist eines gemeinsam: sie erwarten in einem Vertrauen auf die Selbstregulierung der gesellschaftlichen Kräfte ein Lebensoptimum. Beide überspielen die ganz entscheidende Herausforderung an die menschliche Verantwortung und an die verantwortlichen Gestaltungsaufgaben. Es gibt Stimmen, die bezweifeln, ob man die revolutionären Schubkräfte der technisch-wissenschaftlichen Zivilisation mit den heutigen nationalen und internationalen Institutionen beherrschen kann, ob unser Wirtschaftssystem sich überhaupt als transformationsfähig und unsere politischen und sozialen Werte sich als tragfähig erweisen. Um auf solche Fragen sinnvoll eingehen zu können, bedarf es einer Sichtweise, die von der Ambivalenz des wissenschaftlich-technischen Entwicklungsprozesses ausgeht, die Vergangenheit, Gegenwart und Zukunft einer ständigen Überprüfung unterzieht. Auf diese Weise können die lebensfördernden und die destruktiven Elemente der Entwicklung sorgfältig analysiert und konstitutiv in ein Konzept der Verantwortungsethik eingetragen werden.

---

25 »Zukunftsperspektiven gesellschaftlicher Entwicklungen«, 44 f.
26 F. Capra, a. a. O., 178 und 384 ff.

IV. Das Konzept der Verantwortungsethik

Im folgenden soll die systematische Bedeutung der Verantwortung für einen schöpfungsethischen Ansatz näher beleuchtet werden. *Verantwortung* als Kategorie ist durch ihren allgemeinen Gebrauch für die Ethik fast verbraucht. Und doch können wir auf sie nicht verzichten. Der Begriff ist als moralischer Begriff christlichen Ursprungs, hat seinen Sitz im Rechtsleben und weist dabei ein in eine eschatologische Perspektive.

1. Verantwortung im christlichen Verständnis gründet in der eschatologischen Bevollmächtigung der Gemeinde als neuer Kreatur, d.h. im Christusgeschehen. Darum kommt der Gemeinde zu, das Evangelium in der Welt so zu verantworten, daß sie dem menschheitlichen und kosmischen Charakter der Versöhnung Gottes entspricht.

Ernst Wolf hat das Problem des »neuen Menschen« im Ansatz seiner Sozialethik ganz eng an die theologische Anthropologie Luthers angeschlossen. Das »justificari fide« bedeutet sachlich die Verwandlung zum wahren Menschen nach dem in Christus enthüllten Bild dieses wahren Menschen, also Verwandlung zum Ebenbild Christi. [27] Er verweist darauf, daß nicht ein neuer Habitus als Ergebnis einer Umqualifizierung das Leben des Christen bestimmt. Vielmehr wird der Mensch im Glauben in eine Bewegung hineingezogen, die an ihm und mit ihm geschieht und die auf die reformata et perfecta imago dei zielt. »Der Mensch *dieses* Lebens ist Stoff für Gott zum Leben seiner künftigen Gestalt mit dem ›Ziel‹ der reformierten, wiederhergestellten und vollendeten Gottebenbildlichkeit«. [28] Er, der Christ dieses Lebens, ist berufen zum »synergos«, zum Mitarbeiter Gottes (1 Kor 3, 9; 1 Thess 3, 2; Kol 4, 11). Verwiesen ist hier auf die Inanspruchnahme des Christenmenschen für das Wirken Gottes an der Welt. Nach dem Zeugnis der Schrift ist der Christenmensch Mitwirker Gottes bei der versöhnenden Überwindung der gottfeindlichen Welt, aber er ist nicht Mitwirker am Heil des Ich, an der Rechtfertigung seines »mitwirkenden« Ich. Die Verantwortung des Christen hat hier ihren Ort. Ihr entspringt das Eintreten für all die positiven Qualifikationen, die das Heil des Reiches Gottes charakterisieren. Die Gaben des Heils sind Leben, Freiheit, Gerechtigkeit, Friede und Freude (Röm 8,14. 17). Diese Gaben des Heils in der Welt zu repräsentieren, ihnen Strahlkraft zu verleihen, heißt, Christus vor der Welt zu verantworten und Zugang zu verantwortlichem Leben zu eröffnen.

Man verdeckt jedoch die ganze Weite dieses Gedankens, wenn man die Gründung der Verantwortung im Christusgeschehen gleichsam punktuell ver-

---

27 Vgl. M. Luther, Disputatio de homine, WA 39, 1, 175 ff und E. Wolf, Sozialethik. Theologische Grundfragen, hg. v. Th. Strohm, Göttingen 1975, 19.
28 Ebd.

steht und dabei übersieht, daß gerade durch dieses Geschehen ein umfassender Zeithorizont aufgetan wird, in dem der Blick auf das Ende und auf den Anfang aller Dinge gerichtet wird. Die Bevollmächtigung zum verantwortlichen Leben eröffnet zugleich die Perspektive auf das Gericht, in dem der Mensch vor dem Richterstuhl Christi zur Rechenschaft gezogen wird. »Wir müssen alle offenbar werden vor dem Richterstuhl Christi, auf daß ein jeglicher empfange, nachdem er gehandelt hat bei seinem Leibesleben, es sei gut oder böse« (II Kor 5, 10). Die Erwartung des endgültigen Gerichts zeigt an, daß das ganze Leben Vorbereitung auf diese alles entscheidende Verantwortung sei. Und hier ist der Blick zurückgewendet auf das, was gleichsam der materielle Gehalt der Verantwortung ist: Die Bevollmächtigung des Menschen, durch die ihm Verantwortung zukommt, ist inhaltlich gebunden an das Urgeschehen.

Über den Inhalt, Umfang und die Reichweite der Verantwortung wurde in der christlichen Ethik bisher kaum ausreichend nachgedacht. In den biblischen Schöpfungsberichten wird der Mensch als Statthalter Gottes innerhalb der Schöpfungswelt angesprochen, wobei zur Ausübung des Herrschaftsauftrages der Rahmen der Schöpfungssatzung oder, um mit *H. H. Schmid* zu sprechen, die Weltordnung Gottes Vorgabe und inhaltliche Struktur dieser Statthalterschaft ausmacht. Der Mensch ist unter anderen Geschöpfen innerhalb der einen Schöpfungswelt dasjenige Wesen, das die angeordneten Satzungen Gottes kennt und um seine Bestimmung weiß. Gerade deshalb kann und muß er – nur er – Sachwalter Gottes für das Ganze der Schöpfungswelt sein. Die Maßnahmen, die Noah auf Weisung Gottes zum Überleben der Tierwelt im Sintflutgeschehen dem Bericht gemäß trifft (Gen 6, 19 ff; 7, 13 ff) zeigen dies ganz deutlich. Wie der Mensch selbst in seiner Lebendigkeit und seinem Lebensvollzug der natürlichen Schöpfungswelt angehört, so äußert sich seine Statthalterschaft für Gott gerade darin, daß er Lebensrecht und Lebensdienlichkeit der natürlichen Welt und Umwelt im ganzen, also auch für das Lebendige neben ihm, zu wahren hat. Ich fasse mit *O. H. Steck* zusammen:

»Die Dauerperspektive, die gerade dem Schöpfungsbericht von P eigen ist, schließt ein, daß Mensch und Natur eine gemeinsame Geschichte und Zukunft haben und die Sonderstellung des Menschen kein autokratisches Gegenüber, sondern die tätige Verantwortung des Repräsentanten Gottes für die lebensorientierte Ganzheit der natürlichen Schöpfungswelt bedeutet. Den im Schöpfungsgeschehen (!) von Gott gesetzten, dauerhaften Fortbestand der Schöpfungswelt im ganzen zugunsten allen geschaffenen Lebens zu gewährleisten, dies ist die Funktion der Herrscheraufgabe des Menschen! In dieser Hinsicht ist für P die ganze Schöpfungswelt auf den Menschen hingeordnet und auf ihn ausgerichtet als den Garanten der lebenskontinuierlichen Ordnung des Ganzen. Aber es kann keine Rede davon sein, daß nach P die Welt, die Tiere um des Menschen willen oder gar für seine autonome Weltverwertung geschaffen wären. Wenn man schon eine Formel finden will, dann wäre im Sinne von P zu sagen:

Die Welt ist von Gott um allen Lebens willen geschaffen!«[29]

Der Schöpfungsglaube lehrt, die Welt ökologisch zu sehen, d. h. als den Wohnraum vieler Kreaturen. Hieraus resultiert ein Ordnungsauftrag, der Lebensermöglichung, Fürsorge und Schutzaufgaben für die organische und anorganische Natur ebenso einschließt wie die Aufgabe der Konfliktregelung, die sich aus der schweren Beeinträchtigung des Lebens auf der Erde ergibt. Der Sündenfall des Menschen manifestiert sich in Verantwortungslosigkeit. »Soll ich meines Bruders Hüter sein?« Der Auftrag ist aber durch diesen Fall nicht widerrufen. Vieldeutig und indirekt wird der Mensch durch die Stimmen alles Geschaffenen, dort, wo die Kreatur in ängstlichem Harren auf ihre Befreiung von Angst und Qual wartet, von Gott angerufen. Er soll auf diese Stimmen sorgfältig hören. Der Mensch ist Kreatur unter Mitkreaturen und es gehört zu seiner Verantwortung, daß er sein eigenes Leben begreift im Zusammenspiel mit allem Geschaffenen.

So ist der Horizont der Verantwortung abgesteckt, dessen ganze Weite *Georg Picht* gekennzeichnet hat:

> »Die Gegenwart ist in der Verschränkung von Vergangenheit und Zukunft die stets neue Einheit der Zeit, in der der ganze Raum des Vergangenen aufbewahrt, die ganze Weite der Zukunft als ein Spielraum der Möglichkeit schon erschlossen ist.«[30]

Verantwortung kommt also als die prüfende Vergegenwärtigung in der Form der Aufarbeitung der Vergangenheit und Aufbereitung der Zukunft ins Spiel.

Aus der Bezogenheit auf das Urgeschehen und das Endgeschehen wissen wir, daß es in der ursprünglichen Beauftragung und in der Rechenschaftsablegung am Ende der Tage (Mt 25!) um Phänomene geht, die allen Menschen gemeinsam sind.

Es kann also nicht darum gehen, das christliche Zeugnis und unser Gottesbild demonstrativ vor der Welt aufzurichten und in ein – von Hochmut bestimmtes – bevormundendes Weltverhalten zu verfälschen. Die Ermächtigung des Glaubens zur Verantwortung ist schließlich Selbstentäußerung (Phil 2, 5–11). Eine

---

29 H. H. Schmid, Altorientalische Welt in der alttestamentlichen Theologie, Zürich 1974 und: O. H. Steck, Welt und Umwelt (Biblische Konfrontationen), Stuttgart 1978, 80 f.

30 G. Picht, Wahrheit – Vernunft. Verantwortung – Philosophische Studien, Stuttgart 1969, 423. Vgl. auch ders., Die Zeit und die Modalitäten, in: H. P. Dürr (Hg.), Quanten und Felder, Heisenberg-Festschrift, Braunschweig 1971, 67 ff. Vgl. G. Ebelings These: »Geschichte ist die als zugemessene zu verantwortende Zeit« und: »Die Dimensionen sprachlich erfahrener Zeit reißen die Menschen ins Unendliche und machen das Endliche unerschöpflich und grenzenlos«, G. Ebeling, Zeit und Wort, in: R. W. Meyer (Hg.), Das Zeitproblem im 20. Jahrhundert, Bern / München 1964, 359 und 361.

Haltung, die Bedingungen schafft, die unerläßlich sind für die Kooperation von religiösen und religionslosen Menschen und die interreligiöse Kooperation. Nicht Selbstdarstellung des Christentums durch welthaft eindrucksvolle Darstellung des eigenen Gottesbildes ist die primäre Aufgabe, sondern die Hingabe an die humanökologische Sachaufgabe, welche die Selbstdarstellung zurückstellt, wie auch Gott seine Allmacht nicht in dieser Welt demonstriert. Wir sprechen deshalb von Gottes universalem Dienst an der Welt und nennen unseren »Gottesdienst« Eintreten in diesen universalen Dienst an der Welt.

2. Hier ist also der denkbar weiteste Rahmen von Verantwortung vorgezeichnet. Wie aber kommt es zur »Wahrnehmung von Verantwortung«? Das Christentum kenne keine Grenzen für die Naturwahrnehmung. Es heiligt alles, was sich auf die Erweiterung unserer Kenntnis von der Natur bezieht. Dies sagte Schleiermacher. Ähnlich hören wir von *C. F. v. Weizsäcker*, die Botschaft von der Inkarnation zeige, daß die ganze materielle Welt, die von Gott angenommen ist, wert ist, auch durch das Licht unserer Vernunft, das Gott uns gegeben hat, verstanden zu werden.[31] In der Wendung »Verantwortung wahrnehmen« wird der Zusammenhang von Wahrnehmungsvermögen und Handlungsvermögen klar zum Ausdruck gebracht. Wir haben heute ein ganzes Arsenal wichtiger Einsichten in unser Wahrnehmungsvermögen. Besonders die von *Viktor v. Weizsäcker* bestimmte Linie hat sich Bahn gebrochen, die den Unterschied biologischer und physikalischer Wahrnehmung herausgearbeitet und auf die Originalität, Einmaligkeit und – im Ganzen wie in den Teilen – Unersetzbarkeit der Lebewesen hingewiesen hat, während er physikalische Abläufe so definiert, daß sie mit jedem beliebigen materiellen Teil und jeder beliebigen Zeit und an jedem beliebigen Ort identisch ablaufen. Wir sagen, der Arzt nimmt seine Verantwortung wahr, wenn er dem Kranken einerseits unter Aufbietung seines gesamten naturwissenschaftlichen Erfahrungswissens begegnet und sich einer mikroelektronisch gesteuerten Apparatur bedient. Er versucht zu helfen, indem er Vorgänge im Körper kausal analysiert. Andererseits nähert er sich dem Patienten menschlich verstehend als einem Wesen, mit dem

---

31 C.F. v. Weizsäcker, Die Tragweite der Wissenschaft, Schöpfung und Weltentstehung. Die Geschichte zweier Begriffe, Göttingen [4]1973, 111: »Sowohl der Platonismus wie das Christentum trauen auf das, was jenseits der Natur ist. Aber zwischen ihnen besteht der Unterschied, daß der Gott Platons die Materie nicht gemacht hat; nur das spirituelle Element in der Welt ist göttlich; deshalb kann sich die Wissenschaft, die eine Gabe Gottes ist, nicht im strengen Sinne auf die materielle Welt beziehen. Für die Christen hat Gott alles gemacht. Deshalb kann der Mensch, der nach seinem Bilde geschaffen ist, die geschaffenen Dinge, gewiß aber die ganze materielle Welt verstehen. Gerade der Gedanke, daß das Wort Fleisch geworden ist, das Dogma der Inkarnation, zeigt, daß die materielle Welt nicht zu niedrig ist, um von Gott angenommen zu werden, und folglich auch nicht zu niedrig, um durch das Licht der Vernunft, das Gott uns gegeben hat, verstanden zu werden.«

es gemeinsames Leben im Geist gibt. Was ist das für eine Wirklichkeit? Wie kommt es, daß derselbe Geist auf so verschiedene Weisen mit sich umgeht, wie es in der Medizin die naturwissenschaftlich-kausale und die menschlich-verstehende sind. Die Einheit ist nur durch die Bezugnahme auf das geistbeseelte Leben zu begreifen, das die Materie, das Subjekt der Patienten und die Person des Arztes umfaßt.[32]

Grund und Modus dieser differenzierten Wahrnehmung nennt die Bibel »Weisheit«. Wenn wir von der Erneuerung der Vernunft (dem *nous*) aufgrund der Begegnung mit Christus, der »uns zur Weisheit« gemacht ist, sprechen, dann wird deutlich, daß hier das Wahrnehmungsvermögen einen spezifischen Bezug zur Wirklichkeit hat. Daß wir es hier mit der Wirklichkeit Gottes zu tun haben, wird schon aus dem hier nicht näher zu beleuchtenden Zusammenhang von *logos, sophia, agape* und *pneuma* deutlich.

Es ist der Weisheit eigen, daß sie als präexistente, beim Akt der Weltschöpfung mitwirkende, Spiel und Freude ausstrahlende Wesenheit bei Gott beschrieben wird. Nach ihr wird im ganzen Kosmos gefragt: nach Erfahrung und Kenntnis hinsichtlich der Weltordnung und Weltregierung, hinsichtlich des menschlichen Lebens und Zusammenlebens. Als Wesenheit Gottes wird sie entsandt, als Charisma – als Erfahrung und Erkenntnis – wird sie gegeben. Sie ist Gottes Weisheit. Um sie zu bitten, ist des Menschen Teil.[33]

In Hiob 28 wird beschrieben, daß Menschen mit ihren Fähigkeiten und ihrer instrumentellen Vernunft in der Lage sind, in den Weltraum vorzudringen und alle Ressourcen im Innenraum der Erde auszubeuten. Aber die Weisheit, wo ist sie geblieben? Die Welt verkündet sich vor Gott als Schöpfung, der Himmel erzählt, das Firmament verkündet (Psalm 19, 2), die Himmel verkünden Gottes Gerechtigkeit. Alle Aussagen lassen keinen Zweifel daran, daß dieser Ruf vom Menschen in seiner vernehmenden Vernunft ohne Schwierigkeit verstanden werden kann. Aber ohne seine (Ehr-) Furcht des Herrn, des Schöpfers, ist die Weisheit für ihn stumm. Die Stimme der Urordnung redet zum Menschen nicht derart, daß er sie als eine immer fließende Wahrheitsquelle, wann immer er ihrer bedarf, zur Verfügung hätte. Sie entzieht sich dem Menschen mit ganz unabsehbaren Folgen. Wie die Liebe hat Gott die Weisheit nicht bei sich behalten, er legt sie seiner Schöpfung zugrunde, und der Mensch wird für würdig gefunden, sie zu gebrauchen. Liebe und Weisheit entsprechen einander.

---

32 Vgl. hierzu V.v. Weizsäcker, Der Gestaltkreis. Theorie der Einheit von Wahrnehmen und Bewegen, Frankfurt, 1973, 50 ff.

33 Vgl. hierzu H.-J. Kraus, Logos und Sophia. Biblisch-theologische Grundlegung und Konkretisierung zum Thema »Das Licht und die Lichter«, in: H. Berkhof / H.-J. Kraus, Karl Barths Lichterlehre (ThSt 123), 1977, 4 ff. und u. a. G.v. Rad, Weisheit in Israel, Neukirchen 1970. Vgl. auch Th. Strohm, Die theologische Frage nach Wahrheit und Wirklichkeit, in: Wahrheit und Wirklichkeit, Engadiner Kollegium 1981, (Zwölfte Rechenschaft: Das Bild vom Menschen), Zürich 1982, 283 ff.

Die Weisheit kommt dem Menschen entgegen wie eine Mutter, und wie eine Frau nimmt sie ihn auf (Sirach 15). Es ist auch kein Zufall, daß die Goldene Regel (Mt 7, 12) als eine Regel der Liebe und als eine Regel der weisheitlichen Vernunft zugleich gelten kann. Umgekehrt gilt Bonhoeffers Satz: »Das Wort der Bibel, daß die Furcht Gottes der Anfang der Weisheit sei, sagt, daß die innere Befreiung des Menschen zum verantwortlichen Leben vor Gott die einzige wirkliche Überwindung der Dummheit ist.«[34] Hier wird eine Grundhaltung entfaltet, die davon ausgeht, daß in Christus das Angebot begegnet, an der Gotteswirklichkeit und an der Weltwirklichkeit zugleich teilzunehmen, eines nicht ohne das andere. Die Wirklichkeit Gottes erschließt sich nicht anders, als indem sie mich ganz in die Weltwirklichkeit hineinstellt, die Weltwirklichkeit aber finde ich immer schon getragen, angenommen, versöhnt in der Wirklichkeit Gottes vor.[35]

Während das *principium sapientiae biblicae* die »Ehrfurcht des Herrn« ist, so sind die Ehrfurcht vor der Würde jedes Mitmenschen wie vor der Würde der Tier- und Pflanzenwelt erste Schritte in die richtige Richtung.

3. An dieser Stelle sollen die zwei ethischen Entwürfe, dem der hier vorgetragene Ansatz einer theologischen Ethik universaler Verantwortung nahesteht, kurz gewürdigt werden. *Albert Schweitzers* ethischer Forderung nach »Verantwortung gegen alles, was lebt«, versteht sich selbst als »die ins Universelle erweiterte Ethik der Liebe«. Schon in seiner Predigt vom 3. Advent 1908 über Röm 8,22. »Wir wissen, daß alle Kreatur sich sehnt mit uns und ängstet sich noch immerdar«, macht er deutlich, daß er den Begriff des Nächsten auf alle Wesen ausgedehnt wissen will. »Deshalb glaube ich, daß der Begriff der Ehrfurcht vor dem Leben unseren Gedanken der Humanität mehr Tiefe, mehr Größe und mehr Wirksamkeit verleiht.« Die Ehrfurcht vor allem Leben war das, worauf es Schweitzer in allem, was er schrieb und unternahm, ankam. Es ist nicht unwichtig darauf hinzuweisen, daß Schweitzer seine ethische Grundüberzeugung in Auseinandersetzung mit Nietzsches »Willen zur Macht« gewonnen und dabei nicht nur durch die Beschäftigung mit Franz v. Assisi, sondern insbesondere auch durch die Lektüre der Werke Nikolai Tolstois angeregt wurde. Schweitzer lehnt alle sentimentalen oder romantischen Vorlieben für dieses oder jenes Lebendige, das durch seine Liebenswürdigkeit menschliche Zuneigung erregt, ab. Er weiß vor allem um das grausame Gesetz des Kampfes ums Dasein, dem auch der Mensch verhaftet ist. Aber dieses Gesetz wird im paulinischen Sinne als Gesetz der Sünde und des Todes qualifiziert, demgegenüber der Mensch danach dürstet, Humanität zu bewahren und Erlösung vom Leiden zu bringen. Er weiß, daß die Befreiung vom

---

34 D. Bonhoeffer, Widerstand und Ergebung, hg. v. E. Bethge, München [6]1955, 19.

35 Vgl. D. Bonhoeffer, Ethik, hg. v. E. Bethge, München 1956: Christus, die Wirklichkeit und das Gute, 55 ff.

Gesetz nicht so weit geht, daß der individuelle Wille zum Leben nicht ständig mit dem Willen zum Leben eines anderen Menschen, eines Tieres oder einer Pflanze in Konflikt geriete. Deshalb aber fällt der Mensch auch ständig in Schuld. Um diese Schuld möglichst gering zu halten, muß der Mensch immer wieder »subjektive Entscheide« treffen und darf »über das Unvermeidliche ... in nichts hinausgehen«.[36] Als gut läßt diese Ethik nur Erhaltung und Förderung von Leben gelten. Alles Vernichten und Schädigen von Leben, unter welchen Umständen es auch erfolgen mag, bezeichnet sie als böse. Hier wird der Mensch in eine höchst konkrete Verantwortlichkeit hineingestellt, in der Schuld und Erneuerung – d. h. Vergebung der Schuld – nicht mehr abstrakte Größen der Personinnerlichkeit oder Persontranszendenz sind, sondern täglich handgreiflich wahrnehmbare Wirklichkeiten. Erfreulicherweise hat Karl Barth gespürt, daß das »Gebot der Ehrfurcht vor dem Leben«, auch wenn es bei Schweitzer als Gebot universaler menschlicher Willensentscheidung formuliert wird, doch letztlich in der »Offenbarung« des Willens Gottes begründet ist: »Es ist die Geburt Jesu Christi als solche die Offenbarung des Gebotes als Gebot der Ehrfurcht vor dem Leben«.[37] Im Wunder der Inkarnation wird die Ehrfurcht gegenüber Gott in eins gesehen und geglaubt mit der Ehrfurcht vor dem Lebendigen.

In unseren Tagen hat *Hans Jonas* »Das Prinzip Verantwortung« in den Mittelpunkt der ethischen Diskussion gestellt[38] und gezeigt, daß mit den Entwicklungen menschlicher Macht und Erkenntnis eine geradezu radikale Veränderung der ethischen Ausgangsbedingungen einhergeht. Durch die moderne Technik und ihre qualitative Veränderung der Handlungs- und Lebensbedingungen des Menschen sind die Maßstäbe traditioneller Ethik außer Kraft gesetzt. Durch technische Prozesse wurden ständig utopische Treibtendenzen ausgelöst, die sich verselbständigen, Zukunft antizipieren. Diese neuartige Natur unseres Handelns verlangt eine Ethik weitreichender Verantwortung, kommensurabel mit der Tragweite unserer Macht. Verlangt wird aber auch eine neue Demut, die aus dem Exzeß menschlicher Macht selbst resultiert. »Angesichts des quasi-eschatologischen Potentials unserer technischen Prozesse

---

36 Vgl. hierzu H. A. Stempel, Die Ehrfurcht vor dem Leben. Der historische und theologische Ansatz von Albert Schweitzers Ethik (mit der bisher unveröffentlichten Predigt), in: ThPr 4, 1985, 363 ff. Die »Selbstentzweiung des Willens zum Leben« wird in: A. Schweitzer, Kultur und Ethik, München 1923, 339 f abgehandelt.

37 K. Barth, Kirchl. Dogmatik III, 4 Zollikon / Zürich 1951, 384: »Ehrfurcht ist das Staunen, die Demut, die Scheu des Menschen vor einem Faktum, in welchem ihm ein Überlegenes begegnet: Hoheit, Würde, Heiligkeit, ein Geheimnis, das ihn nötigt, Distanz zu nehmen und zu bewahren, bescheiden, besonnen und sorgfältig mit ihm umzugehen«.

38 H. Jonas, Das Prinzip Verantwortung. Versuch einer Ethik für die technologische Zivilisation, Frankfurt a. M. 1979.

wird Unwissen über die letzten Folgen selber ein Grund für verantwortliche Zurückhaltung – als das zweitbeste nach dem Besitz von Weisheit selbst.«[39] Da das einmal Begonnene uns das Gesetz des Handelns aus der Hand nimmt, wird die Pflicht zur Wachsamkeit nicht nur über die Folgen, sondern über die Anfänge zur ethischen Pflicht.[40] Eine »aufspürende Heuristik der Furcht« wird nach Jonas nötig, wird zur präliminaren Pflicht einer Ethik geschichtlicher Verantwortung. Hier geht es um die Vorstellung des Übels und um das davor zu rettende Gute, um die Anstrengung zu »selbstloser Furcht«, in der mit dem Unheil das nicht illusionär überforderte Heil sichtbar wird. Das Prinzip Verantwortung zwingt dem Menschen die Last sittlicher Entscheidung gerade dort auf, wo sie durch die Entwicklung der wissenschaftlich-technischen Zivilsation am allerschwersten zu tragen ist. Dem Philosophen Jonas ist wie dem Philosophen Schweitzer klar, daß dieser ethische Ansatz ohne die Rückbesinnung auf seine Wurzeln im biblischen Glauben seine spezifische Kraft und Hoffnung verlieren muß. Das heißt, das Prinzip Verantwortung gründet in der Ehrfurcht vor dem »Heiligen«, das uns davor schützen kann, um der Zukunft willen die Gegenwart zu schänden, zugleich in der Ehrfurcht für das, was der Mensch war und ist, aus dem Zurückschaudern vor dem, was er werden könnte und uns als diese Möglichkeit aus der vorausgedachten Zukunft anstarrt.[41] Auch wenn Jonas fast krampfhaft alle theologischen Konnotationen vermeidet, so erkennen wir in seinem Entwurf überaus deutlich die weltzugewandte Außenseite einer im biblischen Glauben begründeten Verantwortungsethik.

V. Ethische Abgrenzungen

Die Ethik steht heute nicht in erster Linie vor der Aufgabe, Normen zu finden und anzuwenden, sondern sie muß den neuen Dimensionen der Verantwortung Rechnung tragen. Es geht darum, Verantwortungszusammenhänge zu umschreiben und auf ihre Verbindlichkeiten hin zu überprüfen. Angesichts ständig neu auftauchender Probleme müssen die Prinzipien schöpferisch gefunden werden, aber auch die Träger der Verantwortung, die Subjekte des Handelns sich jeweils neu konstituieren. Da der Mensch vom Objekt zum Subjekt der Evolution wurde, ist ihm eine Verantwortung für die Existenz und Gestalt der Erde als ganzer zugewachsen. Diese Verantwortung für die ganze Schöpfung ist neu und erdgeschichtlich ein einmaliges Ereignis. Das Paradoxe ist nur, daß die im Alten Testament geschilderte Stellung des Menschen eben diese Verantwortung bereits zu implizieren scheint.

---

39 A. a. O., 55.
40 A. a. O., 72.
41 Vgl. dazu a. a. O., 192.

Noch vor rund 20 Generationen war die Natur eine Bedrohung für den Menschen und dessen Kultur, ein übermächtiger Gegner. Noch vor wenigen Generationen wurde jede Rodung, jede Stadtgründung als Sieg über den unmenschlichen Gegenspieler »Natur, Wildnis« gefeiert. Dieses Joch der Natur wurde abgeschüttelt. Aus dem unheimlichen Riesen wurde ein erlegtes Wild, das man ausweiden kann.[42]

Angesichts dieser jüngsten Umkehr der Bedeutung, die Natur für den Menschen hat, ist es zwar verständlich, daß die naturbeherrschenden Werkzeuge eingesetzt werden, als gelte es, die Bedrohung weiterhin abzuwehren. Das historisch Neue aber ist, gleichsam von vorne ansetzen und Handlungsnormen und Mechanismen entwerfen zu müssen, durch die die Erde und die Menschheit lebensfähig bleiben. Es geht um die Sicherung, Ermöglichung und dynamische Entwicklung von Lebensmöglichkeiten für Natur und Mensch. Die ganze Erde wird zum Garten des Menschen. Pflanzen und Tiere sind von jetzt an nicht mehr sich selbst überlassen, sondern in die planende und hegende Verantwortung des Menschen gestellt. Ein Zurück in die Selbstregulierung der Natur gibt es – einstweilen – nicht. Alles ist vom Menschen abhängige, gestaltete, ermöglichte Natur.

1. Angesichts dieser Tatsache kann es für die Ethik auch kein einfaches Zurück zur naturrechtlichen Methode geben. Dieser ging es um das Aufspüren der ewigen Gesetze des Kosmos, um die Erkenntnis der Natur, des Seins, des Wesens der Schöpfungsordnungen. Diese dem Seienden von der Schöpfung her mitgegebene wesenhafte Ordnung und innerste Gestalt, ihr Bauplan sollen es sein, durch die dem Menschen der Sinn seiner Existenz und die Richtung seines Wirkens gewiesen ist. »So wie in der Natur die allgemeinen Gesetze still und unaufhörlich wirken und das Auffällige nur eine einzelne Äußerung dieses Gesetzes ist, so wirkt das Sittengesetz still und seelenbelebend und durch den unendlichen Verkehr der Menschen mit Menschen, und die Wunder des Augenblicks bei vorgefallenen Taten sind nur kleine Merkmale dieser allgemeinen Kraft. So ist dieses Gesetz, so wie das der Natur das welterhaltende ist, das ›menschenerhaltende‹«.[43] Das Naturrecht enthält also die in der Wesensordnung des Seins gründenden Normen menschlichen Handelns. Sie zielen auf dessen Übereinstimmung mit der Seinsordnung und somit auf die Erfüllung des menschlichen Endzwecks. So sympathisch diese ethische Position des Naturrechts ist, sie verlagert aber die Verantwortung in eine Seinsebene, die nur noch erkannt

---

42 Vgl. G. Neuweiler, Den Weg der Vernunft gehen. Über die gewandelte Rolle des Menschen in der Schöpfung, Südd. Zeitung v. 14. 9. 1985.

43 Adalbert Stifter, Bunte Steine. Vorrede, Beleg bei F. Klüber, Individuum und Gemeinschaft in katholischer Sicht. Das Naturrecht als Erkenntnisquelle der katholischen Soziallehre, 10 f, hg. v. d. Niedersächsischen Landeszentrale für politische Bildung, Hannover 1983.

und deren Werte verwirklicht werden sollen. So ging die Enzyklika »Humanae vitae«, die zur Geburtenkontrolle Stellung bezog, nicht von dem Gedanken der »verantwortlichen Elternschaft« oder der »verantwortlichen Partnerschaft« aus, innerhalb deren Menschen ihr natürliches Dasein verantwortlich gestalten und die Erzeugung neuen Lebens verantwortlich regulieren. Vielmehr wird eine naturgesetzliche Bestimmung der Ehe angenommen und daraus werden dann höchst problematische Normen für das eheliche Verhalten und die Geburtenregelung abgeleitet. Dank der naturwissenschaftlichen Medizin haben die Menschen die natürlichen, außerordentlich wirksamen – im übrigen aber auch grausamen – Mechanismen der Bevölkerungskontrolle außer Kraft gesetzt. Dies wird als ein humaner Erfolg der Naturwissenschaften gefeiert. Wer sich aber den natürlichen Regulaturen entzieht, muß sich dann selbst Grenzen setzen, will er die Grausamkeit natürlicher Kontrolle nicht einfach nur auf kommende Generationen abwälzen. Deshalb ist eine globale Geburtenkontrolle unumgänglich. Weder das Naturgesetz, noch auch das Gebot des Alten Testaments »Seid fruchtbar und mehret euch und füllet die Erde« können als heteronome Normen die Verantwortung des Menschen heute ersetzen.

2. Was für das Naturrecht gilt, muß nun auch im Hinblick auf die lutherische Lehre vom Beruf gefragt werden. Das Grundschema der lutherischen Gehorsamsethik in »Beruf und Stand« geht von dem Gedanken aus, daß der Christ weiß, daß Christus seine Gerechtigkeit ist. Dieser Mensch wirkt nicht nur von ganzem Herzen und freudig gut in seinem Beruf, sondern ordnet sich auch in der Liebe den Behörden unter, ja auch ihren gottlosen Gesetzen und allen Werken und Gefahren des gegenwärtigen Lebens, wenn es notwendig ist. Denn er weiß, daß Gott das will und daß ihm derartiger Gehorsam gefalle. Es geht hier nicht um die Frage, ob damit das strahlende Licht der Kinder Gottes, das in der Welt leuchten soll, »in eine etwas graue Alltäglichkeit der bürgerlichen Berufserfüllung verdämmert«.[44] Vielmehr geht es um die Frage, ob diese Berufsethik Verantwortung auf Gott abwälzt, die in Wirklichkeit dem Menschen selbst zugeschrieben ist. Dies kann an dem berühmten Satz Luthers gezeigt werden, der für die Funktionalisierung des lutherischen Berufsverständnisses immer wieder herangezogen wird: »Gott's augen sehen nit auff Werck sondern auff Gehorsam yn den Wercken«.[45] Clara Vontobel hat deshalb im Rückblick auf Luther gesagt: »Die

---

44 E. Wolf, a. a. O., 23.
45 M. Luther WA 10,11, 309 f. Predigt über Joh 21,19 – 24. Vgl. auch H. Plessner, Die verspätete Nation. Über die politische Verführbarkeit bürgerlichen Geistes, Stuttgart 1959, 65: »Weil der Lutheraner an der inneren Freiheit und der Kraft der Entscheidung in Dingen des Glaubens festhält, fällt der religiöse Nachdruck auf das innerliche Verbundensein der Arbeit mit dem persönlichen Täter, und auf die Tatgesinnung, nicht so sehr auf den Arbeitserfolg ... Darin ist die Seite der Aktivität zugleich mit

Arbeit, die von ihrem Inhalt und dessen Auswirkungen auf die Umwelt absieht und sich an der Form allein begnügt, ist letzten Endes dazu verurteilt, sich selbst zu zerstören.«[46] Hier wird die Verantwortung verkürzt: Die Verantwortung für den Inhalt der Arbeit tritt zurück hinter der Verantwortung für ihre – gewissenhafte – Ausführung.

3. Es gibt heute Biologen, etwa *Konrad Lorenz* und seine Schule, die behaupten, der Mensch sei außerstande, die Verantwortung zu tragen, die er sich ständig selbst auflade. Der Mensch sei ein Genie der Technik, aber mit einer Vernunft begabt, die – wie Riedl sagt – allenfalls für eine Affengesellschaft ausreiche. Die Menschheit habe sich zu weit vorgewagt. Angesichts der Zweckmäßigkeit – im Sinne der Arterhaltung – der angeborenen Verhaltensweisen muß das unvernünftige Handeln des instinktfreien Menschen als besonders skandalös erscheinen. Sie möchten uns wieder mehr in der Obhut unseres angeborenen Verhaltens wissen. Sie sehen die Ursache des Unheils von Krieg und Vernichtung in den in menschlicher Freiheit kulturell entworfenen Verhaltensweisen, denen unsere noch der Zweckmäßigkeit angeborener, sprich arterhaltender Verhaltensweisen verhaftete Vernunft nicht oder noch nicht gewachsen sei. Wer die Menschen aber zu angeborenem Verhalten zurückführen will, führt uns wieder zurück in die Nähe naturgesetzlichen Handelns, wo nur das Recht des Stärkeren gilt, wovon uns ja die Evolution durch die Gabe der Verstandeskraft und des Bewußtseins unserer eigenen Existenz gerade befreit hat. »Eine Gesellschaft, die diesen Weg ginge, würde in Sozialdarwinismus und Rassismus versinken. Wo immer die Biologie als Begründung für Wertvorstellungen des Menschen mißbraucht wurde, war das Ergebnis fatal.«[47]

Diese drei Beispiele ethischer Wirklichkeitswahrnehmung könnten in vieler Hinsicht erweitert werden. An *Karl Barth* wäre die Frage zu richten, wie die – in der weisheitlichen Weltsicht angelegte – Reichweite und Kontinuität in der

---

der vom jeweils ergriffenen Ziel ablösbaren Gesinnung unterstrichen. Die Heilung irdischen Tuns als solchem, als Arbeit (wenn auch im rechten Geiste) und damit die Formalisierung der Arbeit, d. h. alle wesentlichen Elemente des Kulturbegriffs, sind darin vorgebildet.«

46 C. Vontobel, Das Arbeitsethos des deutschen Protestantismus, Bern 1946, 150. Vgl. auch J. Schwerdtfeger, Die Arbeitsbegriffe der industriellen Gesellschaft als soziologisches Problem, Diss. Berlin 1966, 20 ff. Vgl. auch Th. Strohm, Luthers Sozialethik und ihre Bedeutung für die Gegenwart, in: H. Süssmuth (Hg.), Das Luther-Erbe in Deutschland. Vermittlung zwischen Wissenschaft und Öffentlichkeit, Düsseldorf 1985, 68 ff und Th. Strohm, Luthers Wirtschafts- und Sozialethik, in: H. Junghans (Hg.), Leben und Werk Martin Luthers 1526–1546, 2 Bde., Berlin 1983, 205 ff (abgedruckt in diesem Band, 39 ff).

47 G. Neuweiler, a. a. O. Vgl. auch G. Mann (Hg.), Biologismus im 19. Jahrhundert, München 1972.

Wahrnehmung von Verantwortung zu vereinbaren ist mit seiner Ansicht, es geschehe der »ganze Verkehr Gottes mit den Menschen im Zuge der Geschichte seines Gnadenbundes, fortwährend auch in Form göttlichen Gebietens und Verbietens, Befehlens und Anweisens«.

Barth hat uns die Aufgabe hinterlassen, die Welt in ihrer harten Faktizität so zu interpretieren, daß es zu einer Korrespondenz zwischen Gottesverständnis und Weltgestaltung kommen kann. Zu dieser Interpretation gehören die großen Gesetze des Weltprozesses, wie das »running down« des physikalischen Wärmetodes, das »running up« des Lebens, wie es vom Darwinismus erkannt wurde, die Gebundenheit der Person an die Mensch-Ding-Natur-Mensch-Verhältnisse, die Therapiebedürftigkeit der Gesellschaften, die destruktive Gestalt der internationalen Beziehungen mit der Drohgebärde der Atomwaffen und Raketensysteme und vieles andere mehr, was begriffen sein muß, wenn Weltverantwortung realisiert werden soll.[48]

VI. Maximen der Schöpfungsverantwortung

Anhand von exemplarischen Umweltsituationen soll nun in thetischer Form der Spielraum der im christlichen Glauben gegründeten – aber allen Menschen zugeschriebenen -Verantwortung abgemessen werden.

1. Gleichsam als Urbild aller »Umweltverantwortung« kann man die »verantwortliche Partnerschaft« von Frau und Mann in ihrer biologisch-anthropologischen Ganzheitlichkeit und die »verantwortliche Elternschaft«, also die elterliche Verantwortung für Zeugung, Reifung und Leben des Kindes charakterisieren. Als Urbild gilt letztere in genetischer und typologischer Hinsicht und wegen ihrer Evidenz gewissermaßen auch in erkenntnistheoretischer Hinsicht.[49] Der Begriff der Verantwortung impliziert den des Sollens, zuerst des Seinsollens von etwas, dann des Tunsollens von jemand in Respons zu jenem Seinsollen: das Neugeborene, dessen bloßes Atmen unwidersprechlich ein Soll an die Umwelt richtet, nämlich: sich seiner anzunehmen. Ähnliche Erfahrungen sammeln wir in evidenter Weise bei der häuslichen Begleitung Sterbender. Ein Sterbender zu Hause ermöglicht bedeutsame Erfahrungen nicht nur für ihn selbst, auch für die, die ihn begleiten und tragen. Hier erfahren wir etwas vom Ethos der Humilitas. Im Stamm des Wortes schwingen die Begriffe Humus, Humanitas absichtsvoll mit. Ehrfurcht und Humilitas, Luthers ethischer Zen-

---

48 Vgl. K. Barth, Kirchl. Dogmatik II, 2, Zollikon / Zürich ²1951, 750. Vgl. hierzu auch G. Howe, Gott und die Technik. Die Verantwortung der Christenheit für die techn.-wiss. Welt, Hamburg / Zürich 1971, vor allem die Einleitung von H. E. Tödt, 7 ff.

49 Vgl. H. Jonas, a. a. O. 234 f.

tralbegriff, gehören unmittelbar zusammen.[50] Die Humangenetik hat in ganz spezifischer Weise diesen Verantwortungsrahmen aufgebrochen. Die pränatale Diagnostik vermittelt in täglich zunehmendem Maße ein umfassendes Bild über die gesundheitliche Konstitution des Kindes und hat den Eltern die Verantwortung über Leben und Tod des im Mutterleib Heranwachsenden übertragen. Wenn in naher Zukunft ein Gentransfer in Keimbahnzellen möglich sein wird und sich dies als geeignete Methode empfiehlt, bestimmte Erbkrankheiten zu bekämpfen, kann die latente Erbverantwortung in eine Art mitschöpferischer Verantwortung überführt werden.

Die medizinisch-biologische Technologie stellt ständig wachsende Ansprüche an die menschliche Verantwortung. Sie erhöht in gleichem Maße die Gefahren des Mißbrauchs, vor allem wenn sie die Grundlagen verantwortlicher Elternschaft und die darauf bezogene Rechtsposition des werdenden Kindes untergräbt. Diese muß neu definiert werden, wenn es z. B. möglich ist, daß die leibliche nicht auch die genetische Mutter ist, wenn die Befruchtung mit Samen anonymer Spender erfolgt. Kinder haben auch ein Recht, ihre Herkunft zu erfahren, sie haben ein Recht auf einheitliche Elternschaft.[51] Bedarf es in der unmittelbaren menschlich-biologischen Umweltsituation eines ständig sich erweiternden und neu zu überprüfenden Normierungsprozesses, so werden wir auch andere Umweltsituationen in analoger Weise durch Bestimmung der Rechte und Pflichten erschließen müssen.

2. In diesem Zusammenhang verdient die Forderung nach einer »Deklaration der Rechte der Natur«, durch die die »Declaration of Human Rights« ergänzt werden soll, erhöhte Aufmerksamkeit. In ihr müßten zunächst die Minimalnormen für den »humanen« Umgang des Menschen mit seiner Umwelt festgelegt werden. Dann können Zielvorgaben orientiert werden, in welchem Umfang Lebensräume für andere Arten, andere Biotope als die uns gemäßen erhalten werden. Die Reichweite solcher Rechte sind umstritten, es bedarf differenzierter Vorstellungen hinsichtlich der Tier- und Pflanzenwelt, hinsichtlich der »unbelebten« Natur.[52] Wichtiger erscheint vielen eine genauere Beschreibung der Pflichten des Menschen gegenüber der Natur.

Auch wenn Juristen dazu neigen, das vorhandene Verfassungsrecht als ausreichend interpretierbar auch für die Umweltaufgaben zu qualifizieren,

---

50 »Humilitas« wird von Luther in der Freiheitsschrift von 1520 und in: Das Magnificat, 1521 entfaltet. Vgl. auch Dictionaire etymologique de la Langue latine, hg. v. A. Ernont / A. Meillet, Paris 1979, 302.

51 Vgl. hierzu: Kirchenamt der EKD (Hg.), Von der Würde werdenden Lebens. Extrakorporale Befruchtung, Fremdschwangerschaft und genetische Beratung. Eine Handreichung der EKD zur ethischen Urteilsbildung, Hannover 1985.

52 Näheres bei G. M. Teutsch, Lexikon der Umweltethik, Art. Tierschutz; Rechte der Natur, 101 f u. 88 ff.

kann die Forderung nach klarer Verankerung der Staatsaufgabe Umweltschutz in der Verfassung nicht zurückgestellt werden. Das Sozialstaatspinzip in Verbindung mit Art. 1.2 GG hat nur impliziten Charakter. Die Erhaltung und Erweiterung der natürlichen Lebensgrundlagen sind von gleichrangiger Bedeutung für das politisch-soziale System wie die Aufrechterhaltung der sozialen Sicherheit und des inneren und äußeren Friedens. Dies muß aber auch Niederschlag finden in der Verfassung. Das Bundesverwaltungsgericht hat 1980 festgestellt, aus Art. 2 ff GG könne kein »Umweltgrundrecht« hergeleitet werden. Erst durch die Einführung eines besonderen Umweltgrundrechts in die Verfassung erhielte der Bürger einen gerichtlich durchsetzbaren Anspruch gegen den Staat auf Schutzmaßnahmen gegenüber Umweltbeeinträchtigungen, die unterhalb der Schwelle eines mittelbaren Schadens für Leben, Gesundheit und Eigentum liegen.[53]

Dieses weitgehende Recht, das gleichsam durch die Treuhänderschaft des Menschen auch die Rechtsposition der Natur selbst stärken würde, hat nur geringe Verwirklichungschancen. Eher wären wohl für Einschränkungen der Grundrechte Mehrheiten zu beschaffen. Der Rat der Sachverständigen für Umweltfragen sowie die frühere Bundesregierung setzten sich für die Aufnahme des Umweltschutzes als Staatszielbestimmung ein. Dies hätte eine wichtige Klarstellungsfunktion. Es wäre ein Test auf die Ernsthaftigkeit und Verbindlichkeit, denn diese Festlegung bedarf einer breiten Konsensusbildung der Verantwortungsträger. Damit wäre der Weg auch frei für eine »ökologische und soziale Marktwirtschaft«. Denn die »soziale Marktwirtschaft« hat ihre Anhaltspunkte im »Sozialstaatsprinzip« der Verfassung. Wer die Debatte um diese Grundlagen unseres Verfassungssystems verfolgt hat, kann die Bedeutung einer solchen Staatszielbestimmung ermessen.

Es ist deshalb nicht verwunderlich, daß die wirtschaftliche Nutzung der Natur unter den gegebenen Umständen Vorrang genießt. Für Arten- und Biotopenschutz bleiben nur unzureichende Restflächen übrig, er ist zum »Resteverwerter« geworden. Der Verkehrswegebau macht nicht halt vor den 0,9 %, die den gegenwärtigen Flächenanteil von Naturschutzgebieten und Nationalparks ausmachen. Gesetze, wie das Bundesnaturschutzgesetz §1, Abs. 1, geraten zu reinen Leerformeln, »die auch nicht annähernd erfüllt« sind.[54]

Dort heißt es:

---

53 Vgl. M. Kloepfer, Zum Grundrecht auf Umweltschutz, Berlin 1978; ders., Staatsaufgabe Umweltschutz, DVBl 94 1979, 639 ff und J. Kölble, Entwicklungstendenzen in Umweltrecht, Umwelt 1980, 123 ff. Vgl. zum Ganzen, G. Hartkopf / E. Bohne, Umweltpolitik. Grundlagen, Analysen und Perspektiven 1, Opladen 1983, Kap. II.

54 Vgl. hierzu den wichtigen Abschlußbericht der Aktionsgruppe »Sofortprogramm Ökologie« beim Bundesministerium des Inneren, Bonn 1982.

»Natur und Landschaft sind im besiedelten und unbesiedelten Bereich so zu schützen, zu pflegen und zu entwickeln, daß

1. die Leistungsfähigkeit des Naturhaushaltes,
2. die Nutzungsfähigkeit der Naturgüter,
3. die Pflanzen- und Tierwelt sowie
4. die Vielfalt, Eigenart und Schönheit von Natur und Landschaft als Lebensgrundlagen des Menschen und als Voraussetzung für seine Erholung in Natur und Landschaft nachhaltig gesichert sind.«

3. Man könnte annehmen, daß die Versuche zur Stärkung der Rechtsposition der Tiere schon vergleichsweise weit vorangekommen sind. Der 12. Deutsche Tierschutztag hat 1977 Schritte unternommen, 1978 wurde eine »Universelle Erklärung der Tierrechte« entworfen.[55] In solchen Bemühungen wird ein Ausgleich versucht zwischen anthropozentrischen und physiozentrischen Prinzipien für die Gestaltung der Beziehungen zwischen Mensch und Tier. Daß es dem Menschen erlaubt sei, Tiere in seine Obhut zu nehmen und sie für seine Zwecke zu nutzen, ist unter beiden Prinzipien vorgesehen. Aber dies darf nicht fraglos geschehen. Es ist auch nicht erlaubt, die Haltungsbedingungen ausschließlich nach seinen Zwecken auszurichten, ohne auf arteigene Ansprüche Rücksicht zu nehmen. Die Notwendigkeit »Leben zu vernichten und Leben zu schädigen« (Albert Schweitzer) ist dem Menschen zwar auferlegt. Aber dies ist nicht Kern seiner Verantwortung. Diese zwingt ihn vielmehr, sich in jedem Falle zu entscheiden, inwieweit er sich der Notwendigkeit von Vernichtung und Schädigung von Leben unterwerfen und damit Schuld auf sich nehmen muß. Auch dies ist im Grundsatz bereits im geltenden Tierschutzgesetz aufgenommen.

Dort heißt es:

»Niemand darf einem Tier ohne vernünftigen Grund Schmerzen, Leiden oder Schäden zufügen. Wer ein Tier hält, betreut oder zu betreuen hat,

1. muß dem Tier angemessene artgemäße Nahrung und Pflege sowie eine verhaltensgerechte Unterbringung gewähren,
2. darf das artgemäße Bewegungsbedürfnis eines Tieres nicht dauernd und nicht so einschränken, daß dem Tier vermeidbare Schmerzen, Leiden oder Schäden zugefügt werden.«[56]

In der Praxis aber wurde unverantwortlich die Tierhaltung ökonomischen Prinzipien unterworfen. Die kostensparenden Wirkungen der Einführung von Käfigen, Einzelständen (in der Sauenhaltung) und der Spaltenböden beruhen

55 Vgl. G. Teutsch, a. a. O., 88 f.
56 Vgl. hierzu G. Weinschenk / H. Laun, Ethik und Ökonomik des Tierschutzes in der landwirtschaftlichen Nutztierhaltung, in: Agrarwirtschaft 32/3, 1983, 70 ff und G. Weinschenk, Ethik und Ökonomik landwirtschaftlicher Tierhaltung, in: ZEE 29, 1985, 190 ff.

auf einer Verringerung des Arbeitsaufwandes bei beträchtlicher Erhöhung des Kapitalbesatzes. Die Zahl der Tiere, die je Arbeitsstunde gehalten werden, stieg sprunghaft an; dementsprechend sprunghaft stieg der Gewinn je Arbeitskraft an. Der reine Marktwettbewerb zwingt den einzelnen Landwirt, die produktiveren, d. h. weniger tiergerechten Verfahren zu verwenden. Die Forderungen des Tierschutzes lassen sich nur entweder durch gesetzliche Verordnungen auf EG-Ebene oder dadurch durchsetzen, daß sich Erzeuger und Verbraucher die ihnen zugrunde liegende ethische Einsicht zu eigen machen. Dies kann durch umfassende Information über die Forderungen der »Tiergerechtigkeit«, genaue Kennzeichnung der Herkunft der Produkte und eine verantwortliche Politik annäherungsweise erreicht werden. Der Schweizerische Tierschutzbund hat z. B. schriftlich festgelegt, welche Art der Haltung von Legehennen er für richtig hält. Er vergibt privatrechtlich geschützte Markenzeichen an die Halter von Legehennen, die seine Normen beachten. Verbraucher fordern inzwischen in hohem Maße die Durchsetzung dieser Normen, indem sie nur Eier mit dem Markenzeichen des Tierschutzbundes kaufen.

Wir haben in der Landwirtschaftsdenkschrift ein »neues« Leitbild vorgeschlagen, das den landschaftspflegerischen Auftrag an den rein landwirtschaftlichen Auftrag der Bauern bindet und Subventionen nur für die Erfüllung dieser Berufsaufgabe rechtfertigt.[57] In der Nachkriegszeit, übrigens unter voller kirchlicher Zustimmung, wurde das »Leitbild der gewerblich betriebenen Landwirtschaft« einer traditionell bäuerlich geprägten Landwirtschaft gegenübergestellt. Natur wurde als bearbeitbares und zu veränderndes Material angesehen, ohne die Eigenwertigkeit der Natur und die Gesamtzusammenhänge in den Kreisläufen der Natur zu beachten. Massenviehhaltung, großflächige Landreform, Monokulturen, globaler Einsatz von Agrochemie (32 000 t reine Pflanzenschutz-Wirkstoffe werden z. Zt. jährlich bei uns abgesetzt) verändern auf noch unbestimmbare Weise die Ökosysteme. Heute werden »integrierter Pflanzenschutz«, »Kreislaufwirtschaft«, kleinräumige Strukturen und strengste Gebrauchsvorschriften für Agrochemie gefordert. Es ist eine Frage, ob die christliche Verkündigung dazu beiträgt, daß die Landwirte sich wieder stärker auf ihre Mitverantwortung für die Erhaltung und Pflege der Lebensgrundlagen der von ihnen genutzten Landschaft besinnen, ehe sie durch Auflagen, Verbote oder private Initiativen Außenstehender dazu genötigt werden.

---

57 Vgl. Kirchenamt der EKD (Hg.), Kammer für soziale Ordnung, Landwirtschaft im Spannungsfeld zwischen Wachsen und Weichen, Ökologie und Ökonomie, Hunger und Überfluß. Eine Denkschrift der EKD, Gütersloh 1984. Im Gegensatz zur Denkschrift: dass., Die Neuordnung der Landwirtschaft in der Bundesrepublik als gesellschaftliche Aufgabe, Gütersloh 1965.

4. Noch weiter als die Landwirtschaft haben sich die Ballungsgebiete aus den ökologischen Zusammenhängen gelöst und bedrohen durch ihre gigantische Maschinerie die gesamte Umwelt. Die künstlichen Oikoi der Menschen seien auch ohne Krieg einer erbarmungslosen Destruktion ausgeliefert, meinte Georg Picht.[58] Welche Konsequenzen ziehen wir aus solchen Annahmen? Ich will versuchen, am Beispiel Wuppertal das Problem deutlich zu machen:

In dieser Stadt werden jährlich ca. 70 ha Landschaft in Siedlungsfläche umgewandelt. Während die Einwohnerzahl von 1960–1982 um 6 % und die Beschäftigtenzahl um 20 % sank, wuchs die Siedlungsfläche um 40 %. In ca. 50 Jahren wären sämtliche heute noch unbewaldeten und unbebauten Flächen verschwunden. Die Nachfrage nach Boden ist unvermindert. Neue Produktionstechniken und die Entmischung sich behindernder Produktionen verschlingen immer mehr Boden. Es wurde nachgewiesen, daß von den rd. 400 000 Wuppertaler Einwohnern ca. 165 000 in der Nacht einem Schallpegel über 40 dB (A) ausgesetzt sind. Nur etwa 2 % der Wohnungen in Wuppertal sind mit Fernwärme beheizt. Die 170 000 Haushalte haben einen Jahresenergieverbrauch von rd. 2 650 Mio kW. Zur Wärmeversorgung aus optimierten Kraft-Wärme-Kopplungssystemen würden nur etwa 37 % der bei konventioneller Heizung erforderlichen Primärenergie benötigt. In Elberfeld steht einer der berüchtigten 200 m hohen Schornsteine mit seiner Fernschleuder der Schwefeldioxyd- und Stickstoffdioxydemissionen. Man beabsichtigt, dieses Heizkraftwerk unter Einsatz der Wirbelschichttechnik umzurüsten.[59]

Das ganze Ausmaß der Verantwortung wurde in der Studie der Sozialkammer »Menschengerechte Stadt. Aufforderung zur humanen und ökologischen Stadterneuerung« 1984 herausgearbeitet.[60] Erfreulicherweise gibt es erste Anzeichen dafür, daß sich christliche Gemeinden ihrer ökologischen Verantwortung bewußt werden. Die Kirche hat es geschehen lassen, daß sich die Zahl selbständiger Gemeinden und Verantwortungszentren durch die »Gebietsreform« (bis 1977) um 57 % verringerte. Sie konnte nicht verhindern, daß gewachsene Dorfstrukturen unter normierten Massensiedlungen und unter Straßensystemen begraben wurden. Sie hatte gar kein stadtökologisches Bewußtsein und Ethos herausgebildet. Erfreulicherweise gibt es heute Anzeichen dafür, daß die christliche Gemeinde »der Stadt Bestes« zu ihrem eigensten Anliegen macht. Gefragt wird: Sind unsere Kirchengemeinden Lebenszentren, in denen

58 Vgl. G. Picht, Utopie und Hoffnung, in: C. Eisenbarth (Hg.), Humanökologie und Frieden, Stuttgart 1979, 438 ff.

59 Vgl. J. Ahlemann, Umweltprobleme in der kommunalen Praxis, in: Bundesforschungsanstalt für Landeskunde und Raumordnung, H.19: Stadt und Umwelt. Umweltstrategien im Städtebau (Forschungskolloquium), Bonn 1984.

60 Vgl. Menschengerechte Stadt. Aufforderung zur humanen und ökologischen Stadterneuerung. Ein Beitrag d. Kammer d. EKD f. soziale Ordnung, hg. v. Kirchenamt im Auftrag d. Rates d. EKD, Gütersloh 1984.

Menschen in ihrer ganzen Lebendigkeit nach Leib, Seele, Geist, Beruf beheimatet sind? Haben hier der Chemiker, der Programmierer, die Ärztin/der Arzt, die Lehrerin, Bäuerin und Bauer Gelegenheit, ihr Erfahrungswissen einzubringen, das sie täglich ansammeln?

Hier entsteht die Frage nach der ökologischen Verantwortung der Gemeinde. In einigen kommunalen Gemeinden wurde – als erster Schritt – eine ökologische Bestandsaufnahme, in anderen eine ökologische Buchhaltung eingeführt. In dieser Buchhaltung werden alle wesentlichen Umwelteinwirkungen einbezogen und kommensurabel gemacht. Die Kontenklassen lauten: Materialverbrauch, Energieverbrauch, feste Abfälle, gas- und staubförmige Abfälle, Abwasser, Abwärme, Denaturierung von Boden. So kann man rechnerisch die Gesamteinwirkung untersuchen und nach Änderungen Ausschau halten. Dieses Verfahren eignet sich für Städte. Kaiserslautern hat als erste Stadt eine Buchhaltung vorgelegt und gezeigt, daß das Wasser mit Abstand das teuerste verbrauchte Gut darstellt.[61]

Viele Gemeinden sind um ihre Ruhe gebracht, weil in ihrem Verantwortungsbereich der Wald stirbt, weil ein Kernkraftwerk oder ein Kanal gebaut wird, eine Autobahn oder eine Versuchsstrecke für einen Autokonzern. Hier müssen die geistlichen Formen der Konfliktbearbeitung, der Erneuerung und Vergebung von Schuld und Versagen erst gefunden und eingeübt werden. Aber auf diesem Wege gewinnt der christliche Glaube seinen Wirklichkeitsbezug zurück.

5. An den bisher genannten Beispielen wird deutlich, daß auch die Grundfragen wirtschaftlichen Handelns nicht außerhalb unserer Verantwortung entschieden werden dürfen. Mit dem Bekenntnis zum sozialen Rechtsstaat und zur sozialverpflichteten Marktwirtschaft sollte nach 1945 der »dritte Weg« gefunden werden: zwischen einer am Eigeninteresse und an Gewinnmaximierung orientierten »natürlichen Ordnung«, in der am Ende das Recht des Stärkeren die Marktgesetze bestimmt. Auf der anderen Seite sollte eine vom Diktat einer bürokratischen oder ideologischen Elite bestimmte Zentralverwaltungswirtschaft vermieden werden. Dem dritten Weg entspricht nach herkömmlicher Auffassung eine Kombination aus Handlungszielen: die instrumentelle und regulative Funktion des Marktes wird ernst genommen, d. h. ein bestimmtes Maß an eigenverantwortlicher wettbewerblicher Regelung der wirtschaftlichen Beziehungen zugestanden; den öffentlichen Organen wird die Aufgabe zugewiesen, Rahmendaten zu setzen, d. h. die gesamtwirtschaftlichen Aufgaben einzubringen, z. B. durch monetäre und fiskalische Globalsteuerung. Drittens

---

61 Vgl. R. Müller-Wenk, Ökologische Buchhaltung – Eine Einführung, in: U. E. Simonis (Hg.), Ökonomie und Ökologie. Auswege aus einem Konflikt (Alternative Konzepte 33), Karlsruhe ³1985, 13 ff. Vgl. Anhang, 159 ff, Beispiel Bad Boll! Vgl. auch den Anhang zur »Menschengerechten Stadt«.

soll durch Sozialpolitik die Verpflichtung der Rechtsgemeinschaft zur Sicherung des einzelnen, der Familien, insbesondere der schwächeren Glieder gegenüber den Risiken des Daseins erfüllt werden. Diese dreifache Kombination hat sich heute zu bewähren nicht nur gegenüber den Zielen: »Preisstabilität, außenwirtschaftliches Gleichgewicht, Vollbeschäftigung in Verbindung mit einem qualitativen Wachstum«.

Eine ökologische und sozialverpflichtete Marktwirtschaft wird vielmehr dem Postulat der sozialen und internationalen Symmetrie, in der die Belange der Drittweltländer und der von Automation und Kapitalakkumulation Betroffenen im Sinne der Verteilungsgerechtigkeit deutlicher zur Geltung kommen, Rechnung tragen. Darüber hinaus soll auch eine »ökologische Symmetrie« in ein »magisches Sechseck« einbezogen werden. Was dies bedeutet, soll in einigen Punkten näher erläutert, nicht aber im einzelnen behandelt werden.[62]

6. Eine ökologisch verpflichtete soziale Marktwirtschaft kann an die drei heute schon geltenden Handlungsmaßstäbe des Umweltschutzes- *Vorsorge-, Verursacher-* und *Kooperatonsprinzip* – anknüpfen. Sie müssen ihre Effizienz allerdings erst noch erweisen und auf ihre Gemeinwohlbindung hin präzisiert werden.

a. Das *Vorsorgeprinzip* verlangt von den Verantwortlichen eine langfristige Zukunftsorientierung und das Bemühen, die vielfältigen, systemaren Wechselbeziehungen zwischen den Lebewesen sowie zwischen den Lebewesen und der unbelebten Umwelt bei allen Entscheidungen zu berücksichtigen. Solange die Entsorgung von schädigenden, radioaktiven, hochgiftigen Abfällen und Potenzen nicht eindeutig über die gesamte Risikodauer abgeklärt ist, wird auf eine verantwortungslose Weise das Vorsorgeprinzip verletzt. »Um in den nächsten 30 Jahren nicht unseren Konsum einschränken oder unser Gesellschaftssystem modifizieren zu müssen, unterwerfen wir für Jahrtausende die kommenden Generationen dem Zwang, ihr Gesellschaftssystem so zu gestalten, daß es die von uns geschaffenen neuen Gefahrenquellen unter Kontrolle zu halten vermag. Diese Zumutung kann auf keine Weise gerechtfertigt werden«.[63] Dies hätte seit langem zu einer

---

62 Vgl Th. Strohm, Liberale Wirtschaftspolitik und soziale Verantwortung, in: Evang. Akademie Mühlheim / Ruhr (Hg.), Kirche im Gespräch mit den Parteien (Begegnungen 84, 2), 1984, 24 ff und Th. Strohm, Wirtschaft und Ethik. Leitlinien der evangelischen Sozialethik für modernes wirtschaftliches Handeln, in: W. Kramer / M. Spangenberger (Hg.), Gemeinsam für die Zukunft. Kirchen und Wirtschaft im Gespräch (div-Sachbuchreihe 34), Köln 1984, 29 ff.

63 R. Spaemann, Technische Eingriffe in die Natur als Problem der politischen Ethik, in: D. Birnbacher (Hg.), Ökologie und Ethik, Stuttgart 1980, 180 ff: 201. Vgl. auch A. Roßnagel, Rechtliche Risikosteuerung. Kritik und Alternativen, in: ders. (Hg.), Recht und Technik im Spannungsfeld der Kernenergiediskussion, Köln / Opladen 1984, 198 ff.

grundsätzlichen Revision der Energie-Vorsorge-Politik führen müssen. Vorsorge heißt, die Zeitrhythmen neu definieren: Die Versickerungsdauer der Schadstoffe in das Grundwasser wird mit ca. 30 Jahren angesetzt. Ist es zulässig, der kommenden Generation 70 % der Grundwasserbestände verseucht zu hinterlassen? (Heute ca. 40 %). Ist es zulässig, die synthetischen Stoffe Vinylchlorid (VC), Polychlorierte Biphenyle (PCB), Trichlorethylen, Fluorchlorkohlenwasserstoffe weiter zu gebrauchen? Von diesen werden hierzulande mehrere hunderttausend Tonnen jährlich hergestellt und verbraucht, obgleich sich der Verdacht verstärkt, die Atmosphäre könnte allmählich gestört oder zerstört werden (Anstieg des Hautkrebses in ca. 50 Jahren, Erhöhung der UVB-Strahlung, Ozonschichtreduzierung).[64] Hieraus ergibt sich: nur wenn das Vorsorgeprinzip im ökonomischen Prozeß Vorrang gewinnt, verliert es seine dekorative Funktion.

b. Das *Verursacherprinzip* wird häufig als Teil des Prinzips Verantwortung interpretiert: »Jeder, der die Umwelt belastet oder sie schädigt, soll für die Kosten dieser Belastung und Schädigung aufkommen« (1971). Dieses Prinzip ist unter dem Druck der Verhältnisse teilweise zum Verursacher-Gemeinlastprinzip verkommen. Seit 1980 wird deshalb nach dem Grundsatz gehandelt: »In einer marktwirtschaftlichen Ordnung muß derjenige die Kosten einer Umweltbelastung tragen, der sie verursacht. Können Umweltschäden nicht einem einzelnen Verursacher zugerechnet werden, muß die Allgemeinheit für die Beseitigung aufkommen«.[65] Die Beweiskette zwischen individuellem Verursacher und einer konkreten, d. h. in Raum, Zeit und Schadenumfang genau beschreibbaren Umweltzerstörung läßt sich nur in Extremfällen lückenlos schließen. In den betrieblichen Kostenrechnungen konnten deshalb bisher diese sog. *social costs* weitgehend ausgeklammert werden, was die einzelwirtschaftlichen Entscheidungen für bestimmte Produktionsverfahren verfälschte. Die so erzeugten Preise sind viel zu niedrig, die Nachfrage mengenmäßig zu hoch, weil kein kostengerechter Preis bezahlt wird.

Zweierlei wird deutlich: die Umweltgüter und infolgedessen auch die Umweltschäden lassen sich in Kostenrelationen nur bedingt zum Ausdruck bringen. Der Kommerzialisierung und Kapitalisierung der Natur sind Grenzen zu setzen, die unser gesamtes Wirtschaften betreffen.

---

64 Diese Auskunft verdanke ich Mitarbeitern des Bundesgesundheitsamtes Berlin. Vgl. auch die Tabellen »Umweltrelevante Merkmale von Industriechemikalien in der Bundesrepublik« bei G. Hartkopf / E. Bohne a. a. O., 282 f.

65 Näheres bei A. Beckmann, Leben wollen. Anleitungen für eine neue Umweltpolitik, Köln 1984, 124 ff. Vgl. auch Volkswirtschaftliche Kosten des Umweltschutzes als Zielverzichte (1974), Rat der Sachverständigen für Umweltfragen, in: H. Siebert, Umwelt und wirtschaftliche Entwicklung, Darmstadt 1979, 425 ff.

c. Das *Kooperationsprinzip* geht davon aus, daß verantwortungsvolles Handeln Zusammenarbeit und Kompromißbereitschaft aller Betroffenen erfordert. Es setzt auch Glaubwürdigkeit des je eigenen Verhaltens voraus. Es muß aber in den Rahmen einer ökologisch erweiterten Gemeinwohlbindung und gemeinwirtschaftlicher Zielsetzung integriert werden. Zwei Gesichtspunkte werden hier maßgebend: 1. die Aktionsgruppe »Sofortprogramm Ökologie« sieht die ethische Schwelle für ökologisch richtiges Handeln in der »Befriedigung menschlicher Grundbedürfnisse«, die nicht zugunsten »der Überproduktion und der Ermöglichung eines Luxuskonsums« überschritten werden darf.[66] 2. Dies bedeutet, daß das Natur-Kapital vom Produktionskapital unterschieden und seiner Privatisierung entzogen werden muß. Hier treffen wir einen Nerv der Fehlentwicklungen der abendländischen Geschichte.

Seit dem 14. Jahrhundert wurde von den italienischen Kommentatoren des Kodex Juris das umfassendste, zu freier Nutzung und Verfügung befugende Herrschaftsrecht an Sachen jeder Art bezeichnet, das unter anderem auch durch reine Okkupation begründet wird. Dieses Kolonialrecht an Umweltgütern beispielsweise gilt als absolut in dem doppelten Sinne, daß Dritte von der Einwirkung auf die Sache ausgeschlossen sind und daß das Eigentümerbelieben präsumptiv frei ist, soweit ihm nicht ausdrücklich Schranken gesetzt sind. Dieser Begriff findet sich seit seiner ersten, prägnanten Formulierung in Art. 544 des französischen Code Civil, mit leichten Variationen in allen großen Zivilrechtskodifikationen des 19. und 20. Jahrhunderts und liegt auch § 903 BGB zugrunde.[67] Erst allmählich wächst die Einsicht, daß Umweltgüter (Seen, Weltraum, Ressourcen, Grund und Boden) diesem okkupativen Eigentumsverständnis wieder entzogen werden müssen. Allerdings ist dies ein steiniger und weiter Weg.

VII. Die Kraft der Liebe – Schlußbemerkung

Die zuletzt beschriebenen Aufgaben einer Revision der Prinzipien unseres Wirtschaftens und des Eigentumsverständnisses führt die theologische Ethik in tiefengeschichtliche Zusammenhänge von großer Tragweite. Sie wird sich fragen müssen, ob sie für diese Aufgabe personell und intellektuell gerüstet ist. Sie kann sich nicht mit Behauptungen, es führe »ein gerader Weg von Galilei

---

66 A. a. O., 6.
67 Vgl. Th. Strohm, Art. Eigentum, sozialethisch, in: Evang. Soziallexikon [7]1980, 310 ff und ders., Art. Eigentum, theol. u. sozialeth., in: Evang. Staatslexikon [3]1987, 686 ff und L. Raiser, Eigentum II, in: HdSW II, 39. Vgl. auch C. H. Binswanger, Eigentum und Eigentumspolitik. Ein Beitrag zur Totalrevision der Schweizerischen Bundesverfassung, Zürich 1978.

zur Atombombe« oder dem Schlagwort von den »gnadenlosen Folgen des Christentums«[68], begnügen. Vielmehr gilt es, an die Wurzeln unserer Wirklichkeitswahrnehmung und an die Ursachen des Wirklichkeitsverlustes vorzudringen. Theologie bedarf einer in Weisheit wahrnehmenden und im Bewußtsein geschichtlicher Verantwortung aufgeklärten Vernunft. Es kann nicht länger geschehen, daß die Entwicklungsabläufe der neuzeitlichen Subjektivität in Wissenschaften, Technik, Wirtschaft und Kultur, weil sie sich aus dem engeren Horizont des theologischen Interesses gelöst haben, als Aufgabe theologischer Forschung übersehen werden.

Auch die Gemeinden beginnen, wie erwähnt, erst allmählich ihre ganzheitliche Aufgabe wiederzuentdecken. Sie können zu Zentren für jede Art der verantwortlichen Diskussion und Willensbildung werden, Heimstätten für verantwortliches Leben.

In diesem Sinne werden von der Kirche exemplarische Modelle schöpfungsethischer Verantwortung erwartet, die im lokalen Bereich dasjenige verwirklichen, was aus einer globalen Perspektive als verbindlich erkannt wurde.

Unsere Gottesdienste werden zur Quelle der Kraft, wenn wir sie verstehen als Gelegenheit zum Eintreten in Gottes universalen Dienst an der Welt. Vergebung wird hier aus der Versöhnung Gottes erfahren, die neue Kreatur schafft. Das Herrenmahl wird verstanden als die folgenreiche Gelegenheit, in der Gottes Versöhnung am Menschen die Versöhnung mit dem Mitmenschen und die Versöhnung mit der Natur als Schöpfung umgreift.

Aus Gottes universalem Dienst an der Welt fließt die Gabe der dienenden, durch Dienen umgestaltenden Liebe. Christen glauben an die weltüberwindende Kraft der Liebe. Die handelnde Gemeinde wird sich deshalb auch dann für Gerechtigkeit, Frieden und die Integrität der Schöpfung einsetzen, wenn die Lage eher auswegslos erscheint. Dann kann Verantwortung sich u.U. in einem einzigen Akt bewähren: ein Tropfen Menschlichkeit, Gerechtigkeit, Ehrfurcht vor dem Lebendigen ist unendlich viel mehr wert als das unbarmherzige Geschehenlassen von Ungerechtigkeit, ängstlichem Harren der Kreatur und Unmenschlichkeit.

---

68 C. Amery, Das Ende der Vorsehung. Die gnadenlosen Folgen des Christentums, Hamburg 1972.

Sozialethik und soziale Ordnung
Die Kammer der EKD für soziale Ordnung

I.

In einer weiten geschichtlichen Einordnung kann mit *Johann Hinrich Wicherns* Rede auf dem Ersten deutschen evangelischen Kirchentag in der Schloßkirche zu Wittenberg am 22. 9. 1848 über »Innere Mission als Aufgabe der Kirche« und noch deutlicher mit der Veröffentlichung seiner »Denkschrift an die deutsche Nation« über »Die innere Mission der deutschen evangelischen Kirche« im April 1849 der Beginn des »Zeitalters« der Denkschriften im deutschen Protestantismus datiert werden. Der Centralausschuß der Inneren Mission bildete so etwas wie ein Leitungsorgan des sozialen Protestantismus. Dies wurde erneut deutlich, als im Jahre 1884 der preußische Geheimrat *Theodor Lohmann*, zugleich Mitglied des Centralausschusses, die bedeutsame Denkschrift mit dem Titel »Die Aufgabe der Kirche und ihrer Inneren Mission gegenüber den wirtschaftlichen und gesellschaftlichen Kämpfen der Gegenwart« verfaßte. Der Centralausschuß machte sie sich zu eigen und veröffentlichte sie 1885. Hatte Wichern erstmals theologische und soziale Perspektiven für die Mitwirkung der Christenheit an der Gestaltung der sozialen Ordnung formuliert, so wurden von Lohmann bereits sehr konkret die soziale Rechtsstellung der Arbeiterschaft, die Anerkennung der Leistungen der Arbeiterbewegung und die Aufgaben der Sozialgesetzgebung herausgearbeitet. Der *Evangelisch-Soziale Kongreß* führte seit dem Jahre 1891 – dem Erscheinungsjahr der päpstlichen Sozialenzyklika »Rerum novarum« – durch seine Beiträge und Stellungnahmen die begonnene Linie fort. Die Verkirchlichung dieser freien Initiativen setzte mit der Bildung von Fachausschüssen innerhalb des Deutschen Evangelischen Kirchenbundes gem. § 17 der Verfassung vom Mai 1922 ein.[1]

---

1 Die erste Denkschrift »Die innere Mission der deutschen evangelischen Kirche. Eine Denkschrift an die deutsche Nation, im Auftrage des Centralausschusses für die innere Mission verfaßt von J. H. Wichern« (1849) findet sich in: ders., Sämtl. Werke I, hg. v. P. Meinhold, Berlin 1962, 175. – Zu Th. Lohmann vgl. H. Rothfels, Theodor Lohmann und die Kampfjahre der staatlichen Sozialpolitik, Berlin 1927. – Zum

Im Ausschußentwurf für die Verfassung der Deutschen Evangelischen Kirche vom 26. 5. 1933 wird die Bezeichnung »*Kammern*« eingeführt mit dem Satz »Beratende Kammern verbürgen den im deutschen evangelischen Volkstum lebendigen Kräften die freie schöpferische Mitarbeit im Dienste der Kirche an Volk und Reich« (Abs. 5). Seither bildeten »beratende Kammern« als zwar rechtlich unselbständige, aber gemäß ihrer Auftragstellung und Zusammensetzung aus fachkundigen evangelischen Persönlichkeiten einflußreiche Einrichtungen, von denen bereits die Bekennende Kirche Gebrauch machte. Den Umbrüchen der Kriege, den totalitären Einbrüchen des Jahrhunderts hielten die aus der Welt des freien und sozialen Protestantismus entstandenen Initiativen nicht stand, ihre Strahlkraft auf das Bewußtsein der breiten kirchlichen Kreise reichte nicht aus. *Ludwig Raiser* hat mit Recht die »*Stuttgarter Schulderklärung*« als den Beginn der neueren Geschichte der Denkschriften bezeichnet.[2] Die Synode und der Rat der EKD ergriffen von nun ab selbst die Initiative und verfaßten Kundgebungen von politischer und sozialer Erheblichkeit. Der Rat ist nach Art. 20 der geltenden Grundordnung der EKD von 1948 zu solcher öffentlichen Wirksamkeit ermächtigt; in Art. 22 Abs. 2 der Grundordnung sind vom Rat berufene »Kammern« oder für bestimmte Aufgaben vorgesehene Kommissionen aus sachverständigen Gliedern der Kirche vorgesehen, die den kirchenleitenden Organen zur Verfügung stehen sollen[3]. Die Ausarbeitungen der Kammern werden meist eingehend im Rat der EKD erörtert und schließlich von ihm zur Veröffentlichung freigegeben.

II.

Die *Kammer der EKD für soziale Ordnung* ist in besonderer Weise berufen, die Traditionen des sozialen Protestantismus lebendig zu halten, in konstruktivkritischer Solidarität soziale Spannungsfelder zu erkennen und Vorschläge zur Lösung wichtiger Probleme zu erarbeiten. Sie ist auf die Zusammenarbeit mit anderen Gremien der Kirche, insbesondere mit der Kammer für öffentliche Verantwortung und der Kammer für kirchlichen Entwicklungsdienst sowie mit Vertretern der Verbände, staatlicher Institutionen und der Wissenschaft angewiesen. Sie wird ihrem Auftrag auf die Dauer nur gerecht, wenn sie darauf

---

Evangelisch-sozialen Kongreß vgl. H. Eger, Der Evangelisch-soziale Kongreß. Ein Beitrag zu seiner Geschichte und Problemstellung, Diss. Heidelberg 1930.

2 Vgl. Raiser, L., Die Denkschriften der Evangelischen Kirche in Deutschland als Wahrnehmung des Öffentlichkeitsauftrages der Kirche (1978), in: ders., Vom rechten Gebrauch der Freiheit: Aufsätze zu Politik, Recht, Wiss.-Politik und Kirche, hg. v. K. Raiser, Stuttgart 1982, 404 ff.

3 H.-P. Braune, Die Kammern der Evangelischen Kirche in Deutschland, in: ZevKR 21, 1976, 131 ff.

achtet, daß diejenigen, die vor Ort in der industriellen Arbeitswelt, in der Landwirtschaft, an sozialen Brennpunkten verantwortlich arbeiten, in dem Prozeß der Willensbildung bei der Vorbereitung der Gutachten und Denkschriften und ihrer Nacharbeit wirklich beteiligt werden. Die Sozialkammer ist insofern Ort der Integration, der Willensbildung; in ihr werden die sozialen Konflikte stellvertretend ausgetragen und nicht selten der »stellvertretende Konsensus für die Gesellschaft« *(Eberhard Müller)* erreicht, der politisch gangbare Weg vorgezeichnet.[4] Dies kann bei der Zusammensetzung aus Vertretern der Tarifvertragsparteien, der politischen Parteien und unterschiedlicher Interessenverbände leicht zu Lösungen auf der Basis des kleinsten gemeinsamen Nenners führen, zu einem Ausweichen vor den wirklichen, schwierigen, kontroversen Aufgaben. Deshalb ist es von entscheidender Bedeutung, daß die Mitglieder der Kammern sich einem gemeinsamen Ethos verpflichtet wissen, sich gebunden wissen an eine am biblischen Zeugnis orientierte Sinnperspektive und an biblische Weisungen, die ihre Auswirkung auf die Bildung von Kriterien, Maximen und Leitgesichtspunkten für die soziale Gestaltungsaufgabe gewinnen. Die Sozialkammer ist ein Ort der Bewährung auch für Theologen. Die Ethik soll auf den lebenspraktischen Konsensus zielen, in dem der Glaube angesichts gegenwärtiger Herausforderungen und Verantwortlichkeiten wirksam wird. Theologen werden genötigt, theologische Reflexionen im Kontext der Reflexion der Gegenwartsprobleme zu vollziehen, Fragen aus der Gegenwart an die Überlieferung und die Grundintentionen der biblischen Botschaft zu entwickeln in der Erwartung, daß die Botschaft etwas besagt für die Entscheidung und Wahl in den gegenwärtigen Alternativen des Verstehens und Entscheidens. Theologische Fragen müssen hinsichtlich ihrer eigenen Bedingungen, ihres Sinnes, ihrer Zielperspektiven und ihrer Wahrheit in gegenwärtiger Wirklichkeit bedacht werden. Oft gelingt die Verknüpfung nicht, ethische Gesichtspunkte werden zu allgemeinen Motivationen, deuten bestenfalls eine Richtung an, werden aber nicht bis in die Problemlösungen hinein wirksam. Die Sozialkammer hat einen eigenen Lernprozeß durchlaufen, immer um ein offenes Fragen bemüht, das auch auf Unerwartetes und Widerständiges gefaßt ist und so dem christlichen Wahrheitsanspruch gerecht wird.

Der thematische Rahmen der Sozialkammer ist ebensowenig klar abgegrenzt wie die Frage entschieden ist, auf welche Weise die Arbeitsvorhaben jeweils zustande kommen. Ursprünglich sollten Kammern nur nach Vorliegen eines Auftrags des Rats oder von Synoden zusammentreten. Später stellte der Rat

---

4 E. Müller, Evangelische Ratschläge zur Sozialpolitik, in: P. Collmer u. a. (Hg.), Kirche im Spannungsfeld der Politik. Festschrift für H. Kunst zum 70. Geb., Göttingen 1977, 119 ff. Vgl. auch T. Winkler, Kirche und Expertentum. Die Denkschriftenarbeit der Kammern und Kommissionen der EKD, in: Die Mitarbeit. Zeitschrift zur Gesellschafts- und Kulturpolitik, 33, 1984, 189 ff; vgl. auch M. Honecker, Sind Denkschriften Kirchliche Lehre?, in: ZThK 2, 1984, 241 ff.

fest, »um über Aufgaben und Kompetenzen der beratenden Kammern Klarheit zu schaffen, daß die Kammern in der Regel Gutachten im Auftrag des Rates erarbeiten sollten, daß sie aber grundsätzlich das Recht haben, im Einvernehmen mit dem Rat von sich auch Fragen aus ihrem Aufgabenbereich aufzugreifen«[5]. Dementsprechend erhielt die Kammer für soziale Ordnung bereits 1964 das Recht, in eigener Initiative einzelne, die evangelische Industrie und Sozialarbeit betreffende Fragen aufzugreifen, hierzu besondere Ausschüsse zu bilden und Arbeitsaufträge zu vergeben. Die Sozialkammer bildet regelmäßig eine Anzahl von *Ausschüssen* und verfolgt verschiedene Projekte nebeneinander. Dies führt oft zu einer starken Inanspruchnahme ihrer Mitglieder, zu häufigen Sitzungen und einer intensiven, meist freundschaftlichen Zusammenarbeit über alle Interessengegensätze hinaus.

In einer groben Einteilung lassen sich vier Schwerpunkte ihrer Arbeit unterscheiden:

1. Ordnungsaufgaben im Bereich der industriellen Arbeitswelt;
2. Strukturfragen der Raumordnung, Probleme der Landwirtschaft und Stadtentwicklung;
3. Grundsatzfragen der technischen und wirtschaftlichen Entwicklung;
4. Ordnungsaufgaben im System der sozialen Sicherung.

Dieses außerordentlich weite Spektrum mit Sachverstand zu bedenken und Problemlösungen zu erarbeiten, erfordert ein hohes Maß an Konzentration auf die wesentlichen Gesichtspunkte, erfordert exemplarisches Vorgehen.[6]

III.

Gibt es eine einheitliche Perspektive, so etwas wie eine Rahmenvorstellung, die bei aller Unterschiedlichkeit der Bereiche zum Tragen kommt? In ganz allgemeiner Weise läßt sich die Frage bejahen. Die Sozialkammer hat sich explizit oder implizit dem in der *Ökumenischen Bewegung* seit den Weltkirchenkonferenzen von Amsterdam (1948) und von Evanston (1954) vorgezeichneten »Leitbild« bzw. »Leitkriterium« der »Verantwortlichen Gesellschaft« verpflichtet gefühlt. Dieses Zielbild, an dessen sozialethischer Vertiefung das Kammermitglied *H.-D. Wendland* mitgewirkt hat, meint in seiner ursprünglichen Fassung eine menschenwürdige, demokratisch-partizipativ verfaßte Gesellschaft, die sich selbst an den Normen der Freiheit, der Gerechtigkeit, der

---

5 Vgl. H. P. Braune, a. a. O., 146.

6 Die älteren Verlautbarungen der Kammer für soziale Ordnung finden sich in der Sammlung: Die Denkschriften der Evangelischen Kirche in Deutschland, hg. v. d. Kirchenkanzlei der Evang. Kirche in Deutschland, Bd. 2: Soziale Ordnung, Gütersloh 1978.

Mitmenschlichkeit und des Friedens mißt und sich diesen unterwirft. Voraussetzung hierfür ist die freie, Gott und den Mitmenschen verantwortliche Person, die zu freier und verantwortlicher Mittätigkeit in Staat und Gesellschaft berufen und befähigt ist. Die Ökumenische Bewegung füllt heute den Gedanken der »responsible society« mit den Prinzipien »*justice, participation, freedom and integrity of creation*«; hinzu kommen »intergenerative und international responsibility«. Der Verständigungsprozeß über eine ethische Perspektive ist in Fluß.[7]

In ihrer *Denkschrift »Soziale Sicherung im Industriezeitalter«* (1973) wird die »wechselseitige Verantwortung in der Gesellschaft« zum tragenden Gedanken. Es genüge »nach dem Prinzip der ›verantwortlichen Gesellschaft‹ nicht, daß sich die einzelnen Personen ihrer Verantwortung bewußt sind. Die Gesellschaft muß in ihren fundamentalen Strukturen so geordnet sein, daß das durch sie vermittelte Zusammenleben human ist«. Daß dies nicht nur Blankettformulierungen sind, zeigt sogleich die Übersetzung in den ordnungspolitischen Zusammenhang. Es müsse zunächst eine Gesamtordnung der sozialen Sicherung von der Gesellschaft geschaffen werden, bei der die Risiken abgedeckt werden, die durch die Gliederung der Gesellschaft in einem arbeitsteiligen Gesamtprozeß selbst entstehen. Es wurde eine Interpretation des Subsidiaritätsprinzips eingeführt, die von der damals vorherrschenden Interpretation in wesentlichen Punkten abweicht und den sozialen Traditionen des Protestantismus verpflichtet blieb:

> »Zunächst müssen die großen sozialen Risiken durch gesetzliche und finanzielle Maßnahmen der Gesellschaft abgedeckt werden. Aufbauend auf dieser grundlegenden Sicherung für alle muß die Verantwortung und menschliche Betreuung durch einzelne, durch die Familie und kleinere Gruppen wirksam werden.«[8]

In derselben Perspektive wurde in der 1982 veröffentlichten Studie zur Arbeitslosigkeit die »*Solidargemeinschaft von Arbeitenden und Arbeitslosen*« nicht deshalb beschworen, um den Arbeitern die Verantwortung für die Arbeitslosen einseitig zuzuschieben. Vielmehr wurde hier die gesamtgesellschaftliche Verantwortung aller am Erwerbsprozeß beteiligten Kräfte, nicht nur der Tarifver-

---

7 Vgl. H.-D. Wendland, Der Begriff der »verantwortlichen Gesellschaft« in seiner Bedeutung für die Sozialethik der Ökumene, in: ders., Die Kirche in der revolutionären Gesellschaft. Sozialethische Aufsätze und Reden, Gütersloh 1967, 99 ff.

8 Vgl. Die Denkschriften der Evangelischen Kirche in Deutschland, a. a. O., Bd. 2, 115 ff: 125, Abschn. 16. Diese Denkschrift hat in ihren grundlegenden Aussagen nichts an Aktualität eingebüßt. Zur Frage des Subsidiaritätsprinzips hat sich inzwischen Oswald v. Nell-Breuning in hilfreicher Weise geäußert: vgl. Solidarität und Subsidiarität, in: Deutscher Caritasverband (Hg.), Der Sozialstaat in der Krise?, Freiburg 1984, 88 ff.

tragsparteien sondern insbesondere der staatlichen Instanzen hervorgehoben und konkrete Forderungen gestellt. Mit dem Vorschlag eines ergänzenden »Zweiten Arbeitsmarktes« entwickelte die Sozialkammer ein eigenes arbeitspolitisches Modell, mit dem inzwischen vielfältige Erfahrungen gesammelt wurden und das der sinnvollen Weiterentwicklung bedarf[9]. In der eingehenden, von den Fachleuten mit viel Aufmerksamkeit bedachten Studie *»Menschengerechte Stadt – Aufforderung zur humanen und ökologischen Stadterneuerung«* wird – um ein drittes Beispiel zu nennen – der Gedanke der »verantwortlichen Gesellschaft« mit den älteren Traditionen der civitas dei und mit dem biblischen Motiv des Schalom Gottes in Verbindung gebracht, nicht zuletzt, um tiefengeschichtliche Traditionen bei der Wiedergewinnung tragfähiger Ordnungsstrukturen bei fortschreitender Urbanisierung zur Geltung zu bringen. In Kriterien wie »Überschaubarkeit der Lebensbereiche«, »sinnliche ganzheitliche Erfahrbarkeit«, »erlebbare Gemeinschaft«, »Einbindung in die Natur« wurde die Perspektive differenziert und konkrete Handlungs- und Gestaltungsoptionen vorbereitet.[10]

Die Verständigung über die Kriterienbildung ist innerhalb der Sozialethik nur teilweise erfolgt. Das Kammermitglied *Arthur Rich* hat in seinem Ansatz einer theologischen Sozialethik der Kriterienbildung einen hohen Stellenwert eingeräumt. Kriterien dienen der Verwirklichung humaner Strukturen. Die Liebe ist kritische Instanz gegenüber menschlichen Ordnungen, was ganz konkret in dem *Memorandum »Soziale Ordnung des Baubodenrechts«* (1973) zum Ausdruck kommt. Dort heißt es – ganz im Sinne Richs –:

»In der Begegnung zwischen biblischem Wort und der sich wandelnden gesellschaftlichen Wirklichkeit lassen sich gegenüber dem geltenden Bodenrecht die folgenden

---

9 Die Frage des zweiten Arbeitsmarktes wurde an vielen Stellen aufgegriffen und diskutiert, zuletzt hat sich W. Steinjan ausführlich damit auseinandergesetzt: Zweiter Arbeitsmarkt, Möglichkeiten und Grenzen. Beiträge zur Wirtschafts- und Sozialpolitik 144, Köln 1986; vgl. auch Th. Strohm, Weiterführende Überlegungen zur Studie der Sozialkammer der EKD »Solidargemeinschaft von Arbeitenden und Arbeitslosen«, in: K. E. Wenke (Hg.), Ökonomie und Ethik. Die Herausforderung der Arbeitslosigkeit, SWI Studienhefte 4, Frankfurt a. M. 1984, 18 ff und ders., Die Gemeinwohlverpflichtung der Kirche bei der Überwindung der Arbeitslosigkeit, in: ZEE 28, 1984, 257 ff.

10 Vgl. Die Studie: Menschengerechte Stadt. Aufforderung zur humanen und ökologischen Stadterneuerung, hg. v. Kirchenamt des EKD, Gütersloh 1984, ³1985, 25 ff, und Th. Strohm, Aufforderung zur humanen und ökologischen Stadterneuerung. Aufgabe und Funktion der EKD-Studie zur Menschengerechten Stadt, in: Neue ›Wege zur menschlichen Stadt‹, XVII. Loccumer Kulturpolitisches Kolloquium, Loccumer Protokolle 8/1985, 3 ff (abgedruckt in diesem Band, 385, ff).

Kriterien der Distanz, Relativität und Teilhabe an dem allen Menschen gegebenen Gut des Bodens entfalten.«[11]

In der weitergehenden Diskussion, die auch in der Arbeit der Sozialkammer ihren Niederschlag gefunden hat, werden heute eher *Grund- und Richtungskriterien* – z. B. Solidarität und Verantwortung für den Mitmenschen; Berufung zur Freiheit und Mündigkeit; Dienst statt Herrschaft des Menschen über Menschen und Gewalt; Hilfe für Schwache und Schutzbedürftige durch Aufrichtung des Rechts – eingeführt. Die »Liebe« gilt als Zusammenfassung aller Kriterien, die zusammen kein »Programm«, aber wirksame Bestimmungen für Handlungsorientierung im sozialen Kontext bieten kann. Von diesen »Richtungskriterien« werden – wie gezeigt – auf einzelne Sachverhalte bezogene »abgeleitete Kriterien« abgesetzt, die aus der ethischen und sachlichen Verständigung hervorgehen.

Die Diskussion darüber sollte weitergeführt werden – man wird sich mit dem Vorwurf des Willkürlichen auseinandersetzen und zu einer Präzisierung ethischer Urteilsprozesse gelangen müssen. Im folgenden sollen die vier Gegenstandsbereiche kurz charakterisiert werden.

IV.

Die Sozialkammer hat seit ihrer Konstituierung unter *Friedrich Karrenbergs* sachkundiger Leitung, und vor allem unter dem langjährigen Vorsitz von Eberhard Müller, ihre besondere Aufmerksamkeit den Ordnungsaufgaben im Bereich der industriellen Arbeitswelt gewidmet. Sie hat die Sozialpartnerschaft zwischen den Arbeitnehmern und ihren gewerkschaftlichen Organisationen und den Arbeitgebern nicht nur instrumentell zur Regelung der Tarifverträge sondern als ethisches Modell einer verantwortlichen Gesellschaft verstanden. Fragen der Mitbestimmung, der Arbeitszeitregelung sowie das Bekenntnis zu einer einheitlichen Gewerkschaft gegen deren Zersplitterung oder gar Zerschlagung kennzeichnen diese frühe Phase der Beratungsarbeit der Kammer. Die Sozialkammer bezog sich in ihren Stellungnahmen nicht zuletzt auf den ethi-

---

11 Vgl. Soziale Ordnung des Baubodenrechts. Ein gemeinsames Memorandum der Kammer für soziale Ordnung der Evangelischen Kirche in Deutschland und des Arbeitskreises »Kirche und Raumordnung« beim Kommissariat der katholischen deutschen Bischöfe mit einem Vorwort herausgegeben von Julius Kardinal Döpfner und Landesbischof D. Hermann Dietzfelbinger, Gütersloh 1973, 19 f, Ziff. 16 und 17. Zu Richs Kriterienbildung vgl. außerdem: A. Rich, Sozialethische Kriterien und Maximen humaner Gesellschaftsgestaltung, in: Th. Strohm (Hg.), Christliche Wirtschaftsethik vor neuen Aufgaben, Zürich 1980, 17 ff und: A. Rich, Wirtschaftsethik. Grundlagen in theologischer Perspektive, Gütersloh 1984.

schen Gehalt der Sozialstaatsklauseln des Grundgesetzes, insbesondere der Sozialbindung und -pflichtigkeit des Eigentums. Dieser aus christlichem Erbe stammende Rechtsgedanke stellt neben die Freiheit des Eigentums seine Verantwortlichkeit. Dies bedeutet, worauf Ludwig Raiser wiederholt hingewiesen hat, daß Eigentum, das wirtschaftliche und letztlich auch politische Macht über andere verschafft, der alleinigen Herrschaft der Eigentümer entzogen sein soll und durch Mitbestimmung, auch einer breiten Streuung zur Vermögensbildung und Sicherung relativer persönlicher Unabhängigkeit seine Gemeinwohlverpflichtung erfüllen muß. Von diesem Gesichtspunkt ließen sich die Forderungen der »*Eigentumsdenkschrift*« von 1962 nach Miteigentum in Arbeitnehmerhand, die »*Sozialethischen Erwägungen zu Mitbestimmung in der Wirtschaft*« (1968) leiten. Die Sozialkammer hat sich später zu verschiedenen Einzelfragen von hohem Gewicht geäußert. Hierzu gehören die Erklärungen zur »*Erwerbstätigkeit der Frau*« (1965), die Erklärung »*Zur Last der Nachtschichtarbeit*« (1980). Die Studie zur Arbeitslosigkeit (1982), die seither nichts an ihrer Aktualität eingebüßt hat und zum Basisdokument nicht nur kirchlicher Arbeit im Problemfeld der Arbeitslosigkeit geworden ist, nimmt die Verpflichtung ernst, die sich der Gesetzgeber durch die beiden Gesetze, das »Stabilitäts- und Wachstumsgesetz« (1967) und das »Arbeitsförderungsgesetz« (1969) selbst auferlegt hat. Dort werden die Ziele wirtschaftlichen Handelns in einer sozialverpflichteten Marktwirtschaft konkretisiert: u. a. »Vollbeschäftigung« bzw. »Hoher Beschäftigungsstand«. Werden diese Ziele auf die Dauer verletzt, dann schwindet mit dem Vertrauen in die wirtschaftliche Ordnung auch deren Legitimationsbasis. Hier kommen längerfristige Perspektiven im Blick auf die Leistungsfähigkeit und Fortschreibung der Prinzipien der sozialen Marktwirtschaft in Sicht, die in die künftigen Überlegungen der Sozialkammer gegenwärtig einbezogen werden.[12]

---

12 Die Sozialkammer wird sich dabei mit den Vorstellungen der Katholischen Kirche ebenso auseinanderzusetzen haben wie mit den Perspektiven, die gegenwärtig von den Sozialpartnern, aber auch von den für die staatliche Wirtschaftspolitik Mitverantwortlichen entwickelt werden. Vgl. hierzu E. M. Kredel / H. G. Binder, Möglichkeiten und Grenzen eines Beitrages der Kirchen bei der Gestaltung von Wirtschaft und Gesellschaft (Schriftenreihe Kirche u. Wirtschaft), Köln 1985. Vgl. auch die Begrüßungsrede Joseph Kardinal Ratzingers anläßlich des Symposions in Rom über Kirche, Wirtschaft und die Zukunft der Welt, 1985, mit dem ein weltweiter Dialog über wirtschaftsethische Fragen eingeleitet werden sollte. Vgl. Marktwirtschaft und Ethik. Beiträge zur Gesellschaftspolitik, Stimmen der Kirche zur Wirtschaft, H. 26, Köln 1986, 50 ff. Vgl. auch O. Schlecht, Ethische Betrachtungen zur Sozialen Marktwirtschaft, Tübingen 1983, und ders., Ethische und ökonomische Ziele im Konflikt. Erweiterter Vortrag bei der Begegnung leitender Geistlicher der Evangelischen Kirche in Deutschland am 26. Januar 1985 in Mülheim (BMWI-Dokumentation 266), Bonn 1985.

V.

Die Sozialkammer hat keine Denkschrift herausgebracht, in der sie aus christlicher Sicht zum ordnungspolitischen System der sozialen Marktwirtschaft Stellung bezogen hätte.[13] Sie hat sich aber insgesamt der Vorstellung des dritten Weges angenähert, d. h. sich grundsätzlich freigehalten von Optionen im Sinne eines freien Spiels der Kräfte, eines reinen marktwirtschaftlichen Modells, und umgekehrt hat sie staatssozialistischen oder staatskapitalistischen Vorstellungen im Sinne reiner planwirtschaftlicher Lösungsansätze keinen Raum gewährt. Es ist nicht einzusehen, wie das reine Marktsystem als naturwüchsiges Konkurrenzsystem dem Sozialdarwinismus auf Dauer zu entgehen vermag. Und es ist auch nicht einzusehen, wie man beim reinen Plansystem dem Kombinat einer Wirtschafts- und politischen Diktatur entgehen kann. Deshalb wäre der *dritte Weg* nicht eine Synthese zwischen den beiden grundverschiedenen Systemen, sondern ihm entspricht eine Kombination die dem Markt gibt, was des Marktes ist, nämlich ein Maß von eigenverantwortlicher wettbewerblicher Regelung der einzelnen wirtschaftlichen Beziehungen, und die der Rechtsgemeinschaft in ihren Organen gibt, was des Staates ist, nämlich die Verantwortung für eine Rahmenordnung, die demokratische Mitwirkung und Kontrolle ebenso möglich macht wie die Wahrnehmung gesamtgesellschaftlicher Aufgaben. Eine so offene Bestimmung rechnet mit einem Prozeß verantwortlichen miteinander Umgehens, den man gelegentlich als dreifache Kombination dynamischer, mitbestimmter Marktwirtschaft, monetärer und fiskalischer Globalsteuerung durch die dafür verantwortlichen öffentlichen Organe und einer umsichtigen, anpassungsfähigen Sozialpolitik, die ein Netz sozialer Sicherung bei Wahrung der Subjektstellung des einzelnen und der Familien knüpft, beschrieben hat. In dieser Hinsicht eröffnet das Grundgesetz einen weiten Spielraum, der aber die Gestaltungsmöglichkeiten für die Wirtschaftsordnung so eingrenzt, »daß staatliche Zwangswirtschaft wie liberalistisches Laissez-faire mit der Verfassung unvereinbar sind« und »daß die Freiheit der Wirtschaft verfassungsrechtlich gewährleistet ist, also insbesondere Wettbewerb und Vertragsfreiheit sowie Freiheit der Produktion und des Konsums« – jedoch begrenzt durch die Sozialstaatsklausel.[14]

---

13 Anm. d. Hg.: Vgl. inzwischen: Gemeinwohl und Eigennutz. Wirtschaftliches Handeln in Verantwortung für die Zukunft. Eine Denkschrift d. EKD, hg. im Auftrag d. Rates d. EKD v. Kirchenamt d. EKD, Gütersloh 1991.

14 Vgl. hierzu E. Benda, Wirtschaftsordnung und Grundgesetz, in: B. B. Gemper (Hg.), Marktwirtschaft und soziale Verantwortung, Köln 1973, 197 und 194, bei O. Schlecht, a. a. O., 24. Vgl. auch Th. Strohm, Wirtschaft und Ethik. Leitlinien der evang. Sozialethik für modernes wirtschaftliches Handeln, in: W. Kramer / M. Spangenberger (Hg.), Gemeinsam für die Zukunft: Kirchen und Wirtschaft im Gespräch, Köln 1984, 29 ff.

Bis heute sind keine wirklichen Alternativen zu diesem differenzierten, prozeßhaft verstandenen Systemansatz in Sicht. Deshalb kommt es darauf an, die innere Ausgestaltung und Weiterentwicklung nicht dem Zufall zu überlassen, sondern in sinnvoller Weise daran mitzuwirken. Die Sozialkammer hat in ihrer Denkschrift »Leistung und Wettbewerb« (1978) sich zu dem bisherigen Weg bekannt und aus einer anthropologischen Besinnung heraus Gesichtspunkte für die humane Ausgestaltung und Begrenzung unserer Wettbewerbsordnung entwickelt. Die Themen Wettbewerbsverzerrung, Machtbildung in der Wirtschaft, quantifizierende Leistungsmessungen werden aufgegriffen. In der ethischen Durchdringung werden zahlreiche Fragen von großer Wichtigkeit behandelt, hierzu einige Beispiele:

Einseitige Konzentration auf Leistungen, die sich als marktverwertbar erweisen, Begünstigung der Leistungsfähigen, oder umgekehrt Abbau der Leistungsanreize und Motivation, Förderung solidarischer und sinnvoller Leistungen, Betonung des Angenommenseins vor aller Leistung.

Die Denkschrift verzichtet auf konkrete wirtschafts- und sozialpolitische Empfehlungen, verzichtet auf eine Ortsbestimmung unter den gegenwärtigen und teilweise gewandelten wirtschaftlichen Bedingungen. An diesem Punkt wäre in Zukunft zu arbeiten und das Gespräch sowohl mit der katholischen Soziallehre als auch mit den Akteuren, Betroffenen, mit der Wissenschaft unter ethischen Gesichtspunkten weiterzuführen. Unumgänglich ist heute die Einbeziehung einer Reihe neuer Fragestellungen: z. B. nach dem Zusammenhang von unwiederbringlichen Naturgütern und wirtschaftlicher Kapitalbildung, nach der weltwirtschaftlichen Verflechtung binnenwirtschaftlicher Prozesse, nach grenzüberschreitender »Globalsteuerung«, nach Konsequenzen regionaler Zusammenschlüsse, nach Ausschaltung marktwirtschaftlicher Prinzipien in Teilbereichen der Wirtschaft, nach dem Einsatz und den Wirkungen neuer Technologien, nach neuen arbeitspolitischen Aufgaben und nach der Zukunft der Sozialpartnerschaft.

VI.

Die Sozialkammer hat sich auf Bitten verschiedener Landessynoden und des Rats der EKD entschlossen, die komplexen Gebiete der *Stadtentwicklung* und der *Landwirtschaft* unter Aspekten der Raumordnung, unter human- und naturökologischen Gesichtspunkten sowie im Blick auf die wirtschaftliche Zukunft aufzugreifen. In beiden Fällen stellte sie ihre Leistungsfähigkeit und weitreichende Kooperationsfähigkeit unter Beweis. Aus der Vielfalt der um Beratung und Mitarbeit gebetenen Fachleute hat sich niemand verweigert, viel Zeit über Jahre hinweg wurde investiert. Die *Landwirtschaftsdenkschrift* (1984) und die *Studie »Menschengerechte Stadt«* (1984) wurden zu Basisdokumenten für viele, die an der verantwortlichen Gestaltung dieser Lebensbereiche Anteil haben. In beiden Fällen konnte die Sozialkammer an frühere Dokumente anknüpfen: 1973 bemühte sich die Kammer gemeinsam mit einer katholischen Kommission um Vorschläge zur Reform der Ordnung des Baubodens. 1965 erschien die Denkschrift: *»Die Neuordnung der Landwirtschaft ... als gesellschaftliche Aufgabe«.* Allerdings wurde im Bereich der Landwirtschaft eine völlig neue Betrachtungsweise nötig, die den zwingenden ökologischen Erfordernissen ebenso Rechnung trägt wie den weltwirtschaftlichen Verpflichtungen. Die Denkschrift entwirft ein an geschichtlichen Erfahrungen orientiertes, neues Berufsbild des Landwirts, das die langfristige Bewahrung der Funktionsfähigkeit örtlicher Naturhaushalte zum Ziel hat und zu einem differenzierten Einsatz technischer und chemischer Mittel führen soll. Es zeigte sich, daß der kirchliche Dienst auf dem Lande gut strukturiert und intensiv in die Willensbildung eingebunden ist, was der Erstellung der Denkschrift ebenso zugute kam wie ihrer Umsetzung. Demgegenüber fehlen entsprechende kirchliche Strukturen in vielen Ballungsräumen. Deshalb gelingt es bis heute eher punktuell, das in der Stadtstudie differenziert vorgetragene Anliegen: »Humanisierung und ökologische Erneuerung großstädtischer Ballungsgebiete« angemessen zur Geltung zu bringen. Die Sozialkammer ist überfordert, von sich aus kirchliche Arbeitsfelder zu strukturieren. Ein wirkliches Arbeitsverhältnis zwischen Kirche und Stadt zu installieren, ist nach wie vor eine vordringliche Aufgabe; es gilt, der Stadt Bestes zu suchen, entsprechend dem Friedensgedanken Gottes (Jer 29, 11) um das Wohl, den Schalom der Stadt gerade auch unter extremen Bedingungen technischer und wirtschaftlicher Rationalisierung besorgt zu sein.

Der Einzug der *»Neuen Informations- und Kommunikationstechniken«* in Stadt und Land forderte die Sozialkammer heraus, unter Beteiligung der *»Kammer für publizistische Arbeit«* dieses neue Aufgabenfeld sachlich zu erschließen und sozialethisch zu beleuchten. Entgegen landläufiger Tendenzen wurde die Entwicklung neuer Medienstrukturen und die technischen Innovationen im industriellen und administrativen Bereich unter einheitlichen Gesichtspunkten im Blick auf ihre Auswirkungen auf die Arbeitswelt, das Freizeitverhalten und das strukturelle Beziehungsnetz der Gesellschaft abgehandelt. Die Sozialkammer fordert die Glieder der Kirche auf, in anspruchsvoller Weise an einem Lernprozeß teilzunehmen, zu dem die neuen Technologien in großem Ausmaß nötigen. Ihr kommt es darauf an, »die neuen Techniken« in den Dienst einer »kommunikativen« Gesellschaft informierter, kompetenter und mündiger Bürger zu stellen; umgekehrt soll den Gefahren einer lediglich »informatisierten« Gesellschaft, in der die Selbstentfremdung des Menschen vorangetrieben wird, entgegengewirkt werden[15]. Es ist nicht verwunderlich,

---

15 Vgl. Sozialkammer der EKD, Die neuen Informations- und Kommunikationstechniken. Chancen, Gefahren, Aufgaben verantwortlicher Gestaltung, Gütersloh 1985,

daß das Echo dort am größten war, wo heute die Weichen für die Zukunft gestellt werden, in den High-tech-Zentren sowie im Medienbereich. Unter ethischen Aspekten ist es zwar gelungen, einen Definitions- und Handlungsrahmen abzustecken, die Ausdifferenzierung in die Dimensionen Arbeitswelt, Datenverarbeitung und -schutz, Rundfunk und internationale Verflechtungen, die nur in groben Zügen angedeutet wurde, bedarf aber weiterer intensiver Bemühungen.

VII.

Seit dem Frühjahr 1986 ist eine neue Kammer berufen worden und hat sich sogleich an die Arbeit gemacht. Im Vordergrund stehen Vorhaben auf dem Gebiet der Sozialpolitik in engerem Sinn. Als erstes wichtiges Ergebnis in der Arbeit der neuen Kammer liegt nun die Denkschrift »Alterssicherung. Die Notwendigkeit einer Neuordnung« (1987) vor. Es besteht mit dem Rat der EKD Übereinstimmung, daß die Kirche ihre Gesichtspunkte und Prioritäten bei der Ausgestaltung der Alterssicherung ebenso zur Geltung bringen muß wie im Bereich des Gesundheitswesens. Hier liegen zur Zeit über den wirtschaftsethischen Problembereich hinaus die Schwerpunkte der Kammerarbeit. Die Sozialkammer ist in sozialpolitischer Hinsicht gegenwärtig zu einem der wichtigsten, die Interessenstandpunkte übergreifenden Expertengremium geworden. Sie hat die in der Diskussion befindlichen Vorschläge zur Neuordnung der Alterssicherung sorgfältig geprüft und sich auf einen Lösungsvorschlag geeinigt, in dem dringend und kurzfristig zu lösende Aufgaben in Fortschreibung des bewährten bisherigen Systems von längerfristig zu lösenden Aufgaben unterschieden werden. Eine Reform der Alterssicherung ist langfristig ohne eine Revision des Systems der Sozialhilfe – im Blick auf die Mindestsicherung – kaum denkbar; sie muß nicht nur den veränderten demographischen Bedingungen, sondern auch dem neuen Rollenverständnis der Frauen, veränderten Erwerbs- und Beziehungsbiographien, der Lebensarbeitszeit im Blick auf flexible Übergänge nach oben und unten Rechnung tragen. Die Sozialkammer hat es vermieden, Scheinlösungen oder nicht konsensusfähige Modelle vorzuschlagen, sondern favorisiert ein differenziertes Vorgehen. Sie setzt sich deshalb auch kritisch mit verschiedenen Lösungsvorschlägen auseinander u. a. mit »Grundrente für jeden«, »Kapitaldeckungsverfahren«, »Alterssicherung aus eigenem Vermögen«.

---

98 f, Ziff. 212, vgl. hierzu Th. Strohm, Die neuen Informations- und Kommunikationstechniken als sozialpolitische Herausforderung, in: ZEE 30, 1986, 5 ff (abgedruckt in diesem Band, 350, ff).

Zu den vordringlichen Aufgaben gehört es, die bewährten Prinzipien der Alterssicherung festzuhalten und ihre finanziellen und organisatorischen Grundlagen abzusichern. Alterssicherung bedarf in einer sozialstaatlich verfaßten Gesellschaft eines obligatorischen, umfassenden Sicherungssystems mit Ausgleich besonderer sozialer Belastungen. Individuelle Vorsorge und familiäre Selbsthilfe können für die große Mehrheit nur eine ergänzende, wenngleich für sich ebenfalls wichtige Funktion haben. Das Kernziel der Sicherung eines angemessenen Lebensstandards nach einem erfüllten Arbeitsleben muß verläßlich und langfristig erreichbar bleiben. Das Umlageprinzip im »Dreigenerationenvertrag« muß auch weiterhin gelten. Die Finanzierung aus Beiträgen sowie aus staatlichen, vom Steuerzahler finanzierten Leistungen muß langfristig klargestellt werden. Die Gliederung in verschiedene Sicherungssysteme ist gerechtfertigt, sofern innere Ausgewogenheit hergestellt wird.

Die Sozialkammer hält es für sinnvoll und notwendig, unverzüglich die Absicherung des Pflegerisikos gesetzlich und einheitlich zu regeln. Sie schlägt u. a. Verfahren zur Anrechnung der Erziehungszeiten vor, die schrittweise über den heute erreichten Stand hinausgehen.

Die Sozialkammer wäre überfordert, wenn sie mit ihren Ressourcen eine Denkschrift über zukünftige Prioritäten im Gesundheitswesen und eine ausgewogene Absicherung von Gesundheitsrisiken anfertigen sollte. Die Tatsache aber, daß die Reform des Krankenversicherungssystems zwar von allen Seiten als vordringlich anerkannt wird, konkrete Schritte im Gestrüpp der Interessengegensätze aber kaum zustande kommen, darf ein kirchliches Gremium nicht einfach entmutigen und vor der Verantwortung zurückschrecken lassen. Die Kirche muß deutlich machen, worauf es in den Gesundheitssorgebereichen in Zukunft ankommt, welche ethischen Leitlinien zu beachten sind, und welche Prioritäten bei der Aufwendung der immensen Mittel sich daraus ergeben. Es gilt, gleichsam im Vorfeld der ethischen Orientierung und sozialpolitischen Willensbildung, Ordnung in die Argumentation zu bringen. Die Reformschritte müssen ohnehin von einem breiten gesellschaftlichen und politischen Konsens – notfalls auch gegen partikulare Interessen – getragen und durchgesetzt werden. Die Sozialkammer wird bei der Wahrnehmung dieser Aufgabe unterstützt werden müssen von ihren wissenschaftlichen Instituten und insbesondere auch von den Verantwortlichen im Bereich der Diakonie.

VIII.

Jede Kammer der EKD hat ihre eigene Geschichte, ihr eigenes Profil. Die Sozialkammer zeichnet sich dadurch aus, daß sie sich mit Leidenschaft, oft auch in einem bis an die Zerreißprobe reichenden Ringen um konkrete Aussagen, Vorschläge und Perspektiven bemüht. Sie hat bisher ihre Ergebnisse in großer

Einmütigkeit verabschiedet. Der Arbeitsaufwand in diesem absolut ehrenamtlichen Gremium ist immens, aber viele Mitglieder sind davon überzeugt, daß es ähnliche übergreifende Formen der Diskussion und Zusammenarbeit sonst kaum noch gibt und daß die Kirche hier ein wichtiges Moment ihrer sozialen Verantwortung erfüllt. Die Wirkungen der Denkschriften, Studien und Gutachten sind unterschiedlich. Ludwig Raiser warnte vor Jahren hinsichtlich der Breite, Intensität und Dauer der Wirkung von Denkschriften »über einen nicht sehr großen Kreis sachkundiger Personen hinaus«[16]. Die Erfahrung der vergangenen Jahre zeigt, daß die Wirkung überall dort diesen genannten Kreis weit überschritten hat, sobald die *Kirche* mit ihren eigenen Arbeitsmedien – Erwachsenenbildung, Akademien, Zeitschriften, Religionspädagogische Arbeitsstellen – aktiv in die *Nacharbeit* eingegriffen und häufig sogar eigene umsetzende Dokumentationen dazu verfaßt hat. Der *Kirchliche Dienst in der Arbeitswelt* (KDA) hat – nicht zuletzt auch durch seine kritisch-konstruktive Aufnahme der Studie zur Arbeitslosigkeit – bis heute ihre Wirkung verstärkt. Die Zusammenarbeit mit dem KDA führte dazu, daß die Sozialkammer sich zum Thema »Langzeitarbeitslosigkeit« an der Vorbereitung der EKD-Synode 1986 beteiligte und einen Vorschlag »Gezielte Hilfen für Langzeitarbeislose – Die Notwendigkeit neuer Maßnahmen zur Arbeitsförderung« (1987) ausgearbeitet hat. In ähnlicher Weise hat sich in der Frage der neuen Techniken und Medien die Zusammenarbeit mit dem Gemeinschaftswerk evangelischer Publizistik bewährt. Über den kirchlichen Dienst auf dem Lande, über die Diakonischen Werke und ihre Wirkungsmöglichkeiten wurde das Nötige bereits festgestellt. Diese Beispiele lassen sich beliebig vermehren. Trotzdem kann gar nicht geleugnet werden, daß der Weg zu den Pfarrern, Verantwortlichen und Gliedern der Gemeinden nicht nur vom kirchlichen Instanzenweg her lang ist. Die Gemeinden stehen häufig nicht oder noch nicht in den Sachdialogen, die von der Kompetenz und Offenheit vieler ihrer Glieder her möglich wären.

Damit die Sozialkammer auf Dauer nicht abgehoben vom Leben und den Sorgen der Gemeinde ihre sozialethische Aufgabe erfüllt, bedarf sie der mitdenkenden und anregenden Mitwirkung derer, die vor Ort – in der Perspektive der »Verantwortlichen Gesellschaft« – leben und arbeiten.

---

16 L. Raiser, a. a. O., 431.

V. Herausforderungen zu sozialpolitischem Handeln

Sinn und Wandel der Arbeit in der Industriegesellschaft
Herausforderung für die Kirche

I. Der Standort unseres Nachdenkens

1. Die gesamtdeutsche Synode 1955 in Espelkamp über »Die Kirche und die Welt der Arbeit« war von der Überzeugung getragen, es dürfe der Kirche »um nichts anderes gehen, als daß auch in der Welt der Arbeit der Wille Gottes geschehe«.

Wenn wir heute nach 27 Jahren Bilanz ziehen, werden viele Einsichten, Perspektiven der Hoffnung und der prophetischen Kritik als Aktivposten stehen bleiben.

Die Welt ist zwar »anders« geworden, aber doch nicht unerwartet »anders«. Sie hat sich vielmehr in fast eherner Konsequenz auf dem damals bereits eingeschlagenen Weg weiterentwickelt. Durch langfristige Planung, wissenschaftliche Prognose und durch festgefügte Strukturen vermögen wir heute den Horizont der Zukunft bis zum Jahre 2000 – bei allen Vorbehalten – in Umrissen zu erkennen. Wir sind heute in der Lage, Situationen nicht nur bis an die Grenzen unserer Erde zu beschreiben, sondern auch in der Ausdehnung der Zeit weit über bisherige Vorstellungen hinauszugehen. Damit ist aber die Verantwortung der Christenheit überdimensional angewachsen. Wir haben deshalb zu fragen, ob die Synode, die Gemeinden, jeder handelnde Christ sich das Ausmaß ihrer Verantwortung bereits klargemacht haben.

2. »Daß der christliche Glaube und die Welt der Arbeit zusammengehören«, diese in Espelkamp (von O. *Dibelius*) geäußerte Wahrheit, erweist sich nicht nur in der kirchlichen Praxis, sondern auch in unserem theologischen Nachdenken als Herausforderung. Führt eigentlich eine Brücke vom christlichen Arbeitsverständnis zum modernen markt- und staatswirtschaftlichen Kapitalismus bzw. Industrialismus? Ist »die moderne Arbeitswelt ... im Kern antichristlich«? (Werner Conze). Entspricht dieser Tendenz eine Praxis unserer Verkündigung, die den Menschen in der Personinnerlichkeit anzusprechen versucht, aber zur Arbeitswelt und den Arbeitserfahrungen schweigt? Macht sie »Gottes kräftigen Anspruch auf unser ganzes Leben« geltend, oder gilt sie nur einem zerrissenen, einem Rollen-Mensch?

Wie kann es zugehen, daß wir an den Lebenskrisen derer, die im Erwerbsleben stehen oder von ihm ausgeschlossen sind, als Gemeinde Jesu Christi teilhaben? Eben das ist aber nach 1 Kor 12, 24 ff der Auftrag der Gemeinden:

> »Gott hat den Leib Christi als Gemeinde zusammengefügt und dem geringeren Glied höhere Ehre gegeben, auf daß nicht eine Spaltung im Leibe sei, sondern die Glieder füreinander sorgen. Und wenn ein Glied leidet, so leiden alle Glieder mit.«

Wie können wir in der Welt der Arbeit diesem Auftrag entsprechen? Stehen nicht viele Gemeinden in der Gefahr bürgerlich-religiöser Wohlgefälligkeit, an der sich entscheidet, wer dazugehören darf und wer nicht, welche Arbeitsformen zugelassen werden und welche nicht?

3. Die Theologie hat begonnen, die Auseinandersetzung mit der heutigen Welt nicht mehr nur auf der Ebene appellativer Postulate zu führen, sondern in die Tiefenschichten vorzustoßen, innerhalb derer die Prägung der neuzeitlichen Subjektivität einerseits und der durch sie freigesetzten Sachzwänge andererseits erfolgt ist.

Martin Luther konnte in deutlicher Auseinandersetzung mit dem Frühkapitalismus nicht begreifen, wie es rechtens und möglich sei, daß jemand einen wirklich reinen Gewinn mache, der nicht aus der Erde oder von dem Vieh komme, »da das Gut nicht im menschlichen Witz, sondern in Gottes Benedeiung stehe«.

> »Sage an, wer legt das Silber und Gold in die Berge, daß man es findet? Wer legt in die Äcker solch großes Gut als heranwächst, an Korn, Wein und allerlei Früchten, davon alle Thiere leben? Tut das des Menschen Arbeit? Jawohl, Arbeit findet es wohl; aber Gott muß es dahin legen, soll es die Arbeit finden.«

Der Faktor »Arbeit« wird dem Faktor »Natur« als Schöpfung deutlich zu- und untergeordnet.

Als im Zuge des technischen Fortschritts und seiner industriellen Nutzung das Geld zum bestimmenden Faktor der Wirtschaftstätigkeit wurde, führte diese Bewertung der Arbeitsproduktivität zur Loslösung von der Natur. *John Locke* (1632–1704) schrieb an der Schwelle zur industriellen Revolution:

> »Wenn wir die Dinge richtig veranschlagen wollen und die einzelnen Kosten berechnen, die auf ihnen liegen, wenn wir weiter wissen wollen, was sie eigentlich der Natur verdanken und was der Arbeit, so werden wir ... herausfinden, daß man sie in den meisten Fällen zu neunundneunzig Hundertstel ganz dem Konto der Arbeit zuschreiben muß.« »Der Boden, der die Rohstoffe liefert, ist kaum zu berücksichtigen.«

Daß sich der Mensch die Wirklichkeit »erarbeiten« muß, daß die neue industrielle Organisation dies optimal leiste, und die Entlastung und Befreiung die Erniedrigung überwiege, war Hegels Überzeugung.

Karl Marx rühmte an *Hegel,* daß er »die Selbsterzeugung des Menschen als einen Prozeß faßt ..., daß er also das Wesen der Arbeit erfaßt und den gegenständlichen, wahren, weil wirklichen Menschen als Resultat seiner eigenen Arbeit begreift«. Die moderne Arbeitswelt aber verselbständigte sich unter der Vorherrschaft zweckrationalen Handelns und des monetären Kalküls.

Seit *Frederick W. Taylors* Verwissenschaftlichung der Betriebsführung zu Beginn des Jahrhunderts wurden in der Form der MTM (= Methods Time Measurements) die Zeitabläufe bei der Produktion in computermäßig erfaßbare Kleinstzeitelemente zerlegt und meßbar gemacht. Die aus experimentellen Versuchen resultierende »physikalische Zeit« wurde – übrigens auch von Lenin – kritiklos rezipiert und als Maßstab dem menschlichen Zeitrhythmus vorgegeben.

Nicht erst heute sprechen wir von einer Krise der Arbeitsgesellschaft. Nach der Entstehung des Massenproletariats im 19. Jahrhundert, nach der Gründerzeit, nach Weltkriegen und Massenarbeitslosigkeit sind zwar die Bedienungsinstrumente des Systems verfeinert worden, aber niemand vertraut heute darauf, daß die industriellen Systeme vor Krisen großen Ausmaßes verschont bleiben; ja in Teilen der jüngeren Generation breitet sich die Furcht aus, im industriellen System könnten die zerstörerischen Elemente zum Durchbruch kommen: nachdem die Natur und die Lebensbedingungen von Tieren und Menschen gefährdet seien, würden auch noch die Möglichkeiten zur Arbeit selbst und damit die Basis des Industriesystems untergraben.

4. Die Christenheit hat allen Anlaß, solche Furcht, wie auch die Aspekte der Hoffnung auf eine bessere Verwirklichung menschlicher Lebensmöglichkeiten ernst zu nehmen. Im Buch Hiob, Kap. 28, wird mit seherischer Klarheit beschrieben, wie der arbeitende Mensch die Himmel stürmt und die Berge durchwühlt, der Finsternis ein Ende bereitet, vor keiner Erfindung zurückschreckt, »aber wo ist die Weisheit, wo ist die Stätte der Erkenntnis«? Gott weiß den Weg zu ihr, er kennt ihre Stätte; die Ehrfurcht des Herren ist der Zugang zur Weisheit. In der in Christus eröffneten Bestimmung zur Existenz als neue Kreatur, empfängt menschliches Schaffen die Verheißung, die Erde und die Lebenswelt zu ordnen.

Dies sind die Gründe, weshalb Theologie, Kirche und die Christenheit ihr Verständnis von Ökologie, der Ehrfurcht vor dem Lebendigen, der Gerechtigkeit reflektieren und zur Geltung bringen sollen. Technik und Wissenschaft neigen ohne diese Sicht dazu, die Welt als Aggregat unbelebter Materie zu sehen, das Naturgesetzen folgt, aber in sich keinen erkennbaren Sinn und kein Ziel hat. So wird die Welt unbegrenzter Manipulation überantwortet. Was von uns daher gefordert wird, sind Verstehens- und Handlungsmodelle, durch die das System nicht einfach nur in Frage gestellt wird, sondern die lebensermöglichenden, lebenssichernden Kräfte in ihm gestärkt und tragfähig gemacht werden. In knapper Form versuche ich, Grundsätzliches zum Verständnis der Situation und zur Aufgabe, die vor uns liegt, darzulegen.

II. Konturen der dritten industriellen Revolution

1. Als im Jahre 1806 die erste große Fabrik mit mechanischen Webstühlen, die von der Dampfmaschine angetrieben wurden, in Manchester in Betrieb genommen wurde, hatte sich die erste industrielle Revolution durchgesetzt. Als Ende des 19. Jahrhunderts das Problem der Fernübertragung elektrischen Stroms gelöst war, begann als zweite Revolution das Zeitalter großindustrieller Lösungen, internationaler und nationaler Industriesysteme und das direkte Zusammenwirken von staatlichen und privatwirtschaftlichen Programmen.

In der Folge, im Laufe des 20. Jahrhunderts entstand das Beschäftigungssystem, unter dessen Bedingungen 1981 in der Bundesrepublik rund 27,4 Mio. »Erwerbspersonen«, davon 22,1 Mio. »beschäftigte Arbeitnehmer«, 3,4 Mio. »Selbständige und mithelfende Familienangehörige«, 1,3 Mio. »registrierte Arbeitslose« und 0,6 Mio. Personen in der »stillen Reserve« arbeiteten oder nicht arbeiten konnten. Es führte dazu, daß sich die ländlichen Räume entleerten und inzwischen 60 % der Bevölkerung in rund 24 Agglomerationsgebieten leben, die wie ein großes Band von Hamburg über Rhein und Ruhr bis München reichen. Wer an diesem System nicht teilnehmen kann, sieht sich von sozialer Wirklichkeit ausgeschlossen. Heute nehmen rund 55 % der Frauen am Erwerbsleben teil oder wünschen, daran teilzunehmen. Für viele ist die Erwerbsarbeit der einzige Kontakt zur sozialen Realität.

2. Die neuen Schubkräfte der industriellen Automation zeichneten sich 1955 bereits deutlich ab. In den siebziger Jahren aber kam über die Technologie der Mikroelektronik eine neue – die dritte industrielle Revolution – zum Durchbruch. Die Mikroelektronik ist nicht nur geeignet, große systemtechnische Lösungen vom Stile der Weltraumfahrt, weltumspannender Verteidigungssysteme, die Vernetzung mit Breitbandkanälen für jede Art der Massenkommunikation, Versorgungssysteme mit Energie, Wasser und Konsumgütern über tausende von Kilometern zu erzielen, sondern auch die traditionelle industrielle Produktion in weitgehend automatisierter Form, virtuell in »unmanned factories« zu übernehmen.

Die wesentlichen Veränderungen der Arbeitsorganisation, die durch die rasche Ausbreitung der neuen Technologie mitgesetzt sind, lassen sich in drei Dimensionen beschreiben:

a. Die beiden Arbeitswissenschaftler Kern und Schumann vertraten kürzlich die These, die neuartige Rationalisierung der Industriebetriebe verlange die »Rundum-Nutzung« menschlichen Arbeitsvermögens. Nicht möglichst scharfe und restriktive Kontrolle der Arbeiter werde dabei verlangt, sondern im Gegenteil die Verstärkung ihrer Motivation zur besseren Nutzung ihrer intellektuellen Fähigkeiten. Damit scheine Arbeit eine neue »Bindequalität« zu erhalten, die das Bedürfnis, der Arbeit zu entgehen oder sie mehr unter »instrumentellen Gesichtspunkten« zu sehen, teilweise vermindere.

b. In der Qualifikationsstruktur bahnt sich eine Polarisierung an: Einmal werden hohe und höchste Qualifikationen im Bereich der Forschung und Produktionsvorbereitung verlangt, andererseits eine Bereitschaft, vorhandene Qualifikationen sozusagen umzulenken und gegebenenfalls eine Abstufung vom ehemals qualifizierten Arbeitsplatz in die repetitive Arbeit am Automaten hinzunehmen. Junge, schlagkräftige, konkurrenzfähige »Mannschaften« entsprechen dem vorgezeichneten Trend.

c. Die neue Technologie ermöglicht konsequenter als die mechanische Produktion Produktivitätsfortschritt und Wirtschaftswachstum bei gleichzeitigem Abbau von überflüssigen Arbeitsplätzen. In erster Linie sind sogenannte »Problemgruppen«, ältere, durch Krankheit eingeschränkt Leistungsfähige und für die spezifisch neuen Aufgaben nicht qualifizierte bzw. weiterbildungsfähige Arbeitnehmer von »struktureller Arbeitslosigkeit« betroffen.

Die Gesellschaft bewegt sich in die Richtung einer Zwei-Klassen-Struktur: die von Erwerbsarbeit auf Dauer ausgeschlossenen und die im »Beschäftigungssystem« integrierten Personen.

3. Zunächst sollten wir im Rückblick auf die Nachkriegszeit würdigen, daß in allen Gruppen des Erwerbssystems Leistungen erzielt, Wohlstand, soziale Sicherheit gefestigt und Menschen mit Selbstbewußtsein erfüllt wurden. Heute aber stehen die Industrieländer in der Gefahr, angesichts aufziehender Krisen zu erstarren, defensiv zu reagieren und dem blinden Glauben an »selbstheilende Kräfte« oder an die »invisible hand« einer natürlichen Vorsehung im Stile Adam Smiths zu huldigen. Die Kammer der EKD für Soziale Ordnung hat in ihrer Studie »Solidargemeinschaft von Arbeitenden und Arbeitslosen« (1982) vor solchen Einstellungen gewarnt und vielmehr aufgefordert, Modelle zu realisieren, durch die das Arbeitsvolumen gerechter verteilt und dadurch zugleich der relative Wohlstand gesichert wird. In der Krise wird sich schließlich zeigen, auf welchen ethischen Prämissen unser System der Erwerbsarbeit basiert.

Aus der biblischen Überlieferung können wir andererseits lernen, daß die Daseinsvorsorge durch die Arbeit zu den ganz selbstverständlichen Aufgaben, aber auch Rechten des Menschen gehört. Man sah in der alten Christenheit eine Verantwortung der Gemeinschaft für die Verteilung der Arbeit und die Aufgabe, dafür zu sorgen, daß niemand ohne Arbeit leben mußte.

1. Im Schatten der »Dritten industriellen Revolution« zeichnet sich – noch undeutlich – ein Einstellungs- und Wertewandel gegenüber Erwerbsarbeit und Arbeit überhaupt ab. Die Entlastung von physischer Schwerarbeit und teilweise repetitiver Arbeit wird allgemein begrüßt. Heute wirkt sich im Selbstgefühl der Menschen die Reduktion der Arbeitszeit aus – die Lebensarbeitszeit beträgt heute nur noch 45 % (in Stunden gerechnet) gegenüber der Zeit vor 1918.

Die Situation ist nach wie vor ambivalent: am meisten treibt die Arbeiter und Angestellten die Sorge um die Stabilität ihrer Arbeitsplätze um. Es wachsen die psychischen und nervlichen Belastungen durch Vereinzelung, durch Steigerung der Leistungsanforderungen und wegen des ständigen Risikos, gegenüber kostspieligen, komplizierten Maschinen und Produktionsabläufen zu versagen. Zugleich drohen die hoffnungsvollen Ansätze zur Humanisierung der Arbeitsstrukturen im Strudel drohender Arbeitslosigkeit zu versinken. ·

Während das Problem der Humanisierung der Arbeit erkannt wurde, im Zuge der fortschreitenden Rationalisierung sich aber stets neu stellt oder zu zerrinnen droht, deutet heute vieles darauf hin, daß die Erwerbsarbeit ihre Mittelpunktstellung im Leben der Menschen verliert.

Wir beginnen über die Dimensionen erfüllter menschlicher Zeit nachzudenken. Neben die fremdbestimmte Zeit tritt die personale Zeit, die soziale Zeit, die Zeit der Muße, der Feste, die Zeit, in der Menschen Gott in besonderer Weise ihre Dankbarkeit bezeugen und sich in Dienst nehmen lassen.

Die Erfahrung lehrt, daß der Initiativreichtum überall dort am größten ist, wo das Wohnumfeld überschaubar, aneignungsfähig, gewachsen ist und nicht selbst schon ein Ergebnis der Massenproduktion. Deshalb muß gerade der Humanisierung des Lebens in den industriellen Verdichtungsräumen in Zukunft größte Aufmerksamkeit gewidmet werden.

Noch vor wenigen Jahren wurde die These von der »heute herrschenden Arbeitsreligion« (H. E. Tödt) ins öffentliche Bewußtsein gehoben. Man habe ein Normgefühl entstehen lassen, ein Wertesystem, in welchem die Selbstverwirklichung durch bezahlte Arbeitsleistung an die Spitze der Wertskala gerückt sei und sogar einen pseudoreligiösen Vorrang vor elementaren Möglichkeiten der Menschlichkeit und Mitmenschlichkeit erlangt habe. Sind wir heute Zeugen eines Wechsels von der Arbeits- in die Freizeitreligion? Stimmt die Formel, auf die Ernst Lange den Veränderungsprozeß gebracht hat: »Das Verhältnis des Zeitgenossen zur Freizeit wird um so religiöser, je säkularer sein Verhältnis zur Arbeit wird«? Symptome sprechen dafür. Unsere Gemeinden sehen sich heute einer hektischen Betriebsamkeit der neuen Manager der Freizeit gegenüber und neigen selbst oft dazu, Gemeindeaufbau mit Freizeitmanagement zu verwechseln. Propheten und Utopien der Freizeitgesellschaft finden fruchtbaren Boden.

Die christliche Ethik muß davor warnen, den ganzen Menschen in der Unverwechselbarkeit seiner Gottesebenbildlichkeit entweder der Arbeitswelt und der sie überhöhenden »Arbeitsreligion« wie einem Gesetz zu unterwerfen, oder umgekehrt die Freizeitwelt als »Reich der Freiheit« zu stilisieren, das dem »Reich der Notwendigkeit« einfach dual entgegengesetzt werden könnte. Vielmehr gilt es, des Menschen Berufung zur Humanität hier und dort zu bewähren und beide vor dem Überhandnehmen von die Menschlichkeit zerstörenden Mächten zu bewahren. Deshalb dürfen wir auch nicht ablassen von dem Prinzip der Mitverantwortung und Mitbestimmung im Betrieb bzw. Unternehmen, nicht ablassen von der Forderung nach der Humanisierung der Arbeit. Es ist eine Illusion zu meinen, der Mensch könne in der Arbeit eine tote Seele sein, in der Freizeit aber zu schöpferischer Tätigkeit aufgelegt.

2. Wenn wir uns gegen jede Form der Entwertung menschlicher Arbeit zur Wehr setzen, so suchen wir unter den heutigen Bedingungen doch eine Antwort auf die Frage nach ihrem Sinn. Führt kein Weg zurück zum reformatorischen Verständnis der Arbeit als Beruf? Können wir heute nicht mehr mit Luther davon ausgehen, daß nach Gottes Willen der Mensch mit seinen Gaben teilnehmen darf an Gottes weiterwirkendem Handeln im Bereich der Schöpfung? Enthält unsere Arbeit nicht mehr den Aspekt der Berufung, ist sie nicht Ausweis der Personqualität, nicht Dienst am Nächsten und dem Gemeinen Besten? Wir haben keinen Anlaß, die Zeit Luthers zu idealisieren. Luther kämpfte sowohl gegen die feudale Geringschätzung der Arbeit, wie gegen ihre Korrumpierung durch die frühkapitalistische Geldwirtschaft mit Zinswucher, Fernhandel mit Luxusgütern und Pfandleihgeschäften. Gewiß gibt es heute noch Familienbetriebe im Handwerk, Lehrer, Ärzte, Pfarrer, Landwirte, die ihren Beruf ganz im Sinne Luthers interpretieren. Aber Menschen in der elektronisch gesteuerten Produktion, die meist nicht in ihrem erlernten Beruf arbeiten, Menschen, die in Zukunft zwei bis drei Berufe nacheinander werden erlernen müssen, sehen das anders.

Im Lichte des biblischen Zeugnisses werden wir vorsichtiger argumentieren: Dort entspricht es dem Willen Gottes, daß jedermann durch seiner Hände Werk den Lebensunterhalt für sich und seine Familie verdienen kann, daß kein Mangel herrscht und Solidarität mit den Schwachen, eingeschränkt Leistungsfähigen geübt wird. Im übrigen werden Verheißung und Forderung allgemeiner – meist in Bildern und Gleichnissen – formuliert und deren Umsetzung in unsere Gegenwart erwartet. Durch alle Problemstellungen hindurch wird uns die Gewißheit Jesu vermitteln, daß Gott als der Schöpfer allen Eigenmächtigkeiten des Menschen zum Trotz, seinen Geschöpfen zugewandt ist und für sie sorgt. Entsprechend wird vom Menschen verlangt, daß er den Auftrag Gottes an der Erde und der Mitkreatur angemessen erfüllt. Die Menschen verwirklichen ihn durch vielfältige Formen der Arbeit, die heute weltweit abhängig und verwoben sind, mit denen aber gleichwohl die Existenzbasis der Menschen und Tiere gesichert und der Lebensraum für alles Lebendige geordnet werden können. Die Christenheit soll die Modelle der Existenzsicherung entwickeln und erproben helfen, durch die allen Menschen geholfen werden kann. Was an vielen Orten der »dritten« und »vierten« Welt fehlt, ist doch jenes Minimum an Kleinenergie und -technik, das sie benötigen, um menschenwürdig zu leben und eine arbeitsintensive Kleinproduktion in Landwirtschaft und Handwerk aufzubauen. Arbeit soll also eine der kreatürlichen Ordnung gerechtwerdende Tätigkeit sein, sie soll rücksichtsvoll sein und in der Kooperation der verschiedenen Gaben von Männern und Frauen, Alten und Jungen, Begünstigten und Benachteiligten zur Geltung kommen. Von daher verbietet sich eine Arbeitsorganisation, die nur auf den gesunden, leistungsfähigen, kräftigen Menschen in seinen besten Jahren abhebt, in der nur der Erwerbstätige als wertvoll gilt und alle unentgeltlichen Betätigungen in der Familie, der Verwandtschaft und Nachbarschaft abgewertet und verdrängt werden. Erst recht sollen wir auch dem Mißbrauch der Freiheit wehren, durch den das Miteinanderarbeiten zum konkurrenzhaft-feindlichen Gegeneinander wird, aus dem in der Menschheit tödliche Konflikte resultieren.

3. Heute stehen wir vor der Frage, ob die vom Menschen hervorgebrachten industriellen Systeme beherrschbar bleiben oder sich zwanghaft verselbständigen. Es sei zu bezweifeln, stellte der Vorstand des Club of Rome angesichts der Dritten industriellen Revolution fest, ob man diesen großen Bewegungen und den damit einhergehenden Veränderungen der Machtstrukturen mit den heutigen nationalen und internationalen Institutionen, mit dem gegenwärtigen Wirtschaftssystem oder gar mit den herkömmlichen politischen Ideen wird begegnen können.

Von den Nationalökonomen erwarten wir – jenseits des stark ideologisch geführten Streits innerhalb der Alternative Laissez-faire oder Kollektivismus – Modelle des ökonomisch-ökologischen Humanismus. Diejenigen, die von ihrer schöpferischen Freiheit Gebrauch machen und verantwortliche Handlungsmodelle entwerfen, verdienen auch dann unsere Aufmerksamkeit, wenn ihre Lösungen noch überzogen oder unausgereift sind.

Die Kammer für Soziale Ordnung, beispielsweise, hat durch ihre »weitreichenden und einschneidenden Lösungsansätze« zur Bewältigung der »strukturellen Arbeitslosigkeit« (vgl. Abschn. 130–142 der Studie zur Arbeitslosigkeit, 1984) die Erprobung neuer koordinierter Modelle wie etwa die Errichtung eines »zweiten Arbeitsmarktes« und damit den Überschritt in wirtschaftspolitisches Neuland gefordert. Die Sozialkammer hat sich auch die Forderung der EKD-Synode von 1977 an die staatliche Wirtschaftspolitik zu eigen gemacht, »alle Anstrengungen auf beschäftigungspolitisch wirksame und gleichzeitig sozial wünschenswerte Investitionen zu richten, u. a. auf Gemeinschaftsaufgaben, soziale Dienste, Raumordnung, Umweltschutz und Bildung«. Hier geht es also um »qualitatives Wachstum«.

Christliche Ethik und die ökonomischen Wissenschaften begegnen heute einander auf einem Felde, auf dem sie beide noch unsicher stehen. Sie schulden der Gesellschaft Antwort auf komplexe Fragen:

a. Wird unser System industrieller Arbeit der Forderung nach »internationaler Verträglichkeit« gerecht? Zu gewinnen ist das Bewußtsein, daß in einer durch menschliche Initiative und leidvolle Konflikte zur Einheit zusammengewachsenen Menschheit, industrielle Arbeit und technischer Fortschritt nicht zur rücksichtslosen Durchsetzung eigener Interessen, sondern zum Dienst an denen, die unserer Hilfe bedürfen, und dadurch zum Frieden gereichen.

b. Was muß geschehen, damit unser Wirtschaftssystem der Forderung nach »Umweltverträglichkeit« gerecht wird? Wiederzugewinnen ist das Bewußtsein, daß der Mensch Teil des Kosmos, der Schöpfung ist und nicht selbst begründendes Bewußtsein und Sein. Nur ein konsequentes Zusammenhalten anthropologischer und kosmologischer Grundlagen kann einer rücksichtslosen industriellen Ausbeutung und Zerstörung der Landschaft entgegenwirken sowie auf seit Jahrhunderten gewachsene Verhaltens- und Anpassungsmechanismen, mit denen der Mensch sich mit der Natur ins Benehmen setzte, wieder Rücksicht nehmen.

c. Was ist in Zukunft zu tun oder zu unterlassen, damit die Organisation ihre »Human- und Sozialverträglichkeit« erweist? Wenn wir heute in vorausschauenden Analysen erwarten, daß in wenigen Jahrzehnten jeder fünfte in einem Einpersonenhaushalt leben wird, 60 % der Familien sich mit einem Kind begnügen werden, Ehen durch die Trennung von Wohn- und Arbeitswelt zerbrechen, dann ist gerade hier die christliche Gemeinde herausgefordert.

Unsere Predigt muß nicht sprachlos vor der Arbeitswelt bleiben. Als Mose die frohe Botschaft von der Befreiung aus der Knechtschaft verkündete, »hörten ihn die Israeliten nicht aus Kleinmut und wegen der harten Arbeit« (Ex 6,9). Es gibt Arbeitsbedingungen, die der Verkündigung hinderlich im Wege stehen. Heute bahnt sich eine neue Offenheit gegenüber ganzheitlicher Verkündigung und ganzheitlichen Lebensformen an. Zeitgemäß sind daher kirchliche Strukturen, die den ganzen Menschen herausfordern und dessen Charismen einbeziehen in Gottes universalen Dienst an der Welt.

Arbeitsförderung

Perspektiven und Aufgaben für die neunziger Jahre

Die systematische Arbeitsförderung im Rahmen einer vorausschauenden Arbeitsmarktpolitik gehört zu den Grundelementen einer dem Sozialstaatsprinzip und der Sozialen Marktwirtschaft verpflichteten Wirtschafts- und Sozialpolitik. Dies hat auch in dem – seither oft novellierten – *Arbeitsförderungsgesetz* von 1969 seinen klaren Niederschlag gefunden. Das Revolutionsjahr 1989 kann als Jahr der Krise und vielleicht auch der Neubesinnung im Blick auf eine konstruktive Weiterentwicklung der arbeitspolitischen Instrumente und der Erarbeitung einer neuen Perspektive gekennzeichnet werden. Die Evangelische Kirche hat sich in einer bisher beispiellosen Weise in die Diskussion eingeschaltet und dabei auch Erwartungen an ihre eigene Leistungsfähigkeit geweckt, die nicht enttäuscht werden dürfen. Es ist deshalb wichtig, den Stand der Debatte aufzuzeigen.

I.

Hinsichtlich der Prognose für die Entwicklung des Arbeitsmarktes in den neunziger Jahren herrschte seit langem unter Fachleuten Einigkeit darüber, daß im Saldo zwischen dem Bedarf und dem Potential an Arbeitskräften ein Potentialüberschuß von ca. zwei Millionen Arbeitskräften bis Mitte der neunziger Jahre, ja sogar bis zum Jahr 2000 bleiben wird. Die vom Institut für Arbeitsmarkt- und Berufsforschung seit 1982 mehrfach überarbeiteten Modellrechnungen »Arbeitsmarktperspektiven bis 2000« haben sich aufs Ganze gesehen bewährt. Die Varianten sind präzise beschrieben worden. Heute zeigt sich, daß die jeweils obere Variante sowohl hinsichtlich des Bedarfs an qualifizierten Arbeitskräften als auch hinsichtlich des Potentials den realen Trend der neunziger Jahre widerspiegelt.

Die atemberaubenden Wanderungsbewegungen nach der Öffnung der Grenzen in Mittelosteuropa, die zu erwartenden neuen Wanderungsschübe im Zuge der Vollendung des EG-Binnenmarktes 1992/93 (mit gegenwärtig ca. 16 Millionen registrierten Arbeitslosen) und der betonte Anstieg der Frauenerwerbsbeteiligung haben die optimistischen Einschätzungen jener zunichte gemacht, die der Öffentlichkeit eingeredet haben, das Arbeitslosenproblem werde in den neunziger Jahren von der Tagesordnung verschwinden. Auf der anderen Seite deutet nichts darauf hin, daß sich die unerwartet starke Konjunktur in den westlichen Industrienationen in den kommenden Jahren abschwächen wird. Vielmehr werden noch nicht genau abzuschätzende Wachstumsschübe als Folge der geöffneten Grenzen und nicht zuletzt beim nachzuholenden Neuaufbau der Wirtschaft im Bereich der ehemaligen DDR erwartet. Es zeigt sich gleichzeitig immer deutlicher, daß auf dem Arbeitsmarkt nur die hoch- und mittelqualifizierten, mobilen und leistungsfähigen Erwerbspersonen gute Chancen haben. Der Sockel der schwer- und schwerstvermittelbaren Langzeitarbeitslosen hat kontinuierlich zugenommen und verfestigt sich bei etwa einem Drittel der registrierten Arbeitslosen. Niemand kann damit rechnen, daß sich in den neunziger Jahren diese Ausgangsdaten grundlegend verändern werden.

II.

Die Jahre 1988/89 standen im Zeichen einer – teilweise von der Sozialkammer der EKD angestoßenen und von der katholischen Bischofskonferenz, den Gewerkschaften, den Arbeitgeberverbänden, Bundestag und Bundesregierung mitgetragenen – intensiven Diskussion über die Tragfähigkeit der bisherigen Instrumente der Arbeitsförderung, über Defizite und die Gewinnung neuer Modelle. Die Debatte nahm ihren Ausgang nach der Veröffentlichung der von der Sozialkammer erarbeiteten Denkschrift »Gezielte Hilfen für Langzeitarbeitslose« (Oktober 1987), die vom Rat und der Synode der EKD mit großem Nachdruck unterstützt wurde.

1. Hier wurde der Leitsatz geprägt:

»Statt in immer größerem Umfang Arbeitslosigkeit und ihre Folgewirkungen zu finanzieren, müssen Möglichkeiten entdeckt und genutzt werden, um Unterstützungsleistungen an Arbeitslose in produktive Arbeitsmöglichkeiten zu transformieren.«

Gefordert wurde ein »integrierter Ansatz«, der in unbürokratischer Weise zur Ermöglichung und finanziellen Sicherstellung »kommunaler Arbeitsbeschaffungs- und Investitionsprojekte« führt. Das herkömmliche Instrument der Arbeitsbeschaffungsmaßnahmen (ABM) der Bundesanstalt für Arbeit, das ganz auf die Einzelperson des zu Fördernden abhebt, sollte nicht ersetzt, aber ergänzt werden. Es sollten notwendige »neue gesellschaftliche und ökologisch sinnvolle Beschäftigungsfelder« erschlossen, aber auch »längerfristige, infrastrukturelle Pflichtaufgaben« aufgegriffen werden, die reichlich vorhanden sind, aber aus finanziellen Gründen immer weiter hinausgeschoben und dadurch immer teurer werden. Hier werden Eingliederungshilfen für Langzeitarbeitslose verbunden mit Investitionsinitiativen der Kommunen im Zusammenwirken mit der gewerblichen Wirtschaft. Ein Ziel dieser Vorschläge war es auch, das schon vorhandene – teilweise unübersichtliche – Instrumentarium des Arbeitsförderungsgesetzes dynamisch zu nutzen und für die Kommunen und die gewerbliche Wirtschaft besser als bisher handhabbar zu machen. Es geht um die Bündelung u. a. von: Unterhaltsgeld bei Qualifizierung, Einarbeitungszuschüsse, Eingliederungsbeihilfen, Zuschüsse zu den Lohnkosten zum Zweck der Eingliederung von schwervermittelbaren älteren Arbeitslosen in ein Beschäftigungsverhältnis, Ausbildungszuschüsse zum Zweck der Berufsausbildung Behinderter in einem Ausbildungsberuf sowie die Förderung der Arbeitsaufnahme von Arbeitslosen und von durch Arbeitslosigkeit unmittelbar bedrohten Arbeitsuchenden durch Probebeschäftigung oder Arbeitserprobung.

2. Der Deutsche Bundestag hat sich im März 1988 mit diesen Vorschlägen auseinandergesetzt. Der Bundestagsausschuß für Arbeit und Sozialordnung hat sich im Sommer 1988 in einem ganztägigen Hearing eingehend mit den Vorschlägen beschäftigt. Die Vertreter der vier Fraktionen des Deutschen Bundestages haben als Ergebnis dieses Hearings die beiden großen Kirchen gebeten, gemeinsam mit den legislativen Organen die nächsten Schritte für die mögliche Umsetzung zu bedenken und entsprechende Maßnahmen einzuleiten. Die Katholische Kirche hat sich bereit erklärt, an diesem Verfahren mitzuwirken. Beide Kirchen gründeten eine gemeinsame Kommission, deren Aufgabe es ist, die nächsten Schritte zu überlegen. Die Bundesanstalt für Arbeit hat eine Kommission eingesetzt, die ihrerseits diese Initiative begleiten und Maßnahmen zur Unterstützung einleiten sollte.

3. Der Bundeskanzler hat in seiner Regierungserklärung vom 28. April 1989 das Thema Langzeitarbeitslosigkeit als Aufgabe der Bundesregierung aufgegriffen. Angekündigt und durchgeführt wurde die »Aktion Beschäftigungshilfen für Langzeitarbeitslose« (1,5 Mrd. als Lohnkostenzuschüsse bis 1991) und »Förderung von Maßnahmen für besonders beeinträchtigte Langzeitarbeitslose und weitere schwerst vermittelbare Arbeitslose« (250 Millionen für gezielte Betreuung und Rehabilitation). Es handelt sich um eine Modellinitiative, die die Basis für ein zu erarbeitendes »weitergehendes Konzept zusätzlicher Maßnahmen zur Bekämpfung der Langzeitarbeitslosigkeit« abgibt. Die beiden Programme wurden zügig verwirklicht. Es wurden in zahlreichen Städten und Gemeinden »Runde Tische sozialer Verantwortung« eingerichtet. Vertreter der Kirchen haben daran teilgenommen. Zum ersten Mal seit Verabschiedung des Arbeitsförderungsgesetzes wurde das Thema vor Ort intensiv und konstruktiv behandelt und die Erfahrungen der verschiedenen Träger: Arbeitsverwaltung, Städtevertreter, freie Träger, Gewerkschaften und Arbeitgeber, wurden ausgewertet. Erste systematische Auswertungen auf überregionaler Ebene finden gegenwärtig statt.

III.

Die Ergebnisse dieser überaus wichtigen und informativen Kontakte enthalten neben positiven Ansätzen auch äußerst problematische Faktoren, die auch die Arbeit der Kirchen nicht unberührt lassen. In fünf Punkten sollen sie hier kurz zusammengefaßt werden:

1. Immer wieder wurde beklagt, daß die Arbeitsförderung in der Vielfalt der Instanzen, in der Unübersichtlichkeit der Förderungsprogramme und Richtlinien versandet und nicht denen zugute kommen konnte, auf die sie abgestimmt sind. Die erforderliche systematische Zusammenarbeit zwischen den Sozialverwaltungen, die nach § 19 und 20 des BSHG Projekte »Hilfe zur Arbeit« entwickelten und den Arbeitsämtern, die über das Instrumentarium des AFG verfügten, fand nur in geglückten Ausnahmen statt. Die Aktivitäten der freien Träger, u. a. der Kirchen, waren bisher nur fallweise in die kommunale Strategie eingebunden. Die mit Klauseln und Hürden gespickten Richtlinien verhinderten eine elastische Förderung. So waren die von Soziallasten besonders betroffenen Kommunen kaum mehr in der Lage, über die Sozialhilfe hinaus Lohnkostenzuschüsse zur »Hilfe zur Arbeit« zu tragen. Die 9. Novelle zum AFG (1989) hat durch den Verlust von rund 30 000 ABM-Maßnahmen die Aktivitäten vieler freier Träger an den Rand des Zusammenbruchs gebracht.

2. Viele Maßnahmen waren bislang nicht wirklich professionell und koordiniert aufgezogen worden. Oft war die Zielsetzung unklar: handelt es sich um psychosoziale Betreuung oder um gezielte Rückführung in Arbeit und selbständige Lebensführung? Berufsförderungszentren (Beispiel Essen) mit sorgfältig geführten Karteien, einer dem Einzelfall nachgehenden Arbeitsfürsorge mit Umschulungs- und Weiterbildungsprogramm, mit erfahrenen Handwerksmeistern und Werkstätten bilden noch immer die Ausnahmen. Statt dessen wurde oft »ABM-Kräften« ohne Berufserfahrung oder handwerkliche Fertigkeiten, die um ihr berufliches Überleben kämpften, mit Ein- bis Zweijahresverträgen die Last der Verantwortung übertragen. Auf der anderen Seite wurden zum Teil sehr aufwendige Beschäftigungsgesellschaften gegründet (Beispiel: »Neue Arbeit GmbH«), die riesige Zuschüsse benötigen, wenn sie nicht in ein kommunales Arbeitsförderungssystem langfristig eingebunden werden.

3. Allgemein wird die Kurzatmigkeit der Programme beklagt. So enthält die gegenwärtig ablaufende »Aktion Beschäftigungshilfen für Langzeitarbeitslose« (1,75 Milliarden-Programm) eine klare Befristung aller Zuschüsse auf maximal zwei Jahre. Dies mag als Eingliederungshilfe für mobile Langzeitarbeitslose ausreichen, stößt aber bei Maßnahmen zur Wiedereingliederung von Schwerstvermittelbaren auf unüberwindliche Hindernisse. Nur in einer fünf- bis zehnjährigen Perspektive lassen sich adäquate Maßnahmen planen und umsetzen.

Die Probleme bei den befristeten ABM-Maßnahmen, die teilweise in ein Rotationsverfahren mit »Arbeit und Sozialhilfe« eingebunden wurden, sind noch immer nicht überwunden.

4. Der von der Sozialkammer erstmals eingeführte und erläuterte Begriff des »Zweiten Arbeitsmarktes« wurde in verschiedenen Regionen der Bundesrepublik aufgenommen und auch praktiziert (Beispiele: Hamburg, München, Baden-Württemberg). In Schweden ist er fester Bestandteil der Arbeitspolitik. Der Sache nach geht es darum, daß tendenziell jeder arbeitswilligen Erwerbsperson, die auf dem freien Arbeitsmarkt keine Beschäftigung findet, eine öffentlich geförderte Weiterqualifizierung und Erwerbsarbeit angeboten wird, die zumutbar und ehrenwert ist, aber keineswegs den Idealvorstellungen beruflicher Erfüllung entsprechen muß. Bisher wird dieses, oft als Weg in Arbeitsdienst oder Zwangsarbeit abqualifizierte, Verfahren in der Bundesrepublik nur exemplarisch und ohne Zwänge praktiziert. So hat sich die Hansestadt Hamburg zum Ziel gesetzt, wenigstens 10 % der registrierten Arbeitslosen durch gezielte Maßnahmen sinnvolle Arbeit zu beschaffen (ca. 9000). Diese teuren Maßnahmen rechnen sich volkswirtschaftlich gesehen und sie vermeiden die katastrophalen psychosozialen Folgen, die aus langer Arbeitslosigkeit resultieren.

5. Die Erfahrungen in vielen Kommunen stimmen darin überein, daß die vorhandenen »Ämter« – Arbeitsamt, Sozialamt, Wohlfahrtsverbände – an zwei entscheidenden Punkten Defizite aufzuarbeiten haben: Es fehlen erstens erfahrene Arbeitsanleiter, beispielsweise Handwerksmeister, die Schritt für Schritt fehlende oder verschüttete Qualifikationen in individueller Anleitung wiedergewinnen helfen. Es fehlen zweitens Arbeitsakquisiteure, die von Betrieb zu Betrieb gehen und mit den Betroffenen gemeinsam alle Hindernisse, die einer Beschäftigung im Wege stehen, ausräumen. Da nicht selten sogar eine 100 %ige Finanzierung der Lohnkosten aus Programmen möglich ist, bedarf es versierter Persönlichkeiten, die Betriebe in die Verantwortung nehmen, Chancen aufzeigen und Lasten umverteilen. Der Einsatz dieser Kräfte kann jedoch nicht auf der Basis kurzfristiger Programme, sondern nur in einer längerfristigen Perspektive geschehen. Hinzu kommt noch die Aufgabe einer dem Einzelfall gerecht werdenden Arbeitsberatung, an die ebenfalls höchste Anforderungen zu richten sind.

Die Gruppe der Langzeitarbeitslosen gliedert sich in eine Vielzahl von Untergruppen. Drei Hauptgruppen lassen sich unterscheiden: Die Gruppe der Qualifizierten, Arbeitswilligen, Mobilen, die aus meist strukturellen Gründen in die Langzeitarbeitslosigkeit geraten sind. Dieses erste Drittel kann durch Eingliederungshilfen und Qualifizierungsmaßnahmen gegenwärtig wieder zurückgeführt werden. Das zweite Drittel setzt sich aus sich überschneidenden Problemgruppen zusammen: Ältere, Kranke, ungenügend Qualifizierte etc.

Diese Arbeitswilligen können durch gezielte Maßnahmen in eine sinnvolle Beschäftigung gebracht werden. Die dritte Gruppe umfaßt die Schwerstvermittelbaren, die aus verschiedenen Gründen von schweren Schäden betroffen sind (Suchtkrankheiten, Verschuldung, Obdachlosigkeit, psychotische Erkrankungen). Diese Gruppe ist auf »geschützte« Formen der psychosozialen und beruflichen Rehabilitation angewiesen, die weit über das vorhandene Instrumentarium hinausgehen. Jenseits dieser Gruppen mag es Mitnahmeeffekte oder Scheinarbeitslosigkeit – etwa nach hohen Sozialplanleistungen – geben. Auch diese sollten sorgfältig erfaßt und ausgewertet werden.

IV.

Aus diesen Erkenntnissen ergeben sich nun die Umrisse eines »weitergehenden Konzepts«, wie es die Bundesregierung im Zusammenwirken mit den Sozialpartnern, Kirchen und anderen Gruppen erarbeiten will. Die Perspektive dieses Konzepts reicht bis zum Jahr 2000.

1. Es muß klargestellt werden, daß bereits an der Schwelle zur »Langzeitarbeitslosigkeit« jeder einzelne Betroffene erfaßt und zu Beratung, Qualifizierung oder Eingliederung herangezogen wird. Entsprechende Maßnahmen, einschließlich der personellen Ausstattung, sind vor Ort bereitzustellen. Bund und Länder verpflichten sich, die aus vorhandenen Programmen nicht abzudeckenden Kosten anteilsmäßig zu übernehmen. Die Kosten sind erheblich, lassen sich aber u. a. mit den Kosten für Arbeitslosenhilfe und später auch mit der Sozialhilfe verrechnen. Auch die Strukturhilfemittel des Bundes für strukturschwache Regionen sind heranzuziehen. (Mehr als zwei Drittel der Langzeitarbeitslosen leben in den »strukturschwachen Gebieten«.) Die Mittel hierfür sind von den Kommunen im Zusammenwirken mit den Arbeitsämtern zu berechnen.

2. Für die dritte Gruppe der Schwerstvermittelbaren wird man um einen »geschützten Arbeitsmarkt« nicht herumkommen und die Erfahrungen aus dem Behindertenbereich analog – wenn auch in methodisch offener Form – zur Geltung bringen. Die freien Träger sollen in enger Kooperation mit den Kommunen in die Lage versetzt werden, sinnvolle Arbeitsformen – meist in Verbindung mit anderen Rehabilitationsformen (z. B. Entschuldung, Wohnungshilfe etc.) – einzurichten.

3. Für die übrigen Gruppen werden in enger Fühlung mit Handwerk und Industrie längerfristig Eingliederungshilfen vorgesehen, die sowohl die Situation (z. B. Langzeitkrankheit) als auch die Qualifikation berücksichtigen und in schweren Fällen zu langfristigem Lohnkostenersatz führen müssen. Arbeitsanleiter und Akquisiteure erhalten Erfolgsprämien.

4. Die örtlichen »Runden Tische sozialer Verantwortung« werden zu verbindlichen Einrichtungen, die jährliche Rechenschaftsberichte erstellen und ihre Planung auf Landes- und Bundesebene abstimmen. Sie arbeiten mit den Aufsichtsgremien der Arbeitsämter und deren Leiter eng zusammen. Einberufer sind aber die Oberbürgermeister bzw. deren Beauftragte.

V.

Im Bereich der neuen Bundesländer muß in kurzer Zeit ein neues flexibles Arbeitsförderungssystem flächendeckend aufgebaut werden. Dort sollten von vornherein drei Elemente einander zugeordnet werden: Arbeitsvermittlung, Qualifizierung, Innovationsförderung. Viel stärker als in der Bundesrepublik sollten Arbeitswillige durch entsprechende Hilfen (Darlehen etc.) in die Lage versetzt werden, kleine genossenschaftliche Betriebe oder herkömmliche Gewerbebetriebe aufzubauen. Diese benötigen eine Innovationsförderung und Beratung. Flexible kommunale und freigemeinnützige Zentren könnten von Kirchen, Gewerkschaften, Handwerkskammern und Vertretern der Städte bzw. Gemeinden gemeinsam gegründet und getragen werden. Die Bundesregierung, die Bundesländer und der Städtetag sollten gemeinsam entsprechende Hilfeangebote für eine Startphase bis zum Jahr 2000 unterbreiten und Modellinitiativen bald ins Leben rufen. Die Zeit starrer zentralistischer Lösungen ist auch in unserem Gemeinwesen Bundesrepublik abgelaufen.

»Arbeit, Leben und Gesundheit«

Europäische Perspektiven, Forderungen, Empfehlungen
der EKD-Sozialkammer zum Gesundheitsschutz am Arbeitsplatz

I.

Die *Kammer der EKD für soziale Ordnung* hat im Sommer 1990 eine Studie
fertiggestellt, mit der die Evangelische Kirche erstmals in ausführlicher Form
das Thema Gesundheitsschutz am Arbeitsplatz aufgegriffen und in sozialethischer Perspektive beleuchtet hat. Die Sozialkammer hat damit einen fast
zweijährigen Konsultationsprozeß, an dem sich Fachleute aus den Bereichen
der Arbeitsmedizin und Arbeitspsychologie, der Bundesanstalt für Arbeitsschutz in Dortmund und der Arbeitgeber- und Gewerkschaftsverbände beteiligt haben, zum Abschluß gebracht. Der *Rat der EKD* hat sich intensiv mit
dieser schwierigen Materie auseinandergesetzt und insbesondere auf die Bedeutung dieses Beitrags im Hinblick auf die zu lösenden Aufgaben in den östlichen
Bundesländern Deutschlands und auf die grenzüberschreitenden Aufgaben
innerhalb der Europäischen Gemeinschaft hingewiesen. Die nun vorliegende
Denkschrift will verstanden werden als Beitrag und Baustein für ein soziales
Europa. Im Arbeitsschutz werden wir in der Bundesrepublik Deutschland
rasch europäisch denken lernen müssen. Die intensiven Rechtsetzungsaktivitäten der EG beeinflussen unser deutsches Arbeitsschutzrecht zunehmend.
Bereits 52 verschiedene Richtlinien gelten als harmonisierte Arbeitsschutzbestimmungen, weitere 18 Harmonisierungen sollen bis 1992 vorgenommen
werden. Es ist deshalb an der Zeit, eine Bilanz der Situation in Deutschland zu
ziehen und Perspektiven für die europäische Zukunft rechtzeitig zu entwerfen.[1]

---

[1] Arbeit, Leben und Gesundheit. Perspektiven, Forderungen und Empfehlungen zum
Gesundheitsschutz am Arbeitsplatz. Eine Studie der Kammer der EKD für soziale
Ordnung, hg. vom Kirchenamt im Auftrag des Rates der EKD, Gütersloh 1990. Zur
europäischen Perspektive vgl. Vergleichende Darstellung der Systeme der sozialen
Sicherheit in den Mitgliedstaaten der Europäischen Gemeinschaften, hg. von der
Kommission der Europäischen Gemeinschaften, Brüssel [14]1988, 87 ff; A. Schulte /
H. J. Bieneck, Gesundheit am Arbeitsplatz. Baustein für ein soziales Europa, masch.
Ms., 1990; W. Tegtmeier, Wirtschafts- und sozialpolitische Position der Bundesrepublik Deutschland vor dem Hintergrund des EG-Binnenmarktes 1992, masch. Ms.,
Sept. 1988.

Die Kirche will die Verantwortlichen innerhalb der Kirche, in den gesellschaftlichen Gruppierungen und in der Politik anregen, sich in unseren Konsultationsprozeß einzuschalten und in wichtigen Fragen zu einer Klärung zu kommen.

Innerhalb der Sozialkammer steht diese Ausarbeitung im Schnittpunkt zweier Arbeitsprozesse: seit vielen Jahren beschäftigt sich die Sozialkammer mit Schwerpunkten des großen Themenbereichs »Arbeit und Humanisierung des Arbeitslebens«. Vorläufer sind die – im Anhang der Denkschrift wiedergegebenen – beiden Ausarbeitungen »Die Last der Nachtschichtarbeit« (1979) und »Chronisch Kranke – auf der Einbahnstraße ins Frührentner-Dasein?« (1981). Die andere Linie wird mit dem Thema »Strukturreformen im Gesundheitswesen« verfolgt, das die Sozialkammer seit einiger Zeit intensiv bearbeitet und zu dem sie gegenwärtig eine Denkschrift ausarbeitet. Mit dem Stichwort »Gesundheitsschutz am Arbeitsplatz« wird also ein zentraler Aspekt des weiteren Themas »Reformen im Gesundheitswesen« herausgegriffen und vorab zur Debatte gestellt.

Die Kirche hat sich schon bei ihrer ersten großen »Arbeitssynode« in Espelkamp 1955 verpflichtet, durch konkrete Mitarbeit in der Arbeitswelt und kontinuierliche Stellungnahmen davon Zeugnis abzulegen, daß der »Glaube an die Herrschaft des dreieinigen Gottes eine Macht auch für die Welt der Arbeit ist« (Synode Espelkamp). Die nun vorliegende Denkschrift knüpft unmittelbar an die gemeinsame evangelisch-katholische Erklärung »Gott ist ein Freund des Lebens« (1989) an, in der mit großem Nachdruck Leben und Gesundheit als Geschenk bezeichnet werden, das wir Menschen aus Gottes Hand empfangen haben und für das wir Verantwortung tragen. »Es muß alles getan werden, um die Gesundheit zu erhalten und Krankheit nach Möglichkeit zu vermeiden.«[2] Diese grundlegende Aussage enthält zwei komplementär aufeinander bezogene Elemente: jeder einzelne Mensch, ob in den tragenden Rahmen einer Familie eingebunden oder nicht, trägt für die eigene Gesundheit ein hohes Maß an Selbstverantwortung, die kontinuierlich eingeübt werden muß. Die Sozial- und Rechtsgemeinschaft ist auf der anderen Seite dafür verantwortlich, die Rahmenbedingungen für Leben und Arbeit so zu gestalten, daß sie förderlich und nicht schädlich für die Gesundheit sind. In beiden Hinsichten sind in der Gegenwart nicht nur Fortschritte erzielt worden, sondern Defizite geblieben und neue

---

Die wichtigste »Richtlinie des Rates vom 12. Juni 1989 über die Durchführung von Maßnahmen zur Verbesserung der Sicherheit und des Gesundheitsschutzes der Arbeitnehmer bei der Arbeit (Rahmen-Richtlinie)« hat die Tür zu einer europäischen Arbeitsschutz-Ordnung endgültig geöffnet.

2 Vgl. Gott ist ein Freund des Lebens. Herausforderungen und Aufgaben beim Schutz des Lebens. Gem. Erklärung des Rates der EKD und der Deutschen Bischofskonferenz, Gütersloh 1989, 16 ff. Diese Gedanken wurden in Kap. 5.2 der neuen Studie weiter entfaltet und konkretisiert.

gravierende Herausforderungen entstanden. Es ist aber auch international gesehen ein höherer Bewußtseins- und Forschungsstand erreicht worden, den es gilt, in Handlungsperspektiven umzusetzen, und der – wie am Beispiel der biomedizinischen Technologie und an der möglichen Genomanalyse bei Arbeitnehmern zu zeigen ist – Handlungs- und Regelungsbedarf zwingend erfordert.

Allgemein geht es dabei um die Tatsache, daß die Interaktionen zwischen den Lebenswelten in Freizeit, Erwerbsarbeit und Eigentätigkeit stärker ins Gewicht fallen und ins Bewußtsein treten und darüber hinaus die Zusammenhänge von psychosozialer Befindlichkeit, Arbeitsbelastung und Krankheit ebenfalls deutlicher erkannt werden.

»Neben der Verfeinerung der Methoden der Analyse, die den Schädigungen und ihren Ursachen nachgeht, tritt heute mehr und mehr eine ganzheitliche Betrachtung der Arbeitssituation, d. h. eine umfassendere Sicht einer Arbeitswirklichkeit, die mit der betrieblichen auch die private Lebenswirklichkeit umfaßt. Eine solche ganzheitliche Sicht macht es möglich, bisher unberücksichtigte und nicht quantifizierbare Belastungen der Gesundheit des arbeitenden Menschen stärker zu berücksichtigen und ein komplexes Erfahrungswissen aus verschiedenen Wissenschaftsbereichen zusammenzuführen (z. B. Arbeitspsychologie, Psychosomatik, Medizin). In dieser Betrachtungsweise geht es – verglichen mit dem bisherigen Gesundheitsschutz – nicht so sehr um versicherungs- und entschädigungsrechtliche Fragestellungen, sondern sehr viel mehr um die Prävention.«[3]

In einer ganzheitlichen Sicht können dann auch die Grenzbereiche zwischen vorbeugender Gesundheitsverantwortung im privaten Lebensbereich und der Aufgabe des vorbeugenden Arbeitsschutzes deutlicher als bisher ins Blickfeld gerückt werden.

---

3 Arbeit, Leben und Gesundheit, a. a. O., 14 f. Der Präventionsgedanke wird heute mit Recht in den Vordergrund gerückt. Insbesondere die Enquete-Kommission »Strukturreform der gesetzlichen Krankenversicherung« hat in ihrem Endbericht vom 12. 2. 1990, BDr. 11/6380, einstimmig »Aufgaben präventiver Gesundheitspolitik« in den Bereichen Verhaltensprävention, Verhältnisprävention, Gesundheitsförderung und Früherkennung formuliert (27 ff) und die Defizite auf diesem Gebiet klar beim Namen genannt. Gegenwärtig fließen nur ca. 1 % der Mittel im gesamten Gesundheitssystem in diesen Bereich! In die Richtung Prävention zielte auch die große Anfrage der SPD-Fraktion vom 5. 7. 1989, BDr. 11/4923, in der es u. a. heißt: »Arbeitsbedingte Erkrankungen sind in die Präventiv- und Entschädigungspflicht der Berufsgenossenschaften einzubeziehen. Das derzeitige starre Beweislastverfahren bei der Anerkennung von Berufskrankheiten ist zugunsten der Arbeitnehmer zu ändern« (2). Zum Ganzen vgl. auch A. Schulte / H. J. Bieneck, Für mehr Prävention im Betrieb, in: Gesundheit am Arbeitsplatz. Neue Techniken menschlich gestalten, hg. vom Bundesminister für Arbeit und Sozialordnung, Bonn 1988, 6 ff; B. Marschall u. a., Überlegungen zur Situation der Arbeitsmedizin in der Bundesrepublik Deutschland. Eine Betrachtung aus betriebsärztlicher Sicht, Dortmund 1989, 48 ff.

II.

Die Denkschrift verläßt im Ansatz den Boden monokausaler Zuordnungen von krankheitsverursachenden Einzelfaktoren, auf dem bis heute das Arbeitsschutzrecht weithin gründet. Die Gegenwart ist von der Paradoxie gekennzeichnet, daß seit 1960 bis heute zwar eine erhebliche Zunahme der angezeigten Verdachtsfälle von Berufskrankheiten (von 35 262 auf 45 335 [1988]) zu verzeichnen war. Die Zahl der anerkannten Berufskrankheiten ist aber von fast 30 % auf knapp 10 % gesunken. Diese Verschiebung kann so gedeutet werden, daß die gewachsene Sensibilität im Blick auf multikausale Verursachungszusammenhänge zu Lasten der Betroffenen ausschlägt. Es gibt seit langem die Klage, daß der Arbeitsschutz in der Bundesrepublik durch eine Vielzahl schwer durchschaubarer Gesetze, Verordnungen, Regelungen geprägt sei; außerdem sei der Instanzenweg durch die Gutachter und Versicherungen im Verdachtsfalle zu langwierig und auch für die Betroffenen meist nicht hilfreich. Es wurde immer wieder ein neugefaßtes Arbeitsschutz-Gesetz gefordert, das jedoch wegen der unterschiedlichen Interessenlagen der Beteiligten bis heute aussteht.[4]

Die Arbeit der Sozialkammer hat sich nicht darauf beschränkt, die gesetzlichen Rahmenbedingungen und die ethischen Leitlinien zu bedenken, sondern sie ist in die mühsame Detailarbeit, in die Materialauswertung in den verschiedenen Bereichen der Belastungen unter den gegenwärtigen Bedingungen hochindustrialisierter Produktion und Administration sowie im Handel (Verkehr) eingetreten. Nur so werden neue Herausforderungen und bleibende traditionelle Belastungsarten sichtbar. So muß entgegen anderslautender Meinungen festgestellt werden, daß rund 60 % aller Erwerbstätigen regelmäßig den folgenden Belastungen einzeln oder in Kombination ausgesetzt sind: Ca. 5,2 Millionen der Erwerbstätigen arbeiten unter Lärm. Es ist daher kaum verwunderlich, daß die Lärmschwerhörigkeit gegenwärtig hinter den Hautkrankheiten (bzw. Allergien) zu den am häufigsten angezeigten Berufskrankheiten gehört. Nach wie vor gehört das Heben oder Tragen von schweren Lasten (4,8 Millionen) zu den wichtigsten körperlichen Belastungsarten. Auch hier ist darauf hinzuweisen, daß die Krankheiten des Skeletts, der Muskeln und des Bindegewebes, die natürlich sehr unterschiedliche Verursachungen haben, heute nach den Krankheiten des Kreislaufsystems am häufigsten Berufs- bzw. Erwerbsunfähigkeit

---

4 Trotz eines einstimmigen Beschlusses des Deutschen Bundestages im Jahre 1981, der die Bundesregierung zur Vorlage eines neugefaßten Arbeitsschutz-Gesetzes auffordert, ist bis heute kein grundsätzlicher Fortschritt erreicht. Ein Referenten-Entwurf der gegenwärtigen Bundesregierung scheiterte im Vorfeld am Einspruch der Interessengruppen. Inzwischen wird die Anpassung an europäisches Recht zur Überarbeitung aller deutschen Schutzbestimmungen nötigen, diese neue Gelegenheit sollte nicht ungenutzt verstreichen! Vgl. Regelwerke 1 – 14, hg. von der Bundesanstalt für Arbeitsschutz, Bremerhaven bis 1986.

und damit die Frühverrentung zur Folge haben. Nicht zu unterschätzen sind nach wie vor Einwirkungen von Kälte, Nässe, Hitze, Feuchtigkeit oder Zugluft (4,3 Millionen), Arbeiten mit Öl, Fett, Schmutz oder Druck (4,1 Millionen) und unter einseitigen Belastungen wie gebückter, hockender, knieender oder liegender Stellung (3,1 Millionen). Es ist allgemein klar, daß solche Belastungen, wenn sie regelmäßig und über viele Jahre den Arbeitsalltag bestimmen, die Normallebensarbeitszeit von 40–45 Jahren stark beeinträchtigen, ja verkürzen. Nach wie vor ist die Krankheitsanfälligkeit von Arbeitern in den land- und forstwirtschaftlichen Berufsfeldern, im Bergbau, in den Bauberufen sowie in den Metall- und Elektroberufen besonders hoch.[5]

Neuerdings kommen typische Gegenwartsberufe mit Mehrfachbelastungen hinzu: Tätigkeiten im Transport- und Verkehrswesen, hauptberufliche Kraftfahrzeugführer im Straßengüterverkehr und im Personenverkehr. Schwerpunkte des Krankheitsgeschehens untersuchter Fahrer sind Krankheiten des Skeletts, der Muskeln, des Herzkreislaufsystems, der Verdauungsorgane. Endpunkte solcher Berufe sind häufig innerbetrieblicher Arbeitsplatzwechsel, Berufswechsel, Erwerbs- und Berufsunfähigkeit oder auch vorzeitiger Tod.[6] An diesem Beispiel wird zweierlei deutlich: immer mehr verschieben sich die Belastungen im Beruf in Richtung komplexer Zusammenhänge, in denen die psycho-physischen Komponenten in deutlicher Wechselwirkung stehen. Deutlich ist auch, daß eine monokausale Betrachtungsweise nicht mehr nur im versicherungsrechtlichen Sinne zugunsten multikausaler Wirkungsmodelle überwunden werden muß. Dieses Verständnis hält allmählich auch Einzug in die Praxis des Anerkennungsverfahrens. Wichtiger aber ist die Frage nach Konzepten und Strategien der *präventiven Minimierung* gesundheitsschädlicher Belastungen.

Hier zeigt sich eine weitere Paradoxie unserer Regelsysteme: Während die Arbeitsunfälle als klassischer Teil unseres Arbeitssicherungssystems in der

---

5 Vgl. hierzu K. Kuhn, Arbeitsbedingungen und neue Techniken, in: Sicherheitsingenieur 1, 1989, 20 ff und JAB/B/BB – Befragungen von 1979 und 1985/86. Die Frühinvalidisierungsindizes bei männlichen Arbeitern liegen mehr als dreimal so hoch gegenüber den Angestellten. Die Kosten der Rehabilitation ebenso wie die der Frühinvalidität wurden überbetrieblich verrechnet. »Von der Höhe der Beiträge gehen daher keine Impulse aus, dem Gesundheitsverschleiß durch verstärkten Arbeits- und Gesundheitsschutz entgegenzuwirken.« Der Grundsatz »Rehabilitation geht vor Rente« bleibt daher folgenlos; er zieht nicht den Grundsatz nach sich »Arbeits- und Gesundheitsschutz geht vor Rehabilitation«. M. Kendner, Dt. Ärzteblatt, 4. 12. 1989, 37 ff.

6 Vgl. Arbeitsprogramm der Bundesanstalt für Arbeitsschutz für die Jahre 1989/90, Dortmund 1989, 37 ff. Die erwähnten Daten werden bei Gefahrgut-Transporten, die 17 % des gesamten Transportaufkommens ausmachen und 186 Millionen Tonnen pro Jahr umfassen (1988), noch um vielfältige Belastungsmomente erhöht.

Regel eindeutige Ursachen haben und zu raschen Entschädigungsregelungen führen, die zu Lasten des verursachenden Betriebs gehen, ist die Entschädigung des wesentlich komplexeren Berufskrankheitsgeschehens über die Berufsgenossenschaften bzw. Versicherungen dem Einzelbetrieb abgenommen. Die Verantwortlichkeiten werden anonym, bürokratisch und auf einem schwer durchschaubaren Instanzenweg geregelt. Hieraus läßt sich der Schluß ziehen, daß die Vermeidung von Unfällen im Arbeitsablauf aus klaren Wirtschaftlichkeitsinteressen, die hier mit dem Ziel der Humanität direkt koinzidieren, einen höheren Stellenwert einnimmt als die Vermeidung von Berufskrankheiten oder arbeitsbedingten bzw. mitbedingten Erkrankungen. Die Zahl der Arbeitsunfälle ging von 1969–1987 um 40,2 % zurück, die Zahl der tödlichen Unfälle von 1967–1987 um rund 64,7 %. Die betriebswirtschaftlichen Kosten pro Arbeitsunfall betragen immerhin ca. 12 600 DM (was insbesondere für kleinere und mittlere Betriebe erheblich zu Buche schlägt).[7] Niemand leugnet, daß trotz dieser erfreulichen Entwicklung Anlaß zu erhöhter Aufmerksamkeit in diesem Bereich gegeben ist, wenn man bedenkt, daß noch immer alle 18 Sekunden in der Bundesrepublik ein Arbeitsunfall passiert. Schlimmer aber ist die zunehmende Tendenz zu den schweren, oft tödlichen Wegeunfällen im Straßenverkehr. Die Kirche und alle verantwortlich Denkenden dürfen es nicht hinnehmen, daß im betrieblichen Bereich das Unfallgeschehen immer weiter eingedämmt wird, während maßgebliche Politiker im Bereich des Straßenverkehrs aus falsch verstandener Rücksicht gegenüber traditionellen Technikvorstellungen jährlich mehrere hunderttausend Menschen ins Unfallgeschehen treiben lassen.

III.

Die wirklich neuen und unbewältigten Herausforderungen im Arbeitsschutz liegen allerdings auf ganz anderen Gebieten. Die EKD-Studie hat sich deshalb mit diesen Problembereichen, von denen hier drei hervorgehoben werden sollen, besonders intensiv beschäftigt.

1. Das Gebiet der *Arbeitsstoffe* (chemische Elemente, chemische Verbindungen, Bestandteile von Zubereitungen, Gemischen und Lösungsmitteln) gehört zu den brisanten Aufgabenfeldern im Arbeitsschutz. Zu bedenken ist die Tatsache, daß es gegenwärtig rund 110 000 Altstoffe gibt, deren Zusammenset-

---

7 Vgl. H. Schneider, Die betrieblichen Unfallkosten – dargestellt an 20 Beispielen aus der Praxis, Dortmund 1986; Ch. Leichsenring, Wie sicher ist die Arbeit? Die Sicherheitsfachkraft überprüft den Betrieb, Köln 1984, 46 ff; BAU-Gruppe 1.2, Statistische Information für das Jahr 1987 (Dez. 1988) und vorl. Statistik für 1988, Dortmund 1989.

zung und deren Wirkungen auf den menschlichen Organismus weithin noch unbekannt sind. Eine abschließende Bewertung wird erst in ca. 10 Jahren möglich sein, viele Erkrankungen, insbesondere auch Krebserkrankungen werden, so wird vermutet, auf die Wirkung dieser sog. »Altstoffe« zurückzuführen sein. Weltweit werden gegenwärtig jährlich ca. 2500 *neue Stoffe* zusätzlich in den Verkehr gebracht. Diese sind im EG-Bereich zwar meldepflichtig. Aber auch hier sind die Wirkungszusammenhänge keineswegs klar. »Immerhin zeigen rund 25 % der neu angemeldeten Stoffe ›Anhaltspunkte‹ für krebserzeugende Eigenschaften.« Der Nachweis ist nicht nur schwierig, sondern ergibt sich oft erst nach dem gehäuften Auftreten ungewohnter Krankheitsfälle. Die Sozialkammer fordert deshalb, daß die Bundesanstalt für Arbeitsschutz vom Gesetzgeber bevollmächtigt wird, »Stoffe, die im Verdacht stehen, gesundheitsschädlich zu sein, zu untersuchen und gegebenenfalls zu untersagen«[8]. Auch im Blick auf die dritte Kategorie der bereits identifizierten »Gefahrenstoffe«, von denen ca. 1500 in der Gefahrenstoffliste aufgeführt werden und für deren Gebrauch genaue Richtlinien erlassen wurden, herrschen in der Praxis häufig Arglosigkeit und Unwissenheit. Hier zeigt sich, daß Arbeitnehmer und ihre Vorgesetzten heute über wissenschaftlichen Sachverstand, ein komplexes (chemisches) Wissen über Vorschriften, Gebrauchsanleitungen etc. verfügen müßten, das objektiv nirgends vorausgesetzt werden kann. Insbesondere kleinere und mittlere Betriebe, die noch immer rund zwei Drittel bis drei Viertel der Arbeitnehmer beschäftigen, leisten sich weder Sicherheitsfachleute noch eigene Betriebsärzte, so daß auf diesem brisanten Gebiet ein hoher Regelungsbedarf anzumelden ist.[9]

---

8 Arbeit, Leben und Gesundheit. a. a. O., 25. Die Ausdehnung der Verantwortlichkeit der Bundesanstalt würde erhebliche Ressourcen erfordern. Diese müssen aber unter allen Umständen geschaffen werden! Es muß leider konstatiert werden, daß die Bundesrepublik ein »Entwicklungsland« sowohl hinsichtlich der exakten Erforschung der Gefahrstoffe als auch in der epidemiologischen Forschung ist. Vgl. hierzu B. Marshall u. a., Spezielle Sach- und Wissensdefizite im Bereich der Arbeitsmedizin, in: ders. u. a., Überlegungen zur Situation der Arbeitsmedizin, a. a. O., 144 ff und den Tagungsbericht H. Kollmeier / K. Kuhn, Berufsbezogene Auswertung von betriebsärztlichen Daten und medizinischen Massendaten der Kranken- und Sozialversicherung. BAU-Kolloquium 1988, Dortmund 1989. Hier wird auf das Fehlen von Mortalitätsstatistiken, Krebsregister, Register chronischer Krankheiten aufmerksam gemacht, die es in vielen Staaten bereits seit langem gibt (6).

9 Die Studie greift hier Vorschläge auf, die zu einem einheitlichen Niveau auch bei Klein- und Mittelbetrieben führen können. Allerdings sind wir davon heute noch weit entfernt. Eine Sanierung der DDR-Betriebe mit einem weiten Netz betriebsärztlicher Versorgung ist möglich, bedarf aber einer raschen Beseitigung der gravierenden Wissensdefizite. Wesentliche Kritik an der Gefahrstoffverordnung vom 26. 8. 1986 übt die Zeitschrift »Humane Produktion« 4, 1987, 7:
»1. Die Bundesregierung hat viel zu wenige besonders gefährliche Stoffe verboten.

2. Eigene Nachforschungen in den Betrieben, aber auch zahlreiche Untersuchungen weisen darauf hin, daß mit dem Einzug der modernen Informations- und Kommunikationstechniken die *informatorisch-mentalen* und die *emotionalen Beanspruchungen* ständig zunehmen und psychische Belastungen nach sich ziehen, deren gesundheitliche Wirkungen vor allem im Herz-Kreislaufsystem und im mentalen Bereich signifikant sind. Der Umgang mit Industrierobotern, mit rechnergestützten Produktionsverfahren (CAD/CAM) und mit voll integrierten CIM-Systemen (Computer Integrated Manufacturing), die Steuerung und Wartung in Großanlagen zeigen nicht nur Verschiebungen und Schwerpunktbildungen von Belastungen, sondern auch ein Eingebundensein in Risiken im Blick auf Störfälle und Kosten, die bisherige Vorstellungen weit hinter sich lassen. Manifester und latenter »Verantwortungsdruck«, »Verdichtung der Arbeit«, Umgang mit störanfälligen hochkomplexen Geräten sind die Stichwörter, die Kennzeichen neuer Entwicklungen geworden sind.[10]

Aber auch in traditionellen Arbeitsbereichen, wie etwa der Pflege, zeigt sich die Tendenz zur *Intensivpflege* mit hochtechnisierter Ausstattung, die die herkömmlichen, eher physischen Belastungen (Heben und Tragen, Nachtschicht, Temperaturschwankungen etc.) nicht ersetzen, sondern überformen. Die latente oder meist manifeste Überbeanspruchung der Pflegeberufe wird heute mit Recht als Teil des »Pflegenotstandes« mit seiner extremen Fluktuation, hohem Krankenstand etc. verstanden. Die Kirche hat sich allzu lange am Berufsverständnis und Modell der Diakonissen orientiert, die »ganzen Einsatz«

---

2. In der Verordnung sind keinerlei Grenzwerte für Gemische von Gefahrstoffen aufgeführt, obwohl gerade davon über 10 Millionen Arbeitnehmer betroffen sind.
3. Unverzüglich müssen Vorschriften für Stoffe aufgenommen werden, die zu Fruchtschädigungen, Erbgutveränderungen, Störungen der Fortpflanzungsfähigkeit, Allergien und chronischen Vergiftungen führen können.
4. Die Hersteller von Gefahrstoffen müßten unter Androhung harter Strafen endlich gezwungen werden, ihre Erkenntnisse über gesundheitliche Eigenschaften von Gefahrstoffen gegenüber den Arbeitnehmern, den Verbrauchern und auch den Betrieben offenzulegen. Vor allem die Arbeitgeber von Klein- und Mittelbetrieben sind – ebenso wie die Verbraucher und Arbeitnehmer – auf solche Informationen angewiesen« (Zit. n. B. Marshall u. a., Überlegungen zur Situation, a. a. O., 205 f).

10 Vgl. K. Kuhn, Arbeitssicherheit und neue Technologien, Technische Rundschau 42, 1988, 132 ff; vgl. auch Der Bundesminister für Arbeit und Sozialordnung u. d. Bundesminister für Forschung und Technologie, Förderschwerpunkt: Schutz der Gesundheit an Arbeitsplätzen mit neuen Informations- und Kommunikationstechniken, Programm: Forschung zur Humanisierung des Arbeitslebens, Bonn 1985; dies., Arbeitsschwerpunkt: Schutz der Gesundheit beim Einsatz neuer Techniken in der Produktion, Programm: Forschung zur Humanisierung des Arbeitslebens, Bonn 1987; W. Breuer u. a., Positivbeispiele psychisch förderlicher Arbeitsmomente. Literaturstudie (Schriftenreihe d. Bundesanstalt f. Arbeitsschutz), Dortmund 1985, 105 ff.

verbunden mit hoher Motivation geleistet haben. Dieses Modell gehört aber längst der Vergangenheit an. Es ist ihre Aufgabe, an der Entwicklung eines neuen Berufsbildes mitzuwirken, das den Pflegeberuf an Wertigkeit dem Beruf des Arztes gleichstellt bzw. umgekehrt den Arztberuf hinsichtlich seiner Stellung und seines Berufsverständnisses neu durchdenkt.[11]

3. Als drittes Beispiel für neuartige Herausforderungen behandelt die Denkschrift die »Biotechnologie«, die die Entwicklung im High-Tech-Bereich im besonderen symbolisiert. Angesichts der stürmischen Expansion in Forschung und Produktion besteht die Gefahr, daß das Prinzip der vorbeugenden Gefahrenabwehr erst nach langen experimentellen Erfahrungen und nachgewiesenen Schädigungen im Umgang mit biologischen Wirkstoffen Einzug halten wird. Nachdem sich der Deutsche Bundestag und die Berufsgenossenschaft Chemie Ende der achtziger Jahre um Sicherheitsrichtlinien bemüht haben, ist zumindest die Gefährlichkeit dieses Arbeitsfeldes anerkannt. Die Kirche empfiehlt ein Konzept der vorbeugenden Gefahrenvermeidung, das von zwei Grundsätzen ausgeht:

> »1. Sein Anwendungsbereich sollte alle biologisch aktiven Mittel (Agentien) erfassen.
>
> 2. Es muß vom Grundsatz der potentiellen Gefährlichkeit ausgehen, solange die Ungefährlichkeit einer unbekannten organischen Verbindung nicht nachgewiesen ist. Bestehende Arbeitsschutzregelungen sollten daraufhin überprüft werden, inwieweit sie diesen Kriterien entsprechen.«[12]

---

11 Dem Thema Pflege widmet die Sozialkammer im Rahmen ihrer Arbeit an der »Gesundheitsreformdenkschrift« besondere Aufmerksamkeit. Fünf Punkte, so haben Untersuchungen ergeben, sind für Pflegekräfte von entscheidender Wichtigkeit: 1. ganzheitliche Pflege; 2. Mitarbeit in einem berufsübergreifenden Team; 3. überschaubarer Arbeitsaufwand; 4. optimale Pflegebedingungen im Verhältnis von Behandlungs- und Grundpflege, sowie 5. flexible Arbeitszeiten. »Alles andere war von sekundärer Bedeutung, auch Dinge wie Gehalt und Aufstiegsbedingungen.« Umgekehrt wurden »unzureichende Personalausstattung«, »Ausführung pflegefremder Arbeiten«, »zu starke Hierarchien« als »negative Arbeitsplatzmerkmale« genannt. Vgl. Gesundheitsforum, SZ Nr. 82, 7./8. 4. 1990, 19: Die Not in der Pflege – Ursachen und Konsequenzen; auch U. Pröll/W. Streich, Arbeitszeit und Arbeitsbedingungen im Krankenhaus, BAU Forschungsbericht Nr. 386, Dortmund 1984; H. Demmer/B. Küpper, Belastungen bei Arbeitsplätzen, die überwiegend mit Frauen besetzt werden, BAU Forschungsbericht Nr. 383, Dortmund 1984, 89 ff. Vgl. auch M. Rummel u. a., Neues zum Thema »Psychischer Streß«, Forschungsbericht der Projektgruppe »Psychischer Streß am Arbeitsplatz«, Berlin 1983.

12 Hierzu Arbeit, Leben und Gesundheit, a. a. O., 20. Außerdem W. Huber, Probleme der Biotechnologie im Arbeitsschutz, Heidelberg 1989: »Es gibt noch keine entwickelte Sicherheitsforschung zur Bio- und Gentechnologie; die mit Forschung befaßten Wissenschaftler arbeiten meist im Auftrag der Industrie.« Er fragt, wie kann verhindert werden, »daß Arbeitsschutz zur Risikoverwaltung degradiert wird« (1).

IV.

Obgleich das Thema »*Genomanalyse an Arbeitnehmern*« gegenwärtig noch kein Thema in der deutschen Arbeitswirklichkeit ist, so muß doch damit gerechnet werden, daß es bei Verfeinerung genomanalytischer Methoden und entsprechenden Routineverfahren in anderen Ländern (z. B. USA) rasch auch in Europa akut werden wird. Das Problem dieser Methode der gesundheitlichen Risikoanalyse bei Einstellungs- und Langzeituntersuchungen bei Arbeitnehmern ist nicht, daß völlig neuartige Erkenntnisse über die gesundheitliche Belastbarkeit zu erwarten sind. Auch heute schon lassen sich solche Erkenntnisse durch Explorationsverfahren gewinnen. Diese führen dazu, daß eine genaue Auswahl der Arbeitnehmer im Blick auf ihre Tauglichkeit für den vorgesehenen Arbeitsplatz stattfindet. Das Problem liegt in der Verobjektivierung der Diagnose und insbesondere der Prognose, die, in Datenbanken jederzeit abrufbar, unwiderruflich gespeichert sind. Dadurch kann die Würde des Menschen beeinträchtigt, der Entscheidungs- und Handlungsspielraum des einzelnen schicksalhaft determiniert und fremdbestimmt werden. Das »informationelle Selbstbestimmungsrecht« muß aber auch für die Gesundheitsdaten gelten. Wie kann verhindert werden, so wird gefragt, daß durch die Genomanalyse der Schutz der Arbeitnehmer vor gefährlichen Arbeitsstoffen oder gesundheitsgefährdenden Arbeiten umgekehrt wird in einen Schutz der Unternehmer vor anfälligen Arbeitnehmern? Der Gedanke der *Prävention* wird vom *Arbeitsschutz* in die Ebene der *Arbeiterselektion* verlagert, das Humanitätsprinzip verlassen.

Wissenschaftlicher Ausgangspunkt aller Genomanalysen ist die sogenannte »Ein-Gen-Ein-Protein-Hypothese«. Sie besagt, daß ein bestimmtes Gen die Information für die Synthese eines bestimmten, zugehörigen Genprodukts (Proteins) enthält. Viele Gene machen viele Proteine, viele Proteine bestimmen einen Stoffwechselweg, das Stoffwechselgeschehen führt zur Ausbildung von Merkmalen.

> »In Ausnahmefällen, etwa beim Wachstumshormon, bestimmt ein einziges Gen (das Wachstumshormon-Gen) über ein einziges Protein (das Wachstumshormon) ein äußerlich erkennbares (phänotypisches) Merkmal (die Körpergröße). Gene prägen sich also über ihre Produkte, die Proteine im Stoffwechselgeschehen und schließlich in Merkmalen aus. Dieser Prozeß ist allerdings keine Einbahnstraße, sondern erfolgt im Wechselspiel mit Umweltreizen, die ihrerseits wieder auf die Gene und ihre Ausprägung rückwirken.«[13]

In der Sozialkammer wurde lange darüber diskutiert, ob angesichts der Risiken die Durchführung einer Genomanalyse im Arbeitsleben auf Phänotyp-Ebene, auf der Chromosomen-Ebene, auf der Genprodukt-Ebene sowie auf der DNA-

---

13 Arbeit, Leben und Gesundheit, a. a. O., 21 f und vgl. W. Huber, a. a. O., 12.

Ebene sowohl als Einzelmaßnahme als auch erst recht als Reihenuntersuchung strikt abzulehnen und gesetzlich zu verbieten sei. Aus Gründen des »informationellen Selbstbestimmungsrechts« konnte sich die Sozialkammer zu einem generellen Verbot nicht entschließen, da auch die legitimen Eigeninteressen des Arbeitnehmers, bzw. die Vorsorgebemühungen von Eltern bei ihren Kindern Genomanalysen in bestimmten Situationen nahelegen können. Sie hat sich aber für ein strenges Verfahren und sichere Kontrollen gegen den Mißbrauch ausgesprochen:

> »Angesichts der angeführten Risiken ist zu prüfen, ob auf die Durchführung einer Genomanalyse im Arbeitsleben ganz verzichtet werden kann. Dies gilt sowohl für Einzelmaßnahmen als auch für Reihenuntersuchungen. Hier ist eine Güterabwägung nötig im Blick auf das Interesse des Arbeitnehmers an einer bestimmten Tätigkeit und dem Schutz vor eventuell eintretenden Schädigungen. Der Gesetzgeber hat hier strenge Maßstäbe anzulegen, um zu verhindern, daß bereits die Offenlegung eines genetischen Risikos im Arbeitsleben über Einstellung oder Nichteinstellung, Beschäftigung oder Arbeitslosigkeit, beruflichen Auf- oder Abstieg entscheiden kann.«[14]

Auf die Dringlichkeit einer vorausschauenden Gesetzgebung und der Präzisierung berufsgenossenschaftlicher Grundsätze für arbeitsmedizinische Reihenuntersuchungen hat der Heidelberger Arbeitsmediziner *W. Huber,* der auch Mitglied der Sozialkammer ist, durch detaillierte Auswertung internationaler Erfahrungen hingewiesen. So haben die gewerblichen Berufsgenossenschaften im Falle von Glucose-6-Phosphat-Dehydrogenasemangel, was zum Zerfall der roten Blutkörperchen führt – etwa bei intensivem Kontakt mit Nitro- und Aminoverbindungen –, Grundsätze erlassen, die faktisch auf eine Empfehlung zur Genomanalyse hinauslaufen. Die Firma *Dupont,* die in Europa verschiedene Niederlassungen besitzt, führt bereits Genomanalysen durch und hat z. B. vorgeschlagen, »heterozygote Träger des Sichelzellgens« von Tätigkeiten auszuschließen, die Anämien begünstigen. Hierzu gehören u. a. Umgang mit Benzol, Blei, Cadmium, aromatischen Aminosäuren, Nitroverbindungen, Kohlenstoffmonoxyd, oder allgemein Tätigkeiten, die mit körperlichen Anstrengungen verbunden sind. Da in der schwarzen Bevölkerung diese Veranlagung häufig vorkommt, kann dies zum weitgehenden Berufsausschluß führen, übrigens auch bei Personen, die an den Olympischen Spielen in Mexiko City mitgewirkt und eine ganz normale Lebenserwartung haben. Die einseitige Bewertung eines Gens führt zu gefährlichen Stigmatisierungen und knüpft faktisch an die monokausale Betrachtungsweise der traditionellen Arbeitsmedizin an. Und, was schwerer wiegt, der Weg in die darwinistische Anthropologie und Menschenselektion wird weit geöffnet.[15]

---

14 Arbeit, Leben und Gesundheit, a. a. O., 22.
15 Vgl. zum Ganzen: J. Stumm, Gentechnologie und Arbeitsschutz, Darmstadt 1987 und F. Helbing u. a., »Genomanalyse« bei Arbeitnehmern: Eine Klärung der Begriffe

V.

Die Sozialkammer hat sich Mühe gegeben, gegenüber solchen Abwegen der Arbeitsmedizin andere Lösungen ins Spiel zu bringen. Je weiter die naturwissenschaftlich geprägte industrielle Produktion voranschreitet, desto stärker wird die »Antiquiertheit des Menschen« *(G. Anders)* gegenüber maschinen- und computergestützten Verfahren zum Problem. Nur wenn ganzheitliche, an menschlichen und ökologischen Erfahrungen orientierte Ziele und Methoden erarbeitet werden, wird dem Auftrag der Humanisierung der Arbeitswelt Rechnung getragen.

Gesundheit und Krankheit sind nach christlichem Verständnis nicht ein Ideal des störungsfreien Funktionierens der Organe, der konfliktfreien Existenz und des Zustandes allseitigen Wohlbefindens. Gesundheit und Krankheit sind die beiden Möglichkeiten im Leben eines jeden Menschen, die ihn zur Verantwortung und Identität herausfordern. Gesund können Menschen genannt werden, die die Kraft erhalten, mit ihren Schwächen und Störungen zu leben und die Chance erhalten, trotz ihrer Einschränkungen ein sinnvolles, auf die Entfaltung der persönlichen Anlagen und Lebensentwürfe ausgerichtetes Dasein in Gemeinschaft mit anderen Menschen zu gestalten.[16]

Auch die Arbeit selbst darf nicht am Modell des Hochleistungsträgers – auch im Sport beschränkt sich diese Möglichkeit auf wenige Lebensjahre – orientiert werden. Sondern sie ist zu verstehen als eine zielstrebige, der kreatürlichen Ordnung gerecht werdende Tätigkeit, die gemeinschaftlich angelegt ist und in der Kooperation der verschiedenen Gaben von Frauen und Männern, Älteren und Jungen, »Gesunden« und weniger »Gesunden« zur Geltung kommen soll. Die Welt und Qualität der Arbeit darf solchen Überlegungen nicht einfach prinzipiell widersprechen. Die Sozialkammer hat in Zusammenarbeit mit Arbeitspsychologen und psychosomatisch orientierten Arbeitsmedizinern ein Erkenntnis- und Handlungsmodell vorgeschlagen, das dem erwähnten Gedanken der *sinnvollen Balance* entspricht.[17] Es geht davon aus, daß Belastungen im

---

aus arbeitsmedizinischer Sicht, in: Arbeitsmedizin-Sozialmedizin-Präventivmedizin 22, 1987, 90 ff.

16 Die Sozialkammer hat sich bemüht, im Vorgriff auf die in Arbeit befindliche Denkschrift zu einer ethischen Klärung des Zusammenhangs von »Arbeit und Gesundheit« zu gelangen, Kap. 5, und hat hier auf Gedanken von D. Rössler, J. Moltmann, F. Hartmann zurückgegriffen. Vgl. hierzu H. Schipperges, Homo patiens. Zur Geschichte des kranken Menschen, München 1985, 306 ff.

17 Unter dem Aspekt ganzheitlicher Betrachtung hat die US-Association of Schools of Public Health in Zusammenarbeit mit dem National Institute for Occupational Safety und Health im Jahre 1988 einen Vorschlag publiziert: A Proposed National Strategy for the Prevention of Psychological Disorders, der auch das Kap. 4 »Hauptaufgabe: Die Gewinnung eines ganzheitlichen Ansatzes« beeinflußt hat. Das Streßmodell hat

Arbeitsleben grundsätzlich in komplementärer Korrelation zu den Ressourcen stehen. Belastungen wiederum sind daraufhin zu untersuchen, welche Stressoren als zusätzliche Verstärker einwirken und welche zusätzlichen Ressourcen mobilisiert werden können. Es gibt innere Ressourcen und Ressourcen am Arbeitsplatz (z. B. Kompetenz und Qualifikation, Partizipation, Arbeitsklima, Zeitsouveränität etc.). Dieser Ansatz, der in der Studie ausführlicher dargestellt und erläutert wird, kann dazu beitragen, ein Klima im Betrieb zu erreichen, das arbeitsbedingte Erkrankungen oder Berufskrankheiten in ihrem komplexen Entstehungszusammenhang erkennt und neue präventive Strategien freisetzt. Schon heute gibt es über die Sicherheitsfachleute und Arbeitsmediziner hinaus »Arbeitskreise Gesundheit im Betrieb«, die sich die entsprechende Kompetenz aneignen und diese umsetzen.

Die hier angesprochene Betrachtungsweise überschreitet die Grenzen zwischen Arbeitswelt und Freizeitwirklichkeit. Sowohl Ressourcen als auch Stressoren lassen sich nicht mehr nur in der Arbeitswelt zuordnen. Selbst die Stressoren »gefährliche Stoffe«, die Allergien und andere Krankheiten (mit-)bedingen, wirken heute universal auf den menschlichen Organismus. Ebenso sind psychische und informatorische Belastungen hier wie dort – wenn auch unterschiedlich stark – verteilt. Es wird unumgänglich sein, aus diesen Einsichten neue versicherungsrechtliche Modelle und insgesamt umfassende Betrachtungsweisen abzuleiten, in denen die *Generalprävention* mit der *Verhaltens- und Verhältnisprävention* auf der einen Seite mit einer ganzheitlichen Regelung der *Rehabilitation* und *Entschädigung* andererseits verknüpft wird.[18]

VI.

In der deutschen Fachöffentlichkeit wurden bisher die Aktivitäten der EG vor allem unter dem Gesichtspunkt wahrgenommen, das deutsche Arbeitsschutzniveau vor Rückschritten zu bewahren. Inzwischen aber zeichnet sich eine Entwicklung ab, die in Einzelbereichen das erreichte Niveau überschreitet. Die

---

H. Mayer erstmals zusammenfassend dargestellt: Das Streßmodell als Erklärungsprinzip, in: Die Psychologie des 20. Jahrhunderts IX: Ergebnisse für die Medizin (1), Zürich 1979, 223 ff; vgl. auch K. Kuhn, Betriebliche Gesundheitsförderung. Stand und Perspektiven, masch. Ms., Dortmund 1990.

18 Unter 6.5 wird gefordert: »Gesetzliche Regelungen sind zu schaffen, die der Multikausalität bei der Krankheitsentstehung Rechnung tragen... Im Blick auf die Verantwortlichkeit der unterschiedlichen Versicherungsträger ist das Prinzip der Teilverursachung zumindest zu erwägen. Es ist zu wünschen, daß die Krankenkassen ihre Möglichkeit nutzen, Primärprävention am Arbeitsplatz verstärkt zu betreiben.«

inhaltliche Reichweite des Arbeitsschutzrechts wird deutlich ausgedehnt. Die neue *Maschinenrichtlinie* auf der Grundlage des Art. 100 a EWG-Vertrag verpflichtet die Mitgliedsstaaten dazu, bei der Konstruktion und dem Einsatz von Maschinen dafür zu sorgen, daß die »Sicherheit und Gesundheit« nicht gefährdet werden. Die »Sicherheits- und Gesundheitsanforderungen« (Art. 3 und Anhang I dieser Richtlinie) werden umfassend ausgelegt und schließen arbeitspsychologische und physiologische Faktoren mit ein: »Unter den vorgesehenen Benutzungsbedingungen müssen Belästigung, Ermüdung und psychische Belastung (Streß) des Bedienungspersonals unter Berücksichtigung der ergonomischen Prinzipien auf das mögliche Mindestmaß reduziert werden.«[19] Die Sozialkammer macht darauf aufmerksam, daß die EG-Richtlinien auf der Grundlage von Art. 118 a EWG-Vertrag einheitliche Mindestanforderungen an den Arbeitsschutz enthalten, die von den Mitgliedsstaaten über- aber nicht unterschritten werden dürfen. Dort wird auch die Terminologie neu gefaßt: von »berufsbedingten Erkrankungen« wird gesprochen und nicht etwa von »arbeitsbedingten Gesundheitsgefährdungen« oder »arbeitsbedingten Erkrankungen«. Arbeitgeber werden verpflichtet, »den neuesten Stand der Technik und wissenschaftlicher Erkenntnisse auf dem Gebiet der Gestaltung von Arbeitsplätzen« zu berücksichtigen, was sich beispielsweise beim Umgang mit Bildschirmgeräten etc. mit niederfrequenten (langwelligen) Radiowellen auswirken dürfte[20]. Begriffe wie »Erleichterung bei eintöniger Arbeit und bei maschinenbestimmtem Rhythmus«, »Verknüpfung von Technik, Arbeitsorganisation, Arbeitsbedingungen, sozialen Beziehungen« und »Einfluß der Umwelt auf den Arbeitsplatz«, »psychische Belastungen« haben bisher in den deutschen Arbeitsschutzregelungen noch nicht den Stellenwert eingenommen, der diesen Faktoren in den EG-Richtlinien heute schon eingeräumt wird. Allerdings wird es darauf ankommen, durch eine international angelegte Forschung und eine breite einvernehmliche Debatte den inzwischen eingeschlagenen Weg konsequent zu verfolgen. Die Evangelische Kirche begrüßt deshalb die gemeinsame Erklärung der Arbeitgeber und Gewerkschaften (1989) zum Arbeitsschutz der Europäischen Gemeinschaft. Im Anhang der Denkschrift wird diese Erklärung abgedruckt.

---

19 Vgl. A. Schulte / H. J. Bienek, Gesundheit am Arbeitsplatz. Baustein für Europa, a. a. O. . .

20 Vgl. Kollert u. a., Biologische Effekte elektromagnetischer Strahlung von Computer-Bildschirmen. Internationaler Stand der Erkenntnis. Messungen an 16 Bildschirmgeräten. Gutachten, Bremen 1987. Hier sei auf die Ergebnisse der internationalen Kongresse in Stockholm und Montreal 1986 und 1989 hingewiesen, die zusammengefaßt sind in: A. G. Fleischer, Problemfeld Bildschirmarbeit, masch. Ms., Hamburg 1990.

Es ist deutlich geworden, daß wir gegenwärtig an der Schwelle neuer grenzüberschreitender Lebens- und Arbeitsformen stehen. Diese müssen nicht in erster Linie Besorgnisse auslösen, sondern fordern uns alle zu erhöhter Aufmerksamkeit, zu einem übergreifenden Lernprozeß und einer neuen Arbeitskultur heraus. Die Kirche hat ihre Bereitschaft erkennen lassen, sich an diesem Lern- und Erfahrungsprozeß inhaltlich zu beteiligen.

Die neuen Informations- und Kommunikationstechniken als sozialethische Herausforderung

I.

Der Rat der EKD hat die »Kammer für soziale Ordnung« vor mehr als einem Jahr gebeten, in Verbindung mit der »Kammer für publizistische Arbeit« eine grundsätzliche Stellungnahme über die neuen Informations- und Kommunikationstechniken auszuarbeiten. Er ließ sich von der Beobachtung leiten, daß Ratlosigkeit und Unsicherheit hinsichtlich der Auswirkungen dieser Techniken auf das ganze Gefüge unserer Gesellschaft die Meinungsbildung innerhalb und außerhalb der Kirche kennzeichnen. Selten wurde bei der Erarbeitung einer Studie oder Denkschrift im Vorfeld ein so intensiver Austausch unter Fachleuten und Verantwortungsträgern gepflegt. Nicht nur Gewerkschaften und Arbeitgeber, sondern auch Systemtechniker, Datenschutzfachleute, Vertreter der Bundespost, Medienspezialisten und -pädagogen wurden in das Fachgespräch einbezogen. Das Ergebnis ist nicht ein »Kompromiß« auf dem kleinsten gemeinsamen Nenner. Vielmehr wurden in mehreren Dimensionen über die sachliche Information hinaus klare Vorstellungen über künftige Gestaltungsaufgaben entwickelt. Der Rat der EKD hat sich in zwei Sitzungen (zuletzt am 13. September 1985) mit dieser Materie ausführlich beschäftigt und die vorliegende Studie in großer Einmütigkeit verabschiedet. Im Spätherhst 1985 wurde sie veröffentlicht.[1]

Dies sollte vorausgeschickt werden, weil in unserem Gemeinwesen derartige Prozesse einvernehmlicher Willensbildung nicht sehr verbreitet sind. Die Enquete-Kommission des Deutschen Bundestages über die »Neuen Informations- und Kommunikationstechniken« hat 1983 einen Bericht vorgelegt, der lediglich additiv Probleme auflistete und Meinungen nebeneinanderstellte. Die gesamtgesellschaftlichen Aufgaben wurden aber nicht ins Blickfeld genommen.

---

1 Die neuen Informations- und Kommunikationstechniken. Chancen, Gefahren, Aufgaben verantwortlicher Gestaltung. Eine Studie der Kammer der Evangelischen Kirche in Deutschland für soziale Ordnung und der Kammer für publizistische Arbeit, hg. vom Kirchenamt im Auftrag des Rates der EKD. Mit einem Vorwort vom Ratsvorsitzenden D. Eduard Lohse, Gütersloh 1985.

Die Meinungen in der publizistischen Öffentlichkeit über die Zukunft der wissenschaftlich-technischen Zivilisation schwanken zwischen der Hoffnung auf die »Wendezeit« und dem Glauben an das bevorstehende eigentliche »Wunder der Industrialisierung«[2]. In der Perspektive der »Wendezeit« nimmt die technische Zivilisation ein Ende: »Altes wird abgeschafft, Neues wird eingeführt.« Ein neues Systembild des Lebens tritt an die Stelle der kartesianischen Weltanschauung und der Newtonschen Physik. Die zahlreichen Bewegungen – Ökologie-, Friedens-, Frauenbewegung – sind die Träger des kommenden »solaren Zeitalters«, in dem sich die Menschenwelt harmonisch in die Selbstregulierung des Kosmos einzufügen bereit ist. Denn es sei das Kennzeichen unseres Planeten, daß sein Regulierungssystem hinsichtlich der Umwelt »optimale Verhältnisse für die Evolution des Lebens aufrechterhalten kann«[3].

Demgegenüber erwarten die Verfechter einer ungebrochenen industriellen und technologischen Expansion im 21. Jahrhundert das eigentliche »Wunder der Industrialisierung«, wenn im Zuge des industriellen Wachstums die meisten Länder dieser Erde in das »Zeitalter des Massenkonsums« eingetreten sein würden. Der einflußreiche amerikanische Futurologe *H. Kahn*, der die Thesen *W. W. Rostows* über die Stadien des wirtschaftlichen Wachstums fortschrieb[4], geht davon aus, daß zu Beginn des 3. Jahrtausends Wirtschaft und Technik für alle Menschen dieses Planeten einen heute nicht vorstellbaren Reichtum an Konsumgütern bereitstellen werden. Die Produktivitätssteigerung durch technische Innovationen erlaubt im Jahre 2176 rund 15 Milliarden Einwohnern (gegenüber 4,5 Milliarden heute) die komfortablen Lebensverhältnisse, die heute nur den privilegierten Schichten offenstehen.[5]

---

2 F. Capra, Wendezeit. Bausteine für ein neues Weltbild, Bern [7]1983, ist kennzeichnend für dieses verbreitete Hoffnungsbild. Vgl. auch F. Capra, Der kosmische Reigen. Physik und östliche Musik – ein zeitgemäßes Weltbild, München [3]1983.

3 F. Capra, Wendezeit, 315.

4 Vgl. das Wachstumsmodell von W. W. Rostow, Stadien des wirtschaftlichen Wachstums. Eine Alternative zur marxistischen Entwicklungstheorie, Göttingen 1960, das H. Kahn, Vor uns die guten Jahre, Wien u. a. 1977, 20 ff bis ins Jahr 2176 verlängert hat.

5 H. Kahn geht davon aus, daß zu Beginn des 3. Jahrtausends, also bis 2176, ein Bruttosozialprodukt pro Kopf der Weltbevölkerung von 20 000 US-Dollar erreicht werde gegenüber 1300 Dollar pro Jahr im Jahre 1976. Zu diesem Zeitpunkt gäbe es 15 Mrd. Einwohner auf der Erde gegenüber 4,1 Mrd. im Jahre 1976. Das globale Bruttosozialprodukt liege bei 300 000 Mill. Dollar gegenüber 5500 Mill. Dollar 1976. Dieser kaum vorstellbaren Prognose gegenüber wird nicht nur die Ressourcenfrage aufgeworfen, sondern auch die Frage nach den ökologischen Bedingungen eines solchen Zukunftssystems. Vgl. hierzu vor allem H. Chr. Binswanger (u. a.), Der NAWU-Report, Wege aus der Wohlstandsfalle, Frankfurt 1978, 46 ff und H. Chr. Binswanger (u. a.), Arbeit ohne Umweltzerstörung, Frankfurt 1982.

Beiden Perspektiven, um nicht zu sagen Weltbildern, ist eines gemeinsam: Sie erwarten im Vertrauen auf die Kräfte der Selbstregulierung der gesellschaftlichen Kräfte oder des industriellen »Wachstums« ein Lebensoptimum. Beide überspielen die ganz entscheidende Herausforderung an die menschliche Verantwortung und an die verantwortlichen Gestaltungsaufgaben. Es gibt Stimmen, die bezweifeln, ob man die revolutionären Schubkräfte der technischwissenschaftlichen Zivilisation mit den heutigen nationalen und internationalen Institutionen beherrschen kann, ob unser Wirtschaftssystem sich überhaupt als transformationsfähig und unsere politischen und sozialen Werte sich als tragfähig erweisen.[6]

Von solchen überspannten Erwartungen oder Befürchtungen hält sich die EKD-Studie frei. Allerdings geht auch sie von der weitreichenden These aus, daß wir am Beginn einer Epoche stehen, die von der mikrophysikalischen Forschung und deren unmittelbarer Verwertung durch die Industrie gekennzeichnet ist. An deren Ende wird nicht nur die Organisation der Betriebe und die ganze Arbeitswelt verändert sein; auch der Alltag der Familien, des einzelnen, die Aus- und Weiterbildung, ja die Denkgewohnheiten unterliegen tiefgreifenden Wandlungen. Alle Gebiete der Erde, nicht zuletzt der Weltraum, werden von dieser technischen Entwicklung erfaßt.

Zu Grundfragen von so weitreichender Bedeutung kann die Kirche nicht schweigen. Es ist uns gelungen, eine stellvertretende Konsensbildung über die wichtigsten Handlungsperspektiven herbeizuführen. Diese Studie wendet sich deshalb nicht nur an die Politiker, die Sozialpartner und Medienfachleute, sondern vor allem auch an die mitdenkenden, mitverantwortlichen Glieder der Kirche in den Gemeinden und Synoden.

II.

Die Studie geht davon aus, daß trotz ihrer globalen Reichweite und ihrer alle Bereiche erfassenden Tiefenwirkung die neuen Techniken beherrschbar bleiben und lebensdienlichen Zielen zugeordnet werden können. Nach Schätzungen sind bisher rund 25000 Anwendungsmöglichkeiten der Mikroelektronik übersehbar, von denen aber einstweilen nur rund 5 bis 15 % erschlossen sind. Es wird Jahrzehnte dauern, bis der Umgang von Herstellern und Verbrauchern erlernt ist. Die Risiken des ungeheuer großen Kapitaleinsatzes müssen kalku-

---

6 Diese These vertrat Alexander King, Leiter der internationalen Föderation der Institute für Advanced Studies in Paris in seinem Referat an den Club of Rome, »Eine neue industrielle Revolution oder bloß eine neue Technologie?« 1979: Er kommt zu dem Ergebnis, daß es sich eher um eine Revolution handle und daß wir in eine Übergangsperiode eintreten, die dreißig bis fünfzig Jahre dauern kann.

lierbar sein, Qualifikationen erst erworben werden. Es bedarf der sozialen Akzeptanz, die weithin noch nicht gegeben ist. Dies schafft Gestaltungsspielräume für die Entwicklung von Kriterien, für die Bildung neuer Institutionen, für eine breite Information und Diskussion.

Hauptkennzeichen dieser Entwicklung ist gerade die systematische Vernetzung. Bisherige Grenzen der Regelung und Steuerung wurden überwunden, flexible Steuerungen, ob zentral oder dezentral, bei hoher Steuersicherheit wurden in weitverzweigten Systemen möglich.

- Weit über die ganze Erde verzweigte Großkonzerne nutzen diese elektronischen Steuerungs- und Fernübertragungssysteme. Computer der vierten oder fünften Generation, die zum Teil ca. eine Milliarde Rechenoperationen pro Sekunde bewältigen, stehen mehr und mehr zur Verfügung.

- Computergestützte Fertigungen im Betrieb machen es möglich, täglich nach einer »bemannten« Schicht zwei »Geisterschichten« fast ohne menschliche Mitwirkung zu fahren. Roboter bekommen mit Hilfe von Sensorik und automatischer Mustererkennung die Fähigkeit, zu sehen und intellektuelle Prozesse in Gang zu setzen.

- Der häusliche Bereich kann über eine Tastatur und einen Bildschirm, später auch akustisch an ein Datenverarbeitungsnetzwerk angekoppelt werden; Heimarbeitsplätze werden elektronisch an das Betriebsgeschehen angeschlossen. Hörfunk und Fernsehen werden in diese neuen Netzstrukturen immer stärker eingebunden .

- Die lokale Kommunikation kann durch rund 100 mögliche Low-Power-Sender mit geringerer Reichweite in der Bundesrepublik im Ansatz verändert werden. Die europäische Kommunikation kann bei Gemeinschaftssendungen – mit Synchrontonübertragungen bei einheitlicher Bildübertragung – auf eine neue Grundlage gestellt werden.

- Auch die Kontrolle über den einzelnen Bürger und Arbeitnehmer kann durch Datenverbundsysteme erheblich ausgedehnt werden. Die Angst vor dem »gläsernen Menschen« ist verbreitet. Neue Gesundheitsbelastungen (Bluthochdruck, psychosomatische Störungen) zeichnen sich an hochtechnisierten Arbeitsplätzen ab.

- Nicht zu verschweigen ist die Tatsache, daß die Militärtechnik gegenwärtig bei weitem den größten und raschesten Nutzen aus der Mikrotechnik zieht.

Diese wenigen Beispiele lassen das Ausmaß der Herausforderung und die Gestaltungsaufgabe erkennen: Die neuen Techniken sollen in den Dienst einer »kommunikativen« Gesellschaft von informierten, kompetenten und mündigen Bürgern gestellt werden. Umgekehrt soll die Gefahr einer lediglich »informatisierten« Gesellschaft abgewehrt werden, die sich im Gestrüpp der Daten und technischen Systeme verfängt, sich Sachzwängen einfach ausliefert. Es soll verhindert werden, daß die Selbstentfremdung des Menschen in der Industriegesellschaft – der Entfremdung von seiner Würde im Sinne der Gottebenbild-lichkeit, von seinem Nächsten im Sinne personaler Kommunikation, von der Natur als Schöpfung durch immer weiteren Ausbau der zweiten (von Maschi-nen und »künstlicher Intelligenz« geprägten) Natur voranschreitet.

Mit diesen von Menschen hervorgebrachten Potentialen treten – in verschärf-ter Weise – Ambivalenzen in Erscheinung, die aus der Sicht des christlichen Glaubens im Menschen selbst begründet sind. Es ist deshalb nur realistisch, mit der Gefahr einer Verdrängung authentischer Menschlichkeit grundsätzlich zu rechnen. Aus einem Ethos der Verantwortung heraus sind Entwicklungen zu prüfen, ob sie sich als lebensfördernd erweisen: Die Technik – auch in ihren fortgeschrittenen Stadien der Vernetzung und Selbststeuerung – muß, wie Arbeit überhaupt, der kreatürlichen Ordnung gerecht werden. Sie soll der Kooperation der Menschen dienen, menschenwürdige Arbeitsbedingungen schaffen. Arbeit darf nicht zur Restarbeit im automatisierten Prozeß verküm-mern. Technische Medien sollen als Instrumente glaubwürdiger, sozialer, ja sogar weltweiter Kommunikation dienen.

Damit wird deutlich, daß unter ethischen Aspekten personale und technisch vermittelte Kommunikation sich dann komplementär und nicht antithetisch zueinander verhalten, wenn die medialen Techniken als »Instrumente der sozialen Kommunikation«[7] dialogisch angelegt sind. Dann können sie sogar das Gespräch der Weltgesellschaft mit sich selbst vermitteln. Die Gesellschaft kann bei verantwortlicher Handhabe zum »lernenden System« heranreifen, sie kann auch den Tendenzen zur Einbahnkommunikation, zum rein konsumtiven Gebrauch widerstehen. In der christlichen Ethik ist das Grundkriterium wirkli-cher Kommunikation und Information das »Wort des Lebens«, das Christus selbst verkörpert. Die Erfahrung der pfingstlichen Ökumene überwindet die Dissonanz der babylonischen Verwirrung von Sprache und Kommunikation. Die Weltkonferenz der Ökumene in Vancouver 1983 hat die »Einheit in der Fülle reicher Vielfalt« als die Hoffnungsperspektive der Christenheit herausge-stellt, aus der auch die konkreten Orientierungen und Handlungskriterien resultieren.

Die Studie nennt sechs solcher Orientierungen und Kriterien: 1. »Mensch-heits- und zukunftsorientierte Verantwortung«; 2. »Offenheit als Korrekturfä-higkeit und soziale Beherrschbarkeit«[8]; 3. »Partizipation und Transparenz« der

---

7 Dies ist der Grundgedanke der Pastoralinstruktion »Communio et Progressio« über die Instrumente der sozialen Kommunikation der Päpstlichen Kommission für die Instrumente der sozialen Kommunikation, Bonn 1971. Vgl. die Zielvorstellung: »Gemeinschaft und Fortschritt der menschlichen Gesellschaft sind die obersten Ziele sozialer Kommunikation und ihrer Instrumente« (Nr. 1).

8 Das heißt z. B. »Wir haben nicht das Recht, unseren Nachkommen die Erprobung alternativer Formen gemeinschaftlichen Lebens unmöglich zu machen durch den Einbau nicht transformierbarer Sachzwänge«, wenn beispielsweise radioaktive Abfälle

Entscheidungsabläufe und der technischen Entwicklungen; 4. »Würde, Schutz und Ganzheitlichkeit«; 5. »Soziale Verträglichkeit, Gleichheit der Chancen, sozialer Ausgleich«; 6. »Glaubwürdige Kommunikation«.

Mit solchen sozialethisch begründeten Kriterien wird die Richtung angezeigt, in die technische Entwicklungen in vertretbarer Weise zu lenken sind. Die Technik ist in den Dienst des Menschen und der »verantwortlichen Sozialkultur« zu stellen. Diese ethische Perspektive der Studie muß sich freilich in den wichtigen Einzelbereichen bewähren.

III.

Die Studie konzentriert sich bei der Herausarbeitung der längerfristigen Gestaltungsaufgaben auf die großen Bereiche: Wirtschaft und Arbeitswelt; den Bereich der Medienentwicklung und den Zusammenhang von Familie, Bildung und Gemeinde. Einige dieser Aufgaben seien hier ausdrücklich hervorgehoben:

1. Da die Informations- und Kommunikationstechniken den Anpassungserfordernissen der Wirtschaft der Bundesrepublik als rohstoffarmem Hochlohnland besonders entsprechen, sind industrielle Innovationen von noch nicht absehbarem Ausmaße möglich. Dies führt zu immer größerem Kapitaleinsatz und verlangt ein immer höheres Niveau der Spezialisierung. Es erscheint unabdingbar, Zielvorgaben für wünschenswerte Entwicklungen festzulegen, die Rahmenbedingungen abzustecken und die Beherrschbarkeit des technischen Wandels sicherzustellen. Die neuen Techniken erlauben höchste Standards für umweltgerechte, z. B. energiesparende und abfallarme Verfahren. Keinesfalls darf der gesellschaftliche Nutzen der technischen Entwicklung zum Nebenprodukt militärstrategischer Planungen herabgewürdigt werden.

Im Hinblick auf die soziale Symmetrie kann und soll verhindert werden, daß einer breiten Schicht von Anwendern und Nutzern nur eine kleine hochspezialisierte Schicht von Herstellern und Anbietern gegenübersteht. Durch ein reiches Angebot an Ausbildungs- und Weiterbildungsmöglichkeiten sollte der Reichtum an Wissen und Fertigkeiten so breit wie möglich verteilt werden. Zugleich sollen die traditionellen, handwerklichen, arbeitsintensiven Fertigungsverfahren geschätzt und gefördert werden. Experimentelle Lebensbewältigung, genossenschaftliche Formen des Wirtschaftens, kreative, spielerische Formen der Verwirklichung menschlicher Kultur dürfen nicht weiter an den Rand gedrängt werden. Die entscheidenden kreativen Möglichkeiten des Menschen könnten sich durch einseitigen Gebrauch der Technik erschöpfen.

über Jahrtausende hinweg ihre schädigende Potenz behalten. Vgl. R. Spaemann, Technische Eingriffe in die Natur als Problem der politischen Ethik, in: D. Birnbacher (Hg.), Ökologie und Ethik, Stuttgart 1980, 180 ff: 201.

Die Beziehungen zur Dritten Welt unterliegen starken Veränderungen: Die Tendenz zur organisatorischen Zentralisierung bei gleichzeitiger multinationaler und regionaler Dezentralisierung verschafft den großen Konzernen ungeheure Macht und Effizienz. Durch Vereinbarungen zwischen den Nationen, u. a. durch die Verbesserung des Kartellrechts, sollen Gegengewichte gestärkt werden. Vor allem könnten durch die Mikrotechnik angepaßte Techniken im Rahmen eigenständiger Entwicklungskonzepte bereitgestellt werden. In ähnlicher Weise sollte auch das angestrebte Weltinformationssystem die authentischen Informationen in der Dritten Welt und die kulturelle Identität und Verständigung fördern. Zivilisatorische Nivellierung und neue Abhängigkeiten müssen rechtzeitig abgewehrt werden.

2. Viel Zeit und Aufmerksamkeit wurde den veränderten Arbeitsbedingungen und der Zukunft der Erwerbsarbeit überhaupt gewidmet. Wir haben uns um eine realistische Einschätzung bemüht. Trotz gegenteiliger öffentlicher Bekundungen konnten wir ein hohes Maß an Übereinstimmung zwischen den Sozialpartnern darüber erzielen, daß eine verantwortliche Einführung der neuen Techniken nur in partnerschaftlichem Miteinander in den Betrieben und Unternehmen möglich ist.

> »In den Betrieben und Verwaltungen ist deshalb auf frühzeitige, umfassende und gezielte Information, Förderung der Meinungsbildung sowie Mitsprache und Mitbestimmung zu achten.«[9]

Die in Betriebsvereinbarungen zum Teil schon erreichten Lösungen für die humanverträgliche Gestaltung der neuen Arbeitsabläufe sollen auch in einer Erweiterung des Mitbestimmungsgesetzes ihren Niederschlag finden. Betriebskommissionen sind im Gespräch. Vorbildliche Betriebe halten Mischverfahren der Produktion und Konstruktion für human und zugleich für zweckmäßig: Neben computerunterstützter Fertigung (CAM) und computergestütztem Konstruieren (CAD) werden herkömmliche halbautomatische und ganz handwerkliche Verfahren in Gruppenarbeitsplätzen aufrechterhalten. Diese Lösung erlaubt es, verschiedenen Begabungen, Belastungsgraden, Altersstufen optimal Rechnung zu tragen. Darüber hinaus bleibt das Erfahrungswissen, das den neuen Techniken zugrunde liegt, erhalten bzw. transparent.

Nach eingehender Prüfung deutscher und ausländischer Erfahrungen und der Bilanz aus arbeitsplatzfordernden und arbeitsplatzvernichtenden Wirkungen stellen wir fest, daß bis zum Jahr 2000 die technologische Arbeitslosigkeit zu einem arbeitsmarktpolitischen Problem ersten Ranges anwächst. Das Risiko, arbeitslos zu werden und auch längere Zeit zu bleiben, wird sich für einige Gruppen in der Gesellschaft erhöhen. Unter den heute überschaubaren Bedingungen werden Frauen, ältere Menschen (teilweise schon ab 45 Jahren), Aus-

---

9 Die neuen Informations- und Kommunikationstechniken, a. a. O., Zi. 219, 101.

länder, eingeschränkt Leistungsfähige, aber auch schlecht oder falsch ausgebildete Jugendliche verstärkt Schwierigkeiten haben, auf dem Arbeitsmarkt Fuß zu fassen.

Die Evangelische Kirche – wie übrigens auch die Katholische – fordert wieder mit Nachdruck, alle Anstrengungen auf beschäftigungspolitisch wirksame und gleichzeitig sozial wünschenswerte Investitionen zu richten, Gemeinschaftsaufgaben großen Stils aufzugreifen (z. B. Umwelt, Bildung, Raumordnung). Vor allem fordert die einseitige Produktivitätsentwicklung in bestimmten Schlüsselbereichen der Wirtschaft neue Formen personalintensiver Gestaltung der sozialen Dienstleistungen als Gegengewicht geradezu heraus. (In USA sind immerhin 70 % der Erwerbstätigen im Dienstleistungsbereich tätig; hierzulande nur rund 55 %!) Für diejenigen, die längerfristig trotz solcher Anstrengungen keinen Erwerbsarbeitsplatz finden, wird erneut der Ausbau des sogenannten »Zweiten bzw. alternativen Arbeitsmarktes« gefordert.

Zum ersten Male äußern sich die verantwortlichen Gremien der Evangelischen Kirche detailliert zur Regelung des Zugangs und des Schutzes von Daten. Die Studie entwickelt in Abschnitt 5.5 – ausgehend vom rechtlichen und ethischen Grundsatz der informationellen Selbstbestimmung – Richtlinien. Sie fordert strenge Beachtung dieses Rechtes bei personenbezogenen Daten, Ausweitung der Kompetenz unabhängiger Datenschutz-Beauftragter und führt die Grundsätze aus in den Bereichen polizeilicher Datenverarbeitung, betrieblicher und medizinischer Handhabung.

Bei genauer Beachtung solcher Grundsätze muß die Forschung keineswegs behindert werden, zumal auf Verbesserungsmöglichkeiten beim Zugang zu nichtpersonenbezogenen Daten aufmerksam gemacht wird.

3. Mit besonderer Sorgfalt und im großen Einvernehmen innerhalb der Kirche wurde die Entwicklung im Medienbereich geprüft. Zum ersten Male sind die verschiedenen Vorschläge und Forderungen aus dem Bereich der Evangelischen Kirche zu den »neuen Medien« zusammengefaßt und angesichts rascher Veränderungen deutlich profiliert worden. Hier hat sich insbesondere die Kammer für publizistische Arbeit in die gemeinsame Erarbeitung dieser Studie eingeschaltet.

Besondere Aufmerksamkeit wird der durch die Vermehrung der Übertragungskapazitäten ermöglichten Internationalisierung und Teilprivatisierung der Programmstrukturen gewidmet. Hinzu kommen die »Low-Power-Sender«, die zu einer bisher nicht gekannten Infrastruktur des Rundfunksystems in der Region führen werden.

Die Frage nach einer verantwortbaren einheitlichen Neuordnung des Rundfunkwesens wird nicht nur aufgeworfen. Vielmehr ist die Kirche bemüht – ohne damit bevormundend auf das publizistische Geschehen einwirken zu wollen –, die inhaltlichen Anforderungen an die publizistischen Angebote insbesondere im Hörfunk und Fernsehen zu präzisieren. Dabei wurden – wie auch im Datenschutz – die Prinzipien, die das Bundesverfassungsgericht in ständiger Rechtsprechung entwickelt hat, unter ethischen Aspekten aufgenommen und vor allem für die neuen – privaten – Anbieterstrukturen konkretisiert.

Die Studie legt ein klares Bekenntnis zum öffentlich-rechtlichen Rundfunk ab, »unbeschadet der Notwendigkeit einer Reform«. Neue Organisationsformen müssen sich an den vom Bundesverfassungsgericht vorgesehenen Standards für die Programmgestaltung des öffentlich-rechtlichen Rundfunks messen lassen. Dies gilt insbesondere im Hinblick auf die Pluralität der Meinungen, ein angemessenes Angebot der Information, die Ausgewogenheit der Programme der Bildung und Unterhaltung, die Beachtung des Schutzes von Kindern und Jugendlichen.

Drei Anliegen werden besonders hervorgehoben:
– Private Monopolbildungen sind zu verhindern. Neuen gemeinnützigen Anbietern soll der Marktzutritt ermöglicht werden.
– Im Hinblick auf die verantwortliche Gestaltung der Werbung in den neuen Medien, die auf ein festes Maß begrenzt werden soll, ist bestimmten Richtlinien Geltung zu verschaffen: Werbung an Sonn- und Feiertagen darf nicht zugelassen werden; sie darf sich nicht direkt an Kinder wenden; sie soll als »Blockwerbung« ausgestrahlt werden und als solche stets klar erkennbar bleiben.
– Es muß allgemein sichergestellt werden, daß nicht vordergründige Zuschauer- bzw. Zuhörererwartungen, die sich lediglich an hohen Einschaltquoten bzw. Verkaufszahlen bemessen, Anbieter wie Mediennutzer in eine Spirale der Angebotsverflachung hineinführen[10].

Die Studie wendet sich nicht gegen mehr technisch vermittelte Information. Bei sorgfältiger Darbietung können die Familie und der einzelne durch neue Programmstrukturen an Eigenständigkeit und Reichhaltigkeit der wechselseitigen Orientierungen gewinnen.

Um aber sicherzustellen, daß diese positiven Möglichkeiten auch genutzt werden, geht die Studie zum einen den Aufgaben einer erst im Ansatz vorhandenen »Medienpädagogik« nach.

Zum anderen wurde die Einrichtung neuer Organe vorgeschlagen.
– Hierzu gehört die Etablierung regionaler und gegebenenfalls lokaler Medienräte; die zu beteiligenden relevanten Gruppen sollen mit Einflußmöglichkeiten ausgestattet werden.
– Außerdem wird ein »Medienforum« vorgeschlagen, von dem in einem weiteren Sinn die Interessenvertretung und Angebotskontrolle der Nutzer wahrgenommen werden soll.

---

10 Vgl. a. a. O., Zi. 227, 104 ff, vgl. 74 f.

– Besondere Förderung verdienen neue Organisationsformen, die im lokalen Bereich den Bürgerdialog anregen und auf die Bedürfnisse sozialer und kultureller Minderheiten Rücksicht nehmen.[11]

IV.

Die Kirchen, die einzelnen Gemeinden, sind von der neuen Entwicklung in hohem Maße betroffen. Häufig wird in den Gemeinden die Frage diskutiert, ob sich die Kirche nicht ganz aus diesen neuen Systemen heraushalten sollte. Andererseits sehen gerade die sogenannten »evangelikalen« Kreise im Medium Rundfunk eine wichtige Möglichkeit, missionarisch in der säkularistisch geprägten Gesellschaft zu wirken.

Kirche und Gemeinden müssen Erfahrungen im Umgang mit Datenverarbeitung, mit Bildschirmtext, mit ihrer Beteiligung an lokalen Rundfunk- und Fernsehangeboten sammeln. Keinesfalls kann es um die Verstärkung ihres formalen Einflusses oder gar um Macht gehen. Vielmehr soll der Auftrag der Verkündigung und der sozialen Diakonie in einer den Medien angemessenen Weise wahrgenommen werden: Anleitung zum Dialog, Beratung und Begegnung sollen Vorrang erhalten. Anschaulichere Formen einer lebensnahen Verkündigung, Sorge um das Gemeinwohl, Schutz und Förderung Benachteiligter stehen im Vordergrund.

Ist einerseits Zurückhaltung in der Darstellung bestimmter Gottesdienstformen (z. B. des Abendmahles) geboten, so ist andererseits der »verkündigende Dialog« (*Jörg Zink*) eine angemessene und in Zukunft verstärkt mögliche Ausdrucksform der Kirche in den Medien der Massenkommunikation. Gefordert wird eine »medienbewußte« wie »medienkritische« Gemeinde, die auch neue Ämter einrichtet (Medienbeauftragte, Medienpädagogen) und konstruktive Beiträge leistet.

Es kommt – aus unserer Sicht – entscheidend darauf an, daß die Anstöße, die wir hier geben, in der gesellschaftlichen Diskussion um die neuen Technologien aufgenommen und konkretisiert werden. Wir werden vielleicht nicht in allen Einzelheiten recht behalten und lassen uns gerne korrigieren. Von ausschlaggebender Bedeutung ist aber, daß es zu einem tragfähigen Konsens in den Grundfragen kommt und die Zeit nicht versäumt wird, die zur aktiven Zukunftsgestaltung bleibt.

---

11 Vgl. a. a. O., Zi. 151, 73 f.

Aufgaben und Perspektiven kirchlicher und öffentlicher Asylpraxis

I. Der »Sitz im Leben« des Problems

Allgemein wird von der historischen Tatsache ausgegangen, daß mit der Reformation und der Säkularisierung der Kirchengüter seit der Frühneuzeit das spezifisch kirchliche Asylrecht des Mittelalters teils aufgehoben wurde, teils in Verfall geraten ist. Von der Asyltradition des Kirchenraumes finden sich in den protestantischen Fürstenstaaten sowie in der evangelischen Theologie und Praxis kaum mehr Spuren. Allerdings hält das heutige kanonische Recht den Anspruch auf kirchliches Asylrecht implizit aufrecht (CIC 1983: can. 1210, 1213, evtl. 4). Damit ist aber das Problem nicht aus der Welt, ob es Anlässe gibt, an vergangene Traditionen anzuknüpfen und spezifische Freiräume, Asylräume in kirchlicher Obhut von Fall zu Fall vorzusehen. Der demokratische Rechtsstaat kennt seiner Natur nach keine rechtsexemten Zonen im Sinne althergebrachter Asylgewährung an, da dem Rechtsbrecher ebenso wie dem Verfolger, dem Fremden und Außenseiter, Rechtsschutz und damit Schutz der persönlichen Würde grundsätzlich gewährt wird.

1. Außer Frage steht aber – zumindest für die Kirche –, daß ihr eine »geistliche Verpflichtung« im Sinne der Seelsorgeausübung mit Schweigepflicht und bestimmten Zugangsrechten zur geistlichen Kommunikation zukommt. Darüber hinaus haben Erfahrungen dieses Jahrhunderts die Kirche gelehrt, daß sie sich in politischen oder sozialen Konfliktsituationen bereithalten muß, ihrem besonderen Auftrag, ihrem »Wächteramt«, dem »Dienst der Versöhnung« gerecht zu werden. Während der nationalsozialistischen Herrschaft wurden zahlreiche Pfarrhäuser und Klöster zu Asylstätten für verfolgte Juden/Jüdinnen oder politisch verfolgte Personen und Gruppen. *Kurt Scharf* hat in einem Bericht »Pfarrhaus als Asyl« die Praxis der Bekennenden Kirche anschaulich geschildert.[1] Nicht selten brachten sich alle Betroffenen in eine schwere

---

1 K. Scharf, Das Pfarrhaus als Asyl. Erinnerung an einen elementaren Aspekt, in: R. Riess (Hg.), Haus in der Zeit. Das evang. Pfarrhaus heute, München 1979, 198 ff.
Zur neueren Diskussion um das kirchliche Asylrecht vgl. G. Robbers, Kirchliches Asylrecht? in: Archiv des öffentlichen Rechts 113, März 1988, 30 ff. Dort findet sich

Gefahr. In der Schweiz wurden unter rechtsstaatlichen Verhältnissen während des Zweiten Weltkrieges Flüchtlinge, insbesondere Juden/Jüdinnen, häufig rücksichtslos abgeschoben und in die Katastrophe entlassen. Als im Spätsommer 1942 ein besonders tragischer Fall und zugleich die Grenzsperre gegen jüdische Flüchtlinge öffentlich bekannt wurden, versuchten kirchliche Vertreter, die Behörden umzustimmen und eine humanitäre Linie durchzusetzen. Als dies mißlang, erklärten sie: Seitdem die Grenzen gesperrt seien, hätten sie sich nicht mehr an die Vorschriften gehalten. In aller Heimlichkeit hätten sie Flüchtlinge aufgenommen. Sie hätten die Verfolgten, denen es gelungen sei, die Grenzsperre zu durchbrechen, ins Innere des Landes geschafft. Sie hielten etwa 300 Flüchtlinge versteckt. Sie würden die Flüchtlinge »um keinen Preis« ausliefern. Pfarrer *Paul Vogt* bekannte sich offen zur »Illegalität der Liebe«, wenn und solange es in seiner Kraft stünde, ein Menschenleben zu retten. Falls der Chef der Polizeiabteilung auf seiner Politik beharre, würden die Schweizer Hilfswerke ihre vertrauensvolle Zusammenarbeit mit den Bundesbehörden kündigen. Sie würden »untertauchen« und auf illegalen Wegen den Verfolgten zu helfen suchen. Mit dieser Aktion gelang es, zunächst Nachdenklichkeit, dann sogar eine Lockerung der Grenzsperre zu erreichen.[2]

Dreierlei wird an diesem Beispiel deutlich: Einmal können Christen, kann die Kirche auch unter rechtsstaatlichen Bedingungen nicht darauf verzichten zu prüfen, ob die »Menschlichkeit des Menschen« im Einzelfall oder sogar strukturell verletzt oder gefährdet wird. In diesem Fall kann sie zur »Illegalität der Liebe« genötigt sein. Zum anderen wird deutlich, daß sie ihre Verantwortung zur Überwindung inhumaner, destruktiver Ordnungen oder Verordnungen auch den politisch Verantwortlichen gegenüber durch verstärkte Kommunikation, durch Teilnahme an der politischen Willensbildung wahrnehmen soll. Drittens wird ihre Handlungsweise um so glaubwürdiger, je mehr Christen ihren eigenen Einsatz, ihr persönliches Opfer, ja sogar das eigene Leben in die Waagschale legen.

---

die einschlägige juristische Literatur. Dem Ergebnis dieses Beitrags kann ich allerdings nur bedingt Folge leisten: »Das Recht des Kirchenasyls ist deshalb heute aufgegangen in den Gewährleistungen des grundrechtlich geprägten Verfassungsstaates. Als eigenständiges Institut hat es in ihm keinen Raum. Es behält aber als von der Kirche zu beanspruchende Notkompetenz gegenüber politischen Systemen seine Berechtigung, die grundlegende rechtsstaatliche Prinzipien leugnen. Ist es im freiheitlichen Rechtsstaat überholt und wird es in anderen Systemen kaum geachtet, bleibt es für die innerkirchliche Rechtfertigung religiös und im Gewissen motivierten Handelns dennoch von wesentlicher Bedeutung.« 51.

2 Vgl. W. Rings, Die Schweiz im Krieg. 1933–1945. Ein Bericht, Zürich 1974, 331 ff A. A. Häsler, Das Boot ist voll. Die Schweiz und die Flüchtlinge 1933–1945, Zürich 1979. In diesem Buch wurde u. a. das Archiv von Pfarrer Dr. Vogt aufgearbeitet.

2. In der Nachkriegszeit bekam das Thema plötzlich wieder Aktualität, als einerseits in vielen (Groß-)Städten Jugendunruhen ausbrachen und junge Menschen oft unter Assistenz kirchlicher MitarbeiterInnen kirchliche Räume als »Asylräume« in Anspruch nahmen, und andererseits asylsuchende ausländische BürgerInnen in kirchlichen Räumen vor der Abschiebung – zumindest bis zur weiteren Abklärung der Situation - bewahrt werden sollten. Landessynoden u. a. in Berlin, Hamburg, Württemberg und Zürich waren genötigt, Stellung zu beziehen.[3]

II. Drei Fallbeispiele

Um zu einer Klärung des Asylauftrags der christlichen Gemeinde im modernen demokratischen Rechtsstaat zu gelangen und Grundsätze aufstellen zu können, sollen einige Erfahrungen aus neuester Zeit geschildert werden. Drei Fallbeispiele sollen die Situation beleuchten:

1. Fallbeispiel: Zürich-Seebach

Im September 1985 trat in der Markuskirche Zürich-Seebach eine Gruppe von abgewiesenen chilenischen Asylbewerbern in einen Hungerstreik. Sie wollten sich damit gegen die drohende Ausweisung aus der Schweiz zur Wehr setzen und die Öffentlichkeit auf ihre Probleme aufmerksam machen. Die Kirchenpflege Zürich-Seebach gab dieser Gruppe Gastrecht und bat den Kirchenrat um Mithilfe. Diese Aktion erhielt eine große Publizität. Die Ausreisefristen wurden vom Eidgenössischen Justiz- und Polizeidepartement zunächst sistiert und nach einer Überprüfung neu angesetzt.

Anfang November trafen der Kirchenrat, die römisch-katholische Zentralkommission und das Generalvikariat sowie die Kirchenpflege Zürich-Seebach eine Vereinbarung, um gemeinsam eine für die Chilenen günstige Lösung zu suchen.

Als Instrument wurde dafür eine Koordinationsgruppe gebildet, in der die Partner vertreten waren und die von den Hilfswerken (HEKS und CARITAS) beraten wurde. Es wurde zeitlich befristet eine Sozialarbeiterin angestellt, die sich mit den anstehenden sozialen Problemen der Asylbewerber zu befassen hatte. Ein Mitarbeiter des HEKS wurde beauftragt, für die Koordinationsgruppe die eigentlichen Asylfragen zu bearbeiten.

---

3 Vgl. hierzu Th. Strohm, Neue Dimensionen kirchlicher Jugendarbeit. Lehren am Beginn eines Jahrzehnts, in: Jugend und Kirche, ThPr 16, 1981, 92 ff.

Es war für die Koordinationsgruppe von Anfang an klar, daß für die Seebacher Chilenen keine Globallösung erzielt werden konnte. Für jede Familie oder jede Einzelperson mußte nach einer möglichst günstigen Lösung gesucht werden. So wurden dann bis Dezember 1985 für jeden einzelnen Fall ein detaillierter Sozialbericht erstellt und mit entsprechenden Vorschlägen der kantonalen Fremdenpolizei übergeben. Die Koordinationsgruppe arbeitete diese Vorschläge nach einem von den Hilfswerken HEKS und CARITAS zusammengestellten Kriterienkatalog aus. Besprechungen mit den zuständigen Behörden in Zürich und Bern zeigten grundsätzliche Übereinstimmung bei der Beurteilung der Härtefälle.

Es ergaben sich drei Zielrichtungen:
– Dort, wo sich neue Beweise erbringen ließen, wurde eine Revision des negativen Asylentscheides angestrebt.
– Für die Härtefälle (mehrjährige Anwesenheit und gute Integration im Kanton Zürich, Familien mit Kindern in Kindergarten und Schule) hat die Koordinationsgruppe die offene Internierung aus humanitären Gründen beantragt.
– Für die übrigen wurde eine intensive Suche nach Drittländern in die Wege geleitet. Dieses erwies sich als sehr schwierig und führte nicht zum Erfolg. Sowohl die Hilfswerke als auch das Hochkommissariat für Flüchtlinge der UNO konnten nur negative Bescheide geben.

Als Alternativlösung versuchte man eine »begleitete Rückkehr nach Chile« anzubieten. In diesem Projekt sollten die Risiken für die betroffenen AsylbewerberInnen so klein wie nur möglich gehalten werden. Die Hilfswerke, die katholische Kirche sowie die Botschaft in Santiago hatten ihre Mithilfe zugesichert. Außerdem wurden Kirchengemeinden angefragt, um für einzelne Familien finanzielle und moralische Begleitung sowie Starthilfe zu gewähren. In Orientierungsversammlungen wurden die ChilenInnen und ihre Betreuer in Seebach über die Bemühungen und die sich ergebenden Möglichkeiten orientiert. Es zeigte sich aber, daß niemand dieses Angebot annehmen wollte. Daraufhin reichten die betroffenen ChilenInnen nach einigem Hin und Her individuelle Fristerstreckungsgesuche ein, um nochmals Zeit für die nun eigene Suche nach Drittländern zu bekommen.

In allen diesen Fällen hat die Koordinationsgruppe das Menschenmögliche getan. Es ist ihr aber nicht möglich, unerfüllbaren Wünschen zu entsprechen. Ende Januar 1986 reichte auf Bitte der Koordinationsgruppe die Polizeidirektion des Kantons Zürich beim Eidgenössischen Justiz- und Polizeidepartement für vier Familien einen Antrag auf offene Internierung ein. Für weitere Fälle wurde ein solcher noch vorgesehen.[4]

---

4 Wiedergegeben nach dem Protokoll der Kirchensynode des Kantons Zürich, 26. Amtsdauer, 13. Sitzung v. 10. Juni 1986. Die Synode kam immer wieder auf diese Angelegenheit zurück, vgl. Protokoll der Kirchensynode vom 25. Nov. 1986

An diesem Beispiel wird folgendes deutlich: Die Gemeinde Seebach und der Züricher Gesamtkirchenrat, also die Kirchenleitung, haben intensiv und abgestimmt zusammengearbeitet. Sie haben den Aufwand nicht gescheut, der entsteht, wenn eine menschliche, gewaltfreie Lösung erstrebt wird und die rechtsstaatlichen Gesetze und Verfahrensregeln beachtet werden. Entscheidend war die aufschiebende Wirkung ihres intervenierenden Handelns, der Zeitgewinn für Lösungswege, die die Betroffenen in ihrer Würde beachten und ihnen ein Maß von Partnerschaft einräumen. Darüber hinaus konnte die kirchliche Vertrauensstellung bei den Kontakten mit den Behörden und der Polizei voll ausgeschöpft und sogar eine Teilrevision der Abschiebeverfügung erreicht werden. Die Sorgfalt, mit der »für jede Familie oder jede Einzelperson« auf der Basis von detaillierten Sozialberichten nach »möglichst günstigen Lösungen« gesucht wurde, zeigt, daß die Kirche sich langfristig als verläßlicher, kompetenter und vor aufwendiger Sozialarbeit nicht zurückweichender Partner gegenüber den staatlichen Instanzen bewährt hat.

Die Züricher Kirche war auf diesen Fall gut vorbereitet, hatte sie doch anläßlich der Zürcher Jugendunruhen (1980/81), als ein Pfarrer zwei Demonstranten in seiner Kirche Zuflucht vor der Polizei gewährt hatte, bereits grundsätzliche Feststellungen getroffen.

Die Theologische Fakultät Zürich wurde um ein Gutachten gebeten, das dann unter dem Titel »Kirchlicher Raum – Asylraum – Freiraum« abgegeben wurde und das sich der Kirchenrat zueigen gemacht hat.[5] In der Zürcher Kirchensynode vom 12. Juni 1984 wurde dieses Gutachten erneut zur Debatte gestellt, weil in der Zwischenzeit in ein von den Stimmbürgern allerdings abgelehntes Polizeigesetz mit Blick auf die Kirche der Artikel »Die Polizei darf Räume, die der Allgemeinheit zugänglich sind, betreten« aufgenommen worden war. Es wurde deshalb gefordert, die Kirche möge Verhandlungen mit den staatlichen Instanzen aufnehmen mit dem Ziel, kirchliche Räume als »Seelsorgerliches Asyl der Zeitgewährung« gegenüber voreiligen und nicht abgesprochenen Polizeiaktionen auszunehmen. In dem Gutachten heißt es:

> »Gerade wenn die Kirche in ihren eigenen Räumen keinen Mißbrauch duldet, darf und muß sie den staatlichen Organen gegenüber eindringlich darauf bestehen, daß ihr Selbstbestimmungsrecht, das ihr als öffentlich-rechtlicher Institution zugestanden ist, auch in bezug auf die eigenen Gebäude und Räume respektiert wird, daß z. B. polizeiliche Kontrollen oder gar Besetzungen nur auf Wunsch oder bei ausdrücklicher Zustimmung der Kirchenleitung, eines Pfarrers oder einer anderen kirchlich beauftragten Person erfolgen dürfen.

»Respektierung des Selbstbestimmungsrechts der Kirchen«, 40 ff. Protokoll v. 26. 11. 85 »Asyl- und Flüchtlingsfragen«, 49 ff. und Protokoll v. 12. Juni 1984, 24 ff.

5 Stellungnahme der Theologischen Fakultät der Universität Zürich zu Händen des Kirchenrats der Evangelisch-Reformierten Landeskirche des Kantons Zürich durch den Dekan Theodor Strohm, »Kirchlicher Raum – Asylraum – Freiraum«, Januar 1981, abgedr. in: ThPr 16, 1981, 133 ff.

Darum ist dem Kirchenrat zu empfehlen, mit den zuständigen Behörden entsprechende Vereinbarungen zu treffen.«[6]

Es hat sich bei der Krise in der Gemeinde Seebach bezahlt gemacht, daß – informelle – Vereinbarungen getroffen wurden und die staatlichen Instanzen das »Selbstbestimmungsrecht« der Kirche im Sinne einer partnerschaftlichen Lösungsstrategie beachtet haben.

2. Fallbeispiel: Auferstehungskirche in Manchester

Anfang Januar 1989 wurde nicht nur eine Kirchengemeinde, sondern die Church of England und die englische Öffentlichkeit durch ein Ereignis in höchstem Maße herausgefordert: Die Polizisten kamen noch vor dem Morgengrauen. *John Methuen*, Pastor der anglikanischen Auferstehungskirche in Manchester, sah sich plötzlich mit einer halben Hundertschaft von Beamten konfrontiert. Sie hatten die Alarmanlage des Pfarrhauses außer Betrieb gesetzt, die Telefonleitungen gekappt und verlangten Zutritt zur Sakristei und zur Kirche, die beide durch das Pfarrhaus zu erreichen sind. Als der Pfarrer sich weigerte, demolierten sie die Tür mit einem Vorschlaghammer. »Mörder!« rief der 32jährige Viraj Mendis, obwohl die Polizisten sich bemühten, ihn möglichst schonend zu behandeln. Sie mußten, bevor sie ihn wegtrugen, noch die Handschellen durchschneiden, mit denen sich der Singhalese Mendis selbst an die Heizkörper gefesselt hatte. In eine Decke gehüllt trugen sie ihn hinaus, nach zwanzig Minuten war alles vorbei. Seit zwei Tagen sitzt Viraj Mendis nun im Londoner Pentonville-Gefängnis. An diesem folgenden Freitag soll er in seine Heimat Sri Lanka abgeschoben werden, wenn sich nicht noch ein drittes Land findet, das ihn aufnimmt. Großbritannien ist derzeit das einzige Land, das abgewiesene Asylbewerber nach Sri Lanka abschiebt.

Mendis hatte vor zwei Jahren in der Auferstehungskirche Zuflucht gesucht und lebte seither in der Sakristei. Er ist Kommunist, Mitglied einer Splittergruppe namens Revolutionary Communist Group, er unterstützt die tamilische Minderheit in Sri Lanka und betrachtet sich selbst als politischen Flüchtling. In seiner Heimat, so fürchtet er, wäre sein Leben bedroht. Doch die britische Regierung sieht das ganz anders. Daß Mendis öffentlich die Sache der Separatisten in seiner Heimat vertritt, sei ein »vorsätzlicher und zynischer Versuch«, seine Abschiebung zu hintertreiben, erklärte Innenminister *Douglas Hurd* im Unterhaus und mußte sich dafür als »Knobelbecher« schmähen lassen. Nach der Flüchtlingskonvention der Vereinten Nationen stehe Mendis der Status eines Flüchtlings nicht zu. Der Singhalese war vor zwölf Jahren nach England gekommen und war nach seinem Studium von den Behörden aufgefordert

---

6 Th. Strohm, Stellungnahme, a. a. O., »Kirchlicher Raum«, 135.

worden, das Land wieder zu verlassen. Vor den Gerichten verlor er in allen Instanzen, zuletzt weigerte sich das House of Lords, ihm den Asylantenstatus zuzusprechen. In seiner Verzweiflung war Mendis sogar eine Scheinehe mit einer Engländerin eingegangen. Doch trotz der offenbar eindeutigen Rechtslage haben sowohl der Bischof von Manchester als auch Amnesty International sowie etwa hundert Parlamentarier der Opposition für Mendis Partei genommen.[7]

An diesem Beispiel wird deutlich, daß angesichts sich verschärfender Asylpraktiken keine Kirche mehr damit rechnen kann, ihre »Unschuld« zu bewahren.

»Seit den Tagen Heinrichs des Achten«, klagte nach Bekanntwerden des Ereignisses der Labour-Abgeordnete *Keith Vaz,* »ist der Staat nicht auf diese Weise gegen die Kirche vorgegangen«. Nach altem Recht galten Kirchen als Freistatt, in der »Getaufte und Ungetaufte«, ja sogar »Irrgläubige und Gebannte« vor der Verfolgung des Staates geschützt waren. Dieses Privileg wurde in England zwar bereits 1623 vom Parlament abgeschafft, doch gibt es etliche Geistliche in der anglikanischen Kirche, die es aus moralischen Gründen noch immer aufrechterhalten wollen. Der Sprecher für die Diözese Manchester, *Martin Field,* glaubt an ein Gewohnheitsrecht, wonach die Kirche als Freistatt die letzte Zuflucht für ein bedrohtes Leben ist. England, das bis 1938 mehr als 16000 politisch Verfolgten aus Nazi-Deutschland Asyl gewährt hatte, ist wegen seiner fairen und großzügigen Politik gegenüber Fremden, vor allem gegenüber Verfolgten bekannt. Dennoch ist es an der Zeit, daß die Church of England, wie auch die anderen Kirchen ihre Rolle heute genauer bestimmen. Überall dort, wo die Menschlichkeit des Menschen unmittelbar auf dem Spiel steht, ist auch die moderne rechtsstaatliche Demokratie darauf angewiesen, daß sie nicht nur verbal an ihre moralischen Verpflichtungen erinnert wird, sondern daß die Kirchen sich als verläßliche Instanzen bewähren und dafür konkret auch eintreten. Im konkreten Fall hatte sie noch eine zweite schwierige Lektion zu lernen: der Betroffene ist nicht nur kein Christ, »er ist Kommunist«. Sind christliche Kirchen, bzw. christliche Gruppen bereit, radikal Andersdenkenden den Schutz und die Hilfe zu gewähren, die sie gegenüber ihren »Glaubensbrüdern« in aller Regel (»allermeist« Gal 6,10) aufzubringen bereit sind?

3. Fallbeispiel: »Wegelagerer« in Tegel

Bei der Tagung »Asyl im Gotteshaus. Kirche und Flüchtlinge« in Tutzing im Dezember 1987 berichtete das Mitglied der Kirchenleitung der Berliner Kirche *Theodor Ebert* von seinen Berliner Erfahrungen. Er fragte, was die Evangeli-

---

7 Vgl. Süddt. Zeitung v. 20. Januar 1989, Nr. 16.

sche Kirche in Berlin-Brandenburg (Berlin West) in den Wochen der politischen Verhandlungen mit der DDR gemacht habe, die dazu führten, daß die Fluggesellschaften der DDR den Visumszwang auf alle Fluggäste ausdehnten und damit potentiellen Flüchtlingen diesen Fluchtweg drastisch versperrten?[8] Als dann trotz kirchlicher Mahnungen 1985 immer häufiger Abschiebungen praktiziert wurden, wurde von Flüchtlingshilfegruppen in Berlin »gewaltfreier Widerstand« beschlossen und in vorsichtiger Weise auch praktiziert. Ein Bus des Roten Kreuzes wurde auf offener Straße an der Fahrt zum Flughafen gehindert. Pfarrer *Jürgen Quandt* und eine ehemalige AL-Abgeordnete wurden vom Innensenator öffentlich beim Namen genannt, als »Wegelagerer« bezeichnet und von der Staatsanwaltschaft wegen Nötigung angeklagt und erstinstanzlich auch verurteilt. Die Berufungsverhandlung wurde schließlich »wegen Überlastung des Gerichts« ausgesetzt. Sechs der zwölf Kirchenleitungsmitglieder haben bei anderer Gelegenheit am Abfertigungsschalter der PAN AM eine Art »Mahnwache« gegen Abschiebungen durchgeführt.[9]

Wie sind solche Aktionen zu beurteilen? Es ist sicher kein Mangel an Engagement in der Asylfrage in der Berliner Kirche, wie auch in anderen Landeskirchen. Auch in Hamburg wurden Aktionen mannigfacher Art durchgeführt. In Berlin haben schon vor den geschilderten Ereignissen kirchliche MitarbeiterInnen demonstrativ AsylbewerberInnen die Wertscheine, die ihnen anstelle von Barmittel als Hilfe zum Lebensunterhalt gewährt wurden, in Bargeld umgetauscht, um auf die Ungleichbehandlung hinzuweisen. Das Verhältnis zwischen dem Innensenator *H. Lummer* und vielen kirchlichen MitarbeiternInnen war gestört. Es ist allerdings auch die Frage, ob die Kirche ihrerseits bereits alle Möglichkeiten ausgeschöpft hat, um durch konkrete Hilfe in der Raumgewährung, der Integration bis in die Gemeinden hinein, den AsylbewerberInnen das Gast- und Heimatrecht einzuräumen, das zu mißachten man sicher mit Recht den staatlichen Instanzen und ihrer Bürokratie vorwirft. Um es auf die Formel zu bringen: »gewaltfreier Widerstand« kann nur Resultat oder zumindest Anfang einer glaubwürdigen, umfassenden eigenen Asylarbeit der kirchlichen Gemeinden sein. Wie ging man mit der Tatsache um, ein Beispiel für viele, daß viele AsylbewerberInnen mit Bargeldschulden an Rechtsanwälte, Flugvermittler u. a. zum Teil in Höhe von 20 000 bis 30 000 DM belastet waren bzw. sind? Nach Auskunft des Sozialsenators dienten die Wertmarken dazu, die Betroffenen vor den Schuldeneintreibern zu schützen, ihnen das Existenzminimum zu sichern.

Im konkreten Berliner Fall hat der kirchliche Protest dazu beigetragen, die kirchliche und öffentliche Willensbildung anzuregen und die Kontakte zwi-

---

8 Vgl. Th. Ebert, Widerstand gegen das Abschieben von Flüchtlingen, Erfahrungen in der Berliner Kirche, in: JK 49, 1988, 123 ff: 125 f.

9 A.a.O., 127.

schen Senat und Kirche zu intensivieren. Die Sensibilität gegenüber sog. »Alt-Asylfällen« und in der Abschiebungsfrage wurde seither größer. Allerdings wird die Kirche nicht umhin können, auch eine politische Gesamtperspektive in der Asylfrage zu erarbeiten.

Der Berliner Bischof hat im März 1987 an die Gemeinden u. a. geschrieben:

> »Um der Liebe willen kann der Einzelne dazu kommen, Gesetze zu übertreten. Dann muß er persönlich bereit sein, die Konsequenzen zu tragen, und darf nicht andere, Unbeteiligte, in Mithaftung ziehen.«[10]

Theodor Ebert fragte daraufhin zurück, ob ein Gemeindekirchenrat in einer Notlage beschließen kann, Asylbewerber in die Gemeinderäume aufzunehmen, oder kann dies ein Pfarrer notfalls auch alleine für die übrigen tun? Diesen Fall hat das Zürcher Gutachten im Blick gehabt, als dort festgestellt wurde, daß es besondere Situationen geben kann, in denen »Entscheidungen der gesamten Kirche auf dem Spiele stehen.« Diese können einzelne Pfarrer, Mitarbeiter oder auch Gemeinden überfordern. Es sei sogar denkbar, daß die Glieder der Kirche mehrheitlich einer herrschenden Stimmung anhängen, während einzelne kirchliche Gruppen oder auch einzelne Amtsträger oder Gemeindeglieder veranlaßt werden, »im Namen der Kirche, aber auf eigene Verantwortung öffentlich zu reden und zu handeln«. Angesichts des volkskirchlichen Pluralismus in der Kirche könne es in solchen Situationen dazu kommen, daß die kirchliche Verantwortung paralysiert werde. Deshalb kann in solcher Situation »die Kirchenleitung nicht umhin, eine klare, dem Evangelium verpflichtete Haltung einzunehmen. Sie sollte dann versuchen, bei der Pfarrerschaft und anderen kirchlichen Mitarbeitern eine Urteils- und Konsensbildung in Gang zu bringen und ihre Haltung auch öffentlich zu vertreten«.[11]

Längst ist erkannt, daß es über die grundsätzlichen Überlegungen der EKD-Denkschrift »Flüchtlinge und Asylsuchende in unserem Land« (1986) hinaus Kriterien und Maximen bedarf, die den vorauslaufenden Konsens befördern und im Ernstfall die Entscheidungsfindung und das Handeln erleichtern.

III. Aufgaben und Perspektiven kirchlicher und öffentlicher Asylpraxis

Die folgenden 10 Thesen sollen dazu dienen, dieser Aufgabe ein Stück weit zu entsprechen. Sie fassen teilweise zusammen, was in Verlautbarungen der kirchlichen Werke oder einzelner Personen bereits zum Ausdruck gekommen ist. Auch der Schweizerische Evangelische Kirchenbund hat unter dem Thema »Widerstand? Christen, Kirchen und Asyl« (1988) eine Publikation herausge-

---

10 A.a.O., 129.
11 Th. Strohm, Stellungnahme, a. a. O., »Kirchlicher Raum«, 136.

bracht, die sich in sehr differenzierter Form um »Leitlinien für konkretes Handeln« bemüht.[12]

1. Die christliche Gemeinde, christliche Gruppen, alle Christen an jedem Ort sind zu höchster Wachsamkeit aufgerufen, wenn die Menschlichkeit des Menschen, also elementare Lebensrechte von Mitmenschen bedroht sind. Das Verhalten im Nahbereich der eigenen Stadt, des Dorfes oder Landes wird zum Gradmesser auch für die weitreichende Verantwortung der Kirche gegenüber Lebensbedrohungen in anderen Regionen der Welt. Es genügt nicht – auch wenn es der erste Schritt ist –, haupt- oder nebenamtliche Spezialisten mit Flüchtlingsfragen zu beauftragen. Die Willensbildung muß im Herzen der Gemeinden einsetzen mit dem Ziel, zu »verbindlichen« Handlungsperspektiven zu gelangen.

Angesichts der verworrenen öffentlichen Debatte um politische Flüchtlinge, sog. »Wirtschaftsasylanten«, »Altbestände« an ausländischen Gastarbeitern und Aussiedlern, bedarf es einer sorgfältig informierten gemeindlichen Öffentlichkeit. Die Kirche muß ihre eigenen Ziele formulieren und Lösungsstrategien erarbeiten, die auch zur Richtschnur des politischen Handelns werden können. Es genügt also nicht, die Motivation zur »Gastfreundschaft« gegenüber »Fremden« (Lev 19, 33 – 34 und Mt 25, 40 ff) zu stärken.

2. In diesen Lernprozeß sind auch die positiven Möglichkeiten für ein mitwirkendes Handeln der Kirche bei der Rechtssicherung und der faktischen Betreuung und Integration von Flüchtlingen auszuloten. Zugleich gilt es, die Grenzen zu erkennen, in denen eine moderne rechtsstaatliche Demokratie operiert und die ihr Verwaltungshandeln bestimmen. Sobald es darum geht, irreversible Schäden (Tod, Verstümmelung) oder schwerwiegendes Leiden als Folge von rechtsstaatlich legitimierten Anordnungen abzuwehren, können sich Christen nicht auf ihre Loyalitätsverpflichtung zurückziehen.[13] Vielmehr sind hier eigenständige Formen des Widerstehens gefordert, bei denen durch die Wahl der Mittel die Ziele nicht diskreditiert werden. Kurzatmige, spielerische Aktionen können vielleicht zur Selbstbefriedigung der Akteure beitragen, den Betroffenen aber ist damit nicht geholfen. Deshalb müssen auch die Formen des Widerstands die Richtung auf den Konsens innerhalb der Gemeinde und auf die verstärkte Kommunikation mit den staatlich-administrativen Kräften erkennen lassen. Im Unterschied zu dem in totalitären Systemen geforderten Verhalten wird unter rechtsstaatlich-demokratischen Bedingungen die größtmögliche Transparenz anzustreben sein, da Christen auch in ihrem widerstehenden Verhalten an der politischen Willensbildung teilnehmen. Allerdings ist damit

12 Schweizerischer Evang Kirchenbund, Widerstand? Christen, Kirche und Asyl (Glaube, Kirche, Oekumene 2), Bern 1988, »Leitlinien für konkretes Handeln«, 83 ff.
13 Vgl. a. a. O., 1a. »Bewußte Wertorientierung«, 83.

zu rechnen, daß einzelne mutige Christen, ja Gemeinden oder Gruppen, selbst erheblichen Schaden in der »Illegalität der Liebe« erleiden. Sie sind daher auf die »Solidarität im Konflikt« unbedingt angewiesen.

3. Bevor Schritte in die (vorläufige) Illegalität gewagt werden, sollen jedoch die Möglichkeiten des geltenden Rechts ausgeschöpft und Wege zur Verwirklichung einer besseren Gerechtigkeit im Recht aufgezeigt werden.

Wie ernst die Lage inzwischen ist, hat der Caritas-Präsident *Georg Hüssler* kürzlich deutlich gemacht. Er widersprach dem amtierenden Innenminister, der behauptete, 90 % der Asylbewerber mißbrauchten das Asylrecht. Aus einer Anerkennungsquote von nur 8,6 Prozent im vergangenen Jahr wurde fälschlicherweise geschlossen, mehr als 90 % der Asylbewerber weilten ohne Rechtsgrundlage in der Bundesrepublik. Er treibe »Mißbrauch mit seinen Mißbrauchszahlen«. Es könne nicht hingenommen werden, daß »die zu uns geflüchteten Menschen zum Objekt staatlicher Abschreckungspolitik« gemacht werden. Caritas und die anderen freien Wohlfahrtsverbände stellten fest, daß von den abgelehnten Asylbewerbern mindestens 60 % aufgrund der Genfer Flüchtlingskonvention als Flüchtlinge anerkannt bzw. nicht abzuschieben sind. Aber auch dem Rest dürfe nicht einfach »Mißbrauch« unterstellt werden, denn rund 10 % von ihnen seien im letzten Jahr in ihre Heimat zurückgekehrt oder in ein anderes Land weitergewandert.[14] Hier verschärft sich also eine Debatte über das im Grundgesetz garantierte Recht auf politisches Asyl, in der die Kirchen ihren Part als Anwälte des »Rechts des Nächsten« einüben und inzwischen an vielen Stellen auch spielen. Allerdings ist das Rechtshilfenetz gegen eine zunehmende Aushöhlung des Grundrechts auf Asyl durch gesetzliche und administrative Restriktionen nicht gesichert. Was wird geschehen, wenn es endgültig gerissen ist? Die Kirchen werden sich auf diesen Ernstfall dadurch vorbereiten müssen, daß sie eigene Ressourcen an helfenden, begleitenden Menschen und in viel größerem Umfang als bisher auch räumliche Reserven mobilisieren. Bis zum Beweis des Gegenteils können sie ihren Widerstand durch diese eigenen Vorleistungen glaubwürdig machen und auch im Sinne der Gerechtigkeit, an der sich staatliches Handeln zu orientieren hat, legitimieren. Um nun die positive Perspektive anzudeuten, sollen diejenigen Vorschläge zusammengefaßt werden, die in der kirchlichen und öffentlichen Debatte den Weg einer dem Grundgesetz und dem Auftrag der Asylgewährung entsprechenden Asylpolitik weisen. Die Kirche kann diesen Weg allerdings nur empfehlen, wenn sie in großem Umfang daran beteiligt ist und den Preis auch zu zahlen bereit ist.

---

14 Vgl. Süddt. Zeitung v. 4. Februar 1989, Caritas: Zimmermann mißbraucht Zahlen; Süddt. Zeitung v. 24. 1. 1989, Kirchen warnen vor schärferem Asylrecht, dort Zitate von Präsident Hüssler und Weihbischof Wöste. Wöste ist Vorsitzender der ad-hoc-Arbeitsgruppe Asyl der Deutschen Bischofskonferenz.

4. Aus der Erfahrung von Verfolgung und Vertreibung ist – ungeachtet der bedrängten Lage Deutschlands im Jahre 1949 – im Grundgesetz für die Bundesrepublik Deutschland den Menschen auf der Flucht in großherziger Weise Schutz zugesagt worden. Dieses Versprechen darf nicht durch einschränkende Gesetze, durch eine zumeist kleinliche und herzlose Verwaltungspraxis und durch unverständige Rechtsprechung ausgehöhlt werden.

Vielmehr muß der Preis, den dieses Versprechen kostet, ins Bewußtsein gehoben und müssen die Ressourcen zur Verfügung gestellt werden, die zur Einlösung des Versprechens führen. Asylpolitik in der Bundesrepublik Deutschland muß die Verfassungsgarantie wiederherstellen und gewährleisten, daß die durch Unterzeichnung der Genfer Flüchtlingskonvention übernommene internationale Verpflichtung zum Schutz für Flüchtlinge eingehalten wird. Deshalb müssen Menschen, die Verfolgung geltend machen, die Chance haben, um Asyl nachzusuchen.

5. Das Verfahren zur Entscheidung über Asylsuchende ist nicht nur im Interesse der Flüchtlinge, sondern auch im Interesse des Gastlandes zu vereinfachen und weiter zu verkürzen. In einem summarischen Verfahren sollte Asylsuchenden Schutz gewährt werden, wenn sie Angehörige von Staaten sind, deren politische Lage mit hoher Wahrscheinlichkeit die Annahme rechtfertigt, daß der Gesuchsteller aus politischen, rassischen oder religiösen Gründen verfolgt wird. Asylsuchenden, denen Asyl nach dem Grundgesetz nicht zusteht, sollte ein gesicherter Aufenthaltsstatus gegeben werden, wenn sie Flüchtlinge im Sinne der Genfer Flüchtlingskonvention sind und/oder wenn sie keinen anderweitigen Schutz vor Verfolgung in Anspruch nehmen können. Der Deutsche Bundestag sollte im Benehmen mit der Bundesregierung und dem Hohen Flüchtlingskommissar der Vereinten Nationen in regelmäßigen Abständen die Liste dieser Staaten festlegen.[15]

6. Die Freizügigkeit des Asylbewerbers darf im Asylverfahren nur in dem zur Sicherung des Verfahrens unabdingbaren Maß eingeschränkt werden. Es gehört zur Würde des Menschen, daß er selbst für seinen Lebensunterhalt sorgen kann. Deshalb ist spätestens mit der Verleihung eines Aufenthaltsstatus Flüchtlingen der Zugang zum Arbeitsmarkt zu eröffnen; angesichts der Besonderheit der Fluchtsituation ist eine Konkurrenz zur heimischen Arbeitsbevölkerung mit Sicherheit nicht zu erwarten.

Jungen Menschen muß die Möglichkeit zur schulischen und beruflichen Qualifikation gegeben werden, damit sie nach der Rückkehr in ihr Heimatland die Chance der Wiedereingliederung haben. Das Gastland könnte auf diese Weise

---

15 Die folgenden Thesen decken sich teilweise mit den Überlegungen von Klaus-Henning Rosen, dem stellvertretenden Vorsitzenden der Deutschen Stiftung für Flüchtlingshilfe der Vereinten Nationen, vgl. Frankfurter Rundschau v. 11. 1. 1988.

einen wirkungsvollen Beitrag zur Entwicklung der Länder liefern, aus denen die Flüchtlinge kommen.

7. Die Bundesregierung und die Kirchen Europas sollen sich einsetzen für eine Vereinheitlichung des Asylrechts in der Europäischen Gemeinschaft und sich auf eine einheitliche Asylpraxis verständigen, um so Unterschiede in der Belastung durch Flüchtlinge auszugleichen. Es sollte erwogen werden, ein europäisches Flüchtlingsamt zu errichten, das nicht nur die nationalen Flüchtlingspolitiken aufeinander abstimmt, sondern Quoten für die Aufnahme von Flüchtlingen festlegt und eine einheitliche Politik der Europäischen Gemeinschaft gegenüber den Heimatländern der Flüchtlinge entwickeln kann.

8. Flüchtlingspolitik macht im Ergebnis nur dann Sinn, wenn sie sich auch zum Ziel setzt, die Gründe für Flucht zu beseitigen. Dies setzt voraus, daß die internationale Völkergemeinschaft ihre Möglichkeiten zur Krisenverhinderung stärker ausschöpft, aber auch die Bundesrepublik Deutschland als Gastland auf Staaten einwirkt, die anderen Staaten zumuten, die Konsequenzen innenpolitischer Krisen zu tragen.

9. Zur Flüchtlingspolitik gehört es, die Möglichkeiten der sogenannten »Regionalisierung« auszuloten. Es kann Sinn machen, eine dauerhafte Ansiedlung von Flüchtlingen in der Region ihrer Herkunft anzustreben. Dies setzt aber die Bereitschaft der Länder der ersten Welt voraus, größere Mittel zur Lösung von Flüchtlingsproblemen aufzuwenden, damit nicht der Eindruck entsteht, die Länder der dritten Welt würden mit ihren Problemen allein gelassen.[16]

10. Die Bundesregierung ist aufgefordert, mit den Herkunftsländern der Flüchtlinge frühzeitig Rückwanderungsprogramme zu erarbeiten, wenn sich abzeichnet, daß innenpolitische Krisen, die Flüchtlingsbewegungen nach sich gezogen haben, gelöst werden. Umgekehrt setzt eine aktive Flüchtlingspolitik voraus, daß politischen Gefangenen oder Verfolgten in den jeweiligen Ländern Schutz gewährt wird, die Botschaften der Bundesrepublik helfend eingreifen und die Ausreise der Betroffenen erwirken. Nach den Erfahrungen, die Deutsche und zahlreiche Völker unter dem nationalsozialistischen Regime gemacht haben, muß es selbstverständliches Kennzeichen der Bundesrepublik bleiben, daß Menschen in Not und Verfolgung durch die Politik dieses Staates und durch die Mithilfe der christlichen Kirchen in optimaler humanitärer Weise Hilfe zuteil wird.

---

16 Vgl. hierzu auch den Appell an die politische Verpflichtung aller Länder, den die Internationale Konferenz in Genf, »Flüchtlingshilfe. Ein Beitrag zum Frieden« am 28. April 1986, veröffentlicht hat; in: Flüchtlinge, Dezember 1986, 30.

Der Beitrag der Kirche zu Reformen des Pflegebereichs

In den vergangenen Jahren reifte ein Notstand heran, dessen Bearbeitung und Überwindung in einem konzertierten Verfahren jetzt in Angriff genommen werden muß. Es geht um die grundsätzliche Neuordnung des Pflegebereichs, die in der Nachkriegszeit durch eine zögerliche und immer nur ad hoc betriebene Fortschreibung eingefahrener Strukturen unterlassen wurde. Die Krise war vorhersehbar. Es fehlte aber an der doppelten Interessenvertretung: der Vertretung des Gemeinwohlinteresses an einer dem Prinzip der Menschenwürde entsprechenden Ausgestaltung des Pflegebereichs und an der Interessenvertretung der Pflegekräfte, die aus dem Kartell, das die immensen Gesundheitsmittel weitgehend unter sich aufteilt, ausgeklammert wurden. Mit Recht konnte man erwarten, daß in der neuen Legislaturperiode diese Reform zügig eingeleitet und beispielsweise die Finanzierung von Pflegeleistungen durch eine Versicherungslösung sichergestellt wird. So wichtig eine wirklich eingreifende Absicherung des Pflegerisikos ist, so dürfen darüber nicht die übrigen Dimensionen der Reform übersehen werden: Es geht um eine Neubewertung des Pflegebereichs im Gesundheitssystem; darüber hinaus sind langfristige Strategien der Qualifizierung und Aufwertung der professionellen Pflegedienste erforderlich. Schließlich erhebt sich die Frage nach einer allgemeinen Kompetenzerweiterung in Fragen der Pflege, die alle Mitglieder der Rechts- und Solidargemeinschaft betrifft. Einige Gesichtspunkte aus diesem Reformbereich sollen im folgenden hervorgehoben werden.

I.

Die von allen Seiten beklagte Krise im Bereich der Pflegedienste hat ganz unterschiedliche Ursachen, die sich allmählich zu einem Geflecht der Wirkungen zusammenknoteten. Wenn nicht unverzüglich entscheidende Reformkonzepte vorgelegt und die entsprechenden Schritte vollzogen werden, wird es mit Beginn des kommenden Jahrhunderts zur Katastrophe und zu einem erheblichen Schwund an humaner Substanz in unserer Gesellschaft kommen. Auf der Basis erkennbarer Trends kommen unterschiedlich angelegte Studien heute zu dem Ergebnis, daß 1995 nur mehr 70 % der vorhandenen Stellen und im Jahr 2000 nur mehr 35 % der vorhandenen Stellen mit geeigneten Fachkräften besetzt werden können. In einem im Auftrag des Bayerischen Staatsministeriums für Arbeit und Sozialordnung abgegebenen Gutachten zu »Rolle und Stellenwert der freien Wohlfahrtspflege« wird prognostiziert, »daß bei einer weiteren exklusiven Nutzung der Ressourcen ›Personal‹ nicht nur in Einzelfällen mit einem Einrichtungsinfarkt gerechnet werden muß, weil die Grundlagen der Leistungsfähigkeit der Einrichtungen verbraucht sind«. Allgemein wird die alarmierende Diagnose gestellt, daß der Sektor sozialer Dienstleistungen vor dem Kollaps steht, wenn nicht unverzüglich in die Verbesserung seiner Lebensfähigkeit investiert wird. Drei Ursachen fallen besonders ins Gewicht:

– Eine demographische Ursache: Die Zahl der 17jährigen und für Pflegeberufe in Frage kommenden wird von 778 600 (1988) auf 567 700 (1995) sinken. Infolgedessen wird auch die Zahl der Abgänger aus Haupt- und Realschulen um rund 200 000 Personen absinken. Demgegenüber wird die Zahl der über 60jährigen um ca. 2,3 Mill. (von 1987–2000) ansteigen und die Zahl der über 80jährigen, also der virtuell von Pflegebedürftigkeit besonders Betroffenen, um ca. 300 000. Damit öffnet sich eine demographische Schere, deren Auswirkungen abschätzbar sind. Schon jetzt ist von einem Fehlbestand an qualifizierten Pflegedienstkräften von mindestens 60 000 Personen auszugehen.

– Eine weitere Ursache liegt in Fehlern der Ausbildungsplanung. Noch vor wenigen Jahren mußten junge Menschen Wartezeiten für die Ausbildung in Pflegeberufen bis zu drei Jahren in Kauf nehmen. Zusätzlich mußten hohe Kosten für die »private« Ausbildung entrichtet werden. In den siebziger Jahren wurden fast alle Pflegehilfeschulen geschlossen. Die Konsequenz lag auf der Hand: die Betroffenen drängten in andere Ausbildungsgänge, zahlreiche Abiturientinnen (und Abiturienten) wechselten in die Universitäten. Da die Einkommenserwartungen für die Familienhauptverdiener zu gering waren und sind, kam die Ausbildung ohnehin nur für Personen mit Nebenverdienst-Erwartungen oder Alleinstehende in Frage.

– Die dritte Ursache liegt in der Stellung der Pflege im Gesundheitssystem. Während die ärztliche, medizintechnische und medikamentöse Versorgung klar geregelt ist, gibt es für den Pflegebereich eine Mehrzahl von Instanzen, die sich gegenseitig die Kosten zuschieben, d. h. Leistungen weitgehend verweigern oder auf ein Minimum herabdrücken. Die Folge sind viel zu niedrige Pflegesätze in Krankenhäusern, in Pflegeeinrichtungen und erst recht in der ambulanten Pflege.

Ein Beispiel aus München: Wenn die Krankenschwester einer Sozialstation eine Injektion verabreicht, werden 4,90 DM vergütet. Wenn der Hausarzt dieselbe Spritze verabreicht, kann er DM 65,– in Rechnung stellen. Die Einkommensobergrenzen der verantwortlichen Pflegedienstleiter/innen in

Krankenhäusern liegen in der Regel um DM 1000,– und die der Krankenschwestern (bzw. Pfleger) um rund 2000,– DM unter der Eingangsstufe
für den ärztlichen Dienst (Assistenzärzte). Die Symptome des sich anbah-
nenden Notstands sind allgemein bekannt: geschlossene Stationen, überbe-
legte Häuser, Aufnahmestop für Notfallpatienten, Streß und Frust, zunehmende Fluktuation des Personals. Dies alles ist zu sehen auf dem Hintergrund einer sich intensivierenden Pflegesituation durch Verkürzung der
Verweildauer und Verstärkung der professionellen Anforderungen an die
Pflege.

Es darf nicht verschwiegen werden, daß auch die christlichen Kirchen und
ihre diakonischen Organisationen die Zeichen der Zeit zu lange nicht oder nicht
genau genug gedeutet haben. Zwar ist die *Wilhelm Löhe* zugeschriebene Formel
über den Dienst der Diakonisse ein Kennzeichen der Mitte des 19. Jahrhunderts
und längst außer Kraft. Sie lautet:

> »Was will ich? Dienen will ich! Wem will ich dienen? Dem Herren in seinen Elenden
> und Armen. Und was ist mein Lohn? Ich diene weder zu Lohn noch zu Dank,
> sondern aus Dank und Liebe. Mein Lohn ist, daß ich darf!«

Daß Frauen einen eigenen Willen hatten, grenzte damals schon an einen
Durchbruch in die Selbständigkeit. Aber die Konsequenzen am Ende dieser
Periode eines immer schon problematischen Dienstverständnisses wurden zu
spät gezogen. Diakonieschwestern in Gemeinden oder Krankenhäusern genie-
ßen wegen ihres selbstlosen Einsatzes und ihrer ganzheitlichen Kompetenz
überall eine fast legendäre Wertschätzung. Der Nachwuchs blieb aus. Wenn
früher eine Diakonisse oder Ordensschwester mindestens vierzig Dienstjahre
absolvierte, so muß man heute ca. vier bis acht angestellte Schwestern ausbilden
bzw. einsetzen, um dieselbe Zahl an Dienstjahren im Krankenhaus zu erreichen. Die Verweildauer der Krankenschwestern schwankt heute zwischen fünf
und zehn Jahren im Durchschnitt mit stark abnehmender Tendenz. In der
Optik vieler Träger orientiert sich das Berufsbild oft unbewußt noch an dem
Dienstverständnis der Diakonissen oder Ordensschwestern. Deshalb konnte
die moderne Krankenpflege, gleichgültig, ob sie aus humanitären oder aus
christlichen Motiven betrieben wird, kein festgefügtes, allen Belastungen und
Stürmen der Entwicklung standhaltendes Berufsbild entwickeln. Viele betrachten den Schwesternberuf als einen Durchgangs- oder Übergangsberuf.

Die Stellung der Pflege im Gesundheitssystem muß neu adjustiert werden.
Dies ist mit großen Anstrengungen und hohen Kosten verbunden. Diese
Kosten können nicht nur zusätzlich, sie müssen auch durch Umverteilung aus
dem Volumen des Gesundheits-Budgets von 2,771 Mrd. oder 9,8 % des BSP
(im Jahre 1988) aufgebracht werden. Wenn z. B. die gesetzlichen Krankenkassen nach eigenen Angaben jährlich ca. 6 Mrd. DM für Arzneimittel ohne – oder
mit ausschließlich schädlicher – Wirkung ausgeben, so ließen sich – laut

Enquetebericht 90 – von diesem Finanzvolumen rund 70 000 Ärzte oder – nach der gegenwärtigen Besoldungsordnung – rund 100 000 professionelle Pflegekräfte zusätzlich finanzieren. Daß die Bundesrepublik Deutschland im Blick auf die Pflege ein Entwicklungsland ist, kann allein ein Vergleich deutscher Krankenhäuser mit ausländischen Krankenhäusern zeigen: Während wir in der Bundesrepublik pro Bett 1,15 Planstellen haben, sind es in der Schweiz 1,59, in Dänemark 2,37, in den USA 2,71, in Schweden 2,78 Planstellen. In den letztgenannten Ländern gibt es also in den Krankenhäusern mehr als doppelt so viel Personal wie bei uns. Es gibt kein vergleichbares Land, in dem die Personalbemessung so knapp ist und die Mitarbeiter so viel leisten müssen wie hierzulande, stellt der Hauptgeschäftsführer der Deutschen Krankenhausgesellschaft, *Dr. Prößdorf*, fest.

II.

Da in Deutschland – im Unterschied etwa zu England oder den USA - der Pflegebereich weder einen festen Bestand in Forschung und Lehre an den Hochschulen noch sonst Gegenstand kontinuierlicher Forschung darstellt, existieren nur relativ wenige Untersuchungen, die ein Reformkonzept begründen und vorprägen könnten. Einige Ergebnisse lassen sich gleichwohl ins Spiel bringen. So wurde die Behandlungsintensität in Krankenhäusern überprüft. Legt man drei Pflegestufen zugrunde, wobei die 3. Stufe die Schwerstpflege betrifft, dann ergibt sich heute, daß rund 80 % des Pflegebedarfs auf die Kategorie 3 entfällt. Ähnlich haben sich die Gewichte in der Altenpflege und in der Pflege der Behinderten verschoben. Die physische und psychische Belastung der Pflegekräfte wurde in verschiedenen Untersuchungen präzisiert. So stellen sich beispielsweise schon bei 25jährigen Pflegepersonen Beschwerden des Stütz- und Bewegungsapparates ein (bei etwa 35 %) mit stark ansteigender Tendenz in den höheren Altersgruppen. Die psychischen Belastungen resultieren nicht nur aus der ständigen Leiderfahrung, sondern stärker noch aus den Arbeitsbedingungen in den Einrichtungen. In einer Untersuchung des Bundesministeriums für Arbeit und Sozialordnung wurden Faktoren herausgestellt, die hierfür maßgebend sind: 1) Unzureichende Personalausstattung erzeugt permanent ein Gefühl der Überbelastung und des Versagens; 2) ungünstige Dienstzeiten führen zu einer erheblichen Belastung im persönlich-familiären Bereich, insbesondere bei Frauen; 3) die Ausführung pflegefremder Arbeiten zerstört die berufliche Identität und schafft ein Gefühl, jederzeit ersetzbar zu sein; 4) schließlich führt die Arbeit in starken Hierarchien zu dem Gefühl, etwa dem ärztlichen Dienst gegenüber strukturell unterlegen zu sein und lediglich als Hilfsdienst qualifiziert zu werden.

Umgekehrt wird in Befragungen festgestellt, daß die Motivation zur Pflege immer dann verbessert wird, wenn fünf Faktoren positiv zur Geltung kommen: 1) Die Möglichkeit zu ganzheitlicher Pflege, in der die Zuwendung zum Menschen zeitlich und organisatorisch vorgesehen ist; 2) die Möglichkeit zu teamartiger, berufsübergreifender Kooperation, in der ein Lernprozeß und nicht nur fließbandartige Pflege abläuft; 3) Überschaubarkeit und Transparenz des medizinisch-pflegerischen Ablaufs und damit kompetente Zusammenarbeit mit dem ärztlichen Dienst; 4) optimale Pflegebedingungen mit einem vernünftigen Verhältnis von Behandlungs- und Grundpflege; 5) flexible Gestaltung der Arbeitszeiten im Rahmen eines längerfristigen Zeitbudgets (halbjährlich oder jährlich), dadurch Gewinnung von Zeitsouveränität.

Diese Faktoren werden gelegentlich gleich hoch oder sogar höher eingestuft als die nicht minder gewichtigen, aber eher zu den Grundvoraussetzungen der Reform zählenden Faktoren: höheres Einkommen und Aufstiegsmöglichkeiten.

Da noch immer in hohem Maße Frauen in Pflegeberufen arbeiten, sind zusätzliche Faktoren zu berücksichtigen, die die Situation der Kinder und Familie betreffen. Hierzu gehören etwa Schlafmöglichkeiten von Kindern während der Nachtwache, Kindergärten, Wiedereingliederungshilfe nach der Familienphase, Verbesserung der Alterssicherung. Außer besseren Stellenplänen, besserer Bezahlung und günstigeren Rahmenbedingungen muß aber – in Analogie zu ausländischen Vorbildern – ein zukunftsorientiertes Berufsbild entwickelt werden. Diesem Berufsbild muß dann auch eine Ausbildungsstrategie entsprechen, die zugleich einen breiten optimalen Zugang ermöglicht und zu einem optimalen Erwerb von Kompetenzen führt. Hierzu sollen im folgenden einige Gesichtspunkte zur Diskussion gestellt werden.

III.

Der Pflegedienst ist ein unverzichtbarer und quantitativ wie qualitativ immer wichtiger werdender Teil der Gesundheitsvorsorge, -fürsorge und -nachsorge sowie der gesamten medizinischen, bildenden, beruflichen und sozialen Rehabilitation. Pflege ist teilweise mehr und teils auch anderes als der kurativ-medizinische Dienst, steht diesem aber an Bedeutung und Wertigkeit in nichts nach. Pflege dient der Wiederherstellung und Aufrechterhaltung der Gesundheit sowie der Lebensermöglichung und Sterbebegleitung auch unter extremen Bedingungen. Im Unterschied zum medizinischen Dienst, der als Berufsstand einheitlichen Bedingungen hinsichtlich Ausbildung, Bezahlung, Approbation etc. unterliegt und einen sehr hohen sozialen Standard erreicht hat, steht die professionelle Aufwertung für den Heil- und Pflegeberuf noch aus. Die Zersplitterung innerhalb der Pflegedienste in ambulante und stationäre Behinderten- und Altenpflege, ambulante Krankenpflege, Krankenhauspflege, Kurzzeit-pflege, Heimpflege setzt schon im Ausbildungsbereich ein und ist in den übrigen Dimensionen festgeschrieben.

Eine vorrangige Aufgabe ist es deshalb, innerhalb der Pflegedienste zu einheitlichen Standards und sinnvoller Differenzierung zu gelangen. Zu unter-scheiden wären etwa: Assistenzpflege, allgemeine Pflege, Funktionspflege, Intensivpflege, Abteilungsleitung (Station oder Gebiet), Pflegedienstsupervi-sion (einschließlich Praxisanleitung und -begleitung), Pflegedienstleitung. Grundsätzlich muß eine Rotation innerhalb der einzelnen Pflegebereiche mög-lich und auch empfohlen werden.

Zweitens sind auch die Ausbildungsgänge auf hohem Niveau einzurichten und zu vereinheitlichen. Bislang bildeten die Einrichtungen ihren »Nachwuchs an Pflegepersonal« meist nach Bedarf selbst aus. Diskutiert werden gegenwärtig die unterschiedlichsten Modelle: Zunächst die Eingliederung in die Universitä-ten. Dagegen spricht die Praxisferne, die zu hohe Eingangsvoraussetzung und zu unstrukturierte Ausbildung in diesen Bildungseinrichtungen. Verschiedene kirchliche Träger (z. B. Kaiserswerth, Neuendettelsau, Evang. Fachhochschule Freiburg) diskutieren einen eigenen Fachhochschulzweig »Pflegewissenschaf-ten«, der nach ca. vier Studienjahren mit einem Diplom absolviert werden kann. Es ist sicherlich wünschenswert, in den alten und neuen Bundesländern einige hochkarätige Modell-Studiengänge zu erproben und damit den spezifi-schen kirchlichen Beitrag zur Pflegeforschung und -ausbildung zu leisten. Vor uneinheitlichen Regelungen, die den Studierenden große zeitliche und finan-zielle Opfer auferlegen ohne entsprechende berufliche Anerkennung, sei jedoch gewarnt. Vieles spricht für die Neugründung von »Gesamthochschulen für Pflegeberufe und Pflegewissenschaft« in den Zentren der medizinischen Ausbil-dung und Versorgung. Eine Pflegegesamthochschule mit einem Eingangsbe-reich für mittlere Schulabschlüsse und hoher Durchlässigkeit nach allen Rich-tungen sollte in den wichtigsten Zentren vorhanden sein. Damit wird im Bereich der Lehre und Forschung ein zusätzlicher Anreiz für Qualifikation und »Aufstieg« geschaffen. Vorbilder gibt es in England und in den skandinavischen Ländern.

Erst wenn das professionelle Profil im angedeuteten Sinn klar herausgestellt ist, kann auch über die Verbesserung der Pflegekompetenz und Pflegehilfe auf breiter Grundlage gesprochen werden. Die Verpflichtung zur helfenden Pflege gehört zu den Grundpflichten eines jeden Menschen und Bürgers. Sie sollte deshalb auch abverlangt und die Fähigkeiten dazu ausgebildet werden. Unter-suchungen haben ergeben, daß ca. 75 % der jungen Menschen zwischen dem 17. und 25. Lebensjahr zu pflegender Hilfe bereit sind. Allerdings bedarf auch dieses Feld einer klaren Strukturierung. Folgende Prinzipien sollten dabei beachtet werden: Es darf keine »Zwangsverpflichtung« geben. Die Ausbildung sollte bereits im Rahmen der schulischen Sozialisation vorbereitet werden.

Breitgestreute Ausbildungsmöglichkeiten sollten überall angeboten werden, auch als parallele Ausbildung neben dem Hilfsdienst. Der Hilfsdienst sollte mit flexiblen, aber kontinuierlichen Dienstzeiten auf Honorarbasis verbunden sein, so daß beispielsweise Studierende einen Teil ihres Lebensunterhalts durch Teilzeitpflegedienste verdienen können. Der Hilfsdienst kann zum geeigneten Einstieg in den mittleren und höheren Pflegedienst ausgebaut werden, sollte aber dennoch deutlich davon abgehoben werden. Wenn heute »Kurzprogramme« (R. Süssmuth) zur »Ausbildung von Pflegepersonal« gefordert werden, dann kann sich das nur auf den Bereich der helfenden Pflege beziehen, mit dem der Notstand im Bereich der professionellen Pflege nicht behoben wird.

IV.

Im Rahmen einer Strukturreform des Pflegebereichs wird der Gesetzgeber seit Jahren von allen Seiten aufgefordert, ein Konzept zur erweiterten Absicherung des Pflegerisikos – nicht nur im Alter – vorzulegen und gesetzlich zu realisieren. Nach dem Scheitern einer Koalitionsvereinbarung im Januar 1991 muß befürchtet werden, daß entweder keine oder keine wirklich tragfähige Lösung gefunden wird. Der gegenwärtige Zustand ist aus zwei Gründen untragbar: einmal werden ganz normal pflegebedürftige Menschen und ihre Angehörigen heute in über 70 % der Fälle in Sozialfälle umdefiniert, die auf Sozialhilfe angewiesen sind und mit all den Implikationen der Heranziehung von Angehörigen in die Finanzierung, der Reduktion auf minimale Verfügungsmittel und bürokratischer Bevormundung belastet werden. Zum anderen werden die finanziellen Risiken einseitig auf die Sozialhilfeträger abgewälzt. Damit wird die Sozialhilfe, wie auch schon im Bereich der Arbeitslosigkeit, ihrem ursprünglichen Zweck immer stärker entfremdet. Prinzipiell sind drei Lösungswege möglich bzw. in der Diskussion:

1. Ab dem 45. Lebensjahr (oder schon im 18. Lebensjahr) wird eine private Pflegeversicherung abgeschlossen. Die Finanzierung erfolgt nach dem Kapitaldeckungsverfahren. Die Leistungen für Pflegebedürftige werden als Geldleistung gewährt. Eine gewisse Dynamisierung der Leistungen ist denkbar. Deren Höhe richtet sich allerdings nach den Beitragssätzen, die mit zunehmendem Risikopotential entweder stark angehoben werden, oder die Leistungen werden dann entsprechend begrenzt. Die Nachteile dieser vom Land Baden-Württemberg zunächst vorgeschlagenen Regelung liegen auf der Hand. Sie würde frühestens im Jahre 2010 greifen. Bis dahin würden die Beitragszahler doppelt (über Steuer und Beiträge) zur Finanzierung der Pflege herangezogen. Die Thesaurierung angesammelter Beiträge der Versicherten ist sozialpolitisch eine unwirksame Bindung von Finanzen. Gravierender aber ist bei dieser Regelung

die Aufhebung der Solidargemeinschaft der Versicherten. Die Einkommensschwachen bleiben unversichert und fallen als Sozialhilfeempfänger rasch aus dem Rahmen effektiver Hilfe. Die Tendenz zur ständischen Gesellschaft wird dadurch noch weiter verstärkt.

2. Eine generelle Absicherung des Pflegerisikos durch Steuerfinanzierung und Kommunalisierung der Verantwortung. Für diese Lösung spricht die gerechte Verteilung der Lasten im Rahmen der allgemeinen Steuergerechtigkeit. Klare Zuständigkeiten der örtlichen Leistungsträger wären verbunden mit Planungsgenauigkeit. Ein Risiko- und Lastenausgleich zwischen den Kommunen wäre unumgänglich. Damit würde ein Zwischenglied zwischen der gesetzlichen Krankenversicherung, den Alterssicherungsträgern und den Sozialhilfe gewährenden Behörden mit eigenem Finanzvolumen geschaffen. Diese Regelung – für die skandinavischen Länder typisch, die den Gedanken der Sozialgemeinde und einheitlichen Risikobewältigung in den Kommunen weit vorangebracht haben – widerspricht dem deutschen, auf Bismarcks Sozialgesetzgebung zurückgehenden Versicherungsprinzip. Ein älterer Vorschlag des Landes Rheinland-Pfalz kommt diesem Modell immerhin auf halbem Weg entgegen, indem hier ein eng begrenzter Teil der Pflegekosten aus allgemeinen Steuermitteln finanziert werden soll.

3. Von den freien Verbänden und vom Bundesarbeitsministerium wird ein drittes Modell favorisiert: unter dem organisatorischen Dach der gesetzlichen Krankenversicherung soll es eine Pflegeversicherung geben, deren Finanzierung die Versicherten mit etwa 2 % des Einkommens übernehmen, wobei die Arbeitgeber davon die Hälfte zu tragen hätten. Die Leistungen sollen sowohl als (niedriger bemessene) Geld- als auch als (höherwertige) Sachleistungen zur Verfügung stehen. Die häusliche Pflege soll Vorrang haben. Hier wird von kirchlicher Seite das Prinzip der Wahlfreiheit für den betroffenen Pflegebedürftigen vorgetragen. Insbesondere dann, wenn keine Heimpflege erforderlich ist, können sehr unterschiedliche Hilfen für die Pflegebedürftigen angebracht sein: Pflege durch Familienangehörige, stundenweise Hilfen über eine Anzahl von Wochen, Essen auf Rädern, Behördengänge, besondere Hilfen für psychisch Pflegebedürftige, Vorlesedienste, Sonderkonstruktionen der Hilfe in besonderen Situationen der pflegenden Familie u. a. m. Eine Tendenz zur Vereinheitlichung der Hilfen über vorgegebene Sachleistungen wird nicht nur den Erfordernissen nicht gerecht, sie erschwert auch das Eingehen auf die individuelle Bedarfssituation und kann in bestimmten Fällen auch für die Betroffenen entwürdigend sein. So empfiehlt sich eine Wahlmöglichkeit zwischen *gleichwertiger* Geld- und Sachleistung. Maßgeblich ist dabei immer der vorliegende Bedarf des Pflegebedürftigen. Bei diesem Ansatz muß die Solidargemeinschaft der Versicherten, zu der dann auch die Beamten und andere Gruppen hinzutreten müßten, die Pflegekosten voll tragen. Für die Investitionen tragen vor allem

die Kommunen die Verantwortung, für die sog. Hotelkosten in Heimen müssen die Betroffenen selbst bzw. dann wieder die Sozialhilfe aufkommen. Man rechnet damit, daß immerhin noch etwa 30% der Pflegebedürftigen Leistungen aus der Sozialhilfe beziehen müssen. Die Vorteile dieses Modells liegen einmal darin, daß ein nahtloser Übergang von Leistungen bei Krankheit zu Leistungen für die Pflege gewährleistet wird. Das Umlageverfahren greift mit Einführung der Versicherung. Wegen dieser eindeutigen Vorteile haben die christlichen Kirchen bereits eine klare Option für das dritte Modell abgegeben.

V.

Entscheidend ist aber auch bei einer baldigen Einführung des dritten Modells oder anderer Lösungen, daß sie wirklich großzügige Regelungen intendieren. Sowohl die Angestellten im Pflegedienst verdienen eine saubere, großzügige Lösung als auch die auf Pflege Angewiesenen. Der Direktor der Europäischen Akademie für psychosoziale Gesundheit, *Prof. H. Petzold,* stellte bei der süddeutschen Fachmesse »Altenpflege 91« in Ulm fest, an Standards internationaler Menschenrechtskonventionen gemessen würden sich »schwere und schwerste Menschenrechtsverletzungen« in vielen deutschen und europäischen Altenpflegeheimen zutragen. Das geltende, mehrfach fortgeschriebene deutsche Pflegegesetz stammt aus dem Jahre 1938. Ein grundlegend neues Gesetz ist fällig und sollte auf breiter Basis erarbeitet werden. In dem überaus materialreichen Endbericht der Enquete-Kommission »Strukturreform der gesetzlichen Krankenversicherung« (1990) wird dem Pflegedienst kein eigener Abschnitt gewidmet. Eine Enquete-Kommission »Strukturreform der Pflegedienste« ist überfällig. Die Evangelische Kirche wird sich in den kommenden Monaten – vertreten durch das Diakonische Werk und die Kammer für soziale Ordnung – verstärkt und in Absprache mit anderen sozialverantwortlichen Kräften um eigene Beiträge zur Pflegereform bemühen.

Eine von den christlichen Kirchen getragene Reform des Pflegebereichs wird von einem doppelten Ansatz auszugehen haben: auf der einen Seite ist der Leistungsbereich durch Verbesserung der Stellung der professionellen Pflegedienste und der Angebotsstruktur der Sachleistungen auf das Niveau zu heben, das der heutigen Lage entspricht. Auf der anderen Seite müssen auch der Umfang und die Unterstützung der nichtprofessionellen Mitarbeit und Selbsthilfe zum zentralen Thema der Reform werden. Eingehende Untersuchungen haben gezeigt, daß ca. 30% der Bürger ein aktuelles Engagement oder Interesse zeigen, »für soziale oder Gesundheitsprobleme ehrenamtlich bzw. in Selbsthilfe tätig zu werden«. Allerdings ist das Engagement an eine Reihe von wohlbegründeten Bindungen geknüpft: Der Wunsch nach »stärkerer Selbstorganisation« und »praktisch erfahrbarer Solidarität« ist verbunden: 1. mit dem Bestreben nach einer gewissen Zeitsouveränität bzw. Flexibilität; mit dem Wunsch, 2. als Mensch geachtet, ernstgenommen und nicht verplant, sondern mitverantwortlich informiert in die Planung der Arbeit einbezogen zu werden; 3. durch die Mitarbeit weiterqualifiziert und mit sozialer Kompetenz ausgestattet zu werden (z. B. durch Qualifizierungsmaßnahmen, Informations- und Kontaktstellen); 4. schließlich nicht zusätzlich finanziell belastet, sondern durch Aufwandsentschädigungen entlastet zu werden.

Die christlichen Gemeinden waren bisher ein selbstverständliches Rekrutierungsfeld für soziale Dienste, sie werden dies in Zukunft bleiben, wenn sorgfältig auf die legitimen Bedürfnisse der zum Dienst Bereitwilligen geachtet wird. Die Professionellen in den Ämtern der Gemeinde tragen heute ein hohes Maß an Verantwortung, ob sie Engagement fördern, Kompetenz vermitteln, ja sogar berufliche Perspektiven eröffnen können oder sich verschließen, Mitarbeit behindern und sich am Ende selbst als sozial inkompetent erweisen. Die Professionellen von morgen werden daran gemessen werden, ob sie »Ermöglicher« für andere oder nur »Macher« und »Selbstbehaupter« sind. Dies setzt ein neues Berufsethos voraus, das auch in Kirche und Diakonie erst noch eingeübt werden muß.[1]

---

1 Vgl. zur Reform des Pflegeberreichs u. a.: H. M. Sass, Ethik und öffentliches Gesundheitswesen. Ordnungsethische und ordnungspolitische Einflußfaktoren im öffentlichen Gesundheitswesen, Berlin / Heidelberg 1988; Bundesminister f. Bildung u. Wissenschaft (Hg.), Freiwilliges soziales Engagement und Weiterbildung, Bonn 1986; Chr. von Ferber, Ehrenamt und Selbsthilfe im Wandel ihrer gesellschaftlichen Voraussetzungen. Trennendes und Gemeinsames. Versuch einer Systematisierung, in: Soziale Arbeit 33, 1984, 382 ff; Th. Strohm, Grundlegende Reformen im Pflegebereich sind unumgänglich, in: ZEE 35, 1991, 82 ff; Bundesministerium für Arbeit u. Sozialordnung, Eckpunkte für ein Konzept zur erweiterten Absicherung des Pflegerisikos, Ms., Bonn 19. 11. 1990; Vorschlag d. Diakonischen Werkes d. EKD für einen Gesetzentwurf zur Pflegeversicherung, Stuttgart 15. 3. 1991; Alterssicherung – die Notwendigkeit einer Neuordnung. Eine Denkschrift d. Kammer d. EKD f. soziale Ordnung, hg. v. Kirchenamt im Auftrag d. Rates d. EKD, Gütersloh 1987, u. a. 54 ff.

VI. Lebensraum Stadt als sozialethisch-diakonische Aufgabe

Die Stadt als Sinnbild theologischer Weltorientierung

I. Über Wirklichkeitsverlust und kulturelle Identität

1. Funktionale Rationalisierung

Geplante Städte der Vergangenheit waren Deutungen von Gesellschaftsmythen. Die Städte des 19. Jahrhunderts versinnbildlichen die Mythen einer expansiven, spekulativen Wirtschaft, den imperialen Fortschrittswillen oligarchischer Regierungen, die nicht zögerten, sich im Glanz des kaiserlichen Rom zu spiegeln. Unser Jahrhundert »ist noch immer atemlos auf der Suche nach einem technologischen Stadtbild, obgleich die technologische Mythe schon im Absterben ist«. *Sibyl Moholy-Nagy* hat in ihrer genialen »Geschichte der urbanen Welt«[1] der technischen, ökonomischen und bürokratischen Rationalität, die in den Städten zur Dominanz gekommen ist, die tiefengeschichtliche, kulturelle Rationalität entgegengesetzt. Aber die Degeneration der Stadt zu »Verdichtungsräumen«, die in weitläufige Stadtregionen ausufern, gelegentlich durch Ortsschilder mit neuen Namen aufgelockert, kann die Kategorie »Stadt« als ideologisches, als falsches Bewußtsein von Realität entlarven. 24 Verdichtungsräume, Agglomerationen, sind in Deutschland zwischen Hamburg, Aachen, Frankfurt, Nürnberg und München offiziell ausgewiesen. Die Bewohner der Bundesrepublik konzentrieren sich immer mehr auf diese zur Zeit rund sieben Prozent der Gesamtfläche. Schon jetzt ist nahezu die Hälfte der Bevölkerung in diesen Räumen ansässig. Die UNO-Prognose, die in der ferneren Zukunft eine Entwicklung erwartet, »bei der vielleicht achtzig Prozent der Menschheit in Städten oder stadtähnlichen Gebilden von zum Teil ungeheuren Ausmaßen leben werden«[2], zeigt, daß hier nicht Pläne und Mythen am Werke sind, sondern im Namen der wissenschaftlich-technischen Zivilisation natur-

---

1 Vgl. S. Moholy-Nagy, Die Stadt als Schicksal. Geschichte der urbanen Welt, München 1968, 86 f.
2 Vgl. R. Mackensen, Bevölkerungsstruktur und Regionalplanung, in: ders./H. Weber (Hg.), Dynamik der Bevölkerungsentwicklung. Strukturen – Bedingungen – Folgen, München 1973, 202 ff.

wüchsige Prozesse entfesselt wurden, in denen die Stadt zum ornamentalen Residuum einer Siedlungslandschaft schrumpft. Die Liebe zum Detail, mit der alte Häuser wie wertvolle Antiquitäten restauriert werden, kontrastiert mit der Hemmungslosigkeit, mit der die Ränder oder – nach erfolgter Kahlschlagsanierung – die Lücken verbaut werden. Es gab Pläne – auch für die Nachkriegszeit, zum Beispiel von *Max Taut* – für ein durchgrüntes Berlin und von *Walter Gropius* – freilich nicht realisiert – für die heutige »Gropiusstadt«. Am besten verfuhren diejenigen, die sich möglichst eng an die Tradition anlehnten und wenigstens – wie in Nürnberg – die Kerne der Agglomeration in ihrer Identität wahrten.

2. Polyzentrische Planung

Alle Versuche, auf liebevolle Weise die Städte zu retten, laufen heute darauf hinaus, etwas von dem zu identifizieren, was sich aus der Vergangenheit als »eine außerordentliche günstige Grundveranlagung für eine menschliche Lebensumwelt« erweist. Theodor Henzeler setzte – in München – der »inhumanen Stadtpraxis der letzten 50 bis 150 Jahre« das polyzentrische Raster der alten Dorfkerne entgegen, die in bezug auf technische Ausstattung verwahrlosten zu »Hinterhöfen der Großstadt«. Bürgerliches Selbstbewußtsein wurde durch zentralistische Verwaltung total zerstört, und Infrastrukturen wie Hauptverkehrsstraßen machen diese Dörfer zu einer lebensunwerten Umwelt.[3] In Berlin sind die zahllosen Dörfer mit alten Kirchen, Friedhöfen, Weiher und Anger zum Teil zum Verkehrshindernis degeneriert und zur Unkenntlichkeit entstellt. Es wirkte wie eine Großtat – ohne erhebliche Folgen –, als auf Initiative eines Kirchenkreises das alte »Böhmisch-Rixdorf« wiederentdeckt wurde, als sei es seit Jahrhunderten verschüttet.[4] Während in der einzigartigen Dorfstruktur Berlins eine konstruktive Planungsperspektive heute fehlt beziehungsweise lediglich als Verkehrsplanung realisiert wird, ist es in Köln vor wenigen Jahren gelungen, das »Konzept eines polyzentrischen Ordnungsmodells« auszuarbeiten, um es nun Schritt für Schritt zu realisieren. Im Vordergrund steht die Identifikation von über fünfzig gewachsenen oder neu errichteten überschaubaren und leistungsfähigen Siedlungs- und Lebensbereichen, die mit der Innenstadt zusammen ein synergetisches Gefüge bilden sollen, orientiert an den pluralen Bedürfnissen der Wohnbevölkerung. Erst wenn aus einem Planungskonzept mit zwingender Logik folgt, daß gewachsene Infrastruktur sinngemäß weiterentwickelt und beispielsweise tötende Einkaufszentren ver-

3 Vgl. T. Henzeler, Verhalten und Umwelt. München: Münchner Forum für Entwicklungsfragen 1972 (Protokoll Nr. 21), 23 ff.
4 Th. Strohm, Großstadt als Herausforderung. Berliner Erfahrungen mit Gemeinwesenarbeit, in: Kunst und Kirche 40, 1977, 64 ff.: 65.

weigert werden, gewachsene Dorfstrukturen verstellende Straßenführungen verlegt, vom Autoverkehr unabhängige Radwege und Fußwege selbstverständlich errichtet werden, noch so »wertvolle« Grundstücke der Einbindung des Quartiers in die Naturumwelt dienstbar gemacht werden usw., ist der qualitative Sprung aus der Zweckrationalität gelungen.[5]

An dem Ort, an dem heute Entfremdung als Wirklichkeitsverlust, als empirisch nachweisbare Leidenstatsache evident wird, in den Ballungsgebieten, muß auch an deren Aufhebung gearbeitet werden.

3. Weltverlust

Architekten haben in den letzten fünfzig Jahren viel Zeit darauf verwendet, immer ausgeklügeltere Hausformen für den funktionalen Stadttypus zu erfinden, »während für die Erfindung neuer Sozialformen und das Experimentieren mit diesen bisher wenig soziale Phantasie aufgebracht worden ist«[6]. Der Bedeutungsverlust »lokaler Sozialintegration« (wie sie Dorf oder Kleinstadt heute bisweilen noch darstellen) wird allgemein als die wesentliche Ursache der Entfremdung geschildert. Der Bedeutungsverlust lokaler Vergemeinschaftung führt dazu, daß aus der Tatsache des gemeinsamen Nebeneinanderwohnens und -siedelns keine direkte Mitgliedschaft oder Mitwirkung in anderen Lebensvollzügen, in politischen und wirtschaftlichen Verbänden erwächst. Eine an den geschichtlich gewachsenen Siedlungsformen des alten Europa orientierte »Soziologie des Raumes«, die *G. Simmel* 1903 verfaßte, zeigt auf, daß zur räumlichen Identität des Menschen die »Einzigartigkeit« des Landschaftsbildes, die »Gemeinsamkeit« sozialkultureller und »landsmannschaftlicher« Prägung und die Eindeutigkeit des »Bewußtseins der Eingegrenztheit« wesentlich dazugehören. Im durchrationalisierten Ballungsraum ist die Zusammengehörigkeit weithin aufgelöst.

Bisher wurde von der »Entfremdung des Menschen« in der Industriegesellschaft vornehmlich im Zusammenhang mit der Zerlegung der Arbeitsabläufe, mit der Trennung von Arbeitsplatz und Wohnung, mit der Entfremdung von Gegenstand und Subjekt der Arbeit und mit der Atomisierung der Arbeitsgruppe gesprochen. Jetzt aber bahnt sich eine neue Form der Entfremdung an: Nachdem im städtischen Lebensraum eine Naturerfahrung, die sich auf natürliche Rhythmen stützt, häufig verstellt ist, wird auch die gemeinsame Beziehung zwischen Raumerfahrung und Sozialerfahrung aufgehoben. Gebäude, Straßen,

---

5 Vgl. hierzu Dezernat für Stadtentwicklung, Köln – Stadtentwicklungsplanung. Gesamtkonzept, Köln 1978, B 3 und C 1.

6 P. R. Gleichmann, Wandel der Wohnverhältnisse, in: Zeitschrift für Soziologie 5, 1976, 319 ff.

Natur stehen nicht länger im Zusammenhang mit erkennbaren menschlichen Beziehungen, Tätigkeiten lassen sich von Kindern und Jugendlichen nicht aneignen und fügen sich nicht zu einem Raumbild zusammen. In den angedeuteten, von der Psychologie teilweise erforschten Erfahrungsverlusten im großstädtischen Lebensbereich wird Entfremdung zum Wirklichkeitsverlust, in dem die humanen Lebensbedingungen überhaupt in Frage gestellt werden.

Menschliche Kultur in der Stadt ergibt sich aus der wechselseitigen Durchdringung von sozialen Bezügen und bebauter Umwelt. Die Stadt in ihrer herkömmlichen Verfassung übertrug die Formen dörflich kollektiver Hilfsgemeinschaft auf die Quartiere und in das Gemeinwesen. Der Neuhinzugezogene wächst über die Strukturen der Nachbarschaft und über die Regeln des Gemeinwesens in eine neue Lebensordnung hinein. Hier werden Geborgenheit, Sicherheit, ein neues Gleichgewicht und eine Konstanz des Zusammenlebens aus Eigeninitiative ermöglicht. Diese integrierende Kraft der sozialen Gemengelage läßt Heimat entstehen und befreit zu neuen schöpferischen Leistungen, die die Qualität und kulturelle Identität einer Stadt ausweisen. Kultur wird, so verstanden, zum sozialen Vertrauen, zur sozialen Integriertheit und sinnerfüllten Lebensform. Eine Stadt, auch in ihrer entfremdeten Form, muß heute noch gemessen werden an ihrer eigenen Idee. In der europäischen Tradition steht hinter der Stadt die Vision der Civitas Dei, eines verantwortlichen, gerechten und freien Gemeinwesens. In der Stadt kommt in besonderer Weise zum Ausdruck, daß Menschen sich als Mitarbeiter Gottes verstehen, die mit der Aufgabe betraut sind, »Sinn und Ordnung in die menschliche Geschichte zu bringen« (H. Cox). Heute ist gerade die städtische Agglomeration durch einen katastrophalen Rückgang von Festlichkeit, Phantasie und kultureller Identität bedroht in einer Entwicklungsphase, die Produktion, Wirtschaftswachstum und instrumental abgeleitete Werte zum alleinigen Maßstab der Stadtentwicklung hat werden lassen.

II. Theologische Stadt-Kosmologie

Im Bemühen um eine wirklichkeitsbezogene christliche Weltverantwortung drängt sich heute in zunehmendem Maße das Thema »Stadt« als Gegenstand theologischer Besinnung auf. Seit dem Aufkommen der industriellen Stadt haben Theologie und Kirche eher durch Abstinenz und stillschweigendes Tolerieren der Gesetze der Durchrationalisierung ihren Beitrag zur Ausformung moderner Stadtgesellschaft geleistet. Wenn der Wirklichkeitsverlust, den Theologie und Kirche in den vergangenen Jahrhunderten erlitten haben, beklagt wird, dann bezieht sich dies auf die Phasen der wissenschaftlich-technischen Zivilisation. Theologie wurde tendenziell zu einer Kunst, unter

Ausblendung aller geschichtlichen Wirklichkeit und Wahrheit Existenz als zeitlose Möglichkeit zu deuten und auf diesem Wege Orientierung und Halt zu vermitteln. Eine Rückgewinnung von Erfahrung und Verantwortung kann nicht nur durch den Versuch gelingen, mittels geschichtlicher Anamnese die Ursprungsbedingungen des Weltverlustes aufzuspüren, vielmehr wäre ein Arbeitsverhältnis zur Wirklichkeit zu installieren, aus dem sich die Relevanz theologischer Urteilsfindung und Mitverantwortung erst neu zu erweisen hat.

»Schon ein erster Blick auf die gegenwärtige Lage läßt erkennen, daß die Kirche gerade in den Städten in extremer Weise vom Geschehen der Gesellschaft isoliert ist. Im westeuropäischen Kontext jedenfalls hat sie noch so gut wie nirgends Lebens- und Arbeitsformen entwickelt, die sie für die städtische Situation zu einem relevanten Gesprächs- und Arbeitspartner machen würden.«[7]

Diese Feststellung *Werner Simpfendörfers* aus dem Jahre 1968 kann heute in dem Sinne eingeschränkt werden, daß ein neuerwachtes Bürgerinteresse und Bürgerbewußtsein, auch ein energisches Eintreten für neue Formen der Partizipation im Prozeß der Stadtentwicklung häufig in den Kirchengemeinden Heimat und Rückhalt gefunden haben, wenn dies auch weithin jenseits des Interessenhorizonts geschieht, der die wissenschaftliche Theologie umgibt[8].

---

7 W. Simpfendörfer, Kirche für Mobilopolis, in: R. Schmid (Hg.), Das Ende der Städte? Über die Zukunft der menschlichen Umwelt. Strukturen – Systeme – Pro(vo)gramme, Stuttgart 1968, 67 ff: 69.

8 Dietrich Goldschmidt gehört zu denjenigen, die auf vielfältige und stets ermutigende Weise dazu beigetragen haben, daß christliche Weltverantwortung auf ihre konkreten und originären Aufgabenfelder zurückgelenkt wird und von ihrer Fixation auf Ressorts und Zuständigkeiten, die sich in der entfremdeten Welt als ideologisches Rezept herausgebildet hat, erlöst wird. Das Thema Stadt drängte sich ihm auf, zum Beispiel in der Untersuchung über das Hansaviertel: Vgl. D. Goldschmidt/J. Schwerdtfeger, Sozialstruktur der Wohnviertel und soziale Repräsentanz der Interview-Erhebung, in: G. Meyer-Ehlers u. a., Wohnen im Hansaviertel. Ergebnisse einer Wohnungsnutzungsuntersuchung, Berlin 1960 (hektographiertes Manuskript), 61 ff. Vgl. auch D. Goldschmidt, Soziologie des Wohnens, in: Bauwelt 50, 1959, H. 51/52, 1490; ders./ Y. Spiegel, Pfarrer in der Großstadt. Studien und Materialien, 3 Bde., München 1969 ff.
»Wohnen ist«, sagte Goldschmidt damals, »... die Gestaltung und Nutzung eines gegen die Unbilden der Natur geschützten Ortes ... Die Wohnung ist aber auch und vor allem Ort des Schutzes gegen die Unbilden der Gesellschaft und Ort des Umganges mit der Gesellschaft«; vgl. D. Goldschmidt, Das moderne Wohnen, in: Freie Universität Berlin (Hg.), Universitätstage 1959, Berlin 1959, 65 und 74.

1. Polis und Schalom

In das Thema Stadt, soweit es sich als Sinnbild theologischer Weltorientierung erwiesen hat, sind zwei Traditionsströme eingeschlossen: die griechische Vorstellung der Polis – die Bestimmung des Menschen als »zoon logon echon kai politikon« – und die jüdisch-christliche vom »Himmlischen Jerusalem« als Symbol der Friedensordnung, Erlösung und Hoffnung.

Im griechischen Bewußtsein, insbesondere in der politischen Philosophie *Platons* und *Aristoteles'*, war das Menschsein des Menschen als solches und insgesamt nur im Ganzen der Stadt verwirklicht. Für Aristoteles ist die Polis Verwirklichungsraum der anthropologischen Bestimmung des Menschen. Die Stadt ist die vollendete und zielbestimmte Gemeinschaft; in ihr ist das höchste Gut verwirklicht – im glücklichen und guten Leben. Sie hat aber die Aufgabe, das Menschsein zu aktualisieren, sonst wird sie ihrer Lebensmöglichkeit beraubt und vergeht. Der Begriff des Vollkommenen und der vernunftgemäße Gottesdienst liegen nicht außerhalb. Vollkommen ist der Begriff von Glück: Er ist »die Gemeinschaft in einem guten Leben in den Häusern und Geschlechtern mit der Bestimmung des in sich vollendeten und selbständigen Lebens«[9].

Im Bewußtsein der alten Christenheit stellt sich daneben das Bild der alten heiligen Polis Jerusalem. Der Herr des Himmels und der Erde hat in der Stadt auf dem Berge Zion Jerusalem, seine Residenz, errichtet. Zion ist der Weltberg, dessen Relation zum Weltganzen die Grundlage einer theologischen Weltorientierung bildete, deren Tragweite kaum abschätzbar ist. Im Alten Bund verkörpert Jerusalem eine wirkliche, irdische Polis, in der sich der Bund Gottes – Gottes Schalom – als gute menschliche Ordnung manifestiert. Ziel der Mission Gottes ist der weltumspannende Schalom, das heile und erfüllte Miteinander in einer versöhnten Gemeinschaft, die endgültige Zusammenführung aller Dinge in Christus (Eph 1, 9 f) und damit die Verwirklichung des Schöpfungssinnes der Welt. Gottes Schalom bezieht sich auf menschliche Lebenszusammenhänge, konkret auf Orte des Zusammenlebens. Jahwe tritt als Herr der Stadt auch dann noch auf, wenn er sie um ihrer Eigenmächtigkeit willen zerstört (Am 3, 6). Die Propheten, allen voran der Prophet Jesaja, verkündigen Gottes Willen und entwickeln vom Zion her eine Theologie der Stadt. Die Stadt ist Schutz und Schirm, bietet Schatten vor Hitze und Obdach vor den Unbilden der Natur. Jerusalem wird zum Muster der Stadt; es überragt alle Städte und gilt als Modell für die israelitische Polis (Jes 2, 2 – 4). Jerusalem ist »Rechtsburg«, Ort der Bewährung des Rechts und des Bundeswillens Gottes. Für Jesaja ist das

---

9 Vgl. die Interpretation der Nikomachischen Ethik des Aristoteles durch J. Ritter, Das bürgerliche Leben. Zur aristotelischen Theorie des Glücks (1956), in: ders., Metaphysik und Politik. Studien zu Aristoteles und Hegel, Frankfurt a. M. 1969, 57 ff.

Jahwevolk als Polis verfaßt. Die Stadt ist die Stelle, wo Schalom sich realisiert (Jes 11, 1 f; 12, 6). [10]

In der prophetischen Theologie wird deutlich, daß die Stadt als Präfiguration der »verantwortlichen Gesellschaft« dient; das Gemeinwesen wird zum konkreten Verantwortungsrahmen, an den die Gott verantwortlichen Menschen unablösbar gebunden sind. Sünde wird zum Verstoß gegen die Gerechtigkeit, den Schalom Gottes in der Stadt. Diese Bezugnahme auf konkrete Sozialkreise geht so weit, daß das Volk Israel auch nach der Vertreibung aus der Stadt Jerusalem ins fremde Land auf Gottes Schalom verpflichtet wird. Es wird aufgefordert, der fremden Stadt Bestes zu suchen, zusammenzuarbeiten mit den Heiden und für das fremde Gemeinwesen zu beten: »Denn sein Wohl ist auch euer Wohl« (Jer 29, 7).

---

10 Es gibt bisher keine Monographie über die biblisch-theologischen Hintergründe. Wichtig sind aber: O. H. Steck, Friedensvorstellungen im alten Jerusalem. Psalmen, Jesaja, Deuterojesaja, Zürich 1972, insbesondere 13 ff; ferner F. Borggrefe, Kirche für die Großstadt. Sozialtheologische Materialien für eine urbane Theologie, Heidelberg 1973. Vgl. auch S. Westermann, Der Frieden (Shalom) im Alten Testament, in: G. Picht / H. E. Tödt (Hg.), Studien zur Friedensforschung I, Stuttgart 1969, 144 ff; P. von der Osten-Sacken (Hg.), Jerusalem. Symbol und Wirklichkeit. Materialien zu einer Stadt, Berlin 1976.

Alles, was Jesaja über die Sünde des Volkes, über Rettung und Erneuerung Israels zu sagen hat, ruht auf der Vorstellung von Polis. Schneidend ist die Stadtkritik des Propheten. Gerade bei Jerusalem, dem der Bundeswille Jahwes sich besonders verpflichtet weiß, setzt sie ein. Einst wohnte Gerechtigkeit dort, jetzt ist Unrecht wie in Sodom und Gomorrha eingebrochen (Jes 1,9 f; 3,9). Die Stadtprominenz hat versagt (3, 12). Der Herr selbst will Richter über sein Volk sein (9, 12). »Deine Führer... lieben Bestechung und jagen Geschenken nach. Der Waise helfen sie nicht zum Recht, und die Sache der Witwe kommt nicht vor sie.« Wucher, Hochmut, Mode, Bestechung der Stadtbewohner werden als typische urbane Sünden gebrandmarkt. Die Stadt, die Jahwe als Schutzherrn und Wahrer des Rechts verachtet, soll geschleift und zu Steinhaufen werden (22, 1 ff; 25, 2). Die Stadt Jerusalem, die Jahwe auf dem Zion in ihrer Mitte hat (8, 18; 12, 6), ist zum Zentrum des Götzendienstes geworden (10,10 f), darum wird sie all ihrer Funktionen beraubt; sie darf nicht mehr als Fluchtburg dienen (24, 10; 25, 2); sie ist nicht mehr Kult-, Handels- und Rechtszentrum. Programmatisch klingt die Klage des Jesaja: »Die feste Stadt liegt einsam, eine entvölkerte Stätte, verlassen wie die Wüste.« Erst wenn Jahwe sein Gericht an Israel vollstreckt hat und das Recht wiederhergestellt ist, erst dann wird die Stadt saniert (1, 26; 2, 2 ff). »Ich will dir wieder Richter geben wie vor alters und Ratsherren wie vorzeiten. Alsdann wird man dich nennen Rechtsburg, treue Stadt, Zion wird durch Recht erlöst, und seine Bekehrten durch Gerechtigkeit« (1, 27).

2. Jerusalem

Die Aussagen des Neuen Testaments über Gottes Schalom sind nur scheinbar weniger konkret. Jesus setzt einerseits die prophetische Städtekritik fort – in den Weherufen über die galiläischen Städte, über Jerusalem, die Stadtprominenz (Mt 11; 23; 24). Jesu Leidensgeschichte ist aufs engste mit der Stadt verknüpft. Er leidet an der Stadt und ihren Institutionen. Jerusalem wird aber auf der anderen Seite im Neuen Testament zur geglaubten Metropolis, zur Stadt Gottes, zum »Himmlischen Jerusalem« verklärt. Dadurch wird es zum Gegenstand der Hoffnung, zum Vorbild und zum Orientierungssymbol für die Ausgestaltung der irdischen Ordnung. Die Gemeinde wird zum Verantwortungsraum für Gottes Schalom.

Auf diesem Wege erhalten aber die Städte der hellenistischen Zeit größte Bedeutung für Gottes Heilsgeschichte. Neben Jerusalem stehen die Handelsstadt Damaskus, Antiochia am Orontes – die drittgrößte Weltstadt der Antike mit 500 000 Einwohnern –, die Hafenstadt Caesarea am Meer – die Herodes gebaut hat –, Korinth, der Umschlagplatz zwischen Ost und West, Ephesus, das mit seinen 250 000 Einwohnern als Berührungspunkt zwischen Ost und West gilt. Nicht zuletzt Athen und Rom sind die Schauplätze der Missio Dei, auf denen die Apostel und Missionare für die Königsherrschaft Christi eintreten. Auch hier ist es von größter Bedeutung, daß Paulus und Lukas die Bezogenheit der Gemeinde auf die Magistrate und Gesamtkommune als wesentlichen Bestandteil christlicher Orientierung herstellten. Es ist deshalb keine völlig neue Sicht der Dinge, wenn Augustinus aus dem Orientierungsrahmen der Urchristenheit das christliche Leben als Bürgerschaft zwischen Civitas Dei und Civitas Terrena entwirft. Augustinus hat für die gesamte mittelalterliche Welt der Christenheit in seiner theologischen Bestimmung der Civitas Dei gleichsam den Grundriß entworfen für die gute menschliche und politische Ordnung des Gemeinwesens. Zugleich stand Augustinus in dem Sinne in der biblischen Tradition, daß er die Gefährdung dieser Ordnung, ja, die Möglichkeit ihrer Perversion deutlich vor Augen hatte. Babylon wurde zum Symbol der irdisch-städtischen Strukturen der vergehenden Welt.[11]

3. Civitas Dei

Augustins Begriff der Civitas Dei stammt aus den zwei Quellen, die für das christliche Nachdenken über Polis maßgebend wurden: Aus der Kenntnis der

---

11 Zu Augustin vgl. F. G. Maier, Augustin und das antike Rom, Stuttgart 1956; D. Schilling, Die Staats- und Soziallehre des hl. Augustinus, Leipzig 1910; J. Ratzinger, Volk und Haus Gottes in Augustins Lehre von der Kirche, München 1954.

antiken Polis mit ihrer natürlichen Einheit von Stadt und Staat, ihrer ungebrochenen Einheit von Politik und Religion – einer Polis, die nach dem Untergang der antiken Stadtstaaten noch von Rom repräsentiert wird. Rom wurde zum Sinnbild konkreter irdischer Stadt, sie war zugleich Weltstaat geworden und doch Stadtstaat geblieben. Roms Politik hat bis zum Jahre 410 n. Chr. den Aspekt des Kultisch-Religiösen behalten. Daneben aber stand das Bild der alten heiligen Polis Jerusalem, die im Alten Bund wirkliche, irdische Polis in einer theologisch begründeten Einheit von Politik und Religion gewesen und von Paulus, von der Apokalypse und vom Urchristentum zur »spirituellen Jerusalem Coelestis« verklärt und verwandelt worden war. Augustins theologische Tendenz ging dahin, die beiden Gemeinwesen typologisch zu verarbeiten: Jerusalem wird zum Sinnbild der Polis als der an Christus angeschlossenen sozialen Gesamtperson, des mystischen Volkes und Leibes, der Gottesbürgerschaft. Rom wird demgegenüber zum Sinnbild einer von der Machtbegierde getragenen dämonokratischen Wirklichkeit, die schon in Babylon in Erscheinung trat und im alten Jerusalem ständig mitschwingt.

Die Bedeutung der Civitates-Lehre des Augustin für das weitere Nachdenken über die Stadt ist kaum untersucht und läßt sich auch schwer abschätzen. Seine Nachwirkung ist unermeßlich. Jerusalem wird zum Symbol, zur Realität, zum ethischen Orientierungsfeld und zum Maßstab handwerklicher Stadtgestaltung. Jerusalem wurde längst als Nabel der Welt verstanden, bevor *Urban II.* den in Clermont Versammelten zurief: »Jerusalem ist der Nabel der Welt, die königliche Stadt, in der Mitte des Erdkreises gelegen.«[12] Von Jerusalem als »Christi Erbgut und Stammburg«, als »Herz der Welt«, als dem Ort, »wo die Füße des Herrn standen«, hallt das ganze Spätmittelalter wider, unablässig die Anschauung von der heiligen Stadt als Zentrum der Welt erneuernd. In den geographischen Karten und Plänen spielt diese Sicht eine hervorragende Rolle. Die gotische Kosmologie, die durch die Erfahrung der Kreuzritter beflügelt war, enthielt die Vision der Idealstadt des vom Himmel herniederfahrenden neuen Jerusalem. Das himmlische und das irdische Ideal gehen in der Gedankenwelt des Mittelalters unaufhörlich ineinander über; eins spiegelt das andere, Christi Stammburg zur Stadt schlechthin verklärend.

»Mochten die Theologen dieses Bild auch mächtig erweitern, Kirche und Gottesstaat fort und fort als ›himmlisches Jerusalem‹ apostrophierend, das allgemeine Bewußtsein bleibt doch bei der Anschauung ›Stadt‹.«[13]

---

12 Zitiert nach W. Müller, Die heilige Stadt. Roma quadrata, himmlisches Jerusalem und die Mythe vom Weltnabel, Stuttgart 1961, 53.
13 A. a. O., 54; vgl. auch V. Klotz, Die erzählte Stadt, Frankfurt a. M. 1969, 443 ff.

III. Ordnungsprinzipien

Die neue Signatur löst jetzt andere Muster – wie zum Beispiel die Burg - ab, während in Italien sich aus der Römerzeit nicht zuletzt unter der Diözesanverfassung der Kirche intakte städtische Zentren erhalten hatten und dann in der Auseinandersetzung mit den neuen Feudalgewalten zu neuer Blüte kamen. Die Italiener waren in einem höheren Sinne Städter geblieben.

Zu den Eigentümlichkeiten der gotischen Stadt-Kosmologie gehört die Vorstellung von der Kreisform der Idealstadt Jerusalem, ihrer Vierteilung, verbunden mit der Vorstellung, daß der Nabel des Erdkreises der Felsen Golgatha sei. Für nahezu alle großen Werke der Stadtbaukunst sind Zahlensymbole bedeutsam. Die Zahlenangaben von Apk 21 wurden in jeder Hinsicht beachtet. Allerdings hatte die kosmologische Symbolik eine Hintergründigkeit, die weit hinter die christlichen Traditionen zurückverweist.

Die Mauer hatte nicht nur militärischen Sinn. Überall dort, wo man der Stadt im übertragenen Sinn gedenkt, charakterisiert sie die Mauer. »Die Stadt-Mauer aber bezeichnet die unauslöschliche Festigkeit von Glaube, Liebe und Hoffnung«, schreibt Hrabanus Maurus. Die Stadtmauer ist als Ganzes und in ihren einzelnen Bestandteilen symbolträchtig. Wolfgang Braunfels hat in seiner Untersuchung über die »Mittelalterliche Stadtbaukunst in der Toscana«[14] deutlich gemacht, daß die Stadtmauer Gerechtigkeit gegen Ungerechtigkeit, Sicherheit gegen Unsicherheit, Himmel gegen Hölle abgrenzt. Symbol des Bösen ist die vor dem Stadttor – also außerhalb der Stadt – sitzende Figur des Tyrannen, der über eine von Raub, Mord und Totschlag bevölkerte Wildnis herrscht. Die Stadtmauer ist Symbol des Guten, sie schließt einen Bereich des Rechts und der Ordnung von der rechtlosen Landschaft ab. Auch die kleinsten städtischen Gemeinwesen versuchten, die äußere Gestalt symbolträchtig zu orientieren an der »Fata Morgana« der idealen Stadt. Jedes Einzelstück wird nur als Teil eines größeren Ganzen gesehen und nur in bezug auf dieses verständlich.

Für Dante waren Himmel und Hölle mauerumgrenzte Städte. Die Hölle hat ein gewaltiges Tor, hinter dem das verlorene Volk wohnt. Der Dichter beabsichtigt die Assoziation mit dem Bild seiner Heimatstadt Florenz, die er 1302 verlassen mußte. Jerusalem und Florenz werden zum Bild und Gegenbild in der dichterischen Gestalt.

---

14 W. Braunfels, Mittelalterliche Stadtbaukunst in der Toscana, Berlin ³1966. Vgl. auch J. Pahl, Die Stadt im Aufbruch der perspektivischen Welt. Versuch über einen neuen Gestaltbegriff der Stadt, Berlin 1963, 38 ff.

1. Thomas von Aquin

Es fällt auf, daß der große Theologe des 13. Jahrhunderts, *Thomas von Aquin*, das Thema Stadt mit einer Nüchternheit behandelt, die dem ganz und gar »weltlichen Charakter« der okzidentalen Stadt, den Max Weber trotz seiner Anerkenntnis des hohen christlichen Anteils an der spezifischen Ausprägung betont[15], gerecht wird.

Schon Alois Dempf hat hervorgehoben, daß Thomas von Aquins Nachdenken über den Gesamtzusammenhang der Welt und über die Einordnung jedes Teiles in ein größeres, sinnvoll geordnetes Ganzes dem ethischen Interesse des neuerwachenden Bürgertums entsprach. Mit der Theorie der »ordo finium« war implizit »die Einfügung des mündigen Menschen in die damalige Öffentlichkeit« intendiert[16].

Andererseits fällt auf, daß Thomas in seinem Opusculum »De regimine principum ad regem Cypri«, das leider mitten in den Erörterungen über die Stadtgründung abbricht, sich expressis verbis weniger auf Erfahrungen seiner eigenen Zeit verläßt als auf Aristoteles. Thomas sieht in der gemeinschaftlichen Verwirklichung der Lebensziele, die auch um Arbeitsteilung nicht herumkommt, ein Grundprinzip menschlichen Lebens. Die Stadt verleiht diesem Lebensprinzip so selbstverständlich Ausdruck, daß Thomas um ihren Ort im Schöpfungszusammenhang bemüht sein kann. Das »richtige Maß«, die Proportion in dem ökologischen Rahmen Schöpfung, ist das Entscheidende. Die »inneren Baugesetze« sind von daher vorgegeben.

»Geht man aber zur Gründung einer Stadt ans Werk, so muß man vorsehen, welcher Platz für die Kirchen, welcher für die Gerichtsgebäude und welcher für die einzelnen Zünfte zu widmen ist. Ferner ist es notwendig, alle jene Menschen zu versammeln, die nach ihren Berufen entsprechende Örtlichkeiten zugewiesen erhalten müssen.«[17]

---

15 Vgl. M. Weber, Wirtschaft und Gesellschaft. Grundrisse der verstehenden Soziologie, 2. Halbband, Tübingen ³1956, 944 u. 947 (Kap. 9, Abschn. 7, § 2). Weber sieht hierbei den Hauptanteil des Christentums in der »die Sippenbande auflösenden«, die Bildung eines »als Verbrüderung konstituierten oder so gedeuteten Verbandes« begünstigenden Funktion.

16 A. Dempf, Sacrum Imperium. Geschichts- und Staatsphilosophie des Mittelalters und der Renaissance, Darmstadt ²1954, 385.

17 Thomas von Aquin: »De regimine principum ad regem Cypri«, Kap. I, § 13. Zitiert nach F. Schreyvogel (Hg.), Ausgewählte Schriften zur Staats- und Wirtschaftslehre des Thomas von Aquin, Jena 1923, 76.
Die wichtigste Abhandlung zu Thomas' »De regimine principum« stammt von F. Busoni, Der Aufsatz »De regimine principum« von Thomas von Aquino, Bonn Diss. 1894.

Alles kann aus der Ähnlichkeit mit der Erschaffung der Welt abgeleitet werden. Eine Stadt, die sich nicht aus eigener Kraft, durch eigene Landwirtschaft lebensfähig halten kann und nur aus dem Handel lebt, ist nicht nur krisenanfällig, sie verliert auch den Zusammenhang zu den Dingen und Tätigkeiten des Lebens.

Wenn »alles käuflich wird, sich alles Vertrauen verliert und für jeden Betrug Platz ist, daß jeder in Verachtung des Gemeinwohls nur seinem persönlichen Vorteil folgt und jedes Bemühen um die Tugend schwindet... In einer solchen Stadt muß das öffentliche Leben zugrunde gehen.«[18]

Schon die wenigen Andeutungen zeigen, daß Thomas Stadtgründung, Stadtgestalt und soziale Ausgestaltung der Stadt in einem engen theologisch begründeten Zusammenhang sieht und um Maßstäbe und Beurteilungskriterien für die gute menschliche Ordnung des Gemeinwesens bemüht war.

2. Christianopolis

Die Reformation war in erster Linie eine Angelegenheit der Städte. Sie entsprach dem bürgerlichen Interesse an Unabhängigkeit von unkontrollierbaren – meist geistlichen – Gewalten. Der Kampf um die Einführung der Reformation hat vorübergehend zu einer Verstärkung der Rechte der Gemeinde geführt, namentlich wenn sie, wie in Hamburg, in Kirchspielen organisiert war und es zur Schaffung dauernder »bürgerlicher Kollegien« kam. Die Reformatoren *Luther*, *Zwingli* und *Calvin* hatten ihr entscheidendes Echo in Städten. Zwingli und auch Calvin beabsichtigten, aus Zürich und Genf Gottesrepubliken zu gestalten, die sich aus einer schöpferischen Aktualisierung von Augustins Civitate-Lehre herleiteten. Luther entwickelte ein theologisches Modell eines städtischen Gemeinwesens, das der Stimmung seiner Zeit genauen Ausdruck verlieh. Gegenüber der mittelalterlichen Zweiständelehre, die den geistlichen über den weltlichen Stand hob, entwickelte Luther eine Lehre von den drei Funktionen des »civis christianus«. Dieser lebt als Handwerker, Hausvater und Mutter im »status oeconomicus«, als Mitregierender in öffentlichen Ämtern lebt er im »status politicus«, im allgemeinen Priestertum der Gläubigen im »status ecclesiasticus«. Jeder Mensch hat in je verschiedenem Umfange an jeder dieser Dimensionen verantwortlichen Anteil und ist darin bezogen auf Gott und seine Kirche. »... Kanzler, Stadtschreiber, Juristen und das Volk in seinen Ämtern muß oben sitzen, helfen, raten, regieren...«[19] In der Zirkulardisputa-

18 Thomas von Aquin, a. a. O., Kap. II, § 3, 103.
19 M. Luther, Das Magnificat verdeutschet und ausgelegt (1520 und 1521), in: O. Clemen (Hg.), Luthers Werke in Auswahl, II, Berlin 1934, 78.

tion über Mt 19, 21 von 1539 stellt Luther fest, daß jeder Bürger »Glied der Obrigkeit« sei, weil er für das rechte Regiment verantwortlich sei. In der Gegenseitigkeit der Dienstleistung erfüllt sich hier der ethische Sinn des Gedankens der Gemeinde. Reformation und soziale Reform waren für Luther wie für die deutschen Reichsstädte aufs engste verbunden, wenn auch die eigentlichen Intentionen oft unverstanden, meist unverarbeitet blieben.

Nur einmal noch, bevor Freiherr vom Stein zu Beginn des 19. Jahrhunderts – theologisch sekundiert von Friedrich Schleiermacher – die Stadt als Sinnbild menschlichen Lebens und Vorbild des Gemeinwesens herausarbeitete, trat »Stadt« in den Mittelpunkt des theologischen Denkens.

Johann Valentin Andreae, von Augustin und Luther inspiriert, nach einem Besuch Genfs 1611 von diesem Gemeinwesen tief beeindruckt, in der oberdeutschen Stadt Calw verwurzelt, bringt in die gesamte christliche Überlieferung neues Licht. In den Schriften »Civis christianus« und »Christianopolis« wird Kosmologie in kosmopolitische Ethik übersetzt, das »neue Jerusalem in uns« zur kreativen Matrix einer neuen Lebensordnung. Andreae gab, kurz bevor der Dreißigjährige Krieg Stadt und Land verwüstete, »der Gemeinde die politischen und sozialen Organe, die sie in der deutschen Entwicklung nicht gefunden hat. War sie bei Luther vages Modell einer neuen Ordnung, so wird sie bei Andreaes »Christianopolis« Maßstab für seine Kritik und Maßstab für die Ordnung der Staaten.«[20] Andreae geht es um die Mobilisierung von Verantwortung. Er denkt an neue Organisationen, an die Fraternitates Christi als konkrete Aktionsgemeinschaften, an die Societates Christi als konkrete gesellschaftliche Kooperation überregionaler Kräfte, an die »Christianopolis« als eine bis ins kleinste moralisch durchdachte Gesellschaftsgemeinde als Modellfall[21].

Vgl. außerdem I. Küppers, Luthers Dreihierarchienlehre als Kritik an der mittelalterlichen Gesellschaftsauffassung, in: EvTh 19, 1959, 361 ff; G. Scharffenorth, Römer 13 in der Geschichte des politischen Denkens. Ein Beitrag zur Klärung der politischen Traditionen in Deutschland seit dem 15. Jahrhundert, Heidelberg Diss. 1964 (vor allem die Exkurse im Anhang).

20 P. Jochimsen, Der deutsche Staatsgedanke von seinen Anfängen bis auf Leibniz und Friedrich den Großen. Dokumente zur Entwicklung, München 1931, Einleitung. Vgl. ders., J. V. A. und die evangelische Utopie, in: Zeitwende 2, 1926, 485 ff u. 623 ff.

21 Vgl. zur Position und Bedeutung Johann Valentin Andreaes: Th. Strohm, Die Ausformung des sozialen Rechtsstaates in der protestantischen Überlieferung. Sozialethische Untersuchungen zur gegenwärtigen Verfassungswirklichkeit, Münster Habil.-Schrift 1969, 173–185.

3. Secular City oder Responsible Society

Durch die Entdeckung neuer Kontinente in ihrer ökonomischen Basis reduziert, durch die modernen Kriege strategisch bedeutungslos, im bürokratisch durchorganisierten Territorialstaat der Selbstregierung beraubt, degenerierten die Städte zur Dispositionsmasse wechselnder Interessen. So verloren sie auch ihren weiterreichenden Sinn in einer theologisch geprägten Weltorientierung.

Es gehört zu den Aufgaben von überdimensionaler Schwierigkeit, gleichwohl dort wieder anzuknüpfen, wo der Faden gerissen ist. In dieser Hinsicht verdienen zwei ganz unterschiedliche Ereignisse besondere Beachtung:

a. Als in der Gründerzeit die Industrialisierung vielen Städten ihren unauslöschlichen Stempel einprägte, hatte *Friedrich Nietzsche* seine Schreckensvision vom »tollen Menschen«. Dieser eilte am Tage mit der Laterne durch die Straßen der Stadt auf den Marktplatz und sagte zu einer gleichgültigen und amüsierten Menge: »Ich suche Gott.« Als er in verschiedene Kirchen eindrang und sein »Requiem deo aeternam« angestimmt hatte und abgeführt wurde, fragte er: »Was sind denn diese Kirchen noch, wenn nicht Grüfte und Grabmäler Gottes?« Hinter dieser Begebenheit stand Nietzsches Einsicht, daß offenbar der hinter den Dingen liegende Sinn und damit die Möglichkeit zur verantwortlichen Weltgestaltung aus dem Bewußtsein geschwunden ist[22]. Sah Nietzsche in der »secular city« die steingewordene Sinnlosigkeit, geronnenen Nihilismus heraufziehen, so gewann ihr *Harvey Cox* voreilig gewisse positive Seiten ab. Cox geht von der These aus, daß die gegenwärtige »Gestalt der Großstadt« – gezeichnet durch »Anonymität« und »Mobilität« – in Gestalten des christlichen Glaubens vorabgebildet sei (zum Beispiel – wie Max Weber – in der Befreiung aus Stammesbindungen). Ebenso sei der »Stil der säkularen Stadt« – charakterisiert durch »Pragmatismus« und »Profanität« – stilverwandt der christlichen Weltorientierung. Seine Schwäche liegt in zufälligen theologischen Zuordnungen einer nur induktiven Theologie, die schon veraltet ist, wenn sie erscheint. Aber Cox' Bemühung ist wichtig und notwendig und kann gewiß zu einer theologischen Neubesinnung über die Stadt führen[23].

b. Von ganz anderer Qualität erscheint die Leistung des *Freiherrn vom Stein*, der am Vorabend der industriellen Revolution der Stadt ihre Würde als freies

---

22 Zur Interpretation des Nietzsche-Textes vgl. G. Picht, Der Gott der Philosophen, in: ders., Wahrheit. Vernunft. Verantwortung. Philosophische Studien, Stuttgart 1969, 229 ff.

23 Vgl. H. Cox, Stadt ohne Gott, München ⁵1969 (englischer Originaltitel: Secular City). Zu den Beiträgen, die über Cox' Publikation hinausweisen, gehört K. Duntze, Der Geist, der Städte baut. Planquadrat. Wohnbereich. Heimat, Stuttgart 1972. Vgl. auch J. Kraus-Siemann, Kirche und Stadt. Stadtbezogene kirchliche Aktivitäten als Erwachsenenbildung, Göttingen Phil. Diss. 1979.

Gemeinwesen zurückgewinnen wollte. In ihrer wesenhaften Verbindung von Freiheit, Soziabilität und Selbstverwaltung sollte die Stadt dem modernen Flächenstaat als eine ihm wesensverschiedene Gemeinde gegenübertreten. Ihre Eigenverantwortung besagt, daß sie außerhalb des staatlichen Verwaltungsaufbaues steht, vom Staat nicht bürokratisch einfach gelenkt werden darf und ihm für ihre aus primärer Mitbestimmung der Bürger resultierende Politik Verantwortung nicht schuldet. Umgekehrt – so ist zu folgern – wird eine gute politische Ordnung daraus. Dieser Tradition ist – wenigstens in einem Element – auch das Grundgesetz verpflichtet, indem »alle Angelegenheiten der örtlichen Gemeinschaft« in die Selbstregelungskompetenz der Gemeinden (im Rahmen der Gesetze) gestellt werden und das Recht auf Selbstverwaltung als vorstaatliches Recht den Gemeindeverbänden verbürgt wird (Art. 28, 2 GG)[24].

Die Zeichen der Zeit sind nicht ermutigend: Die kommunale Selbstverwaltung sei »schon längst gestorben, und wer etwas anderes sagt, ist ein Sonntagsredner«, meint Oberbürgermeister Weilhard von Konstanz. Wir wissen, daß man mit falsch geplanten und konstruierten städtischen Gemeinwesen »eine Gesellschaft ebenso ruinieren kann wie durch die Errichtung eines totalitären Systems« (H. P. Bahrdt). Aber die Ermutigung, auf die jegliche Form der Weltverantwortung angewiesen ist, bezieht ihre Nahrung eben nicht nur aus dem, was ist und möglich erscheint, sondern beachtet einen Sinnzusammenhang, der die instrumentelle Orientierung transzendiert.

c. Die wenigen theologischen Reminiszenzen haben gezeigt, daß die jüdisch-christliche Theologie kein unbefangenes Verhältnis zur Stadtstruktur und -kultur entwickeln konnte. Daß »Handeln und nicht Frömmigkeit der Antrieb zum Städtebau« waren, bedrängte nicht nur den alternden – von Wittenberg abgestoßenen – Luther (»Die gantz welt ist ytzt nichts denn handeln ... wie kan die welt länger stehen?«). Der Traum der Städte entsprang dem Willen zur Umformung des Geschaffenen, der Besessenheit, Schicksale zu beeinflussen, Vorsehung zu werden, Macht über die Natur zu gewinnen[25]. Die christlichen Kirchen standen immer unsicher auf diesem Terrain, wurden frühzeitig zu partikularen Größen und verzichteten zu rasch auf ein kritisches und konstruktives Ethos. Auch heute folgen Resignation und Rückzug häufig kurzatmigem kirchlichem Engagement.

Und doch könnte die Einsicht Zenos d. J. um 300 v. Chr. – »Die Liebe ist Gott, ein Mitarbeiter in der Rettung der Stadt« – gerne in der christlichen

---

24 Vgl. Th. Strohm, Zum Ethos der Inneren Reformen des Freiherrn vom Stein. Das Problem »Innerer Reformen« heute, in: ZEE 17, 1973, 193 ff (abgedruckt in diesem Band, 99 ff).

25 Vgl. S. Moholy-Nagy, a. a. O. 39, gegen Lewis Mumfords These der Dominanz religiöser Antriebsmotive. Zum Luther-Zitat vgl. die Weimarer Ausgabe der Tischreden, 1257 und 1368.

Theologie ihre ganze spezifische Strahlkraft entfalten. So wurde denn auch im Jahrhundert der europäischen Städtegründungen der ethische Sinn der Stadt in der komplementären Zuordnung der *pax Babylon* und der *pax Jerusalem* erkannt: die »heidnischen«, das heißt menschheitlichen Tugenden der »justitia, humanitas« und »prudentia« sollen vom Ethos der »pietas, caritas« und »humilitas« durchdrungen werden und gegen »superbia, impunitas« und »pertinacia« behauptet werden[26].

Nur wenn Vernunft ein Bündnis mit der Liebe eingeht, degeneriert sie nicht zur vernunftlosen Rationalität. »Ein Weltzustand, den die Vernunft herstellt, wenn sie im Licht der Liebe ihre Verantwortung erkennt, heißt Frieden.« Ich stimme Georg Picht zu, daß die Theologie in der Erprobung dieser Einsicht ihren eigenen Anteil am »Weltverlust« bearbeiten und so ihren Gehalt und Auftrag wiederentdecken könnte[27].

26 Vgl. den Traktat des Rufinus aus dem Ende des 12. Jahrhunderts: »De bono pacis«, in: J.-P. Migne, Patrologiae cursus completus. Series latina, Bd. 150, Turnholti o. J., Spalte 1611. Vgl. auch Th. Strohm, Justitia et Pax. Erwägungen zu einer Grundformel politischer Ethik, in: ZEE 16, 1972, 193 ff: 199 f.

27 Vgl. G. Picht, Theologie in der Krise der Wissenschaft des 20. Jahrhunderts, in: ders., Theologie und Kirche im 20. Jahrhundert, Stuttgart / München 1972, 10 ff: 29 f.

Aufforderung zur humanen und ökologischen Stadterneuerung

Aufgabe und Funktion der EKD-Studie zur menschengerechten Stadt

I.

Wenige Monate vor der EKD-Studie »*Menschengerechte Stadt*«[1] erschien die von der Sozialkammer erarbeitete Denkschrift »*Landwirtschaft im Spannungsfeld zwischen Wachsen und Weichen, Ökologie und Ökonomie, Hunger und Überfluß*«. Dort wurden bereits Zusammenhänge zwischen der Verminderung der landwirtschaftlichen Betriebe und dem ständig weitergehenden Anwachsen der Ballungsgebiete herausgearbeitet. Gleichzeitig wurden die Nebenwirkungen der Intensivierung und verstärkten technischen Nutzung von landwirtschaftlichen Flächen und Tierhaltungen deutlich benannt und Vorschläge für umwelt- und sozial-verträgliche Lösungen gemacht. Im Zweifelsfall müssen heute, so stellten wir fest, ökologische Forderungen Vorrang vor ökonomischen Erwägungen haben, zumal langfristig nur ökonomisch sinnvoll ist, was ökologisch verantwortet werden kann. Heute zeigt sich, daß die Grenze des landwirtschaftlich genutzten Anteils an der Landschaft in bestimmten Bereichen überschritten ist. Es müssen – so heißt es in der Denkschrift zur Landwirtschaft – Wege gefunden werden, die Landwirtschaft einzubinden »in die Bewahrung und Schaffung von Ökosystemen, die der biologischen Selbstreinigung, der Klima- und Wasserhaushaltsstabilisierung dienen und durch welche Tier- und Pflanzenarten im Gleichgewicht gehalten werden« (145). Erstes Ziel müsse deshalb die »langfristige Bewahrung der Funktionsfähigkeit örtlicher Naturhaushalte und der Bodengesundheit bei schonender Nutzung der natürlich verfügbaren Güter« werden (ebd.).

Wir waren uns bewußt, daß langfristig wirksame Lösungen nur erreichbar sind, wenn gleichzeitig auch in den städtischen Verdichtungsräumen eine grundsätzliche Neubesinnung einsetzt. Es geht uns dabei um die Herstellung einer einvernehmlichen Willensbildung der Bürger über die Ziele und Formen ihres Zusammenlebens und ihres Umganges mit der gestalteten Geschichte sowie mit der gewachsenen Natur.

---

1 Menschengerechte Stadt. Aufforderung zur humanen und ökologischen Stadterneuerung. Ein Beitrag d. Kammer d. EKD f. soziale Ordnung, hg. v. Kirchenamt im Auftrag d. Rates d. EKD, Gütersloh ¹1984, ³1985.

Viele der bei uns üblichen Stadtentwicklungspläne spiegeln noch die Zukunftserwartungen der Wachstumszeit wider und gehen vor allem von der weiteren Steigerung des Individualverkehrsanteils am gesamten Verkehrsaufkommen aus. Wir wissen aber in den Städten heute, daß die Entwicklung so nicht weitergehen kann. Die Wachstumsphase der Nachkriegszeit ist weitgehend abgeschlossen; langfristige Stagnationen bei der Bevölkerungsentwicklung und Abflachungen bei der Arbeitsplatzentwicklung sind absehbar; die Auswirkungen des Individualverkehrs auf Lebensqualität und Gestaltung weiter Stadtbereiche sind erkannt: Stadtflucht, soziale Segregation, Bürgerinitiativen gegen die bestehenden Lebensverhältnisse zeigen deutlich an, daß eine Umorientierung der Prioritäten in der Stadtpolitik und hier vor allem in der Vekehrs- und Umweltplanung notwendig ist.

Vor allem das neue Umweltbewußtsein in weiten Teilen der Bevölkerung soll auf die stadtgestalterischen Aufgaben gelenkt werden. »Die unverwechselbare Heimatgestalt, ihre städtebaulichen Wahrzeichen und Symbole, die Raumerlebnisse der städtischen Straßen und Platzräume, die Schönheit und Häßlichkeit der gewachsenen und vertrauten Stadtumwelt werden zunehmend wieder bewußter erlebt. Dieses Bewußtsein sollte Niederschlag im konkreten Gestaltungswillen der Stadt finden« (52).[2]

Warum kommt die Kirche in den achtziger Jahren mit einer solchen Studie heraus, wäre nicht zu Beginn der siebziger Jahre der bessere Zeitpunkt gewesen, oder wesentlich früher, als die meisten Züge noch nicht abgefahren waren? Auf solche Fragen bin ich ebenso gefaßt und ich will schon jetzt sagen, ich werde sie nicht befriedigend beantworten können. Das Thema »Stadt« ist von einer Komplexität, daß man sich redlicherweise immer nur einigen Aspekten zuwenden kann. In der Stadt sind alle Probleme, Nöte, Hoffnungen unserer Zeit gebündelt, sie oszillieren je nach Beleuchtung und Draufsicht. Wir können nicht versuchen, das Wissen und die Erfahrungen der Fachleute zu übertrumpfen. Was wir aber erreichen wollen ist dies, ein neues Bewußtsein für die Aufgabe, eine neue Perspektive für die Stadterneuerung anzuregen, ein neues Arbeitsverhältnis der Bürger und der christlichen Gemeinde zu ihrer Umwelt zu begründen und dafür Argumente, Fragestellungen und Informationen zusammenzutragen.

II.

Als der Rat der EKD und auch verschiedene Landeskirchen in den siebziger Jahren die Kammer für soziale Ordnung beauftragten, eine Studie zu erarbei-

---

2 Die im folgenden in Klammer gesetzten Ziffern beziehen sich auf die Abschnitte der Studie Menschengerechte Stadt, a. a. O.

ten, stand im Hintergrund die Erfahrung, daß die Kirche gerade in den Städten in extremer Weise vom Geschehen der Gesellschaft isoliert ist. Im westeuropäischen Kontext habe sie noch so gut wie nirgends Lebens- und Arbeitsformen entwickelt, die sie für die städtische Situation zu einem relevanten Gesprächs- und Arbeitspartner habe werden lassen.

Stellvertretend für viele Stimmen im kirchlichen Bereich zitiere ich den Stadtsuperintendenten *Dannowski* aus Hannover. Er sagte:

>»Ich bin davon überzeugt, daß sich die Großstadtgemeinde der Zukunft nur als Teil eines Ganzen wird verstehen können. Hier schlägt mein Herz besonders, denn dies ist ... Utopie und Hoffnung. Gerade hier ist unsere Unglaubwürdigkeit am größten. Bis zur Stunde nämlich läßt sich die Beobachtung nicht bestreiten, daß die Kirche gerade in der Stadt ein Bild ganz besonderer Zersplitterung bietet und ihre Gemeinden sich hier in ganz besonderer Weise voneinander und von der Gesellschaft isolieren. Der Kirchturmshorizont der Einzelgemeinde feiert gerade hier sagenhafte Triumphe. Versuchen Sie einmal, etwas übergemeindlich zu machen auf Kirchenkreis- oder auf Stadtebene, und Sie werden in vielen Fällen Ihr blaues Wunder erleben. Es ist, als sei die Stadt nicht von einem dichten Verkehrsnetz durchzogen. Dieses Bewußtsein von satter Selbstgenügsamkeit werden Sie im ländlichen Bereich selten erleben. Damit aber isolieren sich die Großstadtgemeinden selbst von wichtigen Prozessen auf allen Ebenen.«

In ähnlicher Lage befinden sich die Kirchen überall in der Welt. Der Erzbischof von Canterbury berief angesichts der Unruhen in Brixton und den Problemen in den englischen Industrieregionen 1983 eine Kommission »on urban priority areas« ein, damit sie nach Wegen suche, die Backsteine und den Mörtel des Gemeinschaftsgefüges zu ersetzen, »denn wir haben zugelassen, daß seine Wände und Böden einfallen«. Vor unlösbaren Problemen stehen alle diejenigen, die sich mit der Vergroßstädterung in Asien und Lateinamerika auseinanderzusetzen haben.

Die Partikularisierung des kirchlichen Horizonts setzte leider bereits mit der Reformation ein, die Kirchen, vor allem in gemischtkonfessionellen Strukturen, wurden zu partikularen Größen, zu Vereinen oder Interessenverbänden, die ihre Verantwortung für die gestaltete und für die politisch-kulturelle Umwelt im Zuge der Industrialisierung, Vergrößerung der räumlichen Strukturen und Handlungsketten einbüßten und auf die Pflege des inneren Menschen, kleiner personaler Beziehungen verwiesen wurden. So konnte es geschehen, daß die Städte des neunzehnten Jahrhunderts und zahllose gewachsene Dorfstrukturen zu Hinterhöfen der Großstädte degenerierten und diese Strukturen teilweise zu einer »lebensunwerten Umwelt« (Th. Henzler) haben verkommen lassen. Als auf Initiative des Berliner Kirchenkreises Neukölln die Umrisse des alten »Böhmisch-Rixdorf« wiederentdeckt wurden, feierte man dies wie die Ausgrabung einer seit Jahrhunderten verschütteten Siedlung.

In der Kirche ist allenthalben ein neues Bewußtsein erwacht, spät, aber nicht zu spät. Als »Träger öffentlicher Belange« haben die Kirchen, wie es im Bundesbaugesetz vorgesehen ist, die Aufgabe, im Rahmen der Bauleitplanung nur die Bedürfnisse des in ihren Wirkungskreis fallenden Teilbereichs vorzutragen. Aufgrund ihrer allgemeinen Stellung aber sind die Kirchen zu mehr in der Lage und zu mehr an Mitverantwortung auch verpflichtet.

Im Bereich der sozialen Dienste, in Jugendwohlfahrt und Sozialer Hilfe haben sie die ihr eingeräumten Möglichkeiten genutzt und in koordiniertem Zusammenwirken mit den öffentlichen und anderen privaten Trägern Beachtliches geleistet. Christliche Ethik ist der positiven Aufgabe verpflichtet, an der Bereitstellung, Sicherung und schöpferischen Entwicklung von Lebensmöglichkeit mitzuwirken, sowohl für die Angehörigen des eigenen Gemeinwesens wie auch für das Leben und Zusammenleben im weltweiten Entwicklungsprozeß. Lebensmöglichkeit kann sich heute nicht mehr nur auf die interpersonalen Beziehungen beschränken. Sie geschieht mit Hilfe der organisatorischen, der technisch-planerischen und der städtebaulichen Mittel mit dem Ziel, destruktive, inhumane Strukturen aufzudecken und die Lebensverhältnisse im Sinne einer besseren Ermöglichung von Humanität zu verändern.

III.

Um nun auf den Gedankengang der EKD-Studie näher einzugehen, möchte ich Sie auf das methodische Vorgehen aufmerksam machen: Auf der einen Seite versuchen wir eine Entwicklungstendenz, um nicht zu sagen, Entwicklungslogik aufzuzeigen. Auf der anderen Seite bemühen wir uns, diese Tendenz nicht einfach als blinden Sachzwang zu statuieren, demgegenüber die Ethik zur besseren Anpassung beitragen sollte. Vielmehr sollen Wege der Erneuerung, Veränderung, auch grundsätzliche Alternativen entdeckt und in den städtischen Arbeitsprozeß eingebracht werden. Die globale Tendenz zur Bildung großstädtischer Agglomerationen, die überall in der Welt zu beobachten ist, wird von tiefgreifenden Strukturwandlungen im inneren Gefüge der Städte begleitet. In den Industriestaaten befinden sich die großen Städte – schematisch verstanden – gegenwärtig in einer neuen dritten Phase ihrer Entwicklung. Die drei Phasen lassen sich sozialgeschichtlich wie folgt beschreiben:
– Die »vorindustrielle Stadt«, die sich heute noch an vielen Stellen in der Welt findet und während vieler Jahrhunderte die städtische Lebensform in Europa darstellt, ist gekennzeichnet durch ihre geringe Ausdehnung und die Konzentration der Bevölkerung auf kleiner Fläche. Häufig sind Kirche und Markt die beiden Zentren. Die Quartiere mit hoher Dichte der Beziehungen sind nach Stand und Gewerbe gegliedert. Wohnung, Arbeitsstätte und Lager

sind im gleichen Gebäude. Die Beziehungen zum umliegenden Land sind trotz der starken Trennung der Lebensformen intensiv.

- Demgegenüber ist die »industrielle Stadt« gekennzeichnet durch die Landerschließung an der Peripherie, durch expandierende Manufakturen, mechanisierte Fabriken, Lagerhäuser, Großhandelsbetriebe, durch Verkehrsverbindungen und Erschließungen und der Trennung von Wohn- und Arbeitsstätte. Der Stadtkern erhält die funktionalen Elemente wie Bahn, Post, Verwaltung, die umschlossen sind vom zentralen Geschäftsbezirk. Die starke Zunahme der Stadt-Land-Mobilität und der Bevölkerung schafft die Voraussetzung der modernen Agglomerationen.

- Die dritte Entwicklungsstufe, die heute in vielfältiger Weise zur Geltung kommt, soll als die »durchrationalisierte Stadt« oder vielleicht besser als die »funktionelle Stadt« gekennzeichnet werden. Die Mehrzahl der Bewohner ist nun nicht mehr in der teil- oder vollautomatisierten Industrie, sondern im Handel, Verkehr und in den Verwaltungen beschäftigt. Durch die steigende Nachfrage nach Grundstücken in den metropolitanen Gebieten entstehen Zentren, in denen die Ansiedlung einseitig unter Renditeaspekten und der optimalen Nutzung des knappen Bodenangebotes erfolgt.

Die Expansion in vertikaler und horizontaler Hinsicht ins Neuland, die steigende Trennung von Wohn- und Arbeitszentren kennzeichnen die neue Situation. Zugleich entleert sich die City, die Wohndichte von den citynahen bis zu den peripheren Zonen gleicht sich aus. Neben dem Hauptzentrum bilden sich Subzentren im Warenangebot. Der Massenkonsum bestimmt die kommerzielle Planung.

In diese Phase fällt die wichtigste technologische Neuerung: die Ausbreitung der Massenverkehrsmittel, verbunden mit der privaten Vollmotorisierung.

Die Kommunikationstechnologien Telefon, Fernschreiber, Radio und Fernsehen verringern die Notwendigkeit primärer Kontakte. Durch Technologien wie Bildtelefon, Kabelfernsehen, Datenverarbeitung wird die rein elektronische Kommunikation möglich. Die automatisierte Anbindung jedes Haushaltes an zahlreiche gemeindewirtschaftliche Unternehmungen mit datenverarbeitenden Einzugsverfahren der Kosten verändert die Struktur kommunaler Öffentlichkeit. Die Ausdehnung der Gebietsherrschaftseinheiten auf der kommunalen und auf der Kreisebene wurde mit der Absicht vollzogen, die Organisationsmacht der großen Gebietskörperschaften zu vergrößern. Nicht zuletzt durch die Automatisierung der Wirtschaftsvollzüge in den Gebieten wurde die Vergrößerung der Gebietsherrschaftseinheiten ein Gebot der Rentabilität.

Der Neuaufbau unserer Städte nach 1945 vollzog sich wesentlich nach städtebaulichen Prinzipien der sog. Charta von Athen (1935), dem städtebaulichen Credo der damaligen Avantgarde. *Le Corbusier* ist ihr Wortführer und hat die Lehrsätze der Charta von Athen 1941 schriftlich vorgelegt. Er schreibt:

»Die Mehrzahl der ... Städte bietet heutzutage das Bild des Chaos ... Eine Krise der Menschheit macht sich in den großen Städten verheerend bemerkbar und wirkt sich auf die ganze Weite des Landes aus... Diese Situation enthüllt die unaufhörliche Vermehrung der privaten Interessen ... Der Vorrang der privaten Initiative, durch persönliches Interesse und den Köder des Gewinns erregt, liegt dieser bedauerlichen Sachlage zugrunde ... Heute ist das Unheil geschehen. Die Städte sind unmenschlich, und aus der rücksichtslosen Brutalität einiger Privatinteressen ist das Unglück zahlloser Personen entstanden.«

Kann man dieser Diagnose widersprechen, die vor allem die städtebaulichen Konsequenzen der planlos erscheinenden, in Wahrheit natürlich vom optimalen Profitstreben her geplanten, geradezu wuchernden Ausdehnung der Industriestädte zwischen 1870 und 1920 im Blick hat? Demgegenüber stellt die Charta von Athen gleichsam elementare »Grundrechte« auf, von deren Anerkennung jeder zukünftige Städtebau geleitet werden sollte.

»Die Schlüssel zum Städtebau liegen in folgenden vier Funktionen: Wohnen, Arbeiten, Sich Erholen (in der Freizeit), Sich Bewegen.«

Aus diesen Grundfunktionen baut sich das Modell einer »funktionellen Stadt« auf, das in seinen wesentlichen Elementen der städtebaulichen Entwicklung der vergangenen Jahrzehnte explizit oder implizit zugrunde lag.

IV.

Das Leitbild der »funktionellen Stadt« ist in den Augen vieler Ergebnis einer bedenklichen Komplexitätsreduktion, die dem komplexen Sachverhalt »Stadt« kaum gerecht wird. Zur Zeit gebe es, so wird allgemein behauptet, kein ausreichendes, anerkanntes Leitbild für den Städtebau. Planung als gemeinschaftlicher und politischer Prozeß ist aber auf die Formulierung von gesellschaftlichen Zielen und auf deren Erfüllung gerichtet. Planungspolitik ist nicht ohne ein Zielsystem, ein Zielbild bzw. ein »Leitbild« denkbar. Die sich wandelnden Erfordernisse der verschiedenen abzuwägenden Interessen benötigen ein entsprechend offenes, flexibles Leitbild. Es muß die Herausforderungen beantworten, die heute in den Verdichtungsräumen zum Teil in bedrängendem Ausmaß in Erscheinung treten.

Einerseits brachte die Urbanisierung unbestritten Gewinn und steigerte die Lebensmöglichkeiten der Menschen. Durch die Verdichtung und Arbeitsteilung konnten für viele Menschen Arbeitsmöglichkeiten geschaffen und konnte der Lebensstandard vieler erhöht werden. Die städtische Lebensform hat Freiheitschancen eröffnet und Möglichkeiten frei gewählter Kommunikation mit sich gebracht.

»Ohne den städtischen Hintergrund wären die Entwicklung unserer Kultur und unseres Bildungswesens sowie die Leistung von Wissenschaft und Technik kaum denkbar« (Vorwort).

Demgegenüber sind wir heute vielerorts mit Nebenwirkungen konfrontiert, durch die die positiven Entwicklungen in Frage gestellt werden. In den Städten spitzen sich die Umweltbelastungen in einer bedrohlichen Weise zu. In der Konsequenz dieser Entwicklung werden auch weitabgelegene Gebiete geschädigt. Auch in den sozialen Beziehungen verdichten sich Probleme, die mit den Stichworten der sozialen Isolation, aber auch der psychischen und sozialen Belastungen für Familien, Kinder, ausländische Mitbürger und alte Menschen gekennzeichnet seien.

- Bundesweit werden derzeit täglich ca. 165 ha freier Landschaft zerstört; die Steigerung seit den sechziger Jahren ist eklatant. Die Ausdehnung der Städte hat daran wesentlichen Anteil (14). Freiflächen werden weitgehend als Landreserven, als Vorratsflächen für Wohnungsbau, Industrieansiedlungen und Verkehrsbauten betrachtet (90); vielfach erscheint die Wiederverwendung von umweltzerstörten Altflächen als zu aufwendig. Völlig ungelöst ist das Problem der teilweise mit Giftstoffen vermengten früheren Deponien (»Altlasten«).
- Gerade die Ballungsgebiete werden unter dem Aspekt der verkehrs- und autogerechten Stadt geplant. Von den im Straßenverkehr Getöteten sind über 70 % Fußgänger oder Radfahrer, von den Verletzten rund 30 %. Untersuchungen deuten darauf hin, daß in den Verdichtungsgebieten die Verkehrsgefährdung am höchsten ist (Anhang V).
- In den Straßen der Großstädte kann tagsüber die von Kraftfahrzeugen verursachte Luftbelastung durch Kohlenmonoxyd, Kohlenwasserstoff und Stickoxyde über 90 % der Schadstoffverursachung betragen (81). Nach Umfrageergebnissen in Städten fühlen sich bis zu 60 % der Bewohner durch Lärm belästigt; als Hauptursache wird Verkehrslärm angegeben (83).
- Schon heute ist in europäischen Großstädten (z. B. in West-Berlin) jeder zweite Haushalt ein Ein-Personen-Haushalt. In den Großstädten wächst gegenwärtig rund ein Drittel der Kinder in unvollständigen Familien auf (10).
- Bei kinderreichen Familien wurde in den Ballungsgebieten ein hoher Unterversorgungsgrad an Wohnraum errechnet (20). Allein in Köln gibt es derzeit 17 000 Wohnungsuchende, von ihnen 8 000 Notfälle, die im Sinne des § 25 des Wohnungsbaugesetzes berücksichtigt werden müßten. Daraus geht hervor, daß der Mangel an preiswertem Wohnraum in Ballungsgebieten zum sozialen Konfliktstoff wird. Andere Konfliktstoffe wie Obdachlosigkeit und Ausländerfeindlichkeit konzentrieren sich ebenfalls auf die Ballungsgebiete.
- Wir beobachten ein deutliches Nord-Süd-Gefälle in der Bundesrepublik, d. h. die altindustrialisierten Gebiete, insbesondere das Ruhrgebiet, erweisen

407

sich als vom Verfall bedrohte Ballungsgebiete, während sich im Süden neue industrielle Verdichtungsräume entwickeln. Auch die Entwicklung der Arbeitsmarktsituation bzw. der Arbeitslosigkeit ist von solchen Asymmetrien stark betroffen (Anhang VIII).

Diese wenigen Beispiele weisen darauf hin, daß wir mit spezifischen und zum Teil neuartigen Problemen konfrontiert sind. Sie sind zwar nicht unlösbar, erfordern aber immense Anstrengungen. Hier erwachsen echte »Gemeinschaftsaufgaben« für Bund, Länder und Gemeinden. Die daraus entstehenden hohen finanziellen Belastungen sind heute teilweise noch unerkannt und in den Haushalten unberücksichtigt. So übersteigen z. B. die Kosten für die Wiederherstellung der zerstörten Wasserkreisläufe die Grenzen des heute Vorstellbaren (13).

V.

Die Kammer der EKD für soziale Ordnung hat darauf verzichtet, neue Idealmodelle, an denen es in der Vergangenheit nicht gefehlt hat, für die Stadt zu formulieren. Stattdessen wurden Handlungsziele für die menschen- und umweltgerechte Stadt benannt. Im Mittelpunkt steht die Perspektive der »in überschaubare Einheiten offen gegliederten Stadt«. Auf diese Weise soll ein Gegengewicht zur Tendenz der funktional durchrationalisierten Stadt geschaffen werden. Das bedeutet: Die Stadt soll geöffnet werden für Lebensformen, in denen die kulturelle Aneignung durch die Bewohner möglich wird, sie soll geöffnet werden für überschaubare, untergliederte und naturnahe Strukturen, sie soll offen bleiben für die geschichtliche Kontinuität. Ebenfalls gewinnen Bemühungen, die gewachsenen Dörfer und Kleinstädte, aber auch die Biotope und Landschaftsstrukturen im Umfeld der Großstädte zu erhalten bzw. soweit wie möglich zu integrieren, größte Bedeutung.

Durch die kommunale Gebietsreform verringerte sich die Zahl der selbständigen Gemeinden um 57 % (1). Der Verlust an demokratischer Selbstbestimmung, der damit einherging, führte zur Forderung, neue überschaubare Gemeinwesen innerhalb der großstädtischen Ballungsräume zu schaffen und diese kleineren Einheiten mit Eigenständigkeit und Entscheidungskompetenz auszustatten (64). Es kommt nun darauf an, nicht von oben verordnete Strukturen zu empfehlen, sondern einen Prozeß der kreativen Anpassung an kulturelle Überlieferungen, natürliche Umweltbedingungen und städtebauliche Charakteristika aus den Lebensvorgängen der Betroffenen selbst in Gang zu setzen.

Die Studie bemüht sich, anthropologische aber auch theologische Gesichtspunkte geltend zu machen, um die Verantwortung für »der Stadt Bestes« zu begründen, zu strukturieren und Kriterien für die Gestaltung zu benennen. Als

Kriterien für eine umwelt- und menschengerechte Stadt gelten z. B. mitmenschliche Kommunikation gegen die Tendenz zur Einbahnkommunikation (40), Geborgenheit in der Überschaubarkeit der Strukturen (41), Teilhabe gegen die Tendenz zur Passivität, Zuschauer- und Konsumentenrolle (42), Orientierung an den Schwächeren (»Kindgerechtheit«) (43), Einbindung in die Natur (44).

Die Studie bezieht sich in der konkreten Ausgestaltung dieser Vorstellungen auf die Erfahrungen, die in deutschen Großstädten, z. B. Köln, München und Berlin, gesammelt werden. Dort wird Planung nach dem »Leitbild« eines stadtviertelorientierten, räumlich funktionalen und ausgeglichenen Gefüges betrieben. So wird beispielsweise die Kölner Stadtentwicklungsplanung in dieser Hinsicht von folgenden Einzelzielen bestimmt:

1. Dezentralisierung von Politik und Verwaltung;
2. Orientierung an übergeordneten Entwicklungszielen;
3. Schaffung überschaubarer, multifunktionaler Lebens- und Erlebnisbereiche;
4. Pflege der Eigenständigkeit, Originalität und Geschichte von Zentren und Bereichen;
5. bedarfsgerechte, abgestufte Versorgung der Bevölkerung in zumutbarer Entfernung;
6. Wirtschaftlichkeit des öffentlichen und privaten Mitteleinsatzes;
7. Konzentration der Siedlungsentwicklung und Verhinderung der Zersiedelung;
8. Minimierung des Verkehrsaufkommens und der Reisezeiten;
9. Entlastung der Innenstadt, Ergänzung und Ausgleich der Funktionserfüllung zwischen den einzelnen Stadtteilen im Gesamtsystem der Stadt.

Dabei wird, was in gewachsenen Verdichtungsräumen leichter ist, als Ordnungsmodell für die Gesamtstadt und für die Zuordnung der Stadtteile zueinander das innerstädtische Zentralitätsgefüge zugrundegelegt. Es stellt gleichsam das Skelett der Versorgungsfunktionen und der Schwerpunkte der Urbanität und Stadtkultur dar. *Rüdiger Göb* beschreibt diese Ordnungsaufgabe wie folgt:

»Die Zentren verkörpern mit ihren oft historisch geprägten Grundrissen und Gestaltbildern, ihren traditionellen Überlieferungen und heutigen Erlebniswerten die Mittelpunkte der verschiedenen Stadtteile und -quartiere. Diese Zentren bilden ein räumliches und funktionales Bezugssystem. Dieses städtebauliche System der räumlich-funktionalen Gliederung wird durch funktional-sektorale Komponenten ergänzt. Es kommt darauf an, daß in der Gesamtstadt das Zusammenwirken so erfolgt, daß keine wesentlichen Defizite entstehen oder die vorhandenen abgebaut werden.«

Der Rat der Stadt Köln hat im März 1978 ein Gesamtkonzept Stadtentwicklung verabschiedet, in dem mit einem räumlich-funktionalen Ordnungsmodell 56 »Stadtteile« im Sinne dieses Konzeptes als Planungs- und Handlungsräume festgelegt werden. Damit soll der Stadt ein räumlicher Entwicklungsrahmen vorgegeben werden, der eine sinnvolle Zuordnung von Nutzflächen, Verkehrs- und Versorgungsnetzen sowie Einzelstandorte ermöglicht.

Die Städte gehen bei der Abgrenzung solcher teilräumlicher Planungseinheiten sehr unterschiedlich vor. In Hamburg versteht man z. B. unter einem Stadtteil räumliche Gebietseinheiten mit Eigennamen, wie z. B. Eppendorf, St. Georg, Fuhlsbüttel, Blankenese. Sie sind historisch gewachsen und waren in der Mehrzahl bis zu ihrer Vereinigung mit dem Territorium der Stadt Hamburg selbständige Gemeinden oder Städte. Die Größe der somit festgelegten 104 Stadtteile schwankte der Fläche nach zwischen 58 ha und 3527 ha und nach der Einwohnerzahl zwischen 228 und 84 780. In Hamburg werden diese Stadtteile zum Teil noch in statistische Untereinheiten, die Ortsteile, gegliedert.

VI.

Die Studie schließt sich dieser Perspektive teilweise an und entfaltet sie in fünf Aufgabenbereiche:
- Für den elementaren Lebensbereich des »Wohnens« wurden vor allem in zwei Dimensionen Forderungen aufgestellt. Es darf nicht dahin kommen, daß bestimmte Gruppen insbesondere Arbeitslose, kinderreiche, alleinerziehende oder ausländische Mitbürger aufgrund von Leistungsreduzierungen im Bereich der sozialen Hilfe (Wohngeld) von Obdachlosigkeit bedroht werden. Es werden in der Studie verschiedene Maßnahmen empfohlen, um den Mangel an Wohnraum für einkommensschwache Gruppen zu verringern (63; vgl. Anhang IV).
- Größter Wert wurde darauf gelegt, durch eine eigenständige Gestaltung des Wohnumfeldes bzw. des Quartiers den Lebensvollzügen Überschaubarkeit zu verleihen, das Quartier als Ort der Begegnung und der Integration erlebbar werden zu lassen.
Als vordringlich wird eine generelle Geschwindigkeitsbegrenzung in dicht bewohnten Gebieten auf Geschwindigkeiten unter 30 km/h angesehen sowie ein Netz sicherer Fahrradwege, das die gesamte Stadt erfaßt und Anschluß an Zentren der Arbeit, Bildung und an Naherholungsgebiete schafft (70 ff, 93 ff). Ähnliches gilt auch für die Fußgängerwege.
- Ein Hauptakzent der Studie liegt auf der ökologischen Dimension der Stadtentwicklung. Es muß gelingen, die Stadt als Ökosystem im weiteren Sinne neu zu gestalten. Die Studie schlägt in mehreren Bereichen Maßnahmen zur Reduktion der Belastungen vor, z. B. die konsequente Nutzung von Industrieabwärme und den Ausbau von Fernwärmeversorgungsnetzen, die die Zahl der Einzelfeuerstätten und damit die Luftbelastung wesentlich vermindern können. Die Normen für die Schwefeldioxydbelastung, die

gegenwärtig unerträglich hoch sind, müssen von derzeit 140 μg/m³ um mindestens 50 % niedriger angesetzt werden (86).

Besondere Aufmerksamkeit, aber auch Kosten erfordern die Wasserversorgung und der Wasserressourcenschutz. Gefordert werden deshalb u. a. Maßnahmen wie Entsiegelung des Bodens, Einführung wasserfreier Produktionsverfahren, die Anwendung von Betriebswasser- und Kühlwasserkreisläufen, die Mehrfachverwendungen von Betriebswasser (89).

Das die ökologische Dimension der Stadtentwicklung behandelnde Kapitel mündet in die Forderung einer grundsätzlichen Neuorientierung ein, in der auf die »Vermeidung« von Belastung gegenüber ihrer »Verminderung« das Hauptgewicht liegt.

– Die Städte verdanken ihre Lebensfähigkeit in erster Linie der Reichhaltigkeit ihrer wirtschaftlichen Funktionen. Es muß möglich sein, der Stadt und ihren Bürgern ein hohes Maß an Souveränität bei der Gestaltung und Förderung ihres wirtschaftlichen Lebens einzuräumen (97).

Deshalb wurde auch eine Neuordnung der städtischen Finanzen vorgeschlagen (Tendenz zu einer Wertschöpfungssteuer, 104). Auch in der Bodenpolitik stehen die Städte vor neuen Herausforderungen: Die Möglichkeiten, in diesen Bereich einzugreifen, müssen verbessert werden.

Wie schon an anderer Stelle wird gefordert, die Kompetenzen der Städte für die Lösung des Problems der Arbeitslosigkeit zu erweitern und die Wirtschaftsförderung gezielter als bisher unter arbeitsmarktpolitischen Gesichtspunkten zu betreiben.

– Inzwischen liegen Erfahrungen von ca. 15 Jahren mit Bürgerbeteiligung vor, die insgesamt gesehen ermutigend sind und teilweise ihren gesetzlichen Niederschlag gefunden haben. Allerdings kommt der Mitwirkung in den verschiedenen Phasen kommunaler Entwicklungsplanung weder genügend Verbindlichkeit zu, noch wird die kreative Beteiligung der Bürger anstelle der bloßen informellen Beteiligung genügend in Anspruch genommen. In Zukunft wird es auch darauf ankommen, den Kreis der »Träger öffentlicher Belange«, zu dem auch die Kirche gehört, im Hinblick auf die Verantwortung für das Gemeinwohl hinsichtlich seiner Zusammensetzung als auch seiner Aufgabenstellung neu zu durchdenken (127).

Ein eigener Abschnitt wird den Neuen Kommunikationsmedien gewidmet, die in erster Linie auf die Ballungsgebiete zielen und die leicht eine Verstärkung der konsequenten Tendenzen gegenüber den aktiv-kreativen zur Folge haben können. Es wird gefragt, ob langfristig sichergestellt ist, daß durch die Einführung Neuer Medien auch neue und breitere Zugänge zu den Medien geschaffen werden, ein Mehr an Gemeinsinn und Bürgermotivation ermöglicht wird und sie sich tendenziell als »lernende Systeme« erweisen können (132).

VII.

Die Kirche ist nicht nur als »Träger öffentlicher Belange«, sondern auch durch ihre parochiale Präsenz vor Ort unmittelbar in die Verantwortung für die Stadt eingebunden, hat allerdings erst allmählich ein echtes Arbeitsverhältnis in Fragen der humanen und ökologischen Stadtentwicklung gewonnen. Dies ist umso erstaunlicher, als in der biblischen Tradition eine reiche Symbolik für die irdische Polis enthalten ist, und insbesondere die mittelalterliche Stadt aus solchen Symbolen Leitbilder für die Stadtbaukunst und die rechte Ordnung der Stadtgemeinde abgeleitet hat (21 – 30).

Erfahrungen von Großstadtpfarreien (137 – 139) zeigen, daß insbesondere die Innenstadtgemeinden durch den Schwund an volkskirchlicher Substanz und die Begegnung mit sozialen Nöten von Minderheiten vor schwer lösbare Probleme gestellt sind. Inzwischen wurden aber auch Erfahrungen mit Gemeindeaufbau in der Großstadtregion gesammelt (Beispiel München, 148 f), die die Herausforderung aufgegriffen und integrative Prozesse eingeleitet haben, indem sie beispielsweise an das polyzentrische Konzept der Stadt mit ihren 12 Stadtteilen anknüpfen und neue Formen der Zusammenarbeit innerhalb und zwischen den Gemeinden anregen. Noch immer wird der Kirche in der kommunikativen Ebene eine hohe Kompetenz zugeschrieben. Die Bildung von sozialen Netzen, die von »Haushalt zu Haushalt« reichen und Aufgaben der Seelsorge mit dem Dienst an der Leiblichkeit verbinden, gehört hier ebenso dazu wie typisch städtische Kontakt- und Kommunikationsformen, die auch der Flüchtigkeit, aber auch der kulturellen Neugierde Rechnung tragen (151 f). Sozial- und Citystationen (allein in Berlin gibt es davon 50) können ehren- und nebenamtliche Tätigkeiten anregen, Selbsthilfegruppen, z. B. von Arbeitslosen, verdienen die Unterstützung der Gemeinde. Die Studie macht darauf aufmerksam, daß die zentralen Lebensäußerungen der Kirche wie etwa der Gottesdienst nicht abseits und im Rückzug von den Lebensäußerungen der Stadt, sondern mitten in ihnen stattfinden. »Die Kirche sucht der Stadt Bestes, wenn sie für die Stadt im Gebet eintritt (Jer 29, 7). Indem sie aber für sie betet, macht sie sich Gott gegenüber für sie verantwortlich und wird auch tätig für sie eintreten« (162). In der Erinnerung an Jesu Verkündigung kann die Kirche zu einer menschlichen, lebensfördernden Institution werden und exemplarische Grundformen menschlichen Miteinanders entwickeln.

Die Studie wendet sich also nicht nur an die Politiker, damit sie das Thema »Stadt« auf die Tagesordnung setzen, nicht nur an die Bewohner und Verantwortlichen der Städte als Bürger, sondern auch an die christliche Gemeinde, damit sie eine »menschenfreundliche Kirche in einer menschenwürdigen Großstadt« (152) werde.

Menschliche Kultur in der Stadt ergibt sich aus der wechselseitigen Durchdringung von sozialen Bezügen und bebauter Umwelt. Die Stadt in ihrer herkömmlichen Verfassung übertrug die Formen dörflich kollektiver Hilfsgemeinschaft auf die Quartiere und in das Gemeinwesen. Der Neu-Hinzugezogene wächst über die Strukturen der Nachbarschaft und über die Regeln des Gemeinwesens in eine neue Lebensordnung hinein. Hier wird Geborgenheit, Sicherheit, ein neues Gleichgewicht und eine Konstanz des Zusammenlebens aus Eigeninitiative ermöglicht. Diese integrierende Kraft der sozialen Gemengelage läßt Heimat entstehen und befreit zu neuen schöpferischen Leistungen, die die Qualität und kulturelle Identität einer Stadt ausweisen. Kultur wird so verstanden zum sozialen Vertrauen, zur sozialen Integriertheit und sinnerfüllten Lebensform. Eine Stadt, auch in ihrer entfremdeten Form, muß heute noch gemessen werden an ihrer eigenen Idee. In der europäischen Tradition steht hinter der Stadt die Vision der Civitas Dei, eines verantwortlichen gerechten und freien Gemeinwesens. In der Stadt kommt in besonderer Weise zum Ausdruck, daß Menschen sich als Mitarbeiter Gottes verstehen, die mit der Aufgabe betraut sind, »Sinn und Ordnung in die menschliche Geschichte zu bringen« (*H. Cox*). Was dies im Hinblick auf die Gestaltung unserer Städte bedeutet, gilt es heute von neuem zu entdecken!

Gemeinwesenarbeit
Eine sozialethische Zwischenbilanz

I. Zum gegenwärtigen Sachverhalt

Gemeinwesenarbeit als eine methodische Konzeption zur inneren Ausgestaltung des sozialen Rechtsstaates ist ihrem Anspruch nach schon alt, ihrem Realisierungsgehalt nach jedoch sehr jung und allenfalls in einem ersten Erprobungsstadium. Gemeinwesenarbeit entzündet sich an der Krise der westlichen Demokratien, in denen die Zahl derer, die politische Macht ausüben, eher abnimmt. Sie wird getragen von der Bemühung, der wachsenden Elitokratie seitens der Parteien und der zunehmenden Technokratie seitens der Verwaltung und Industriebürokratie methodisch entgegenzuwirken. Sie knüpft an das Bedürfnis an mitzudenken, mitzusprechen, mitzuurteilen, mitzuwirken im Verfahren und mitzuverantworten. Sie entzündet sich an den unbefriedigten demokratischen Erwartungen der Regierten, sofern sie den Anspruch der Identität von Regierten und Regierenden aufrechterhalten. Gemeinwesenarbeit ist politisch, sofern sie auf das »Gemeine Beste« und das Gemeinwesen abzielt wie die politischen Parteien. Sie ist kein Konkurrenzverfahren zu den Parteien, sondern eine Methode.

Gemeinwesenarbeit ist eine systematische Weise, mit gesellschaftlichen Verbänden und Gruppierungen zu arbeiten, gerichtet auf die Entwicklung eigener Verantwortlichkeit und Selbsttätigkeit zugunsten des »Wohlseins«. Unter »Wohlsein« oder besser unter *Gemeinwohl* verstehen wir einen Zustand, demzufolge in einer gegebenen Gesellschaft eine größtmögliche Übereinstimmung besteht zwischen Einrichtungen und Möglichkeiten einerseits und den in dieser Gesellschaft allgemein hingenommenen Normen in Hinsicht auf ein menschenwürdiges Dasein andererseits.[1]

---

1 Zu den Definitionsproblemen vgl. den Beitrag von G. Zeitz, Die literarische Rezeption der Gemeinwesenarbeit in der Bundesrepublik Deutschland, in: ZEE 19, 1975, 15 ff. Die von mir gegebene Definition entspricht den holländischen Definitionen, die dort den sog. »Opbouwerk« beschreiben. Vgl. auch Ir. S. Maso, Politik und Gemeinwesenarbeit, Ms. 1970; ders., Why Community Work? und Community-Self Survey, Man. 1972.

Diese vorläufige Definition macht bereits deutlich, daß die demokratische Rekonstruktion der menschlichen Lebensverhältnisse ein Prozeß ist, der auf zahlreichen Ebenen in vorhandenen Sozialgliederungen ebenso wie in neu zu bildenden einsetzen kann. Im Medium der *Vereinten Nationen* wurden gleichsam in Korrelation zu den Community Development-Aktivitäten im lokalen Bereich Programme für National Development ausgearbeitet. Hierbei geht es um drei Faktoren:

1. sollen Prozesse eingeleitet werden, durch die die Anstrengungen zur Selbstbestimmung der Völker mit den Aktivitäten der Regierungsautoritäten vereinigt werden, »um die ökonomischen, sozialen und kulturellen Lebensbedingungen von communities zu verbessern, diese communities in das Leben der ganzen Nation zu integrieren und sie zu befähigen, zum nationalen Fortschritt in vollem Umfang beizutragen«.

2. soll den eigenen Initiativen bei den Anstrengungen, das Lebensniveau zu heben, ein Vorrang eingeräumt werden.

3. Durch das Angebot an technischen und sonstigen Hilfen und Diensten, an Formen und Methoden sollen die Initiative, die Selbsthilfe und ein gegenseitiges Hilfeleisten ermutigt werden. Auf diese Weise kann in einer Reihe spezieller Programme eine Vielfalt von spezifischen Verbesserungen zum Erfolg führen.[2]

Was also mit dem Begriff der Gemeinwesenarbeit bezeichnet wird, steht in einem Bezugsfeld internationaler Entwicklungen, wobei die holländischen und angelsächsischen Erfahrungen durchaus dominant geworden sind. Es handelt sich hier um ein häufig nur mündlich tradiertes, in Erfahrungsberichten, Programmpapieren festgehaltenes weites Feld, das gleichwohl in dichter weltweiter Kommunikation existiert. Wegen ihrer kooperativen Struktur lebt Gemeinwesenarbeit vom Austausch der Erfahrungen, von der Differenzierung der Methoden und der Strategien.

In *Holland* ist kirchliche Arbeit im lokalen Bereich, namentlich in den städtischen Gemeinden, häufig im echten Sinne Gemeinwesenarbeit. Diese protestantischen Gemeinden sind wegen ihres unbürokratischen Charakters und wegen ihres gerade nicht offiziell staatlichen Garantiertseins dem einzelnen nahe und basieren auf dem Bewußtsein der Mitverantwortung. Hier werden christliches Leben und öffentliche Verantwortung nicht gespalten in die Privatsphäre einerseits und in die amtsmäßige Zuständigkeit andererseits, weshalb gerade die holländischen und zum Teil auch die angelsächsischen »Freikirchen« zu Mittelpunkten öffentlichen Interesses und zu Schulungszentren für jede Art von geistiger und politischer Diskussion werden konnten. Wer heute Gemein-

---

2 Vgl. J. Boer / K. Utermann, Gemeinwesenarbeit. Einführung in Theorie und Praxis 1970, 67 ff. Zur amerikanischen Definition vgl. M. G. Ross, Gemeinwesenarbeit. Theorie, Prinzipien, Praxis, deutsch von D. v. Caemmerer, Freiburg 1968.

wesenarbeit in allen ihren Möglichkeiten und gleichsam auf der Höhe des menschheitlichen Interesses betreiben möchte, kann es nur durch intensives Studium holländischer Erfahrungen leisten.

Damit ist zugleich die Schwierigkeit angedeutet, ein irgendwie vertretbares Konzept von Gemeinwesenarbeit in den Kontext der deutschen Lebensverhältnisse einzutragen. Deutschland ist das klassische Land der staatlichen Sozialpolitik. Das »Gemeinwesen« liegt in der Regie der staatlichen, kommunalen Bürokratie und in einer abgeleiteten Form in der parochialen Verwaltung der Kirchengemeinden. Hieraus entstand das bis heute funktionierende konservative Konzept von Gemeinwesenarbeit, das auf die *Versorgung* des Bedürftigen zugeschnitten ist, eines nach Zuständigkeit klar abgeteilten Versorgungsraumes. In diesem System geht es im Optimalfall um die Verbesserung der Organisation und Koordination zur Erzielung des größtmöglichen Versorgungseffektes. Das Leitbild ist die sogenannte »Wohlfahrtsgemeinde« (Welfare Community), deren Ziel darin besteht, alle im Wohlfahrtsbereich tätigen kommunalen und privaten Träger zu wirksamer Öffentlichkeitsarbeit, gerechter Mittelverteilung und zur Vermeidung von Mehrfachbetreuung zu veranlassen. Die Wohlfahrtsausschüsse bilden heute das Herzstück der Sozialpolitik auf kommunaler Ebene. [3]

Die *Kirche* hat sich auf dieses System in der Form eingestellt, daß sie sich als eigener Leistungsträger neben anderen privaten oder – in der Selbstbezeichnung – neben anderen »freien Trägern« einen Bereich der Wirksamkeit aufbaut und sichert und in der Vergabe öffentlicher Mittel als mächtige *Wohlfahrtsorganisation* auftritt. Das Feld, in dem Gemeinwesenarbeit stattfinden könnte, ist objektiv bereits verwaltet, bürgerschaftliche Aktivitäten würden »in Deutschland das Tätigkeitsfeld, insbesondere das der sozialen Hilfe, überwiegend durch öffentlich-rechtliche Institutionen besetzt finden« [4]. Dies wird in Verfassungsvorschriften gelegentlich ausdrücklich unterstrichen: »Die Gemeinden sind in ihrem Gebiet unter eigener Verantwortung die ausschließlichen Träger der gesamten örtlichen öffentlichen Verwaltung. Sie können jede öffentliche Aufgabe übernehmen, soweit sie nicht durch ausdrückliche gesetzliche Vorschriften anderen Stellen im dringenden öffentlichen Interesse ausschließlich zuge-

3 Zur Kritik vgl. C. W. Müller, Die Rezeption der Gemeinwesenarbeit in der Bundesrepublik Deutschland, in: ders. / A. Nimmermann, Stadtplanung und Gemeinwesenarbeit. Texte und Dokumente, München 1971, 228 ff: 231 f.

4 M. R. Vogel / P. Oel, Gemeinde und Gemeinschaftshandeln. Zur Analyse der Begriffe Community Organisation und Community Development, Stuttgart 1966, 88. Vgl. hierzu auch: »Entwicklung und Tendenzen in der Gemeinwesenarbeit in der Bundesrepublik«. Arbeitsgruppe Gemeinwesenarbeit der Victor-Gollancz-Stiftung, in: Theorie und Praxis der Sozialen Arbeit 8, 1973, 304 ff.

wiesen sind.«⁵ In den sechziger Jahren ging das Ringen, nicht zuletzt vor dem Bundesverfassungsgericht, darum, diese Allzuständigkeit einerseits vor schwer zu kontrollierenden Interessenverbänden zu schützen, umgekehrt aber auch darum, die faktische Allzuständigkeit der kommunalen Verwaltung aufzubrechen und dem privaten bzw. »freien« Träger ein abgesichertes Wirkungsfeld zu verschaffen⁶.

Die *Nachkriegszeit* läßt sich vereinfachend in ein Dreiphasenschema einteilen. Die *erste* Phase ist gekennzeichnet durch die Wiederherstellung von staatlichen und öffentlich-rechtlichen Ordnungsfaktoren, zu denen neben den Organen des bürokratischen Verwaltungsstaates auch die kirchlichen Organe gehörten. Die Kirche wurde nicht nur als »Träger des sittlichen Lebens des Volkes« (P. Mikat) angesprochen, sondern als Träger der Daseinsvorsorge (W. Weber) anerkannt. In dieser Phase erschien der Bürger in doppelter Funktion, als homo oeconomicus wurde ihm ein Handlungsspielraum eröffnet, eingebunden in eine quasi Naturverfassung des Wirtschaftsprozesses, als Bedürftiger erfuhr er die sozialstaatlichen Gewährleistungen in einem System der sozialen Hilfe, als homo politicus wurde er vor allem im Wahlvorbereitungsprozeß der Parteien aktiviert und zur Stimmabgabe stimuliert.

In einer *zweiten* Phase, die durch die Herrschaft der intermediären Kräfte bekannt ist, setzte sich das Bewußtsein durch, daß die organisierten Gruppen in unseren komplizierten sozialen und technischen Verhältnissen unverzichtbare Funktionen erfüllten, was die Geschäftsordnung der Bundesministerien erkennen läßt, die bestimmt, daß bei der Vorbereitung von Gesetzen und wichtigen Verordnungen die beteiligten Fachkreise, die Verbände, heranzuziehen sind. Aber diese Verbände erwiesen sich als partikulare Interessenvertretungen, was dazu führte, daß die Realisierungschancen eines Interesses von der Stärke des Patrons, nicht aber von der allgemein zugestandenen Dringlichkeit abhing. Das Gemeininteresse, die Richtung auf das Gemeinwesen, wird so notwendig verfehlt, zumal dann, wenn die politischen Parteien sich zu Interessenvertretungskartellen entwickeln. Für den Bürger bedeutet dies eine gewisse Diversifizierung seiner öffentlichen Existenz, nicht aber eine Chance zur Selbstbestimmung und Partizipation.

Dies wird an den kirchlichen Hilfsorganisationen deutlich, die in dieser zweiten Phase mit ihrer Erstarkung als Leistungsträger der Sozialhilfe, Jugendwohlfahrt und Entwicklungshilfe zugleich einen Prozeß der Zentralisierung und Rationalisierung durchliefen mit einem doppelten Effekt: sie entlasteten die

---

5 So die Verfassung des Landes Hessen zit. nach G. Zeitz, Zur Rezeption der Gemeinwesenarbeit für die kirchliche Praxis. Eine theolog. und sozialwiss. Untersuchung der Prinzipien, Probleme und Aufgaben, Ms., Berlin 1973, 10.

6 Wie wenig dieses Ringen schon ausgestanden ist, zeigt die neue Debatte um den »Entwurf eines Gesetzes für Jugendhilfe« vom 1. 4. 74, zu dem sich verschiedene kirchliche Organe bereits dezidiert geäußert haben.

Gemeinden von eigenen diakonischen Anstrengungen und entfernten sich zugleich vom einzelnen Hilfsbedürftigen. Sie nahmen die Kennzeichen an, gegen die sie ursprünglich ihr Verbandsinteresse artikulierten, sie wurden abstrakt und personferne und wurden von staatlicher Auftragsverwaltung gelegentlich kaum unterscheidbar.

In der *dritten* Phase meldete sich der Aktivbürger, nach der individuellen Wiederaufbauleistung seßhaft geworden und an langfristiger eigener Lebens- und Umweltplanung vital interessiert, zu Wort zu einem Zeitpunkt, in dem alle öffentlichen Verhältnisse professionalisiert und unter Planungsgesichtspunkten auf Dauer gestellt werden sollten. Die Unruhe der Jahre nach 1968 resultierte zum Teil aus dem Zusammentreffen solch widersprüchlicher Entwicklungen: vom Entwicklungsstand der Gesellschaft her wäre eine fundamentaldemokratische Transformation möglich gewesen, zugleich aber bot sich das Muster eines formaldemokratisch legitimierten technokratischen Systems an.

Gemeinwesenarbeit hat hier ihren systematischen Stellenwert als ein Ensemble von Methoden, durch die eine *Transformation der Demokratie* legitim herbeigeführt werden könnte. Die Krise ist ihr strukturell darin mitgegeben, daß sie sich einer Übermacht konfrontiert sieht und von den Gnaden der Administration lebt, solange sie den Planungsleitlinien der Verwaltung zur Durchsetzung verhilft. Sie fällt aber in Ungnade, sobald ein eigener Ansatz zur Transformation von Kräfteverhältnissen und Machtstrukturen ins Spiel kommt und die Definition der Bedürfnisse zu abweichender Prioritätensetzung führt. Gemeinwesenarbeit wird deshalb häufig voreilig auf ein aggressives Konzept festgelegt, das Konfrontation oder civil defense nicht als ultima ratio, sondern als allein mögliche Methode von Gemeinwesenarbeit empfiehlt.[7]

Inzwischen ist in der dritten Phase das Prinzip der »*Beteiligung der Betroffenen*« in bestimmten Vorhaben der Stadtsanierung und der Stadtentwicklungsplanung teils gesetzlich, teils als Bestandteil kommunaler Öffentlichkeitsarbeit eingeführt worden. Von einer echten Beteiligung der sogenannten »Öffentlichkeit« sind wir, soweit es die Rechtsvorschriften betrifft, noch weit entfernt. Ein erster Ansatz wurde im *Städtebauförderungsgesetz* gemacht, das in Anknüpfung an die Gemeinwohlverpflichtung von § 14, 2 GG bei Sanierungs- und Entwicklungsmaßnahmen von dem Grundsatz getragen ist: »Den Betroffenen soll Gelegenheit gegeben werden, bei der Vorbereitung und Durchführung der Maßnahmen mitzuwirken.« So fordert § 4 des Städtebauförderungsgesetzes bereits bei der förmlichen Festlegung des Sanierungsgebietes: »Die Gemeinde

7 Vgl. hierzu H. Specht, Disruptive Taktiken in der Gemeinwesenarbeit, in: C. W. Müller / A. Nimmermann, a. a. O., 208 ff und den Beitrag von W. Müller, Fünf Handlungsmodelle der Gemeinwesenarbeit, in: ZEE 19, 1975, 25–35. Vgl. außerdem R. Klauser / H. U. Oel, Bürgerinitiativen und Partizipation im Rahmen der jüngeren Entwicklung der Bundesrepublik Deutschland. Ein Beitrag zur politischen Soziologie, Ms., Berlin, November 1973.

soll den betroffenen Eigentümern und den Trägern öffentlicher Belange, deren Aufgabenbereich durch die Sanierung berührt wird, möglichst frühzeitig Gelegenheit zur Stellungnahme geben.« § 5/4 STBfG sieht eine Benachrichtigung der betroffenen Eigentümer nach der förmlichen Festlegung des Sanierungsgebietes vor; § 8 regelt eine möglichst frühzeitige Erörterung der Neugestaltung mit den Eigentümern, § 8/3 sieht die Benachrichtigung der Eigentümer nach Rechtsverbindlichkeit des Bebauungsplanes vor. Wichtig ist vor allem § 27/3, in dem es heißt:

»Vor Aufhebung eines Miet- oder Pachtverhältnisses über Geschäftsraum hat die Gemeinde ... mit dem Mieter oder Pächter die Möglichkeit einer anderweitigen Unterbringung zu erörtern.«

Auf Vorschlag des Bundesrates kam in § 4,1 die Auflage, daß vor der förmlichen Festlegung eines Sanierungsgebietes unter anderem auch *Untersuchungen* über »die Einstellung der Betroffenen zu der beabsichtigten Sanierung« durchzuführen sind. Während die Gemeinde in § 8/2 auf eine sozialpolitische Maßnahme im Sinne exakter Planung (Sozialplan) festgelegt wird, weisen die erwähnten Vorschriften und eine Reihe anderer Vorschriften in der Ländergesetzgebung in die Richtung einer Demokratisierung von Planungsprozessen.[8]

Inzwischen sind in fast jeder Stadt der Bundesrepublik *Bürgeraktivitäten* entstanden. Dabei ist grundsätzlich zu bedenken, daß die Mehrzahl der Bestimmungen des STBfG eine aufgabenorientierte Form der Gemeinwesenarbeit impliziert gemäß der Definition *T. R. Battens*, der bereits »jede Aktion, die von irgendeiner Einrichtung ausgeht und vorwiegend dem Wohle der Gemeinde dienen soll«[9], dazu rechnet. Es ist deshalb kein Wunder, daß Verwaltung, Parteien und Parlamente die Beteiligung der Öffentlichkeit an Vorhaben häufig beschränken auf die Präsentation fertiger Ergebnisse in Wort und Bild. Dem Bürger wird zum Beispiel klargemacht, »daß die Baumaßnahmen einer großen Stadt ... nicht nur in Planungsbüros oder Sitzungssälen des Stadtrates behandelt, sondern der ganzen Bürgerschaft zur Betrachtung und Diskussion offengelegt werden«[10].

Es ist grundsätzlich falsch, aufgabenorientierte Aktivitäten der vertikalen Systeme (Verwaltung, Fachkreise, Institutionen) allein schon für Gemeinwesenarbeit zu halten. Das entscheidende Element ist die Festigung des horizonta-

8 Zit. nach Städtebauförderungsgesetz, Gesetz über städtebauliche Sanierungs- und Entwicklungsmaßnahmen in den Gemeinden, Göttingen 1971. Hierzu H. Großhans, Öffentlichkeit und Stadtentwicklungsplanung. Möglichkeiten der Partizipation, Gütersloh 1972, 39 ff und E. Bardley, Die Wahrheit über die Verbände. Neun Thesen über die natürlichen Aufgaben der Vereinigungen in einer Demokratie, Düsseldorf 1962, 105 ff.

9 T. R. Batten, Communities and Their Development, London 1957, 2.

10 Dies stellte der Oberbürgermeister von Nürnberg anläßlich einer Ausstellung zu Problemen der Stadtentwicklungsplanung fest, vgl. H. Großhans, a. a. O., 105.

len Musters bei der Bewältigung von Aufgaben, die wiederum in der horizontalen Dimension entdeckt worden sind.

C. C. Taylor stellte schon 1956 bei seiner Untersuchung der zu einem nationalen Entwicklungsprogramm gehörigen Gemeinwesenarbeit fest:

> »Bevor und bis nicht solche sich selbst regenerierenden Gruppen entwickelt werden, sind keine echten Gemeinden entstanden, ganz gleich, wieviel man schon für sie getan hat.«[11]

Gemeinwesenarbeit als ein gelenkter Prozeß zur Festigung des horizontalen Musters einer Gemeinde verbindet sich mit Aufgaben und Zwecken, was jedoch nicht zur Verselbständigung der Zwecke gegenüber den Mitteln führen darf.

II. Gemeinwesenarbeit in kirchlicher Verantwortung

1. Wenn wir nach der Gemeinwesenarbeit im Horizont kirchlicher Verantwortung fragen, sollten wir zunächst *Werner Simpfendörfers* kritische Feststellung bedenken: Angesichts historischer Interdependenzen zwischen Christengemeinde und Gemeinwesenarbeit sollte man damit rechnen, »daß die Kirche als institutioneller Ausdruck und Träger des Christentums in besonderer Weise zur Ausformung und Bewältigung der modernen Stadtgesellschaft beitragen könnte, ja müßte«. Diese Erwartung werde jedoch enttäuscht durch die Realität. »Schon ein erster Blick auf die gegenwärtige Lage läßt erkennen, daß die Kirche gerade in den Städten in extremer Weise vom Geschehen der Gesellschaft isoliert ist. Im westeuropäischen Kontext jedenfalls hat sie noch so gut wie nirgends Lebens- und Arbeitsformen entwickelt, die sie für die städtische Situation zu einem relevanten Gesprächs- und Arbeitspartner machen würde. Die Übertragung vorurbaner Denkweisen und Lebensformen auf die Situation der Stadt zersplittert ihre Aussage.«[12] Das Fehlen einer erzieherischen Mitte zwischen Familie und Staat, der Ausfall der Kirchengemeinde im Mittelfeld

---

11 C. C. Taylor, Community Development Programs and Methods, in: Community Development Review 1, 1956, 35. Vgl. auch R. L. Warren, Soziologie der amerikanischen Gemeinde. Zur theoretischen Begründung von Gemeindearbeit, Köln / Opladen 1970, 147 ff und A. Ammon, Eliten und Entscheidungen in Stadtgemeinden. Die amerikanische »Community-Power«-Forschung und das Problem ihrer Rezeption in Deutschland, Berlin 1967.

12 So W. Simpfendörfer, Kirche für Mobilopolis, in: R. Schmid (Hg.), Das Ende der Städte? über die Zukunft der menschlichen Umwelt. Strukturen – Systeme – Pro(vo-)gramme, Stuttgart 1968, 67 ff; 69. Zu den Ursachen vgl. O. Brunner, Souveränitätsproblem und Sozialstruktur in den deutschen Reichsstädten der frühen Neuzeit, in: ders., Neue Wege der Sozial- und Verfassungsgeschichte, Göttingen 1972, 294 ff.

zwischen der Privatheit des einzelnen und der Abstraktheit der staatlichen und kirchlichen Organisationen verschärfte die Entfremdung, bewirkte ein cultural lag, eine Lücke an verantwortlicher Gemeinwesenbeziehung, die zur Ursache folgenschwerer Fehlentwicklungen werden mußte.[13]

Infolge dieser historischen Belastung erwies sich die Kirche auch in der jüngsten Entwicklungsphase als ein problematischer Verbündeter von Gemeinwesenarbeit. Insofern die Kirche die herkömmlichen diakonischen Initiativen professionalisierte und zum Teil auch verbandsmäßig monopolisierte, zeigte sie sich an verschiedenen Stellen aufgeschlossen für das Berufsbild des Gemeinwesenarbeiters. Dies geschah insbesondere dort, wo die Konzentration der wachstumsbestimmenden Industrien zum Bau neuer autonomer Schlafstädte zwang, deren Bedarf an kirchlichen, gemeinnützigen und sozialen Diensten das meist schmale Angebot weit übertraf, oder wo die Globalsanierung innerstädtische Wohnquartiere erfaßt hatte, deren Bewohner häufig in eine Vertreibungssituation gezwungen wurden. Schließlich wurde die Kirche Zeuge eines Scheiterns, als alle sozialpflegerischen und sozialpolitischen Maßnahmen versagten, Obdachlose und Nicht-Seßhafte in die Angebote des Arbeitsmarktes zu integrieren. Es waren also in erster Linie die Herausforderungen durch Krisensituationen, die die Bereitschaft für neue Initiativen weckten. Hier wurden Kirchengemeinden in Altstadtsanierungsgebieten und neuen Trabantenstädten mit den Folgen defizitärer kommunaler Planung konfrontiert. Der Leidensdruck auf ganze Bevölkerungsgruppen provozierte Arbeitsformen, die über die diakonische Einzelfürsorge und das Muster der sozialen Gruppenarbeit hinauswiesen und Selbsthilfeinitiativen unter der Patronage kirchlicher Organe erforderten. »Daß Kirchengemeinden und kirchliche Gruppierungen relativ schnell auf den Neuansatz in der Sozialarbeit aufmerksam wurden und diesen zur Kenntnis nehmen konnten, ist wesentlich den in der kirchlichen Arbeit tätigen Sozialarbeitern zu verdanken, die hier einen bedeutsamen Informations- und Vermittlungsbeitrag geleistet haben.«[14]

Die Kirche wurde zum Anstellungsträger von Sozial- und Gemeinwesenarbeitern, ohne freilich in den Gemeinden den Resonanzboden für diese Arbeitsform bereitgestellt zu haben. Methodisch wie substantiell in der Zielperspektive waren die Anstellungsträger für diese Herausforderung schlecht gerüstet. Die Folge sind Zielkonflikte, die gegenwärtig an vielen Orten aufbrechen. Die Schranken einer die Interessen der Betroffenen unmittelbar aufnehmenden Sozialarbeit haben sich in den kommunalen Institutionen schon immer als eng

13 Hierzu H. Plessner, Die verspätete Nation. Von der politischen Verführbarkeit bürgerlichen Geistes, Stuttgart ³1962, 57 ff.

14 L. Wittkopf, Die Christengemeinde als Kristallisationspunkt für Projekte der Gemeinwesenarbeit. Eine theologische Überlegung zur Rezeption der Gemeinwesenarbeit für die kirchliche Praxis, Ms., Berlin 1974, 4 f.

erwiesen. Die Aktivitäten der Sozialarbeiter waren den bürokratischen Dienststellen nur dann willkommen, wenn sie in die Rationalisierungsbemühungen für die soziale Verwaltung eingeordnet werden konnten und eine integrierende Funktion erfüllten.

Im kirchlichen Bereich erweisen sich die Schranken im Einzelfall als weniger eng, wenn die beteiligten Mitarbeiter und Anstellungsträger bereit sind, in einen Lernprozeß miteinzutreten und gleichsam das zweite Arbeitsfeld des Gemeinwesenarbeiters zu werden. Gemeinwesenarbeit ohne Konflikt ist auch dann nicht denkbar, wenn man auf das verbreitete aggressive Konzept der social action beziehungsweise des social conflict weitgehend verzichtet. Wird der Konflikt als gemeinsamer Lernprozeß begriffen oder auf dem Rücken des Gemeinwesenarbeiters ausgetragen? Dies ist die häufig anzutreffende Problemstellung. Damit ist aber schon deutlich, daß die eigentliche Intention, die Aktivierung der Kirchengemeinde zu einem selbstverantwortlichen Träger einer Vielzahl von Gemeinweseninitiativen, häufig im Ansatz verfehlt wird. Für eine derartige multidimensionale Aufgabe fehlt es auch den meisten professionellen Kräften an Vorbildung, Elastizität und sprachlicher Übersetzungskraft.

2. Daß wir in beiden Teilen Deutschlands über erste Anfänge kirchlicher Gemeinwesenarbeit hinaus nun in der Phase der eigentlichen Bewährung stehen, verdanken wir nicht zuletzt der Initiative des *Arbeitszentrums Mainz der Gossner Mission* und des *Burckhardthauses Gelnhausen*. Beide Einrichtungen demonstrieren beispielhaft die Möglichkeiten einer Umstrukturierung gewachsener kirchlicher Institutionen zur Wahrnehmung neuer Aufgaben. Hier erfolgte innerhalb traditioneller Aufgaben ein Umdenken zugunsten neuer, an der Zukunft orientierter Erfordernisse, nicht zuletzt deshalb, weil rechtzeitig der Anschluß hergestellt wurde zu ökumenischen Human Settlement Activities.

Seit der Weltkonferenz für Weltmission und Evangelisation 1963 in Mexiko begann eine ökumenische Aktivität unter dem Namen *Urban-Industrial Mission* (UIM), die inzwischen in allen Kontinenten zu weit über 500 Einzelprojekten konstruktive Beziehungen unterhält. Unter der Chiffre UIM verbirgt sich heute ein weltweites kirchliches Netzwerk von Gemeinwesenaktivitäten, die vor allem drei Ziele verfolgen:

a. direkte Hilfsprogramme gegen unmittelbare Not, die auf Grund der Pressionen der urbanen und industriellen Entwicklung entstanden sind.

b. Programme zur Erwachsenenbildung mit dem Ziel, ein neues Verantwortungsbewußtsein in Bevölkerungsgruppen in unterschiedlichen urbanen und industriellen Strukturen zu erwecken.

c. Aktivierungsprogramme mit dem Ziel, die Partizipation des Volkes in der Formung und Entwicklung von Machtkapazitäten zu erreichen, um die eigenen Interessen zu befördern. Hier trug das Konzept von *Saul Alinsky*,

1946 vorgetragen, weltweite Früchte.[15] Man stellte fest, UIM sei am besten definiert als Partizipation, um die Bewegung des Volkes zu ermöglichen und um den Armen beizustehen, damit sie ihre eigenen Advokaten werden. Ein solcher Zugang erfordert kreative Konflikte und vermeidet, Trostmittel zu akzeptieren, die nicht die Ursachen von Unterdrückung beseitigen.[16] Aktivierende Arbeit als Herzstück von UIM geht darauf aus, in einem Akt der Vitalisierung von Gruppen einen Prozeß der Selbstinitiative auszulösen. Der Katalysator ist kein Helfer im traditionellen Sinn, er muß seine eigenen Vorstellungen von den Problemen des Gemeinwesens zurückstellen und darf bei der Lösung der Aufgaben selbst wenig tun. Der Prozeß selbst ist dies Ziel. Hier erfahren sich die Gruppenmitglieder als Subjekt, entfalten eigene Initiative und üben kooperative Bewältigung später auftauchender Probleme.

Gemeinwesenaktivierung als Methode der UIM umfaßt im wesentlichen zwei Schritte: die aktivierende Befragung und die gemeinsame Aktion der Gruppen. Geht der Prozeß weiter, so hat sich der Katalysator überflüssig gemacht.[17]

Fallstudien liegen inzwischen aus aller Welt vor. Insbesondere haben Projekte aus Ghana, Nairobi, aus den Philippinen, aus Argentinien, aus Puerto Rico und Sizilien große Beachtung gefunden.[18] Die weltweite Streuung erfordert ein Maximum an Elastizität in den Methoden und Verzicht auf einen konzeptionellen Purismus, der die deutsche Szene beherrscht. Konkrete Projekte haben vor theoretischer Reflexion eine erkenntnistheoretische Priorität. »Our top priority is the enabling of local initiatives and concrete involvements.« Methodische Flexibilität ist direkte Folge des experimentellen Charak-

---

15 Vgl. Struggle to be human: Stories of Urban Industrial Mission, ed. B. W. Hargleroad, WCC, Genf 1972. S. Alinsky, Reveille for Radicals, New York 1946, hat die Praxis von UIM entscheidend beeindußt, ebenso auch die Arbeit des Burckhardthauses in Gelnhausen.

16 Struggle to be human, 58 f.

17 Vgl. R. und H. Halser, Die kommende Gesellschaft. Handbuch für soz. Gruppenarbeit und Gemeinwesenarbeit, München / Wuppertal 1971, 47 u. 410 f.

18 Dokumentationszentren für ausländische Projekte von UIM sind das Institute on the Church in Urban – Industrial Society, 800 West Belden Chicago, vgl. dort Notes on UIM – an occasional bibliographical newsletter; Das Centro de Estudios Christianos in Buenos Aires. Der UIM-staff in Nairobi, Kenia, gibt heraus »Reports on UIM Training and New Directions in Africa«. Schließlich die wichtigste UIM Zentrale bei George Todd, UIM Desk, World Council of Churches, in Genf. Im Auftrage der Genfer Zentrale wurde kürzlich von Jorge E. Hardoy, Buenos Aires, eine Übersicht über die Rahmenbedingungen christlicher Verantwortung in unterentwickelten Regionen mit expandierender Urbanisation erarbeitet: »Notes on the Process of Urbanisation in the economically less developed Regions«, 1974.

ters der Arbeit. »Most of the groups are struggling groups in making an adventurous experimentation.«[19]

Im ökumenischen Bereich wurden auch *theologisch relevante Zielvorstellungen* diskutiert, die geeignet sind, über den engen kirchlichen Horizont hinaus gemeinsames Handeln zu motivieren. Die Gemeinwesenverpflichtung gilt als eine Form der Konkretisierung des Begriffs der *»Verantwortlichen Gesellschaft«*, der bereits bei der Weltkonferenz in New Delhi auf die lokale Gemeinde bezogen wurde und in Uppsala in die Frage nach der »Einheit der Menschheit« als Frage nach der »Einheit aller Menschen an jedem Ort« eingetragen wurde. Die Weltkonferenz für Kirche und Gesellschaft in Bukarest 1974 bezog dies unmittelbar auf das Problem »Human Settlement in the world«[20]. Sie forderte intensive Studien darüber, inwieweit in der Gabe von Gottes Schalom zugleich ein Wissen um die solidarische Verfassung allen menschlichen Lebens und ein Auftrag für die christliche Gemeinde enthalten ist:

> »The Old Testament concept of property is essentially founded on the idea of God's graceful election and his revelation of the solidarity of all of life. Thus in the comprehension of God we perceive the interrelatedness of all Being, as revealed in the concept of Shalom. In the New Testament ... the gift of God's Shalom is continually revealed in the service of love. This gift comes into existence within the specific context of the Christian koinonia and is manifest in the vision of the Heavenly City.«[21]

Im einzelnen wurden fünf Postulate erhoben, die christlicher Verantwortung entsprechen:

a. Die christlichen Gemeinden sollen als effektive Anwälte für die Partizipation der Bürger am Entscheidungsprozeß bei der Formung der Siedlungsstrukturen wirken.

b. Die christlichen Gemeinden sollen fortgesetzt Struktur und Dynamik der Bodenrechtsentwicklung und Machtverteilung im Lichte des biblischen Mandats prüfen.

c. Die christliche Gemeinde soll es dahin bringen, den ursprünglichen Sinn von »righteousness«, von Recht und Gerechtigkeit, zu verwirklichen als ein System von ethischen Relationen zwischen Gott und Mensch, das das bruchstückhafte Handeln der Individuen überwindet.

d. Die christliche Gemeinde soll ihre Glieder in aller Welt dazu befähigen, sich aktiv bei der Suche nach innovativen und alternativen Strategien für urban development zu beteiligen und zugleich strenge Anwälte zu werden bei der Verteidigung der Human Rights auf dem Gebiete des Wohnens.

---

19 Struggle to be human, a. a. O., 27.

20 Vgl. Draft Report, Conference on Science and Technology for Human Development, The Ambiguous Future – and the Christian Hope, WCC, Bukarest 24. 6.–2. 7. 1974, 39 ff.

21 Draft Report, 44.

e. Die lokalen Gemeinden sollen zu Zentren der Bewußtseinsbildung und Ausbildung auf dem Gebiet der Gemeinwesenarbeit werden, zu der jedermann beauftragt ist.[22]

Diese Aussagen stehen im größeren Zusammenhang der von der Ökumene aufgegriffenen Parole der *Quality of Life*. Mit diesem Begriff verbindet man die Aufgabe, Indikatoren zu präzisieren für ein menschenwürdiges Leben überall in der Welt.

In einer wesentlich von *Margaret Mead* beeinflußten Arbeitsgruppe der erwähnten Bukarester Konferenz wurden drei Dimensionen von Quality of Life (QL) benannt:

a. *Meßbare soziale Indikatoren* von QL. Hierzu gehören zum Beispiel Indikatoren, die das Minimum für ein sozial verantwortliches Leben in materieller und kultureller Hinsicht definieren, ebenso wie Angaben über das Maximum, das den Lebensstandard in Beziehung setzt zur sozialen Gerechtigkeit und weltweiten Notwendigkeit.

b. Essentielle, aber *nicht-meßbare Indikatoren*. Hier handelt es sich um generelle Gesichtspunkte, um new patterns of community im Zusammenleben von Menschen unterschiedlicher Lebenssituation – beispielsweise das Auseinanderleben von Alt und Jung zu verhindern –, um neue Formen des Gebrauchs von Ressourcen und um Möglichkeiten der Entfaltung von Kreativität, Innovation und Realisation von Potenzen, beginnend auf der lokalen Ebene mit der Richtung auf das Ganze.

c. Alternative *Modelle und Strategien zu* den bislang eingespielten Formen des Wirtschaftens, Zusammenlebens und der Kultur im industriellen System. Das Problem »Human Settlement« ist somit eingebunden in einen Gesamtduktus ökumenischer Fragestellungen.[23]

So vage und unbestimmt diese Feststellungen noch sind, so zeigt sich dennoch hier eine weltweite Tendenz, den scheinbar ehernen Gesetzen des Industrialismus und Wirtschaftsimperialismus ebenso zu entgehen wie dem toten Gehäuse, in das die Bürokratien allenthalben das menschliche Leben einsortieren.

3. Inzwischen wurden an einigen Orten Deutschlands Erfahrungen gesammelt. Aus der Vielzahl der Projekte sollen *fünf Westberliner Beispiele* herausgegriffen und typologisch eingeordnet werden. Auf eine nähere Beschreibung muß hier verzichtet werden.

Beispiel 1: Gemeindeaufbau im Rahmen partizipativer Gemeinwesenarbeit. Dieser Typ von Gemeinwesenarbeit findet sich in Berlin-Spandau, Heerstraße Nord, kann aber auch in Frankfurt-Heiligenstock angetroffen werden. Hier geht es darum, möglichst im Entwicklungsstadium eines großen Neubaugebie-

22 Christian Responsibility for Human Settlements, a. a. O., 41.
23 Quality of Life and the Human Implications of further technological Change, 31 ff.

tes die kirchlichen, gemeinnützigen und sozialen Dienste in Übereinstimmung mit den Betroffenen und in Abstimmung der Trägergruppen untereinander aufzubauen. Die Eigengesetzlichkeit der Bauträger, kommunaler Träger, der Konfessionen, der Zwänge, in denen die Zugezogenen leben, grenzt den Spielraum von Gemeinwesenarbeit systematisch ein, droht jede Initiative zu ersticken und erzwingt scheinbar traditionelle Arbeit. Diese bleibt Arbeit für das Gemeinwesen, solange und soweit sie dort anknüpft, wo der Leidensdruck evident wird. Der Bau eines offenen Gemeinwesenzentrums ist, nach langen zähen Verhandlungen mit den anderen Partnern, das nächste Vorhaben als Resultat eines langen Planungsprozesses.[24]

Beispiel 2: Vorgängige *aktive Sozialplanung* auf der Basis einer Bürgerinitiative. Dieser Typus findet sich in Zehlendorf-Düppel-Nord. Bereits vor der Ausschreibung eines städtebaulichen Ideenwettbewerbes für die Bebauung der letzten größeren Baulandreserve von Berlin-Zehlendorf (für 7000 Bewohner) bildet sich eine Bürgerinitiative, die ihre Hauptstützen in der angrenzenden Kirchengemeinde und im Nachbarschaftsheim Zehlendorf findet. Ein entscheidendes Ziel ist die bauliche und soziale Integration des »Jugendhofes« mit öffentlicher Heimerziehung (150 Jugendliche). Auf der Ebene der Sozialplanung ist dazu vorgesehen: unter anderem entlassene Jugendliche aus dem Jugendhof über Wohngemeinschaften, Jugendtagen im angrenzenden Düppel-Nord wieder in die gesellschaftlichen Zusammenhänge einzugliedern. Die Kirchengemeinde bringt ihr Grundstück in den Ideenwettbewerb ein und stellt einen Gemeinwesenarbeiter an, der sich an der aktiven Siedlungspolitik z. B. für künftige Patenschaftsverhältnisse mit den Jugendlichen beteiligt und die Koordination übernimmt. Die Bürgerinitiative hat sich inzwischen zum entscheidenden Informations und Sachverständigengremium entwickelt und beeinflußt den Gesamtverlauf der städtebaulichen und infrastrukturellen Planung.[25]

Beispiel 3: Siedlungsinitiative einer Kirchengemeinde für ein neues Wohnquartier. In Berlin-Lichtenrade-Ost ist die Kirchengemeinde Eigentümer eines Flächenareals von zwölf Hektar. Der Gemeindekirchenrat, Gemeindegruppen und freie Initiativgruppen entwickelten das Konzept eines kommunikativen

---

24 Die erste Phase wurde ausführlich dargestellt in dem vom Burkhardthaus-Verlag herausgegebenen Bändchen: Evangelische Gemeinde Heerstraße-Nord, Bilanz 70. Aus einem vergleichbaren Projekt in Britz-Buckow-Rudow wurde eine »Erste Bilanz des Evangelischen Zentrums BBR 1971/72« in Ms. herausgegeben. Hierzu: M. Marcello, Probleme und Aufgaben kirchlicher Gemeinwesenarbeit in neuen Siedlungsgebieten – dargestellt an der Arbeit des Evangelischen Zentrums Britz-Buckow-Rudow (BBR), Dipl.-Arb. FU Berlin, November 1974.

25 Die Bürgerinitiative Düppel-Nord gibt einen Informationsdienst heraus, Nachbarschaftsheim Mittelhof. Eine Problemskizze hat W. Bohleber, Wohnbebauung ohne Sozialplanung, 2 Überlegungen zu einer Bürgerinitiative und zu einem Berliner Wettbewerb, verfaßt; Bauwelt 33, 1973, 1452 ff.

Wohnquartiers, in dem der Entfremdung der gesellschaftlichen Gruppen entgegengewirkt werden soll. Insbesondere Kinderreiche, Alte, Gastarbeiter sollen hier integriert werden, und die Wohnisolation in den Mietskasernen soll durch neue Formen der Bauplanung überwunden werden. Hier werden vorhandene Ressourcen in den Dienst exemplarischer Initiativen der Kirche gestellt.

Beispiel 4: Gemeinwesenaktivierung eines Kirchenkreises in einem *Globalsanierungsgebiet.* In Berlin-Kreuzberg sind mehrere Gemeinden von einer Kahlschlagsanierung betroffen, was zu einer umfassenden Aktivierung der Mitarbeiter eines ganzen Kirchenkreises geführt hat. Hierüber wird in der Fallstudie von *Christian Homrichhausen* »Determinanten für kirchliche Gemeinwesenarbeit in Sanierungsgebieten« ausführlich berichtet.[26]

Beispiel 5: Gemeinwesenaktivierung eines Kirchenkreises in einer traditionellen Siedlungsregion. In Berlin-Steglitz wurden mit Pfarrern und in Gemeinden angestellten Sozialarbeitern Trainingsseminare unter anderem mit einem holländischen Experten durchgeführt mit dem Ziel, zu einer planmäßigen Beziehungnahme von Christengemeinde und Gemeinwesen zu finden. Hier geht es darum, den Handlungsrahmen durch Planung und Kooperation genauer abzustecken und punktuelle Initiativen zu fördern beziehungsweise abzusichern. Letzteres geschah in einem eklatanten Fall von Modernisierungsspekulation, der die betroffenen Mieter schutzlos ausgesetzt waren. Hier wurde die Kirchengemeinde aktiv und hat die Anwaltschaft der Betroffenen übernommen und zugleich eine Signalwirkung weit über diesen Anlaß hinaus erzielt.[27]

Schon diese wenigen Beispiele zeigen, daß die Bezugnahme von Gemeinde auf Gemeinwesenarbeit sehr grundsätzliche Fragen aufwirft, die in einem gemeinsamen Lernprozeß beantwortet werden müssen. Neben der ständigen Aufarbeitung des professionellen Wissens der Sozialarbeit wird zugleich intensive theologische Arbeit nötig, und zwar in der Form, daß professionelles Wissen von verschiedenen Seiten abgegeben wird. Hier stoßen wir an die Grenzen der Arbeitsteilung, die vor dem menschlichen Leben im Entscheidenden versagt.

III. Aufgaben für theologische Forschung und Lehre

Die Bemühung um eine Einbeziehung des hier zu bedenkenden Sachverhaltes in die theologische Forschung und Lehre stößt auf Schwierigkeiten. Vor allem

---

26 Eine grundsätzliche Abhandlung in Anknüpfung an die Erfahrung Kreuzberg hat K. Duntze, Der Geist, der Städte baut. Planquadrat, Wohnbereich, Heimat, Stuttgart 1972, verfaßt. Zum Sachverhalt Gemeinwesenarbeit vgl.: Kirchliche Gemeinwesenarbeit. Ein Zwischenbericht über ein Projekt in Berlin-Kreuzberg, hg. von C. D. Freymann u. a., Sozialwissenschaftliche Schriften 5/1 und 2, 1974.

27 Hierzu ein Artikel von H. Giese, Freiwild für Geschäftemacher. In der Marschnerstraße 40–42 gehen merkwürdige Dinge vor, als Flugblatt gedruckt 1973.

haben sich die Gegenstände, mit denen theologische Forschung befaßt ist, und die sachlichen Aufgaben, die der Praxis der Kirche und der Gesellschaft gesetzt sind, verselbständigt. Die theologische Forschung steht heute nach einer längeren Phase bewußter Konzentration auf dogmatische, exegetische und historische Problemfelder vor der Notwendigkeit, die theoretischen und empirischen Voraussetzungen sowohl ihres eigenen Verhältnisses zur Praxis, wie auch des Verhältnisses des Gesamthandelns der Kirche zur gesellschaftlichen Praxis zu klären.

Theologische Forschung ist angesichts der ökumenischen und weltgeschichtlichen Entwicklung herausgefordert, im universalen Horizont *Weltverantwortung konkret* vorzuzeichnen. Heute erzeugen die weltweit interdependenten sozialökonomischen, politischen und kulturellen Prozesse erkennbare Verantwortung (zum Beispiel für humanere Entwicklung und Frieden), für die es zureichend kompetente und leistungsfähige Subjekte kaum gibt. Der Prozeß der *Urbanisierung* als eine Dimension dieser Entwicklung ist irreversibel und betrifft immer weitere Regionen in der Welt. Theologie und Kirche stehen vor der Alternative, entweder um ihrer vermeintlichen theologischen Integrität willen sich der Weltverantwortung, der Entwicklung konstruktiver Programme und der Beteiligung an konkreten Projekten zu entziehen oder aber die geistigen und institutionellen Voraussetzungen im Forschungs- und Handlungsverbund mit anderen verantwortlichen Kräften zu schaffen.

Aus der Annahme, daß die Entwicklungstendenzen unseres gesellschaftlichen Systems in großstädtischen Bereichen besonders deutlich hervortreten, leiten wir die Hypothese ab, daß das urbane Gefüge unserer Industriegesellschaft spezifische Formen des Verhaltens und der Orientierung erzeugt, die auf einen Entfremdungs- und Verantwortungszusammenhang verweisen, dessen präzise Bestimmung die Voraussetzung für jedes humanpolitische Engagement ist.

Damit werden die Urbanisierung, ihre bestimmenden und gestaltenden Faktoren selbst Gegenstand des wissenschaftlich-theologischen Interesses.[28]

Die Operationalisierung des komplexen Gegenstandes bedarf einer sozioökologischen Fragestellung unter Einbeziehung kommunikationstheoretischer Perspektiven. Eine richtig verstandene Ökologie würde diejenigen strukturellen Elemente erfassen, die als historisch vermittelte und besonders stabile »Basisphänomene« unser ganzes Leben wesentlich mitbestimmen und als sozialpsychologisches Feedback historisch-politischer Entwicklung die Chancen eines ethischen Engagements in unserer Gesellschaft festlegen.

---

28 Vgl. hierzu die Arbeit von R. Tischer, Die Konkretisierung der Säkularisationsdebatte in neueren theologischen Entwürfen zum Urbanisierungsproblem, Wiss. Hausarbeit zum 1. theol. Examen, Juli 1974. Vgl. auch Th. Strohm, Forschungshypothesen zur Kirchenaustrittstendenz, in: ThPr 9, 1974, 44 ff.

Wir haben es also mit drei unterschiedlichen, aber aufeinander abzustimmenden Forschungsdimensionen zu tun.

a. *Die wissenschaftliche Theologie* kann eine *Forschungsaufgabe* von größerer Reichweite entwickeln, in der der theoretische Rahmen und die Realitätsstruktur nicht von außen vorgegeben, sondern durch die theologische Wissenschaft, genauer durch die theologische Sozialethik, erhoben werden. In diesem Zusammenhang wird die Frage nach der Gemeinwesenentwicklung nicht als äußerliche, sondern substantiell theologische begriffen, die für alle Disziplinen gleichermaßen relevant werden kann. Im Horizont des alten Israel, bei den Sumerern, wurde die erste Polis erfunden, und von hier aus entwickelte sich die urbane Zivilisation als religiöse Herausforderung und als Element der Hoffnung. Die Jerusalemtradition in der Civitatenlehre, die »heilige Stadt des Mittelalters«, der Zerfall der städtischen Idee und Kultur bei gleichzeitiger urbaner Expansion, Verlust und Wiedergewinnung theologisch und politisch verantwortlicher Gesellschaft im urbanisierten System, der Anteil der Reformation, dies sind Themen, die von der älteren theologischen Forschung gelegentlich beachtet wurden, heute jedoch unter systematischen Aspekten neu durchgearbeitet werden müssen. Hier kann durch Forschung die »neuzeitliche Welt als eine Welt des Christentums« in ihrer ganzen Reichhaltigkeit und Widersprüchlichkeit konkret nach- und in ihrer Verbindlichkeit praeskriptiv vorgezeichnet werden[29].

b. In einer zweiten Dimension hat es theologische Forschung mit einer *Verwissenschaftlichung der Praxis* zu tun, in der nicht die theologischen Disziplinen den Oberbegriff bieten; vielmehr stellt sich die interdisziplinäre Arbeit der Theologie in den Dienst sogenannter Projektwissenschaft. In ihr opfert sie – wie jede andere Einzelwissenschaft – zugunsten einer Globalfragestellung einen Teil ihrer Identität.[30] Dabei werden die Einzelforschungen in den Dienst einer umfassend formulierten sozialethischen Aufgabe gestellt, die durch den Prozeß von Urban Community Development und Community Planning in konkreten Kontexten vorgegeben ist. Hier werden Einzelfragen städtischer Ökologie, Kommunikation, der Power-Structure, aber auch der

---

29 Einen wissenschaftl. Ansatz bietet N. Greinacher, Die Kirche in der städtischen Gesellschaft, Mainz 1968. Einen ersten Versuch hat F. Borggrefe, Kirche für die Großstadt, Heidelberg 1973, gemacht.

30 Vgl. hierzu den Band: Die Theologie in der interdisziplinären Forschung hg. v. J. B. Metz / T. Rendtorff (Interdisziplinäre Studien 2), Düsseldorf 1971, vor allem den Beitrag von T. Rendtorff, Was heißt »interdisziplinäre Arbeit« für die Theologie? Elemente einer Orientierung, 45 ff.

Wahrnehmung von Realität sowie die Krisen der Identität und der Interaktion, Gegenstand der Forschung.[31]

c. In einer dritten Dimension hat es theologische Forschung mit der *Praxis der Kirche* in dem Sinne zu tun, daß die wissenschaftliche Vorbereitung, Durchführung und Auswertung von Verfahrensweisen der Gemeinwesenarbeit als theologische Aufgabe gesehen und methodisch entwickelt werden, um die Ergebnisse selbst wieder in den theologischen Erkenntnisprozeß zu integrieren. Hierbei geht es nicht zuletzt darum, Auftrag und Funktion der Gemeinde im Gemeinwesen neu zu begreifen und den professionellen Standard, den Gemeinwesenarbeit als berufliches Tätigkeitsfeld überall in der Welt erreicht, wissenschaftlich einzuholen und auf vorgegebene Tätigkeitsfelder zu beziehen.[32]

Es erweist sich als notwendig, diesen Zweig kirchlicher Arbeit nicht einfach aus dem Ausbildungszusammenhang theologischer Fakultäten etwa in den Fachhochschulbereich zu verbannen. Theologie kann nicht darauf verzichten, die Verantwortung für die Handlungsabläufe des Gemeinwesens zu thematisieren und die wissenschaftliche Analyse derselben so mit Glauben und Ethos zu verbinden, daß aus dieser Synthese Verhaltensorientierung und Richtungsbestimmung für Lebens- und Gesellschaftsveränderung entsteht. Darüber hinaus ist sie auf die *Kooperation mit anderen Ausbildungsträgern* direkt angewiesen. Dies gilt *erstens* für den Arbeitsbereich, in dem die kommunalen und regionalen Bedingungsfaktoren des Handlungsrahmens für Gemeinwesenarbeit und Gemeindeaufbau untersucht werden. *Zweitens* sind die Handlungsmodelle der Gemeinwesenarbeit nicht nur in Anknüpfung an Handlungsformen diakonischer und sozialer Arbeit zu erproben, sondern in Kontakt zu überregionalen und internationalen Arbeitszentren. Daran schließen sich *drittens* spezielle Methoden kirchlicher und sozialer Arbeit im Umfeld von Community Development bis hin zur Infratheorie der Friedensforschung an. Auch hier weist der Ausbildungs- und Forschungszusammenhang über die Fachgrenzen theologischer Fakultäten hinaus.[33]

---

31 In diesem Zusammenhang sei auf das »Deutsche Institut für Urbanistik« in Berlin 61 hingewiesen, dessen weitgespannter Forschungsansatz diese Form integrativer Forschung ermöglicht.

32 Eine vorbildliche Basisarbeit hierfür hat das Ev.-Luth. Dekanat München geleistet. Vgl. Evangelische Gemeinde in der Großstadtregion. Eine zweiteilige Gesamterhebung im Ev.-Luth. Dekanatsbezirk München, hg. von Th. Glaser, vervielf. München 1973/74.

33 Diese Überlegungen führten zu dem »Programm für ein handlungswissenschaftliches Ergänzungsstudium zur Ausbildung von Fach- und Praxisberatern«, das ab WS 1975/76 im Bereich der Sozialethik in Verbindung mit anderen Institutionen in Berlin durchgeführt werden soll.

Umrisse einer Konzeption offener kirchlicher Jugendsozialarbeit
Thesen

I.

Offene Jugendarbeit ist integraler Bestandteil des missionarischen Auftrages der Gemeinde in der Agglomeration. Sie gründet in dem ihr aufgetragenen »Dienst der Versöhnung«, sie ist Teil des Gottes-Dienstes, Eintreten in Gottes universalen Dienst an der Welt. Ihre Hoffensperspektive ist Gottes Schalom, durch den alle Krankheiten des Einzelnen und der Gesellschaft geheilt werden. Mit der weltüberwindenden Kraft der Liebe entspricht die Gemeinde dieser Hoffnung. Nicht die Selbsterhaltung der Kirche ist die Absicht der Jugendarbeit, sondern daß junge Menschen im gestörten Prozeß der Sozialisation Vertrauen gewinnen, Gottvertrauen, Vertrauen in die eigene Lebensmöglichkeit, Vertrauen in die Umwelt.

II.

Die geschlossene und halb offene Jugendarbeit der Gemeinde soll nicht zugunsten offener Formen aufgegeben werden, wohl aber soll jene die Basis bilden, auf der diese aufbaut. Offene Jugendarbeit kann nicht einfach hauptamtlichen Fachkräften überlassen werden. Der Sozialtherapeut, der Pädagoge, der Polizist, sie und andere bilden aus, leiten an, sie selbst aber sind bereit, sich einer Supervisionsgruppe anzuschließen. Die Gemeinde gibt zugleich Rückendeckung und bildet das Lernfeld. Auf diesem Wege entsteht Subkultur innerhalb der Gemeinde. Offene Jugendarbeit will nicht Subkultur verhindern, wohl aber Segregation und Ghettobildung. Eine reine Jugendsubkultur ohne familiäre Bezüge zu anderen Generationen soll also verhindert werden.

III.

Wenn wir die soziale Diakonie mit den beiden Stichworten »keine Bevormundung der Gesellschaft, wohl aber Solidarität mit ihren Nöten« umschreiben, so ist das erste Postulat, wachsam gegenüber den verursachenden Abläufen zu werden. Die Entwicklung und Sanierung der Infrastruktur der Großstädte darf z. B. ebensowenig in technokratischer Manier erledigt werden wie die Arbeitspolitik.

IV.

Wenn die Gemeinde mit dem Anspruch der lebensermöglichenden, lebenssichernden und lebenserneuernden Botschaft ernst macht, dann wird sie die professionellen Rollenzuweisungen in der Sozialarbeit zu überdenken haben. Wer die Zeichen der Zeit am Beginn der achtziger Jahre beachtet, muß mit schweren, bürgerkriegsähnlichen Unruhen inmitten der Zentren unserer Gesellschaft rechnen. Eine schwere Schuld laden die Verantwortlichen auf sich, wenn sie die Lösung dieser Konflikte der Polizei, Sicherheitskräften, der Justiz überlassen, und wenn zudem Jugend einzig in Fleißige, Anständige einerseits und in Randalierer und Kriminelle andererseits eingeteilt wird. Hier geht es um eine sozialtherapeutische Verantwortung, die in neuer Weise aufgeteilt werden muß.

V.

Die Autonomieforderung von Jugendlichen wird häufig mit Laufenlassen oder Verschärfung der Abhängigkeit beantwortet. Autonomie wird gefordert, um zu eigenen Erfahrungen und zu einer realistischen Einschätzung des Wechselspiels von eigenen und fremden Interessen zu gelangen, sie entspringt nicht selten der Allergie auf eine durchreglementierte Gesellschaft. Die Forderung nach Autonomie enthält aber sehr oft die unausgesprochene Hoffnung, nicht alleine gelassen und in ausweglose Konflikte gestürzt zu werden, nicht an materiellen Schwierigkeiten zu scheitern. Die Züricher Jugend hat sich nicht im geringsten gegen eine Trägerschaft ihres »autonomen« Hauses durch einen kirchlich geprägten Trägerverein zur Wehr gesetzt. Autonomie ist mithin als Ermöglichung und Einübung von Verantwortung zu interpretieren.

VI.

Die Handlungsformen richten sich nach den Gegebenheiten. Beispiele bereits bewährter Arbeitsmuster sind:
Streetwork als menschliche Anwesenheit und Nähe vor Ort ist kein Sammeln von Sozialfällen auf der Gasse, sondern der Versuch, Räume (örtlich, geistig,

seelisch, beziehungsmäßig) im angestammten Milieu zu schaffen, dort gesellschaftliche Selbstbehauptung zu trainieren und so neue Lebensmöglichkeiten zu entdecken.

Social Case Work ist im Unterschied zur Streetwork eine inzwischen stark ausgefächerte Aufgabe des Sozialarbeiters. Sie ist unentbehrlicher Bestandteil offener Jugendarbeit. Aber im Vorfeld der Einzelhilfe bzw. im Umfeld ist konkrete Zusammenarbeit mit Nichtprofessionellen die Voraussetzung des Erfolges.

Bildung *»kleiner sozialer Netze«* als Unterstützung der Bemühung um die Regeneration von Familienbildungskörpern. Ein »kleines Netz« als erweiterte Basis für ein intensives Zusammenleben sollte im Idealfall 15–20 Familien umfassen, die in räumlicher Nähe leben und soziale Aufgaben und Gemeinschaftsdienste aus eigener Kraft erfüllen.

Wahlverwandtschaftsfamilien sind generationsübergreifende Zusammenschlüsse, die sich potentiell in jeder »Nachbarschaft« neu entwickeln lassen.

Patenschaftsnetze, in die straffällig gewordene Jugendliche eingebunden werden. Diese haben sich in der Region Stockholm beispielsweise sehr gut bewährt. Schließlich soll, da hier nur Beispiele zu nennen sind, die Unterstützung der Bestrebungen von *selbst- und mitverwalteten* zentralen und regionalen *Jugendhäusern* als integraler Bestandteil offener Jugendarbeit erwähnt werden.

VII.

Der Einsatz bewährter oder neuer Handlungsformen darf nicht darüber hinwegtäuschen, daß die Jugendpolitik als ganze am Scheideweg angekommen ist. Während die öffentliche Jugendhilfe ihr strategisches Angebot in den Bereichen der elementaren und kompensatorischen Erziehung, in der Jugendfürsorge und in der Jugendpflege immer weiter differenziert und professionalisiert hat, verschieben sich die sozialpädagogischen Schwergewichte mehr umd mehr in die Grauzone neuer »Jugendbewegungen«, die mit neuen – oft unzulänglichen - Formen integrierter Jugendselbsthilfe die Ziele, Lage und Felder ihrer Arbeit selbständig zu bestimmen suchen. Da sie keine gesellschaftlichen Patrone haben, verfallen sie allzu leicht dem Zugriff der Polizei.

Gewiß ist die Jugendhilfe der Bereich des sozialen Sektors, der mit den psychosozialen Folgen der Störungen in Wirtschaft, Gesellschaft und Politik direkt konfrontiert ist. Heute aber fließen Gestörtheit und Verstörtheit bei weiten Teilen der Jugend ineinander, so daß auch die herkömmlichen Differenzierungen in den Methoden und Zielgruppen häufig versagen. Man wird sich entschließen müssen, die öffentliche Jugendhilfe ihres – oft bürokratischen - Veranstaltungscharakters zu entkleiden, in sie Elemente von Autonomie einzutragen und umgekehrt neue Jugendbewegungen auch als mögliche bzw. legitime Träger von Jugendhilfe bzw. Jugendarbeit ernst zu nehmen.

VIII.

Wer, wie der Verfasser, in den letzten Wochen verschiedene open-air-Festivals mit 10 000 – 15 000 Jugendlichen beobachtet hat, wird neben den am einzelnen und seinem Schicksal anknüpfenden Mustern die Bestrebungen, als Gesamtgruppe in Erscheinung zu treten, ebenso ernst nehmen. Der Riesenmenge von mittelständischen, akademisch geprägten Jugendlichen, die die Kirchentage oder das Konzil der Jugend in Taizé bevölkern, entsprechen in der Subkultur ganz ähnliche Formen. Diese lassen sich nur mit den Betroffenen vorbereiten, sie dürfen nicht mit akademischen Ansprüchen überfrachtet werden, gleichwohl sind solche Formen notwendig. Zwischen diesen Riesenmeetings und den kleinen Netzen liegt ein Kontinuum, dessen Möglichkeiten noch zu entdecken sind.

IX.

Von welcher Zeitperspektive im Leben des Heranwachsenden lassen wir uns leiten? Nicht die Dualität Arbeitszeit – Freizeit kann sie auf die Dauer befriedigen oder als pädagogisches Leitbild gelten. Vielmehr sind fünf Dimensionen im Zeitbudget des Heranwachsenden zu beachten und mit ihm zu erproben:
– Die fremdbestimmte Arbeitszeit, durch die die unentbehrliche materielle Absicherung des einzelnen bzw. seiner Familie in der Großstadt ermöglicht wird.
– Die eigenbestimmte Tätigkeit durch handwerkliche, künstlerische u. a. Formen sinnvoller Arbeitsleistung, die Befriedigung schafft und nützt.
– Die soziale Zeit, die den Menschen in Partnerschaft und Gruppenbeziehung als »Gemeinwesen« bestimmt und ihm Mitsprache eröffnet.
– Die Feier, Muße, durch die der Mensch seine Dankbarkeit in Mitmenschlichkeit und gegenüber seinem Schöpfer bezeugt.
– Die Ruhe, Regeneration, die reine Entspannung und freie Zeit, die noch immer etwas anderes als Freizeit ist. Die Erfahrung lehrt, daß Jugend auf eine neue Verteilung des Zeithaushaltes drängt, von der auch die Rhythmen der Lebenszeit betroffen sind. Der Mythos vom arbeitsscheuen Gammler paßt nicht auf die Generation, die heute rebelliert.

X.

Langfristig bleiben die Bemühungen um ein Eingehen auf die legitimen Bedürfnisse der in der Großstadt gefährdeten Jugend nur dann wirksam, wenn jene ein
selbstverständliches Lebens- und Heimatrecht sowie eine Perspektive auf mit-
verantwortbare Zukunft im Zentrum ihres Lebensvollzugs erhält. Dazu bedarf
es nicht nur einer weitherzigen Gesinnung der christlichen Gemeinde, sondern
einer »Öffnung« ihrer angestammten Räume, so daß über bloße Sympathie
hinaus neue Gemeinschaft entstehen kann.

VII. Verantwortung für ein soziales Europa

Perspektiven diakonisch-sozialer Arbeit im Prozeß gegenwärtiger europäischer Entwicklungen[1]

Vorbemerkung

Als das Diakoniewissenschaftliche Institut im Jahre 1989 gebeten wurde, die Mitverantwortung bei der Durchführung der ersten internationalen Diakonie-Ostsee-Konferenz zu übernehmen, konnte man schon wissen, daß mit den 90er Jahren die Zeit europäischer Bewährung anbrechen werde. Es war uns auch klar, daß der Tendenz zur großbürokratisch-zentralistischen Einigung etwa in der Europäischen Kommission in Brüssel Gegengewichte entgegengesetzt werden müssen. Diese zielen auf die sozial und kulturell angeeignete Form der Integration. Sie suchen den verbindlichen, grenzüberschreitenden Dialog. Sie versuchen, sich neu verfestigende Strukturen der Macht und davon abhängige Ideologien zu überwinden durch neue Formen der Kommunikation und des wechselseitigen Dienstes. Die grenzüberschreitenden Paten- und Partnerschaften, von Gemeinde zu Gemeinde, von Land zu Land – man denke an die enge und hilfreiche Partnerschaft zwischen Finnland und Estland – sind für uns das Vorbild und die Ermutigung, den Gedanken der regionalen Zusammenarbeit in Europa zu erproben.

Wir sind gefragt, ob es eine gemeinsame Hoffnung und eine gemeinsame Verantwortung der Kirchen und ihrer Diakonie in der Ostseeregion gibt. Wir sind gefragt, was wir voneinander lernen können; welche wechselseitige Verpflichtung wir haben; wo unsere Solidarität herausgefordert ist; welche Aufgaben wir gemeinsam gegenüber unseren europäischen und außereuropäischen Partnern wahrzunehmen haben.

I. Woran wir anknüpfen wollen

Die Initiative, die wir ergriffen haben, ist nicht isoliert und ohne Auftrag. Vielmehr sehen wir uns in ein Geflecht von Initiativen – gestern und heute –

---

1 Einführungsreferat anläßlich der 1. Diakonie-Ostsee-Konferenz vom 30. 9. bis 31. 10. 1990 in Rendsburg/Schleswig-Holstein.

eingebunden. Diese sind aber darauf angewiesen, weitergeführt zu werden. Ich will dies kurz erläutern.

Im Sommer 1925, vor 65 Jahren, fand die *Universal Christian Conference of Life and Work in Stockholm* statt. Sie wurde von Erzbischof *Nathan Söderblom* nach einer fast zehnjährigen Vorbereitung einberufen und war die erste ökumenische Diakoniekonferenz, die die Christenheit hervorgebracht hat. Sie hat Anlaß zu großen Hoffnungen gegeben. Sie hat in einer Weise Ernst gemacht mit dem Dienst der christlichen Liebe als Frucht und Konsequenz des Glaubens, daß wir dahinter nicht mehr zurückfallen sollten. Sie hat Ernst gemacht mit der Zusammengehörigkeit von »christlicher Barmherzigkeit und Gerechtigkeit«, die wir seither nicht wieder auflösen sollten. Sie hat Ernst gemacht mit der komplementären Zuordnung der »Liebespflicht des einzelnen Christen« und den christlichen Verpflichtungen gegenüber den »Angelegenheiten des Gemeinwesens«, um die sich Christen in aller Welt auch noch heute bemühen.

Es ist ein schmerzlicher Gedanke, den ich als Vertreter der deutschen Kirche und Diakonie hervorzuheben habe: Der hoffnungsvolle Auftakt dieser internationalen ökumenischen Initiative ist vor allem durch Entwicklungen, die von Deutschland und seiner politischen Führung ausgingen, nach wenigen Jahren zerschlagen worden. Feindseligkeit, Unbarmherzigkeit, nationalistische Überheblichkeit und gnadenlose Brutalität haben im Lande der Reformation Luthers ihren Ausgang genommen und Europa, ja, die ganze Welt in eine verhängnisvolle Mitleidenschaft gerissen. Wir können heute genauer als noch vor einigen Jahren den Anteil an Schuld und Versagen ermessen, den die Kirchen in Deutschland an diesem noch immer unfaßlichen Geschehen zu tragen haben. Wen wundert es, daß weder die Wunden wirklich ausgeheilt noch die Sorgen verflogen sind, ob denn der Schoß noch fruchtbar sei, aus dem dies alles hervorgebrochen ist. Wir sind uns in Deutschland der Verantwortung bewußt, und wir bitten die Schwestern und Brüder aus den Nachbarstaaten, uns in Zukunft intensiv zu begleiten.

Nie wieder dürfen wir es zulassen, daß die Organe des Staates und der Gesellschaft mißbraucht werden zur zynischen Unterdrückung, ja Vernichtung von Menschen, Minderheiten, ja ganzer Völker.

Es war gewiß kein Zufall, daß es gerade lutherische Kirchen waren, die an die Spitze der Life and Work-Bewegung getreten sind. Daß die Christenheit von Gott in die Mitarbeiterschaft für Gottes Reich berufen sei, daß ihr dafür ein geradezu unbegrenzter Auftrag und Spielraum eingeräumt werden, gehört zu den Grundüberzeugungen der Reformation. Die lutherischen Kirchen in der Welt haben bekanntlich von Luther und seinen Mitarbeitern nur Grundimpulse mit auf den Weg bekommen. Die Aktualisierung dieser Impulse im Lichte des Evangeliums ist jeder Generation neu auferlegt.

Immer wieder werden die zwei Hauptimpulse vermengt und verwechselt, weshalb auch immer wieder Mißverständnisse entstehen. Die Frage: Wie begegnen wir, wie finde ich Gott? steht auf der einen Seite. Die Antwort ist klar: Mit leeren Händen dürfen wir uns von Gott in Christus beschenken lassen! Die andere Frage aber lautet: Was folgt für das Leben derer, die sich von Gott haben beschenken lassen? Auch hier ist die Antwort klar: Sie sind zum Dienst an Gottes Geschöpfen und an Gottes Schöpfung befreit. Sie sind hellhörig und sehen aufmerksam, wo und wie ihr Dienst dem Willen Gottes gemäß am besten geschehen kann. Freiheit und Dienst sind die beiden großen Möglichkeiten, die Luther uns mit auf den Weg gegeben hat. Es entsprach ganz und gar diesem Impuls, wenn die *Vollversammlung des Lutherischen Weltbundes in Curitiba* (1990) ihre Beratungen unter das Motto stellte »Ich habe das Schreien meines Volkes gehört« und ganz selbstverständlich das »Schreien der gequälten Kreatur« zu ihrem Thema erhob. »Das Schreien ist nicht nur Thema. Es ist Teil unseres Gottesdienstes und unserer Diakonie«, sagte der neue Präsident im Eröffnungsgottesdienst. Um diese Möglichkeiten in unserem Leben, in unserer Kirche, in unserer Region zu bewähren, lohnt es sich, zusammenzukommen und Antworten zu erarbeiten.

Die Kirchen sollen lernen, die Prioritäten richtig zu setzen: »Christen stehen bei Gott in seinem Leiden« (Bonhoeffer). Was folgt daraus für Zeugnis und Dienst der Christen? Sind unsere Programme in der Diakonie dem Auftrag gemäß?

»Called to be Neighbours« ist der Official Report der *Larnaca Consultation* 1986 überschrieben, die der *Diakonia 2000* gewidmet war. Das Stichwort von der »prophetic diakonia« ist dort gefallen. Das heißt Diakonie hat den besonderen Auftrag, in der Auseinandersetzung mit dem gesellschaftlichen Gestaltwandel Zeichen auf das Reich Gottes hin zu setzen. Sie muß sich mit den verderblichen Konsequenzen der »Vermarktung« des Menschen und seiner Verkürzung auf Arbeits- und Genußfähigkeit auseinandersetzen. Sie muß helfen, neue Paradigmen und Lebensformen zu entwickeln, die es allen, Alten und Jungen, Behinderten und Unbehinderten, Frauen und Männern, Gästen und Heimischen erlaubt, Menschsein in der zugesagten Fülle zu haben. Zugleich wurde mit Nachdruck darauf hingewiesen, daß Diakonie sich in der Ortsgemeinde bewähren muß. Dort wird auch die globale Dimension der Diakonie erkannt.

Die Kirchen sollen lernen, personale Gemeinschaft, lokale Gemeinschaft und globale Verantwortung aufeinander zu beziehen. Sie dürfen es auch nicht zulassen, daß eine Experten-Diakonie sich von der »inkompetenten« Ortsgemeinde absondert. Vielmehr ist die mündige, heilsame, weltoffene, diakonische Gemeinde das Ziel der Verheißung Gottes.

Der Apostel Paulus fordert uns auf, mit unserer im Glauben erneuerten Vernunft die Zeichen der Zeit zu erkennen, sie zu beurteilen und dabei zu erkennen, was der Wille Gottes ist. Wo stehen wir heute? Was wird von uns verlangt?

Ich will in vier Schritten auf in unseren Augen wichtige Fragen eingehen und unser Gespräch dadurch anregen:

– Welche Herausforderungen richten die dramatischen Entwicklungen in Europa an den Dienst der Kirchen? Haben wir eine Perspektive für das Zusammenwachsen der Staaten beziehungsweise der Völker?

– Haben wir ein Konzept für die Sozialgestalt Europas?

– Wo liegen die wichtigsten Aufgaben für die Diakonie der Kirchen? Sind wir in unseren Ämtern, Diensten, Strukturen vorbereitet? Welche gemeinsamen Aufgaben sind in unserer Region vordringlich?

– Wie verhalten sich die Aufträge zur Mission, zur Diakonie, zur weltweiten Entwicklung zueinander? Von welchen Erfahrungen lassen wir uns leiten? Was heißt »called to be Neighbours« für eine »interkontinentale Diakonie«?

II. Europäische Herausforderungen an den Dienst der Kirchen

Die gesamteuropäische Wirklichkeit hat sich im Jahre 1990 dramatisch verändert. Die Wirkungen erreichen die meisten Regionen und viele Dimensionen der Gemeinschaft aller Völker der Erde. Im Herzen Europas hat Deutschland wider Erwarten das langgehegte Ziel seiner Vereinigung erreicht, Grund zur Dankbarkeit und zugleich eine enorme Herausforderung im Blick auf die humane und ökologische Gestaltung der Lebensverhältnisse. Mit Recht wird festgestellt: Die Nachkriegszeit mit ihren Erstarrungen, Konfrontationen ist jetzt zu Ende. Die Umrisse der neuen Epoche zeichnen sich zwar ab: Die Organe der Vereinten Nationen können gestärkt und wirksamer als bisher ihre Integrations- und Steuerungsaufgaben wahrnehmen. Neue regionale Strukturen bilden sich heraus. Aber niemand wird behaupten können, dies alles werde sich von selbst in humane Bahnen lenken. Die Völkergemeinschaft steht angesichts der Ambivalenz der Situation heute am Scheideweg: Sie kann entweder in verstärkter Kooperation die bedrängenden Fragen der Zerstörung der Lebensgrundlagen, der Bevölkerungsentwicklung, der Migration und Versorgungsungleichgewichte in Angriff nehmen, oder sie gibt dem Recht des Stärkeren, der Rücksichtslosigkeit und Mißachtung der Lebensrechte der Schwächeren freien Lauf. Die Christenheit sollte nicht zögern, an einer Perspektive für die neue Epoche zu arbeiten und neue Formen der Intervention und Kooperation zu entwickeln.

Die Zusammenarbeit der Völker und Staaten in Europa ist längst aus dem Stadium der Utopie herausgewachsen.

Wenn mit Ablauf des Jahres 1992 der EG Binnenmarkt vollendet sein wird und die »vier großen Freiheiten« – wie man sagt – verwirklicht sind, nämlich freier Austausch von »Waren, Dienstleistungen, Kapital und Personen (!)«, dann wird in der Tat einer der größten und potentesten Wirtschaftsräume der

Erde mit 322 Millionen Einwohnern und einem Bruttosozialprodukt von mehr als 3300 Milliarden Dollar im Herzen Europas entstanden sein. Unausweichlich werden die übrigen Staaten in Europa – die EFTA-Länder, die europäischen KSZE-Länder – in den Bann dieser Entwicklung gezogen. Betrachten wir die Europäische Gemeinschaft (EG) als Nukleus, um den sich rasch und zwangsläufig auch die übrigen europäischen Länder gruppieren. Wollen wir das große gemeinsame europäische Haus? Ich glaube, wir sollten dieser Frage nicht ausweichen. Wenn wir es wollen – und ich halte dies im Lichte unserer Vergangenheit für wünschenswert –, dann soll die Kirche sich zum Anwalt dieser Vision machen und an ihrer Verwirklichung energisch mitwirken.

Die Hoffnungen ganzer Völker in Mittel- und Osteuropa richten sich gegenwärtig darauf, in dem neuen Haus Europa bald einen Platz zu erhalten, in dem sie in Würde, nationaler Identität und in einem wachsenden Wohlstand den Weg in die Völkergemeinschaft finden. Ich möchte darauf hinweisen, daß es auch schon vor und nach dem Ersten Weltkrieg diese Hoffnungen gegeben hat. Es gab den »Weltbund der Freundschaftsarbeit der Kirchen«, aus dem die Weltkonferenz für Life and Work hervorgewachsen ist. Dort wurden die Kirchen beschworen, sich »mit Entschiedenheit und Ausdauer« um den damals noch instabilen Völkerbund zu scharen und ihn gegen die zu schützen, die ihn zerstören wollten. Im heutigen Europa sind die Kirchen zwar guten Willens, aber, wie zu befürchten ist, ohne Konzept und ohne integrative Organisationsformen. Es gibt glücklicherweise den Weltkirchenrat, die Konferenz Europäischer Kirchen und in diesem Rahmen die Commission on Inter-Church Aid, Refugee and World Service (CICARWS). Insbesondere die Initiativen zum Problem der Flüchtlinge, zum Asylrecht und zur Flüchtlingshilfe, die durch eine Reihe von Meetings bis in die jüngste Zeit hinein vehement verfolgt werden, verdienen hervorgehoben zu werden. Auch die Konferenz Europäischer Kirchen hat durch die Regionalkonferenz »Peace with justice for the whole creation« im Mai 1989 in Basel einen wichtigen Beitrag zur Gewinnung von Maßstäben für ein neues Europa geleistet.

Die Erfahrungen der Vergangenheit aber lehren uns, daß die Kirchen sich zu oft mit Absichtserklärungen und globalen Perspektiven zufriedengaben und dann von den realen Entwicklungen überrollt wurden. Deshalb will ich hier drei Thesen formulieren:

Es gehört zur europäischen Idee und Wirklichkeit, daß es Vater- beziehungsweise Mutterländer gibt. Es gehört zugleich zur europäischen Idee, daß sich diese »Nationen« einem überregionalen, kosmopolitischen Geist verpflichtet wissen. Die Spannung dieser beiden scheinbar widersprüchlichen Elemente gilt es heute konstruktiv auszuhalten. Europa braucht die nationale Identität der baltischen Länder, wie es die Polens, Dänemarks und Rußlands braucht. Europa braucht zugleich eine kosmopolitische Idee und verbindliche Prinzipien des Zusammenlebens, die ihm eine würdige Zukunft in der Welt ermöglichen.

Europa hat seine Identität im Geistigen in Traditionen des Humanismus und des Christentums. Das heißt: Die Ideen der Dignitas Humana, der Responsible Society, der Human Rights, der Toleranz überformen all die lebendigen – aber oft gegensätzlichen – Traditionen religiöser, weltanschaulicher und sozialer Bewegungen, Gruppen und Konfessionen, die Europa hervorgebracht hat. Immer wieder haben sich in der Vergangenheit christliche Kirchen in den Sog des Nationalismus, Chauvinismus, ja sogar des Rassismus hineinziehen lassen. Oder sie haben es aus Staatsloyalität heraus hingenommen, daß Konflikte geschürt und Gegensätze zwischen den Völkern verschärft wurden. Die Zeit ist reif für eine grundsätzliche Neubesinnung und einen Neuanfang im Zeichen der Versöhnung.

Angesichts der Gefahr, daß Europa erneut in nationale, konfessionelle, weltanschauliche oder wirtschaftliche Egoismen zerfällt oder unter die Vorherrschaft mächtiger, aber partikularer Mächte zu geraten droht, ist es erforderlich, daß sich Zentren regionaler, übernationaler Willensbildung und Verantwortung herausbilden. Die Ostseeregion – wie übrigens auch die Donauregion, die oberrheinische Region, die Mittelmeerregion –, die eine gemeinsame und überaus leidvolle europäische Geschichte erlebt hat, könnte ein neues Kraftfeld exemplarischer Verständigung, Kooperation und regionaler Verantwortung werden.

Aus diesen Überlegungen folgt unser konkreter Vorschlag, ein regionales Forum des Informationsaustausches, des Austausches von Mitarbeitern und Gruppen sowie der Entwicklung gemeinsamer Arbeitsprojekte zu schaffen. Über die Konkretisierung sollten wir miteinander beraten.

III. Auf dem Weg zu einer gemeinsamen Sozialordnung

Der Gründungsprozeß eines Vereinigten Europas hängt bislang vornehmlich, ja ausschließlich, von »ökonomischer Bürgerschaft« ab. Sowohl politische wie soziale Bürgerschaft spielen noch eine geringe Rolle. Die Einheit, die in einem solch beengten Rahmen denkbar ist, bleibt eine des marktgängigen »possessiven Besitzindividualismus«. Wir brauchen aber eine Einheit eines aufgeklärten, »sozialen Europas«, das seine besten Traditionen von Demokratie und Solidarität, von zivilen und sozialen Rechten fortschreibt. Dies ist deshalb eine gewaltige Aufgabe, weil erstens weder Japan noch die USA ein Integrationsmuster von dieser Art anbieten. Und zweitens, weil neben dem Nord-Süd-Gefälle ein West-Ost-Gefälle überwunden werden muß. Im Osten sind Zonen zu überwinden »von schwachen Staaten, Nationalismen, Ungleichheit, Armut und Schlamassel«, wie kürzlich Timothy Garton Ash (»Eastern Europe: The Year of Truth«) feststellte. Ein befriedetes Europa braucht die *Sicherung der elementaren Lebensrechte* der Menschen und der sie tragenden Gemeinschaften. Dazu ist es erforderlich, daß die bewährten Lösungen in einem Land auch den anderen Partnern zugänglich und rezipierbar werden. Wirtschaftliche Leistungen und freier Wettbewerb rufen die Stärkeren, die Gesunden, die Jüngeren, gut Ausgebildeten auf den Plan. Sie gilt es durchaus zu fördern. Sie müssen sich aber auch ihrer Verantwortung bewußt werden. Denn menschliches Leben besteht aus dem Zusammenwirken von Starken und Schwachen, Jungen und Alten, Männern und Frauen, Behinderten, chronisch Kranken und Gesunden. Diese Solidargemeinschaft in einer lebendigen Sozialordnung sozialrechtlich auszugestalten, wird die große transnationale Aufgabe der kommenden Jahre sein. Wir brauchen bewährte Strategien zur Eindämmung und Abwehr von Arbeitslosigkeit, wir brauchen humane und bewährte Spielregeln gegenüber Wanderarbeitern. Wir dürfen nicht zulassen, daß Jugendliche in kriminelle Bahnen geführt werden, daß Obdachlosigkeit und soziale Verarmung um sich greifen. Wir sind längst darüber hinaus, dies nur als hehre Postulate formulieren zu müssen, vielmehr gibt es ein reiches Arsenal an bewährten Strategien sozialer Prävention. Ich denke hier insbesondere an die Erfahrung unserer skandinavischen Freunde.

Die Kirchen sollten keine Anstrengung scheuen, sich durch niemanden an Kreativität übertreffen lassen und ihre Strukturen internationaler Kommunikation wirklich nutzen. Die Sozialpolitiker sollten in den Kirchen ihren natürlichen Resonanzboden finden, aus der Kirche sollten ständig Impulse hervorgehen. Ich schlage deshalb als Frucht dieser Konferenz vor, ein Gemeinschaftsprojekt in Angriff zu nehmen: »Erfahrungen, Zukunftsaufgaben, Prioritäten europäischer Sozialpolitik. Der Beitrag der Kirchen«. Ich will das kurz näher erläutern. Wir stehen heute vor der Aufgabe, die unterschiedlichen sozialen Systeme in Europa miteinander in Beziehung zu setzen. Dabei stoßen wir auf die Schwierigkeit, daß sich dort ganz unterschiedliche, nur schwer vermittelbare Traditionen herausgebildet und verfestigt haben. Wir müssen uns mit diesen Traditionen vertraut machen und auseinandersetzen. So hat man vereinfacht von den sogenannten »Bismarck- und Beveridgeländern« gesprochen, das heißt »institutionell ausgeformte und residual auf Mindestsicherung bezogene Modelle« des Wohlfahrtsstaates einander gegenüber gestellt. Sämtliche Typologien sind Vereinfachungen, die der mannigfachen Vielfalt sozialstaatlicher Programme in verschiedenen Dimensionen wie Ausdehnungsgrad, Leistungshöhe, Finanzierungsweise oder Umverteilungsgrad nur teilweise gerecht werden können.

Empirisch lassen sich in westlichen Industrienationen für den Kernbereich der sozialen Sicherung vier Gestaltungsformen unterscheiden:

Universelle und egalitäre Sicherungseinrichtungen mit großzügigen Transferzahlungen und ausgebauten sozialen Dienstleistungen, die aus allgemeinen Steuermitteln finanziert werden (das schwedische Modell). Dieses umfassende Modell stößt gegenwärtig an die Grenzen der Finanzierbarkeit und der sozialen

Akzeptanz. Deshalb wird ein Umbau in Richtung auf mehr individuelle und gesellschaftsdiakonische Initiativen heute diskutiert.

Universelle, egalitäre Sicherungssysteme, die aus allgemeinen Steuermitteln finanziert werden, aber mit knapp bemessenen Leistungen primär auf die Vermeidung von Notlagen abzielen (das englische Beveridge-Modell).

Dieses minimale Modell überschreitet gegenwärtig die zulässigen Grenzen zu sozialer Verarmung und Marginalisierung. Die englischen Kirchen sind deshalb wichtige Anwälte sozialer Reformen.

Umfassende, aber kategoriell getrennte, auf die Statussicherung verschiedener Berufsgruppen abzielende Systeme mit überwiegender Beitragsfinanzierung (das deutsche und kontinental-europäische Sozialversicherungsmodell).

Dieses Mischsystem hat – trotz seiner Effizienz – einen hohen Komplexitätsgrad angenommen, der Machtgruppen begünstigt und Reformen erschwert.

Begrenzte und regional variierende Sicherungen für bestimmte Sozialkategorien, die beitragsfinanziert sind und lediglich als Ergänzung privater Vorsorge fungieren (das residuale Modell der USA oder teilweise auch der Schweiz).

Dieses liberalistische Modell begünstigt große Klassenunterschiede, lindert nur begrenzt soziale Armut. Insbesondere die Katholische Bischofskonferenz der USA hat deshalb zu einer grundsätzlichen Revision aufgerufen.

Es wird höchste Zeit, daß sich die Verantwortlichen in der Diakonie mit verantwortlichen Sozialpolitikern zusammenschließen, um den Aufbau einer menschengerechten Sozialordnung in Europa zu begleiten und mitzugestalten. Wie kann der Übergang von einem staatssozialistischen, bürokratischen Weg, den die osteuropäischen Völker hinter sich haben, in eine demokratische und solidarische Ordnung ermöglicht werden? Welche Reformen sind in den westlichen Ländern unaufschiebbar? Wie läßt sich ein sozialer Integrationsprozeß einleiten? Über diese Fragen sollten wir den verbindlichen Dialog führen und einen Lernprozeß einleiten.

IV. Vordringliche Aufgaben für die Diakonie der Kirche

Gehen wir einige Schritte weiter und fragen danach, inwieweit unsere Kirchen und ihre Gemeinden ihrer diakonisch-sozialen Verantwortung gerecht werden. Wir erinnern daran, daß in der Mitte des 19. Jahrhunderts überall in Europa kräftige Impulse der freien christlichen »Liebespflege« oder Diakonie entstanden sind. Die Grundvig Bewegung, die Kaiserswerther Diakoniebewegung und Wicherns Programm der Inneren Mission waren nur die spektakulärsten dieser an Aufbrüchen so reichen Epoche. Was ist daraus geworden? Wo stehen wir heute? Ist die diakonische Gemeinde als Ort und Hort christlicher Nächstenschaft lebendige Realität oder nur Ziel unserer Hoffnungen? Wie kommt es, so fragen wir uns in Deutschland, daß wir zwar eindrucksvolle diakonische Einrichtungen und institutionelle Werke der Diakonie überall im Lande haben,

aber die Gemeinden häufig abseits stehen, sich überfordert fühlen und dabei am
Ende ihren Auftrag verfehlen? Gelegentlich wird auch eine direkte Linie zur
lutherischen Reformation gezogen, in der der Dienst am Wort, die Evangeliumsverkündigung, die Sakramentsverwaltung und allenfalls die Seelsorge im
Mittelpunkt stehen, aber die Werke der Liebe dem einzelnen, spontan und eher
im Verborgenen überlassen bleiben. Wir wissen heute definitiv: Unsere lutherischen Ahnen, nicht erst Wichern, wußten es auch, daß die lutherische Reformation das Gegenteil intendierte. Daß der Glaube in der Liebe tätig wird, war
ihr so selbstverständlich, daß sie seit 1522 in den Kirchen- und Armenordnungen den Gemeinden konkrete Vorschläge unterbreitete. Aber sie hat diesen
Auftrag nicht »gesetzlich« verstanden und geregelt. Sie hat vielmehr jeder
Generation den diakonischen Auftrag zur verantwortlichen Gestaltung in der
Willensbildung der Gemeinde übertragen. So konnte sich eine Vielfalt der
Lösungen entfalten, aber auch die Gefahr einstellen, diesen Auftrag zu verges-
sen oder zu verfehlen!

Die Zeiten sind längst vergangen, als man glaubte, allein durch Systemlösun-
gen die sozialen Fragen und Nöte bewältigen zu können. Es hat sich auch als
Irrtum herausgestellt, durch die Verwirklichung der »sozialen Gerechtigkeit«
werde die ältere Tradition der »Barmherzigkeit«, das heißt die unmittelbare
personale Zuwendung zum hilfebedürftigen Nächsten ohne Ansehung seiner
Herkunft, Hautfarbe oder Qualität ersetzt. So wie die Barmherzigkeit die
Innenseite der Gerechtigkeit ist, so bedarf der moderne Sozialstaat, welcher
Ausprägung auch immer, der lebendigen, vom Geiste der Nächstenliebe getragenen Kräfte. Wir sollten nicht so vermessen sein zu sagen, diese Kräfte seien
nur in unseren christlichen Kirchen lebendig! Die Geschichte vom barmherzigen Samariter kann uns ein für allemal von diesem Vorurteil befreien!

Ich möchte deshalb einen weiteren Vorschlag unterbreiten. Wir sollten in
Europa und darüber hinaus in der ganzen Christenheit – aber beginnend in
Europa – einen ökumenischen Konsultationsprozeß in Gang setzen über »Die
Zukunft des Diakonats«.

Ich will auch diesen Vorschlag kurz erläutern. *Johann Hinrich Wichern* hat in
seinem Gutachten von 1856 *Über die Diakonie und den Diakonat* Entscheidendes zu dieser Aufgabe beigetragen. Er hat einerseits »die Frage der Diakonie mit
der ganzen Offenbarung Gottes im alten und neuen Bunde, ja, mit den noch
erst verheißenen, noch nicht erfüllten Entwicklungen des Heils« in Beziehung
gesetzt. Seither sprechen wir vom dreifachen Diakonat, zu dem die Christenheit berufen ist:

erstens von der freien Liebespflege, zu der jeder getaufte Christ befreit und
verpflichtet ist. In diese können und sollen die Glieder der Gemeinde hineinwachsen, durch ein differenziertes Bildungsprogramm in den Gemeinden eingeführt und qualifiziert werden. Durch freie und gezielte Initiativen werden
hier Kräfte der christlichen Liebe motiviert, qualifiziert und mobilisiert;

zweitens von dem kirchlichen Diakonat, das in den Rahmen der oikodome der Gemeinde, in der Ordnung der Ämter für Frauen und Männer eingefügt ist. Es ist unsere Aufgabe, unsere Ämter in den Gemeinden, die Ämter der Diakone/innen und Diakonissen daraufhin zu überprüfen, wie diese heute und in Zukunft ihren Auftrag erfüllen können;

drittens von der bürgerlichen Diakonie im politischen Gemeinwesen. Damit ist der soziale Dienst in den öffentlichen Ordnungsstrukturen angesprochen. Schon Paulus hat hierfür den Begriff »Diakonie« verwendet. Es ist die Pflicht der Christen, dem Staat bei der Erfüllung seiner Dienstaufgabe konstruktiv und kritisch-solidarisch zur Seite zu stehen.

Die Kirchen dürfen nicht müde werden, ihrem diakonischen Auftrag durch geeignete Lebensformen, Ausbildungsgänge und Ämter gerecht zu werden. Die besten Erfahrungen, die bewährten Modelle – ich denke hier gerade an unsere finnischen Freunde – sollten von uns geprüft und sinngemäß weitervermittelt werden.

Einige Kirchen haben mit der »Wiedererneuerung des apostolischen Diakonats« Ernst gemacht. Wichern erschien eine lebendige, weitgefächerte Struktur des Diakonats geradezu als »der einzig mögliche Vermittler für das Gesamtgebiet der Liebespflege in Staat und Kirche und im freien Gesellschaftsleben«.

Heute sind viele Fragen unter uns lebendig, die wir gemeinsam lösen sollen und können. Drei davon greife ich heraus:

Eine der wichtigsten Initiativen in der Trägerschaft der Diakonie, die der Diakonissen, ist weithin ausgefallen. Wir stehen deshalb vor der Frage, wie dies Erbe »Christlicher Dienstgemeinschaft«, die eine Verbindung von Spiritualität, tragendem gemeinsamen Leben und zielgerichtetem Dienst enthielt, bewahrt und sinngemäß weitergeführt werden kann.

Auch die Wiederbelebung des Diakonenamtes ist in vielen Kirchen an deutliche Grenzen gestoßen. Ungeklärt bleibt häufig das Verhältnis von Diakonen-/Diakoninnenamt und Predigtamt. Das Diakonenamt gerät häufig in eine Stellung der Subordination. Auch der Lima-Text hat noch keine befriedigende Lösung gebracht.

Schließlich bleibt zu klären, wie die Einheit von Person, Amt und fachlicher Qualifikation gewonnen werden kann. Diese droht im Zeichen der Professionalisierung und Spezialisierung der sozialen Dienste auseinanderzufallen. Zu klären ist aber auch die Gewinnung von »Laien« – Diakonen/Diakoninnen und deren Qualifikation und Stellung in der Kirche.

Welche Aufgaben sind in unserer Region der Diakonie heute vordringlich gestellt? Ohne Zweifel bedürfen vor allem unsere europäischen Nachbarn im östlichen Bereich der ganz konkreten Hilfe auf vielen Gebieten. Ich versuche einige Punkte herauszugreifen und zur Diskussion zu stellen.

Zunächst geht es um ganz materielle Hilfe. Wir können nicht tatenlos zusehen, wenn in Ländern, die unmittelbar in unserer Nähe liegen, Menschen

Not leiden; wenn die Versorgung der geistig- und körperlich Behinderten unter der Schwelle menschenwürdiger Versorgung liegt; wenn Armut unter älteren Menschen überhand nimmt oder Jugendliche ohne Arbeit bleiben.

Sodann geht es darum, ob wir durch verstärkten Austausch zum Transfer von Bildung und Wissen befähigt sind und einen Beitrag zur Selbsthilfe leisten können. Hier geht es um die Gewährung von Stipendien, um Gastdozenturen und um Austausch von Mitarbeitern, um zur wechselseitigen Befruchtung im Blick auf Arbeitsformen und den Ausbau von Hilfestrukturen zu gelangen.

Schließlich geht es um die Koordinierung der Hilfen, die von Regierungen oder Kirchen oder einzelnen Gruppen geleistet werden. Alles wird davon abhängen, ob es gelingt, den Menschen in der Landwirtschaft, in der Produktion und Verwaltung Arbeit zu gewähren. Die Erwerbstätigkeit ist die Basis der Lebenssicherung. Deshalb können Programme der Arbeitsförderung, Schulung oder Umschulung ebenso wichtig sein wie die Gewährung finanzieller Hilfe. Die Diakonie sollte ihre guten Dienste anbieten, um Ihnen, verehrte Freunde aus dem »östlichen Bereich«, effiziente Hilfe zur Sicherung menschenwürdiger Lebensverhältnisse zu verschaffen.

Die Kirchen Europas sollten sich in ihrer eigenen Arbeit auf die vordringlichen Herausforderungen konzentrieren: Diese wurden heute oft mit dem Schlagwort der Armut beziehungsweise Verarmung umschrieben. Dahinter verbergen sich sehr unterschiedliche und oft bedrückende Schicksale. Die Diakonie hat ihren Platz dort, wo Menschen in ihrer Not alleingelassen werden. Sie ist zur Anwaltschaft der rechtlosen oder in ihren Rechten beschränkten Menschen berufen. Sie soll die Ursachen der Not aufspüren und überwinden.

Es ist hier nicht der Ort, ins Detail zu gehen und Prioritäten festzulegen. Die Kirchen sind aber aufgefordert, das Thema Armut in Europa mit seinem doppelten Gefälle von Nord nach Süd und von West nach Ost hinsichtlich der Ursachen, Erscheinungsformen und Strategien der Überwindung in den Mittelpunkt des gemeinsamen Interesses und der Zusammenarbeit zu rücken. Es gibt inzwischen wichtige Schritte in dieser Richtung: Der sogenannte Wresinski-Bericht »Grande pauvreté et pécarité économique et sociale« (deutsch 1990) ist das Ergebnis einer intensiven Vorarbeit im Französischen Wirtschafts- und Sozialrat (CES), der von engagierten Kirchenvertretern angeregt und publiziert wurde. Der Sozialhirtenbrief der katholischen Bischöfe Österreichs (1990) hat die Themen der amerikanischen Bischofskonferenz aufgegriffen und die »Option für die Armen« konkret in die Situation dieses europäischen Landes übertragen. Auch in Deutschland gibt es Ansätze zur Armutsberichterstattung (Paritätischer Wohlfahrtsverband und eine DGB-Studie 1989 und 1990). Die Europäische Gemeinschaft hat mit ihrem 2. Programm zur Bekämpfung der Armut in Europa ebenfalls erste Schritte unternommen. Eine integrierte Initiative sollte jetzt aber von den Kirchen ausgehen und diese Aufgabe ins Bewußtsein heben und ihrer Lösung Nachdruck verleihen.

V. Ein neues Konzept für Mission, »interkontinentale Diakonie« und weltweite Entwicklung

Die ökumenische Bewegung bemühte sich ebenso wie die Vereinten Nationen um neue Konzeptionen für die weltweite Entwicklung im Zeichen der Wende zum 3. Jahrtausend. Auch katholische Ordensgemeinschaften, Bischöfe und Laienkreise bereiten sich auf die Bilanz von »500 Jahre Evangelisierung Lateinamerikas« vor. Es ist gar nicht zu übersehen, daß sich angesichts eklatanter Mißerfolge in der Entwicklungsarbeit, angesichts vieler Fehlwege in der Mission, angesichts der unaufhaltsamen Zerstörung der Lebensressourcen der Menschheit weithin Ratlosigkeit und Resignation breitmachen. Müdigkeit zeigt sich auch gegenüber moralischen Appellen, die von Weltkonferenzen verabschiedet werden. Lassen Sie mich die Frage nach einem neuen Konzept mit einem Vorschlag verbinden. Der Auftrag der Diakonie ist eng verknüpft mit dem Auftrag zur Mission. Wicherns Begriff der »Inneren Mission« zielte auf die Erneuerung von Mensch und Gesellschaft von innen, vom Evangelium, und von außen, von der Veränderung der Lebensbedingungen her. Heute spricht man – in evangelikalen Kreisen – oft von »missionarischer Diakonie«. Wir nehmen diese Begriffe ernst und wollen sie vor Mißverständnissen bewahren. Mission und Diakonie haben ihren gemeinsamen Auftrag in der Versöhnung, die von Gott durch seinen beauftragten Christus in die von Haß, Not, Tod und Zerstörung bedrohte Welt hineingetragen wird. Beide sollen realer Ausdruck davon sein, daß Gott diese Welt nicht aufgegeben hat, sondern sie einer neuen Zukunft entgegenführen will. Mission und Martyria bringen die Botschaft der Versöhnung zur Sprache, erheben sie zum Motiv des Lebens und der Hoffnung. Die Diakonie läßt durch konkretes Handeln an der leidenden Kreatur die Versöhnung zur lebendigen Tat werden und zur strukturellen Wirklichkeit.

Auf die differenzierte Beziehung von Zeugnis und Dienst und zugleich auf die umfassende »soziale Verantwortung der Christen« hat die weltweite evangelikale Bewegung in der *Lausanner Verpflichtung* nachdrücklich hingewiesen:

> »Wir bekräftigen, daß Gott zugleich Schöpfer und Richter aller Menschen ist. Wir müssen deshalb Seine Sorge um Gerechtigkeit und Versöhnung in der ganzen menschlichen Gesellschaft teilen. Sie zielt auf die Befreiung der Menschen von jeder Art von Unterdrückung. Da die Menschen nach dem Ebenbild Gottes geschaffen sind, besitzt jedermann, ungeachtet seiner Rasse, Religion, Farbe, Kultur, Klasse, seines Geschlechts oder Alters, eine angeborene Würde. Darum soll er nicht ausgebeutet, sondern anerkannt und gefördert werden. Wir tun Buße für dieses unser Versäumnis und dafür, daß wir manchmal Evangelisation und soziale Verantwortung als sich gegenseitig ausschließend angesehen haben. Versöhnung zwischen Menschen ist nicht gleichzeitig Versöhnung mit Gott, soziale Aktion ist nicht Evangelisation, politische Befreiung ist nicht Heil. Dennoch bekräftigen wir, daß Evangelisation und soziale wie politische Betätigung gleichermaßen zu unserer Pflicht als Christen gehören. Denn

beide sind notwendige Ausdrucksformen unserer Lehre von Gott und dem Menschen, unserer Liebe zum Nächsten und unserem Gehorsam gegenüber Jesus Christus. Die Botschaft des Heils schließt eine Botschaft des Gerichts über jede Form der Entfremdung, Unterdrückung und Diskriminierung ein. Wir sollen uns nicht scheuen, Bosheit und Unrecht anzuprangern, wo immer sie existieren. Wenn Menschen Christus annehmen, kommen sie durch Wiedergeburt in Sein Reich. Sie müssen versuchen, Seine Gerechtigkeit nicht nur darzustellen, sondern sie in einer ungerechten Welt auch auszubreiten. Das Heil, das wir für uns beanspruchen, soll uns in unserer gesamten persönlichen und sozialen Verantwortung verändern. Glaube ohne Werke ist tot« (Abschnitt 5 der Lausanner Verpflichtung).

Auf der Grundlage dieser, die Christenheit einigenden Erklärung ist es uns möglich, der Frage nach einem neuen tragfähigen Konzept für die »interkontinentale Diakonie« und weltweite Entwicklungsarbeit nachzugehen.

Zum ersten Mal seit dem Zweiten Weltkrieg ist es uns heute möglich, *gesamteuropäische Perspektiven der Entwicklungsarbeit* zu entwerfen und länderübergreifende Strategien in Gang zu setzen. Die Sorge der Kirchen hat den sogenannten Least Developed Countries (LDCs) zu gelten, deren Zahl sich inzwischen auf 42 erhöht hat.

Der jüngst publizierte Süd-Bericht hat erneut deutlich gemacht, daß in den ärmsten Ländern die Mindestversorgung für die Linderung von Armut, Hunger und Unterernährung nur bei einem jährlichen Wachstum des Bruttosozialprodukts von mindestens 7,2 Prozent gewährleistet ist. Tatsächlich wird aber nur ein Wachstum von 2,5 Prozent erreicht. Statt der angestrebten 4-prozentigen Steigerung der Agrarproduktion wurden nur 1,6 Prozent erzielt. Dem steht ein Bevölkerungswachstum von 2,7 Prozent gegenüber. In diesen wenigen Zahlen drücken sich die Bilanz und das Scheitern des Substantial New Program of Action (SNPA) der UNO aus, das 1981 für die dritte Entwicklungsdekade beschlossen wurde.

Der dramatische Verfall der Rohstoffpreise auf dem Weltmarkt und die Abschottung der Industrieländer führten zusätzlich zu großen Einnahmeverlusten der LDCs. Ihre Exporteinnahmen sanken von 26 US-Dollar (1980) auf 22 US-Dollar (1986) pro Kopf, wodurch ihre wenig gefestigte Stellung in der Weltwirtschaft noch weiter geschwächt wurde. Im Gegensatz dazu steigerten die Industrieländer ihre Gesamtausfuhren von 1 235 US-Dollar pro Kopf (1980) auf 1 631 US-Dollar (1987). Der Anteil der LDCs am Welthandel betrug 1988 gerade noch 0,4 Prozent, und ihr Anteil am Weltsozialprodukt stagniert bei 0,7 Prozent.

Die LDCs leiden ganz besonders unter der Verschuldungskrise. Die Gesamtschuld dieser Ländergruppe betrug 1982 33,5 Milliarden und stieg bis 1988 auf 69,3 Milliarden Dollar. Im gleichen Zeitraum erhöhten sich die Schuldendienstzahlungen der LDCs von 1,3 auf 3,5 Milliarden Dollar jährlich. Die Schuldendienstleistungen sind, gemessen an der verschlechterten wirtschaftlichen Leistungskraft in vielen Ländern, untragbar hoch. Gravierende Auswirkungen auf die Lebenssituation der Armen haben auch die vom IWF und der Weltbank im Rahmen von Strukturanpassungsprogrammen erzwungenen Kürzungen von öffentlichen Ausgaben, die sich vorrangig im Gesundheits- und Bildungsbereich niederschlagen. Dadurch und durch den Abbau von Subventionen für Grundnahrungsmittel wurden die armen Bevölkerungsschichten, und dort insbesondere die Frauen, zusätzlich getroffen (vgl. epd-Entwicklungspolitik 15/90, Dokumentation).

Mehr als zwei Drittel der LDCs befinden sich auf dem afrikanischen Kontinent. Muß das die Europäer nicht herausfordern? Haben wir nicht zu ungezielt eine breite Palette von Entwicklungsprojekten geschaffen, die über die ganze Welt verteilt sind? Wir sollten den Gedanken der regionalen Verantwortung miteinander durchdenken. Dieser ersetzt nicht die Sorge um die weltweite Entwicklung. Aber die konkrete Hilfe kann regionalisiert werden. Europa muß die Verantwortung für das Überleben, die selbstbestimmte Entwicklung der armen Völker Afrikas übernehmen.

Der UN-Human Development Report 1990 hat diese Aufgabe und Prioritätensetzung klar umrissen:

»In any concerted international effort to improve human development in the Third World, priority must go to Africa. The concept of short-term ajdustment is inappropriate there. Required, instead, is long-term development restructuring. Also required is a perspective of at least 25 years for Africa to strengthen its human potential, its national institutions and the momentum of its growth. The international community should earmark an overwhelming share of its concessional resources for Africa and display the understanding and patience needed to rebuild African economies and societies in an orderly and graduated way«. (5)

»Interkontinentale Diakonie« heißt deshalb: We are called to be Neighbours for the African Countries. Die reichen Länder Asiens haben dort ihre armen Nachbarn, auch die Region Amerika hat ihre eigene nachbarschaftliche Struktur. Wir knüpfen damit an eine skandinavische Erfahrung an: »Völker helfen Völkern«. Diese Vision gilt es bis heute im größeren Rahmen aufzugreifen und umzusetzen.

VI. Zusammenfassung

Es ist deutlich geworden, daß wir mit Hoffnung und Zuversicht die gegenwärtigen Herausforderungen in unserer Region bedenken und beantworten können. An uns ist allerdings die Frage gerichtet, ob wir der Dynamik von Gottes universalem Versöhnungsdienst an der Welt durch unsere Taten und Perspektiven entsprechen. Wir dürfen eintreten in diesen universalen Dienst, und wir werden deshalb auch zur Rechenschaft gezogen. Wir wissen, daß der Weltenrichter sich zunächst mit den Hungernden, Dürstenden, Kranken und Gefangenen identifiziert. Von da aus fällt sein unwiderruflicher Entscheid: »Was ihr einem dieser meiner geringsten Brüder und Schwestern getan habt, das habt ihr mir angetan« (Mt 25, 40).

Hier kommt die ganze diesseitige Stoßrichtung der Botschaft vom Reiche Gottes zum Tragen: Gehörte Lehre vollendet sich in der Liebe oder stößt ins Bodenlose. Dieser Vorstoß in die Not der Welt des menschlichen Leidens läßt die Frage verblassen, ob sich dieses Gericht an den unwissenden Völkern (Herr, wann haben wir dich gesehen?) oder an den (durch Mitteilung dieses Gleichnisses) wissenden Jüngern vollzieht. Am Umgang mit dem leidenden Mitmenschen wird sowohl der Glaube der Christen wie auch der Humanismus der Nichtchristen gemessen.

Von denen, die vor dem Richter erscheinen, wird gar kein voller Einsatz gefordert, eine einzige schlichte Handreichung genügt zum Freispruch. Es ist nur gesagt: »Ich war krank und ihr habt mich besucht«, nicht aber: »Und ihr habt mich geheilt.« Und ebenso: »Ich lag gefangen, und ihr seid zu mir gekommen«, nicht aber: »Und ihr habt mich befreit.« Ausgerechnet *Chrysostomos*, der sich nicht scheute, in seinen Predigten die politischen und sozialen Mißstände am byzantinischen Kaiserhof zu geißeln und der dafür auch mit seinem Leben bezahlte, hat auf diese Einzelheit hingewiesen. Dies macht uns vorsichtig gegenüber der Behauptung, diese Engführung zur Augenblickshilfe hänge mit dem mangelnden politisch-sozialen Bewußtsein der Antike zusammen. Vielmehr wird hier gezielt diese unreflektierte Einzeltat aus dem ganzen Zusammenhang eines Erfolgdenkens herausgenommen, wodurch die quantitative Bedeutung völlig ausgeschaltet wird. Dafür tritt die Frage nach der Qualität in den Vordergrund. Nicht die *Auswirkung,* sondern die *Ausrichtung* wird entscheidend. Diese kleine persönliche Hinwendung zum Bruder oder zur Schwester, die gerade ein Stückchen Hilfe brauchen, ist es, die vom Menschensohn als entscheidende Nachfolge gewürdigt wird. Zwar wird dieser eine Schritt ganz gewiß seine Auswirkung in die sozialen und politischen Bereiche zeitigen, wie auch der erste Schritt des Samariters zur medizinischen Behandlung und zur Finanzierung der Hospitalisierung des Überfallenen geführt hat. Entscheidend aber ist der erste Schritt. Entscheidend ist dabei, daß er zu den von anderen Menschen preisgegebenen Notleidenden führt. Indem der Weltenrichter so und nicht anders richtet, enthüllt er sich als der doppelt Barmherzige, der sowohl die Partei des Leidenden ergreift als auch die Begrenztheit des Helfers berücksichtigt.

Damit wird der Grund unseres Dienstes und der Grund unserer Hoffnung noch einmal deutlich. Jeder Mensch, ob Christ oder Buddhist, ob konservativ oder Kommunist, ob ein Kind oder Erfolgsmensch, ob Wissenschaftler oder

Arbeiter, alle sind zur Barmherzigkeit berufen und befähigt. Hierin liegt die tiefste Gemeinsamkeit zwischen der göttlichen und der menschlichen Natur. Und weil das so ist, können wir es auch wagen, die Menschen in Europa und überall in der Welt darauf aufmerksam zu machen. Eine Zivilisation der Barmherzigkeit ist möglich. Laßt uns also gemeinsam daran mitarbeiten.

Auf dem Weg zu einer neuen europäischen Sozialordnung.

Perspektiven im Anschluß an die »Europadenkschrift« der EKD

I. Die Ausgangslage 1992

Das Jahr 1991 endete im Blick auf die Zukunft Europas mit zwei Szenarien, die die volle Ambivalenz der gegenwärtigen Entwicklung beleuchten. Szenario eins: Ein zunehmend zersplitterter Osten bzw. Südosten steht einem zunehmend geeinigten Westen bzw. Norden gegenüber. Sollte diese Lage längere Zeit anhalten, so käme dies erneut einer faktischen Spaltung des Kontinents gleich. Der wirtschaftlich starke Westen wird dem schwachen Osten das Gesetz des Handelns vorschreiben oder im äußersten Krisenfall die Grenzen festungsartig abschotten.[1] Szenario zwei: Der historische Gipfel des EG-Ministerrats endete – höchst ambivalent – mit dem Beschluß, noch vor 1994 die Europäische Gemeinschaft in eine »Europäische Union« (EU) zu verwandeln, und klammerte gleichzeitig die soziale Dimension aus. Der am 10. 12. 1991 grundsätzlich verabschiedete Unionsvertrag umschreibt das Fernziel eines europäischen Bundesstaats als »eine neue Stufe bei der Verwirklichung einer immer engeren Union zwischen den Völkern Europas, in der die Entscheidungen möglichst nahe bei den Bürgern getroffen werden«[2]. Neben die bisherige Gemeinschaft treten im Unionsvertrag die gemeinsame Außen- und Sicherheitspolitik sowie langfristig die Entwicklung einer gemeinsamen Verteidigung und bis spätestens 1999 die Währungsunion. Hinzu kommen die Ausweitung der Gemeinschaftszuständigkeit auf neue Bereiche wie Kultur, Bildung, Berufsbildung, Gesundheit. Schließlich werden dem Europäischen Parlament ein »Mitentscheidungsrecht« in durchaus wichtigen Punkten der Europäischen Union eingeräumt. Aber das Thema »Europäische Sozialpolitik« wurde mit Rücksicht auf die Interessen Großbritanniens ausgeklammert. Damit erhalten die Befürchtungen

---

1 Vgl. hierzu den Leitartikel des Historikers Jörg Fink über Ende und Neubeginn in der Geschichte des europäischen Kontinents »Europa 1991: Die Rückkehr ins Jahr 1919«, in: Die Weltwoche, Zürich, 26. 12. 1991.
2 Vertrag über die Europäische Union in Maastricht vom 10. 12. 1991, in: SZ vom 12. 12. 1991.

neue Nahrung, daß die Europäische Union strukturell eine Entwicklung nachvollzieht, die in den Vereinigten Staaten von Amerika abgelaufen ist. Die »ökonomische Bürgerschaft« wird durch die Verwirklichung des »freien Austausches von Kapital, Waren, Dienstleistungen und Personen« im EG Binnenmarkt 1992 stark hervorgehoben, die »soziale Bürgerschaft« hingegen stark vernachlässigt. Anders als in den USA wird im europäischen Einigungsprozeß auch die »politische Bürgerschaft« eher unterbewertet und auf die lange Bank geschoben, während in den USA sich »gemeinsamer Markt« und »politische Union« historisch in einem Schritt vollzogen haben.[3] Die Hoffnung, die viele auf den Gipfel von Maastricht gesetzt haben, daß die seit langem – nicht zuletzt vom europäischen Parlament – geforderte Synthese von zivilen, politischen und sozialen Rechten gelingen könnte, hat sich nicht erfüllt.

In dieser Situation wurde die EKD-Denkschrift »Verantwortung für ein soziales Europa« veröffentlicht.[4] Sie ist das Ergebnis eines intensiven Arbeits- und Konsultationsprozesses, an dem nicht nur der Rat und die Kirchenkonferenz der EKD, sondern auch Verantwortliche in der Europäischen Kommission, in Sozialministerien, politischen Parteien und die Sozialpartner der Arbeitgeber und Arbeitnehmerverbände beteiligt waren. Trotz dieser breit gestreuten Interessenlage ist es gelungen, so etwas wie eine Vision, eine konkrete Utopie für die Ausgestaltung einer solidarischen Sozialordnung in Europa zu erarbeiten. Diese hat im Jahr der Vollendung des EG-Binnenmarktes gerade durch die Ambivalenz der Ausgangssituation an Dringlichkeit und Aktualität noch hinzugewonnen, geht es im letzten Jahrzehnt des Jahrtausends darum, allen Schwierigkeiten zum Trotz die ethisch und theoretisch vorgezeichnete Aufgabe der humanen, lebensförderlichen Gestaltung der Binnenstrukturen des Kontinents und seiner verantwortlichen Einbindung in die Strukturen der Einen Welt zu erfüllen. Daß den europäischen Kirchen hier eine verbindliche Rolle – vielleicht sogar eine Schlüsselrolle – zukommt, wird in dieser Denkschrift hervorgehoben. Die Evang. Kirche betrachtet den mit der Gründung der europäischen Gemeinschaft in Gang gesetzten Prozeß der Einigung, der mit den Verträgen zur Schaffung eines einheitlichen europäischen Binnenmarktes bis Ende 1992 ein neues wichtiges Teilziel erreichen wird, als unumkehrbar. Sie setzt sich mit Entschiedenheit dafür ein, der notwendigen wirtschaftlichen Integration eine ausgewogene Sozialordnung folgen zu lassen

---

3 Vgl. hierzu S. Leibfried, Sozialstaat Europa? Integrationsperspektiven europäischer Armutsregimes, in: NDV 70, 1990, 295 ff.

4 Kirchenamt der EKD (Hg.), Verantwortung für ein soziales Europa. Herausforderungen einer verantwortlichen sozialen Ordnung im Horizont des europäischen Einigungsprozesses. Eine Denkschrift der Kammer der EKD für soziale Ordnung, Gütersloh 1991.

und Europa offen zu halten für die ost- und südosteuropäischen Länder. »Niemals können Tendenzen mitgetragen werden, die zu einer Abschottung eines EG-Binnenmarktes führen und neue Schranken, Grenzen oder gar Mauern in und um Europa herum begünstigen. Das ›Europäische Haus‹ darf nicht zu einer ›Festung Europa‹ werden. Die Europäische Gemeinschaft sollte die Erweiterung des Binnenmarktes durch Formen der Assoziierung und Integration der ost- und nordeuropäischen Staaten zügig verfolgen.« (Abs. 125) Die Denkschrift unterstützt deshalb ausdrücklich die Bestrebungen des europäischen Parlaments, auf einen größeren europäischen Sozialraum unter Einschluß dieser Nachbarstaaten hinzuwirken. Im folgenden soll im Horizont der Fragestellung dieser Denkschrift die aktuelle Debatte um den zukünftigen Weg der sozialen Gestaltung Europas, um eine europäische Sozialpolitik dargestellt und sollen einige Perspektiven eröffnet werden.

II. Grundzüge europäischer Sozialpolitik

Der zeitliche Rahmen für die Vorbereitung einer gemeinsamen europäischen Sozialpolitik ist abgesteckt: im Unionsvertrag vom Dezember 1991 ist verankert, daß 1996 die nächste Vertragsreform mit Blick auf das Ziel einer »immer engeren« Vereinigung in Angriff genommen werden soll. Damit wird die Möglichkeit eröffnet, die bereits im Gemeinschaftsrecht angelegten sozialpolitischen Linien auszuziehen und die große neue Aufgabe, die Koordination bzw. Angleichung der Sicherungssysteme in Angriff zu nehmen. Welche Linien gilt es auszuziehen? In den beiden grundlegenden Verträgen, dem Vertrag zur Gründung der Europäischen Wirtschaftsgemeinschaft (EWG-Vertrag) von 1951 und in der Einheitlichen Europäischen Akte (EEA) von Februar 1986, in der die Gemeinschaftsverträge im Hinblick auf die Schaffung eines einheitlichen Europäischen Binnenmarktes bis 1993 revidiert wurden, wurde – bei aller vorrangigen Betonung wirtschaftspolitischer Ziele – das »Wohlergehen aller Bürger der Gemeinschaft«, im weiteren Sinne also auch ein großes soziales Anliegen verfolgt. In Art. 2 EWGV wird die Aufgabe, für eine beschleunigte Hebung der Lebenshaltung in der Gemeinschaft zu sorgen, niedergelegt. In Art. 117 EWGV wird die Notwendigkeit betont, »auf eine Verbesserung der Lebens- und Arbeitsbedingungen der Arbeitskräfte hinzuwirken und damit im Zuge des Fortschritts ihre Angleichung zu ermöglichen.« Erwartet wird ein »eine Abstimmung der Sozialordnungen begünstigendes Wirken des Gemeinsamen Marktes.« Die EG-Kommission wird beauftragt, in sozialen Fragen eine enge Zusammenarbeit zwischen den Mitgliedsländern zu fördern (118 EWGV), die Rechtsgleichheit am Arbeitsplatz von Frauen und Männern wird festgeschrieben (119) und die Beibehaltung jeweils geltender Ordnungen über bezahlte Freizeit verbürgt (120). Die Kommission wird zur jährlichen Bericht-erstattung über die Entwicklung der sozialen Lage verpflichtet.[5]

Als ein unmittelbares sozialpolitisches Handlungs- und Umverteilungsin-strument wurden die Europäischen Sozialfonds (ESF), die insbesondere der Verbesserung der Beschäftigungsmöglichkeit der Arbeitskräfte im Gemeinsa-men Markt dienen sollen, eingerichtet (123 – 128). Die Ausstattung des Sozial-fonds mit ca. 7 Mrd. jährlich erreicht allerdings nur rund 6,5 % des EG-Gesamthaushaltes. Auch der Regionalfonds, der der Hilfe für strukturschwa-che Regionen dienen soll, enthält sozialpolitische Implikationen. Dient der Regionalfonds doch dem Ziel, »eine harmonische Entwicklung der Gemein-schaft als Ganzes zu fördern« und »den Abstand zwischen den verschiedenen Regionen und den Rückstand der am wenigsten begünstigten Gebiete zu verringern«[6]. Damit ist deutlich geworden, daß es an sozialpolitisch relevanten Grundsätzen und Absichtserklärungen im Gemeinschaftsrecht nicht fehlt. Vom Gipfel in Maastricht wurde aber erwartet, daß der entscheidende Durchbruch dort geschieht, wo zentrale Bereiche der Sozialpolitik, nämlich das individuelle und kollektive Arbeitsrecht sowie das Recht der sozialen Sicherheit bislang vom Grundsatz der qualifizierten Mehrheit ausgeschlossen waren. Lediglich in den Bereichen Verbesserung der Arbeitsumwelt, Arbeitssicherung und Gesund-heitsschutz am Arbeitsplatz können Mindestvorschriften mit qualifizierter Mehrheit erlassen werden (Art. 118a).

Am weitesten gediehen ist zweifellos das Regelwerk im Bereich des »freizü-gigkeitsspezifischen« Gemeinschaftssozialrechts, durch das es den jeweils aus- und einwandernden Arbeitnehmern (und Selbständigen) und deren Familienan-gehörigen ermöglicht wird, ohne Einbußen an Sozialleistungen (im Falle von Krankheit, Mutterschaft, Invalidität, Alter, Arbeitsunfall und Berufskrankhei-ten, Arbeitslosigkeit, Tod, Familienlasten) von ihrem verbrieften Recht auf Freizügigkeit im Blick auf die Beschäftigung in einem anderen Mitgliedsland Gebrauch zu machen. In einem höchst umfangreichen und komplizierten Regel- und Verordnungssystem, das bis zur Vollendung des Binnenmarktes vervollständigt wird, wird sichergestellt, daß die Anwartschaften auf Soziallei-stungen – unabhängig davon, ob sie in einem beitragsbezogenen oder beitrags-

---

5 Zur Entwicklung der sozialen Dimension in der Gemeinschaft vgl. U. Weinstock, Europäische Sozialunion. Historische Erfahrungen und Perspektiven. In: W. Däubler, Sozialstaat EG? Die andere Dimension des Binnenmarktes, Gütersloh 1989, 15 ff. Vgl. auch den Überblick aus der Sicht der EG von P. Venturini, Ein europäischer Sozialraum für 1992, Luxemburg 1989 (Dokument der Kommission der Europäischen Gemeinschaften). Aus der Sicht der Bundesregierung vgl.: Der EG-Binnenmarkt und die Sozialpolitik. Leben und Arbeiten in Europa II, hg. vom Bundesminister für Arbeit und Sozialordnung, Bonn 1991.

6 Art. 130, 1/2 EWGV. Vgl. Der europäische Sozialfonds. Soziales Europa 1991/2, hg. v. d. Kommission der Europäischen Gemeinschaften.

freien Sicherungssystem erworben wurden, die eher versicherungs- oder aber versorgungsorientiert sind, in denen Arbeitgeberbeiträge vorgesehen sind oder nicht – konvertibel werden und zu einer geregelten sozialen Sicherung führen. Ausgenommen sind bisher Leistungssysteme, die im nationalen Recht zur Sozialhilfe gerechnet werden. Die Rechtsprechung des Europäischen Gerichtshofes ist um die juristische Austarierung dieses Regelwerks bemüht und hat dafür gesorgt, den sachlichen Anwendungsbereich des Tatbestandes »Soziale Sicherheit« zu erweitern und auch das Leistungssystem Sozialhilfe nicht unberührt zu lassen.[7]

Elf Staats- und Regierungschefs der EG-Mitgliedsstaaten haben am 19. 12. 1989 die »Gemeinschaftscharta der sozialen Grundrechte der Arbeitnehmer« verabschiedet. In der Präambel wird feierlich anerkannt,

– daß bei der Durchführung der Einheitlichen Europäischen Akte die soziale Dimension der Gemeinschaft vollauf berücksichtigt wird und daß in diesem Zusammenhang die Weiterentwicklung der sozialen Rechte der Arbeitnehmer in der Europäischen Gemeinschaft zu gewährleisten ist;
– daß die Verwirklichung des Binnenmarktes allen Arbeitnehmern der Europäischen Gemeinschaft Verbesserungen im sozialen Bereich, insbesondere hinsichtlich des sozialen Schutzes, bringen soll;
– daß die feierliche Verkündung der sozialen Rechte auf der Ebene der europäischen Gemeinschaft bei ihrer Verwirklichung in den Mitgliedstaaten keinen Rückschritt gegenüber der derzeitigen Lage bewirken darf.

Im Absatz 10 der Charta ist festgelegt:

– daß jeder Arbeitnehmer der Europäischen Gemeinschaft Anspruch auf einen angemessenen sozialen Schutz hat und unabhängig von seiner Stellung und der Größe des Unternehmens, in dem er arbeitet, Leistungen der sozialen Sicherheit in ausreichender Höhe erhalten muß;
– daß alle, die vom Arbeitsmarkt ausgeschlossen sind, weil sie keinen Zugang dazu fanden oder sich nicht wieder eingliedern konnten, und die keine Mittel für ihren Lebensunterhalt haben, ausreichende Leistungen empfangen und Zuwendungen beziehen können, die ihrer persönlichen Lage angemessen sind.

In den Absätzen 24 und 25 der Charta ist weiterhin festgelegt, daß entsprechend den jedem Lande eigenen Modalitäten:

– jeder Arbeitnehmer der Europäischen Gemeinschaft beim Erreichen des Rentenalters über Mittel verfügen sollte, die ihm einen ausreichenden Lebensstandard gewährleisten;
– alle Personen, die das Rentenalter erreichen, jedoch kein Anrecht auf eine Rente und keine anderen Mittel zur Deckung der Lebenshaltungskosten haben, über ausreichende Mittel und eine auf ihre speziellen Bedürfnisse ausgerichtete soziale und medizinische Versorgung verfügen sollten.

---

7 Vgl. M. Zuleeg, Die Europäische Gemeinschaft auf dem Weg zur Sozialgemeinschaft, in: NDV 71, 1991, 20 ff.

Das »Aktionsprogramm zur Anwendung der Gemeinschaftscharta der sozialen Grundrechte der Arbeitnehmer« (Oktober 1989) stellt fest, daß die Unterschiede in der sozialen Sicherung die Freizügigkeit der Arbeitnehmer beträchtlich behindern und das Regionalgefälle, insbesondere zwischen dem Norden und dem Süden der Gemeinschaft, verschärfen können. Demzufolge ist vorgeschlagen worden, eine Strategie zur Annäherung der Politik des sozialen Schutzes in diesem Bereich auf der Grundlage gemeinsam festgelegter Ziele zu fördern, um so eine Beseitigung der vorgenannten Nachteile zu ermöglichen.[8]

Das Europäische Parlament hat am 13. 9. 1990 eine »Entschließung zu dem Aktionsprogramm der Kommission zur Anwendung der Gemeinschaftscharta – Prioritäten für die Jahre 1991/92«[9] angenommen, die erstmalig eine umfassende sozialpolitische Strategie der Gemeinschaft intendiert und die freizügigkeitsspezifischen Regelungen weit überbietet. Bemerkenswert ist dabei, daß hier gefordert wird, daß die EG »als solche die Europäische Sozialcharta des Europarats und die Übereinkommen der Internationalen Arbeitsorganisation paraphiert«; daß der Wirkungs- und Einflußbereich der Sozialcharta des Europarats auf die EFTA-Staaten und die Staaten Osteuropas ausgedehnt wird, so daß parallel zum europäischen Wirtschaftsraum ein europäischer Sozialraum entsteht und eine soziale Dimension in die Kooperations- und Assoziierungsabkommen eingebracht wird.

Aus dieser Entschließung, die wie die Gemeinschaftscharta selbst zunächst nur empfehlenden, auffordernden Charakter trägt, hat die EG-Kommission den Teil V herausgegriffen und am 27. Juni 1991 den Entwurf für eine Empfehlung des Rates über die »Annäherung der Ziele und die Politik im Bereich des sozialen Schutzes« vorgelegt; eine Beschlußfassung wird für Frühjahr 1992 angestrebt.[10] Hier wird erstmals der Versuch unternommen, gemeinsame Ziele für den sozialen Schutz zu formulieren, den sozialen Schutz auf alle »ansässigen Personen« der Staaten der Europäischen Gemeinschaft, also nicht nur auf Arbeitnehmer, zu beziehen. Der Grundsatz, aus dem die Einzelziele für die entsprechenden Schutzbereiche abgeleitet wurden, lautet: In allen Mitgliedsstaaten muß der soziale Schutz gleichzeitig – und ohne daß hier eine

---

8 Die Dokumente sind abgedruckt in: Der EG-Binnenmarkt und die Sozialpolitik, a. a. O. Vgl. auch B. von Maydell / F.E. Schnapp (Hg.), Die Auswirkung des EG-Rechts auf das Arbeits- und Sozialrecht der BRD, Berlin 1992.

9 Bundesratsdrucksache 698 vom 4. 10. 1990. Die Denkschrift der EKD hat sich verschiedene Vorschläge daraus zu eigen gemacht, z. B. die Bezugnahme auf die Europäische Sozialcharta des Europarats mit dem darin enthaltenen »Recht auf Arbeit«, die Schaffung von Sozialinformationsbüros sowie die Forderung in bezug auf Koalitionsfreiheit und gewerkschaftliche Rechte in Teil V.

10 Vgl. den Entwurf für eine Empfehlung des Rats über die Annäherung der Ziele und der Politik im Bereich des sozialen Schutzes, Bundesratsdrucksache 540 vom 16. 9. 1991.

Rangordnung zwischen diesen einzelnen Aufgaben bestünde – darauf ausgerichtet sein, allen rechtmäßig auf ihrem Hoheitsgebiet ansässigen Personen ein Mindestniveau an Einkommen zu gewährleisten; ihnen unabhängig von ihrem Einkommen Zugang zur Gesundheitsversorgung zu geben; ihre soziale Integration sowie bei allen arbeitsfähigen Personen ihre wirschaftliche Integration zu fördern; den eine Berufstätigkeit ausübenden Personen die Garantie zu geben, daß ihr Lebensstandard nicht erheblich reduziert wird, wenn sie ihre Tätigkeit am Ende der beruflichen Laufbahn einstellen oder wenn sie diese Tätigkeit wegen Krankheit, Unfall, Mutterschaft, Invalidität, Arbeitslosigkeit oder familiären Belastungen unterbrechen, wobei gegebenenfalls Anpassungen gemäß den Modalitäten der in den Versicherungs-, Mitgliedschafts- und Leistungssystemen geltenden Anwendungsvorschriften möglich sind. Damit wird als erster Schritt für ein einheitliches Europäisches Sozialrecht die Gewährung eines »Mindestniveaus von Einkommen für alle ansässigen Personen« postuliert. Sollte dieser Vorschlag im Frühjahr 1992 den Ministerrat passieren, so wäre ohne Zweifel ein erster Schritt in die Richtung einer echten Harmonisierung getan, dem weitere folgen könnten.

III. Die Pluralität der Sicherungssysteme in Europa

In den vergangenen Jahren wurde in der Literatur der Versuch unternommen, eine Typologie der Systeme der sozialen Sicherung im Kontinent Europa aufzustellen. Dabei zeigt sich, daß nicht nur die Pole (Sozial-) Versicherungsorientierung oder steuerfinanzierte Versorgungsorientierung eine wichtige Rolle spielen, sondern auch der Gesichtspunkt der staatlichen bzw. institutionellen Zentralisierung oder Dezentralisierung einschließlich des Vorhandenseins privater, gemeinnütziger Trägerinitiativen. Letzterer Gesichtspunkt liegt einer neuen zweiteiligen Prognosstudie zugrunde.[11] Diese kam bei einem Vergleich der Länder Deutschland, Frankreich, Spanien und Niederlande zu folgenden Ergebnissen:

Ein wichtiges Element der Europäischen Wohlfahrts- bzw. Sozialstaatlichkeit ist der spezifische Anteil, den die private Wohlfahrt an der »Wohlfahrt«

---

11 Vgl. die Studie der Prognos AG, Freie Wohlfahrtspflege im zukünftigen Europa I: Herausforderungen und Chancen im Europäischen Binnenmarkt; II: Soziale Sicherung und Versorgung im internationalen Vergleich, Bank für Sozialwirtschaft, Köln / Berlin 1991. Vgl. außerdem S. Leibfried, a. a. O. und Jens Alber, Die Bundesrepublik Deutschland im internationalen Vergleich, in: N. Blüm / H. F. Zacher (Hg.), 40 Jahre Sozialstaat Bundesrepublik Deutschland, Baden-Baden 1989, 783 ff. Aus der Sicht der Europäischen Gemeinschaft: Vergleichende Darstellung der Systeme der Sozialen Sicherheit in den Mitgliedstaaten der Europäischen Gemeinschaften, hg. v. d. Kommission der Europäischen Gemeinschaften, Luxemburg ⁵1989.

insgesamt hat, wobei sich diese »private Wohlfahrt« wiederum in einzelne Bestandteile – gewinnorientierte, gemeinnützige oder wohlfahrtsverbandlich-caritative Elemente – unterteilen läßt. Auch dieses »Mischungsverhältnis« ist durchaus unterschiedlich und beispielsweise in Deutschland charakteristisch:[12]

– In der Bundesrepublik, und nur hier, haben freie Wohlfahrtsverbände eine zentrale, das gesamte System prägende Bedeutung. Sie bilden gemeinsam die »Freie Wohlfahrtspflege« und werden als solche in den wesentlichen Sozialgesetzen explizit genannt. Die spezifische deutsche Variante des Subsidiaritätsprinzips räumt der Freien Wohlfahrtspflege bei Einrichtungen und Diensten sogar dem Staat gegenüber, der insgesamt für die soziale Sicherung und Versorgung verantwortlich ist, einen »bedingten Vorrang« ein. In der Praxis erfolgen Planung und Gestaltung der sozialen Dienste zumeist in der Kooperation zwischen staatlichen Stellen (auf allen Ebenen) und den Verbänden der Freien Wohlfahrtspflege. Private kommerzielle Anbieter sind in der Bundesrepublik Deutschland vor allem als Träger von (Spezial-)Krankenhäusern und Altenheimen tätig, dringen jedoch zunehmend auch in den Bereich der ambulanten Dienste vor.

– Auch in Frankreich sind gemeinnützige Wohlfahrtsorganisationen in vielen sozialen Bereichen tätig. Im Unterschied zu Deutschland wird das Bild von zahlreichen kleineren, meist regional und insbesondere fachlich ausgerichteten Verbänden geprägt. Insgesamt gibt es im Sozial- und Gesundheitsbereich in Frankreich etwa 90 000 private Verbände, davon sind rd. 1 000 größere gemeinnützige Verbände (unter ihnen 200 Stiftungen).

Das Verhältnis zwischen privaten (kommerziellen wie gemeinnützigen) Leistungserbringern zum Staat ist im Vergleich zur Bundesrepublik viel stärker reglementiert. Eine dem Subsidiaritätsprinzip in Deutschland vergleichbare Gestaltungsfreiheit gibt es für die Wohlfahrtsverbände in Frankreich nicht.

– Charakteristisch für die soziale Sicherung und Versorgung in den Niederlanden ist zum einen eine vergleichsweise wenig weltanschauliche Orientierung und zum anderen eine deutliche Zersplitterung der Dienste. Sie arbeiten zumeist auf lokaler oder regionaler Ebene und können z. T. dem Bereich der gemeinnützigen, z. T. auch dem der privaten Wohlfahrtspflege (nach deutschem Verständnis) zugeordnet werden. In der Regel sind sie auf einen oder mehrere Arbeitsbereiche spezialisiert. Für fast alle Arbeitsbereiche gibt es überregionale private Dachorganisationen. Die meisten Einrichtungen sind als gemeinnützige Stiftungen oder Vereine organisiert und unterliegen der staatlichen Zulassung und Kontrolle, arbeiten aber, anders als in Deutschland, nicht explizit mit dem Staat zusammen.

---

12 Die folgende Dokumentation basiert auf der Zusammenfassung der Prognosstudie, a. a. O., im Eigennachdruck des DW Bayern. Vgl. auch die Zusammenfassung in: Theorie und Praxis der Sozialen Arbeit 42, 1991, 442 ff.

– In Spanien spielt im Unterschied zu den drei vorgenannten Ländern immer noch die Familie oder der »Clan« als soziales Netz eine gewisse Rolle. Im Zuge der Entwicklungen seit etwa zwei Jahrzehnten geht sie mehr und mehr zurück und wird – für Spanien charakteristisch – durch eine universale staatliche Sozialversicherung ersetzt. Diese deckt, zumeist in eigenen Einrichtungen, einen großen Teil der Aufgaben ab, die in Deutschland von der Freien Wohlfahrtspflege wahrgenommen werden.

Auch in Spanien gibt es eine Vielzahl gemeinnütziger Organisationen, deren Aktivitäten sich meistens auf den lokalen Bereich beschränken und die ohne offizielle staatliche Anerkennung tätig sind. Erst in jüngerer Zeit bemühen sich mehr und mehr Initiativen um staatliche Anerkennung und damit um finanzielle Förderung durch den Staat bzw. die Sozialversicherung.

Den deutschen Verbänden der Freien Wohlfahrtspflege in etwa vergleichbar sind in Spanien nur wenige Vereinigungen. Lediglich das Rote Kreuz, die Caritas und der Blinden-Verband ONCE arbeiten zielgruppenübergreifend. Der private gewinnorientierte Bereich spielt bisher in Spanien kaum eine Rolle.

In der EKD-Denkschrift wird nun der Versuch unternommen, die unterschiedlichen Sicherungssysteme in ganz Europa typologisch zu ordnen.[13] Für die Zukunft ist es wichtig, in einem gemeinsamen Verständigungsprozeß, an dem Sozialpolitiker, Wissenschaftler und die in der diakonisch-caritativen Arbeit der Kirchen Verantwortlichen mitwirken, die verschiedenen Systeme auf ihre erhaltenswerten, humanen und sozial tragfähigen Momente hin zu befragen und Unzulänglichkeiten kritisch herauszuarbeiten. Erste Ansätze hierzu gibt es bereits, was in der folgenden Typologie nur kurz angedeutet werden kann:

– Das deutsche und kontinentaleuropäische Sozialversicherungsmodell basiert auf allgemeinen, für verschiedene Berufsgruppen obligatorischen und statussichernden Versicherungssystemen auf der Grundlage von Beitragszahlungen und begrenzten staatlichen Zuschüssen. Dieses sog. »Bismarck-Modell« stößt heute an verschiedene Grenzen: es unterstellt intakte, langanhaltende Vollzeit-Arbeits- und Beitragsbiographien (40–45 Jahre) und benachteiligt alle Personen, die diesem systemischen Ansatz nicht entsprechen. Die Sozialhilfe als staatliches Mindestsicherungssystem gerät deshalb immer stärker unter Druck. Das Gesamtsystem ist unflexibel, in bürokratische Großstrukturen zergliedert und für die Betroffenen oft schwer durchschau- und handhabbar. Auch die freien Träger sehen sich im wachsenden Maße von

---

13 Verantwortung für ein soziales Europa, a. a. O., Abschnitte 18–21. Vgl. hierzu auch Th. Strohm, Perspektiven diakonisch-sozialer Arbeit im Prozeß gegenwärtiger europäischer Entwicklungen. Einführungsvortrag zur Diakonie-Ostseekonferenz 1990, in: Dokumentation der Konferenz, Heidelberg 1990, 21 ff; abgedruckt auch in: »Vor Ort« – Praktische Theologie in der Erprobung, Festschrift zum 60. Geburtstag von Peter C. Bloth, Berlin 1991, 183 ff (abgedruckt in diesem Band, 439 ff).

Systemzwängen unter Druck gesetzt und in ihrer Handlungsfähigkeit eingeschränkt.

– Das englische Modell, das auf dem Report von Lord Beveridge (1942) basiert, umfaßt im Prinzip eine allgemeine, einheitliche Mindestsicherung durch staatliche Leistungen aus Steuermitteln. Das Leistungsniveau ist – insbesondere unter konservativen Regierungen – knapp bemessen und zielt, unter Anwendung der beiden Prinzipien der Sozialversicherung und der Sozialunterstützung; auf die Vermeidung von Notlagen. Die Tatsache, daß der Anteil der Armen im Vereinigten Königreich immer stärker ansteigt und gegenwärtig rund 20 % der Bevölkerung beträgt, zeigt einerseits die starke Belastung des Systems der sozialen Sicherung an, andererseits die relative Unwirksamkeit sozialer Prävention und sozialer Politik. Beides wird deshalb auch von den britischen Kirchen mit zunehmender Schärfe kritisiert und eine Rückkehr zu den Prinzipien des Lord Beveridge gefordert.

– Das skandinavische Modell, das auf Sozialreformen am Beginn der 30er Jahre zurückgeht und einen langangelegten sozialen Konsens voraussetzt, basiert auf allgemeinen, einheitlichen Sicherungseinrichtungen mit großzügigem Leistungsniveau, ausgebauten Dienstleistungen und stark örtlicher Verankerung in die »Sozialgemeinde«. Dieses »wohlfahrtsstaatliche« Maximalmodell sozialer Sicherung über Steuermittel stößt gegenwärtig an zwei Grenzen: einmal verschlingt es immer höhere Steueranteile und gefährdet die wirtschaftliche, unternehmerische Leistungskraft, andererseits wird auch die Eigenverantwortung und die solidarische Verantwortung zu stark delegiert an das Solidarsystem. Deshalb bestehen starke Tendenzen der Umstrukturierung in Richtung auf mehr gesellschaftliche (kirchliche) und private Initiativen, ohne den hohen ethischen Anspruch an das Leistungssystem aufzugeben.

– Das Modell südlicher – teilweise lateinischer – Staaten ist traditionell eher durch ein rudimentäres wohlfahrtsstaatliches System, teilweise ohne rechtliche Ansprüche auf Sozialhilfe, gekennzeichnet. Häufig fungieren hier noch primäre soziale Netze: Familie, Clan, Nachbarschaft; vielfältige kirchliche Angebote in den lateinischen Ländern, staatliche und freigemeinnützige Dienstleistungen und Institutionen entstehen erst allmählich, womit zugleich der starke soziale Wandel in diesen Ländern angedeutet ist.

– Das bereichsorientierte Modell der USA und teilweise auch der Schweiz; hier steht die private Daseinsvorsorge im Vordergrund, die durch begrenzte Fürsorgemaßnahmen ergänzt und regional variierende Sicherungen für bestimmte Sozialkategorien kennt, die beitragsfinanziert sind und die Selbstvorsorge ergänzen. Insbesondere in USA hat die soziale Verarmung für nicht unerhebliche Teile der Bevölkerung z.T. erschreckende Ausmaße angenommen und scharfe Kritik nicht nur durch die katholische Bischofskonferenz hervorgerufen.

– Die osteuropäischen Systeme sozialer Sicherung waren bisher stark in die staats- und betriebswirtschaftlichen Strukturen integriert. Diese enthielten – auf sehr niedrigem Niveau – Elemente des englischen Beveridge-Modells und befinden sich gegenwärtig in einer tiefgreifenden Krise. Neue Teilsysteme müssen aufgebaut, teilweise traditionelle kirchliche Strukturen ersatzweise regeneriert werden.

Hier eröffnet sich ein neues, länderübergreifendes, sozialpolitisches und sozialwissenschaftliches Feld, das bislang nur ansatzweise bearbeitet wurde, aber in den kommenden Jahren in einer großen – die Grenzen Europas überschreitenden – weltweiten Anstrengung in Angriff genommen werden muß.

IV. Auf dem Wege zur Harmonisierung der Sicherungssysteme?

Lassen sich derart unterschiedliche soziale Sicherungssysteme harmonisieren? Werden die europäischen Kirchen sich als Anwälte und Antriebskräfte für eine schrittweise Angleichung erweisen? Diesen beiden Fragen soll im folgenden nachgegangen werden.

Fest steht, daß seit der ersten großen »Europäischen Konferenz über die soziale Sicherheit« (1962) die »Möglichkeiten einer Harmonisierung der Leistungen der sozialen Sicherheit«[14] auf der Tagesordnung stehen, faktisch aber eine Strategie der »Koordinierung« verfolgt wurde. Das Ziel der Koordinierung war und ist bis heute, systematisch gleichwertige Regelungen zu finden, d. h. nach einem regelmäßigen Gesamtvergleich des Grades des für die gesamten Versicherungszweige oder Risiken gewährten Versicherungsschutzes für jeden Versicherungszweig oder jedes Risiko die Höhe des in jedem der EG-Staaten gewährten Sicherungsschutzes schrittweise an die für die Arbeitnehmer günstigste Höhe anzugleichen. Dabei sollten die Gesamtkosten der sozialen Sicherheit in jedem Land eine ähnliche Höhe enthalten.[15] Daß dieses Ziel bis heute

---

14 EWG – EGKS – EURATOM: Möglichkeiten einer Harmonisierung der Leistungen der sozialen Sicherheit, in: Europäische Konferenz über die soziale Sicherheit I, Brüssel 1962. Vgl. auch: Kommission der EG, Bericht über die soziale Entwicklung – Jahr 1989 – Anlage zum »Dreiundzwanzigsten Gesamtbericht über die Tätigkeit der Gemeinschaften 1989« nach Art. 122 des EWG-Vertrages, Luxemburg 1990.

15 Die Orientierung an statistischen Durchschnittswerten liegt den jährlichen Berichten der Kommission über den Sozialschutz in Europa zugrunde. Vgl. Sozialportrait Europas, Eurostat (Hg.), Luxemburg 1991. Vgl. auch: Europa in Zahlen, zweite Ausgabe, Ziel 1992, hg. v. d. Kommission der Europäischen Gemeinschaften, Luxemburg 1992. Und: Die Zwölfergemeinschaft. Schlüsselzahlen, hg. v. d. Kommission der Europäischen Gemeinschaften, Luxemburg 1991. Im Blick auf Basisdaten vgl. Recent demographic Developments in Europe, Council of Europe 1991. Die

nicht erreicht wurde, hat der Gipfel von Maastricht erneut deutlich gemacht. Die wirtschaftlichen Interessen Großbritanniens sind gegenwärtig so ausgeprägt, daß man sich durch das Sozialgefälle zu den kontinentaleuropäischen EG-Staaten und den skandinavischen EFTA-Staaten sowie der Schweiz den entscheidenden Wettbewerbsvorteil im Binnenmarkt verspricht. »Wir werden zum Magnet für Investitionen in Europa werden«, stellte Premierminister John Major nach Maastricht fest. In der Tat lassen sich Beispiele aufzählen, die die Prognose, England werde das künftige »Hongkong Europas«, stützen. [16]

Aber nicht nur zwischen Großbritannien und den übrigen EG-Staaten zeigen sich grundsätzliche Abweichungen. So schwankt der durchschnittliche Anteil staatlicher Zuweisungen zum Sozialschutz, der geringfügig unter 30 Prozent liegt, je nach Land erheblich: von 80 % (Dänemark), 60 % (Irland), 40 % (Großbritannien) bis unter 20 % (Niederlande, Frankreich und Griechenland). Die Polarisierung wird sich nach dem zu erwartenden Beitritt der übrigen skandinavischen Länder, die ohnehin ab 1993 mit der EG und den EFTA-Staaten einen gemeinsamen Wirtschaftsraum bilden, noch weiter verschärfen. [17]

---

neueste Zusammenfassung findet sich in: Eurostat – Schnellberichte. Bevölkerung und soziale Bedingungen 1991/4: Der Sozialschutz in Europa. Die Entwicklung 1980 bis 1989.

16 Vgl. hierzu: Wettbewerbsvorteil durch Sozialgefälle, in: SZ Nr. 287 vom 17. 12. 1991: Allein die Begrenzung der Wochenarbeitszeit auf 48 Stunden würden Englands Wirtschaft ca. 5 Mrd. Pfund und zahlreiche Arbeitsplätze kosten. Fast 10 Mill. Briten, fast die Hälfte aller Erwerbstätigen, verdienen derzeit weniger als die vom Europarat empfohlene »Zumutbarkeitsschwelle«, also weniger als zwei Drittel des Durchschnittseinkommens. In kaum einem anderen EG-Land ist das Gefälle (30 Prozent) zwischen der Entlohnung berufstätiger Frauen und Männer für gleichwertige Arbeit so groß wie in Großbritannien. 3 Mill. Frauen arbeiten für weniger als 10 DM die Stunde. Englands Mütter haben überdies den bei weitem geringsten Anspruch auf Mutterschaftsgeld in der Gemeinschaft: bis zu 90 Prozent des Arbeitsentgelts werden lediglich für die Dauer von 6 Wochen gezahlt, bei Teilzeitlern meist überhaupt nicht. Die Zahl der Teilzeitbeschäftigten ist wesentlich höher als in der übrigen EG. Eine Forderung nach Verbesserung ihrer Arbeitsbedingungen, wie Kündigungsschutz, Pensions- und Urlaubsansprüche, lehnt London als »Einmischung in innere Angelegenheiten« ab. Als einzigem EG-Land gibt es auf der Insel auch keine Begrenzung der täglichen Arbeitszeit. Abgelehnt werden auch Bemühungen um Mindestlöhne und den Schutz von Kindern in Arbeitsverhältnissen. Unter der Regierung Thatcher wurden die Mindestlöhne für 2,5 Mill. Briten kurzerhand abgeschafft, die Beschränkungen für Kinderarbeit 1989 weitgehend aufgehoben. Im Verhältnis zu der Bundesrepublik liegt der durchschnittliche Arbeitslohn der Briten denn auch um etwa ein Drittel, die Lohnsteuerkosten mit etwa 30 Prozent um fast zwei Drittel niedriger. Die niedrigen Löhne, so urteilen Arbeitsmarktexperten, werden gebraucht, um die niedrige Produktivität »wettzumachen«.

17 Der Sozialschutz in Europa, a. a. O., 5.

Auch im Bereich der Arbeitslosigkeit, die in der EG 1991 saisonbereinigt 8,7 % betrug, zeigen sich erhebliche Ausschläge in einzelnen Mitgliedsländern. So liegt die EG Durchschnittsquote für jugendliche Arbeitslose bei 16,6 % im Jahre 1991. Extreme Werte aber weisen im Jahresdurchschnitt 1990 auf: Spanien 31,9 %, Italien 29,2 %, Griechenland 24,8 % und Irland 21,6 %. In Schweden hingegen konnte durch eine konsequente Sozialpolitik der Vollbeschäftigung die Quote der Arbeitslosen über Jahre hindurch bei +/– 2 % niedrig gehalten werden. Diese statistischen Daten sind Symptome für tieferliegende Strukturunterschiede, die erst allmählich in komperativen Untersuchungen wissenschaftlich bearbeitet werden.[18]

Trotz dieser – durch den Zusammenbruch der ost- und südosteuropäischen Sicherungssysteme noch verstärkten – Problemlage herrscht unter Fachleuten Einigkeit, daß die mit den Schlagworten »Koordinierung statt Harmonisierung« artikulierte gegenwärtige Stabilität der nationalen Systeme sozialer Sicherung und Versorgung auf Dauer keinen Bestand haben wird. »Mittel- und längerfristig wird der fortschreitende Einigungsprozeß in Europa auch den Sozialbereich im eigentlichen Sinn erfassen.«[19] Der deutsche Vertreter im Europäischen Gerichtshof, Prof. M. Zuleeg, hat in seinem Eröffnungsreferat beim Deutschen Fürsorgetag 1990 in Hannover durchaus den Common sense des EuGH zum Ausdruck gebracht, wenn er die anwesenden Sozialexperten dazu aufrief, einer durch nichts zu rechtfertigenden »Harmonisierung nach unten« entgegenzuwirken und sich für eine Politik der Harmonisierung durch Anhebung des Niveaus der sozialen Leistungen einzusetzen. »Je enger der Zusammenschluß Europas wird, desto stärker muß das Bindeglied zwischen den Bürgern der Gemeinschaft oder gar einer politischen Union sein, sonst wäre dem Einigungswerk keine Dauer beschieden. Die Zukunft Europas ist so eng mit dem Wachstum einer Europäischen Sozialgemeinschaft verknüpft.«[20]

Um diesem Ziel schrittweise näherzukommen, verdienen die Zielsetzungen der EG-Kommission, die im Frühjahr 1992 dem Ministerrat zur Verabschiedung vorgelegt werden, Unterstützung.[21] Hier geht es um die »Gewährleistung eines annehmbaren Mindestlebensstandards« für alle auf dem Hoheitsgebiet eines Mitgliedsstaates ansässigen Personen; um eine Krankenversicherung bzw. Versorgung, ungeachtet der jeweiligen Leistungsfähigkeit der Betroffenen; berufliche und soziale Integration für alle, die gegen Entgelt eine Tätigkeit ausüben können; Sicherung eines Alters in Würde, in dem der Lebensstandard

---

18 Vgl. hierzu die jährlichen Berichte der Kommission der Europäischen Gemeinschaften »Beschäftigung in Europa«, zuletzt 1991. Vgl. auch: Eurostat, Themenkreis 3, Reihe B: Arbeitslosigkeit in der Gemeinschaft, 1991/8 u. 9.

19 Prognos-Studie I, a. a. O., 27.

20 M. Zuleeg, a. a. O., 29.

21 Vgl. Entwurf für eine Empfehlung des Rates zum Sozialschutz vom 16. 9. 1991, a. a. O., 8 ff.

der Arbeitnehmer und ihrer Familien nicht erheblich verringert und insbesondere Arbeitsunterbrechungen wegen Krankheit, Mutterschaft, Arbeitslosigkeit etc. durch entsprechende Anpassungsregelungen ausgeglichen werden. Außerdem werden die Prinzipien der Gleichbehandlung, der Verteilungsgerechtigkeit (Renten- bzw. Sozialhilfeanpassungen), der Individualisierung der Rechte und Beiträge (schrittweiser Abbau abgeleiteter Rechte) einem künftigen europäischen Sicherungssystem zugrundegelegt. Gerade der letzte Gesichtspunkt deutet darauf hin, daß durchaus auch in Deutschland noch geltende Regelungen von einer Harmonisierung betroffen sind.[22] Im Interesse einer auch Osteuropa einschließenden Vereinheitlichung sollte alles getan werden, um die noch heute in den östlichen Ländern geltenden Sicherungssysteme zu stützen und sie immer stärker in die allgemeine Zielsetzung miteinzubeziehen.

Die christlichen Kirchen haben bisher noch keinen europaweiten Verständigungsprozeß über sozialpolitische Ziele herbeigeführt. Es bestehen aber starke Tendenzen, die deutschen Regelungen insbesondere die gesetzliche Verankerung des Subsidiaritätsprinzips auch in die europäische Rechtsstruktur zu übertragen. Die EKD-Denkschrift befürwortet »ein Europa in subsidiärem Zusammenwirken« und kommt in vorsichtiger Argumentation zu dem Ergebnis, daß zur Verwirklichung der sozialen Aufgaben die verantwortlichen Kräfte – die Sozialpartner, Länder, Kommunen, freien Träger, Kirchen und die haupt- und ehrenamtlich arbeitenden Bürger – zusammenwirken sollen. Die Durchsetzung des Gedankens der Mitgestaltung und Mitwirkung von eigenständigen Gruppen und Institutionen bei der Gestaltung der sozialen Ordnung in Europa soll auch der Schaffung partizipatorischer Entscheidungsprozesse dienen. Das Subsidiaritätsprinzip in evangelischer Auslegung soll jedoch nicht einen »verdeckten Vormachtsanspruch« zur Geltung bringen, vielmehr soll es der »Klärung des hilfreichen Beistandes« für die von Not Betroffenen dienen und zur sinnvollen Koordination der Dienste von öffentlichen und freien bzw. privaten Trägern der Wohlfahrtspflege beitragen.

Gegenwärtig findet eine heftige Kontroverse um den europäischen Gebrauch dieses Prinzips statt. Der EG-Rechtsexperte Prof. Pierre Pescatore hat in einer scharfen Erklärung darauf aufmerksam gemacht, das Subsidiaritätsprinzip führe unter Umständen zur »stückweisen Rücknahme des bisher im Rahmen der EG Konzedierten. Damit wäre das tragende Grundprinzip der Gemeinschaft, nämlich die unwiderrufliche Übertragung von Hoheitsrechten zur Erreichung der gemeinsam definierten Ziele, auf den Kopf gestellt.« In den lateinischen Ländern bedeute Subsidiarität »nicht gut gemeinte Hilfestellung, sondern

---

22 Zur Frage der Mindestsicherung vgl. auch B. von Maydell, Die Stellung der Sozialhilfe im Gesamtsystem sozialer Sicherung – Ausblick auf den gemeinsamen europäischen Binnenmarkt, in: Archiv für Wissenschaft und Praxis der sozialen Arbeit 21, 1990, 173 ff.

Zweitrangigkeit und Unterordnung«[23]. Es kommt also darauf an, eine den evangelischen Traditionen entsprechende Position zur Geltung zu bringen. An dem in der EKD-Denkschrift »Soziale Sicherung im Industriezeitalter« aufgestellten Grundsatz: »Die großen sozialen Risiken müssen gesellschaftlich abgesichert werden, während die kleine Gruppe, die Familie und der einzelne die Aufgabe haben, die im Gesamtsystem nicht mögliche oder nicht vorgesehene Sicherung zu organisieren, vor allem aber auch spontan einzuspringen«[24] sollte auch im Blick auf Europa festgehalten werden. Das bedeutet aber, daß den Kirchen an einem europaweit vereinheitlichten Sicherungssystem im Blick auf die großen Risiken (Krankheit, Alter, Arbeitslosigkeit, Einkommen etc.) gelegen sein muß. Die in der Prognos-Studie aufgestellte These: »Ein Subsidiaritätsprinzip im deutschen Sinne wird es in Europa nicht geben«[25] sollte, falls sie zutrifft, nicht dazu führen, daß die Kirchen den Integrationsprozeß mit Mißtrauen begleiten. Vielmehr kommt es darauf an, über die Frage nach der Sicherung bisheriger Rechtsstellungen hinaus, darauf zu achten, daß die Hilfe so beschaffen ist, »daß sie die Hilfebedürftigen so wenig wie möglich als hilflose Objekte behandelt, vielmehr sie in größtmöglichem Umfang zur Selbsthilfe befähigt und ihnen Gelegenheit gibt, als aktive Subjekte selbst an der Befreiung von ihrer Not mitzuwirken«[26]. Deshalb kommt alles darauf an, daß die Kirchen den verbindlichen Dialog über die sozialen Konsequenzen des christlichen Glaubens unter den weitreichenden Bedingungen unserer Wirklichkeit aufnehmen und im ökumenischen Geist gemeinsame Arbeitsvorhaben – insbesondere in sozialen Brennpunkten Europas – entwickeln. Auf diesem Wege könnten die Kirchen mitwirken an der Schaffung einer europäischen Sozialkultur. Zugleich können die Kirchen die aktiven Kräfte sein, die der Gefahr eines neuen Eurozentrismus entgegenwirken und den gemeinsamen Beitrag Europas zur solidarischen Ausgestaltung der »einen Welt« mit Beharrlichkeit hervorrufen.

---

23 Vgl. die Abschnitte 79 (Subsidiarität) und 130f (Ein Europa in subsidiärem Zusammenwirken) der EKD-Denkschrift »Verantwortung für ein soziales Europa«, a. a. O. Zur Kontroverse vgl. P. Pescatore, Europataugliches Subsidiaritätsprinzip? Ein Irrweg der Unionspolitik (Mit dokumentarischen Hinweisen) in: NZZ 15./16. 9. 1991; Zitat 14.

24 Kirchenamt der EKD (Hg.), EKD-Denkschrift »Die soziale Sicherung im Industriezeitalter«, Gütersloh 1973, Abs. 16.

25 Prognos-Studie »Freie Wohlfahrtspflege im zukünftigen Europa« I, a. a. O., 35. Dort wird außerdem darauf hingewiesen, daß die Freien Wohlfahrtsverbände für den europäischen Wettbewerb »aufgrund ihrer bisherigen ›privilegierten und geschützten Stellung‹ nur bedingt gerüstet« seien.

26 Verantwortung für ein soziales Europa, a. a. O., Abs. 79.

Nachweis der Erstveröffentlichungen

»Theologie der Diakonie« in der Perspektive der Reformation. Zur Wirkungsgeschichte des Diakonieverständnisses Martin Luthers,

> in: P. Philippi/Th. Strohm (Hg.), Theologie der Diakonie. Lernprozesse im Span-
> nungsfeld von lutherischer Überlieferung und gesellschaftlich-politischen Umbrü-
> chen. Ein europäischer Forschungsaustausch. (Veröffentlichungen des Diakoniewis-
> senschaftlichen Instituts an der Universität Heidelberg 1), Heidelberg 1989, 175–208.

Luthers Wirtschafts- und Sozialethik,

> in: Leben und Werk Martin Luthers von 1526–1546. Festgabe zu seinem 500.
> Geburtstag (2 Bde.), hg. v. H. Junghans i.A. des Theologischen Arbeitskreises für
> Reformationsgeschichtliche Forschung, Berlin 1983, I, 205–223, II, 787–792.
> © Evangelische Verlagsanstalt, Berlin.

Reformation und Gemeinwesenentwicklung in der Perspektive der Emanzipation,

> in: M. Greiffenhagen (Hg.), Emanzipation, Hamburg 1973, 411–443.

Zum Ethos der Inneren Reformen des Freiherrn vom Stein. Das Problem
»Innerer Reformen« heute,

> in: ZEE 17, 1973, 193–212.

Theologie der Diakonie – Diakonie an der Theologie. Forschungsaufgaben in
der Diakoniewissenschaft,

> in: ThPr 20, 1985, 281–292.

Ist Diakonie lehrbar? Plädoyer für ein neues Verständnis der theologischen
Ausbildung,

> in: M. Schibilsky (Hg.), Kursbuch Diakonie, Neukirchen-Vluyn 1991, 145–160.
> © Neukirchener Verlag des Erziehungsvereins GmbH, Neukirchen-Vluyn.

Die Gottesebenbildlichkeit und die Ursprünge der Entfremdung. Überlegungen zur ethischen Urteilsbildung,

> in: ThPr 12, 1977, 296–308.

Sanctity or Quality of Life? Zum Stand der wissenschaftsethischen Debatte um
Peter Singers Ansatz,

> in: Glaube und Lernen 6, 1991, 31–43.

Der soziale Rechtsstaat als theologisches Problem. Neue Wege der politischen Ethik,

> in: H.-D. Wendland (Hg.), Sozialethik im Umbruch der Gesellschaft. Arbeiten aus dem Mitarbeiter- und Freundeskreis des Instituts für Christliche Gesellschaftswissenschaften an der Universität Münster, Göttingen 1969, 90–111.

Diakonie im Sozialstaat. Überlegungen und Perspektiven,

> in: Diakon 69, 1989, 4–8.

Die Zukunft des Sozialstaats im Blickwinkel der neueren Literatur,

> in: ZEE 32, 1988, 131–142.

Ethische Leitlinien für sozialpolitisches Handeln. Eine Perspektive aus evangelischer Sicht,

> in: ZEE 33, 1989, 8–23.

Wirtschaftswachstum und Wirtschaftsordnung. Wirtschaftsethische Leitlinien,

> in: W. Marhold/M. Schibilsky (Hg.), Ethik. Wirtschaft. Kirche. Verantwortung in der Industriegesellschaft. Festschrift f. K.-W. Dahm z. 60. Geburtstag, Düsseldorf 1991, 109–124. © Patmos Verlag, Düsseldorf.

Umweltethik in der Industriegesellschaft als theologische Aufgabe,

> in: J. Moltmann (Hg.), Versöhnung mit der Natur? (Kaiser Traktate 92), München 1986, 94–140. © Chr. Kaiser Verlag, München.

Sozialethik und soziale Ordnung. Die Kammer der EKD für soziale Ordnung,

> in: ZEE 31, 1987, 434–447.

Sinn und Wandel der Arbeit in der Industriegesellschaft. Herausforderung für die Kirche,

> in: Stimme der Arbeit 24, 1983, 3–5.

Arbeitsförderung. Perspektiven und Aufgaben für die neunziger Jahre,

> in: ZEE 34, 1990, 118–121.

»Arbeit Leben und Gesundheit«. Europäische Perspektiven, Forderungen, Empfehlungen der EKD-Sozialkammer zum Gesundheitsschutz am Arbeitsplatz,

> in: ZEE 34, 1990, 275–285.

Die neuen Informations- und Kommunikationstechniken als sozialethische Herausforderung,

> in: ZEE 30, 1986, 5–16. © J. F. Steinkopf Verlag, Stuttgart.

Aufgaben und Perspektiven kirchlicher und öffentlicher Asylpraxis,

> in: ThPr 24, 1989, 131–142.

Der Beitrag der Kirchen zu Reformen des Pflegebereichs,

> in: ThPr 26, 1991, 309–317.

Die Stadt als Sinnbild theologischer Weltorientierung,

in: G. Grohs/J. Schwerdtfeger/Th. Strohm (Hg.), Kulturelle Identität im Wandel. Beiträge zum Verhältnis von Bildung, Entwicklung und Religion. Dietrich Goldschmidt zum 65. Geburtstag, Stuttgart 1980, 69–83 (dort veröffentlicht unter dem Titel: Die Stadt – eine theologisch unverarbeitete Realität).

Aufforderung zur humanen und ökologischen Stadterneuerung. Aufgabe und Funktion der EDK-Studie zur menschengerechten Stadt,

in: Evangelische Akademie Loccum (Hg.), Neue Wege zur Menschlichen Stadt. XVII. Kulturpolitisches Kolloquium (Loccumer Protokolle 8), 1985, 3–15.

Gemeinwesenarbeit. Eine sozialethische Zwischenbilanz,

in: ZEE 19, 1975, 1–14.

Umrisse einer Konzeption offener kirchlicher Jugendsozialarbeit. Thesen,

in: Grundsatztexte zur evangelischen Jugendarbeit. Materialien zur Diskussion in Praxis, Lehre und Forschung, hg. v. M. Affolderbach i. A. des Referates für Jugend- und Studentenarbeit der Kirchenkanzlei der EKD in Zusammenarbeit mit dem Comenius-Institut in Münster, Gelnhausen ²1982, 369–373.

Perspektiven diakonisch-sozialer Arbeit im Prozeß gegenwärtiger europäischer Entwicklungen,

in: R. Bookhagen u.a. (Hg.), ›Vor Ort‹. Praktische Theologie in der Erprobung. Festschrift zum 60. Geburtstag von P. C. Bloth, Nürnberg / Berlin, 1991, 183–199. © Wichern Verlag, Berlin.

Auf dem Weg zu einer neuen europäischen Sozialordnung. Perspektiven im Anschluß an die »Europadenkschrift« der EKD,

in: ZEE 36, 1992, 125–136.

Wir danken den genannten Verlagen für die freundliche Abdruckerlaubnis.

Veröffentlichungen des
Diakoniewissenschaftlichen Instituts
an der Universität Heidelberg

Herausgeber der gesamten Reihe: Prof. Dr. Dr. Theodor Strohm

Das Diakoniewissenschaftliche Institut an der Universität Heidelberg ist die einzige Einrichtung im Bereich des Protestantismus, die sich im Rahmen von Lehre und Forschung den Grundfragen und der Praxis der Diakonie bzw. der sozialen Verantwortung der Kirche widmet. Mit der 1989 begonnenen neuen Publikationsreihe sollen in Zukunft kontinuierliche Ergebnisse diakoniewissenschaftlicher Forschung veröffentlicht werden. Folgende Schwerpunkte werden dabei besonders beachtet:
– Theologische Begründungszusammenhänge und Perspektiven der Diakonie,
– Sozialwissenschaftliche Grundlagen und Aspekte der diakonisch-sozialen Arbeit,
– Untersuchungen zur geschichtlichen Aufarbeitung und Ortsbestimmung der Diakonie bzw. des christlich begründeten sozialen Handelns,
– Studien zur Theorie und Praxis konkreter Handlungsfelder der Diakonie,
– Beiträge zur Zukunft der sozialen Arbeit, der sozialen Sicherungssysteme und des sozialen Rechtsstaats.

Mit der Reihe soll ein Beitrag geleistet werden zur Bestandsaufnahme, Reflexion und Neuorientierung diakonisch-sozialer Praxis. Die Reihe richtet sich deshalb an alle, die innerhalb und außerhalb der Kirche mit der Bearbeitung sozialer Aufgaben und Zusammenhänge befaßt sind.

Band 1
Paul Philippi/Theodor Strohm (Hrsg.): Theologie der Diakonie
Lernprozesse im Spannungsfeld von lutherischer Überlieferung und gesellschaftlich-politischen Umbrüchen. Ein europäischer Forschungsaustausch. 1989. 247 S. Kart.   ISBN 3-920431-99-5

Band 2
Gerhard K. Schäfer/Theodor Strohm (Hrsg.): Diakonie – biblische Grundlagen und Orientierungen
Ein Arbeitsbuch zur theologischen Verständigung über den diakonischen Auftrag. 1990. 425 S. Kart.   ISBN 3-89426-017-3

Band 3
Theodor Strohm/Jörg Thierfelder (Hrsg.): Diakonie im »Dritten Reich«
Neuere Ergebnisse zeitgeschichtlicher Forschung. 1990. 325 S. Kart. ISBN 3-89426-018-1

Band 4
Gerhard K. Schäfer (Hrsg.): Die Menschenfreundlichkeit Gottes bezeugen
Diakonische Predigten von der Alten Kirche bis zum 20. Jahrhundert. 1991. 487 S. Kart.   ISBN 3-89426-030-0

Band 5
Matti Järveläinen: Gemeinschaft in der Liebe
Diakonie als Lebens- und Wesensäußerung der Kirche im Verständnis Paul Philippis. Ca. 190 S.   ISBN 3-89426-037-8

HEIDELBERGER VERLAGSANSTALT